COLLECTION
FOLIO/ESSAIS

Sous la direction
de Roland-Manuel

Histoire de la musique

II vol. 2

Du XVIIIe siècle
à nos jours

Gallimard

Cette édition reprend l'intégralité des deux tomes de l'*Histoire de la musique*, ouvrage paru, sous la direction de Roland-Manuel, dans l'Encyclopédie de la Pléiade.

Chaque tome est publié en deux volumes dont la pagination est continue d'un volume à l'autre. Les tableaux chronologiques, les index de chaque tome (des noms, des œuvres) ainsi que les tables des matières, analytique et générale, se trouvent donc en fin de chaque volume indiqué comme second (vol. 2). Le glossaire des principaux termes techniques se trouve à la fin du tome premier (I, vol. 2).

LE XXe SIÈCLE

CLAUDE DEBUSSY

Il n'est pas un seul des jugements portés sur Claude Debussy — sur ses œuvres, sur la valeur relative de chacune, ou de chacune de leurs manières, sur l'essence de son art et sur les termes susceptibles de l'exprimer, sur l'originalité ou sur l'impersonnalité de ses procédés — qui n'ait été rectifié ou annulé après. Longtemps encore l'art de Debussy sera vu sous des perspectives différentes, selon le sens où aura évolué la musique, ou par suite de découvertes touchant l'homme ou l'œuvre. On lui a trouvé des précurseurs: Erik Satie, plus encore Moussorgsky, mais également Liszt, Chopin, Rameau, Couperin, les maîtres enfin de la Renaissance. On l'a tour à tour opposé à Wagner et rapproché de lui. On lui a surtout opposé plusieurs de ses contemporains : Ravel, Stravinsky, et jusqu'à Schönberg. Or, que l'on écoute *l'Heure espagnole* ou le *Concerto pour la main gauche* de Ravel, *le Sacre du Printemps* ou *Apollon musagète* de Stravinsky, *le Chant de la terre* de Mahler ou *le Château de Barbe-bleue* de Bartok, tant d'œuvres de Falla et de Poulenc, ou *Wozzeck* d'Alban Berg, à divers signes l'on reconnaît que des pages n'en auraient pas été écrites si Debussy n'était venu auparavant. Les jeunes partisans de Schoenberg, ou plutôt de son disciple Webern, qui s'écartaient le plus loin de ce que Debussy a tenu pour exclusivement recevable, découvrent en ses œuvres de la dernière période (à partir de *Jeux* et des *Études* pour le piano) une anticipation surprenante, pour ne pas dire la complète réalisation d'une musique à base de timbres à laquelle ils aspirent aujourd'hui. Mais d'autres pièces, à peu près de la même époque, eussent montré un amalgame de styles moderne et ancien, où Debussy devance l'école néo-classique; le « retour à Bach », ou ce que l'on a présenté pour tel et qui n'est le propre d'aucun temps, a, pour le nôtre, bel et bien commencé dans l'œuvre pour piano de Debussy. Si l'on regarde de plus près, à combien d'autres choses Debussy est « retourné », y discernant le parti que personne n'avait songé à en tirer. Partout où l'a conduit son humeur capricieuse ou voyageuse, il est allé d'instinct à l'extrême pointe de ce qui avait été fait. En sorte que, s'il eut des précurseurs, ceux-ci, diminués de tout ce qui lui paraissait caduc en eux, sont à peu près méconnaissables. Il entretint avec les autres musiques des rapports bien particuliers : si fugitifs et si dédaigneux que l'on doute parfois qu'il y ait vraiment perçu l'écho de sa propre voix. A trop chercher parmi elles, et croyant le saisir, l'on risque de ne tenir, comme dans la fable de Pan et de la Syrinx, que de minces tuyaux sonnant à tout vent; dans le cas de Debussy ou de Pan c'est la naturelle finesse de l'oreille, et non la main empoignant au hasard, qui a créé l'instrument.

Si proche de nous, sa figure s'est entourée de bien des légendes. Il n'est pas jusqu'au lieu de sa naissance dont on n'ait tiré de fallacieuses conjectures. Issu de Bourguignons, paysans et artisans éparpillés autour de la commune de Bussy-le-Grand et du château où vécut Roger de Rabutin, comte de Bussy et auteur de l'*Histoire amoureuse des Gaules,* Claude ou plus exactement Achille-Claude naquit à Saint-Germain-en-Laye, en pleine Ile-de-France. Le plus important est qu'il y naquit le 22 août 1862 : autour de cette date et des faits qui s'y inscrivent s'assemble tout ce qui, à des moments et à des degrés divers, participera à sa formation ou favorisera son inspiration. L'année où Wagner commence à composer *les Maîtres chanteurs,* ayant écrit *Tristan* et tracé l'une des premières esquisses de *Parsifal ;* l'année où le jeune Moussorgsky, encore incertain de sa voie, s'assure que la symphonie ou la sonate sont les genres les moins appropriés à son génie ou à son époque; l'année où la signature de Mallarmé apparaît pour la première fois et où Verlaine sort du lycée; la semaine avant la naissance de Maeterlinck et quelques mois avant *le Déjeuner sur l'herbe* de Manet. Peu d'horoscopes disposent de signes plus révélateurs. Seules manquent les musiques exotiques, et principalement la javanaise; mais il est de leur nature de n'appartenir à aucun temps; et d'accumuler tellement de sagesse qu'elles restent impénétrables à qui n'y a pas déjà été préparé. Debussy n'aurait pas découvert

Java si, paradoxalement, *Parsifal* ou telle œuvre russe ne lui avait donné le goût des sonorités « uniques et imprévues » (ce sont les termes qu'après son initiation à Java il appliquera encore à l'orchestre de *Parsifal*) et si, d'autre part, quelques œuvres de la Renaissance (d'abord italiennes, puis françaises) ne lui avaient appris que l'on pouvait « faire sourire » le contrepoint et lui prêter le charme des « enluminures ». L'acheminement à Java par Bayreuth est d'autant plus probable que Debussy a repris le même itinéraire au moins une fois : des lettres datant de 1912 évoquent de mystérieux éclairages sonores de *Parsifal,* dont il prétend s'inspirer pour *Jeux,* l'œuvre où jamais il n'aura plus rivalisé avec la magie de timbres javanaise. La conclusion qu'en peut déduire le musicologue, si sa propre expérience ne l'y a déjà amené, est qu'il existe entre la musique indonésienne et le wagnérisme, comme entre celui-ci et le debussysme, d'étranges affinités; tous trois d'abord participent d'une forme d'art où se multiplie le recours aux enchantements. La querelle entre Debussy et Wagner repose seulement sur certains moyens d'opérer. Et là, entre autres bonnes fortunes, Debussy connut celle de naître à l'époque, et plus encore, dans le pays où artistes et écrivains ont eu tant égard à la qualité ou à l'économie des moyens. Il demanda à la musique de reproduire ce qu'il chérissait à la fois dans la poésie symboliste (en y comprenant les poètes préraphaélites) et dans la peinture impressionniste (« je veux voir du Manet », tel est le cri de révolte du pensionnaire à la Villa Médicis). Mais pour en terminer avec une dispute de naguère, c'est peut-être moins à la matière précieuse du symbolisme qu'à la subtilité de touche de l'impressionnisme qu'il songea; en tout cas, le progrès de son art se marque par le passage de l'une à l'autre; outre que les titres donnés de préférence à ses œuvres relèvent des arts visuels : *Estampes, Images, la Mer, Nuages,* sans oublier nombre de *Printemps, Jardins, Reflets dans l'eau, Poissons d'or...* Y trouverait-on quelque teinte de préciosité, qu'il faudrait uniquement la rapporter à son goût japonisant.

Le musicien qui contribua à orienter, au sens propre, notre musique dut d'abord recevoir l'enseignement le plus officiel du Conservatoire de Paris (1872-84), puis séjourner à Rome (1885-87). Du premier il hérita une méfiance des œuvres écrites « par des mains adroites », bien que les siennes le fussent devenues quelque peu, exécutant avec aisance le pastiche massenétique afin de remporter le Prix de Rome (cantate de *l'Enfant prodigue*). Parmi les professeurs se trouvaient au moins trois musiciens authentiques. César Franck d'abord, dont Debussy ne fréquenta à peu près pas la classe d'orgue, considérant sans doute comme futiles ou surannés les exercices de modulation auxquels le maître se livrait; néanmoins il retint le bien-fondé du procédé cyclique, quitte à ne l'appliquer qu'avec fantaisie, et écouta probablement d'une oreille attentive des œuvres comme *Psyché* et les *Trois chorals pour orgue,* qui peuvent avoir joué à l'égard du premier — ou du second — Debussy un rôle assez similaire à celui que Puvis de Chavannes a rempli auprès des peintres, de l'aveu même de Gauguin. De Massenet, Debussy eut le front de se prétendre l'élève; il en fut tout au moins l'habile démarqueur; des phrases de *Pelléas* ne toucheraient pas autant si elles n'avaient emprunté juste ce qu'il fallait au « plus réellement aimé des musiciens contemporains ». Enfin d'Ernest Guiraud, son maître de composition, il apprit sûrement plus qu'on ne l'a supposé; il reste beaucoup à inférer de leur amitié : fils d'un professeur et compositeur de la Nouvelle-Orléans, né lui-même en Louisiane, donnant dans l'exotisme de son époque, Guiraud aurait-il été le premier à avoir parlé à Debussy d'*autres* musiques ?

Le plus certain est que l'élève du Conservatoire fréquenta avec assiduité la bibliothèque de l'établissement; aussi bien là qu'aux concerts et aux théâtres lyriques, où il semble être beaucoup allé, il glana uniquement ce qui pouvait s'identifier avec la musique qu'il pressentait. En réalité, si l'on s'en rapporte à ses propos d'alors, qui ne tarissaient pas sur le même sujet, à ses préférences très marquées comme à ses premiers essais de composition, il faisait plus que pressentir cette musique : la matière en était trouvée, il y manquait simplement toute cohésion. Durant quelque temps, et il suffit de comparer les premières œuvres publiées avec celles demeurées manuscrites, il garda en réserve des hardiesses ou des subtilités de langage, ne sachant comment les ajuster bout à bout. Le *Quatuor à cordes* de 1893 et le *Prélude à l'après-midi d'un faune* achevé en 1894 constituent les premières œuvres de quelque dimension où le maniement de la forme est souverain; mais, une quinzaine d'années auparavant (entre 1876 et 1880), les éléments en étaient déjà découverts.

Pas plus que Liszt ou Nietzsche, Debussy n'aima Rome : ou bien ce musicien de la clarté préféra toujours à la franchise de la lumière un léger enveloppement, comme dans son orchestre; ou bien son horreur du poncif le fit s'écarter d'un ordre classique de beauté. C'est peut-être dans leurs relations avec l'Antiquité que les compositeurs trahissent le plus la nature et les limites de leur art. Faunes et nymphes de Debussy s'ébattent assez loin de la Méditerranée; et eût-il composé un Orphée, comme il en avait l'intention, que celui-ci eût été fort chinois. S'il tempéra l'image de saint Sébastien que lui apporta d'Annunzio, il y mit des traits qui n'appartiennent qu'à Pelléas, à Boris ou à Parsifal. On peut épiloguer sur le seul souvenir antique qu'il ait gardé, deux canopes égyptiens — à moins que ce ne soit la vallée de ce nom, à proximité de la florentine et lisztienne Villa d'Este. Debussy rencontra et entendit Liszt, le plus beau pianiste selon son goût; mais il est peu probable que lui-même ait pénétré dans la villa des cyprès et des jeux d'eau. Par la suite il aurait feint d'ignorer cette source de la musique moderne : il se montra toujours moins véridique que Ravel. Il faut toutefois reconnaître que, dans leurs écritures de piano, Debussy et Ravel s'écartent l'un de l'autre dans la mesure où le premier reste quand même attaché à Chopin et le second procède directement de Liszt. Chercherait-on encore à les différencier par leurs positions respectives vis-à-vis de musiciens antérieurs, que l'on évoquerait cet autre pèlerin de Rome, Mendelssohn : sur lui involontairement Debussy se conforme à l'opinion de Wagner, et Ravel à celle de Nietzsche.

De fait, Debussy avait visité Florence quatre ans avant d'aller à Rome et, entre-temps, avait été deux fois en Russie (1881-82). Si l'on ajoute que son goût pour la poésie préraphaélite le disposait à s'éprendre de la *Primavera* de Botticelli, l'on s'explique mieux ses réticences. Les deux envois de Rome sont, à divers points de vue, aussi peu romains que possible : un *Printemps* auquel l'Académie des Beaux-Arts reprochera son

« impressionnisme vague », une *Damoiselle élue* d'après le poème de Rossetti et, de plus, illustrée par Maurice Denis. On peut sourire de l'abondance des lys de la seconde œuvre (« Elle avait trois lys à la main Et sept étoiles dans les cheveux »), une vingtaine d'années plus tard, avec *le Martyre de saint Sébastien,* il sera donné à Debussy de triompher d'une Cour des Lys beaucoup moins innocente. Si l'on désire d'un mot définir ce que Debussy a d'abord apporté à la musique, c'est une douceur dont ne se découvre l'équivalent que dans certaines peintures, par la délicatesse de leurs tonalités ou l'exquise pureté de leurs contours; il semble que Debussy ne l'ait trouvée que là, puisque les rares pages de *Parsifal* qui en approchent un peu étaient, en leur version instrumentale, inconnues de lui. Toute analyse technique de son œuvre demeure vaine si l'on n'entrevoit à quelles qualités rendues par les peintres aspire Debussy. Sans doute est-il, avec Chabrier, le premier exemple de musicien chez lequel le goût et la compréhension de la peinture, et non plus seulement le sens poétique, viennent influer sur le choix des sujets et jusque sur le métier lui-même. Autant son insatisfaction à l'égard de ce qui avait été précédemment réalisé que sa recherche d'une matière nouvelle, des moyens pour en assurer la consistance, procèdent de l'espèce de fascination que, depuis son enfance (et les témoignages n'en manquent pas), ont exercée sur lui certains arts — qu'on les nomme renaissant, extrême-oriental ou impressionniste. C'est d'ailleurs en termes de peinture qu'il a rédigé les quelques arguments de ses œuvres ou exprimé plus volontiers ses idées sur la musique.

Sa connaissance de la musique russe a été vraisemblablement progressive; elle débute en 1881 et s'approfondira durant une quinzaine d'années, au hasard de concerts et de lectures de partitions. Elle s'allie à trop d'autres découvertes pour que son influence puisse elle-même être soumise à une mesure exacte. Après son retour de la Villa Médicis, Debussy assiste deux années de suite aux représentations de Bayreuth (1888-89), entend dans l'intervalle, lors de l'Exposition universelle de 1889, à la fois des œuvres russes, le *gamelan* javanais et diverses musiques orientales, et fait en 1893 un voyage à Solesmes pour s'initier au chant grégorien. A quel autre grand musicien a-t-il été donné, en un laps de temps assez bref, de confronter son propre rêve avec d'aussi différentes conceptions de la musique ? L'importance d'un pareil moment a généralement échappé aux biographes de Debussy, qui s'en sont tenus aux impressions contradictoires que lui laisse Bayreuth. Une crise devait s'ensuivre, marquée, de manière inattendue, par un recul esthétique : alors qu'un mince recueil de mélodies, les *Ariettes oubliées* (1888), avait témoigné d'une légèreté de touche et d'une émotion diffuse qui n'appartiennent déjà qu'à Debussy, alors qu'il vient d'écouter *Parsifal,* où Wagner lui-même apporte une correction à son système thématique, l'ancien auditeur intermittent de César Franck abuse du procédé cyclique dans une *Fantaisie* pour piano et orchestre (1889-90), son premier essai symphonique véritable; de plus il accepte un livret d'opéra sur *Rodrigue et Chimène,* qui lui prend deux ou trois années de vains efforts. Années perdues s'il ne s'était presque aussitôt retrouvé : en 1893 le *Quatuor à cordes* est écrit, en 1894 le *Prélude à l'après-midi d'un faune* est achevé, et en septembre 1893 commence la composition de *Pelléas et Mélisande.*

Du *Quatuor* ou du *Prélude,* c'est le premier cependant qui, d'un point de vue debussyste, est le plus accompli et se tourne plus directement vers l'avenir. Le procédé cyclique y est repris, mais assoupli, annonçant la perpétuelle variation à laquelle le thème de Mélisande sera soumis pour constituer le fond de la partition entière. Les commentaires les plus sobres de l'orchestre de *Pelléas* emprunteront le langage même du *Quatuor.* Enfin, telle est la liberté d'écriture des quatre instruments, que les traits se prodiguent par quoi la forme orchestrale debussyste se distinguera à jamais, chatoyante, dispersée, et tour à tour nerveuse, alanguie et méditative : il n'y manque que l'expression voilée des cors bouchés, l'usage extraordinaire que Debussy fera toujours des bois, et forcément la masse des cordes, divisée le plus souvent. Le *Quatuor* est, par instants, un résumé d'orchestre (et pas toujours occidental), alors que des joyaux de musique de chambre seront parsemés dans l'orchestre de Debussy. Ici l'on se trouve très loin de la formule concertante, où tombe un peu le *Prélude à l'après-midi d'un faune,* et dont le maître orchestrateur Rimsky-Korsakov ne s'est jamais affranchi — sauf dans son *Coq d'or* final, qui est bien un signe de l'existence de Debussy.

A l'élaboration de *Pelléas*, Debussy consacra le plus de temps. Une première version est terminée pendant l'été 1895; elle est reprise, remaniée, jusque vers 1898, et encore en 1901. Les interludes, beaucoup trop courts, furent modifiés dans les semaines précédant la répétition générale, qui eut lieu le 27 avril 1902. Les retouches ultérieures sont minces, mais, comme pour d'autres œuvres, montrent dans quelle insatisfaction Debussy est toujours demeuré. Ce sentiment lui est essentiel : rien ailleurs n'a été créé où Debussy ne découvre à redire (ainsi telles critiques inattendues sur Palestrina, Bach, Moussorgsky — ou ses plus proches contemporains), et lui-même n'a de cesse que de se répéter ou, s'appropriant le travail d'autrui, de le « pousser » un peu plus. De là, nombre d'études espagnoles, de marines et de scènes printanières recommencées — parfois au préjudice d'un Ravel ou d'un Stravinsky. L'ensemble de ses œuvres se présente d'ailleurs comme une série d'esquisses qui, dans sa course après une musique chimérique, forment autant d'états provisoires. Esquisses, elles le sont encore dans la mesure où tout tableau à « faire » est évité. Il n'a manqué à l'auteur de *Pelléas* que de pouvoir en reprendre et corriger les figures dans un second drame, un nouveau Tristan par exemple; elles perdent et gagnent à n'avoir été dessinées qu'une fois. On soutiendra, il est vrai, que Golaud, le petit Yniold et même le vieil Arkel ont connu une vie antérieure chez Moussorgsky, et que Pelléas et Mélisande, les plus entières créations de l'œuvre, essayaient déjà leurs voix dans plusieurs mélodies de Debussy; leurs ombres s'introduisent dans *le Martyre de saint Sébastien* et se mêlent à celles de *Parsifal*.

Œuvre à peu près unique dans l'histoire du drame musical, *Pelléas* semble jusqu'ici avoir fermé plutôt qu'ouvert une voie; dans toutes les tentatives ultérieures l'on surprend quelques précautions pour ne point refaire *Pelléas*. Son étrange destin aura été d'avoir suscité des retours au drame wagnérien, à l'*opera buffa* ou à d'autres formes de l'opéra, sans parler de l'oratorio et même du ballet. Il est possible qu'ayant atteint un si juste équilibre entre le chant et le commentaire d'orchestre, entre le récitatif et le développement lyrique — à quoi ont préparé aussi bien *Boris* et les derniers opéras de Verdi que le chant grégorien — le drame musical ne soit plus utilisable avant longtemps. Il y eut sans doute un précédent avec l'*Orfeo* de Monteverdi. Si diverses que soient les solutions apportées au problème du livret, personne avant Debussy n'a eu en main un texte à la fois plus neutre et plus accordé à la sensibilité du compositeur : une chronique qui ne se rattache à aucun temps, des personnages de tapisserie ou de lanterne magique, une action abrégée te plutôt statique. L'idée que nous prenons aujourd'hui de *Pelléas* est légèrement faussée : les interludes, allongés pour des raisons de changement de décors, tendent à inverser le rapport entre la musique et le drame; l'absence de transition entre les scènes rendait encore plus parfait l'ajustement de la symphonie à un texte dont Debussy avait évité d'appesantir les silences et de souligner les terminaisons. Ces interludes, fort beaux, qu'il écrivit avec une extraordinaire rapidité, révèlent quelles étaient encore en 1902 les œuvres les plus proches de sa mémoire et de son cœur : *Tristan, Parsifal, Boris*. On en déduira qu'il a longtemps fréquenté Wagner et Moussorgsky, assez pour percevoir, comme de juste, l'insuffisance de leurs esthétiques ou de leurs procédés, et pour tirer un malin parti de ceux-ci. Mais le fil continu de *Pelléas,* c'est bien lui seul qui en a trouvé le secret. Le naturel des enchaînements écarte l'idée qu'il ait jamais voulu rapprocher autre chose que des sons; l'emploi de motifs conducteurs garde une discrétion à laquelle ses goûts en peinture l'incitaient.

Dès *Pelléas* se trouvent réunis tous les traits caractéristiques, et assez contradictoires, de l'harmonie debussyste. Elle montre ses couleurs vers 1912 (second livre de *Préludes, Jeux*), suite d'une émulation où les recherches d'un Ravel ou d'un Stravinsky entraînent Debussy : on expliquera toutefois difficilement comment les premières mesures de *Jeux* annoncent à ce point l'harmonie écartelée du *Sacre du Printemps,* représenté deux semaines plus tard. On doit d'abord poser que le dessein de Debussy fut avant tout mélodique et que son besoin de rareté se traduisit jusqu'en ce domaine. De ce fait, et si affranchi de la tonalité qu'il apparaisse, il ne versa point dans l'atonalité; bien au contraire il chercha auprès d'échelles musicales *autres,* anciennes ou exotiques, une matière mélodique qu'elles tenaient toute préparée; là, il échantillonna plus que jamais. Une erreur assez répandue lui attribue un goût exclusif pour la gamme par tons entiers, la moins naturelle de toutes; il s'en servit peu, en comparaison de l'emploi systématique qu'il fit de l'échelle pentatonique; des deux, l'on aurait dû s'en apercevoir, la seconde correspond plus au caractère irrésolu ou suspendu de l'harmonie debussyste. De même l'on a peu remarqué qu'aucun musicien, après Satie, n'a autant usé de l'accord parfait et ne l'a autant allégé d'une fonction tonale quelconque. Cette libération découle en partie de l'emploi si abondant des échelles soit modales soit pentatoniques; entre les différents degrés a disparu cette hiérarchie que la gamme majeure avait semblé impliquer. Debussy n'en aura pas moins recours à cette dernière, y introduisant quelque indécision ou prouvant qu'il n'existe pas en elle de meilleurs ou de plus mauvais degrés pour y établir des accords; il suffit que de leur suite se dégage une impression mélodique. D'après une lettre de février 1893, la leçon viendrait de Palestrina, dont les « arabesques », par leur simple entrecroisement, produisent des « harmonies mélodiques ». Qu'aucun élément ne soit subordonné à un autre se marque encore par une absence de toute préparation ou résolution de dissonance; notamment dans les enchaînements de neuvièmes et dans les juxtapositions de secondes Debussy fait preuve d'une liberté qui ne s'était guère manifestée auparavant. Ne pouvant analyser ici dans le détail une harmonie fort complexe, nous retiendrons seulement les successions d'accords sur pédale, à l'origine desquelles se place presque certainement Ravel, mais où nous voyons Debussy amenuiser cette pédale, note répétée de loin en loin et comme susurrée. Il est net qu'avec la musique de Debussy la notion d'harmonie s'est considérablement altérée; accords et dissonances ont acquis une valeur de timbre dont on joue presque exclusivement. Une instrumentation généralisée, c'est à quoi tend la composition elle-même. Un émiettement aurait pu s'ensuivre si Debussy n'avait pas tout disposé selon des plans distincts et suffisamment écartés, l'un servant toujours de fond aux autres, et s'il n'avait entretenu un courant, de nature rythmique, qui anime l'ensemble.

N'ayant cessé de parfaire *Pelléas,* Debussy publie en 1899 les *Chansons de Bilitis,* l'un de ses plus beaux recueils de mélodies, et achève, la même année, trois *Nocturnes* pour orchestre. Malgré le *Quatuor* de 1893, et dans l'ignorance où l'on reste alors de *Pelléas,* c'est par ces trois pièces d'orchestre que s'ouvre un nouveau chapitre dans l'histoire de la musique. Debussy avait commencé de les écrire en 1894, ayant à peine terminé le *Prélude à l'après-midi d'un faune ;* leur première version était concertante, pour violon principal et orchestre; leur titre était inspiré non par Chopin mais par la peinture de Whistler. Dans une lettre à Ysaye, auquel ces *Nocturnes* étaient primitivement destinés, Debussy parle d'« une recherche dans les divers arrangements que peut donner une seule couleur. Comme par exemple, ce que serait en peinture une étude dans les gris... » On saisit là quelles étaient ses préoccupations. Les trois volets de ce « triptyque symphonique », *Nuages, Fêtes* et *Sirènes,* surtout les deux premiers, et plus encore le premier, vont renouveler le genre du poème symphonique — pour user d'une expression à laquelle Debussy renonce. En 1899 Richard Strauss vient de composer sa septième « Tondichtung »; mais pas plus lui que les autres Romantiques ou les Russes ne songent, en traitant cette forme symphonique, à faire de la matière orchestrale l'objet poétique même. Le poème symphonique, où Vincent d'Indy persistera à voir une double indétermination — et d'objet et de forme — reçoit de l'auteur des *Nocturnes* sa vraie détermination. D'autres poèmes d'orchestre suivront, chacun marquant un progrès de l'art debussyste : en 1905, *la Mer ;* de 1910 à 1912, trois *Images,* comprenant *Gigues, Ibéria* (elle-même divisée en trois parties) et *Rondes de printemps ;* en 1912, *Jeux,* un « poème dansé », c'est-à-dire un ballet pour la troupe de Diaghilev. Il y faut joindre la musique de scène pour *le Martyre de saint Sébastien,* mystère de Gabriele d'Annunzio (1911), et un « ballet pour enfants », *la Boîte à joujoux* (1913).

Le nouveau chapitre est déjà tout entier dans les premières mesures de *Nuages.* Ces enchaînements de quintes et de tierces par deux clarinettes et deux bassons, suivis par la courte phrase du cor anglais, la reprise du motif par les violons divisés, la ponctuation des basses : peu d'œuvres, dès leur commencement et à l'aide d'aussi simples moyens, ont composé une atmosphère à ce point neuve. Et pourtant le motif de *Nuages* est une réminiscence de *Sans soleil* de Moussorgsky; ici se révèle par quel mécanisme psychologique, qui joue fréquemment chez Debussy, une association première, qu'elle soit ou non sienne, vient à se reformer; une identité de sentiments provoque une analogie de procédés. De même la pulsation uniforme que l'on perçoit par instants dans *Nuages* comme dans *Fêtes,* et qui donne au battement métronomique une valeur musicale inespérée, peut-être Debussy y avait-il prêté attention en écoutant *Dans les steppes de l'Asie centrale :* cette œuvre de Borodine fut exécutée pour la première fois à Paris en octobre 1884, il avait donc pu la connaître avant de partir pour Rome. Entre la caravane qui s'avance et « la marche lente et mélancolique des nuages », entre l'immensité de la steppe et « l'aspect immuable du ciel », le lien est probable. La forme paraît également morcelée dans les deux œuvres, mais là s'arrête leur ressemblance. Autant que d'autres poèmes symphoniques, l'esquisse de Borodine se ressent d'intentions extérieures; l'emploi de thèmes folkloriques, uniquement pour leur valeur ethnique et leur effet pittoresque, mène à une présentation qui relève de la marqueterie, alors que le compartimentage auquel se livre Debussy provient d'une conception raffinée, et plus exigeante que jamais, de la forme musicale. Des touches successives, ayant entre elles des relations subtiles, permettent d'échapper au développement conventionnel, ce « laboratoire du vide ». La forme naît d'une invention de chaque instant, elle progresse par association d'idées musicales, par rapprochement d'harmonies, par juxtaposition de couleurs instrumentales. Grâce à cette création continue, qui se porte également sur tous les points et ne laisse aucun détail indifférent, le poème d'orchestre se réalise en tant que tel. Combien en regard paraît prosaïque et restreint le travail thématique de l'école, qui sert trop souvent de prétexte pour esquiver d'autres soins. Debussy sera du reste le premier à le tourner en ridicule; mais ses critiques ne visent pas la structure de la symphonie beethovénienne, où il note au contraire une justesse de moyens et de proportions; elles concernent toute tentative ultérieure d'en répéter sans esprit une ou deux formules, alors que leur propre inventeur ne s'arrêta à aucune. Entre Debussy et ses adversaires la discussion portera toujours sur « la vraie leçon » d'un maître. « Il semblait que, depuis Beethoven, la preuve de l'inutilité de la symphonie était faite. » Debussy prouva tout au moins que l'on peut composer des « esquisses symphoniques » comme *la Mer,* des « images » comme *Ibéria,* qui tiennent lieu de symphonie et en ont la solidité, bien qu'elles usent très modérément de la variation, du procédé cyclique, du développement, et ne doivent leur parfaite continuité qu'à la « musique » — mot étonnant qu'employa à ce propos le porte-parole de Vincent d'Indy.

Les *happy few* préféreront à la majesté de *la Mer* ou au dépouillement d'*Ibéria* la matière plus impalpable, l'ésotérisme de *Nuages,* de *Gigues,* de *Jeux*. Dans toute la musique moderne il n'existe cependant pas d'œuvre symphonique qui allie, autant que *la Mer,* l'ampleur de mouvement, la puissance avec l'extrême délicatesse du détail. A l'égal de deux de ses peintres préférés, Hokusaï et Turner, Debussy eut le pouvoir de cerner de lignes précises les formes insaisissables de la mobilité marine : la vacillation continue, la progression des vagues, le superbe écroulement des masses d'eau sont devenus par lui des « réalités » sonores. De tous les desseins de Debussy, c'est celui d'un tableau de la mer qu'il a le plus longtemps poursuivi et qui correspondait le mieux à son art fluide et ondoyant; on le voit déjà poindre dans les *Proses lyriques (De grève...),* dans le premier acte de *Pelléas* et dans le troisième *Nocturne*. Les flots de *la Mer* déferleront encore sept ans après dans *Jeux,* cette œuvre surprenante à tous égards — ne ferait-elle qu'annoncer, par le sujet équivoque et le paysage où le replace Debussy, les jeux des jeunes filles en fleurs sur la plage de Balbec.

Entre *Gigues* et *Jeux,* achevés à vrai dire ensemble, s'intercale la musique de scène du *Martyre de saint Sébastien,* qui fut composée en trois mois au plus et exécutée pour la première fois le 22 mai 1911; à peine *Jeux* est-il représenté par les Ballets Russes (14 mai 1913), Debussy écrit *la Boîte à joujoux,* dont seule l'instrumentation demeurera inachevée. On n'imagine guère d'œuvres d'un même musicien qui diffèrent autant. L'obligation où Debussy s'est trouvé d'écrire rapidement *le Martyre* n'est pour rien dans cette dissemblance. En lisant la pièce de d'Annunzio on relève maints passages réservés à la musique, et dont Debussy n'a tenu aucun compte, choisissant uniquement les situations qui conviendraient le mieux à un style déjà formé en son esprit. D'un acte à l'autre une progression est sensible, que n'affaiblit aucun signe de hâte; et bien que chaque acte ait sa couleur propre, de l'œuvre entière se dégage une impression d'unité, qu'on ne retrouve pas à ce degré dans *Pelléas.* Debussy paraît en pleine possession de moyens dont rien ne dit qu'il ne les destinait pas depuis longtemps à une œuvre religieuse; s'il ne se les était assurés au préalable, il n'eût peut-être pas résisté au choc que lui porta certainement la lecture du texte poétique. Debussy admirait *Parsifal,* il ne s'en est jamais caché; il en rejetait le livret et reprochait à certaines voix d'enfants d'avoir « de si louches enroulements que cela aurait pu contenir d'enfantine candeur si l'âme de Palestrina avait pu en dicter l'expression! » Il lui fut donné de réaliser ce rêve, malgré un sujet beaucoup plus suspect que celui traité par Wagner. On a souvent rapporté le jugement de Debussy sur le mystère de d'Annunzio : « le culte d'Adonis y rejoint celui de Jésus »; or ni les femmes de Byblos, particulièrement responsables de cette confusion, ni les deux Jumeaux, auxquels Debussy par surcroît prêta des voix de contralti, ne s'écartent du ton élevé auquel se maintient la partition. Ce ton est établi dès les premiers accords du Prélude, qui constitue la plus douce réponse à tant d'actions sacrilèges, en le domaine moral comme esthétique. Il revient à d'Annunzio d'avoir laissé une entière liberté à Debussy. Les deux évocations de la figure du Christ, celle de la Passion et du Bon Pasteur, l'ouverture des portes du Paradis et les chants célestes qui suivent, demeureront parmi les plus belles pages que le christianisme ait inspirées. Le dépouillement auquel Debussy procédait depuis *Ibéria* porte ici tous ses effets; une transparence de vitrail est obtenue grâce à un allégement du corps symphonique et de la substance harmonique, aussi bien que par une instrumentation qui n'appartient qu'à Debussy : André Caplet, qui lui vint en aide, développa seulement par endroits le canevas déjà fixé par le compositeur. Aux prises avec des situations imprévisibles, et singulièrement païennes, Debussy ne cesse de faire preuve d'une sûreté admirable et montre à quelle économie de moyens il peut toujours atteindre : ainsi de la Chambre magique, où le prélude se réduit à un grésillement de l'orchestre, allusion au feu qu'entretiennent les magiciennes. Musique de scène ou musique spirituelle, on voit bien ce que l'une et l'autre ont exigé de renoncement. Il en est résulté un langage contenu, d'autant plus expressif qu'il reste indicatif; n'exploitant aucun artifice d'école, en particulier thématique. C'est peut-être à quoi Debussy pensait lorsqu'il parlait d'une musique purement décorative. Il a toujours donné au terme d'*arabesque,* comme d'ailleurs à celui d'*esquisse,* un sens qui échappe généralement.

Succédant au *Martyre* et à *Jeux, la Boîte à joujoux* parut un simple délassement. Son prétexte enfantin, la minceur de son écriture la firent rapprocher à tort d'un précédent recueil pour piano, *Children's Corner* (1908), alors qu'elle constituait une réplique française de *Petrouchka* : même exercice parodique, prenant pour objet aussi bien des folklores plus ou moins authentiques que musique d'opéra ou de ballet; même audace harmonique, mais avec une finesse de trait accrue. Oubliant les suggestions du décorateur, auxquelles chacun ensuite se laissera prendre, Debussy était passé du gras crayon de couleur à la plus claire eau-forte. Stravinsky et quelques autres s'en souviendront — autant de certaine valse que de ce reverdissement de l'Invention à 2 ou 3 voix.

Les dernières œuvres, à l'exception d'une *Sonate* pour violon et piano, furent toutes composées en la seule année 1915. « Alors, j'ai écrit comme un enragé, ou comme quelqu'un qui doit mourir le lendemain matin » (la lettre est du 14 octobre 1915). Le lendemain, c'est l'une des plus cruelles maladies, qui le laisse à peine achever sa dernière *Sonate* (1917), l'empêche d'accomplir le drame qui eût le mieux traduit sa nature profonde (un drame de la terreur, d'après *la Chute de la maison Usher* d'Edgar Poe), enfin l'emporte le 25 mars 1918, à l'âge de cinquante-cinq ans. Dans la suite *En blanc et noir* pour deux pianos la matière limpide et espacée du *Martyre* est reconnaissable par endroits. Les *Douze Études* pour piano, tout en gravissant les différents degrés de difficultés pianistiques, obéissent à un dessein que *Jeux* avait déjà réalisé dans le domaine du poème d'orchestre : une musique purement de timbres. Debussy savait qu'il y avait mis du « non-entendu », osant même écrire : « la plus minutieuse des estampes japonaises est un jeu d'enfant à côté du graphique de certaines pages ». Surprenante conclusion à tout son œuvre de piano, mais qui l'explique rétrospectivement : sur le clavier, et non ailleurs, il a tenté ses expériences de « chimie musicale ». Quelques-unes lui parurent assez « poussées » pour être présentées sous des titres décoratifs, ou abstraits mais non moins trompeurs. Les recueils d'*Estampes* (1903), d'*Images* (1905-08) ou de *Préludes* (1910-13) sont plutôt cahiers d'esquisses, d'ébauches, voire de formules; journal sans date où se glissent parfois des notes de lecture, des souvenirs d'œuvres d'art ou de paysages, enfin des scènes d'un théâtre qui ne serait jamais représenté, son théâtre imaginaire. A trop vouloir juger de la valeur intrinsèque de ces pièces, dont certaines sont parfaites et aucune indifférente, on a négligé ce qu'elles nous révélaient de l'atelier de l'artiste; où, à vrai dire, personne ne pénétra. On l'imagine aussi étrangement habité que l'Atelier de Courbet.

Fin août 1915, Debussy hésitait encore à qui il dédierait ses *Études :* Couperin ou Chopin, ces deux « admirables devineurs » ? Chopin tout de même l'emporta. Il eût aussi bien pu recevoir l'hommage des *Sonates*. Monsieur Croche n'avait-il pas loué sa manière toute personnelle de traiter la sonate, n'en confectionnant aucune mais en faisant « des *esquisses* très poussées » ? Pour sa part Debussy reprit un sens ancien du terme, où sonate équivalait à libre fantaisie; sans négliger les artifices trouvés entre-temps qui prêtent à cette forme une unité au moins apparente, sinon secrète. Jamais Debussy n'usa du procédé cyclique avec plus de légèreté. De la *Fantaisie* pour piano et orchestre au *Quatuor,* de celui-ci à *la Mer,* pour ne citer que des œuvres où il est franchement employé, le procédé s'était amenuisé. Dans les *Sonates* il a la discrétion d'un filigrane dans le papier. Mais la garantie du support est une chose, une autre le soin que Debussy apporta à la mise en page. Il sut toujours ménager des blancs là où d'aucuns se seraient crus obligés de dresser « une haie de mesures sans joie ».

André SCHAEFFNER.

BIBLIOGRAPHIE

DEBUSSY, C., *Monsieur Croche antidilettante,* Paris, 1921.

DEBUSSY, C., *Lettres de Claude Debussy à son éditeur Jacques Durand,* Paris, 1927.

DEBUSSY, C., *Correspondance de Claude Debussy et P. J. Toulet,* Paris, 1929.

DEBUSSY, C., *Lettres de Claude Debussy à André Messager,* Paris, 1938.

DEBUSSY, C., *Lettres à deux amis... Robert Godet et G. Jean Aubry,* Paris, 1942.

DEBUSSY, C., *Correspondance de Claude Debussy et Pierre Louÿs,* Paris, 1945.

DEBUSSY, C., *Correspondance de Debussy et de d'Annunzio,* Paris, 1948.

DEBUSSY, C., *Lettres inédites à André Caplet,* Monaco, 1957.

DEBUSSY, C., *Lettres à sa femme Emma,* Paris, 1957.

— *Segalen et Debussy,* Monaco, 1961.

ALMENDRA, J. d', *Les modes grégoriens dans l'œuvre de Claude Debussy,* Paris, 1950.

BRAÏLOÏU, C., *Pentatonismes chez Debussy,* dans : « Studia memoriae Belae Bartok sacra », Budapest, 1956.

DANCKERT, W., *Claude Debussy,* Berlin, 1950.

DIETSCHY, M., *La passion de Claude Debussy,* Neuchatel, 1962.

EMMANUEL, M., *Pelléas et Mélisande de Debussy,* Paris, 1926.

ESTRADE-GUERRA, O. d', *Les manuscrits de Pelléas et Mélisande,* Paris, 1957.

GERVAIS, F., *La notion d'arabesque chez Debussy,* Paris, 1958.

KOECHLIN, Ch., *Debussy,* Paris, 1927.

LALOY, L., *Claude Debussy,* Paris, 1909.

LALOY, L., *La musique retrouvée,* Paris, 1928.

LESURE, F., *Claude Debussy,* catalogue de l'exposition à la Bibliothèque nationale, juin 1962.

LOCKSPEISER, E., *Debussy,* 3e éd., Londres, Dent, 1951.

— *Debussy et Edgar Poe,* Monaco, 1961.

MARTIN, A., *Claude Debussy : chronologie de sa vie et de ses œuvres,* catalogue de l'exposition (mai 1942) au foyer de l'Opéra-Comique.

PETER, R., *Claude Debussy,* Paris, 1944.
RIVIÈRE, J., *Études,* Paris, 1911.
ROLLAND, R., *Musiciens d'aujourd'hui,* Paris, 1908.
— *Richard Strauss et Romain Rolland,* Paris, 1951.
SCHAEFFNER, A., *Debussy et ses rapports avec la musique russe,* dans : *Musique russe,* t. I, Paris, 1953.
SUARÈS, A., *Debussy,* Paris, 1936.
STROBEL, H., *Claude Debussy,* Paris, 1952.
VALLAS, L., *Claude Debussy et son temps,* Paris, 1958.
Nos spéciaux de la « Revue musicale », décembre 1920, mai 1926.

MAURICE RAVEL

RAVEL et Debussy, constamment rapprochés et trop souvent confondus dans l'estime de leurs contemporains, occupent aujourd'hui deux demeures bien distinctes de notre empyrée. Leur musique bénéficie d'une audience sensiblement égale; mais tout se passe comme s'il restait encore beaucoup à glaner dans le champ du second, alors que l'œuvre du premier cesse apparemment d'être utilisable aux fins de la découverte, n'ayant plus besoin que d'être reconnue pour ce qu'elle est. Cette considération (qui ne diminue en rien la valeur propre de son message) peut sans doute nous aider à comprendre que Ravel, après avoir joué, contre son gré, le personnage de l'artiste maudit, ait directement accédé, au lendemain de sa mort, à la dignité exemplaire du « classique » dont les richesses sont exactement définies par les limites qu'il leur a lui-même imposées. Classique, Ravel l'est d'abord devenu au sens premier du terme — c'est-à-dire « propre à l'usage des classes ». L'académisme scolaire invoque volontiers le patronage des grands artisans qui ne séparent point la lucidité du critique de l'intuition du poète et font tenir le tout de l'art dans le métier. Illusion si l'on veut, c'est une illusion féconde. Dans le cas de Ravel, le génie se mesure à l'échec de sa volonté d'académisme. A se vouloir un autre Saint-Saëns, il a obtenu d'être l'unique Ravel. Reste que cet homme qui se targuait, en propres termes, d'être « artificiel par nature » offre le type accompli du musicien-né.

Pour Ravel, le problème de la vocation s'est trouvé résolu sans avoir été posé. Né au petit port de Ciboure (Basses-Pyrénées) d'une mère basquaise et d'un père savoisien, toutefois Parisien dès sa petite enfance, voué à la musique dès l'âge de sept ans, le jeune Ravel montre d'abord plus de dispositions naturelles que d'ardeur à les cultiver, mais n'imagine pas de regimber contre l'insistante et douce volonté paternelle. Il étudie sagement le piano sous la direction d'Henri Ghys. En 1887, à douze ans, il tâte aux rudiments de l'harmonie. Le premier maître d'écriture qu'on lui donne, Charles-René, note chez son élève une originalité spontanée que la règle stimule comme un jeu, une obstination à ravauder sur les dissonances aiguës, en particulier sur les frottements exquis qu'autorise l'accord de *septième majeure* en ses renversements.

L'année 1889 ne marque pas seulement pour notre musicien l'entrée au Conservatoire, dans la classe d'Anthiome (piano préparatoire) : elle lui révèle, à l'Exposition Universelle, l'attrait des échelles modales primitives. Les musiques exotiques fascinent le jeune garçon qui coudoie, sans les connaître encore, autour du *gamelan* indonésien, les mêmes musiciens qui vont influencer ses débuts : Emmanuel Chabrier, Claude Debussy, Érik Satie; sans oublier Rimsky-Korsakov, de passage à Paris.

De son propre aveu et de l'avis de ses camarades, le Ravel des années de Conservatoire ne fit jamais figure de brillant sujet. Les mentions de ses récompenses n'encombrent point les palmarès. Le pianiste devra se contenter d'une première médaille et l'élève d'harmonie d'Émile Pessard déconcerte son maître et ses condisciples par une curiosité déplacée pour les musiques exorbitantes du droit coutumier, cependant qu'il affiche un conformisme intransigeant à l'égard des prescriptions qu'édictent les traités scolaires, arguant qu'on ne joue pas un jeu sans en observer les règles.

Les années d'apprentissage de Ravel accentueront cette tendance. C'est en raffinant sur les exigences de la discipline qu'il aiguise son appétit des valeurs inconnues. L'esprit d'ordre mûrit, dirige l'aventure. Ascèse baudelairienne qui assure sa démarche. Il jouera volontiers les diables casuistes et théologiens, s'efforçant de justifier les audaces de son harmonie par des subtilités d'orthographe propres à tourner les défenses du traité de Reber.

Les premières compositions de Ravel qui nous soient connues ne sont pas antérieures à sa vingtième année. La mélodie *Un grand sommeil noir* et le *Menuet antique* pour piano laissent paraître dans leurs renversements de *neuvièmes* et leurs cadences modales la double influence d'Emmanuel Chabrier et d'Érik Satie. Mais, cette même année 1895, un éclair de chaleur nous fait entrevoir le musicien dans sa démarche essentielle : une *Habanera* pour deux pianos, chef-d'œuvre prématuré, que son auteur replacera tel quel, onze ans plus tard, dans la *Rhapsodie espagnole*. On y notera le goût des pédales obstinées dont l'auteur du *Gibet* nous confessera qu'elles se proposent à lui comme le répondant musical du *Nevermore* fatidique clamé par le Corbeau de son cher Edgar Poe. C'est encore dans la *Habanera* que nous voyons paraître pour la première fois un magistère harmonique qui demeurera comme une des expressions favorites de son langage (voir ex. 1) et qu'il serait aisé de justifier, au gré du grammairien retors qu'il s'efforçait d'être aux yeux de ses maîtres et de ses condisciples, en l'expliquant comme une *sixte napolitaine sur pédale, avec septième ajoutée*.

Ex. 1.

Dans le fait, la prémonition de cet accord remonte au premier *Scherzo* de Chopin, moyennant l'insertion du successif dans le simultané — processus habituel de la formation des accords nouveaux, selon la juste remarque de Jacques Chailley. La *Habanera* fait figure d'anticipation. Les œuvres qui lui succéderont montrent moins de hardiesse et moins d'assurance. Un premier essai d'orchestre, *Schéhérazade*, ouverture pour un opéra qui fut abandonné, n'eut point de censeur plus sévère que son auteur qui la trouvait « mal fichue, et pleine de gammes par tons entiers. Il y en avait même tant que j'en fus dégoûté pour la vie ». De fait, la fameuse *gamme par tons*, échelle artificielle, si docile à qui veut aller de n'importe où à nulle part, et dont le seul Debussy sut user avec cette discrétion qui est la marque de son génie — la gamme par tons est pratiquement absente du langage ravelien. Ravel ne se montrait pas moins sévère à l'égard de sa célèbre *Pavane pour une infante défunte* dont il est aisé de dénoncer après lui « l'influence de Chabrier, trop flagrante, et la forme assez pauvre ». Tout se passe comme si, autour des années 1900, l'élève de Gédalge et de Fauré se reculait pour mieux sauter, modérait les feux d'une intuition audacieuse en réservant les efforts de sa verve inventive aux techniques de la virtuosité. Composés en 1901, les *Jeux d'eau,* contemporains de la cantate *Myrrha* (qui devait valoir à son auteur un second Grand Prix de Rome) ne tendaient en principe qu'à prolonger les expériences de Liszt par une utilisation nouvelle du registre aigu du clavier dans un climat de volubilité sensible, où revivent l'esprit et le charme de Domenico Scarlatti. Œuvre de modeste ambition, les *Jeux d'eau* n'en demeurent pas moins à l'origine d'une nouvelle technique de piano dont Claude Debussy ne sera pas le dernier à goûter les prestiges. C'est précisément à ce point de leur évolution respective que les voies des deux musiciens se rencontrent.

Ce n'est pas s'engager dans la rhétorique des vies parallèles que de constater qu'il serait aujourd'hui difficile de confondre l'art de Ravel avec celui de Debussy. Nous avons assez de recul pour les distinguer plus nettement, de prime abord, que nous ne distinguons Haydn de Mozart. A noter que Debussy n'est qu'à peine l'aîné de Ravel si l'on se réfère à la concurrence de leurs carrières. Car le premier s'est cherché longuement avant de tracer sa ligne propre, autour des années 1890, alors que le second est sorti tout armé et comme sans effort de sa chrysalide académique. Reste qu'ils ont tous deux respiré l'air d'un même milieu dans un même temps. Certaines de leurs nourritures avaient été communes comme furent voisins les objets offerts à leur curiosité. On se borne à citer, entre tant, et pêle-mêle : Chopin, Liszt, les Cinq Russes et Satie; Edgar Poe, Mallarmé, Whistler, Odilon Redon, l'Espagne imaginaire des *habaneras,* le *gamelan* javanais et l'art d'Extrême-Orient. Mais si quelques goûts les rapprochent, leurs natures les séparent autant que leurs poétiques. Debussy, plus apparemment abandonné, est néanmoins plus secret, prompt à dissimuler ses moyens et ses sources. Il tente son aventure à partir de l'achevé et se fait un bonheur de ne l'achever pas, semblable à ces peintres dont les études sont plus poussées que les tableaux. *L'Après-Midi d'un faune, Nuages, la Mer, Jeux,* entre tant, nous dérobent la fermeté de leur structure interne sous les traits estompés de feintes esquisses. Il souhaite, et le dit, que « Ça n'ait pas l'air d'être écrit », ambitionnant, comme Chardin et Jean-Philippe Rameau de « cacher l'art par l'art même ». On dirait qu'il a honte de son métier, comme Ravel a honte de son cœur.

Plus enclin à se montrer en posture d'illusionniste qu'à faire figure de poète inspiré, Ravel professe ouvertement une poétique du pastiche. A l'en croire, il aurait presque toujours travaillé d'après un modèle. Il aimait à répéter, fort de son catéchisme baudelairien, que l'« originalité est chose d'apprentissage », et qu'il est bon de tirer leçon des poncifs afin d'en créer de nouveaux. Et de redire, après l'auteur de *Fusées :* « Créer un poncif, c'est le génie. »

Loin donc de dissimuler ses sources, et rompu aux disciplines académiques, Ravel dégagera sa personnalité au grand jour de l'imitation créatrice. Il est significatif que les modèles qu'il a résolument dépouillés — Liszt, Saint-Saëns (et les classiques viennois avant eux) — ont été si soigneusement assimilés que leur influence est moins sensible chez lui que celle de musiciens dont il a peu ou prou subi l'ascendant — tels Chabrier, Satie et les Russes.

La rencontre avec Debussy se situe entre 1901 et 1903. Elle est surtout apparente dans le *declamato* d'*Asie,* première mélodie du recueil de *Schéhérazade* pour chant et orchestre. Ce serait le lieu de noter qu'à l'inverse de Debussy, Ravel accorde plus spontanément son lyrisme à la musique instrumentale qu'à l'expression vocale.

C'est dans la première *Ariette oubliée* que la mélodie debussyste avait assumé d'abord « sa charge d'âme », comme parle Robert Godet. C'est dans sa musique de piano que la personnalité de Ravel se dessine et s'affirme au gré de ses expériences. Les trouvailles les plus nettes et les plus décisives du langage et du style raveliens seront arrachées aux touches du piano. Car le clavier lui est l'indispensable banc d'essai — l'établi dont il a besoin pour ajuster ses sortilèges. Les *Noctuelles, Gaspard de la Nuit,* les *Valses nobles et sentimentales,* sans pouvoir prétendre à résumer tout son art, n'en éclairent pas moins les avenues. Ces compositions marqueront les étapes de la découverte avant d'informer et de féconder l'œuvre symphonique et dramatique. Aussi bien, Ravel n'orchestrera-t-il jamais sans se référer au piano. Il le consultera sans cesse, afin d'éprouver l'effet d'un groupe sonore isolé du contexte.

Le problème de l'orchestre se ramène pour lui à l'application d'un système de poids et de mesures, fondé sur la stricte correspondance du timbre à la partie qu'il épouse pour une tessiture donnée, n'y ayant point, selon lui, de musiques bien orchestrées hors les musiques bien écrites. Notons en passant que l'œuvre symphonique, *stricto sensu,* de ce « magicien de l'orchestre », se limite en tout et pour tout à la *Rhapsodie espagnole* de 1907; tout le reste (concertos mis à part) se destinant dans le principe pour le ballet *(Daphnis et Chloé, la Valse, Bolero)* ou résultant de transcriptions *(Alborada del gracioso, Ma Mère l'Oye, le Tombeau de Couperin,* etc.).

Les *Jeux d'eau,* l'ardent et lumineux *Quatuor en fa, Schéhérazade* n'avaient pas laissé d'attirer l'attention sur l'inquiétante personnalité d'un fort en thème hérétique, candidat au Prix de Rome, déjà nanti d'une seconde récompense et qui ne renonçait pas à conquérir la première : « Monsieur Ravel peut bien nous prendre pour des pompiers, avait dit un membre de l'Institut, il ne nous prendra pas impunément pour des imbéciles. »

Le jugement du concours d'essai de 1905 qui voulut interdire la montée en loge d'un candidat préalablement couronné n'était pas sans précédent; en l'occasion, il parut inique. Il était donc fatal que le scandale arrivât. Il ne porta malheur qu'aux académiciens qui l'avaient suscité.

Au Conservatoire, Théodore Dubois dut céder le fauteuil à Gabriel Fauré — le maître de Ravel — cependant que ce dernier, délivré du souci des compétitions, guéri de la fièvre des candidatures, voyait s'ouvrir devant lui une période décisive, à coup sûr la plus féconde de sa carrière. Pendant les trois ans qui suivront son échec au concours de Rome (1905-1908), il écrira sans désemparer *Miroirs,* la *Sonatine, Histoires naturelles,* la *Rhapsodie espagnole, l'Heure espagnole, Ma Mère l'Oye, Gaspard de la nuit,* sans compter les bluettes, sans oublier *la Cloche engloutie,* drame lyrique ébauché.

Les cinq pièces pour piano recueillies sous le titre de *Miroirs* introduisent un climat d'aisance audacieuse. Une spontanéité déliée s'y fait jour. L'harmonie s'éclaire et s'aiguise. Elle accuse les traits d'une mélodie plus exigeante et plus libre dont l'élan brise les carrures métriques. La première pièce du recueil, *Noctuelles,* nourrit et retient, dans la trame de ses arpèges volubiles et secrets, un charme nouveau auquel Ravel se montrera toujours attaché, et qui va constituer un élément caractéristique de son langage (voir ex. 2), agrégat que le musicien des *Noctuelles,* fidèle à la terminologie scolaire, eût justifié selon l'orthographe qu'il lui impose en tant *qu'accord de septième diminuée avec appoggiature supérieure, non résolue, de la septième* ou de *neuvième mineure sans septième* en son quatrième renversement.

Ex. 2.

Il se plaît à le reprendre sans cesse, le renverse, et l'enchaîne librement comme une consonance :

Ex. 3.

« Voulez-vous un opéra en cinq actes ? Vous l'aurez dans une semaine. » (20 août 1906.) Cette euphorie de la disponibilité ne l'entraîne pas pour autant aux improvisations hâtives. *La Cloche engloutie* sera finalement délaissée, et *l'Heure espagnole* n'aura qu'un acte. Comme s'il voulait se préparer aux épreuves du théâtre lyrique, Ravel s'applique d'abord aux exercices de déclamation que lui proposent les *Histoires naturelles* de Jules Renard, puis aux quatre études d'orchestre que rassemble la *Rhapsodie espagnole*.

Un nouveau scandale, suscité par la première audition des *Histoires naturelles,* va remettre en vedette un musicien qui répugna toujours à faire parler de lui. On dénoncera comme une offense à la dignité de l'art une gageure qui revenait à naturaliser des « sujets étrangers à la musique », en accordant les honneurs du chant à ce bestiaire ironique et goguenard, cependant qu'à cerner le texte au plus près des inflexions du discours, la déclamation rejoint la mélodie à la limite de l'exactitude, et délivre la poésie que l'ironie glacée de Jules Renard tenait captive de la prose la plus sèche.

De son côté, la *Rhapsodie espagnole* passait de haut et de loin les promesses de son titre et les modestes ambitions d'un exercice d'instrumentation. Rien de moins rhapsodique que cette composition où se fait entendre pour la première fois l'orchestre nerveux, transparent et net qui n'est qu'à Ravel, où chaque entrée de timbre répond à l'attente par la surprise.

Tenté, dès sa prime jeunesse, par la magie du théâtre (il est significatif qu'il se soit surtout attaché aux opéras de Weber, et qu'il n'ait volontiers retenu du drame wagnérien que ses aspects féeriques) le compositeur de *l'Heure espagnole* et de *l'Enfant et les sortilèges* ne saurait être considéré comme un musicien de théâtre au sens de l'expression qui requiert les extases et les violences de la passion. L'héroïsme, la concupiscence et le désespoir ne sont point de son empire. Son univers dramatique s'inscrit dans les mêmes limites qui suffisent au *Cosi fan tutte* de Mozart. On remarquera que ses sujets de prédilection, au théâtre comme ailleurs, ressortissent tantôt à la comédie, qui juge les passions, tantôt à la féerie qui les allège du poids de la condition humaine.

L'Heure espagnole, « conversation en musique », ambitieuse de renouer la tradition de l'opéra bouffe, porte aux rimes cocasses et à la métrique dégingandée de Franc-Nohain le même défi que les *Histoires naturelles* avaient relevé en s'attaquant à la prose de Jules Renard. Le musicien s'empare de cette farce, preste d'allure et leste de ton, dont il se plaît à traiter les personnages comme des marionnettes aux réflexes glacés, reportant les chaleurs de son lyrisme sur le chœur des choses sans visage qui peuplent une boutique d'horlogerie tolédane, évoquant, sur le rythme des *habaneras* chères à son cœur épris d'une Espagne factice, la pulsation des balanciers, l'âme des carillons de Cythère. Moyennant quoi, les personnages désinvoltes et salaces de la comédie seront dépouillés d'une tendresse dont ils n'ont que faire au bénéfice des automates et des horloges, que la musique a doués d'une vie ardente et secrète.

A la fleur de son âge et de son talent, Ravel connaît, vers 1908, ce bref moment de certitude où les grands artisans se plaisent à éprouver que leur pouvoir répond spontanément à leur vouloir. Il est parvenu à ce point où la considération des problèmes importe moins que la rigueur des solutions. Ne faisant crédit qu'aux vertus du métier, il opère à l'inverse des fanatiques de la sincérité dont l'intention est presque toujours moins innocente que la technique : chez Ravel, dont l'imagination fait sa demeure au « vert paradis des amours enfantines », la rouerie du métier ne fait que souligner la naïveté déliée de la verve. Car l'enfance s'enchante de l'artifice, qui détient les clés du royaume de féerie. C'est là que les extrêmes du génie ravelien vont se toucher dans deux œuvres jumelles pour le piano, et qui comptent au nombre de ses réussites capitales : *Ma Mère l'Oye* et *Gaspard de la nuit* (1908) : là, la simplicité nue, l'écriture toute dépouillée répondent à la requête des *Contes* de Perrault; ici, la virtuosité transcendante de trois pièces que l'on a voulues « plus difficiles qu'*Islameï* », et qui fait écho au fantastique nocturne d'Aloysius Bertrand — le créateur français du poème en prose. Tous les pouvoirs et tous les prestiges de Ravel se composent et se concentrent dans les volets du grand triptyque de *Gaspard de la nuit*. L'essence de leur charme tient encore et toujours à la mélodie souveraine qui se profile sous les batteries pressées pour rejaillir intarissablement du flot des arabesques où baigne la capricieuse *Ondine ;* elle heurte, dans *le Gibet,* son chant hagard et désolé au glas obstiné d'une pédale intérieure *(Nevermore !) ;* virevolte, se brise et se recompose enfin dans le *scherzo* démoniaque de *Scarbo*. Notre baudelairien aime à frôler les précipices du monde nocturne; le romantisme l'attire comme un fauve qu'il faut dompter. Alfred Cortot insiste justement sur « la discipline exacte de l'interprétation qui n'a pour effet que de rendre plus sensible l'exaltation romantique de l'argument ».

La période heureuse et féconde s'achève, pour Ravel,

sur la dernière pirouette de *Scarbo*. Le rythme aisé de sa production va connaître une traverse paradoxale : son œuvre a commencé d'attirer les regards, et le succès va livrer cet homme si jaloux de sa liberté au pouvoir d'une nouvelle Égérie : la commande. Dans la griserie triomphale des premières Saisons Russes, Diaghilev décide de s'attacher Ravel. Il lui propose, dès 1909, de collaborer avec le chorégraphe Fokine à la composition d'un grand ballet, *Daphnis et Chloé,* dont ce dernier a composé l'argument.

La vocation artisanale, qui rend le musicien disponible à toute intention, ne le fera jamais docile au régime de la commande qui désormais va s'imposer à lui. Il éprouve que sa célébrité conspire contre son indépendance. Pour *Daphnis,* comme plus tard pour *la Valse, l'Enfant et les sortilèges* ou *Boléro,* on le verra regimber contre l'aiguillon et tergiverser longuement. Les premières pages de *Daphnis* attestent la répugnance qu'il éprouve à se mettre en train. Les exigences d'un ballet à grand spectacle imposaient au musicien les traits de force au mépris des subtilités de l'écriture et de la couleur. Ravel s'est donc donné pour tâche de composer « une vaste fresque musicale » qui se distingue de ses autres ouvrages par un ton de franchise éclatante. On y trouve moins d'originalité dans les éléments que de puissance dans leurs combinaisons; mais on y éprouve, brochant sur le tout, cette générosité lyrique qui a fait de la seconde suite symphonique tirée du ballet, avec son fameux lever de jour et sa bacchanale, le morceau le plus universellement célèbre de la musique d'orchestre de notre temps.

Comme pour se délasser et se ressaisir au milieu des travaux imposés par cette vaste composition (qui ne sera terminée qu'au printemps de 1912) Ravel s'offre « le plaisir délicieux et toujours nouveau d'une occupation inutile » selon l'épigraphe des *Valses nobles et sentimentales* » — « pierre milliaire » (Alberto Mantelli), à coup sûr le sommet le plus aigu de son art. Œuvre unique, qui porte au plus haut degré la condensation de la matière dans la claire rigueur d'une forme elliptique et serrée. Œuvre « maudite », peu comprise et peu jouée cinquante ans après sa naissance, où s'opère une espèce de rectification des appétits harmoniques au bénéfice de la clarté svelte et tranchante de la mélodie, de la transparence du timbre. Tendance qui se poursuit et s'accuse encore dans la quintessence de musique que distillent les *Trois Poèmes de Stéphane Mallarmé,* pour voix et instruments (1913) composés dans la compagnie d'Igor Stravinsky, tandis que ce dernier écrit de son côté les *Trois Poésies de la lyrique japonaise* tout en « racontant » à Ravel le *Pierrot lunaire* d'Arnold Schönberg. Que si Ravel a prêté l'oreille à ces racontars, le troisième poème de Mallarmé ne nous en convainc qu'assez vaguement.

À Saint-Jean-de-Luz, où il marchande, à l'occasion, les produits du chant de sa race, il entreprend de refaire Saint-Saëns sur nature en écrivant un ardent et chaste trio d'un-lyrisme apollinien, dont l'équilibre formel est exemplaire. La guerre de 1914 le surprend dans cette opération. Il parvient à s'engager après mainte démarche. Réformé en 1917, il s'oblige à reprendre sa tâche, et compose, hommage nostalgique à la tradition française, les six pièces du *Tombeau de Couperin* où se retrouve le ton de ses œuvres de jeunesse.

En 1919, une commande de Diaghilev lui offre l'occasion de réaliser le projet, qu'il caressait depuis longtemps, d'écrire une apothéose de la valse viennoise. Ce sera *la Valse,* que les Ballets Russes ne représenteront jamais, mais que les concerts ne laisseront pas de se disputer à l'envi. Les chefs d'orchestre aimeront à tenir sous leur baguette une composition vertigineuse dont le tournoiement s'exaspère jusqu'à imposer l'obsession tragique d'une course à l'abîme. Rien de moins ravelien, car le drame n'est pas dans le tableau — il est dans le peintre. Il trahit, chez Ravel, la venue du démon de midi. Le musicien s'évertue à franchir les limites de son empire. « Orfèvre de ses chaînes », il échoue dans l'effort de les briser. Il se cabre. *La Valse* s'apparente ainsi aux fiévreuses prouesses de l'art romantique.

Au lendemain de *la Valse,* Ravel va continuer de ronger son frein et quand ses œuvres subséquentes le montreront parfois encore « le sourire aux lèvres », comme le muletier de son *Heure espagnole,* ce sera désormais un sourire blessé. En attendant, la *Sonate en duo* pour violon et violoncelle, chef-d'œuvre rageur et mordant, porte au plus haut degré la rauque violence où le musicien de *la Valse* semble alors se complaire. Le dépouillement y est poussé à son comble; la virtuosité se hérisse, le lyrisme s'exaspère en des colères de chat.

Dans sa nouvelle retraite de Montfort-l'Amaury, Ravel se résout, après bien des atermoiements, à mettre sérieusement sur le chantier une « fantaisie lyrique » dont Colette lui avait fait tenir le livret. *L'Enfant et les sortilèges,* conte bleu, lui rendait le royaume puéril, patrie de son cœur et de son génie, mais ne lui offrait qu'un prétexte à musique incohérent et fragile, dont la modestie ne dissimulait pas l'arbitraire, et qui n'a cessé d'opposer à la mise en scène des obstacles insurmontables. Reste qu'en dépit d'allusions démodées à l'opérette américaine, *l'Enfant et les Sortilèges,* au second acte très particulièrement, délivre, en son lyrisme mélodique exquisément épuré, le plus tendre message et la plus intime confidence d'un illusionniste trahi par son cœur.

Parmi les dernières compositions de Ravel, on aime à retrouver surtout les *Chansons madécasses* pour voix, flûte, violoncelle et piano (1926); *Bolero* (1928), brillant « carrousel de timbres » (A. Mantelli) qui ne veut être et qui n'est qu'une prouesse de virtuosité en forme de *crescendo* orchestral; enfin, les deux concertos de clavier, réalisés concurremment en 1931. Le *Concerto en ré, pour la main gauche,* s'oppose avec une véhémence tragique à la légèreté désinvolte de son frère jumeau. On le tient, à bon droit, pour l'une des œuvres maîtresses de Ravel. Par-delà le tour de force, ce concerto, destiné à un pianiste manchot, transcende étrangement son objet : à violenter la nature, la main enchantée qu'on voit tisser sur le clavier son réseau d'arabesques, libère une puissance inconnue qui soulève la composition tout entière, ranimant, pour de nouveaux prestiges, *le Paon* des *Histoires naturelles,* et le *Scarbo* de *Gaspard de la nuit.* La rigueur formelle de ce grand morceau fait ressortir davantage le caractère *panique* d'un dernier chef-d'œuvre qui projette des clartés inconnues sur la face nocturne du lyrisme ravelien.

Nous n'avons fait que nommer une composition petite d'ampleur, mais de valeur exemplaire qui, succédant à *l'Enfant et les sortilèges,* nous paraît résumer en soi les singularités essentielles du langage et du style de

Ravel : les *Chansons madécasses.* Le propos d'évoquer l'innocence idyllique des « bons sauvages » dans l'état de nature et le charme sans apprêt ni détour de la Vénus noire incite ici le musicien à nous montrer son art mis à nu. Dans ces trois chansons où perce avec insistance un caractère érotique sans analogue chez notre artiste (attrait baudelairien de la beauté exotique ?), la musique tend à se réduire à ses éléments primitifs — mélodie, rythme et timbre. Le système d'accords étonnamment clarifié nous fait apercevoir, en une sorte de schéma, la simplicité foncière des ressources de Ravel.

Après Chabrier, et de pair avec Debussy, Ravel tend obstinément à faire prévaloir, contre l'absolutisme du système cartésien qui avait régi la musique occidentale pendant une période assez courte, un ordre immémorial, échappant aux impératifs de la tonalité classique et dont la permanence est attestée chez nous par la continuité du plain-chant liturgique et de la chanson populaire, soumis l'un et l'autre aux mêmes modes.

L'originalité fondamentale du langage ravelien tient à la qualité de son *melos* attaché au mode de *ré* (et accidentellement au mode de *mi* quand il répond à l'appel de la muse espagnole). Au surplus, ce *melos* marque une propension remarquable, dès les premiers essais du musicien, pour les échelles modales abusivement appelées *défectives.* Plus l'échelle est réduite, plus elle se prête à former des accords qui réalisent la projection de la mélodie sur l'ordonnée harmonique. A les décomposer, on en vient à découvrir l'extrême importance de l'échelle pentatonique et de son agglutination dans la formation du langage ravelien.

De *Sainte* (1896) aux *Chansons madécasses* et au *Concerto pour la main gauche,* les métaboles de la gamme de cinq sons dictent au musicien les inflexions favorites de son langage ; elles expliquent l'insistance de l'intervalle de quarte ; la démarche essentielle de la mélodie ravelienne pouvant se résumer dans le diagramme :

Ex. 4.

Elles expliquent également, chez un harmoniste hanté par le mode de *ré,* l'extrême fréquence de l'accord de septième mineure. La pédale qui s'y joint volontiers complète la série pentatonique en donnant à l'agrégat un faux air de onzième (voir ex. 5).

Ex. 5.

On n'oublie point que Debussy cède tout autant que Ravel aux sollicitations de l'échelle pentatonique; mais la façon particulière dont ils en usent respectivement trahit leur nature profonde et suffirait à caractériser leur art. Là où Debussy s'abandonne, conduit par l'infaillibilité de l'instinct, Ravel analyse. Sa formation académique le presse de faire reconnaître le pentacorde archaïque par une tradition qui en avait perdu l'usage avec le souvenir. Ravel n'est sans doute pas le premier musicien qui ait éprouvé « la nostalgie d'un ordre instinctif » plusieurs fois millénaire. Mais il est le premier, comme le dit Jacques Chailley, à l'avoir exprimé dans sa plénitude; « il est le premier, et peut-être jusqu'à présent le seul, à l'avoir entièrement intégrée à l'ordre harmonique enseigné par notre éducation classique ».

Classique, en effet, et par là même prisonnier de sa réussite, unissant au point de les confondre les apports du fortuit et les rigueurs de l'arbitraire. Triomphe de la gageure imprévue. Exigence et candeur de l'enfance conservée, exaltée, communiquée dans l'élan de la verve artisane.

ROLAND-MANUEL.

BIBLIOGRAPHIE

J. CHAILLEY, *Notes éparses sur l'harmonie de Ravel,* dans « Cahiers musicaux », Bruxelles, octobre, 1957.

V. JANKÉLÉVITCH, *Maurice Ravel,* Paris, 1938, 1956.

A. MANTELLI, *Maurice Ravel,* in « Rassegna Musicale », Torino, nº 2, 1938.

V. PERLEMUTER et H. JOURDAN-MORHANGE, *Ravel d'après Ravel,* Lausanne, 1953.

ROLAND-MANUEL, *Maurice Ravel et son œuvre dramatique*, Paris, 1923.

ROLAND-MANUEL, *Ravel*, Paris, 1938, 1948.

J. VAN ACKÈRE, *Maurice Ravel*, Bruxelles, 1957.

Numéros spéciaux de « la Revue musicale » consacrés à Ravel, Paris, 1er avril 1925, décembre 1938, janvier-février 1939.

PAUL DUKAS

L'unanimité s'est faite si naturellement et si spontanément autour de son nom, de sa vie, de son œuvre qu'il semble difficile d'ajouter quoi que ce soit à ce qu'a suscité pour le critique ou l'historien la présence de Paul Dukas dans le monde de la musique et de la vie intellectuelle de notre temps. Des monographies lui ont été consacrées ; l'une, très sensible, signée Gustave Samazeuilh, où se reflète une amitié longue et réciproque ; on en doit une autre, riche de faits, de citations et d'observations à Georges Favre qui fut son élève ; un numéro spécial de la « Revue musicale » a paru après la mort de notre maître (1935). Des pages fortes et émouvantes de Robert Brussel, *Sur le chemin du souvenir,* racontent quelle fut l'existence de Paul Dukas et décrivent le désarroi que ressentirent les témoins de cette existence au moment où elle prit fin. Des lettres, nombreuses, à ses familiers, à ses confrères, à ses disciples. Le livre de première importance où sont réunis ses articles de critique musical. Son œuvre, enfin et surtout. Voici les documents de base que chacun peut et doit connaître. Pour ma part, j'ajouterai ce que m'ont apporté d'incomparable et d'irremplaçable cinq années d'affectueux rapports, les cinq dernières de son existence d'homme et les cinq premières de mon apprentissage de musicien. On peut donc penser que tout a été dit à son sujet et tout à peu près compris. Mais on peut toujours projeter le faisceau de ses propres questions sur un tel sujet. L'illumination qu'on en reçoit explique cette position et l'excuse.

L'œuvre de Paul Dukas élève à la gloire de la musique le monument sinon le plus vaste, du moins le plus accompli de son temps. Ce monument, il a mis vingt années à l'édifier. Il avait vingt-sept ans à la parution de *Polyeucte,* la première œuvre d'orchestre qu'il ait présentée au public ; il en avait quarante-sept à celle de *la Péri,* la dernière qu'il lui ait laissée. Entre elles se situe toute sa production symphonique et dramatique et presque toute sa musique de chambre. Cette œuvre se distingue avant tout par la franchise du ton, son accent de certitude, la sécurité et la puissance de sa forme, le naturel de sa vie mélodique et la merveille du détail orchestral. Certes l'intelligence et la raison l'engendrent et la dominent, mais la poésie l'anime et la fait aisément pénétrer jusqu'au plus secret de nous-mêmes.

C'est une assez grande rareté dans l'art de notre époque que l'alliance harmonieuse et continue de la raison et de la sensibilité. Les notions de discipline, de logique semblent s'affaiblir; celles aussi de l'économie et de la pureté du langage. Les grammaires, les syntaxes personnelles se déduisent tant bien que mal des œuvres au lieu que celles-ci en soient déduites. Chaque tête veut imposer un système avant que d'en avoir pressenti et calculé la portée, et parfois même un système par ouvrage. L'ambition de la musique en est toute changée et l'on confond aujourd'hui l'ivresse de la découverte avec la volupté de la recherche. La fin du siècle dernier comptait peut-être moins de « génies » mais possédait certainement plus de talents. « Ce qui est difficile, a dit Degas, ce n'est pas d'avoir du génie à vingt ans mais du talent à quarante. » C'est là le mot d'une génération dont l'idéal artistique était assez loin du nôtre, d'un moment de l'art où l'étude, l'attention, le respect gardaient une valeur depuis étrangement modifiée; où il s'agissait de penser profond avant de dire nouveau; où l'artiste était heureux de porter un critique en soi-même et de l'associer loyalement à l'intimité de ses travaux; un moment enfin qui méritait d'être appelé classique.

Paul Dukas apparaît à ce moment-là. Il naît à Paris en 1865, dans un milieu de fine et solide culture. Études littéraires et musicales fortement et parallèlement poussées. Deuxième grand prix de Rome en 1888 et, dans ses cartons, deux ouvertures symphoniques qui ne verront pas le jour : *le Roi Lear,* d'après Shakespeare et *Goetz de Berlichingen* d'après Goethe. Il a vingt-trois ans, l'âge de Descartes à l'instant du « poêle » et de la méthode. On ne sait s'il y a pensé mais le rapprochement s'impose. Comme Descartes il veut faire ou plutôt refaire l'éducation de son esprit. Toute révision des valeurs implique le silence, le recueillement, la solitude. Le critique est déjà tout-puissant en lui et, sans doute, plus mûri que le compositeur. C'est Minerve instruisant Euterpe. Minerve empêchera qu'un esprit éminemment curieux ne s'éparpille aux dogmes philosophiques et littéraires de l'heure. Taine et Bergson, Hugo et Zola, Tolstoï et Maeterlinck coexistent. En peinture, Cézanne, Renoir, Van Gogh et les terribles officiels du Salon. Euterpe le protégera (peut-être pas toujours) de l'emprise wagnérienne et franckiste, de la leçon d'anatomie musicale de Saint-Saëns, de la grâce insidieuse de Fauré, de la séduction naissante de Debussy. Paul Dukas connaît, comprend et aime ces maîtres et leur art. Mais il doit s'en défendre, car il sait que dans le domaine de la création « l'obligation de se distinguer est indivisible de l'existence même ». Il se nourrit donc de Beethoven, de Berlioz, de Gluck, des maîtres anciens, des inimitables. Il vit avec eux de longues, sérieuses et sévères années. Il se cherche à leur lumière. Il se passionne pour le rare, le difficile, le sublime. Et c'est là qu'il trouve sa voie. L'ouverture pour *Polyeucte,* la *Symphonie en ut, l'Apprenti sorcier* (1897) sont les fruits de cette germination. Goethe, Corneille succèdent à Shakespeare, on voit à quelle hauteur Dukas entend placer ses prétextes poétiques. Ces œuvres possèdent un indéniable pouvoir péremptoire. Elles apportent la conclusion à tout un foisonnement d'idées, de problèmes, voire de contradictions et cette conclusion porte la marque de l'unité et de la volonté. Ce n'est plus seulement « Je pense, donc je suis », mais « Je pense, donc je suis, donc je veux, donc je dis ».

On remarquera ceci : lors même que le symbole choisi par l'auteur autoriserait quelque mollesse en son expression et de par les détours psychologiques dont il est le véhicule (révélation de l'extase religieuse pour *Polyeucte,* notion de pitié chez *Ariane,* abandon de la puissance virile dans *la Péri*), Dukas n'a jamais cédé à la tentation d'exprimer la partie perdue par un quelconque laisser-aller dans l'inflexion du langage. Si l'on peut dire, il a le renoncement vigoureux. Cela vient sans doute de ce que chez les grandes natures, les parties perdues sont souvent de grandes victoires de l'esprit sur lui-même. Fruits amers, peut-être, mais ne les goûte pas qui veut.

Ces vertus du caractère qui s'expriment en musique par la force des thèmes, la frappe des rythmes, dominent en son œuvre. Et celles du cœur, qu'il est peu aisé de dissocier de leurs sœurs altières, possèdent un ton d'étrange mélancolie, mais d'une mélancolie qui ne descend ni ne condescend à la confidence. Ainsi, cette œuvre où tout paraît simple, sauf son sens profond, exige autant de respect que d'attention de la part de l'auditeur et de l'exécutant. La *Sonate pour piano* (1901), les *Variations, interlude et finale sur un thème de Rameau* pour piano (1903) découvrent la même courbe de pensée, le même mouvement ascensionnel de l'ombre vers la lumière. L'une en son premier mouvement, l'autre en sa onzième variation racontent la méditation d'un homme qui approfondit sa pensée au point où cette pensée pourrait se faire pessimisme (Lettre de janvier 1932). Le déroulement des deux ouvrages conduit à la clarté, à la confiance, voire à l'allégresse parce que la logique musicale le veut ainsi et parce que Dukas sait qu'on ne construit rien sur le doute et la négation. Toutefois, Dukas homme de théâtre ne suit pas la même ligne que Dukas symphoniste ou musicien de chambre. Le symbole d'*Ariane et Barbe-bleue* (poème de Maeterlinck, opéra-comique, 1907) est celui de l'inanité de tout effort pour rendre heureux et libres les êtres qu'enchaîne l'amour et qui aiment leurs chaînes. « Personne ne veut être délivré (lettre à Robert Brussel), il vaut mieux se délivrer soi-même. Ariane triomphera de la pitié que lui inspiraient ses pauvres sœurs passives (les épouses de Barbe-bleue) et les quittera très calme et très triste comme il sied après une victoire pareille. » Par la qualité de la pensée, la noblesse du ton, le prestigieux agencement des matériaux employés, la partition d'*Ariane* (avec celle de *Pelléas* s'entend) domine de si haut la production lyrique française de notre temps que l'on demeure confondu de la carrière « parcimonieuse » qu'elle a accomplie. Si les vivants n'ont plus besoin de la gloire, soleil des morts, pour éclairer leur route, c'est qu'ils ont vraiment les yeux clos et qu'ils ne supportent plus que les ténèbres. En ce cas, ils sont largement servis par la production contemporaine. Le symbole de *la Péri,* poème chorégraphique (1912) nous le rappelons, est celui du renoncement de l'homme à l'accomplissement de son désir pour que la femme désirée puisse, elle, parvenir à son destin, lequel en l'occurrence est celui d'un être semi-féerique dont la séduction est l'arme et la pureté la fin dernière;

œuvre d'un charme physique et d'une richesse musicale inouïes, mais dont la volupté ne tombe jamais dans la lascivité, tant il est vrai que la sensualité, faiblesse pour les faibles, est une force pour les forts.

Quelques pièces de circonstance, comme la *Villanelle* pour cor et piano, le *Sonnet* sur des vers de Ronsard, le *Prélude élégiaque sur le nom de Haydn* et la douloureuse *Plainte, au loin, du faune* à la chère mémoire de son ami Debussy, on a là tout le catalogue des œuvres de Paul Dukas.

Il s'est, jeune encore, condamné au silence. Excessive sévérité vers soi-même tournée ? Scrupule exagéré ? Sentiment de l'inopportunité d'un certain art au moment où commencent à se désagréger les valeurs intellectuelles auxquelles il croyait ? L'époque 1914-1924 voit l'arrivée tumultueuse des arts nègres, américains et du *Mittel-Europa*. Aurait-il été le seul à ne pas comprendre ce que sa musique représentait — et représente pour les esprits sensibles et épris d'honnêteté ? Comme il semble ne s'être jamais expliqué là-dessus avec les intimes de sa vie et de ses travaux, ceci nous conduit à la plus extrême réserve. Disons seulement que ce qu'il a laissé suffit à l'élever à la place qu'il mérite, car la fécondité d'un artiste ne consiste pas dans le nombre de ses œuvres mais bien plutôt dans l'étendue de leurs effets.

Paul Dukas a vécu de la vie la plus simple et la plus probe. Il avait de lui-même ce respect qui chez l'homme de qualité passe aisément celui que lui accordent ses semblables. Je suis bien assuré qu'il n'a trouvé son accord intime qu'en réduisant au silence les voix désordonnées de l'heure, de l'occasion, de la tentation facile. Mais il mettait une pudeur extrême à ce que rien n'apparût de ces luttes et, en toute occasion où on le pressait de parler de lui-même, il prenait volontiers ce ton de plaisanterie en demi-teinte que l'on doit opposer aux outrances. Il gardait souvent ce ton devant les autres; car il avait l'intelligence gaie, ce qui est bien agréable pour les interlocuteurs. Ses manières étaient affables, son accueil courtois, mais l'étincelle de l'œil clair indiquait avec quelle promptitude la flèche mordante ne demandait qu'à prendre son envol. Non qu'il y eût méchanceté de sa part, mais il se plaisait à exercer sur autrui des traits dont il pouvait croire qu'ils n'étaient blessants que pour lui-même. Car cet homme ne s'est jamais relâché, ni en ses œuvres ni en ses écrits ni en son enseignement. Pour ce qui est des œuvres, nous le savons (auxquelles il convient d'ajouter les révisions d'éditions de musique ancienne : Scarlatti et Rameau). Pour ce qui est des écrits, on connaît maintenant le recueil essentiel qui contient ses articles, témoignage d'une lucidité parfaite et d'un prodigieux savoir. Et pour ce qui est de son enseignement, il n'est que de l'accueillir au seuil de notre mémoire fidèle.

Comme son œuvre, cet enseignement était à base d'humanisme, de générosité et de poésie. Ses classes élevaient l'âme et fortifiaient la confiance. Une œuvre lui était-elle présentée, il joignait au plus vite l'idée générale la plus proche, la contournait, la traversait, la visitait, la quittait pour une autre et, cette promenade accordée à l'esprit, revenait par mille détours riches, distrayants et rapides, à la réalité de l'œuvre soumise à son jugement. Il la jugeait alors musicalement et donnait beaucoup de précision à ses paroles. Précis, certes, sans dureté, sans inutile bienveillance non plus. La générosité de sa nature se traduisait plutôt par une indulgence amicale, une sorte de touchant respect pour tout ce qui lui paraissait sérieusement pensé. Sévère devant les défauts de la forme, les excès de l'habileté, et tout ce qui ressemblait à la vaine éloquence, il pouvait goûter et défendre un de nos travaux pour un accent unique, un seul enchaînement parfois, une courbe mélodique où il savait lire une nature personnelle. Ainsi a-t-il formé une génération de compositeurs et de pédagogues : Messiaen, Duruflé, Hugon, Barraine, Desportes, Ravel, Hubeau, Claude Arrieu, Vaubourgoin sortent de sa classe. Nin-Culmell, Rodrigo, Julian Krein également. Au plus modeste de ses disciples est échu le redoutable honneur d'enseigner à son tour dans le sillage de son maître. Bref, il a joué un si grand rôle dans notre vie musicale, son action de présence, comme dit Valéry, nous assurait de tant de choses et nous en interdisait tant d'autres qu'il nous est impossible « de séparer ce qu'il fut de ce qu'il nous fut. »

Quelque pessimiste qu'il ait été quant à l'avenir de la musique française, je sais qu'il en aurait volontiers déposé le fardeau sur les épaules de certains de mes camarades. Cela peut paraître surprenant, mais cela est vrai et il n'y a que la vérité qui fasse plaisir.

Tony Aubin.

BIBLIOGRAPHIE

CORTOT, A., *La musique française de piano* (première série), Paris, 1930.

FAURE, G., *Paul Dukas, sa vie, son œuvre,* Paris, 1948.

SAMAZEUILH, G., *Paul Dukas,* Paris, 1913.

Numéro spécial de la « Revue musicale », mai-juin 1936.

ALBERT ROUSSEL

Que dans une revue de la musique contemporaine on situe Albert Roussel à côté de Ravel et sur le même plan, cela paraît aller de soi. Et pourtant, à une époque pas si lointaine — jusqu'aux deux tiers de sa carrière, environ 1925 — peu d'historiens s'y fussent risqués. Antérieurement, quelques compositeurs, quelques critiques, parmi les meilleurs il est vrai, lui rendaient déjà pleine justice. Il lui arrivait de soulever l'enthousiasme d'un auditoire; dans l'ensemble, il restait éloigné du grand public du fait, et de son extrême discrétion, et d'une insidieuse propagande qui tendait à le présenter comme un compositeur doué, certes, mais inégal, s'exprimant dans un idiome hermétique, arbitraire, appuyé sur des bases techniques incertaines.

Avant d'en discuter, j'emprunterai à Roussel lui-même le minimum nécessaire d'information sur sa vie et sa formation artistique. Je recopie, à cet effet, une notice autographe, conservée parmi des papiers personnels auxquels Mme Albert Roussel m'a généreusement donné accès. Il l'avait rédigée vers la fin de 1933 pour le programme d'un concert où devait être jouée une de ses œuvres. En peu de mots, il y définissait mieux qu'on ne l'a jamais fait ses orientations successives, distinguait les œuvres à son avis les plus saillantes, notait, comme de l'extérieur, les tâtonnements et les insuccès, de même qu'il enregistrait sans feinte modestie l'unanimité qui s'est faite, à quelques irréductibles près, à partir de la *Suite en fa*. Voici ce texte :

Albert Roussel, né à Tourcoing, en Flandre, le 5 avril 1869, entra à l'Ecole Navale de Brest en 1887, en sortit en 1889 comme officier de marine. Navigation en escadre, puis dans l'Atlantique, l'océan Indien, etc. Démissionnaire comme enseigne de vaisseau en 1894. A Paris, il travailla harmonie, contrepoint, fugue, avec le réputé organiste, Eugène Gigout, puis l'histoire de la musique et l'orchestration avec Vincent d'Indy à la Schola Cantorum où il fut professeur de contrepoint de 1902 à 1914.

Sa carrière musicale peut se diviser en trois périodes. La première période, de 1898 à 1913, le montre, après quelques œuvres déjà personnelles d'accent, légèrement influencé par Debussy, mais soucieux, avant tout, de l'architecture solide enseignée par d'Indy. Le *Trio en mi bémol,* le *Divertissement* pour instruments à vent et piano, les quatre premières mélodies, purs de toute influence extérieure, annoncent les œuvres définitives de la troisième période. En revanche, la *Ire Symphonie,* dite *le Poème de la forêt,* les *Évocations,* triptyque pour soli, chœurs et orchestre écrit après un voyage aux Indes, le ballet *le Festin de l'araignée,* créé en 1913 au Théâtre des Arts de Jacques Rouché et qui fit la réputation du musicien, relèvent en partie de l'école dite « impressionniste ».

Avec *Padmâvatî,* opéra-ballet en deux actes, dont le livret est dû à Louis Laloy et dont l'Opéra a donné jusqu'ici trente représentations, commence une période de transition (1918) à laquelle se rattachent le poème symphonique *Pour une fête de printemps* et la *IIe Symphonie en si bémol.* Le style se transforme, les enchaînements harmoniques deviennent plus audacieux et plus âpres, l'atmosphère debussyste a complètement disparu et la voie nouvelle où l'auteur s'engage et où il semble tâter le terrain est l'objet tout à la fois de violentes critiques et de chaleureuses approbations.

Enfin, dans une troisième période, le musicien semble avoir trouvé son mode d'expression définitif et rallié tous les suffrages. A cette période (1926) appartiennent la *Suite en fa,* le *Concert pour petit orchestre,* le *Concerto* pour piano et orchestre, le *Psaume LXXX* pour ténor, solo, chœurs et orchestre, la *IIIe Symphonie en sol mineur,* demandée à Roussel par le célèbre chef d'orchestre Koussevitzky pour fêter le cinquantième anniversaire de l'orchestre de Boston et qui, dès les premières exécutions, se révéla l'un des succès les plus incontestables de la musique symphonique moderne.

La musique de chambre de Roussel comprend, outre le *Trio* exécuté ce soir, deux *Sonates* de violon, un second *Trio* pour flûte, alto et violoncelle, un *Divertissement* pour instruments à vent et piano, les *Joueurs de flûte,* pour flûte et piano. Enfin plusieurs recueils pour piano seul et plus de trente mélodies dont les plus célèbres sont *le Bachelier de Salamanque, Jazz dans la nuit,* l'*Ode à un jeune gentilhomme, le Jardin mouillé,* etc. Il faut citer encore un *Impromptu* pour harpe seule et *Segovia* pour guitare, plusieurs chants *a cappella* et une pièce intitulée *A glorious day* pour musique d'harmonie écrite à la demande du président des « Bandes » américaines.

Quatre ans après avoir rédigé cet inventaire — inventaire écourté fortement puisque n'y figurent ni *la Naissance de la lyre* (conte lyrique créé à l'Opéra en 1925), ni la *Petite Suite* pour orchestre (1929), ni le ballet *Bacchus et Ariane* (1931), pour ne faire état que des partitions majeures —, Albert Roussel succombait à une crise cardiaque à Royan, le 23 août 1938. Il était emporté en pleine force créatrice : il venait d'écrire, en un si court laps de temps, une quinzaine d'œuvres, dans les genres les plus divers, parmi lesquelles la *Sinfonietta* pour cordes, la *IVe Symphonie,* le ballet *Æneas,* un opéra bouffe, *le Testament de la tante Caroline,* quelques-unes de ses plus belles mélodies.

Il laissait à ceux qui avaient eu le privilège de l'approcher le souvenir d'un être d'exception, chez qui les qualités du cœur et de l'esprit répondaient aux dons de l'artiste créateur. Il avait une intelligence aiguë, prompte à découvrir les faiblesses et les ridicules. Mais une bonté foncière tenait en respect son humour. Bonté, sens inné de la justice, sans doute étaient-ce là les dominantes de son caractère. Ses notes de voyages, ses lettres du temps de guerre respirent une immense pitié pour les humbles, les sacrifiés; et sa compassion était agissante autant que discrète. Que de fois, au témoignage de ses intimes, il lui est arrivé de secourir matériellement, à leur insu, des adversaires plus ou moins déclarés!

Si j'indique ces traits, en apparence extra-musicaux, dans un chapitre qui doit se borner à l'essentiel, c'est que l'action musicale de Roussel et, dans une large mesure, sa production même en sont empreintes. Par la parole, les écrits, les actes, il n'avait cessé de militer en faveur de ses cadets, attentif à distinguer les talents naissants, quelle que fût leur appartenance ou le chef de file dont ils se réclamaient. Honegger l'a rappelé en termes saisissants lors de l'apposition d'une plaque commémorative sur le dernier domicile parisien du maître, le 23 avril 1951 : « ... Nous aimons et admirons en Roussel l'homme autant que le musicien[...] Il ouvrait pour nous des portes contre lesquelles nous nous acharnions souvent en vain[...] Infiniment détaché des honneurs et des vanités, il n'avait d'autre ambition que de réaliser son œuvre. Si, il en avait une autre, celle d'aider et de servir les jeunes auxquels il trouvait du talent. De nos aînés, il était certainement celui qui nous a manifesté le plus tôt sa sympathie (ici, Honegger faisait allusion à un article paru dès 1919 dans « The Chesterian »)[...] Son sourire contenait de l'indulgence, un peu de scepticisme, et beaucoup de la bonté la plus noble... »

Cette générosité, cette chaleur humaine, on les sent présentes dans une grande partie de l'œuvre, pénétrée d'un sentiment panthéiste qui englobe dans un même amour l'homme et la nature qui l'environne. Qu'on veuille bien ne pas prendre ceci pour des imaginations de commentateur : les lettres de Roussel sont à cet égard très explicites, pour qui ne serait pas suffisamment convaincu par l'audition des *Évocations* ou de la *Symphonie en si bémol*.

Nous voici ramenés à l'œuvre. Nous guidant d'après les repères indiqués plus haut par Roussel lui-même, nous nous trouverons en présence, non de trois manières qui se succéderaient en une progression analogue à celle des trois styles du Beethoven de Lenz, mais de trois périodes dont la dernière présente peut-être plus d'affinités avec la première qu'avec la période médiane. Pendant assez longtemps, on discernera le jeu de deux tendances : l'esprit contrapuntique et le souci de construction formelle puisés à la Schola, mais destinés à prendre des orientations et des développements imprévus; l'esprit d'émancipation harmonique venu de Debussy et qui trouve son large emploi dans ce qu'à défaut de terme plus exact, on baptise impressionnisme. Ici encore, la démarche de Roussel ne sera pas longtemps celle d'un disciple soumis.

Avant d'aller plus loin, un point important est à élucider pour dissiper une équivoque savamment entretenue par ses détracteurs. De ce qu'il ne s'est voué à fond à la musique qu'à l'âge où d'autres ont achevé leur cycle normal d'études, on s'est autorisé à le taxer d'amateurisme et à le poursuivre de ce grief jusqu'à une époque avancée de sa carrière et même, dans telle récente *Histoire de la musique*, par-delà le tombeau. Amateur, il l'était encore, passé vingt ans, lors de sa sortie du Borda. Et des plus inexpérimentés. D'enfance il avait manifesté des dons certains pour l'art dans lequel il devait s'illustrer; mais on ne les avait pas autrement cultivés. Lui-même a plus d'une fois ironisé sur l'indigence persistante de son répertoire et de son solfège. En 1892, ayant à son actif quelques petites pièces instrumentales et même un opéra, *Némissia,* qu'il devait détruire sans regret, il en était encore à noter l'alto en clef de *sol,* faute de posséder la clef d'*ut*. Sa rupture avec l'amateurisme n'en a été que plus chirurgicale et plus efficace. Une fois confirmée la résolution d'abandonner le métier de marin pour celui de compositeur, il s'est trouvé dans une position tout autre que celle de l'écolier aux prises avec le rudiment. Il abordait une technique nouvelle avec un esprit mûr, formé aux disciplines scientifiques, avec une soif de connaître, une faculté de compréhension et de choix qu'on ne trouve guère à pareil degré chez les jeunes élèves des conservatoires.

Ses premiers maîtres, Koszul, puis et surtout Gigout, étaient des guides sûrs et rapides. Interviewé en 1921 par Roland-Manuel, son ami après avoir été son disciple, il lui déclarait : « Je savais l'écriture en entrant à la Schola. Ce que j'y ai appris, c'est l'orchestration. » L'entrée à la Schola Cantorum date de 1898. De l'assiduité avec laquelle il en suivit l'enseignement, la preuve nous est conservée dans une douzaine de carnets de notes, tenus avec tant de soin que leur contenu recoupe mot pour mot le *Cours de composition* de Vincent d'Indy tel qu'il a été ultérieurement publié par Sérieyx.

De ce qu'une classe de contrepoint lui fut confiée en 1902, on peut, semble-t-il, déduire que le stade de l'amateurisme était loin; ce que confirme la lecture du premier *Trio* pour piano et cordes, de cette même année 1902, et celle du recueil de mélodies de l'année suivante dont l'une, *le Jardin mouillé,* compte parmi les plus belles et les plus raffinées du répertoire contemporain. Le voisinage de ces opus 2 et 3 est éloquent. Ils répondent en effet aux deux pôles d'attraction signalés plus haut : le trio, construit selon l'enseignement scholiste, la mélodie traduisant, elle, des impressions de nature avec une subtilité que Debussy n'eût pas désavouée. Mais — et ceci vaudra pour toute l'œuvre de Roussel — l'esprit de système n'y est pour rien. Bien que respectueux de la discipline d'indyste, le *Trio* ne renonce pas pour autant à être expressif. Son *andante* atteint à un pathétique sur lequel on ne peut se méprendre, non plus que sur le dessein poétique de la dernière page du *finale,* rappelant la sereine introduction de l'*allegro*. *Le Jardin mouillé* a beau décrire ou suggérer, il y atteint par une écriture qui doit sa souplesse et sa précision à la virtuosité contrapuntique perfectionnée par la Schola.

A peu de temps de là (1906), la composition du *Divertissement* pour quintette à vent et piano, op. 6, vient s'insérer pendant qu'est en cours celle de l'op. 7, la *I*re *Symphonie* ou *le Poème de la forêt*. Or la symphonie, comme l'indiquent du reste son titre et les sous-titres de ses quatre mouvements, *Forêt d'hiver, Renouveau, Soir d'été, Faunes et Dryades,* est de cette veine panthéiste, vibrante, imagée, où les échos du debussysme sont le plus nettement perceptibles. Au contraire, le *Divertissement* marque une orientation nouvelle. On l'a qualifié de « prophétique ». Roland-Manuel en 1922 discernait dans sa dure limpidité une anticipation des danses du *Sacre du printemps*. En même temps, par l'emploi des timbres purs, de cet effectif instrumental réduit qui donne à la polyphonie transparence, éclat, possibilités accrues de couleur et de contrastes dynamiques, il devançait les recherches, en ce sens, de Schönberg, ou du moins ce qu'on en pouvait alors connaître à Paris.

Ces exemples et d'autres, similaires, à travers tout l'œuvre de Roussel, posent un problème qu'on a résolu diversement. Un critique anglais des plus pénétrants, le regretté Edwin Evans (dans « The Chesterian » de décembre 1925) s'élevait contre ceux qui présentaient l'auteur de *Padmâvatî* comme un scholiste d'abord fidèle, puis révolté contre ses maîtres, ou comme un hybride de classicisme et d'impressionnisme. « Son type, ajoutait-il, n'est pas aisé à définir ou à classer, pour une raison qui lui est curieusement personnelle : dans son évolution musicale, il n'a jamais adopté de façon permanente telle ou telle « manière », fût-elle de son cru. Chacun de ses grands ouvrages porte en soi sa loi propre. On le voit rarement travailler en se basant sur ses précédents. C'est comme si matière et manière étaient engendrées simultanément, affranchies de toute réminiscence. Naturellement, il use du même alphabet musical, mais non du même glossaire, si bien que son langage apparaît toujours neuf. »

A la lumière de ces remarques, on comprendra mieux la façon dont il se renouvelle, comment, succédant aux somptueuses *Évocations* (1911) où sont en jeu toutes les ressources du grand orchestre et des chœurs, *le Festin de l'araignée* (1912) s'accommode d'une symphonie miniature, conçue pour trente-deux exécutants et qui vaut par l ingénieuse utilisation de :et effectif réduit, la transparence d'une instrumentatio ı sans doublures, apte à évoquer le microcosme des insectes, mais frémissante de vie, et par instants, d'un tragique aussi poignant que promptement et discrètement dénoué.

Une étude méthodique de l'œuvre devrait faire ici une large place à *Padmâvatî*, opéra-ballet en deux actes, commencé en 1913 et terminé en 1918 lorsque Roussel, qui avait repris du service malgré sa santé précaire, dut se résigner à accepter la réforme. Dans une interview donnée à « Excelsior » en 1913 (13 septembre), il avait, longtemps à l'avance, défini l'esthétique du *Padmâvatî* en exposant sa conception du spectacle lyrique, dans la pure tradition française de Lully et de Rameau. Prenant son parti des énormes dimensions de l'Académie nationale de musique, « Je ne vois pas pourquoi, concluait-il, on ne chercherait pas précisément à profiter de l'ampleur de cette scène, qui permet les grands mouvements de foules, les jeux de lumière, les décors somptueux, pour ressusciter l'opéra-ballet et retrouver ainsi une forme de spectacle parfaitement appropriée à son cadre. Un spectacle où la richesse de la symphonie, la puissance des chœurs, le charme et la variété des danses, la magie des lumières, tiendraient évidemment plus de place que le développement des caractères ou la profondeur de l'expression, mais qui n'en serait pas moins capable d'atteindre à une véritable beauté tragique. »

Et c'est bien ce qu'il a réalisé dans *Padmâvatî,* utilisant de surcroît la puissance d'évocation d'une légende recueillie lors d'un récent voyage aux Indes. Ce contact avec l'Extrême-Orient ne devait pas seulement, dans l'immédiat, nourrir son opéra-ballet de thèmes et de rythmes exotiques notés sur place : la diversité des échelles modales hindoues allait déterminer un enrichissement de ses conceptions mélodiques et harmoniques dont bénéficierait toute sa production ultérieure; d'autant mieux que sa curiosité des modes anciens, dès le temps de la Schola, avait déjà préparé les voies.

Padmâvatî marque le début de la période de transition

indiquée par Roussel dans la notice citée plus haut; ladite transition ne s'est pas effectuée d'un mouvement uniforme. Deux œuvres orchestrales de 1920 et 1921 marquent une brusque accélération : *Pour une fête de printemps,* et surtout la *IIe Symphonie,* en *si bémol.* Le compositeur y met en pratique des conceptions mûries durant la guerre et le début de l'après-guerre, comme il appert d'un entretien avec Albert Laurent, publié en 1928 par le « Guide du concert » :

Ces quatre années ne furent pas perdues pour moi. Je les employai à réfléchir sur mon art. De ces retours sur moi-même qui me furent imposés, je retirai le plus grand profit. J'avais, comme tant d'autres, été entraîné par les modes nouveaux de la création musicale. L'impressionnisme m'avait séduit; ma musique s'attachait, trop peut-être, aux moyens extérieurs, aux procédés pittoresques qui — j'en ai jugé ainsi plus tard — lui enlevaient une part de sa vérité spécifique. Dès lors, je résolus d'élargir le sens harmonique de mon écriture, je tentai de me rapprocher de l'idée d'*une musique voulue et réalisée pour elle-même... une musique se satisfaisant à elle-même, une musique qui cherche à s'affranchir de tout élément pittoresque et descriptif, et à jamais éloignée de toute localisation dans l'espace...* Loin de vouloir décrire, je m'efforce toujours d'écarter de mon esprit le souvenir des objets et des formes susceptibles de se traduire en effets musicaux. Je ne veux faire que de la musique.

C'est la condamnation, un peu bien rigoureuse, de la musique descriptive qui a pourtant, dans la tradition française, des répondants illustres, Janequin, François Couperin, Rameau, pour ne citer que ces trois noms. Mais on s'abuserait en voyant dans ces déclarations l'affirmation d'un parti pris d'insensibilité, un pas vers la « musique pure » telle que l'a définie Stravinsky : vide de tout contenu expressif et même théoriquement incapable d'exprimer quoi que ce soit. Rien n'est plus contraire aux vues de Roussel et à sa nature profonde. S'il proscrit le bibelot, l'imitation superficielle d'objets ou de phénomènes extérieurs à l'homme, il ne s'interdit pas, loin de là, de nous livrer ses sentiments, ses émotions, ses passions. Peu après la première audition de la *Symphonie en si bémol,* Roland-Manuel avait eu avec lui une conversation qu'il avait notée sur le vif : « Cette symphonie, disait Roussel, je l'ai écrite avec le dessein vague d'exprimer quelque chose. Mais le programme (on avait cru devoir en rédiger un pour faciliter la compréhension d'une œuvre, pour son temps, assez ardue) n'a été fait qu'après coup. ... Si l'on appelle romantisme le fait qu'un artiste s'exprime avec ses moyens — inconsciemment d'ailleurs — tout art est romantique à proportion de la personnalité qui s'y manifeste. A parler rigoureusement, le classicisme « pur » n'est rien qu'une esthétique du pastiche. »

Ce que la *Symphonie en si bémol* apportait dans le domaine de l'expression, Arthur Hoérée l'a dit aussi éloquemment que possible dans son excellente monographie sur Albert Roussel. J'y renvoie mon lecteur.

Ex. 1.

Mais je ne puis pas ne pas essayer de faire saisir, d'un exemple, ce qu'a été l'émancipation harmonique de ces années 1920 à laquelle le compositeur avait fait allusion. On la mesurera à lire le début de *Pour une fête de printemps,* qui devait, à l'origine, constituer le *scherzo* de la *Symphonie en si bémol :* le *scherzo* avait pris, par la suite, une telle ampleur que Roussel se détermina à en faire une œuvre indépendante. (Voir ce début, ex. 1, dans une réduction due au compositeur lui-même.)

Ex. 2.

Cette superposition, d'entrée de jeu, de deux tonalités *la majeur* et *mi bémol,* marquait un pas décisif car, à l'orchestre comme au piano, l'accord initial pourrait être orthographié comme dans l'exemple 2.

De cette époque, en effet, date une écriture typiquement rousselienne, où des façons de penser et d'écrire préfigurées dans les œuvres antérieures se coordonnent et s'affirment avec assez de relief pour que deux ou trois mesures suffisent désormais à identifier l'auteur aussi sûrement qu'un Debussy, un Fauré, un Ravel. Non que l'analyse en soit aisée. L'harmonie de Roussel, en particulier, a fait couler beaucoup d'encre et suscité des jugements diamétralement opposés. Le grief le plus fréquemment articulé par les opposants est celui des prétendues « fausses basses ». Que le mouvement de la basse ou, pour mieux dire, de la partie la plus grave, ne corresponde pas souvent chez Albert Roussel à celui que prescrit l'école, aucun doute. Qu'il ne satisfasse pas certaines oreilles, les obligeant à rompre avec des habitudes anciennes, rien encore que de très plausible. Qu'il y ait dans cette écriture quelque chose d'arbitraire ou d'antimusical : ici d'excellents esprits, de plus en plus nombreux, s'insurgent. En fait, on peut considérer, à propos des harmonies incriminées, deux situations différentes.

Lorsque Roussel use d'une écriture surtout harmonique, il conviendrait de songer que les modes mélodiques empruntés à l'Orient, ou créés de toutes pièces, sur lesquels sont bâtis ses thèmes, impliquent d'autres systèmes harmoniques que celui que commande le « majeur-mineur » traditionnel, le *tyran ut,* comme l'appelait non sans humeur Maurice Emmanuel, défenseur fervent des vieux modes. Ailleurs, là où domine le contrepoint, il s'agit le plus souvent non de basses hétérodoxes, mais de la pure et simple *suppression* de la basse qui nous ramène, toutes proportions gardées, à une conception très ancienne de la polyphonie : à l'époque où elle admettait encore l'égalité absolue des voix, avant que les parties extrêmes, soprano et basse, ne s'arrogent une supériorité sur les parties médianes, considérées comme remplissage; avant que, le soprano devenant de plus en plus volubile et fleuri, la basse n'adopte une allure relativement lente qui bientôt permettra de la schématiser, réduite à quelques formules dont l'ère baroque s'accommodera.

Ce poids uniforme de la basse n'avait pas été sans gêner de nombreux compositeurs « baroques » surtout en Italie et dans la musique dramatique. Plus d'un avait tenté de s'en débarrasser. A cet effet, ils supprimaient, parfois tout au long d'un morceau, les parties de violoncelle, de *violone* (contrebasse) ou de basson; sans toutefois les rejeter complètement car ils leur substituaient, haussés d'une octave ou deux, l'alto ou les seconds violons, dans les mêmes fonctions de basse, usant des mêmes dessins.

Roussel, lui, tranche dans le vif et remonte à la plus libre polyphonie, avant son assujettissement au système de la basse continue. De son contrepoint si mobile naîtra tout de même l'impression, sinon d'une basse, du moins d'une construction aussi claire, ordonnée, logique, que si elle reposait sur les épaisses fondations franckistes. Parfois, la fondamentale que l'école préconisait est remplacée par un dessin qui évolue autour de la basse réelle mais, le plus souvent, il s'agit de tout autre chose.

De nombreux commentateurs — je citerai Roland-Manuel, P. O. Ferroud, Luigi Cortese, Guido Pannain, Norman Demuth — remarquent avec juste raison que la logique de cette écriture, s'il s'agit d'œuvres symphoniques, peut échapper à qui se contente de lire les partitions, tandis qu'elle éclate à l'audition. C'est qu'ici l'importance du timbre est capitale. Étudiant *le Langage harmonique d'Albert Roussel* (« Revue musicale » de novembre 1937), Claude Delvincourt insistait sur « les résultantes pratiques que l'accord, sous son aspect écrit et visuel, ne laisse aucunement prévoir [...] Dans cet accord, chaque note n'a pas une valeur absolue, intrinsèque, mais les timbres, c'est-à-dire le dosage en harmoniques de chaque son, introduisent un facteur nouveau qui a souvent une importance décisive; il y a des réactions sonores, des « précipités » de couleurs très variables selon la nature des instruments et des voix [...] en certains cas, par exemple, on arrive à donner l'impression d'un accord parfait complet et homogène avec une tierce et une septième aiguës, une quinte médiane, et une fondamentale absente ou à peine indiquée; on dégage ainsi une impression de légèreté aérienne et transparente, de libération de la pesanteur, et la botte d'égoutier de l'éternelle basse harmonique, toujours présente et bourdonnante au bas de la polyphonie, n'apparaît plus comme une nécessité inéluctable... ».

Que cette chimie des timbres ait été l'une des préoccupations majeures de Roussel, on s'en convainc à lire les notes qu'il rédigeait à l'usage des chefs d'orchestre pour leur indiquer, dans les passages délicats, le rapport des volumes qu'il désirait obtenir des divers instruments en action.

Sa thématique et sa rythmique sont, comme on s'y attend, étroitement tributaires du contrepoint et de l'orchestration. Fred Goldbeck, à propos du *Concertino pour violoncelle,* a fait ressortir l'extrême difficulté que l'on éprouverait à juger du caractère d'une œuvre de ce maître d'après les seuls thèmes, isolés de leur contexte corroborant Guido Pannain selon qui « le plus délicat pour l'interprétation critique de Roussel consiste à saisir le point de fusion entre les différents éléments du style, le moment où l'on voit la couleur s'organiser en lignes, le timbre devenir dessin, la tache sonore, architecture ».

Effectivement, de nombreux thèmes rousseliens, dans les mouvements rapides, sont d'un dessin capricieux, à intervalles très disjoints, qui peut leur donner au départ (et isolé de la polyphonie) la physionomie de mélodies atonales : qui ne se rappelle les premières mesures de la *Sinfonietta* qui cependant, bien vite, aboutissent à un triomphal *fa majeur :*

Ex. 3.

Cette affirmation tonale est renforcée aux 9e et 10e mesures par un dessin de basse qui cimentera l'unité de toute l'œuvre; car son rythme :

Ex. 4.

se retrouve dans l'*andante* aux mesures 5 et 8 :

Ex. 5.

(l'intervalle de tierce remplacée par l'octave), et c'est le même qui, plus insistant, quatre fois répété à la fin de cet *andante,* amène le départ fulgurant du dernier allégro :

Ex. 6.

A côté de cette famille de thèmes qu'on trouve aussi bien dans la *Suite en fa,* dans la *IVe Symphonie,* etc., ceux des mouvements lents, la plupart du temps, se meuvent avec une souplesse extrême dans des tessitures moins amples, procédant souvent par degrés conjoints, en périodes, par contre, largement étalées. Dans la *pastorale* de la *Petite Suite,* op. 39, le hautbois solo chante pendant 23 mesures consécutives, sans coupure ni redite, les autres instruments s'associant à lui en une exquise polyphonie, souvent à quatre voix réelles. En voici le début :

Ex. 7.

Même diversité dans la rythmique. Tantôt (surtout dans les œuvres de jeunesse) la plus grande mobilité, des mesures telles que 5/4, 5/8, 7/4, etc., souvent décomposables en deux éléments asymétriques : 5/8 = 3/8 + 2/8; 10/8 = 6/8 + 4/8, etc. Tantôt, et de plus en plus dans les dernières grandes œuvres, un rythme ferme établi une fois pour toutes au début de chaque mouvement, dominant principalement les allégros d'un caractère volontaire, incisif, comme le *prélude* de la *Suite en fa* ou le mouvement initial de la *IVe Symphonie.*

Il faudrait, pour donner une plus juste idée de l'art d'Albert Roussel, faire ressortir par l'analyse d'œuvres choisies dans tous les genres de composition qu'il a abordés, la variété de son inspiration, sa faculté de renouvellement, son incessante recherche d'une musique de plus en plus libérée des formules toutes faites et dont la technique fut de plus en plus déterminée par ce qu'elle se proposait d'exprimer.

Peut-être la meilleure façon de suppléer à ce à quoi la brièveté de cette étude m'oblige à renoncer, consistet-elle à laisser au compositeur lui-même la mission de se définir, lui et son esthétique, en citant pour finir l'essentiel de la réponse qu'il adressait à une enquête de Nadia Boulanger en 1926 :

... Je suis persuadé qu'une œuvre a d'autant plus de chances d'être durable qu'elle demeure musique pure, étrangère à tout commentaire littéraire ou autre; mais même le plus simple jeu de sonorités, musique et rien autre chose, ne constituera vraiment une œuvre d'art que s'il répond à une nécessité, un mouvement intérieur du musicien, une réaction de l'artiste à un moment de son existence, et s'il est capable de provoquer chez l'auditeur un mouvement sinon identique, du moins qui réponde en quelque sorte à l'appel du musicien. Appel peut-être inconscient, car il n'est pas nécessaire que l'artiste analyse à chaque instant ses sentiments; il suffit qu'il cède à la force créatrice, et qu'il dispose, par son éducation antérieure, de la technique nécessaire pour s'y abandonner en toute liberté.

(Ici, Albert Roussel expose cette idée que, si la correction, l'habileté, la souplesse de l'écriture, dons plus ou moins innés, demandent cependant un sérieux entraînement, la « composition » proprement dite se ramène à deux ou trois principes très simples.) « Enfin, ajoute-t-il, de même que dans la nature, ce qui caractérise la vie, c'est l'assimilation, la faculté qui donnera à l'œuvre l'étincelle vitale, c'est le don que possédera l'artiste d'assimiler, de faire siennes ces successions de sonorités, de dessins mélodiques, d'accords dont les éléments appartiennent au langage de tous. Ces quelques principes très simples, je crois bien que les arts s'y sont plus ou moins conformés; je crois qu'ils s'y conformeront toujours parce que ce sont ces lois qui régissent l'existence et le développement de l'humanité elle-même. »

Ces lignes datent de 1926 : elles constituent la meilleure définition possible de sa position à l'époque, et la plus lucide explication de l'évolution qui s'est poursuivie jusqu'aux derniers chefs-d'œuvre d'une carrière commencée tardivement, trop tôt interrompue, mais d'une admirable plénitude.

Marc PINCHERLE.

BIBLIOGRAPHIE

L'ouvrage fondamental, à ce jour, est le livre de :

HOÉRÉE, Arthur, *Albert Roussel et son œuvre*, Paris, 1938, qu'avait précédé celui de L. VUILLEMIN, Paris, 1924; et qu'ont suivi ceux de Norman DEMUTH, Londres, 1947 — en anglais —, Robert BERNARD, Paris, 1948, Marc PINCHERLE, Genève, 1957.

Un excellent *Catalogue de l'œuvre d'Albert Roussel,* établi par Joseph WETERINGS avec l'active collaboration de Mme Albert Roussel, a été publié à Bruxelles en 1947.

Parmi les sources les plus importantes, je citerai les deux numéros spéciaux de la « Revue musicale », avril 1929 et novembre 1937.

Des chapitres sont consacrés à Roussel dans les ouvrages de :

Martin COOPER, *French Music from the Death of Berlioz to the Death of Fauré,* Londres, 1951.

ROLAND-MANUEL, *Plaisir de la musique,* t. III, Paris, 1951.

ERIK SATIE

Il n'est pas donné à tout le monde d'avoir sa « légende »; seules les personnalités un peu mystérieuses, voire invraisemblables et en tout cas hors série, en ont une. Et s'il est vrai que les légendes ne meurent pas, c'est peut-être parce que les êtres dont elles s'emparent sont déjà destinés, sinon à l'immortalité, du moins à *une* immortalité à eux, qu'ils partagent avec une petite élite. Il ne s'agit pas de l'immortalité des grands; nous n'avons pas à nous inquiéter de l'accueil que réserveront les générations futures à Shakespeare, à Molière, à Dante ou à Beethoven. D'ailleurs, les « géants » peuvent très bien se passer d'une légende, celle-ci n'entourant d'ordinaire que des hommes ou des femmes agissant sur un plan intermédiaire, à mi-chemin entre le génie pur et la naïveté enfantine. De tels êtres pourtant sont presque toujours doués d'une intelligence hors de pair, et possèdent en outre des dons divinatoires qui leur permettent de franchir toutes les frontières entre le réel et l'irréel aussi bien dans le domaine des idées que dans celui de la conduite. Parmi les poètes qui ont leur légende nous pourrions citer Shelley, Rimbaud, Cocteau; parmi les musiciens Gesualdo, Chabrier, Érik Satie.

Ce dernier occupe, en effet, une place à part dans l'histoire de la musique, une place unique, on pourrait dire, car son cas est certainement sans précédent. Ce fils d'une mère écossaise et d'un père normand, par quel miracle est-il devenu vers la fin de sa vie une sorte d'« éminence grise » de la musique contemporaine française, après avoir publié, étant encore tout jeune et inconnu, ces *Gymnopédies* et ces *Sarabandes* qui contenaient déjà en germe tous les éléments du langage harmonique nouveau qu'allaient adopter et développer plus tard Debussy et Ravel ?

C'est ce phénomène, entre autres, qui donne toute sa saveur au « cas Satie » — car voici un compositeur qui, malgré l'influence indiscutable qu'il a exercée sur toute la musique contemporaine, est connu aujourd'hui, en dehors du milieu restreint des musiciens de son époque et de ceux qui furent ses amis, par sa légende plutôt que par son œuvre. Pourtant, le « cas Satie » est encore d'actualité, sinon en France, du moins à l'étranger. Comment expliquer autrement l'intérêt que suscitent encore ses œuvres aux États-Unis, par exemple, où d'éminents pédagogues et musicologues comptent parmi les plus fervents admirateurs du « Bon Maître », et où l'on peut trouver inscrites aux programmes des conservatoires provinciaux, et même des grands concerts, des œuvres de Satie qu'on a rarement l'occasion d'entendre en France ? De toute façon, il est peut-être temps d'essayer de déterminer aussi objectivement que possible la nature exacte du rôle qu'a joué dans le développement de la musique moderne une des plus étranges personnalités de toute l'histoire de la musique. « L'avenir, disait-il, me donnera raison. N'ai-je pas été déjà bon prophète ? » C'est le bien-fondé de cette déclaration que nous allons maintenant examiner.

Que Satie ait été un précurseur dans maints domaines n'est pas douteux. D'abord, n'avait-il pas dans les *Gymnopédies* inauguré le fameux style « dépouillé » bien avant que celui-ci devînt la mode ? En revanche, dans ses autres morceaux de piano il introduisit une note inattendue d'ironie et de fantaisie pure à une époque où la musique se prenait encore très au sérieux. Ensuite, c'est en 1913 qu'il composa *le Piège de Méduse,* ce petit chef-d'œuvre bizarre qui, bien qu'écrit trois ans avant la naissance officielle de « Dada », a devancé incontestablement le mouvement dadaïste. Il n'est donc pas surprenant que Satie fût enfin reconnu comme novateur et considéré comme appartenant définitivement à l'avant-garde. Car n'avait-il pas été associé aux mouvements cubiste avec son ballet *Parade* (en collaboration avec Cocteau et Picasso), dadaïste (avant la lettre) avec *le Piège de Méduse,* et surréaliste avec son dernier ballet *Relâche,* sans parler de trouvailles telles que la « musique d'ameublement », la partition remarquable qu'il écrivit pour *Entracte* de René Clair, et enfin ce *Socrate,* œuvre à la fois touchante et profondément originale.

Il faudrait mentionner encore les œuvres de sa jeunesse,

celles surtout de la période rosicrucienne, si hardies, révolutionnaires même dans leur simplicité, sans oublier les nombreux morceaux de piano affublés de sous-titres cocasses qui n'ont que trop bien réussi à masquer la vraie valeur et l'originalité indiscutable de la substance musicale tout en contribuant ainsi à créer pour le compositeur sa réputation de « fumiste » — réputation, en somme, qui ne lui déplaisait pas et satisfaisait à la fois son goût de mystification et son désir de se protéger contre les critiques dont il craignait l'incompréhension totale.

On peut distinguer, *grosso modo,* dans l'œuvre de Satie trois « périodes » : la première allant de 1887 à 1895 environ (la période rosicrucienne et mystique où son art est dominé par des influences médiévales); la deuxième, de 1896 à 1918 (pendant laquelle il écrivit des œuvres « révolutionnaires », comme *Parade* et la plupart des morceaux pour piano qui lui ont valu sa réputation d'excentrique); et la dernière de 1918 à 1925, l'année de sa mort, qui a vu naître *Socrate* et la musique dite « d'ameublement ». Voici maintenant, à titre explicatif, quelques exemples musicaux démontrant les différentes manières et procédés harmoniques et autres du compositeur correspondant à ces trois périodes de son évolution.

Satie avait à peine vingt et un ans quand il composa, en 1887, les trois *Sarabandes* dont les harmonies paraissaient à l'époque étrangement audacieuses et dont l'exemple 1 donnera une idée générale.

Les fameuses *Gymnopédies* (1888), avec leurs contours lumineux et leur écriture transparente, semblent appartenir à une autre esthétique et laissent pressentir ce style dépouillé que Satie devait développer par la suite quand il eut abandonné l'écriture modale qui caractérise les œuvres de la période rosicrucienne. Et pourtant elles furent suivies de près par des œuvres telles que le *Prélude de la Porte Héroïque du Ciel,* les *Sonneries de la Rose Croix,* et les *Préludes,* si remarquables, composés pour *le Fils des étoiles,* (1891), « wagnérie kaldéenne » du Sâr Péladan (ex. 2).

Ex. 1.

En blanc et immobile,

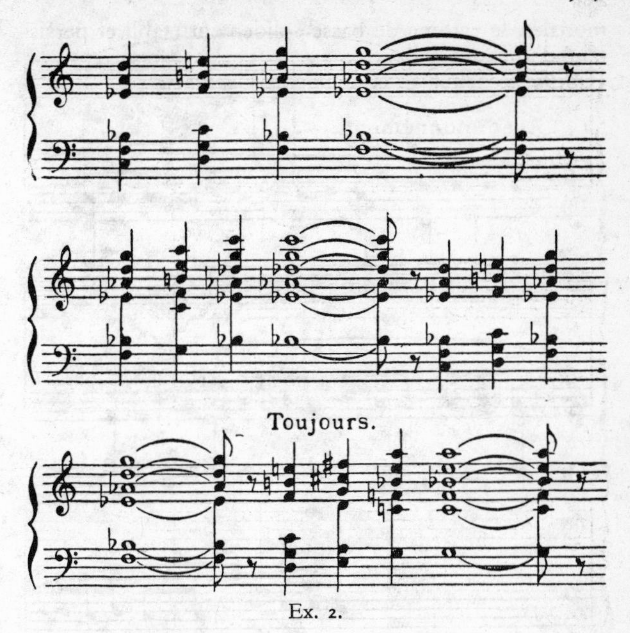

Ex. 2.

On comprend qu'à l'époque de telles hardiesses harmoniques ne manquaient pas de choquer des oreilles conservatrices. Satie fut, on peut dire, le maître, sinon l'inventeur de la musique statique — une musique qui n'avance pas, ne se développe pas, mais qui tourne, pour ainsi dire, autour d'elle-même, créant ainsi une impression semblable à celle produite par une tapisserie où un motif décoratif se répète à l'infini, produisant un effet quasi hallucinatoire. Les trois *Gnossiennes* (autre exemple du goût caractéristique de Satie pour les titres énigmatiques) composées en 1890, et qui illustrent cette tendance, furent les premiers morceaux pour piano écrits sans clef ni barre de mesure. Elles portent aussi des indications humoristiques inscrites sur la partition, un procédé que le compositeur devait utiliser souvent dans les années à venir. Tous les traits essentiels du style pianistique de Satie se voient déjà dans ces pièces — les phrases mélodiques toujours répétées, les cadences modales, le rythme de basse solidement établi et persistant d'un bout à l'autre.

Voici le début de la deuxième *Gnossienne* :

Ex. 3.

Avec les *Heures séculaires et instantanées* (1914) nous entrons dans un nouveau domaine. Ici, les notations humoristiques et les traits d'esprit sont remplacés par un texte continu, une espèce de narration cocasse qui est partie intégrante du morceau (comme, d'ailleurs, dans les petites histoires qui accompagnent le recueil d'esquisses pour piano *Sports et Divertissements* qui datent de la même année). Tandis que ces textes sont d'inspiration franchement surréaliste (bien avant la naissance officielle du Surréalisme), la musique, elle, est d'un modernisme qui ne ressemblait en rien à la nouvelle musique telle que l'envisageaient à l'époque un Debussy ou un Ravel; Satie parlait un langage à lui, proprement unique. Témoin ces quelques mesures tirées du premier morceau des *Heures séculaires et instantanées,* intitulé *Obstacles venimeux :*

Ex. 4.

On a beaucoup critiqué l'attitude apparemment frivole témoignée par Satie envers la musique, mais tous ceux qui se plaisent à dénigrer ses qualités de musicien sérieux feraient bien de méditer à ce propos ces sages paroles de Charles Koechlin, grand admirateur du « Bon Maître » : « Satie, d'une façon très discrète et par des trouvailles qui, n'ayant l'air de rien, exigèrent infiniment d'imagination, d'observation, de malice et de musique tout ensemble, nous peint le grotesque avec un style dont, peut-être, on n'a pas encore mesuré la valeur artistique. »

La valeur artistique de l'œuvre qui est, sans doute, son chef-d'œuvre, *Socrate,* « drame symphonique en trois parties avec voix », composé en 1918, est cependant incontestable. C'est dans cette œuvre singulière et étrangement attrayante que Satie a mis, de son propre aveu, « le meilleur de lui-même », voyant dans cette tâche qu'il s'est imposée — c'est-à-dire, de mettre en musique des textes (dans la traduction de Victor Cousin) tirés de trois des plus célèbres dialogues de Platon — « un acte de piété, le rêve d'un artiste, un humble hommage ». *Socrate* est l'apothéose de cette musique « linéaire » que Satie a cultivée depuis l'époque des *Gymnopédies;* mais ici elle atteint à une intensit d'émotion qui paraît incroyable, étant donné la simplicité extrême des moyens employés. Les beaux textes de Platon qui, d'après le compositeur, doivent être « récités » plutôt que chantés, sont partout discrètement accompagnés et soutenus par une musique, qui est un miracle de retenue et de sobriété, confiée à un ensemble réduit d'instruments (flûte, hautbois, cor anglais, clarinette, basson, cor, trompette, harpe et cordes). Il est évidemment impossible de donner une idée de l'effet cumulatif de cette musique au moyen d'un court extrait, mais l'exemple suivant tiré de la dernière partie, *la Mort de Socrate* (version voix et piano) est assez typique du style dépouillé et des procédés d'écriture (*ostinati* des basses, libre et souple inflexion vocale, absence d'emphase, etc.) qui caractérisent cette partition remarquable qui occupe une place à part dans l'œuvre satienne

Ex. 5.

On a souvent dit qu'en fin de compte l'œuvre de Satie vaut plus par ce qu'elle laisse entendre que par ce qu'elle contient de positif, du point de vue strictement musical. Autrement dit, ce n'est pas tant par sa musique que par ses idées qu'il a réussi à laisser son empreinte sur toute la musique contemporaine, agissant comme catalyseur et anticipant presque tous les développements actuels.

Ici nous touchons au point crucial du « cas Satie ». La vérité, à notre avis, c'est que, chez Satie, l'homme et son œuvre sont si étroitement mêlés qu'il n'est pas possible de séparer l'un de l'autre, et ceci pour la bonne raison que, tandis que la plupart des compositeurs s'expriment dans un langage plus ou moins familier, Satie a pratiquement inventé un mode d'expression qui lui est propre; si nous voulons le comprendre, il nous faut d'abord comprendre le caractère du musicien qui l'inventa. Qu'il y ait dans cette musique une certaine indigence — un manque de souffle, de profondeur — cela ne fait pas de doute : Satie n'eût pas été capable, si même il y avait jamais songé, de créer une œuvre de grande envergure. Le domaine dans lequel il travaillait était restreint: mais à l'intérieur des limites qu'il s'était imposées et en dépit des limitations personnelles dont il avait pleinement conscience, l'œuvre qu'il accomplit était profondément originale. Sa musique est pleine de trouvailles. Aucun autre compositeur n'a eu ce pouvoir de tirer de la musique des effets plus inattendus; entre ses mains de magicien la musique, d'un coup de baguette, subit les transformations les plus surprenantes et les plus inusitées. Ainsi, par exemple, cette partition étonnante de *Parade* dans laquelle, comme a fait remarquer Cocteau, il semble avoir trouvé une quatrième dimension. Il y a enfin dans la musique de Satie une solitude profonde. Il vivait et travaillait dans un isolement spirituel complet. Sa musique, en fin de compte, défie l'analyse, car, comme l'a si bien dit Henri Sauguet, « tout ce qui approche Satie, tout ce qui le touche est magie; et magiques sont son art et son exemple ». Il n'est donc pas surprenant qu'il ait su gagner l'admiration et l'estime de musiciens de la taille de Debussy, Ravel, Roussel et Stravinsky, pour ne citer que quelques noms parmi les plus célèbres, car peu d'artistes ont servi leur art avec une plus grande dévotion et une plus grande abnégation, avec une compréhension aussi claire de ses possibilités et de ses ressources.

S'il est vrai que son intelligence aiguë et son sens critique sévère, surtout envers lui-même, l'empêchaient d'être un compositeur fécond, la valeur intrinsèque, dans son ensemble, de l'œuvre qu'il a laissée nous oblige, tout en tenant compte de l'échelle plus ou moins restreinte sur laquelle il a préféré travailler, à accorder à Érik Satie la place qui lui revient de droit, non certes parmi les plus grands créateurs, mais néanmoins à côté de ceux qui, par leur exemple et par leurs œuvres, ont contribué à enrichir et la musique française et la musique tout court.

Rollo MYERS.

BIBLIOGRAPHIE

MELLEYS, W., *Erik Satie and the « problem » of contemporary music,* dans *Studies in Contemporary Music,* Londres, 1947.

MYERS, R., *Erik Satie,* Paris, 1959.

TEMPLIER, P.-D., *Érik Satie* Paris, 1932.

Érik Satie, son temps et ses amis, numéro spécial de « la Revue musicale », Paris, 1952.

L'ESTHÉTIQUE DES BALLETS RUSSES

POUR ceux qui n'ont pas connu les spectacles de Diaghilev, qui n'ont pas été les victimes éblouies de cet « enchantement », le phénomène des Ballets russes n'en demeure pas moins le fait esthétique le plus extraordinaire du XXe siècle, un fait peut-être unique dans toute l'histoire de l'art européen. Cette entreprise de spectacle total ne fut réussie — là où tant d'autres échouèrent — que par un concours de circonstances extérieures et intérieures qui tient du miracle. Certes il n'est pas rare qu'un art porté à notre connaissance jette sur l'époque qui l'a vu se développer une lumière que l'histoire nous refuse; mais le fait qu'un phénomène artistique tel que celui des Ballets russes prenne le pas sur l'histoire et nous instruise avant elle de l'évolution sociale et morale d'une société, ce fait-là mérite d'être étudié puisqu'il n'a pas fini de nous étonner.

On a coutume de dire que la guerre de 1914 a clos ce que l'on est convenu d'appeler « la Belle Époque ». En réalité l'histoire politique de la France nous enseigne que la Belle Époque se serait achevée sensiblement dans le même temps sans le secours, si l'on peut dire, de la guerre. La société française, et plus particulièrement la société parisienne, ne se satisfait plus des valeurs qu'elle s'était reconnues pendant les années bourgeoises du règne du maréchal de Mac-Mahon ou de Monsieur Thiers. De la réhabilitation de Dreyfus, qui remit en cause la notion d'autorité et le respect de la chose jugée, à l'assassinat de Jaurès, des grèves des pouvoirs publics à la séparation de l'Église et de l'État, le climat politique et intérieur des premières années du XXe siècle en France nous apparaît comme exceptionnellement trouble et violent; un trouble et une violence qui vont trouver en la guerre un exutoire naturel sinon nécessaire. Dans tous les domaines s'opère une sorte de mutation apparente ou secrète d'une importance capitale : bien qu'elles soient encore peu répandues, les théories d'Einstein ou les découvertes de la psychanalyse ne sont pas sans indiquer la naissance d'un ordre nouveau; les valeurs esthétiques reconnues subissent, elles aussi, un examen sévère que l'apparition de mouvements tels que le fauvisme et le cubisme transforme en véritable révolution. C'est à cette société vulnérable, mouvante, sensibilisée, c'est à cette société parisienne avide de « chocs » que Diaghilev choisit d'imposer celui de son spectacle et de son esthétique. Chacun sait que l'instant où la bataille est livrée est aussi important que les forces engagées; il s'agit là d'une intelligence qui relève de l'instinct et que Diaghilev possédait à un degré tel qu'on l'eût cru doué d'un sixième sens. Cette bataille des arts ne s'est pas livrée, on le pense bien, sans préliminaires ni prises de contacts. Apparemment discontinue, la ligne de conduite de Diaghilev ne laisse pas d'être claire et conséquente aux yeux de l'historien. Diaghilev s'est voulu le maître d'œuvre de tout un mouvement d'art qu'il pensait à juste titre être celui de son temps et dont il a essayé d'acclimater les diverses tendances au seul langage susceptible à ses yeux d'en communiquer l'essentiel à un vaste public, le ballet. En fait, et beaucoup plus qu'une fin, la chorégraphie fut pour lui le véhicule idéal de cette admirable volonté de puissance qui s'est justifiée par d'admirables réussites. L'habileté insolite qui incita Diaghilev à choisir le ballet pour tenter de réaliser son idéal microcosmique plutôt que l'opéra ou le théâtre n'est pas sans évoquer à nos yeux un précédent remarquable dans l'histoire du ballet français. Nul autre art, en effet, ne rend plus précisément compte des tendances esthétiques du XVIIe siècle, celui qui fut, avant Louis XIV, tout à la fois précieux et baroque. La lecture des arguments des ballets du temps et la description des décors, véritables architectures en mouvement, nous éclairent de manière incomparable sur l'esprit qui présidait à la création de tels spectacles aussi bien que sur la poésie qui s'en réclamait, et ce ne sont pas là les aspects les moins étonnants de cette époque complexe.

Il en fut de même pour les Ballets russes, à cette différence près que cet effet de préhension artistique ne fut pas, cette fois, le fait du hasard mais tint à la volonté d'un homme.

Il n'est pas aisé de démonter les rouages secrets de

cette volonté, non plus que ceux qui ont réglé la marche tentaculaire des Ballets russes. La classification habituelle en deux ou trois périodes nous semble arbitraire en ce qu'elle suppose une unité de style ou des unités de style qui ne furent jamais le fait ni le propos de Diaghilev. Nous reviendrons d'ailleurs sur cela. S'il y eut une unité véritable au sein de la compagnie des Ballets russes, l'on ne doit la chercher que dans le travail, la discipline, et l'esprit de renouvellement élevé à la hauteur d'une institution. L'on dira cependant : Diaghilev est venu à Paris avec une troupe entièrement composée de Russes : chorégraphie, peinture, musique et interprétation, tout était dans la main des Russes. N'est-ce pas là une sorte d'unité ? Oui et non; tous ces Russes n'avaient pas nécessairement les mêmes conceptions; on l'a vu par la diversité des spectacles qu'ils présentèrent. Par ailleurs, il est peu probable que cette apparente unité ait été d'une importance capitale pour Diaghilev. L'on ne peut nier pourtant qu'il ait joué la carte russe pendant les premières années de son séjour à Paris, mais il le fit délibérément et dans un but précis : valoriser l'art russe aux yeux mêmes des Russes, et conquérir Paris à cet art, le conquérir de manière éclatante afin de s'y installer en maître. Tout cela devait être et fut fait rapidement, le succès immédiat étant plus nécessaire que tout à l'entreprise, car les mécènes auxquels s'était adressé Diaghilev se fussent lassés aux premiers échecs. Or Diaghilev, qui était riche de tout, ne l'était guère d'argent. En revanche, il possédait un sens étonnant du public (nous ne disons pas de la publicité pour éviter toute nuance péjorative), un sens du public lié à son sens du spectacle. Ce public parisien qu'il lui fallait déplacer, qu'il lui fallait émouvoir, il le connaissait par les divers contacts qu'il avait pris lors des précédentes manifestations russes organisées par ses soins dans la capitale française : en 1906, une exposition de peinture russe moderne au Salon d'automne; en 1907, les fameux concerts de musique russe à l'Opéra; en 1908 enfin, la prestigieuse représentation de *Boris Godounov* avec Chaliapine qui avait été pour lui une sorte de répétition générale.

Lorsqu'il revient à Paris en 1909, Diaghilev a tous les atouts de réussite en main. Il sait que le ballet plus que l'opéra a besoin d'être renouvelé en France, que le ballet plus que l'opéra lui offrira ces possibilités de spectacle total dont il rêve. Il sait qu'il lui faut dépayser cette société parisienne un peu blasée qui cherche à s'émanciper, à sortir d'elle-même, qu'il faut que le choc soit immédiat et visuel. En conséquence, ce que les premiers spectacles russes proposèrent aux Parisiens avant tout autre chose fut l'animation de visions étonnantes et le culte de quelques idoles. Le choc s'étant produit, la politique de réussite de Diaghilev se fondera désormais sur le « scandale », au sens le plus noble du terme, et sur l'idole. Prêter à Nijinsky, à la Pavlova, ou à la Karsavina la responsabilité du succès des Ballets russes, c'est confondre la création avec le créateur. L'élévation prodigieuse de Nijinsky, la grâce extraordinaire de la Pavlova, la personnalité de la Karsavina qui firent couler tant d'encre, eussent-elles autant étonné les Parisiens si elles n'avaient été servies par des chorégraphies aussi minutieuses et efficaces, si elles s'étaient exprimées dans des décors médiocres, sur des musiques de basse qualité, avec des costumes moins étudiés. De Nijinsky, Jean Cocteau écrit : « D'âme et de corps il n'était que déformation professionnelle. Tout en lui s'organisait pour paraître de loin dans les lumières. Ses mains devenaient le feuillage de ses gestes et, quant à sa face, elle rayonnait. » Cependant, lorsque Nijinsky quitta les Ballets russes, il ne fut plus que la caricature de lui-même et il est significatif qu'aucune des « idoles » de la troupe n'ait pu conserver, hors de son orbite, une parcelle de cette aura qui bouleversa les spectateurs du *Spectre de la rose*, des *Sylphides* et de *Schéhérazade*. L'on notera cependant en faveur de la qualité extraordinaire des danseurs russes que Diaghilev, qui s'assura par la suite la collaboration de tant d'artistes étrangers, resta fidèle aux danseurs et aux chorégraphes de son pays. Quant aux jeux de scandale auxquels il se complut, ils furent, depuis les premiers chocs jusqu'aux ballets « constructivistes », organiquement liés à la vie même de la compagnie.

Lorsque Diaghilev part à la conquête de Paris, « cette arène du monde », ce qu'il apporte avec lui ne peut souffrir de comparaison avec quoi que ce soit : la rigueur d'école, la discipline des danseurs, la science et la conscience du maître de ballet Fokine, le talent affirmé des peintres Bakst, Roerich et Benois contribuent à parer les spectacles d'une richesse et d'une nouveauté qui eussent été sans lendemain si elles ne s'étaient appuyées sur des bases très solides. Diaghilev se réclame à la fois de l'acquis de la tradition et des meilleures réalisations de l'art moderne russe; mais, au fur et à mesure qu'il va s'assurer du succès, il s'attachera à d'autres desseins et tentera d'annexer à son profit l'art occidental en ce qu'il a de plus virulent. Il subit d'autant plus la séduction de Paris qu'il réussit parfaitement à y exercer la sienne et son abandon progressif des conceptions russes, bien qu'il n'ait jamais été définitif, équivaut à un aveu : c'est en France, c'est à Paris que se jouent les destinées du spectacle; cela, il ne peut manquer de l'avoir su et compris très tôt, alors même sans doute qu'il commande à un musicien russe, Igor Stravinsky, ses premiers ballets. Dans un écrit de jeunesse, il cite ce mot de Michel-Ange pour le reprendre à son compte : « Celui qui suit ne mène jamais. » Dès lors, on peut imaginer quelles sont ses ambitions lorsqu'il prend contact avec les milieux d'avant-garde picturaux et littéraires de la capitale. Le fauvisme est à son apogée et le cubisme en plein essor, en pleine bataille (*les Demoiselles d'Avignon* de Picasso, date historique du cubisme, sont de 1907). Comment Diaghilev, si sensible à la peinture, n'eût-il pas été conquis par l'extraordinaire effervescence qui remua le monde des arts plastiques avant 1914 ? Comment lui, cet homme « d'expériences », n'eût-il pas été tenté de rendre « spectaculaires » les expériences qui furent imaginées et réalisées par les peintres du Bateau-lavoir, Picasso, Braque, Derain, Matisse, et passionnément défendues par les poètes qui gravitaient autour d'eux, Max Jacob, André Salmon, Pierre Reverdy et, le plus grand de tous, Apollinaire ? Comment n'eût-il pas souhaité les intéresser à ce ballet contemporain qu'il rêvait d'incarner, lui qui fut le premier à s'assurer le concours de vrais peintres, de peintres de chevalet au lieu et place de décorateurs ? Comment en un mot n'eût-il pas souhaité « promouvoir » ? Cette ambition, il n'eut pas les moyens de la réaliser avant la guerre de 1914, en raison des problèmes d'ordre musical qui se posèrent à lui et qui furent certainement les plus difficiles à résoudre à cette époque. S'il n'avait que l'embarras du choix en ce qui concernait la peinture, s'il était sûr de ses danseurs et de son chorégraphe, il ne pouvait guère espérer que son spectacle fût significatif de l'école de Paris avec une musique signée de Rimsky-Korsakov, de Weber, de Moussorgsky, de Borodine, de Tchérepnine, voire de Stravinsky. Aussi s'adressa-t-il très vite à des musiciens français, mais l'on ne peut dire qu'il ait eu beaucoup de chance dans ses essais de collaboration avec Debussy et Ravel. Le scandale de *l'Après-midi d'un faune,* bénéfique comme tous ceux qui jalonnent l'histoire des Ballets russes, fut néanmoins un scandale de chorégraphie, un scandale Nijinsky qui eut, entre autres effets, celui d'escamoter le *Daphnis et Chloé* de Ravel. Quant à *Jeux,* partition admirable, ce ne fut, de l'avis général, ni un ballet ni un spectacle particulièrement réussi. Deux faits vont aider Diaghilev à se libérer des entraves dans lesquelles le retient encore l'art russe : *le Sacre du printemps* et la guerre. *Le Sacre du printemps* parce qu'il remit tout en question dans le domaine esthétique et musical, la guerre parce qu'elle remit tout en question dans tous les domaines. *Le Sacre du printemps* reste sans doute la preuve la plus éclatante de l'heureuse conjoncture qui présida à la rencontre de Diaghilev et de Stravinsky. Russes tous deux, ils ne se voulaient russes qu'à la condition d'être universels. Ils avaient en commun un goût apollinarien de la surprise, de la surprise que le génie se fait à lui-même et un égal respect pour chacune des œuvres qu'ils portaient à la connaissance du public. Diaghilev se montrait furieux que le même public sifflât au *Sacre du printemps* et applaudît au *Spectre de la rose ;* Stravinsky n'entendait pas que l'on portât aux nues *Renard* ou *Noces* si l'on dédaignait *Mavra.*

Au lendemain du *Sacre,* Diaghilev sait que toutes les audaces lui sont permises, puisque celle-ci a réussi malgré le scandale ou à cause de lui, comme l'on voudra. En cela, les années de guerre marquent un tournant décisif, parce que le public a évolué lui aussi, non qu'il soit davantage apte à comprendre la nouveauté esthétique de ce qu'on lui propose, mais il est avide d'extravagance et l'on vient aux Ballets russes avec une curiosité et un désir d'étonnement accrus. Cet état d'esprit favorisa, au sein des Ballets russes, la pénétration des courants esthétiques les plus modernes, ce qui ne se fera pas sans quelques retours nostalgiques à des conceptions plus anciennes.

Désormais, nulle part mieux qu'aux Ballets russes on ne respire cette « odeur d'époque » dont parle Jean Cocteau et que l'on ne peut se risquer à définir. Stravinsky, Prokofiev, Manuel de Falla, Poulenc, Milhaud, Auric, tels sont les noms des musiciens que Diaghilev eut l'honneur de révéler aux Parisiens et peut-être à eux-mêmes. Il eut aussi celui d'ouvrir les portes du théâtre à quelques peintres de génie, Picasso, Braque, Rouault, Utrillo, Matisse, Derain. Les tracts qui furent lancés dans la salle le soir du spectacle de *Roméo et Juliette,* dont les décors étaient signés de Max Ernst et de Juan Miró, figurèrent en bonne place dans le fameux manifeste surréaliste de 1926. Il n'est pas jusqu'aux modes du music-hall et du rag-time, de la gymnastique et de la « machine » (*les Biches,* le *Pas d'acier, Jack in the box*), il n'est pas jusqu'à un certain néo-classicisme cher à Cocteau et à Stravinsky (*Œdipus Rex, Apollon musagète*) dont Diaghilev ne se réclame en quelque occasion; et l'examen attentif de la vie des Ballets russes entre 1917 et 1929 laisse à l'esprit une curieuse impression de dispersion, de soif affolée de nouveauté qui étaient celles de l'époque tout entière et dont la pierre de touche restera *Parade,* ballet de Cocteau, Satie et Picasso, *Parade* dont Apollinaire écrit : « De cette alliance nouvelle, car jusqu'ici les décors et les costumes d'une part, la chorégraphie d'autre part, n'avaient entre eux qu'un lien factice, il est résulté dans *Parade,* une sorte de surréalisme où je vois le point de départ d'une série de manifestations de cet esprit nouveau qui, trouvant aujourd'hui l'occasion de se montrer, ne manquera pas de séduire l'élite et se promet de modifier de fond en comble les arts et les mœurs dans l'allégresse universelle, car le bon sens veut qu'ils soient au moins à la hauteur des progrès scientifiques et industriels ».

« De cette alliance nouvelle.... », écrit Apollinaire en toute bonne foi. Les arts firent-ils véritablement alliance à l'intérieur des Ballets russes ? Il est difficile de le penser. Dans une certaine mesure, Diaghilev réalisa le spectacle total, mais jamais l'union des arts. L'esprit de recherche fut poussé si loin pour chacune des disciplines en présence que les arts concernés, au lieu de se fondre, s'affirmèrent en leur autonomie, tant et si bien que l'on est habilité à parler de bataille des arts beaucoup plus que d'union. Néanmoins, s'il n'y eut pas vraiment alliance, il se produisit des échanges qui relèvent parfois de l'osmose pure et simple. Comment expliquer différemment que tel motif mélodique ou rythmique circulât de Falla à Stravinsky et qu'au milieu de la folie ambiante s'exhaussât un certain souci de dépouillement sensible dans la chorégraphie comme dans le décor. Il n'est point d'art, en fait, qui ne se soit enrichi des prospections des Ballets russes, enrichi sur les deux plans de l'orientation scénique et de la technique intrinsèque. L'on sait quelles profondes transformations supposait le fait d'avoir donné plein pouvoir au peintre de chevalet d'organiser à son gré la vision scénique depuis la toile de fond, les praticables et les portants jusqu'aux moindres détails du costume. « L'art pictural évolue, écrivait Jacques Rouché en 1910. N'est-il pas besoin de rajeunir chez nous la mise en scène, de la faire correspondre à la vision d'art des peintres d'aujourd'hui ? » A cette interrogation pressante les Ballets russes proposèrent, non pas une, mais dix réponses et sans doute les prises de positions de Rouché et de Copeau, entre autres, n'eussent-elles pas été tout à fait ce que nous connaissons sans ces vingt années de Ballets russes. Si le théâtre est redevable à la peinture d'une libération essentielle, des peintres tels que Picasso, Derain, Rouault, Braque et Matisse doivent au théâtre et à Diaghilev d'avoir connu une confrontation des volumes et de la couleur tout autre que celle qu'ils suscitaient sur leur toile. Quant à la chorégraphie, l'on peut dire qu'avec Diaghilev elle est véritablement entrée dans une phase nouvelle : le ballet n'est plus cet exercice d'école pour ballettomanes distingués que nous proposaient nos scènes nationales à la fin du XIXe siècle; le corps de ballet ne semble plus être considéré comme une toile de fond pour les évolutions de la danseuse étoile; quant au danseur, à l'homme, il s'est enfin libéré des rôles d'utilité où l'avaient relégués les envols de son abusive partenaire. En outre, des chorégraphes comme Fokine, Massine, Nijinska et Balanchine ont su faire de la danse autre chose qu'un art anachronique aux conventions et poses périmées. Ils ont su y introduire pour les transcender les éléments et les attitudes de la vie quotidienne et moderne. Cette leçon-là fut reçue dans tous les pays du monde. Il n'est pas besoin de rappeler l'apport considérable des Ballets russes dans le domaine de la musique.

D'une part, l'idée musicale du ballet prit une signification nouvelle; la forme même a retrouvé un prestige qu'elle avait perdu. Aujourd'hui, les plus grands musiciens composent des ballets pour leur plaisir et dans une optique de musique pure. L'on peut se demander, d'autre part, si le fait de la gageure imposée, du cadre, n'a pas été extrêmement bénéfique pour des compositeurs qui furent initiés à la musique par les ultimes folies wagnériennes, l'exotisme des Cinq et les envoûtements debussystes. Les réactions violentes d'un Satie ou des membres du groupe des Six furent aussi celles de Diaghilev, et il n'est pas un musicien de valeur qui se soit jamais plaint de s'être plié à la discipline du ballet tel qu'il le concevait. Pour conclure, nous dirons de nouveau que le mouvement russe exerça son influence sur tous les arts majeurs et mineurs, sur la scène comme dans la vie, et qu'il fut à l'émancipation de toute une société le plus merveilleux alibi qui puisse exister.

Myriam SOUMAGNAC.

BIBLIOGRAPHIE

AEGERTER, P., *Au temps d'Apollinaire,* Paris, 1946.

APOLLINAIRE, G., *Les Peintres cubistes,* nouvelle édition, Paris, 1950.

BENOIS, A., *Réminiscences des Ballets russes,* Londres, 1947.

FOKINE, M., *Mémoires d'un maître de ballet,* Boston, 1961.

GONTCHAROVA, N. et LARIONOV, M., *Les Ballets russes de Serge de Diaghilev et la décoration théâtrale,* Belvès (Dordogne), 1955.

GRIGORIEV, S. L., *Le Ballet de Diaghilev,* Londres, 1953.

HASKELL, A. L. *Serge de Diaghilev,* Londres, 1947.

IANTCHEVSKII, N., *Apollon en flammes,* Paris, 1954.

KOKNO, B. et LUZ, M., *Le Ballet,* Paris, 1954.

LIFAR, S., *Histoire du ballet russe depuis les origines jusqu'à nos jours,* Paris, 1950.

NABOKOV, N., *Vieux amis et nouvelle musique,* Londres, 1951.

Numéro spécial de « la Revue musicale », *les Ballets russes de Serge de Diaghilev,* Paris, décembre 1930.

LA MUSIQUE ET LES BALLETS RUSSES DE SERGE DE DIAGHILEV

Tous les arts, de 1910 à 1930, furent plus ou moins tributaires des Ballets russes mais il semble bien que ce soit la musique qui ait le plus largement bénéficié de la prophétique impulsion de Diaghilev. Sans doute, le « style Ballets russes » dans la décoration, la mode, et même la chorégraphie, est aujourd'hui périmé, tandis que *l'Oiseau de feu, Pétrouchka, le Sacre du printemps, les Noces, Daphnis et Chloé, Parade, le Tricorne, le Fils prodigue* défient le temps.

Amateur de poésie, de peinture, de danse bien sûr, Diaghilev avouait son faible pour la musique. Au cours d'une répétition de *Pulcinella,* Massine s'étant montré irascible envers le chef d'orchestre, Diaghilev lui dit vertement : « Mon cher, s'il n'y avait pas de musique, tu ne danserais pas ! » Le respect de Diaghilev pour la musique explique qu'il se soit toujours adressé à de grands chefs et aux meilleures associations symphoniques, ce qui, hélas, n'est pas le fait des compagnies de ballets actuelles. C'est Pierné qui dirigeait la première de *l'Oiseau de feu,* Monteux celle du *Sacre,* Ansermet celle des *Noces.*

Il n'y a pas lieu de parler ici du côté spectaculaire des Ballets russes, mais de leur prodigieuse influence sur l'évolution musicale de notre époque.

Lorsqu'en 1909 Diaghilev vint pour la première fois à Paris, son apport musical fut assez mince : un choix de pages d'orchestre de Glinka, Rimsky, Moussorgsky, Glazounov, Arensky, musiques nullement destinées à la danse, servait de prétexte aux premières chorégraphies de Fokine. Ce n'est pas non plus avec *le Pavillon d'Armide,* de l'honnête Tchérepnine, que Diaghilev aurait révolutionné Paris. Ce n'est pas également l'orchestration des *Sylphides* qui ajoute à la gloire de Chopin.

En 1910, le succès foudroyant de *Schéhérazade* acheva, par contre, de mettre en vedette le nom de Rimsky, jusqu'alors peu connu du public parisien, et c'est surtout la création de *l'Oiseau de feu* qui, révélant brusquement le génie du jeune Stravinsky, fit des Ballets russes le foyer de la musique moderne. Diaghilev avait connu à Saint-Pétersbourg Stravinsky, chez son maître Rimsky. Dès qu'il entendit cette page prophétique qu'est le *Feu d'artifice,* il sentit qu'il avait trouvé « son » musicien. Le succès fantastique de *l'Oiseau de feu* consacra immédiatement Stravinsky. L'admiration unanime de Debussy, Dukas et Ravel confirma Diaghilev dans son choix.

Tyrannique comme il était pour tous ceux qu'il aimait, Diaghilev cantonna, pendant de nombreuses années, Stravinsky dans le ballet. Après *l'Oiseau de feu,* Stravinsky désirait écrire un concerto pour piano et orchestre pour Ricardo Viñes, pianiste espagnol qui révéla Debussy, Falla et Ravel. Diaghilev, bon despote, transforma les premières ébauches du concerto en un nouveau ballet. C'est ainsi que naquit *Pétrouchka.*

Débarrassé des influences françaises, celles de Dukas et de Debussy, indéniables dans *l'Oiseau de feu,* Stravinsky devint superbement lui-même et, meneur de jeu à son tour, orienta vers de nouveaux destins la jeune musique européenne. Parallèlement à ces créations fulgurantes, Diaghilev ramenait le public à la chorégraphie de Petipa en ressuscitant, en 1910, la romantique *Giselle.* « C'est rendre à la France ce que nous lui avons dérobé », disait Diaghilev. Petipa avait, en effet, quitté la France pour le théâtre Marie de Saint-Pétersbourg.

En 1910, Diaghilev voulait commander un ballet à Debussy, mais Debussy ne s'en souciait guère. Ce n'est qu'en 1912 que Nijinsky eut l'idée de danser *l'Après-midi d'un faune.* On célèbre à l'envi Nijinsky danseur, mais on oublie trop souvent le chorégraphe génial sans lequel Massine, Balanchine et Lifar ne seraient pas ce qu'ils sont. La chorégraphie, de profil, de *l'Après-midi d'un faune,* inspirée des vases grecs, intéresse tout à coup ce grand visuel et surtout ce grand sensuel qu'était Debussy, et il accepte d'écrire, enfin, le ballet tant souhaité par Diaghilev. C'est ainsi que naquit *Jeux,* merveilleux scherzo, testament orchestral de Debussy.

Ce chef-d'œuvre rare qui préfigure en plus d'un point l'orchestration d'un Berg ou d'un Webern fut, il faut l'avouer, injustement mais logiquement éclipsé par la prodigieuse apparition solaire du *Sacre du printemps*. Il y a, au cours d'un siècle, quelques dates-clefs de l'art musical. C'est, au XXe, *Pelléas, le Sacre,* et *Wozzeck* qui ont orienté, dans des directions nouvelles, la musique du monde entier. Après *le Sacre,* tous les jeunes qui commençaient à se lasser des sortilèges de Debussy et de Ravel suivirent, avec enthousiasme, le chemin si largement frayé par Stravinsky.

Si curieux que cela puisse paraître aujourd'hui, la création de *Daphnis et Chloé,* en 1912, n'avait pas fait grande impression. Cela tient surtout à la chorégraphie de Fokine, si pâle et conventionnelle à côté de celle de *l'Après-midi d'un faune*. C'était une Grèce édulcorée, à la Puvis de Chavannes, peu en rapport avec la musique de Ravel. Musique sublime, *Daphnis* a toujours été un assez médiocre ballet. Les décors de Bakst n'étaient pas non plus en rapport avec la subtilité et l'audace raveliennes. Il aurait fallu un Bonnard mais, à cette époque, Diaghilev n'avait pas encore ce sens parfait des mariages esthétiques qui donna, par exemple, en 1919, la conjonction Picasso-Falla.

Avec *la Légende de Joseph,* de Strauss, partition médiocre, s'acheva, en 1914, la première période des Ballets russes. Durant les premières années de la guerre, Diaghilev eut bien du mal à guider son lourd vaisseau. Réfugié en Italie, pendant l'année 1916, c'est là que naquit le style de la seconde période des Ballets russes.

Reléguant peu à peu, injustement d'ailleurs, ses décorateurs attitrés, Bakst et Benois, Diaghilev s'intéressa follement à la jeune peinture. Sous l'impulsion de Massine, la chorégraphie devient plus nette et plus intellectuelle. La musique suit le même chemin. En 1917, c'est la révélation des *Femmes de bonne humeur,* sur des sonates de Scarlatti, admirablement orchestrées par Tomasini.

Puis c'est, le 18 mai 1917, le scandale fantastique de la création de *Parade,* de Satie-Picasso-Cocteau, au théâtre du Châtelet à Paris. Si l'émeute de la première du *Sacre* était due à la musique et à la chorégraphie, cette fois c'était l'œil qui en prenait un bon coup. En effet, les décors de Picasso portaient à la scène le cubisme. La musique de Satie, sans en avoir l'air, tournait aussi brusquement le dos à tout un état de choses. Debussy, aux portes de la mort, le pressentit qui, sortant de sa loge, soupira : « Oui, peut-être... je ne dis pas... mais que tout ceci est loin de moi! » Quant à Stravinsky, il est hors de doute qu'à dater de ce jour, il s'orienta vers un style plus universel et moins spécifiquement russe. N'oublions pas que *les Noces,* créées en 1923, étaient musicalement achevées en 1917 et qu'il ne restait plus à Stravinsky qu'à trouver son mode d'expression instrumental.

1919 est la grande année Falla-Picasso-Massine. *Le Tricorne* restera, dans tous les domaines, une des conjonctions les plus géniales qu'ait opérées Diaghilev. Falla, considéré jusqu'alors simplement comme un musicien de la classe de Granados (il est vrai qu'à cette époque, certains ne voyaient en Ravel qu'un petit maître), s'affirmait tout à coup comme un des plus grands musiciens de notre temps. *Le Tricorne* est une grande date!

En 1920, Diaghilev demanda à Stravinsky de lui orchestrer quelques pages de Pergolèse pour faire un ballet napolitain, décoré par Picasso. Stravinsky, incapable de faire une simple besogne d'orchestrateur, recréa complètement les thèmes de Pergolèse et ainsi naquit ce chef-d'œuvre de grâce et d'équilibre où le moujik du *Sacre* arrive à porter élégamment le masque de Pulcinella. Au début, Diaghilev fut déçu et choqué par ce qu'il appelait « l'irrespect d'Igor ». Lorsqu'il entendit pour la première fois la fameuse variation pour trombone et contrebasse solo, il sursauta : « Je ne t'ai pas demandé de mettre des moustaches à la Joconde », hurlait-il. Bien vite, il se rendit compte, au contraire, de tout ce que contenait d'amour et d'humour cette recréation. En art, l'humour s'accommode d'ailleurs fort mal du respect.

1920 vit aussi la nouvelle version, sans chant, du *Rossignol* de Stravinsky. Il est hors de doute qu'amputée de son premier acte qui date de 1908, cette œuvre achevée en 1913 gagnait en unité. Les décors de Matisse étaient de toute beauté.

1921, c'est la révélation de Prokofiev avec *Chout*. Diaghilev était ravi de se replonger, pour un temps, bref d'ailleurs, car il haïssait les redites, dans l'atmosphère russe. Au point de vue scénique, *Chout* ne fut pas un grand succès mais la musique de Prokofiev remporta tous les suffrages. Une fois de plus, Diaghilev consacrait un musicien de génie.

Ensuite c'est, date capitale pour l'esthétique du ballet de Stravinsky, la reprise de *la Belle au bois dormant* de Tchaïkovsky, en 1922, à Londres. L'influence de cette reprise, dans tous les domaines, fut considérable. 1923 est l'année faste des *Noces* de Stravinsky. Cette partition sublime alla aussitôt aux nues, et le spectacle également. La prodigieuse nouveauté de l'orchestration (quatre pianos et batterie) bouleversa, une fois de plus, l'esthétique de la jeune musique.

Diaghilev s'efforça ensuite de trouver ce que Satie nommait des « nouveaux jeunes ». C'est alors qu'il fit appel à Auric, Milhaud et moi-même, nous unissant, avec un flair infaillible, à Braque, Laurens et Marie Laurencin dans *les Fâcheux, le Train bleu* et *les Biches* (1924). 1925, c'est l'année des *Matelots,* cet étincelant et poétique ballet de Georges Auric. Vers le même temps, Diaghilev rend hommage à l'Italie et à l'Angleterre avec des ballets de Rieti, Lord Berners et Constant Lambert.

En 1927, triomphe le *Pas d'acier* de Prokofiev et c'est aussi avec *la Chatte* la révélation au grand public du jeune Henri Sauguet auquel nous devons, depuis, tant de merveilleux ballets. En 1928, Stravinsky revient au ballet classique avec *Apollon musagète* qui est un hommage à la musique de Tchaïkovsky, et une de ses plus belles partitions. En 1929, c'est la dernière année des Ballets russes avec l'apothéose du *Fils prodigue,* ce bouleversant chef-d'œuvre de Prokofiev.

Ce qu'il y avait d'extraordinaire chez Diaghilev, c'était cet incessant besoin de renouvellement. Ce goût du nouveau le rendait parfois cruel et injuste : c'est ainsi qu'en 1924 je l'ai entendu parler de la musique de Ravel et de Falla d'une façon proprement scandaleuse. Au fond de lui-même, il ne contestait pas ces génies, mais il craignait de s'enliser dans des habitudes. La dernière année de sa vie, Diaghilev n'avait d'oreilles que pour Hindemith et un tout jeune musicien de dix-huit ans, fantastiquement doué, Igor Markévitch. Il regardait presque alors les gens de ma génération comme des fossiles et je l'en félicite. C'est en étant injuste qu'on progresse. C'est la meilleure leçon que j'aie retenue des

Surréalistes. Si Diaghilev brûlait allégrement ce qu'il avait adoré, il était d'une fidélité à toute épreuve lors de la création d'une œuvre.

On a pu s'étonner qu'il ait ignoré certains grands musiciens comme Roussel ou Honegger. Diaghilev reconnaissait très bien leur valeur, mais simplement n'avait pas envie de s'engager à leurs côtés. Il lui fallait, au moins pour un temps, croire à son aventure. C'est ainsi qu'il lui arrivait de refuser des œuvres de musiciens célèbres. Qu'il me soit permis d'évoquer ici une bien étonnante fin d'après-midi chez Mme Sert, l'égérie de Diaghilev, plus connue sous le nom de Misia. Cette Misia tant célébrée et peinte par Mallarmé, Renoir, Lautrec, Vuillard, était une amie intime de Ravel. Ravel, venant de terminer *la Valse,* souhaitait la voir montée aux Ballets russes. Rendez-vous fut pris pour présenter, chez Misia, la partition à Diaghilev. Stravinsky assistait à l'audition et, tout jeune musicien, j'eus la permission de me cacher dans un coin du salon. Diaghilev arriva, flanqué de Massine et de son état-major habituel. Ravel, minutieux comme toujours, expliqua longuement quel était son dessein pour cette œuvre puis il joua *la Valse* à quatre mains. Diaghilev écouta, le front soucieux, car tout de même, « Ravel, c'était Ravel », puis, la musique finie, il resta longtemps silencieux. Sachant que les sourds grognements, les jeux de monocle et de râtelier n'annonçaient rien de bon chez Diaghilev, je me faisais tout petit dans mon fauteuil, gêné d'assister à une telle scène. Sortant enfin du lourd silence qui pesait sur nous tous, Diaghilev dit avec beaucoup de respect mais aussi une implacable franchise : « Bravo, Ravel! Bravo, c'est très beau, mais ce n'est pas un ballet. C'est le portrait d'un ballet. C'est trop court, trop résumé. »

Le sort en était jeté. Misia, à qui *la Valse* était dédiée et dont Sert, son mari, devait faire la mise en scène, essaya vainement d'arranger les choses. Diaghilev resta inflexible. Etant donné qu'on n'est jamais parvenu à donner une chorégraphie à la hauteur de ce chef-d'œuvre, cela prouve que Diaghilev, une fois de plus, avait raison.

Nul doute que si Diaghilev vivait aujourd'hui, c'est à un Dallapiccola ou à un Pierre Boulez qu'il s'adresserait pour ses spectacles. C'est cet éternel renouvellement et ce vigoureux barattage qui ont fait la grandeur de la musique de ballet de notre époque.

Avec la mort de Diaghilev, la musique de ballet n'a cessé de décliner. Grâce à *Wozzeck,* Berg a, par contre, ressuscité le goût de l'art lyrique. Ceci compense cela.

Francis POULENC.

BIBLIOGRAPHIE

COCTEAU, J., *Le coq et l'arlequin,* Paris, 1918.
LIFAR, S., *Serge de Diaghilev,* Monaco, 1954.
MARKEVITCH, I., KOCHNO, B., BEAUMONT, C., *Hommage à Diaghilev,* Paris, 1954.
NIJINSKY, V., *Journal,* traduit par G. SOLPRAY, Paris, 1953.

IGOR STRAVINSKY

Nul compositeur, depuis Wagner, n'a fait, de son vivant même, couler autant d'encre qu'Igor Stravinsky. Et nul non plus ne s'est vu l'objet, de la part de ses cent biographes et exégètes, de jugements aussi dissemblables et aussi contradictoires. Son nom en est venu à traduire une notion et à revêtir une valeur symbolique qui débordent largement les limites de l'art même qu'il cultive et d'aucuns vont jusqu'à l'identifier tout uniment à l'esprit du XXe siècle en l'associant à ceux de ses collaborateurs successifs : Serge de Diaghilev et les protagonistes des Ballets russes, Pablo Picasso et Natalie Gontcharova, Jean Cocteau, Charles-Ferdinand Ramuz, André Gide, voire, en dernier lieu, le cirque Barnum et Bailey et le roi du jazz Woody Herman. C'est donc à plus juste titre encore qu'à plus d'un demi-siècle de distance on pourrait reprendre à son propos le mot que Friedrich Nietzsche appliquait à Wagner en 1888 : « Il est le symbole même de la modernité. »

Sur le plan esthétique et sur le plan humain, le « phénomène » Stravinsky réside dans la mobilité et l'universalité d'un génie qui, en dépit des avatars artistiques si divers qu'il a traversés, a su préserver cependant son intégrité absolue. Ce qui, dans le passage d'une phase créatrice à l'autre, semble infidélité et inconséquence et choque les partisans de la veille, se révèle, au fur et à mesure qu'augmente le recul du temps, logique supérieure et fidélité envers soi-même. Stravinsky a montré tour à tour une impressionnante série de styles et de méthodes de composition, allant chaque fois jusqu'au bout de sa conception avec le radicalisme qui lui est particulier. D'abord fortement influencé par le chromatisme d'Alexandre Scriabine et le mysticisme des symbolistes russes Gorodetzky et K. Balmont, il subit ensuite durant une longue période l'emprise du folklore national russe, qu'il abandonne à son tour brusquement au profit d'un classicisme volontairement froid, distant, quasi « objectif » et impersonnel, avant de rencontrer, par le détour de constructions archaïsantes inspirées de l'art gothique et de la Renaissance, les successeurs d'Arnold Schönberg et d'Anton von Webern, dont il adopte la méthode sérielle. Après avoir combiné le jeu des sons et des timbres avec la palette du peintre le plus subtil, créé des ballets d'un symbolisme musical lumineux, il se fit donc délibérément le champion d'une musique pure, impassible, volontairement dépouillée de toute émotion. Prétendant concevoir l'œuvre d'art musicale exclusivement comme un ordre imposé au temps, autonome dans ses formes et libérée de toute correspondance avec le plan humain, il rejoint ainsi la théorie d'Édouard Hanslick (elle-même issue de sources françaises), en même temps qu'il oppose un catégorique désaveu aux tendances sociologiques et socialistes auxquelles est soumise, en ces dernières années, la musique officielles de sa Russie natale, qu'il a quittée depuis la révolution et où il n'a cure de rentrer.

Fils du grand chanteur Fedor Stravinsky, basse à l'Opéra impérial de Saint-Pétersbourg, il grandit dans la tradition du théâtre lyrique russe qui exercera longtemps une influence déterminante sur son évolution, bien qu'il n'ait jamais été vraiment un compositeur d'opéra au sens conventionnel. Il lui fallut du reste un temps relativement long pour se rendre maître, après un certain nombre d'essais de jeunesse, d'une écriture véritablement personnelle. Des œuvres comme le recueil *le Faune et la Bergère,* sur des poèmes de Pouchkine, les *Mélodies* op. 6, d'après Gorodetzky, les *Études* de virtuosité pour piano et la fantaisie pour orchestre *Feu d'artifice* rendent compte des difficultés et de la lenteur de cette démarche. A partir de 1902, néanmoins, les conseils affectueux de Nicolas Rimsky-Korsakov, son maître vénéré, sont nettement sensibles dans sa façon de traiter l'orchestre, et notamment les instruments à vent.

Parallèlement à *Feu d'artifice,* naissent les ébauches d'un opéra inspiré d'un conte de Hans Christian Andersen, *le Rossignol.* Cet ouvrage, terminé seulement cinq ans plus tard, en 1914, trahit une forte affinité pour le langage musical de Claude Debussy, dont le jeune compositeur — en dépit de Rimsky-Korsakov — admirait et étudiait l'œuvre. A ses parents autant qu'à une pléiade d'amis musiciens et fins lettrés, Stravinsky devait du reste de s'être familiarisé de bonne heure avec la musique allemande et française. Cependant, tandis que Bruckner et Brahms le laissaient froid, il manifesta envers Bizet, Delibes, Chabrier et Paul Dukas un intérêt qu'il ne tarda pas à étendre à Debussy et à Maurice Ravel.

DÉBUTS DE LA COLLABORATION AVEC DIAGHILEV

C'est en 1909, lors d'un concert d'Alexandre Siloti à Saint-Pétersbourg, que *Feu d'artifice* attira l'attention de Diaghilev. S'étant acquitté à la satisfaction de ce dernier de deux orchestrations qu'il lui avait demandées, Stravinsky se vit alors confier la composition d'un ballet d'après un vieux conte russe : *l'Oiseau de feu.* Créée à Paris en 1910, l'œuvre apparut comme une synthèse absolument nouvelle unissant le chatoiement de la palette impressionniste à l'exotisme des thèmes et des rythmes. Stravinsky y mobilisait le grand orchestre, enrichi de trois harpes, piano, célesta, avec une harmonie renforcée (entre autres, quatre tubas) — et dont la polychromie surpassait encore celle de Rimsky-Korsakov. L'utilisation de mélodies populaires russes dans les scènes du prince Ivan et la ronde des princesses, le chromatisme poussé jusqu'aux limites de l'atonalité dans les tableaux féeriques, la danse de l'oiseau de feu et les scènes infernales de Kastchei, montraient de façon fort nette la manière personnelle de Stravinsky. Ce mélange de naïve barbarie et de luxuriance sonore conquit le public et *l'Oiseau de feu* — dont la suite d'orchestre se maintient au programme des concerts symphoniques — marqua pour Stravinsky le point de départ d'une célébrité mondiale.

Pétrouchka, créé à Paris l'année suivante, toujours avec les Ballets russes, tire également son inspiration du folklore russe, mais transposé cette fois dans le cadre moderne d'une fête foraine. Le musicien y utilise des airs populaires, des rengaines de 1910, parodie une valse de Josef Lanner, combinant rythmes et tonalités avec toute la bigarrure des fêtes populaires et leurs *rencontres imprévues de sonorités,* et mariant *ut majeur* à *fa dièse majeur* de la façon la plus naturelle du monde :

Ex. 1.

Sur le fond rutilant de cette partition haute en couleurs le piano se détache fréquemment en soliste, tel un meneur de jeu. Plus tard, dans les *Chroniques de ma vie,* Stravinsky a révélé que la musique de *Pétrouchka* est née d'un concerto pour piano pendant la composition duquel la vision d'une marionnette l'avait hanté. La vie irréelle qui anime ces fantoches enchantés, l'amour et les souffrances de Pétrouchka, que la danseuse trompe avec le Maure, l'air à la fois menaçant et grimaçant du spectre qui plane sur la baraque du vieux saltimbanque, confèrent à ces « scènes burlesques » (écrites avec la collaboration d'Alexandre Benois) un mélange caractéristique de réalisme et de surnaturel.

L'œuvre suivante de ce groupe est, elle aussi, issue d'une vision de Stravinsky : au cours d'une grande fête païenne, un cercle de vieillards assiste à la danse d'une jeune fille qui doit être immolée au dieu du printemps. Stravinsky manifestait alors — en 1911 — une tendance spécifiquement russe au mysticisme religieux et celle-ci ne se reflète pas moins dans la cantate chorale *le Roi des étoiles,* sur un poème de Balmont, que dans le mélange de cruauté, de religiosité et de sadisme qui empreint l'action du *Sacre du printemps,* composé par Stravinsky entre 1911 et 1913, en partie dans sa propriété d'Oustiloug en Volhynie, en partie à Clarens, sur les rives du lac Léman, où il avait déjà travaillé à *Pétrouchka.* A maints égards, le *Sacre* est une œuvre de crise. Outre qu'il constitue dans l'accroissement des moyens orchestraux un sommet difficilement surpassable et pousse à l'extrême la complication des innovations métriques et harmoniques, il accumule les éléments russes avec une intensité qu'on ne peut comprendre et définir qu'en empruntant au langage de la psychanalyse moderne le terme de « surcompensation ». La sensibilité harmonique de Stravinsky à cette époque a frôlé de très près l'atonalité et il eût été à peine besoin qu'il fît la connaissance du *Pierrot lunaire* d'Arnold Schönberg (dont il entendit une exécution à Berlin au cours de l'automne 1912) pour se trouver amené à user d'une telle liberté dans l'emploi des dissonances. Ce qui fait du *Sacre* — écrit pour un orchestre comprenant trente-huit instruments à vent, (les bois, trompettes et trombones « par cinq », plus huit cors), des cordes en proportion et une énorme batterie — une œuvre unique en son genre, c'est la réunion d'éléments qui semblent remonter aux premiers âges du monde et du modernisme le plus avancé, la fusion des instincts les plus primitifs et d'une sensualité exacerbée. Si l'œuvre, à sa première audition au théâtre des Champs-Élysées, le 29 mai 1913, déchaîna une telle réaction, c'est qu'à maints égards elle heurtait les habitudes du public. Les sonorités en demi-teintes de la musique impressionniste y cédaient le pas à la violente crudité de dissonances libérées de toute attache aux disciplines de la tonalité. La danse orgiaque sur laquelle l'œuvre s'achève était soumise à de continuels changements de mesure. La dynamique passait du pianissimo le plus ténu à un fortissimo tonitruant, l'écriture faisait alterner la sécheresse discordante de passages confiés à deux seules voix et les accords massifs assenés par un orchestre colossal. Il n'était point jusqu'à l'accord final qui n'accusât ce caractère dissonant par le triton de *ré-sol dièse*. Chacune de ces *Scènes de la Russie païenne,* depuis le solo de basson de la mélodie populaire lituanienne jusqu'à la pédale d'*ut* de la « Danse de la Terre », en passant par les accords brutaux du « Jeu du rapt », de la « Ronde des adolescentes », avec ses irisations entre le majeur et le mineur, à l'« Évocation des ancêtres » et à la « Danse sacrale » avec ses perpétuelles alternances de rythmes : 3/16, 4/16, 5/16, etc., chacune de ces scènes est pleine de l'inquiétante, de la terrifiante vigueur d'une musique qui « résume tout l'art moderne » de 1913 :

Ex. 2.

C'est au cours de ces années que Stravinsky se familiarisa avec les formes de la vie occidentale : l'été, il résidait encore dans le domaine que sa femme possédait à Oustiloug, mais il passait l'hiver au bord du lac Léman. De plus, accomplissant de longues tournées avec Diaghilev, il se sentait aussi parfaitement chez lui à Rome, Berlin ou Budapest qu'à Paris où il comptait au nombre de ses amis Debussy, Ravel, Manuel de Falla, Casella, Florent Schmitt et Erik Satie.

Si la partition du *Sacre* trahit encore l'influence de la palette orchestrale de Rimsky-Korsakov, à présent la sensibilité harmonique de Stravinsky s'affine au contact de ses collègues français. D'autre part la profonde impression causée par l'audition du *Pierrot lunaire* de Schönberg se reflète dans les petites compositions des années 1913 à 1916, en particulier dans les *Trois Poésies de la lyrique japonaise,* avec leurs agrégations harmoniques aux confins de la tonalité, leurs lignes mélodiques capricieuses et fuyantes, leur sonorité instrumentale. La combinaison d'une voix de soprano et d'un ensemble comprenant deux flûtes, deux clarinettes, quatuor à cordes et piano, fait apparaître pour la première fois dans la production de Stravinsky un goût marqué pour la musique de chambre (voir ex. 3). Celui-ci se traduit également dans les *Trois Pièces pour quatuor à cordes,* les mélodies *Pribaoutki,* où l'accompagnement de la voix est confié à une flûte, un hautbois (ou cor anglais), une clarinette, un basson, un violon, un alto, un violoncelle et une contrebasse, et dans les charmantes *Berceuses du chat,* pleines d'onomatopées, où une voix de contralto concerte avec

Ex. 3.

trois clarinettes. Le colorisme raffiné de toutes ces pages est obtenu par la mise en œuvre, chez les divers instruments, de toutes les ressources de timbres et de registres dont ils sont susceptibles, par l'emploi de *glissandi* et de sons harmoniques aux cordes, d'effets de *flatterzunge* (sorte de trémolo produit en roulant la langue), et de traits chromatiques chez les instruments à vent, qui se voient même imposer des sons que les traités d'instrumentation classiques réprouvent comme « inesthétiques » ou « malsonnants ». Cette prédominance de l'élément caractéristique a pour résultat une vigoureuse opposition des timbres qui confère à l'ensemble une clarté accrue. Manifestation, somme toute, d'un principe contrapuntique : recherche des lignes nettes et distinctes. Beaucoup plus tard, dans la dernière phase de son évolution, c'est-à-dire à partir de 1951, Stravinsky s'est remis à cultiver ces combinaisons inhabituelles ressortissant à l'esprit de la musique de chambre, mais en poursuivant, il est vrai, des fins différentes.

C'est également à cette époque que Stravinsky termina son opéra : *le Rossignol,* ce qui n'alla pas sans difficulté, son style et sa technique s'étant sensiblement modifiés depuis 1909; cette solution de continuité est sensible lorsque l'on compare le premier acte aux deux suivants, infiniment plus « modernes ». Même vis-à-vis de celle de naguère, l'orchestration fait apparaître une individualisation accrue des différents instruments, telle qu'elle se manifeste dans la musique de chambre postérieure au *Sacre*.

Sa vie durant, Stravinsky n'a cessé de se préoccuper

du problème de l'opéra. Le résultat de cette première tentative lui ayant du reste semblé imparfait, il reprit ultérieurement la musique du *Rossignol* en un poème symphonique; celui-ci n'emprunte, au demeurant, ses éléments qu'aux deuxième et troisième actes, entre autres la grande marche chinoise. Ernest Ansermet, qui s'était lié d'amitié avec le compositeur durant ses années d'exil en Suisse, a donné la première audition de ce *Chant du rossignol* à Genève en 1919, deux ans après l'achèvement de la partition (soit cinq années après la création de l'opéra à Paris).

ÉPOQUE DE LA COLLABORATION AVEC RAMUZ

Le poète suisse Charles-Ferdinand Ramuz a raconté en quelles circonstances, par l'intermédiaire d'Ansermet, il fit en 1915 la connaissance de Stravinsky à Treytorrens sur les bords du lac Léman. Cette rencontre fut le point de départ d'une longue amitié en même temps que d'une collaboration artistique. Aux yeux du musicien russe, Ramuz incarnait le génie du pays où, depuis des années, il aimait tant à vivre : la Suisse romande. De son côté, il fut donné au poète d'être le témoin du processus de création qui donna naissance, au cours de ces années, aux œuvres de Stravinsky. Ce dernier avait en effet pour constante habitude de travailler au piano, de sorte que ses voisins assistèrent à la genèse de rythmes et de sonorités aussi étranges que ceux des *Noces*. Commencée dès l'achèvement de l'œuvre — sur un texte dont Ramuz fournit la traduction française — leur composition ne fut terminée qu'en 1923, après un remaniement complet de l'instrumentation.

Tout en continuant, avec des interruptions, à travailler aux *Noces,* Stravinsky mit en chantier une autre œuvre qui lui avait été commandée par la princesse Edmond de Polignac et qui présente certaines correspondances spirituelles avec les *Berceuses du chat* : une sorte de saynète bouffe intitulée *Renard*. Cette histoire d'animaux jouée et chantée se rattache, quant au texte, à des fables populaires russes, de même que *les Noces* à des coutumes paysannes russes et, un peu plus tard, l'*Histoire du soldat* à des contes de même nationalité. Toute la production de ces années nous montre donc le musicien évoquant le souvenir de son enfance et de son pays natal et traduit — « surcompensée » par la création artistique — une nostalgie sur laquelle même le ton, en apparence caricatural, des deux cahiers de mélodies *Souvenir de mon enfance* et *Trois Histoires pour enfants* ne saurait nous abuser. La musique de *Renard* est, il est vrai, beaucoup plus cosmopolite. L'appareil orchestral, réduit aux dimensions de la musique de chambre, comporte sept instruments à vent et le quintette à cordes, auxquels le cymbalum des tziganes hongrois vient ajouter une teinte nouvelle. D'une grande hardiesse sur le plan harmonique, l'œuvre accuse une prédilection marquée pour les intervalles éloignés : les écarts et les *glissandi,* s'étendant sur des intervalles de septième, d'octave et de neuvième, abondent, ayant du reste souvent pour fonction d'imiter en onomatopées la voix des animaux, en particulier celle du coq. Conçu par Stravinsky pour un ensemble de clowns, de danseurs et d'acrobates, *Renard,* au livret français duquel Ramuz apporta sa collaboration, ne fut créé qu'en 1922 à l'Opéra de Paris par les Ballets russes de Diaghilev.

Par son style, il constitue un précédent immédiat à l'*Histoire du soldat.* Ramuz, cette fois, fait œuvre de librettiste original, pénétrant même à tel point l'esprit des contes russes que les différents personnages — le soldat, le diable et la princesse — donnent véritablement l'impression d'être ses propres créations. Au demeurant, une métamorphose s'accomplit également en Stravinsky; les éléments russes de la musique sont encore perceptibles, mais ils apparaissent sublimés, dépouillés des accents folkloriques et de la couleur locale bigarrée qui se rencontraient encore dans les chœurs paysans composés juste avant et intitulés *Soucoupes.* D'autre part ils se mêlent à d'autres éléments, occidentaux et américains ceux-là, comme le *pasodoble* espagnol, dont s'inspire la marche royale, ou encore le tango et le rag-time, qui s'unissent à la valse sous forme de petite suite. Tout, en cette œuvre, porte la marque de l'originalité : la combinaison du dialogue en vers libres, de la musique, de la danse et de la pantomime, le caractère naïvement diabolique de l'action, la composition instrumentale du petit ensemble, réduit à sept exécutants. Écrite en 1918 et conçue comme un fruit de la nécessité — il s'agissait de créer une œuvre jouable facilement et à peu de frais, aisément transportable par une troupe ambulante, de surcroît, — l'*Histoire du soldat* se révéla, en fait, une œuvre d'art de grand style, rendant un son tel que la musique de théâtre n'en avait jusqu'alors jamais produit.

Comme *Renard*, l'*Histoire du soldat* est destinée, aux termes mêmes du sous-titre, à être lue, jouée et dansée. Les personnages rappellent ceux des théâtres d'enfants ou de marionnettes. A droite, assis à une table, le récitant; à gauche, le petit groupe des instrumentistes, évoquant un orchestre symphonique en miniature; violon et contrebasse représentant les cordes, clarinette et basson les bois, cornet à pistons et trombone les vents, plus, à la batterie, un septième partenaire qui, de temps en temps, et en particulier à la fin, joue en soliste. Au centre, enfin, la scène ou le podium où se déroulent comme en un conte les scènes tour à tour grotesques et tragiques : le soldat se commettant avec le diable, faisant la conquête de la princesse en jouant du violon, puis mystifiant le diable, dont il finit quand même par être la victime. Marches, danses et chorals se succèdent, dans un climat de musique de chambre que Thomas Mann a défini un jour comme un « style de trompette joujou ». Des rythmes asymétriques sur un fond de basses obstinées, des interventions concertantes du violon, d'une naïve virtuosité, d'étranges et fantastiques frémissements de tambour, accompagnent l'action dont les paroles, jamais chantées, sont réduites au strict nécessaire. L'instrumentation est à la fois raffinée et d'une crudité rudimentaire, de même que l'écriture mélodique avec ses successions parallèles de quintes et de septièmes et l'harmonisation dissonante, avec ses intervalles démesurés, des chorals protestants (voir ex. 4). Cette partition représente, à son plus haut degré de maturité, le fruit

Ex. 4.

des études auxquelles, dans le domaine de la musique de chambre, Stravinsky s'était livré dans les mélodies russes et japonaises, *Renard* et les *Pièces pour quatuor;* il y exploite l'expérience des petites formes de danses acquise dans les deux recueils de morceaux à quatre mains de 1915 et 1917. Mais le *rag-time* de l'*Histoire du soldat* préfigure celui pour onze instruments et la *Piano Rag-Music.* Aussi bien, la musique de danse américaine, truffée de syncopes, qui avait déjà fasciné Debussy et lui avait fourni le modèle de *Golliwog's cake-walk,* de *Minstrels* et de *General Lavine eccentric,* inspirera-t-elle également, beaucoup plus tard, au Stravinsky « américain » son fameux *Ebony Concerto.* Mise en scène par ses deux auteurs, l'*Histoire du soldat* fut représentée pour la première fois à Lausanne peu avant la fin de la guerre, le 28 septembre 1918, sous la direction d'Ernest Ansermet, Ludmilla et Georges Pitoëff tenant respectivement les rôles de la Princesse et du Diable.

Sous le rapport du style, *les Noces* appartiennent au groupe d'œuvres qui débute par les mélodies *Pribaoutki,* englobe *Renard* et l'*Histoire du soldat* et s'achève sur les *Quatre Chants russes* de 1918. Composées à l'origine par Stravinsky sous forme de cantate, mais interprétées sous celle d'un ballet par Diaghilev, à qui elles sont dédiées, elles s'inspirent de poèmes populaires russes que le musicien combine en une scène nuptiale délibérément réaliste. La fiancée, sa mère et ses demoiselles d'honneur, d'une part, de l'autre le fiancé et ses amis, forment le centre du groupe campagnard que la fête réunit. Des chants traditionnels et liturgiques comme celui du fiancé demandant leur bénédiction aux parents ou la lamentation des deux mères alternent avec des chœurs enjoués et des récits anecdotiques. L'œuvre trouve sa conclusion dans le chant d'amour du marié que l'on a conduit dans la chambre nuptiale avec sa jeune femme.

En dépit de son caractère folklorique, la musique n'utilise que peu de thèmes populaires russes; mais, par ses formules thématiques, elle représente en quelque sorte une quintessence des mélodies de la vieille Russie. La tierce mineure et la seconde majeure en sont les intervalles principaux et leur addition sous forme de quarte constitue pour ainsi dire le fond archaïque sur lequel se développent la mélodie et l'harmonie. Les changements de mesure sont fréquents, mais cependant sans affecter l'unité du mouvement d'ensemble ni le déroulement logique du rythme musical, dicté lui-même par la démarche naturelle du discours ; de toute évidence, Ramuz a su adapter de façon idéale sa version française au texte russe original. Au moment où il commença la composition de l'œuvre, Stravinsky traversait la crise qui, après les gigantesques déferlements orchestraux, allait l'amener à se pencher sur les problèmes de la musique de chambre. Nous savons que sa première intention avait été de diviser l'orchestre en trois groupes : l'un réunissant les bois et les cuivres, les deux autres composés respectivement des cordes *pizzicato* et *arco*. Sa seconde idée était d'utiliser des instruments à clavier, à percussion et deux cymbalums. Mais ce n'est qu'en 1921 que la partition trouva sa forme définitive, opposant aux voix un ensemble simplement composé de quatre pianos, d'un xylophone, d'une cloche, des timbales et d'une nombreuse batterie. Même les instruments mélodiques des *Noces* mettent donc en œuvre la matière frappée, soulignant ainsi le caractère fortement rythmique, tout à la fois mécanique et primitif, de l'ouvrage. La difficulté de la réalisation réside dans la fusion du chœur, des soli et de la danse; de même que pour *Renard* et l'*Histoire du soldat,* les *Noces* posent donc au théâtre des problèmes entièrement nouveaux. Elles finirent cependant par être exécutées à Paris en 1923, alors que, sur le plan stylistique, Stravinsky les avait depuis longtemps dépassées pour s'engager en des voies totalement différentes.

Surpris au milieu de son séjour en Suisse par la révolution russe d'octobre 1917, celui-ci se vit pratiquement coupé de son pays natal, dont ses convictions politiques l'ont depuis tenu éloigné. Or il ne fait pas de doute que ce déracinement a exercé une profonde influence sur son évolution spirituelle. Au fur et à mesure que son sentiment national faisait place à un cosmopolitisme européen, puis universel, son esprit se tournait de plus en plus vers les problèmes religieux.

PULCINELLA ET LE NÉO-CLASSICISME

Peu après la fin de la guerre, Diaghilev proposa à Stravinsky un projet qu'il avait déjà soumis à Manuel de Falla. S'étant attaché à prospecter la musique italienne du XVIIIe et du début du XIXe siècle, il avait été fasciné par le génie souriant de J. B. Pergolèse, dont il avait découvert une série d'autographes qu'il désirait faire arranger par un musicien contemporain, à l'instar des mélodies de Rossini arrangées par Ottorino Respighi ou des sonates de Domenico Scarlatti orchestrées par Vincenzo Tommasini. Stravinsky accepta et écrivit une partition destinée à un groupe de chanteurs soutenus par un orchestre de chambre de composition analogue à celui employé par Richard Strauss dans *Ariane à Naxos,* et dans laquelle le génie de Pergolèse se mariait au sien propre de la façon la plus charmante et la plus spirituelle. Le résultat correspondait en outre parfaitement à l'enjouement d'une action scénique riche en travestissements et en quiproquos, entièrement dansée, dans des costumes et décors de Picasso, par les personnages de la Commedia dell'arte. Stravinsky y déguisait d'ailleurs ses modèles par l'effet de menus artifices : passages en canon dissonant, superposition de la seconde majeure à l'accord parfait, emploi simultané de deux tons voisins, rupture de symétrie par décalage de l'accent sur un temps faible. Le coloris raffiné de l'orchestration conférait de surcroît aux sonorités un scintillement qui s'alliait de façon fort paradoxale aux thèmes et cadences du XVIIIe siècle. L'œuvre reçut le titre de *Pulcinella.*

Ce mélange d'éléments stylistiques anciens et ultramodernes surprit très diversement les spectateurs de la création à l'Opéra de Paris, le 15 mai 1920. Les partisans de vieille date du compositeur l'accusèrent d'infidélité envers lui-même; les auditeurs libres de préjugés, en revanche, reconnurent avec ravissement au passage des mélodies célèbres comme l'air *Se tu m'ami* ou tels autres joyaux arrachés à l'oubli. Mais, de toute façon, soutenu par des collaborateurs comme Tamara Karsavina, Léonide Massine et Ernest Ansermet, le succès était indéniable, et l'ouvrage fut le point de départ du néo-classicisme français, lequel se réclama non seulement de Stravinsky, mais aussi de Picasso, revenu pour un temps à Ingres. Pour Stravinsky, *Pulcinella* constitue la première manifestation du sentiment national russe en régression devant le génie méditerranéen, devant une sérénité latine volontairement « objective ».

Les œuvres qui succèdent à *Pulcinella* se placent sous le signe de la recherche : c'est d'abord le *Concertino* pour quatuor à cordes, sorte d'expérience visant à combiner polyphonie classique et bitonalité; ce sont, empreintes d'un mysticisme typiquement russe, la *Symphonie d'instruments à vent* à la mémoire de Claude Debussy, puis des travaux d'intention purement pédagogique pour les pianistes débutants, comme *les Cinq Doigts ;* et même un petit opéra bouffe à la manière des maîtres russes du début du XIXe siècle, composé d'après une nouvelle de Pouchkine et intitulé *Mavra.* Faut-il voir un effet du hasard dans cette rencontre du génie russe et du génie latin, dans ce retour de Stravinsky, une fois encore, aux sources ancestrales auxquelles il s'est nourri ?

L'œuvre décisive de ces premières années d'après-guerre ressortit au domaine de la musique de chambre pure et témoigne des préoccupations polyphoniques qui tiennent depuis lors une place toujours croissante dans la musique de Stravinsky : c'est l'*Octuor* pour flûte, clarinette, deux bassons, deux trompettes et deux trombones, écrit en 1922 et 1923. Abstraction faite du *Concertino* de 1920, des *Trois Pièces* pour quatuor à cordes de 1914, des *Trois Pièces* pour clarinette solo, de quelques pages pour piano et du *Ragtime* (tous travaux mineurs et de moindre importance, par conséquent), c'est la première œuvre véritablement de musique pure composée par Stravinsky depuis 1908. Si l'utilisation de formes et de formules classiques, dans *Pulcinella*, trouvait encore sa justification dans le fait qu'il s'agissait d'une œuvre de commande, ici, par contre, elle répond à un programme esthétique. *Sinfonia, Tema con variazioni, Finale,* tels sont les titres des trois mouvements. Le premier débute à la manière d'une ouverture française mais ne tarde pas à prendre l'allure d'un concerto grosso de caractère enjoué. Parmi les cinq variations, nous trouvons une marche, une valse et, pour finir, un *fugato* qui, par l'intermédiaire d'une cadence confiée à la flûte, s'enchaîne au finale, lui-même traité en imitation et avec de longs passages fugués. Ainsi, dans l'*Octuor,* le travail contrapuntique l'emporte de loin sur la recherche du coloris; l'œuvre a pour parrains le Bach profane (celui des *Suites* pour clavier, par exemple) et le souriant Rossini. Cependant nous n'avons point là affaire à un pastiche, mais à une musique authentiquement originale, toute baignée — en dépit de ses basses obstinées, de ses tonalités équivoques et de ses changements de mesure — de la lumineuse clarté du génie classique, précieuse et séduisante comme un meuble de style au feu des lampes électriques.

Au fur et à mesure de son évolution artistique entre 1912 et 1922, Stravinsky abandonne progressivement la recherche du coloris pour se vouer de plus en plus au souci du dessin. Sa pensée musicale ne se manifeste plus sous forme d'agrégations sonores mais, toujours davantage, sous celle de lignes et de polyphonies. Et l'*Octuor* marque le sommet de cette phase, un sommet à partir duquel la matière musicale s'organise selon une ordonnance nouvelle. Dessin mélodique et combinaisons harmoniques, polyphonie et rythme, voient s'établir entre eux des rapports déterminés, soumis à un ordre précis. D'où la prépondérance croissante d'un instrument propre à traduire également la ligne, l'accord et l'impulsion rythmique, c'est-à-dire le piano. Stravinsky en avait d'ailleurs analysé les ressources rythmiques et percutantes dans *les Noces,* et ses possibilités mécaniques lui avaient inspiré une *Étude pour pianola* de caractère espagnol, incluse par la suite parmi les quatre études pour orchestre sous le titre de *Madrid.*

LES ŒUVRES POUR PIANO JUSQU'AU CAPRICCIO DE 1929

C'est à cette époque que voient le jour, coup sur coup, deux grandes œuvres pour piano, bientôt suivies d'une troisième de style moins austère. La première, composée à Biarritz en 1923 et 1924, est le *Concerto* avec instruments à vent, contrebasse et timbales, de forme typiquement classique avec ses trois mouvements intitulés *Toccata, Largissimo* et *Finale*. Ici encore, à côté d'éléments empruntés à la musique du XVIIIe siècle, l'exemple de Bach apparaît nettement et la transparence des combinaisons contrapuntiques et fugatos l'emporte sur les passages essentiellement rythmiques. L'œuvre fut donnée en première audition le 22 mai 1924 à l'Opéra de Paris, sous la direction de Serge Koussevitzky, l'auteur lui-même tenant la partie soliste. C'est également à Biarritz, au cours de la même année, que fut écrite la *Sonate* pour piano, elle aussi en trois mouvements. L'inspiration classique y est surtout soulignée dans l'*adagietto* central qui, avec ses trilles et ses agréments, représente une version moderne du « style galant », plus proche spirituellement des derniers clavecinistes français que les deux volets essentiellement rythmiques et monothématiques qui l'encadrent. L'élément percutant, en cette œuvre, s'efface encore davantage au profit du dessin; les effets de couleur sonore sont également évités et de longs passages se signalent par la réduction de l'écriture à deux voix. Composée peu après à Nice, la *Sérénade en la,* qui s'inscrit dans la lignée des œuvres « utilitaires » du XVIIIe siècle, obéit à des principes identiques. Après une interruption de quatre années, Stravinsky a mis un terme à ses recherches sur les problèmes posés par le style pianistique avec le *Capriccio* composé en 1929 et dont il donna lui-même la première exécution. Lui aussi, il revêt la forme tripartite d'un concerto classique, mais le ton en est plus enjoué et moins académique et s'inspire (notamment dans l'*Andante rapsodico* médian) de la grâce du ballet français et du « romantisme classique » d'un Carl Maria von Weber.

Cette tendance à l'objectivité stylistique, au classicisme et à l'universalité de la forme, va de pair avec un souci croissant du fond. Stravinsky entend le dépouiller de tout élément privé, individuel; il est en quête de sujets présentant un intérêt éternel et universel. C'est alors que s'offrent à lui deux sources d'inspiration qui domineront désormais sa production : la mythologie antique et la Bible.

D'ŒDIPUS REX
A LA SYMPHONIE DE PSAUMES

La première idée d'*Œdipus Rex* remonte à l'été de 1925. Lassé, semble-t-il, de concentrer ses recherches sur le piano, lassé aussi, sans doute, de cultiver des formes mineures manquant de sérieux, Stravinsky projetait une grande œuvre scénique. Il s'était enthousiasmé, en 1922, pour l'*Antigone* de Jean Cocteau, dont Arthur Honegger devait plus tard s'emparer. La forme dont il rêvait était une synthèse de l'opéra et de l'oratorio. Passant en revue les tragédies grecques, il arrêta alors son choix sur l'*Œdipe* de Sophocle. Le texte devait être remplacé par un texte latin, le sujet remanié selon l'esprit du nouvel idiome. Cocteau saisit l'idée au vol et écrivit une version française réduisant la tragédie de Sophocle à ses scènes essentielles. Mais, Stravinsky exigeant une langue morte, il fallait la traduire en latin; ce fut Jean Daniélou qui s'acquitta de cette tâche. Afin de rendre l'action suffisamment claire, on introduisit en outre un récitant chargé, tel le témoin de l'oratorio classique, de narrer les événements avant que ceux-ci se voient exposés sous forme de chœurs, d'airs ou de duos.

« L'opéra-oratorio — est-il dit dans le prologue — ne conserve des scènes qu'un certain aspect monumental. » C'est donc cet « aspect monumental » qui dicte sa loi à la musique et celle-ci, dépouillée de tout le fatras de l'opéra, atteint, dans sa stylisation, à un maximum d'objectivité. Plus d'ouverture, plus d'interludes orchestraux, plus de récitatifs. Le rôle qui incombe au chœur va bien au-delà de celui que lui assignait Haendel. Le voltage intense de la musique ne laisse point de place au romantisme « expressif ». C'est le triomphe de l'esthétique de la concision et du renoncement. Le grand air de Jocaste, qui s'inspire objectivement de Verdi, nous entrouvre de monstrueux abîmes. De simples sextolets des timbales ont pour fonction de traduire, par leur insistant martèlement, l'idée qui peu à peu se fait jour dans l'esprit d'Œdipe, que c'est lui le meurtrier du roi. Puis c'est le chromatisme tumultueux du duo avec Jocaste (voir ex. 5). Au récit du messager répond une brève page chorale d'allure exotique accompagnée par le quintette des bois. Au moment où l'étendue de son crime éclate aux yeux d'Œdipe, la tierce mineure, qui jusqu'alors avait constitué la cellule de la partition, s'agrandit jusqu'à la tierce majeure de l'accord de *ré*, produisant un effet terrifiant. Le monologue final, « *Divum Jocastae caput mortuum* », est précédé d'une explosion stridente de toute l'harmonie, préfigurant, à vingt-quatre ans de distance, le prélude de *The Rake's Progress*. Monumental, le style se simplifie à l'extrême : le chœur lance un adieu à Œdipe; martèlement obstiné des

Ex. 5.

basses, à la tierce mineure; et l'œuvre s'achève comme elle a commencé. *Œdipus Rex* a ouvert la voie, dans le domaine de l'opéra, à toute une époque de nouvelles réformes dans le sens de l' « objectivité » et son exemple a porté ses fruits, par-delà Milhaud et Honegger, jusqu'à Hindemith, Dallapiccola et Britten.

Donné pour la première fois au concert le 30 mai 1927 au théâtre Sarah-Bernhardt, *Œdipus Rex* fut créé à la scène au Kroll-Oper de Berlin sous la direction d'Otto Klemperer, sans que la mise en scène d'Ewald Dülberg se tînt étroitement aux limites imposées par les directives des deux auteurs ni aux maquettes de Théodore Stravinsky, fils du compositeur.

La sévérité de cette partition antiquisante trouve sa contrepartie dans la grâce aimable d'un ballet composé en 1927 et 1928 : *Apollon musagète*. Le déroulement d'une action mythologique dansée en ballet « blanc » y est accompagné par un orchestre d'où sont bannis tous les instruments à vent et dont les sonorités servent une écriture à l'harmonie essentiellement homophone à peu près dénuée de problèmes. Avant même d'avoir terminé *Apollon musagète,* Stravinsky accepta d'autre part la proposition que lui faisait la grande danseuse Ida Rubinstein d'écrire un ballet sur des thèmes de Tchaïkovsky. Empruntant à un conte d'Andersen, *la Fée des glaces,* le sujet de l'action, il s'inspira donc du style élégant des ballets et petites pièces pour piano du grand romantique russe, déguisant son modèle par l'introduction d'éléments personnels ainsi qu'il l'avait fait pour Pergolèse dans *Pulcinella,* mais en donnant à ce *Baiser de la fée* (ainsi fut baptisé le nouveau ballet) un accent plus romantique que classique. Au demeurant, c'est en parfaite connaissance de cause esthétique qu'il use de l'harmonie chromatique et des nostalgiques mélodies chères à Tchaïkovsky (comme dans la citation du lied : « *Seul qui connaît la nostalgie* », notamment). La gravité passablement larmoyante de cette musique n'a d'ailleurs pas empêché Stravinsky d'intituler *Divertimento* la suite symphonique qu'il en a tirée en 1949. Dans la mesure où il nous offre un témoignage de son affection pour Tchaïkovsky (qu'il plaçait, avec Glinka et Dargomyjsky bien au-dessus de Moussorgsky et des « folkloristes »), *le Baiser de la fée* est un document intéressant. Considéré en soi, on n'en saurait dire autant.

Ce n'est qu'avec la *Symphonie de psaumes* que nous voyons Stravinsky s'attaquer de nouveau à un grand sujet. C'est cette fois à la Bible qu'il demandera de le lui fournir. Depuis un certain temps, du reste, il projetait d'écrire une grande œuvre symphonique. (Et peut-être la mort de Serge de Diaghilev, survenue en 1929, avait-elle déjà confirmé en lui un penchant naturel à la méditation métaphysique lorsque Serge Koussevitzky l'invita à composer une symphonie pour le cinquantenaire de l'orchestre symphonique de Boston.) L'idée de réaliser, en une œuvre symphonique, la fusion du chœur et de l'orchestre se révéla un moyen d'éviter la structure traditionnelle de la symphonie tout en en respectant l'ordonnance formelle. La voix humaine ne vise donc pas ici (comme dans la *IXe Symphonie* de Beethoven) à un accroissement du potentiel expressif, mais elle est mise sur le même plan que les instruments, elle est elle-même instrument. Les textes, que Stravinsky emprunta à la Vulgate, correspondent dans l'édition moderne de la Bible aux versets 12 et 13 du *psaume XXXIX,* 1 à 3 du *Psaume XL* et au *Psaume CL* tout entier. Le premier mouvement traduit la prière, le second son exaucement, le troisième une action de grâces. Comme dans *Œdipus Rex,* l'emploi du latin a pour fonction d'établir un certain recul au bénéfice de l'objectivité. Ce à quoi tend également la composition de l'orchestre, où seuls les vents (moins les clarinettes), la harpe, deux pianos, les timbales, la grosse caisse, les violoncelles et les contrebasses se joignent au chœur mixte.

La monumentalité et l'austérité qui caractérisaient la musique d'*Œdipus Rex* se retrouvent dans celle de la *Symphonie de psaumes,* mais la volonté d'archaïsme va plus loin encore. Le ton de la psalmodie et du chant grégorien impose sa marque à la facture mélodique, réduite à des motifs de faible étendue. Les modes ecclésiastiques, en particulier le mode phrygien dans le premier mouvement, voisinent avec un chromatisme libre (voir ex. 6). Les

Ex. 6.

passages en contrepoint présentent à la fois la souplesse et les aspérités de la polyphonie primitive. La complexité technique atteint son comble dans le second mouvement, où une fugue à quatre voix des bois aboutit à une double fugue entre le chœur et l'orchestre. Cependant, les correspondances thématiques entre les trois mouvements révèlent combien le travail symphonique de Stravinsky s'apparente à celui des classiques viennois. C'est ainsi que le sujet initial de la fugue dérive, par une simple transposition d'un ton, d'une figure d'accompagnement du premier mouvement. La simplicité des motifs forme un contraste saisissant avec l'accumulation des dissonances et l'harmonie atteint souvent à la rudesse du *Sacre du printemps,* encore que le résultat, ici, provienne de l'enchevêtrement des lignes (voir ex. 7). Écrite en 1930 et donnée en première audition à Bruxelles, la *Symphonie de psaumes* porte en exergue : « Cette symphonie composée à la gloire de Dieu est dédiée au Boston Symphony Orchestra à l'occasion du cinquantenaire de son existence. » Précédée en 1926 par un bref

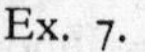
Ex. 7.

Pater Noster pour chœur mixte *a cappella,* elle fut suivie en 1932 d'un *Credo* et en 1934 d'un *Ave Maria* pour la même formation. Et la série de ces compositions religieuses se poursuit en Amérique avec la cantate *Babel* (1944), la *Messe* de 1948, le *Canticum sacrum* de 1956 et les *Threni* de 1958.

LE CONCERTO POUR VIOLON

A la *Symphonie de psaumes* succèdent deux œuvres où Stravinsky s'attache à renouveler le style du violon de même que, sept ans plus tôt, il avait imposé au style pianistique ses préoccupations d'objectivité. Un violoniste américain, Samuel Dushkin, dont il avait fait la connaissance par l'intermédiaire de Willy Strecker, directeur des Éditions Schott de Mayence, lui demanda un concerto pour violon. Ainsi naquit à Nice en 1931, fruit d'une étroite collaboration du compositeur et de l'interprète, le *Concerto en ré*. Ses quatre mouvements constituent un véritable compendium de toutes les difficultés techniques et de toutes les prouesses dont l'instrument est susceptible. La *Toccata* initiale et le *Capriccio* de la fin, en particulier, exigent du soliste une virtuosité absolument transcendante tant en ce qui concerne le doigté que dans le maniement de l'archet (voir ex. 8). A noter l'ordonnance cyclique donnée à l'œuvre en insérant deux mouvements lents — tous deux intitulés *Aria* — entre les mouvements vifs qui en forment l'introduction et la conclusion. Quant au style, il révèle la double influence de Bach et de Weber; mais, par son éblouissante virtuosité autant que par son élégance, le *Concerto* pour violon est supérieur au *Concerto* pour piano et même au brillant *Capriccio* pour piano et orchestre. Au surplus, l'écriture révèle la participation d'un virtuose aussi consommé que Dushkin

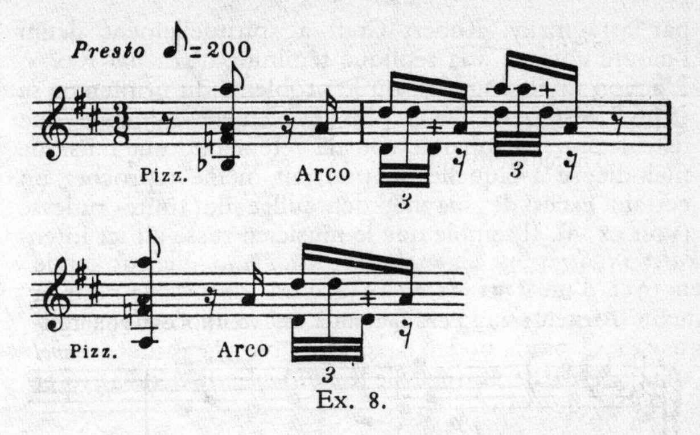

Ex. 8.

et c'est du reste lui qui donna la première exécution de l'œuvre à Berlin en 1931, sous la direction de Stravinsky. De même que la *Sérénade* avait succédé au *Concerto pour piano* et à la *Sonate,* de même le *Concerto pour violon* fut suivi, en 1932, du charmant *Duo concertant pour violon et piano,* sous le classicisme duquel on perçoit l'écho de certains modèles littéraires, de l'antique poésie bucolique, par exemple. Aussi bien, tels des cinq volets qui le composent ne sont-ils pas intitulés *Églogue* ou *Dithyrambe*?

PERSÉPHONE

Le théâtre lyrique a toujours exercé sur Stravinsky une sorte de fascination mêlée de répugnance. Opposé à la forme wagnérienne du drame musical, il s'est également abstenu, après *le Rossignol,* de cultiver la manière impressionniste issue du romantisme. *Mavra* représente une tentative d'association entre l'opéra bouffe et la comédie russe. L'*Histoire du soldat* et *Œdipus Rex,* de leur côté, mettent en œuvre la pantomime, le dialogue déclamé ou soutenu par un accompagnement musical, les commentaires du chœur : autant d'éléments en contradiction avec les principes mêmes de l'opéra. Composée sur un livret d'André Gide, *Perséphone,* elle aussi, est un opéra contre l'opéra, un mélodrame entremêlé de ballets, de chœurs et de soli confiés à un ténor. Abstraction faite de quelques mélodies sur des poèmes de Verlaine, c'est le premier texte français original mis en musique par Stravinsky. Robert Craft a spirituellement défini l'œuvre comme « la réplique féminine d'*Œdipus Rex* ». L'action mythologique, où le problème du printemps se trouve résolu de façon plus noblement humaine que dans le *Sacre,* y apparaît, sous le vêtement d'une musique mélodieuse à laquelle on pourrait même reprocher un certain excès de suavité, dépouillée de toute rudesse (voir ex. 9). Il semble que le musicien russe ait ici inten-

Ex. 9.

tionnellement sacrifié toutes ses hardiesses habituelles à un idéal typiquement français de grâce et de mesure. La grande danseuse et tragédienne Ida Rubinstein, pour qui fut écrit le rôle principal, créa celui-ci à l'Opéra de Paris le 30 avril 1934, sans parvenir à compenser le déséquilibre interne de cette œuvre étrange.

A partir de cette époque, un nouveau processus commence à se manifester dans la musique de Stravinsky : tout en s'assagissant, elle insuffle à la sévérité des formes classiques un climat de gaieté sereine. C'est ainsi que le principe *res severa verum gaudium* trouve son expression en 1935 dans le *Concerto per due pianoforti soli* et, trois ans plus tard, dans celui en *mi bémol* pour orchestre de chambre, dit *Dumbarton Oaks Concerto.* Tous deux sont animés par l'esprit du contrepoint, celui-ci s'inspirant du caractère intime des *Concerts Brandebourgeois,* celui-là soulignant davantage la virtuosité du double concerto. Et la même précision jointe à la même sérénité se retrouvent, entre les deux concertos, dans l'orchestration brillante et les citations rossiniennes et beethovéniennes du ballet *Jeu de cartes.*

LA PÉRIODE AMÉRICAINE

Au cours des années 1939-1940, Stravinsky fit à l'Université Harvard à Cambridge, près de Boston, une série de conférences en français. Réunies en volume sous le titre de *Poétique musicale,* elles constituent un credo esthétique, une profession de foi proclamant la musique comme un art autonome et « un moyen d'ordonner le temps ». Esthétique qui, dans une certaine mesure, est en contradiction avec l'esprit des ballets de jeunesse de l'auteur, qu'il s'agisse de *l'Oiseau de feu,* de *Pétrouchka* ou du *Sacre.* Sans doute est-il permis de voir également dans le radicalisme qui inspire cette profession de foi en faveur de la musique pure un phénomène psychologique de surcompensation. Occidentalisé, latinisé (il avait acquis en 1934 la nationalité française), Stravinsky s'efforçait de refouler tout ce qui subsistait encore en lui de tendances « expressives » et de romantisme. Or c'est précisément à cette époque que le sort l'obligea à quitter l'Europe pour se fixer aux États-Unis en 1940, peu après avoir perdu sur le vieux continent sa mère, sa femme et une de ses filles. Une nouvelle phase commence alors dans sa vie et dans sa production. Il était russe, il est devenu européen; maintenant, son horizon s'élargit jusqu'au cosmopolitisme. Lorsqu'il débarque dans le Nouveau Monde, il est auréolé d'un prestige universel et seul Picasso peut lui disputer la gloire de « symboliser l'art moderne ».

Néanmoins, la période américaine le montre encore en constante évolution, et elle se divise elle-même en deux phases qui se recouvrent partiellement. L'une va en effet de 1940 à 1951 : débutant avec la *Symphonie en ut,* elle s'achève par l'opéra *The Rake's Progress.* La seconde s'ouvre en 1948 avec la *Messe* et se termine — provisoirement, du moins — avec les *Threni* de 1958.

« Composée à la gloire de Dieu et dédiée au Chicago Symphony Orchestra » — tout comme la *Symphonie de psaumes* de 1930 l'avait été à l'orchestre de Boston — la *Symphonie en ut* date de 1939-1940; les deux premiers mouvements furent écrits en France, le troisième et le quatrième en Amérique. La structure classique : *allegro* de forme sonate, *larghetto* dans le caractère de la musique de chambre, *scherzo* et *finale,* reflète la forme symphonique chère aux maîtres viennois, de Haydn à Beethoven. Rigoureusement diatonique, la substance mélodique est soumise à une polyphonie et à une harmonie bitonales; quant au rythme, il est essentiellement moderne, surtout dans le *scherzo* avec ses perpétuels changements de mesure; l'art de la fugue et de la variation s'y déploie avec maîtrise, enfin maintes analogies thématiques entre le premier et le dernier mouvement témoignent d'une conception cyclique. Sur le plan symphonique pur, nous sommes ici en présence de l'œuvre la plus grandiose et la plus puissante de Stravinsky. Dans la *Symphonie en trois mouvements* de 1945, ce dernier a en effet recherché une fois de plus la synthèse de la symphonie et du concerto. Écrite pour la New York Philharmonic Symphony Society qui en donna la première audition le 24 janvier 1946 sous la direction du compositeur, elle utilise par endroits le piano en soliste. Le premier mouvement, ouverture en forme de toccata, se caractérise par une écriture contrapuntique et l'absence de développement symphonique. D'une transparence que viennent colorer des soli de harpe, l'*andante* enjoué qui lui fait suite évoque l'esprit de l'opéra italien. Cependant que le *finale con moto,* de caractère essentiellement symphonique, rejoint par la vigueur explosive de ses rythmes le Stravinsky des années de jeunesse, celui de *Pétrouchka* et du *Sacre.*

Empreinte, elle aussi, de traits symphoniques, l'*Ode* à la mémoire de Natalie Koussevitzky date de 1943. Elle revêt la forme d'un triptyque composé d'un chant de louanges entremêlé d'éléments fugués, d'une sorte d'églogue intitulée *Concert champêtre* et d'une *Épitaphe* toute baignée de lumière. Entre ces travaux symphoniques sérieux se placent diverses petites pièces de circonstance : le *Tango* pour piano de 1940, la *Circus-Polka* pour les éléphants de Barnum et Bailey (1942), les *Four Norwegian Moods* (1942) et le *Scherzo à la russe* de 1944. Plus importants sont deux ouvrages également inspirés par l'esprit de la danse : les *Danses concertantes,* pour Werner Janssen et son orchestre de Los Angeles, et les *Scènes de ballet.* Ces dernières, écrites en 1944 pour un théâtre de Broadway, sont une sublimation de la musique de ballet, d'une grande légèreté de rythme et d'orchestration, « modelées sur les formes de la danse classique, et excluant toute idée littéraire ou dramatique ». Aucun trait stylistique nouveau n'apparaît d'ailleurs en ces ouvrages.

En revanche, la *Sonate pour deux pianos,* écrite en 1943 et 1944, se signale par un nouvel élément constructif : correspondances de rythmes, de thèmes et d'idées, écriture en canon et fuguée, suggérée par le dualisme des tonalités, limitation des effets sonores des deux pianos, complexité du contrepoint, tous ces traits caractéristiques sont communs aux trois mouvements, dont les deux derniers, *Tema con variazioni* et *Allegretto-Finale,* s'enchaînent sans interruption.

Des deux ouvrages de caractère concertant composés en 1945 et 1946, le plus important est l'*Ebony Concerto.* Écrit à la demande de Paul Sacher pour l'Orchestre de chambre de Bâle, le *Concerto en ré pour orchestre à cordes* en trois mouvements *(vivace — arioso — rondo)* s'apparente au style du *Dumbarton Oaks Concerto.* L'*Ebony Concerto,* par contre, n'est pas seulement une recréation géniale du style de jazz mais également un concerto pour clarinette faisant appel à toutes les ressources de la virtuosité et rappelant, en sa conclusion, les origines religieuses de la musique de jazz. Écrit pour l'ensemble de Woody Herman, il fut créé par celui-ci au Carnegie Hall de New York le 25 mars 1946.

Composé en 1947 pour George Balanchine et en collaboration avec lui, le ballet *Orphée* reflète l'amour de Stravinsky pour la musique du Moyen âge et de la Renaissance. La façon si particulière dont il combine les instruments d'un orchestre symphonique de composition normale rappelle les formations *ad libitum* des XVe et XVIe siècles. L'emploi fréquent des modes ecclésiastiques, la rigueur et l'archaïsme de la polyphonie, l'utilisation des ressources mélodiques de la harpe, traduisent également le souvenir de sources anciennes. Avec cette musique de ballet de caractère sérieux, le néo-classicisme se rapproche du néo-archaïsme.

Cette évolution trouve d'ailleurs une éclatante confirmation dans l'œuvre suivante : la *Messe* pour chœur mixte et double quintette à vent. Sa composition se répartit entre les années 1944 et 1948, certains éléments étant repris des petites pièces *a cappella* d'inspiration religieuse de 1926, 1932 et 1934. Par sa polyphonie autant que par les modes qui président à la mélodie et à l'harmonie, la *Messe* s'apparente aux vieux maîtres français et wallons. La rudesse et le dépouillement de ses sonorités, l'alternance des sections en forme de répons et d'antiennes, en font une des œuvres les plus « objectives » de Stravinsky. Les nombreuses réminiscences thématiques, en particulier dans l'*Agnus Dei,* annoncent un procédé de plus en plus fréquent dans sa production à partir de 1951. Conçue pour le rite catholique romain, la *Messe* fut exécutée pour la première fois à la Scala de Milan en 1948, sous la direction d'Ernest Ansermet.

Alors qu'il travaillait encore à cette composition, Stravinsky avait rencontré le poète américain, d'origine anglaise, Wystan Hugh Auden afin de s'entretenir avec lui d'un projet d'opéra. Les principes stylistiques de celui-ci étaient du reste fixés avant même que le sujet en fût trouvé et ce n'est qu'à la fin de 1947 qu'Auden soumit son livret au compositeur : *The Rake's Progress* d'après la série de gravures de William Hogarth, sorte de « moralité » retraçant la réussite puis la ruine d'un jeune homme qui a conclu un pacte avec le diable. Essentiellement composée d'airs, de duos, d'ensembles, la musique de Stravinsky répond au principe posé par W. Auden, selon lequel « dans l'opéra, une situation n'est vraisemblable que s'il est vraisemblable de voir celui qui s'y trouve se mettre à chanter ». Les situations, ici, ont pour cadre le chaste intérieur d'une maison de campagne anglaise où vit Ann, la fiancée de Tom; la maison de plaisir de Mother Goose; celle, surchargée de bibelots, où Tom épouse la femme à barbe du cirque; le cimetière où il joue son âme avec Nick Shadow, incarnation du diable; un asile d'aliénés où il meurt dans les bras d'Ann. S'inspirant de Mozart et du XVIIIe siècle, Stravinsky accompagne les récitatifs au clavecin et fait suivre le tragique dénouement d'un épisode moralisant analogue à celui de *Don Giovanni.* La partition fourmille d'allusions, de symboles, de conventions intentionnelles et a l'accent d'un adieu définitif au néo-classicisme. Mais il est impossible de ne pas reconnaître la marque indélébile que le rythme et les harmonies de Stravinsky impriment aux moindres éléments du pastiche. La création de l'ouvrage eut lieu le 11 septembre 1951 au théâtre de la Fenice de Venise, sous la direction du compositeur.

Avec *The Rake's Progress* et après ses œuvres sur des livrets russes, français et latins, Stravinsky s'était donc musicalement approprié une quatrième langue. Trois des ouvrages suivants s'appuient également sur des textes anglais empruntés à des auteurs et à des époques fort différents. La *Cantate* de 1952, pour soprano, ténor, chœur de femmes et cinq instruments, est une petite anthologie de poèmes anonymes des XVe et XVIe siècles : lamentations funèbres, hymnes pieux chantés par des jeunes filles et poésies amoureuses. La musique comporte un prélude, des interludes et un *ricercar* dans lesquels tout l'art du renversement (écriture en mouvement contraire, figures « à miroir ») est appliqué à des constructions « sérielles », c'est-à-dire à des successions de notes et d'intervalles fixés à l'avance. Cette technique « sérielle » domine du reste dans toutes les œuvres récentes de Stravinsky, qu'il s'agisse des *Three Songs from Shakespeare* pour mezzo-soprano, flûte, clarinette et alto de 1953 ou des *Canons funèbres* pour ténor, quatuor à cordes et quatre trombones, composés en 1954 après la mort et sur des vers du poète Dylan Thomas. Écrit en 1952-1953, le *Septuor* pour trois instruments à vent, trois instruments à cordes et piano utilise lui aussi l'écriture sérielle en ses trois mouvements : prélude, passacaille et gigue. Impossible, ici, de s'y méprendre : Stravinsky, fasciné par Arnold Schönberg et Anton Webern, est en train de s'assimiler progressivement leur écriture dodécaphonique. Après s'en être tenu à des séries allant de cinq à huit notes, il fait appel dans ses dernières œuvres à des séries entières de douze sons. En 1956, le *Canticum sacrum* fut créé en la basilique Saint-Marc de Venise. Comme la *Symphonie de psaumes,* le Cantique est composé sur des textes de la Vulgate et ses cinq parties s'ordonnent selon une symétrie proprement cristalline. L'effectif sonore est réparti en deux groupes qui se font équilibre : ténor, baryton et chœur mixte d'une part, orchestre (sans clarinettes, cors, violons ni violoncelles) et orgue de l'autre. Le noyau de l'œuvre est le troisième mouvement aux vastes proportions, qui se subdivise lui-même en trois volets intitulés *Caritas, Spes, Fides.* Canons et interludes fugués voisinent avec des éruptions rythmiques, des basses obstinées et des accords martelés bien caractéristiques du style de Stravinsky. Par la grandeur de son inspiration mélodique, le *Canticum sacrum* est l'œuvre vocale la plus forte que celui-ci ait jamais écrite.

Ébauché en 1953, puis réalisé entre 1954 et 1957 pour George Balanchine, le ballet *Agon* reflète une fois de plus l'idée de rivalité qui avait déjà inspiré au musicien plusieurs de ses œuvres précédentes. Il est conçu pour un groupe de douze danseurs et danseuses, dont seuls le nombre et la proportion, différents selon les parties, sont indiqués au chorégraphe. Des danses anciennes comme la sarabande, la gaillarde (sans pavane) et trois formes traditionnelles de branle (branle simple à 2/2, branle gay à 3/8 et branle de Poitou à 3/2 ou à 2/2) y apparaissent modernisées. La texture polyphonique est dominée par le canon et la fugue, et l'écriture sérielle y est partout présente, jusqu'au dodécaphonisme, sans porter cependant nulle atteinte au caractère archaïsant ni à la substance modale. Les éléments sériels sont tour à tour soumis aux procédés de la variation, du renversement, ou encore mêlés avec tout l'imprévu d'un véritable kaléidoscope. Quant au traitement de l'orchestre qui, outre le quintette à cordes, les bois triplés et les cuivres par trois ou quatre, utilise une harpe, un piano, une mandoline, un xylophone, des castagnettes, des timbales et un tam-tam, il ressortit à la technique de la musique de chambre en des combinaisons proprement inouïes et, à l'occasion, au « pointillisme ». L'esprit qui animait les ballets antérieurs d'inspiration classique se livre donc ici à un jeu d'une nonchalance raffinée dont la musique religieuse et le dodécaphonisme font conjointement les frais.

Parmi les œuvres tardives de caractère éminemment contrapuntique, il convient aussi de mentionner les arrangements réalisés par Stravinsky de telles compositions de Jean-Sébastien Bach et de Gesualdo di Venosa. De ce dernier, il a ainsi complété les *Sacrae Cantiones* en leur restituant des parties perdues, alors que, du premier, il a transcrit les *Variations en canon sur le choral « Du haut du ciel je suis venu »*, primitivement destinées à l'orgue, pour un ensemble mixte de voix et d'instruments, tout en y introduisant d'autre part de légères variantes du texte musical.

C'est également à Venise, parmi les peintures du Tintoret qui ornent la Scuola di San Rocco, que fut exécutée pour la première fois en septembre 1958 une autre œuvre religieuse de Stravinsky, les *Threni,* dont les textes sont empruntés aux lamentations de Jérémie sur la ruine de Jérusalem. Les cinq parties, *Jerusalem humiliata, Querimonia, Sensus spei, Solacium* et *Oratio Jeremiae Prophetae,* sont confiées à six voix solistes — quatre d'hommes et deux de femmes — diversement combinées, à un chœur tour à tour déclamé et chanté et à un orchestre où les bassons et les cors sont remplacés par une clarinette alto, un cor alto et un sarrusophone basse. L'âpre et sombre mélancolie de ces lamentations est particulièrement marquée dans les passages *ostinati* ou *sforzati* où ces instruments, aux limites extrêmes de leur registre, font entendre isolément ou en accords des accents qui semblent réclamer le silence. S'inspirant d'une ancienne tradition, Stravinsky fait précéder chacun des versets d'une lettre de l'alphabet hébreu servant à le désigner (*Aleph, Beth, Caph, Res,* etc.) et qui constitue ainsi une sorte d'épigraphe chantée. Chaque note de cette imposante composition — elle dure une demi-heure — est obtenue à partir d'une série de douze sons soumise à toutes sortes de renversements et de transpositions. En dépit du caractère strictement polyphonique des divers canons, mouvements contraires et acrostiches qui les composent, les *Threni* attestent des tournures modales et un rythme martelé, *staccato,* qui les rattachent directement au style russe typique de Stravinsky.

Tous les ouvrages postérieurs à 1948 se signalent par la même gravité et, sur le plan technique, la même spiritualisation qui trouvent leur suprême manifestation dans le *Canticum* et les *Threni.* La vigueur qui s'en dégage, dans l'ensemble, fait ressortir clairement, en dépit de toute sa versatilité, l'unité et la continuité de l'évolution de Stravinsky. Son œuvre est « le symbole même de la modernité » et a créé de nouveaux standards sans lesquels la musique du XXe siècle serait infiniment plus pauvre.

Hans Heinz STUCKENSCHMIDT.

BIBLIOGRAPHIE

CORTOT A., *La musique française de piano,* tome III, Paris, 1944.

CRAFT R., *Avec Strawinsky,* « Domaine musical », Monaco, 1958.

RAMUZ Ch.-F., *Souvenirs sur Igor Strawinsky,* Lausanne, 1929.

SCHAEFFNER A., *Strawinsky,* Paris, 1948.

SCHLOEZER B. de, *Igor Strawinsky,* Paris, 1929.

STRAWINSKY I., *Chroniques de ma vie,* Paris, 1936.

STRAWINSKY I., *Poétique musicale,* Cambridge (U.S.A.), 1942 et Paris, 1946.

STRAVINSKY Th., *Le message d'Igor Strawinsky,* Lausanne, 1948.

TANSMAN A., *Igor Strawinsky,* Paris, 1948.

SERGE PROKOFIEV

« Sa santé a quelque chose de primitif. Il est jeune de cette jeunesse allègre qui s'accommode de n'importe quelles circonstances et se sent à l'aise sous n'importe quel déguisement, pourvu qu'il ne le serre nulle part » (V. G. Karatyguine, *Skifskaja sjuta u Ziloti,* in Chronique du « Muzykal'nyj sovremmenik », 1916).

L'ART d'un Prokofiev n'a rien d'ésotérique. Sa musique ne pose aucun problème insoluble. Elle est directe et franche, comme le fut — ses amis et proches l'affirment — l'auteur lui-même. Elle est volontaire et naïve, comme Prokofiev nous apparaît sur tous ses portraits. Impulsive aussi, souvent capricieuse et fantasque, toujours décidée, comme témoignent encore de lui et son écriture, et surtout, sa vie.

Cette vie, il semble l'avoir passée tout entière en musique; avec elle, pour elle, par elle. Un point pourtant reste mystérieux, dans cette vie musicale si simple et si remplie : son origine première. Prokofiev fut-il physiologiquement et psychiquement doué pour la musique ? Nous ne le saurons probablement jamais au juste. A sa naissance même, ces dons — si dons il y a eu — avaient trouvé pour leur développement des conditions favorables tellement uniques, que l'on finit par se demander si tout autre enfant ne serait pas devenu, comme lui, musicien à sa place. De ces conditions merveilleuses, retenons l'essentiel. Et tout d'abord ce silence total et cette liberté de mouvements incomparables que lui offrait la vaste propriété campagnarde de son enfance qu'il ne quitta définitivement qu'à dix-neuf ans seulement. Dans ce cadre, où il faisait si bon vivre et où il était si facile d'écouter — le piano de sa mère, le réveillant avec une énergique sonate de Beethoven, l'endormant avec un nocturne de Chopin. « La musique », dira-t-il plus tard dans ces fragments d'une autobiographie inédite qu'il intitule *Enfance,* « je l'entendis à la maison dès ma naissance. Lorsque l'on me mettait au lit le soir, et que le sommeil ne venait pas, je restais longtemps éveillé à écouter, venant de loin à travers plusieurs chambres, le son du piano. »

Dès qu'il sait se tenir convenablement debout, sa mère le juche sur un tabouret et l'invite à « accompagner », d'un doigt ou de deux, ses exercices et ses gammes. Bientôt ils parlent musique ensemble : l'enfant donne son « avis » — « cette petite chanson me plaît ; elle sera mienne », décrétait-il à trois ans (M. G. Prokofieva, *Souvenirs*) — sur toutes les pièces du répertoire de sa mère : Beethoven, Chopin, Liszt, Tchaïkovsky, Rubinstein. Elle le laisse improviser au piano, note ses premières ébauches ; puis lui apprend à les trouver, à les transcrire lui-même. Le garçon déchiffre inlassablement, choisissant les morceaux « les plus jolis », les commentant, discutant leurs mérites, les jouant dans tous les tons. A huit ans on le mène pour la première fois à Moscou entendre *Faust, le Prince Igor, la Belle au bois dormant* de Tchaïkovsky.

Tout enfant normal et tant soit peu sensible n'aurait-il pas été transformé par ce « régime » ? La musique ne serait-elle pas entrée en lui d'emblée et sans effort aucun de sa part ? N'aurait-il pas voulu s'exprimer tout de suite musicalement ?

A cinq ans, Prokofiev imagine sa première pièce ; c'est déjà une réponse à des préoccupations du moment, comme le seront la plupart de ses œuvres. Il ne sait pas encore la transcrire lui-même, mais, l'année suivante, c'est lui qui note à sa façon, et cette marche, et cette valse, et ce rondo, tous en *ut majeur* évidemment. Rien ne l'arrête d'ailleurs lorsqu'il s'agit de musique et qu'il y a un modèle à imiter : à sept ans il annonce froidement à sa mère qu'il « composera une marche à quatre mains », et le fait effectivement, et à neuf, impressionné par la musique et surtout par la mise en scène de *Faust* — « le diable est diablement chic, mais à poil et sans queue ! » —, il bâtit son premier opéra, *le Géant :* sujet, mise en scène, paroles, musique. Il en dirige lui-même la première représentation un an plus tard, lorsqu'un autre opéra, *les Iles désertes,* est déjà en chantier.

Une partie des manuscrits de ces œuvres de jeunesse

ont été conservés; il nous serait loisible de les examiner. Avouerons-nous notre indifférence à l'idée de savoir ce que valent tous ces galops, marches, valses, rondos, polkas (même ce *Géant* ou ces *Iles désertes*), à l'idée d'apprendre si c'est Beethoven ou Rubinstein qu'ils imitent, et quel degré de maturité ils décèlent ? Ce qui nous frappe dans ces œuvres encore si gauches, c'est ce besoin d'activité musicale presque « professionnelle » qu'a l'enfant : besoin naturel, quoique frénétique et précoce. Quelles qu'en doivent être les conséquences, l'impulsion première est donnée. Elle ne se démentira plus jamais, elle guidera l'adolescent et l'homme mûr, elle sera encore tenace et vigoureuse à quelques heures de la mort du musicien.

Ses études, au début, ne font qu'accentuer ce besoin. L'enfant rejette comme inutiles ou nuisibles les tentatives de lui enseigner des matières purement scolaires que fait son tout premier maître, J. N. Pomerantsev, et il attend que R. M. Glière vienne l'introduire comme en se jouant dans un monde sonore plus organisé. Glière fait progresser son jeune élève sur trois plans différents à la fois : il l'oblige à résoudre des problèmes d'harmonie; il lui impose des exercices, mi-scolaires, mi-libres, de formes (*Pesenki :* petits lieder) ; il le laisse librement composer tout ce qui lui passe par la tête ou le tente, que ce soit une symphonie, une sonate pour piano et violon, ou même un « véritable » nouvel opéra, *le Festin pendant la peste*. Les *Souvenirs* de Glière, qui relatent ses séjours successifs à Sontsovka chez les Prokofiev, sont d'ailleurs formels : « Dès cette époque (onze ans), Serge se considérait comme un musicien professionnel et avait les préoccupations d'un compositeur de métier... Il était exceptionnellement avide de musique et audacieux pour tout ce qui touchait à la création artistique. Je n'ai jamais voulu tempérer son ardeur, considérant que toute tentative d'un élève *de s'échapper* et de pénétrer dans le domaine de la composition libre ne pouvait lui être que salutaire. »

Avec son admission au Conservatoire de Saint-Pétersbourg, la situation si claire et si simple jusque-là se complique considérablement. Ses maîtres d'abord : A. K. Liadov, N. A. Rimsky-Korsakov, I. I. Vitol, tous, le rebutent par leur académisme d'enseignants et le peu d'intérêt réel qu'ils témoignent à la personnalité et aux travaux individuels de chacun de leurs élèves. La rupture entre les études, indispensables, et la création libre, vitale celle-ci, que sa mère et que Glière cherchaient à éviter à tout prix, est immédiatement consommée. Tout ce que l'art de Prokofiev a d'excentrique, d'exagéré, d'agressif, prend naissance dans cette rupture. Il cherche à affirmer dès ce moment, et d'une façon péremptoire, qui restera la sienne, ses droits à l'originalité qu'il sent menacés. Son nouveau condisciple, N. J. Miaskovsky, plus âgé, plus pondéré pourtant que lui, le soutient. Ils partent à la découverte de la musique de leurs contemporains, de la leur aussi. Ils travaillent ensemble, se communiquent leurs ébauches, leurs appréciations, leurs idées et leurs plans. Et N. N. Tchérepnine, dans la classe d'orchestre duquel ils sont admis tous les deux, les initie à la pratique de l'orchestre et leur parle souvent et beaucoup de musique. « L'utilité de ce contact fut très grande », affirme Prokofiev (*Autobiographie. Les années de jeunesse*).

Mais le plus important pour Prokofiev, dans ce Conservatoire qu'il supporte mal et qui ne le supporte que difficilement, c'est son passage dans la classe de piano de A. N. Essipova. Cette dernière lui permet de devenir un pianiste remarquable. Or la musique de Prokofiev, en ce qu'elle a de plus caractéristique, est issue de son piano : mouvement impulsif, accent incisif, thème plastique, courbe mélodique large et constamment renouvelée, modulation brusque, plans nets, équilibre sonore, rebondissements perpétuels.

C'est d'ailleurs comme pianiste, comme auteur de pièces de piano intéressantes et audacieuses, que Prokofiev s'impose parmi ses contemporains à la recherche d'un langage musical, littéraire ou artistique nouveau. Le voilà sur l'estrade et dans le monde des artistes et des critiques d'avant-garde. Il joue aux « Soirées de musique contemporaine » à Saint-Pétersbourg, aux « Expositions musicales » de Moscou. Il donne les premières auditions de ses deux *Concertos* de piano. Il est intime avec V. G. Karatyguine, V. F. Nouvel, V. V. Derjanovsky, A. V. Ossovsky, « tous doués d'un sens critique aigu et d'un langage mordant » (*Autobiographie*). Il fréquente les jeunes chefs d'orchestre, K. S. Saradjev, P. A. Aslanov, A. I. Siloti, Albert Coates. Il s'intéresse aux peintres, se lie avec le poète Maïakovsky; B. V. Assafiev parle déjà de lui dans ses premières chroniques.

On insiste souvent sur l'influence qu'avait pu exercer sur lui à cette époque la musique d'un Reger, d'un Debussy, d'un Strauss, d'un Schönberg, de Scriabine; il les entendait constamment et il les jouait lui-même. Pourtant les réminiscences de leur musique que l'on trouve dans les œuvres de Prokofiev de cette période ne sont que passagères, purement accidentelles ou formelles, extérieures : il les élimine rapidement ou les intègre à sa façon de penser et d'entendre. Il est, tout au contraire, à la veille du plein épanouissement de sa personnalité, épanouissement dont témoignent, chacun à sa manière, son *Ier Concerto* pour le piano, sa *Toccata,* ses *Sarcasmes ;* ce *Joueur* surtout, et, le contact avec Diaghilev une fois pris, ses premiers ballets, *Ala et Lolli (Suite scythe), Šut (le Bouffon).*

Accuser Diaghilev de l'avoir détourné de sa véritable voie, l'opéra, de l'avoir empêché de réaliser immédiatement son *Joueur,* de l'avoir lancé au contraire dans une entreprise où ses points faibles (son primitivisme foncier, sa brusquerie inutile, son emphase, la forme morcelée de ses œuvres, sa faculté de s'inspirer de n'importe quel sujet, etc.) ne pouvaient que s'accentuer, semble exagéré. La personnalité artistique de Prokofiev s'était déjà suffisamment affirmée vers 1914 pour être ainsi brusquement détournée de ses sources vives. Et Diaghilev venait simplement lui offrir un nouveau champ d'expériences, qui, loin de nuire à l'épanouissement de ses facultés créatrices, lui permettait au contraire de revenir à son opéra même, avec une palette élargie, de mieux repenser le sujet de son premier ballet avec sa cantate *Sept, ils sont sept,* d'atteindre un sommet avec le si caractéristique *IIIe Concerto* pour le piano, d'aborder à la fois et *l'Ange de feu,* et *le Pas d'acier,* et *le Fils prodigue.*

Le contact prolongé avec l'Europe et l'Amérique (1918-1934) fut-il profitable à Prokofiev ? Il l'a certainement désorienté. Extrêmement — nous dirions : animalement — sensible aux gens et aux choses qui l'entourent, Prokofiev a eu du mal à s'adapter, musicalement et socialement, à sa nouvelle situation. Cet enfant, à la fois

« terrible » et choyé des cercles musicaux russes d'avant-garde, se trouvait subitement seul et sans soutien dans un milieu qui lui était totalement étranger. Il n'a pas cherché à analyser les raisons de son malaise et a voulu retomber rapidement sur ses pieds. Il le fit en exacerbant ses traits les plus caractéristiques (ou qu'il croyait tels), comme aussi en se pliant de son mieux aux exigences de ses nouveaux auditoires. Les uns eurent droit à un langage plus simple, plus compréhensible (les *Contes de la vieille grand'mère,* les *Quatre Pièces* op. 32, l'*Ouverture* op. 34, les *Cinq Chants* op. 35); les autres, à une musique plus absconse : la *Ve Sonate* pour piano, la *IIe Symphonie* surtout, les *Choses en soi.* Il vécut surtout, et longtemps, sur un fonds déjà acquis : esquisses et ébauches anciennes, sur un mouvement qui allait en s'épuisant, en s'essoufflant, ce qui fut à la base d'un ralentissement notable de sa production.

La crise est latente et elle peut devenir grave. Prokofiev le sait, le sent et cherche une issue. Il pense la trouver tout d'abord en se retirant dans la solitude de la campagne allemande, à Ettal : le silence de la forêt bavaroise lui rappelle-t-il ses années de jeunesse ? « L'ambiance médiévale du lieu » lui permet-elle de mieux cerner son nouveau sujet, cet *Ange de feu* qui doit prolonger les tentatives de *Maddalena* (1911-1913) et la réussite totale du *Joueur ?* Il la cherche aussi, et dès la même époque, en renouant avec son pays d'origine. Il correspond de nouveau activement avec ses amis restés en U.R.S.S., écrit des articles ou des chroniques pour des revues soviétiques, songe peut-être déjà à revenir en Russie, compose en attendant un ballet « soviétique » pour Diaghilev, ce *Pas d'acier* qui ne sera jamais monté en U.R.S.S.

Un autre aurait longuement pesé le pour et le contre. Prokofiev est un impulsif; l'analyse approfondie le rebute. Son instinct l'avertit de l'impossibilité, pour lui, malgré ses succès apparents, sa notoriété croissante et la faculté de créer sans contrainte évidente, de continuer à rester attaché d'une façon stable à l'Europe. Comme son premier voyage en U.R.S.S. en 1927 est un triomphe, il se décide donc en 1934, et définitivement, pour cette nouvelle expérience, l'expérience soviétique.

Il ne s'agit pas de savoir si cette solution fut heureuse

ou non pour son art. Nous la considérons, dans son cas, comme simplement indispensable. Prokofiev y allait comme on se jette à l'eau. Si les résultats n'ont pas été absolument concluants, la faute n'en incombe pas à Prokofiev, du moins pas à Prokofiev seul. Pour qu'il ait pu s'adapter, s'identifier complètement, créer ce langage musical nouveau, langage musical « soviétique », il aurait fallu non pas le rabrouer à chacune de ses tentatives de le faire, non pas l'accabler à chacun de ses échecs ou à chacune de ses « évasions », mais le guider, le mettre en contact direct avec son nouvel auditoire, l'encourager, lui permettre de multiplier ses recherches, ne pas le laisser seul avec tout son passé, tout son acquis et cette tâche nouvelle qu'il n'entrevoyait qu'en gros, n'analysait pas, ne disséquait pas plus que les autres, mais qu'il essayait instinctivement d'accomplir de son mieux, « professionnellement ».

Quoi qu'il en soit, ce fut pour lui une longue période — plus de vingt ans, si l'on compte ses années de maladies et de souffrances comme des années normales — de création intensive. Trop intensive même, ininterrompue : celle d'un professionnel qui remplit toutes ses heures de travail et achève fébrilement une œuvre après l'autre. Œuvres de vastes dimensions surtout : oratorios, cantates, ballets, opéras, musique de film, musique de scène; ou alors des symphonies, des concertos, de monumentales sonates, pour piano, pour violon, pour flûte, pour violoncelle. (« La musique que nous allons écrire sera monumentale. Sa conception et sa réalisation technique doivent correspondre à l'élan de l'époque où nous vivons », Prokofiev, *les Chemins de la musique soviétique,* in « Izvestia », 1934). Œuvres qui dénotent une maîtrise technique de plus en plus aiguisée, qu'il s'agisse de thèmes, de formes, d'instruments, d'orchestre; mais aussi œuvres qui gardent intactes les caractéristiques fondamentales du langage de Prokofiev. Un Prokofiev presque uniformément assagi, certes, souvent « à l'usage des enfants », mais nullement diminué. Loin de trahir un style emprunté ou contraint, cette œuvre nous révèle peut-être, au contraire, un Prokofiev « vrai », tel qu'il aurait été de tout temps, si les circonstances de sa formation ou de sa vie ne lui avaient imposé, temporairement, « ce mouvement agressif, ce pas gymnastique, ce saut périlleux, cette gifle et ce coup de poing » que le *Manifeste futuriste* de 1909 proclamait comme dogme et dans lesquels certains ont voulu voir les traits les plus typiques du musicien russe aussi, les assises de son art.

Prokofiev a certainement su voir plus clair en lui-même lorsqu'il a cherché à se définir dans ce passage de son autobiographie *(Années de jeunesse)* qu'on a souvent cité, mais qu'on a rarement pris au sérieux. Nous croyons utile d'en donner ici, encore une fois, une traduction intégrale :

Mon art se mouvait dans trois directions. La première, classique, remonte à ma prime enfance, au temps où j'écoutais, jouées par ma mère, les *Sonates* de Beethoven. Tantôt elle oblige ma musique à se draper de néo-classicisme (sonates, concertos), tantôt elle l'invite à imiter le style classique du XVIIIe siècle (gavottes, *Symphonie classique ;* dans une certaine mesure la *Sinfonietta* op. 5-48). La seconde, novatrice, prend ses racines dans cette rencontre avec Taneev lors de laquelle il se moqua des « harmonies simplettes » de ma toute première symphonie. Elle ne fut au début que la recherche d'une trame harmonique originale; elle devint par la suite la quête d'un langage propre à traduire des émotions fortes *(Fantôme* op. 3, *Désespoir* et *Vision diabolique* op. 4, *Sarcasmes, Suite scythe,* certains passages des mélodies de l'op. 23, *le Joueur, Sept, ils sont sept, Quintette, Deuxième Symphonie)*. Quoiqu'elle commande surtout le langage harmonique, les audaces d'intonation, de l'instrumentation, du mouvement dramatique s'y rapportent également. La troisième a les caractéristiques d'une toccata. Elle procède probablement de l'élément moteur qui m'avait frappé en son temps dans la *Toccata* de Schumann *(Études* op. 2, *Toccata* op. 11, *Scherzo* op. 12, *scherzo* du *Deuxième Concerto, toccata* du *Cinquième Concerto,* de même que les figures à répétition en *crescendo* de la *Suite scythe,* du *Pas d'acier,* de certains passages du *Troisième Concerto)*. Cette direction est vraisemblablement la moins valable des trois.

A ces trois directions, ajoutons une quatrième, qui est lyrique. Elle fait d'abord son apparition dans les moments de contemplation, mais ceux-ci ne sont pas forcément liés à l'élément mélodique ou toujours accompagnés d'une large mélodie (*Conte* op. 3, *Rêves, Esquisses automnales, Mélodies* op. 9, *Légende* op. 12), ce qui ne les empêche pas d'être traduits parfois quand même par une ligne mélodique plus ou moins étendue *(Chœurs* op. 7, sur des poèmes de Balmont, le début du *Premier Concerto* pour violon, *Mélodies* sur des poèmes de A. Akhmatova, les *Contes de la vieille grand-mère*). Cette direction, on la passait sous silence; tout au moins on ne la remarquait qu'après coup. On m'avait longtemps et catégoriquement refusé tout don lyrique, alors ce don, non soutenu, se développait lentement. Par la suite, je m'y attachai par contre de plus en plus.

J'aurais voulu me borner à ces quatre directions et ne considérer la cinquième, la « grotesque », que certains cherchaient à m'imposer, que comme une déviation des précédentes. Je proteste de toute façon contre l'épithète elle-même. Elle est devenue abominablement passe-partout chez nous, et le sens véritable du mot français « grotesque » a été fortement déformé. En ce qui concerne ma musique, j'aurais aimé remplacer cette épithète par le terme de *scherzo,* ou, si l'on aime mieux, par trois autres mots qui en marqueraient les gradations : plaisanterie, rire, moquerie.

Que reste-t-il dans l'art définitif de Prokofiev de ces éléments que personne n'osera nier ? Quel aspect ont-ils pris ? Comment ont-ils évolué ? Rejetons d'emblée le « classicisme » inconscient des années d'apprentissage, le classicisme simpliste de ses rigaudons, gavottes et allemandes; jusqu'au classicisme plus tardif et plus subtil de sa *Symphonie classique*. Considérons-les comme « une coquille, dans laquelle, en attendant mieux, son talent était enrobé. Sous la pression aussi bien d'une croissance naturelle que d'événements extérieurs, cette coquille se brisa dans tous les sens, et un poussin, exceptionnellement vigoureux et piailleur, s'en échappa » (V. G. Karatyguine, in Hronika Muzykal'nago sovremennika », 1916).

Le vrai classicisme de Prokofiev réside dans la clarté et la logique instinctives, dans l'absolue musicalité de son langage harmonique. Sous-jacentes même aux moments de sa plus sombre polytonalité ou de ses ébauches d'atonalisme, elles se dépouillent peu à peu, depuis son retour définitif en U.R.S.S., de presque tout artifice et frappent parfois par leur arrogante nudité. Dans cette recherche d'une écriture ultra-simplifiée — « l'espoir de la musique contemporaine réside dans une nouvelle simplicité » (Prokofiev : *I shall be classical*) —, d'une musique « compréhensive et claire », comme il les définit lui-même *(les Chemins de la musique soviétique)*, Prokofiev se retrouve simplement.

Ce classicisme réside encore dans la carrure et la

monotonie de ses rythmes, dont il se sert à la fois comme d'un moyen de persuasion et comme d'un étai : « Pour moi, le rythme joue le rôle de ciment : il unit les différents ingrédients dont la musique est faite » *(I shall be classical)*. Il se manifeste dans son goût pour les formes traditionnelles de la musique, formes qu'il pétrit de plus en plus à sa façon, mais qu'il n'ose pas abandonner de peur d'enlever à sa musique un autre de ses supports élémentaires.

Il se manifeste enfin dans son attachement persistant à la musique pure. Certes, son tempérament, sa nature, ses goûts, le portaient aussi, naturellement, vers la musique dramatique, la peinture musicale des caractères et des situations, c'est-à-dire vers le théâtre, le ballet, l'oratorio, la cantate, le film, et il laisse dans tous ces domaines une œuvre riche en couleurs, intéressante par ses réussites. Le théâtre, nous le savons, fut sa première grande distraction, sa passion d'enfant; il fut encore, le matin de sa mort, l'objet de ses vives préoccupations : Prokofiev corrigeait les derniers ajustements de son dernier ballet, la *Légende de la fleur de pierre*. Mais le commerce incessant, dès sa naissance, avec Beethoven, Chopin, Liszt, Schumann, et avec tant d'autres depuis, lui apprit la nécessité pour le musicien professionnel, qu'il a toujours voulu être, d'écrire aussi de la musique pure. Il écrivit donc, et ne cessa plus jamais de le faire, des symphonies, des sonates, des concertos, des quatuors, des ouvertures, des divertissements. Il repensa symphoniquement certaines de ses œuvres dramatiques majeures : l'*Ange de feu (IIIe Symphonie)*, ou *le Fils prodigue (Quatrième Symphonie)* ; il tint à transcrire la plupart de ses opéras, ballets ou films sous forme de suites pour orchestre, ainsi *Ala et Lolly (Suite scythe)*, *le Bouffon*, *l'Amour des trois oranges*, *Pas d'acier*, *le Fils prodigue*, *le Joueur*, *Sur le Borysthène*, *le Lieutenant Kijé*, *Roméo et Juliette*, etc. N'est-ce pas, après tout, parce qu'il fut quand même davantage musicien que psychologue, dramaturge ou peintre ?

On considère l'élément novateur comme celui qui caractérise le mieux, le plus pleinement et le plus profondément l'art de Prokofiev. Etre agressif, dur, montrer coûte que coûte son propre visage, était certainement une nécessité pour lui au début. C'était à la fois une autodéfense et une manifestation spontanée de sa vitalité. « Il faut que vous sachiez haïr », lui enseignait Diaghilev en refusant ses esquisses pour *Ala et Lolly,* trop stravinskiennes à son goût, et en le lançant sur une nouvelle piste, *le Bouffon.* « Sans cela votre propre musique perdra tout ce qu'elle a de plus inimitable. »

Saturé d'exercices scolaires et de classiques, dégoûté de l'académisme du Conservatoire et de la musique « officielle » de son temps, Prokofiev avait besoin de se raidir, de changer de clan, de frayer avec quelques « dirigeants impudiques et sourds des Soirées de musique contemporaine » (N. A. Rimsky-Korsakov, *Journal*). Il voulait aller de l'avant, être vite remarqué, sortir des rangs, « leur lancer quelque chose de grand à la figure » *(Autobiographie. Après le Conservatoire) ;* plus tard, être au niveau des audaces de ses collègues européens, ne pas abdiquer, être le Prokofiev que tout le monde attend.

Cette course à l'originalité, qui n'est chez lui, répétons-le, qu'un signe de grande et saine vitalité, d'excès de santé, et qui se traduit sur le moment par une excentricité de langage (surtout harmonique) et une bizarrerie d'attitudes musicales (avec un rideau de fond passablement classique), elle le conduit, il faut l'avouer, à la plupart de ses réussites. Son langage ne sera jamais indifférent, neutre, même à l'époque de sa plus grande « simplicité », voulue ou imposée. Son style dramatique, ébauché au point de vue vocal dans *Maddalena, le Vilain Petit Canard,* les cinq *Mélodies* de l'op. 23, et au point de vue symphonique dans *Ala et Lolli, le Bouffon,* atteindra sa pleine efficacité dans *le Joueur,* sera encore à la base de *Sept, ils sont sept,* de *l'Ange de feu* et du *Fils prodigue,* prendra une forme grotesque *(l'Amour des trois oranges)* ou terre à terre *(Siméon Kotko),* réglera les meilleures scènes de *Roméo et Juliette,* d'*Alexandre Nevsky,* de *la Duègne,* de *Guerre et Paix.*

Liée à l'élément moteur que Prokofiev minimise à tort dans son autoanalyse, liée aux rythmes primitifs et puissants, aux sonorités succulentes, son impulsivité le guidera, par les tâtonnements de ses deux premiers *Concertos,* vers la virtuosité éblouissante et tout d'un bloc du Troisième. Elle animera les scherzos et finales de ses sonates et de ses symphonies. Elle expliquera la brusquerie de ses modulations, la plasticité de la plupart de ses thèmes. Elle le mènera à une interpénétration de plus en plus naturelle et logique d'éléments contradictoires, à ses magnifiques et subites explosions, aux rebondissements incessants de sa musique.

L'élément lyrique est à la base de la nature de Prokofiev, qu'il s'agisse de l'homme ou de son œuvre. Il a une préférence marquée pour les poésies de K. N. Balmont, ce lyrique effréné, ou d'A. K. Apoukhtine, d'Anna Akhmatova, et c'est sciemment qu'il cherche à tourner son lyrisme au ridicule, à le rendre grotesque, à le défigurer. A travers toutes les déformations, étirements, arrêts brusques, volte-face, que l'auteur leur fait subir, ses thèmes et ses harmonies sont essentiellement lyriques; aussi l'œuvre soviétique de Prokofiev est-elle un champ de bataille où son lyrisme élimine, l'un après l'autre, les intrus : ce classicisme qui le dessèche, cette impulsivité qui le brise, ce mouvement dramatique qui lui barre le chemin. Et c'est justement cette bataille qui rend sa musique passionnante jusqu'au bout. Comme sa maîtrise professionnelle dans tous les domaines ne fait que croître, cette musique reste valable. Elle n'a rien de cérébral, ni rien d'arbitrairement formel. Nous y retrouvons un Prokofiev depuis longtemps familier. Les mêmes problèmes musicaux le préoccupent. Il est aussi direct et franc qu'au jour de son premier concerto, de son premier ballet. Il n'abdique pas : il reprend, re-forme, ré-adapte. De là les nombreuses revisions des opus anciens, de là cette productivité intense et ininterrompue, de là cette multiplicité de sujets, de thèmes, de langages, d'humeurs contradictoires, d'éléments constituants. Jusqu'au bout, il se sentira à l'aise dans n'importe quelle situation, pourvu qu'elle lui laisse le loisir de vivre en musique, de vivre sa musique, de s'exprimer musicalement.

Vladimir Fédorov.

BIBLIOGRAPHIE

S. S. Prokof'ev, Materialy, dokumenty, vospominanija, Moscou, 1956 : ouvrage fondamental contenant les principaux documents émanant de Prokofiev lui-même ou le concernant, ainsi qu'une bibliographie complète et détaillée de son œuvre.

Citons encore :

ABRAHAM, G., *Sergey Prokofieff,* dans *Eight Soviet Composers,* Londres, 1946.

BRUYR, J., *Serge Prokofiev,* dans *l'Écran des musiciens,* 2e série, Paris, 1933.

GOLÉA, A., *Serge Prokofiev,* dans *Musique russe,* t. II, Paris, 1953.

NABOKOV, N., *Serge Prokofieff,* dans *Old Friends and New Music,* Londres, 1951.

NESTIEV, I. V., *Prokofiev,* Paris, 1946.

POULENC, F., *La musique de piano de Prokofiev,* dans *Musique russe,* t. II, Paris, 1953.

REVUES ET PÉRIODIQUES

CARSALADE DU PONT, H. de, *La vie et l'œuvre de Prokofieff,* dans « Études », nº 288, 1956.

SCHLOEZER, B. de, *Serge Prokofieff,* dans « Revue musicale », II, 9, 1921.

« Sovetskaija muzyka », quelques articles et documents concernant Prokofiev : 1941, 4; 1946, 4; 1952, 11; 1953, 5 et 12.

Prokofieff Number, dans « Tempo », spring 1949, nº 11 : articles de F. MERRICK, S. MOREUX, I. MORLEY, H. SWARSENSKI; catalogue des œuvres et discographie.

Serge Prokofieff, dans « Musik der Zeit », heft 5, 1953 : articles de G. ABRAHAM, M. ASTROFF, O. DOWNES, R. DUMESNIL, F. MERRICK, S. MOREUX, I. MORLEY, S. PROKOFIEV, F. SCHMITT, H. STUCKENSCHMIDT, H. SWARSENSKI, E. SZENKAR, en partie déjà publiés ailleurs; catalogue des œuvres et discographie.

Serge Prokofieff, dans « Journal musical français », II, 18, 1953 : articles et témoignages de B. BRITTEN, R. HOFMANN, A. HONEGGER, J. IBERT, J. LONCHAMPT, G. F. MALIPIERO, I. STRAWINSKY, R. VAUGHAN-WILLIAMS, H. VILLA-LOBOS; discographie.

« Bulletin du C. D. M. I. », 8, printemps 1953; article de R. HOFMANN et catalogue des œuvres.

En 1955, les Éditions musicales d'État à Moscou ont entrepris l'édition des *Œuvres complètes* de Prokofiev. Cinq volumes de cette collection monumentale ont déjà paru. Ils contiennent l'ensemble de l'œuvre pianistique de Prokofiev.

BÉLA BARTÓK

VAINCRE, au plus profond de la musique, le conflit du chant populaire et de la forme savante, les unir en leur essence commune; créer, en élevant vers l'universel le folklore hongrois, une musique authentiquement hongroise, mêlant sa voix à l'universelle voix de la musique : tel fut l'originel et constant dessein de Bartók. Et le miracle est que ce dessein, Bartók ait su, dans toute la force du terme, l'accomplir.

Dans la musique de Bartók, la spontanéité du chant populaire consent aux exigences d'un développement par excellence savant, et la sauvagerie du rythme vient rejoindre les raffinements d'une construction toute beethovénienne. Mais l'étonnant est que la science y épanouisse ce qui s'engendra à son insu; que le chant populaire se reconnaisse et se confirme en cette élaboration savante qui d'ordinaire était sa perte, qu'il acquière cette docilité aux démarches d'un musicien possédé du démon de la construction. Transposé, transcendé, le chant populaire n'est point falsifié : bien plutôt magnifié, fécondé, et produisant au jour ses latentes richesses. Et c'est ainsi qu'il restitue à la musique savante tout ce que celle-ci lui prêta, qu'il communique sa sève vivante à une technique qui risquait autrement de s'égarer dans les abstractions et les artifices.

Bartók réussit donc cette synthèse inespérée, et que tant d'autres manquèrent, de ce que la musique a de plus primitif et de plus évolué, de plus brutal et de plus raffiné, de plus singulier et de plus universel. Là est la source du succès de Bartók, la raison pour laquelle il plaît semblablement à l'initié et au profane. Sa musique, malgré toute sa science, préserve les plus immédiates saveurs du folklore, sa violence barbare, sa cruauté démoniaque, ses ironies et ses colères, et son viril lyrisme, sa pathétique nudité, son altière sobriété. Elle en a les attraits : une mélodie aux intonations persuasives, dont les échos vivifient la forme, un rythme impétueux et impérieux, d'une puissance inouïe, et dont l'élan emporte et efface les rudesses d'une harmonie qui risquait de déconcerter. Chez Bartók, l'art de l'agencement, la science de l'écriture, ne tarissent pas le jaillissement de l'invention; et c'est la preuve qu'en l'homme même s'unissent les deux pôles de toute musique.

Pour Bartók, il s'agissait de redonner vie au folklore, mais aussi de redonner vie, par le folklore, à la musique savante, de créer, par leur dialogue, une musique hongroise authentique et, plus généralement, de résoudre — en sa propre musique du moins — le problème de la musique moderne. Ce dialogue, c'est la double activité d'un Bartók indivisiblement musicologue et musicien créateur, dont la science musicologique et l'intuition créatrice mutuellement s'alimentent et s'éclairent, et qui, en l'intimité de son pouvoir d'invention, institue entre folklore et musique savante, par un constant commerce, les plus fructueux échanges.

Le folklorisme certes n'était pas nouveau. Mais nouveau assurément est le folklorisme de Bartók. Pour le romantique, le folklore n'est qu'un pittoresque ornement dont sa musique se revêt à l'occasion. Mais il ne songe point à lui ravir sa plus vive substance pour se l'assimiler, il n'en sollicite pas de réponse pour la solution de problèmes fondamentaux. Et c'est qu'en vérité, la musique romantique n'a pas besoin du folklore pour exister. A l'époque moderne, et chez les plus conscients d'entre les musiciens, tout autre devait être le comportement à l'égard du folklore. Le musicien moderne doit inventer son langage, son style, il ne les reçoit plus tout faits de son époque. Le voici donc contraint de remettre en question les fondements mêmes de toute musique. Condamné à une angoissante liberté, comment ne souhaiterait-il pas quelque principe stable ? Parvenue au plus haut point de complexité et comme épuisée par l'ampleur même de son développement, la musique cherche sa voie, inquiète pour son avenir, pour son existence même. Elle s'efforce de se ressaisir parmi la confusion des doctrines, dans la mêlée des langages imités ou inventés, des contrefaçons de toute sorte. Or la musique populaire n'offre-t-elle point, sauvé de l'arbitraire des individus et des écoles, le fonds originel, universel et éternel de toute musique, n'est-elle pas la seule musique authentique au sens fort ? Se recueillir vers ses origines, c'est pour la musique se rejoindre par-delà une évolution qui pouvait l'éloigner d'elle-même; le folklore lui est maintenant un havre à ses incertitudes, un remède à son désarroi. Elle veut se l'ajouter pour se régénérer, pour revivre. Elle l'interroge sur ses fondements, sa vocation, ses principes. Elle se règle sur lui. Il l'aide dans sa quête d'elle-même. S'inspirer du folklore, pour le musicien moderne, veut dire y chercher les marques de l'authentique, tenter de se retrouver et de retrouver la vraie musique.

Chez nul musicien l'interrogation du folklore n'est aussi ardente que chez Bartók. Nul autre n'en a, avec autant d'enthousiaste patience, observé tous les aspects, scruté tous les replis. L'activité du musicologue n'aurait point été si intense si elle n'avait répondu aux besoins ardents du compositeur, si la science n'avait dû sans cesse s'achever en création. Connaître le folklore est pour Bartók retourner à la source et à l'essence, avoir en main une pierre de touche pour son action créatrice. A travers lui il se cherche et se trouve; il en fait l'instrument d'une révélation de soi. Incarnation du génie spirituel d'un peuple auquel lui-même appartient, le mélos populaire hongrois lui fait découvrir ses propres puissances; en lui il se reconnaît et saisit, par-delà ses données matérielles, une démarche créatrice qui, parente de la sienne propre, l'éveille et la confirme.

La musique populaire ne doit pas être pour le musicien qui s'en inspire l'objet d'un pur savoir — qui creuse un fossé entre la personnalité créatrice et cet objet dont elle subit la règle. Etre esclave d'un savoir tarit l'élan de la création : il faut toujours que le savoir éveille un pouvoir — pouvoir de reconstruction annonçant un pouvoir de création. Or la science folklorique chez Bartók ne se sépare pas d'une intuition qui l'oriente vers l'essentiel; déjà l'anime la volonté du musicien d'être attentif aux principes éternels de la musique hongroise, principes qui pourront régner sur sa personnelle création sans porter atteinte à sa liberté. Un accord tacite de l'imagination du musicien avec les lois de la monodie hongroise lui permet d'inventer une musique qui en conserve les caractères originaux, et qui pourtant est bien de lui. Et tandis qu' « un peu de science » aurait rendu Bartók captif du donné folklorique, « beaucoup de science » lui permet de le dépasser pour en découvrir l'esprit et la source créatrice.

L'amour de Bartók pour la mélodie populaire, amour vrai dans la lumière d'une connaissance, est un amour créateur. Bartók ne jouit pas égoïstement et passivement, comme le romantique, des charmes du folklore. Ce qu'il veut, c'est pénétrer en son intimité pour lui emprunter ses pouvoirs, c'est le reconquérir et l'accomplir. Il ne le connaît que pour le recréer, et sa mission de créateur est autant mission à l'égard du folklore que de lui-même. Pour sauver le folklore hongrois, Bartók ne se contente pas de le noter, de l'enregistrer : il le fait revivre dans et par sa propre musique. Cette musique n'est point reconstitution archéologique, copie ou imitation, ou même rajeunissement du vieux folklore, mais avènement d'une musique savante hongroise qui en conserve le style en le transposant. Ainsi l'œuvre du savant ne resta point lettre morte, elle vint prendre corps en des œuvres d'art vivantes et rejoindre cette musique dont elle était issue.

La musique hongroise, qui s'était longuement cherchée avant Bartók, avec lui se découvre et se conquiert. En lui s'apaise le conflit de l'Orient et de l'Occident qui avait dominé toute l'histoire de la musique hongroise et l'avait toujours séparée de soi. Par lui se réalise la synthèse de la mélodie orientale et de la technique occidentale, qui seule pouvait créer une musique hongroise authentique et que ses précurseurs avaient vainement tentée. La musique savante d'Occident et le folklore hongrois vécurent côte à côte pendant des siècles sans parvenir à se concilier. Des tentatives renouvelées pour un art national, synthèse de l'un et de l'autre, échouèrent toutes, malgré l'ardent désir des compositeurs hongrois. Ceux-ci déjà, comme Bartók, rêvaient de sauver le folklore et de l'épanouir dans les grandes formes; et ils comprenaient que celles-ci, d'autre part, ne pouvaient s'acclimater en Hongrie si elles ne recevaient un contenu hongrois. Mais la mélodie hongroise semblait, par nature même, rebelle à la construction symphonique.

L'époque romantique engendra une apparente et décevante synthèse. Au cours de l'histoire, l'originel mélos hongrois avait été altéré, déformé par les apports étrangers et en particulier par ceux des instrumentistes tziganes. Ce n'est point le vrai folklore hongrois que le romantique, le « dilettante cultivé », offre à l'emprise de la forme occidentale. Il écrit en ce style *csardas*, pseudo-hongrois, où le noble dessin de la mélodie magyare est défiguré par les ornementations de l'expressionnisme tzigane. Liszt, et Brahms après lui, croyaient à l'existence d'un folklore tzigane, qu'ils imaginaient être l'authentique folklore hongrois, alors que les tziganes ne furent en fait que des exécutants qui ne conservèrent qu'en la corrompant la mélodie magyare. Au vrai, le romantique ne voit le folklore qu'à travers ses propres rêveries, son romantisme (l'ouvrage consacré par Liszt à la musique tzigane est significatif à cet égard). Il n'a guère de scrupules avec lui; car il ne lui demande rien de plus que de satisfaire à son désir de pittoresque, de romanesque et d'évasion. Bartók, après avoir cédé dans ses premières œuvres — influencées par les romantiques — aux séductions du pittoresque tzigane et aux facilités de la technique descriptive, a très vite compris qu'il se devait d'y renoncer. Et de ce renoncement est née l'originalité même de son art.

Le folklore n'est point pour Bartók élément décoratif et monde d'évasion, mais une réalité, la plus intime et la plus sûre réalité de lui-même. Le chant populaire est son chant essentiel, la conscience de soi. Et si l'artiste y trouva la solution de ses problèmes, c'est que l'homme d'abord s'y reconnut. Par le folklore, Bartók accède au plus profond et au plus élémentaire de l'âme humaine; il acquiert la force de refuser les conventions et de recréer la musique à partir de son essence, sans en renier l'évolution. Seule cette musique authentique peut aider à reconquérir l'authenticité perdue. L'homme moderne, par le folklore, se purifie et se délivre; il restaure en lui-même l'état d'âme de l'artiste primitif et recouvre une naïveté créatrice. Bartók demeure cependant un musicien du XXe siècle, conscient des problèmes que pose, en ce siècle, la création musicale. Mais ces problèmes, il pourra les résoudre, techniquement, parce que, spirituellement, il aura réappris du folklore l'éternelle essence de la musique, expression de l'homme vrai, et se sera approprié l'élan créateur dont elle est issue.

L'effort du musicologue, parcourant les villages de

Hongrie en quête de la mélodie magyare — que les paysans seuls ont fidèlement conservée —, c'est l'expression et le symbole de l'effort de l'artiste, en quête de soi. Lorsque Bartók libère le folklore hongrois de la corruption tzigane, il se libère lui-même. Très tôt, il sentit que seul l'archaïque mélos hongrois pouvait régénérer et sauver la musique hongroise, mais qu'il fallait y pénétrer assez profond pour s'emparer des forces créatrices qui l'engendrèrent. Tandis qu'avant lui on n'avait fait qu'unir de l'extérieur, tandis qu'on tentait en vain de soumettre le folklore à la forme occidentale, Bartók, se situant au cœur du folklore, lui emprunte le pouvoir même de lui faire rejoindre et recréer la forme occidentale. Le mélos autochtone n'est point dompté par la technique étrangère, bien plutôt est-ce lui qui la dompte — et c'est ainsi qu'il la revivifie. Et seul le pur mélos primitif pouvait accomplir le désir du compositeur moderne : celui d'une révolution qui, selon son sens étymologique et profond, soit retour aux origines, non tant historiques que métaphysiques.

Si le folklore hongrois donna tant à la musique hongroise, à la musique européenne, par l'entremise de Bartók, c'est que ce folklore fut par lui moins subi que réinventé. Le romantique l'accommodait selon sa fantaisie, Bartók le recrée, mais selon son véritable esprit. Le singulier mérite de Bartók est d'avoir compris qu'il ne devait point s'en tenir aux pures données folkloriques pour les soumettre de l'extérieur à la technique occidentale d'élaboration; que le folklore ne devait point être traité comme pur matériau, mais qu'il fallait en retrouver les énergies et les principes pour créer une musique neuve, semblable à lui en esprit.

Le romantique demandait trop peu au folklore. Bartók le force à livrer ses secrets. Ainsi pourra-t-il recréer au niveau de la musique savante les valeurs précieuses du folklore. D'autre part ce folklore ne peut être vraiment possédé que s'il est reconquis sur un plan supérieur, il ne peut revivre que réincarné dans la technique moderne, qui devra en rendre efficaces les puissances cachées. Réinventé, ce folklore fait don de toutes ses richesses : il apporte ses rythmes, ses tournures mélodiques, ses particularités harmoniques et formelles, son esthétique.

LE RYTHME

Les folklores de l'Est ont un raffinement rythmique qu'ignore la musique savante occidentale du XIXe siècle. L'on y rencontre, à côté de mesures à cinq et sept temps, des mètres dans lesquels huit ou douze temps se divisent en groupes inégaux; ainsi une mesure bulgare à 8/8 s'accentue : 1 2 3 - 1 2 - 1 2 3, ou 1 2 - 1 2 3 - 1 2 3, ou encore 1 2 3 - 1 2 3 - 1 2; une mesure roumaine à 12/8, 2 + 3 + 2 + 3 + 2. De tels rythmes, subtils et complexes, répondent aux vœux de la sensibilité musicale moderne, avide de rythmes nouveaux, animés de cet élan, de cette vie surabondante qui font défaut à la schématique et mécanique carrure. Bartók s'empara de ces rythmes asymétriques, en particulier du « rythme dit bulgare ». Sa musique leur doit sa violence, sa sauvagerie, son caractère impérieux, son pouvoir élémentaire. C'est par eux d'abord qu'elle nous convainc. Tandis que tant d'autres musiciens modernes construisent à partir de la mesure et dans l'abstrait des rythmes compliqués qui ne sont que des rythmes morts, Bartók, qui sent le rythme en lui-même et hors de la mesure, peut s'approprier les rythmes folkloriques, rythmes vivants qui le préservent de l'artifice et ancrent son invention dans l'authentique. A la toute-puissance de ce rythme primitif se plieront l'harmonie et la forme, il les entraînera en son flux vainqueur, il leur communiquera son élan vivifiant. Par de tels rythmes, la musique de Bartók, si raffinée soit-elle, ne perd point contact avec les origines, les énergies premières de toute musique. Ils lui insufflent, en son jaillissement, cette durée vive où s'alimente toute forme rythmique ou musicale.

Mais il est bien évident que le rythme de Bartók n'est pas la pure reproduction de rythmes folkloriques. La fantaisie du compositeur va au-delà de ce que lui proposent ses modèles primitifs. Il se plaît à renforcer les traits, il les conduit un peu plus loin sur leur propre voie, afin qu'ils comblent les vœux d'un musicien moderne. L'hétérorythmie paysanne, par le génie constructeur de Bartók, se fait polyrythmie. Le rythme se superpose à lui-même, engendrant ce contrepoint rythmique qui en multiplie la puissance; ou bien il prolifère en incessantes variations. Dans la *Musique pour instruments à cordes, percussion et célesta,* le rythme des vingt-huit dernières mesures est en perpétuel changement, combinant les 5/8, 6/8, 7/8, 8/8, 9/8, 10/8, 11/8, 12/8. Mais, en dépit de cette organisation rhapsodique, la mélodie du rythme jamais ne se brise. En vérité, la complexité formelle ne fait qu'attester la force de l'invention, de l'impulsion rythmiques. Le rythme est par Bartók retrouvé à sa source même. Et c'est ainsi qu'il pourra conduire le développement musical et soutenir de son élan des architectures de vastes proportions.

Le rythme bartokien ne doit pas son éclat seulement aux pittoresques singularités des rythmes du Bassin Danubien, mais aussi à ce qu'il capte l'élan constructeur qui les anime. Bartók s'élève du rythme aux sources du rythme, à ses énergies qui donneront indivisiblement vie et forme à sa musique. Il semble qu'en la création musicale il entende la pulsation du rythme avant les sons où ce rythme prend corps. Le rythme reçoit donc dans la musique de Bartók une fonction architectonique, ce caractère constructeur et premier qui était déjà le sien dans le classicisme beethovénien. Chez Bartók comme chez Beethoven, le rythme est la logique du discours musical, il affirme la tonalité et s'y affirme; il tend même, chez Bartók, par son dynamisme créateur de pôles, à rétablir dans ses droits cette tonalité menacée et à nous l'imposer. Dans la musique pour piano en particulier, le rythme informe et clarifie l'harmonie; il la justifie et parfois l'excuse, ainsi dans le *martellato* (qui imite le bruit et l'attaque des instruments à percussion) où les dissonances de seconde sont accent en même temps que timbre. Mais surtout chez Bartók — plus encore que chez Beethoven — du rythme monte l'élan qui crée la forme. D'où le dynamisme élémentaire où cette forme s'enracine, bien qu'elle s'épanouisse en des zones de lucide intellectualité. Quelque rigoureuse et raffinée que soit la composition, quelque savante et ardue que soit l'harmonie, toujours les traverse cette vie qui émane des profondeurs du rythme, des sources de toute musique.

LA MÉLODIE

Toutes les mélodies de Bartók sont forgées à la ressemblance du mélos hongrois. Mais pourtant c'est sa propre mélodie qu'ainsi Bartók découvre — une mélodie intensément subjective et pourtant si fermement organisée qu'elle suscite tout naturellement la forme qui la prolonge. Jamais Bartók n'utilise de véritables mélodies populaires, et il n'en a pas besoin puisqu'il a pénétré jusqu'à leur âme, puisqu'il les reconstruit du dedans et que leurs lois essentielles régissent son invention mélodique. Mais parce que Bartók possède la sensibilité auditive d'un moderne, le mélos hongrois se trouve modifié conformément à cette sensibilité qui le recrée : non point défiguré, mais souligné et vivifié par des tensions qui lui confèrent la plénitude de son expression.

Bartók repousse donc l'imitation directe et intégrale. L'on pourrait d'ailleurs discerner, en la diversité de ses thèmes, plusieurs degrés de ressemblance et de parenté avec les mélodies populaires. Certains, comme le thème principal du dernier mouvement de la *Sonate* pour piano de 1926, trahissent une parenté étroite, tandis que le thème secondaire ne manifeste plus qu'une parenté lointaine. Enfin, dans la *Suite* op. 14, par exemple, la mélodie populaire ne laisse plus percevoir d'elle-même que des échos très affaiblis. Mais elle est toujours présente en esprit.

Le mélos hongrois n'est point pour Bartók matière extérieure, étrangère, mais en lui il se reconnaît et se retrouve. Et c'est ce qui lui permet de le reconstruire librement et de l'adapter à son art propre, sans le falsifier. Et l'on trouve chez Bartók, comme il le dit lui-même, des mélodies qui « pourraient » avoir été des mélodies populaires hongroises. Ainsi, dans la *Suite de danses,* tous les thèmes paraissent empruntés au folklore et pourtant tous sont de Bartók. En vérité, à mesure que s'approfondissait sa science, Bartók a pu s'affranchir de la lettre et rejoindre l'esprit, s'élever de la chose créée à l'activité créatrice, et reconquérir une liberté d'invention, réglée toutefois par les schèmes profonds qui commandent le mélos magyar. Ce mélos subsiste dans son œuvre en ses intervalles typiques, en ses tournures mélodiques. Ses données en Bartók se sont échangées contre un pur pouvoir d'en reproduire les inflexions essentielles. Et l'on comprend que Bartók, réinventant le folklore, puisse s'exprimer lui-même et plier le mélos hongrois à sa volonté constructrice, qui exige des thèmes d'avance dociles aux transformations qu'ils subiront en l'œuvre. « S'inspirer du folklore » revêt chez Bartók son sens le plus plein. Ce n'est point imitation superficielle des caractères matériels, mais conquête d'une essence spirituelle. La nouveauté du folklorisme de Bartók, c'est d'être un style.

LA TONALITÉ

Le folklore apporte à Bartók toute une esthétique, mais seul Bartók pouvait l'y déchiffrer. C'est une esthétique de la précision, de la concision. Le style de Bartók garde toujours, même en ses œuvres les plus largement développées, l'éloquente brièveté du folklore. Développer n'est point pour lui paraphraser : le développement a la même sécheresse nerveuse que le thème. Pas de redondance, de superflu, mais un usage économe du matériau thématique. On ne peut rien ajouter, ou ôter : nulle note qui n'ait sa fonction dans la structure du tout. C'est le triomphe de l'allusion, de l'ellipse. Dans l'harmonie en particulier sont atteintes parfois les limites de la concentration et de l'intelligibilité, parce que sont éludées les habituelles transitions, que l'auditeur doit rétablir. Une telle musique, si sévère pour elle-même et pour nous, dont elle n'épargne point l'effort, ne pouvait que répudier — malgré tout ce qu'elle leur doit — l'harmonie hypertrophiée des straussiens, les sonorités vaporeuses et flatteuses des debussystes. Le debussysme de Bartók est sans épicurisme. Son style âpre et dur ne tolère point de passive jouissance. Sa musique ne cherche pas à séduire : elle s'impose par l'inéluctable nécessité qui la régit — nécessité qui d'ailleurs n'exclut point l'imprévu. C'est une musique inflexible, sans complaisance, et par là même image et symbole de volonté, comme toute vraie musique. Le folklore ne lui fut point une facilité, mais l'exigence d'une lourde tâche. Elle ne se para point gratuitement de ses charmes : il lui fut plutôt occasion d'ascèse, et leçon d'ascétisme.

Mais le merveilleux est qu'en cette musique le dépouillement n'enlève rien à la somptuosité de la couleur, que la mélodie tire ses enchantements de la nudité même de ses lignes, que la rigueur est créatrice de vie. Bartók obtient la récompense de son ascèse. Cet art si strict n'est point abstrait. Il n'a justement dépouillé l'accessoire que pour mieux affirmer l'essentiel. Comment ne serait-elle point concrète et vivante à l'égal du folklore cette musique qui, comme lui, puise aux énergies premières de toute musique ?

Ce qui rend si originale et si valable la musique de Bartók, c'est la parfaite synthèse qu'elle réalise du folklore et du modernisme. Or c'est à l'intérieur du folklore et sous son égide que s'est accomplie cette synthèse. Le langage harmonique de Bartók a trouvé dans la monodie populaire à la fois sa liberté et sa règle. Elle l'a discipliné sans l'asservir; elle a éveillé et soutenu ses efforts d'émancipation, tout en le préservant de l'anarchie.

En vérité, à la lumière de la musique de Bartók s'éclaire l'harmonie préétablie qui règne entre la mélodie populaire et le langage musical moderne, entre le folklore et les exigences de la conscience musicale contemporaine. Pendant le romantisme, il fallut faire violence à la monodie populaire pour l'accommoder au langage musical européen, à ses deux modes, à sa conception tonale, à sa rythmique sommaire et rigide. Mais le langage moderne, plus souple, plus disponible, pouvait composer avec ce mélos une unité vivante. S'assujettir au folklore était d'ailleurs pour le musicien moderne se libérer lui-même. Ce folklore confirmait son appétit de renouvellement, ses efforts vers un rythme et une harmonie sans entraves. Ce que le folklore exigeait de lui, Bartók en secret l'exigeait de lui-même. Le folklore donnait quelque réalité à son rêve d'une musique éclose du libre jeu des énergies mélodiques, harmoniques et rythmiques, hors de toute convention, de tout système préalable. D'où la liaison, chez Bartók, des activités de transcription et de création, leurs échanges et leur parallèle développement.

Et de même que le prétonal folklore répugnait au tonal strict, il se trouvait en affinité avec ce tonal émancipé, élargi jusqu'aux frontières de l'atonal, où se meut le musicien moderne. Le résultat du commerce entre folklore et modernisme, chez Bartók, ce fut une tonalité neuve, enrichie et recomposée. Le mélos hongrois délivrait Bartók des chaînes du tonalisme, mais le préservait de l'atonalisme. Il l'aidait à reconstruire la tonalité. Et les hardiesses de l'harmonie moderne se trouvaient sanctionnées, dans la musique de Bartók, par ce mélos qui en facilitait l'accès, sanction dont elle se prive dans l'atonalisme, qui n'a pas ses racines dans la musique populaire.

L'HARMONIE

Ce qui importe, si l'on veut juger de l'influence qu'exerça le mélos populaire sur l'art de Bartók, ce n'est pas seulement qu'il ait plus ou moins imité, dans ses thèmes, certaines mélodies ou certains types de mélodie populaire, mais encore et surtout qu'il en ait, dans toute sa musique, développé les implications profondes. La mélodie populaire, que Bartók a recréée, a elle-même créé dans une certaine mesure son style personnel : il n'a cessé en réalité de se chercher à travers elle, bien qu'il ait sans cesse élargi l'horizon primitif qu'elle lui offrait. La musique populaire hongroise, idéal de son art savant, lui est un guide et une épreuve. Et il est significatif à cet égard d'observer comment, dans l'emprunt qu'il fait à Debussy de ses procédés harmoniques, c'est la mélodie populaire qui, pour ainsi dire, le protège contre lui-même et préserve son originalité en le contraignant à plier l'impressionnisme aux exigences de son propre style. Le debussysme, chez Bartók, fut la conséquence directe du folklorisme. Debussy lui révéla le sens des accords en soi, libérés des chaînes de la structure tonale; il lui suggéra l'idée d'une harmonie s'organisant selon une perspective modale, — d'avance accordée au modalisme du folklore. Bartók est donc à l'aise dans l'impressionnisme dans la mesure où il rejoint le folklore monodique et modal, où il permet, par l'émancipation des accords, de respecter et de souligner la libre mélodie folklorique. Mais le folklore reforme, recrée selon soi l'impressionnisme. Par la puissance élémentaire de son rythme, il refuse et oblige Bartók à refuser la nonchalante arythmie où se complaît souvent l'impressionniste. Et par sa mélodie aux vives arêtes, il repousse les sonorités fluides et insinuantes, servantes trop fidèles du pur plaisir sensible. L'art de Bartók, qui est effort et tension, ne pouvait admettre la détente et la nonchalance debussystes. L'harmonie de Debussy, chez Bartók, change ainsi de nature : ses dissonances ressortent, s'avouent franchement, au lieu de se dissimuler dans le flou des purs timbres — ce flou qui rendit originairement supportables les conquêtes harmoniques de l'impressionnisme. Et, sous la richesse des ressources sonores, transparaît un style ascétique qui toujours contient la jouissance dans de justes limites. Le folklore semblablement le sauve de lui-même lorsqu'il semble céder à la tentation dodécaphonique. Sans doute certaines de ses œuvres témoignent-elles combien fut profonde sur lui l'influence de l'harmonie schönbergienne. Mais pourtant, en ces œuvres mêmes, l'harmonie de Bartók est d'un esprit tout différent, esprit qui se soumet le dodécaphonisme et en définitive l'abolit. Les harmonies de Schönberg, immatérielles et irréelles, semblent de purs phantasmes planant au Ciel des possibles. Les harmonies de Bartók, comme le folklore dont elles sont issues, ont de solides attaches terrestres; réalités sensibles avant tout, elles restent profondément enracinées dans le concret sonore, quelles que soient la hardiesse, la subtilité et la complexité des recherches spéculatives dont elles témoignent. Et ce concret porte inscrit au cœur de lui-même un ordre humain, et en particulier cette finalité dont la modalité et la tonalité sont l'expression. L'univers sonore de Bartók, où abonde la matière chromatique, est d'esprit diatonique. L'ordre modal de l'archaïque chanson populaire hongroise n'est point vaincu par le chromatisme et Bartók ne quitte point l'assise diatonique du folklore, toujours visible par transparence sous l'accumulation des éléments chromatiques. Mais de cette alliance heureuse du diatonisme et du chromatisme vient que la mélodie, que la musique de Bartók, possèdent tout ensemble force et souplesse, richesse et simplicité.

L'harmonie de Bartók n'est pas née d'une spéculation théorique ou d'une liberté créatrice inconditionnée : elle s'est cherchée, découverte et développée à l'intérieur des données mêmes de la mélodie populaire. Les transcriptions que Bartók a écrites pour le piano peuvent être considérées comme des expériences, comme des exercices techniques permettant de poser et de résoudre des problèmes harmoniques originaux. C'est l'harmonie même de Bartók qui naît peu à peu à travers les exigences de l'harmonisation. L'on voit cette harmonie s'éveiller, prendre conscience de soi, s'échapper vers sa liberté, éprouver ses pouvoirs. Après avoir, dans les premières transcriptions, emprisonné la mélodie dans l'étau de la cadence :

Ex. 1 : *Pour les enfants.*

Elle apprendra à en épouser la courbe et à en faire ressortir la forme — à la soutenir sans l'asservir.

Dans les premières transcriptions, en effet, l'harmonisation nuisait à la liberté de la mélodie en introduisant en elle un élément harmonique contraire à sa nature spécifiquement monodique. Dans les *Chants de paysans hongrois,* l'harmonie sert les desseins de la monodie qu'elle enlace avec souplesse. Les accords se joignent par des liens plus lâches, grâce à quoi se libère l'élan mélodique. Plus lâches sont aussi les liens qui rattachent la mélodie au commentaire harmonique. La cadence desserre son étau : au lieu de suivre pas à pas la mélodie, elle ne la suit plus que de loin afin de la laisser librement s'ébattre et rencontrer ses particulières aventures :

Ex. 2 : *Chants de paysans hongrois.*

Or, cette harmonie souple et mobile, qui semble s'effacer devant la mélodie qu'elle actualise, ce sera précisément l'harmonie originale de Bartók. Cette harmonie, conquise grâce aux tâches d'harmonisation de la monodie populaire, une dernière fois s'y éprouvera en ces transcriptions que sont les *Improvisations sur des chansons populaires* de 1920. L'harmonisation y subit l'influence de l'harmonie originale de Bartók et des libertés que celle-ci a conquises. Harmoniser la monodie hongroise, c'était, pour Béla Bartók, découvrir une harmonie souple et mobile, parce que libérée de la contrainte des lois cadentielles. La monodie, de par cette « amphibologie » qui est en elle et qui constitue un des attraits de la musique modale, répugne à l'harmonie classique. Pour respecter cette « amphibologie », Bartók devait adopter une harmonie nouvelle.

Cette harmonie, quelles en sont les caractéristiques ? Elle est suffisamment souple et complexe pour prêter à des interprétations contradictoires, voire à des contresens. Il semble bien qu'en la musique de Bartók la tonalité cherche à briser ses cadres, à s'élargir jusqu'à se renier et à rejoindre l'atonalisme. L'harmonie de Bartók, c'est le triomphe du chromatisme, fruit de la confusion des tons et des modes, de la brutale hardiesse des altérations et des dissonances. Les accords se dissimulent dans le halo des appoggiatures; les notes étrangères ne sont plus « étrangères », mais, restant irrésolues, elles acquièrent une signification en soi qui affaiblit celle de la tonique. La dissonance, totalement émancipée, se transforme en consonance. Le majeur et le mineur se fondent et s'annihilent l'un l'autre : l'accord de tonique porte simultanément les deux accords des deux modes, c'est-à-dire porte une tierce à la fois majeure et mineure; et, pour bien marquer son abandon du dualisme, Bartók réduit souvent cet accord à une quinte vide, spécialement en conclusion. Enfin l'harmonie de Bartók ne mêle pas seulement les modes tonaux, mais aussi les modes ecclésiastiques et les tonalités : le bitonalisme lui est familier.

Cette harmonie pourtant, hérissée de perpétuelles dissonances, charriant des accords équivoques, fusionnant les tons et les modes, reste en définitive fidèle à la tonalité. Dans les *Danses roumaines* et les *Improvisations* op. 8, Bartók relâche à l'extrême les liens tonaux. La souveraineté de la tonique, la stabilité tonale, sont menacées; et la cadence disparaît presque sous la charge des grappes d'appoggiatures irrésolues. Mais l'on n'en discerne pas moins un centre tonal, qui permet un contrôle constant du mouvement harmonique.

En même temps qu'elle autorise l'harmonie de Bartók à se libérer des contraintes de l'harmonie classique, la monodie hongroise d'avance la protège contre un affranchissement excessif. On le voit bien dans les *Improvisations* op. 20. Là où cette monodie gouverne, elle maintient fermement la structure tonale et, contrebalançant le pouvoir destructeur des altérations et des appoggiatures irrésolues, la préserve du danger de dissolution. Inversement, dès que cette monodie n'exerce plus son empire, les libertés harmoniques s'accroissent considérablement. La monodie hongroise a fait sentir à Bartók les nécessités essentielles du discours musical, que les musiques primitives et les folklores manifestent en leur pureté. Et, comme Hindemith, il a distingué en la tonalité ce qui est l'expression des catégories fondamentales de la pensée musicale de ce qui n'en est qu'une réalisation contingente et provisoire.

Le devenir musical reçoit son intelligibilité des lois cadentielles qui règnent sur la monodie exotique et folklorique comme elles règnent sur notre musique occidentale. Mais il est évident que ces lois n'ont pas en la monodie cette rigueur qu'elles ont reçue dans la musique harmonique. Chez Bartók la cadence perd de son énergie. La force contraignante de la cadence dérivait, en effet, dans la tonalité traditionnelle, de l'importance qu'y revêtent la sensible et ce rythme de tension et de détente qu'elle suscite; elle se trouvait liée au dualisme, qui développa la perception dynamique de la forme sonore et nous habitua à écouter la musique comme le symbole d'un jeu de forces, régi par l'alternance des tensions et des détentes. Or, ce dualisme et le principe de sensible sont étrangers à la monodie primitivement pentaphone des Hongrois comme aux modes ecclésiastiques, qui jouent aussi un grand rôle dans l'harmonie de Bartók. L'on conçoit donc que cette harmonie modale ne laisse plus subsister qu'une cadence affaiblie. Mais cette cadence (que la musique de Bartók élargit et assouplit) ne s'efface cependant jamais entièrement : elle est toujours l'essentiel principe de liaison des accords — qui maintient la cohérence du développement harmonique et empêche la forme musicale de glisser dans un devenir amorphe. Bartók essaie d'ailleurs de renforcer, par d'autres moyens, la cadence harmoniquement affaiblie : c'est ainsi qu'il fait grand usage de pédales de toutes sortes (voir ex. 2), que la tonalité classique employait déjà pour relier les accords les plus disparates.

Bartók, en sa musique, ne quitte pas les assises fondamentales de la mélodie populaire hongroise, alors même qu'il semble l'oublier. Et c'est par sa médiation qu'il accepte la tonalité au sens large comme loi intangible de la pensée musicale. De ce point de vue, la mélodie populaire remplit une mission qui, de loin, la déborde : elle défend Bartók de l'abandon au pur chromatisme et le retient sur la pente de l'atonalité.

L'évolution harmonique de Bartók peut paraître assez sinueuse. Mais, à travers ses audaces et ses revirements, ses expériences tonales et atonales, il poursuit un but unique : l'élargissement de la tonalité dont il ne veut ni accepter la forme traditionnelle ni renier les principes fondamentaux. Dès ses premières œuvres, Bartók s'efforce de se délivrer des contraintes de la tonalité classique; il explore l'univers sonore et découvre de nouveaux faits harmoniques, ais très divers sont les procédés par lesquels il s'en empare. Et il lui faudra vingt ans pour plier à un ordre et ramener à l'unité ce qui n'était d'abord que diversité anarchique de faits et de procédés singuliers, pour rendre la forme tonale docile à ce qui semblait devoir la détruire — pour réinventer la tonalité. Peu à peu, l'assouplissant, la recréant à la mesure de sa sensibilité auditive, Bartók, au terme de son évolution, nous livre la tonalité élargie, système achevé qui sauve en les domptant ses découvertes harmoniques. L'harmonie bartokienne en définitive s'affirme tonale, sans pour autant revenir à l'ancienne tonalité et renier les libertés conquises. Cette harmonie possède à la fois richesse et agilité, se soutenant mutuellement. Conservant la tonalité, Bartók conserve la modulation. Mais la complexité de l'échelle et la polyvalence des accords permettent à l'harmonie une soudaineté de modulation et une liberté de mouvement que lui interdisait la tonalité traditionnelle. L'harmonie de Bartók, c'est l'atonal maîtrisé par le tonal.

LE CHROMATISME

Sur le chromatisme de Bartók règne un « diatonisme latent » qui le soumet. Loin d'être en effet un principe souverain, l'échelle chromatique est chez lui un produit dérivé d'une synthèse des modes. Si l'on construit, à partir d'une même fondamentale, les différents modes d'église, de leur union résulte une échelle chromatique : telle serait l'échelle chromatique de Bartók. Mais Bartók n'utilise pas en général la totalité de l'échelle chromatique que lui livre la synthèse des modes, il se contente la plupart du temps d'en associer deux ou trois; et c'est ce qui différencie son chromatisme du chromatisme intégral de Schönberg, chez qui l'ensemble des douze sons de l'échelle chromatique ne quitte jamais la scène harmonique et mélodique. Le modalisme de Bartók supprime la notion de sensible et confond les modes majeurs et mineurs. Mais, pour neutre qu'elle soit, la tonalité de Bartók n'en existe pas moins. Même dans ce chromatisme complet qui dérive de la synthèse totale de tous les modes, le son fondamental et la quinte conservent intacte leur fonction de tonique et de dominante. Ainsi subsistent en la mélodie des centres de gravité, des prévalences, où réside l'essence même de la tonalité.

Le chromatisme dérive aussi d'une autre source : du style altéré, que Bartók conduit à ses ultimes conséquences. A la place du mélange des modes engendrés à partir d'un même son fondamental, le champ harmonique se trouve alors régi par le mélange de tonalités de toniques différentes. Et la synthèse des modes s'efface au profit d'un mode dominant.

De toutes manières, l'échelle chromatique n'est pas un

point de départ, mais un point d'aboutissement. Bartók lui-même déclare que règnent sur sa musique des « sons dominants » de « hauteur constante », auxquels est confiée la mission de conférer une forme et une hiérarchie à sa syntaxe. Il est donc en opposition absolue avec Schönberg, dont le chromatisme ignore tout centre de gravité et admet l'équivalence des divers sons de sa série complète.

Le chromatisme de Bartók pouvait sembler frôler l'atonalisme; mais ce n'est qu'une apparence. Et il faudrait ainsi rapprocher le chromatisme de Bartók de celui de Hindemith plutôt que de celui de Schönberg. Chez Bartók comme chez Hindemith, l'échelle chromatique n'est pas posée dans l'absolu : elle enrichit le domaine des possibilités harmoniques, mais n'est posée que par rapport aux lois tonales auxquelles elle reste toujours soumise. Mais si Bartók et Hindemith repoussent l'atonalité, il subsiste pourtant entre eux une différence essentielle. Hindemith, comme Schönberg, admet l'équivalence des douze sons de l'échelle chromatique : il n'y a donc pas chez lui de « diatonisme latent »; mais il n'y a pas non plus d'atonalisme, car l'échelle chromatique, au lieu d'être posée en soi, est déduite de fondements harmoniques naturels, de sorte qu'elle se trouve légitimée harmoniquement.

Enfin, les innovations harmoniques de Bartók ne sont pas nées, comme celles de Hindemith et de Schönberg, d'une spéculation théorique, car elles ne sont que le naturel prolongement d'une réflexion sur les données du folklore hongrois. Bartók a le goût du concret. Il ne cherche point à s'en évader, à l'esquiver, pour créer, gratuitement, de l'entièrement nouveau. Ce sont des problèmes d'harmonisation qui ont donné l'éveil à sa spéculation harmonique. Et c'est parce que ses audaces sonores sont la réponse à des problèmes concrets et se trouvent étayées par le chant populaire que nous les admettons si volontiers. Bartók ne fait pas table rase : il ne cherche qu'à parfaire ce qui existe déjà, en s'y appuyant, en y puisant élan et inspiration. Non point seulement dans le domaine harmonique, mais aussi dans le domaine formel et structurel, il s'insère dans l'évolution de la musique.

LA STRUCTURE FORMELLE

Le folklore hongrois livrait à Bartók son chant et son rythme; il l'incitait à la recherche d'une nouvelle harmonie et le guidait dans cette recherche. Mais il ne pouvait l'aider, semble-t-il, dans la construction, la composition de sa musique. Bien plutôt pouvait-il lui être un sérieux obstacle. Et le singulier mérite de Béla Bartók est justement d'avoir concilié ce qui était apparu jusqu'alors comme inconciliable : la mélodie populaire et le développement savant, d'avoir suivi et uni dans son œuvre les deux penchants de sa nature, que séduisaient également la musique la plus spontanée et la musique la plus élaborée — le folklore et Beethoven.

Deux musiciens aussi différents que Stravinsky et Schönberg ont condamné le folklorisme, estimant que les mélodies populaires n'offrent point une matière thématique assez docile pour se plier aux buts « compositionnels » d'un musicien moderne, et répondre à son exigence d'une forme complexe et rigoureuse. Glinka déjà parlait dans l'une de ses lettres des difficultés qu'il rencontrait à développer des chants populaires dans *Tarass Boulba*. Et la musique russe, pour une grande part, atteste et confirme ce qu'elle tente de dissimuler : l'incompatibilité de la chanson populaire et du développement symphonique, puisqu'elle remplace le développement par la variation, qui est une forme de la répétition. Mais quelle est cette incompatibilité ? Et comment Bartók, seul peut-être d'entre tous les musiciens, a-t-il su réconcilier le folklore et la forme ?

Le thème de l'œuvre musicale exprime la loi même de son devenir. C'est lui qui confère l'intelligibilité à sa forme. Mais l'œuvre musicale ne saurait se réduire à ce thème qui l'organise : il faut que ce thème se développe, c'est-à-dire engendre, à son image, la forme temporelle de l'œuvre. Or il est des thèmes qui, par nature même, sont rebelles à leur propre développement; et ce sont les plus beaux, les plus vivants, ceux où s'exprime un devenir complet, où le temps musical semble épuiser d'un trait tout son élan. Ces thèmes sont en vérité des mélodies, proclamant leur autonomie et leur suffisance. D'autres thèmes, par contre, qui ne possèdent aucune valeur intrinsèque et présentent un caractère abstrait et schématique, se montrent favorables à leur développement, sans doute parce qu'en leur abstraction même, ils sont dociles à l'activité constructrice et disponibles pour toutes les métamorphoses. Ce sont là les thèmes véritables.

La mélodie est plus qu'un thème : le substitut de l'œuvre musicale, le raccourci intense de sa vie temporelle totale; non pas seulement la loi de la musique, mais la musique même. Le thème, privé d'autonomie et de suffisance, annonce et appelle son développement; n'étant point, comme la mélodie, musique complète, il doit péniblement, lambeau par lambeau, construire l'œuvre musicale. Le thème, toujours plus bref, plus schématique que la mélodie, doit être en un sens étranger et transcendant au développement dont il est la source et la loi permanentes. Plutôt qu'une réalité, il faut qu'il soit la possibilité même de son propre développement, afin que le devenir musical soit homogène. Et c'est pourquoi des musiciens de type constructiviste, comme Bach et Stravinsky, préfèrent souvent les thèmes les plus courts et les plus neutres, dont l'inachèvement même suscite le développement qui les achève. La mélodie, par contre, parce qu'elle est douée d'une vie autonome, rend son développement malaisé : lorsqu'une belle mélodie s'achève, il semble que tout soit dit et que tout ce qui lui succède ne puisse être qu'adjonction arbitraire et superflue. Elle nous a d'ailleurs rendus exigeants, et son développement a bien des chances de nous décevoir. En elle un devenir naît, croît et s'achève, elle est une courbe temporelle complète; et son développement apparaît pour ainsi dire inutile en ce qu'elle est déjà par elle-même un développement, au sens profond, où se trouve capté le déploiement même de ce devenir que l'œuvre musicale a pour fin d'évoquer.

Or n'est-ce point de cette antinomie de la mélodie et du thème que vient la difficulté pour la musique savante d'utiliser la musique populaire ? La musique populaire, c'est la mélodie, au sens le plus plein, la mélodie nous persuadant qu'elle se suffit et qu'elle est la musique même. Comment ne refuserait-elle pas de se plier au développement savant d'une œuvre musicale animée de ses desseins propres ? Bien des symphonies, inspirées du folklore, ne sont que des symphonies *sur* un thème populaire — auquel le développement savant reste étranger et extérieur. La mélodie populaire ne saurait être un thème véritable ; et c'est pourquoi, dans la musique populaire, elle est l'œuvre entière et, une fois terminée, n'a plus que la ressource de se répéter, de se succéder indéfiniment à elle-même.

Mais la mélodie ne peut-elle se transformer en thème ? Bartók résout ce problème que l'on croyait insoluble. Au lieu de prendre pour thèmes des mélodies hongroises données, Bartók, comme l'on sait, les reconstruit selon les nécessités du développement. Il en fait des thèmes véritables, mais qui conservent pourtant du chant hongrois les intonations et le rythme intime. Dans de tels thèmes en vérité, ce chant se réduit à son principe et à son essence. C'est une stylisation qui confère tout ensemble vigueur et souplesse, où le singulier à la fois s'approfondit et s'universalise. Le mouvement qui porte Bartók du folklore subi au folklore recréé est ascèse vers l'universel — au royaume de la forme. En réinventant le folklore, Bartók pénètre jusqu'au processus qui l'engendre, il fait ainsi jaillir la musique savante des profondeurs de la musique populaire. Ce n'est plus union extrinsèque et précaire du folklore et de la forme, mais fusion de leurs sources mêmes, où s'abolit leur conflit. Bartók ne fait pas de symphonie *sur* un thème hongrois. Le développement n'est point répétition à peine voilée : il est homogène au thème dont il perpétue l'esprit, pour être né des mêmes énergies que lui.

A ces énergies la forme beethovénienne offre ses cadres, lesquels en recevront une vie neuve. L'art du développement, chez Bartók, s'inspire en effet, comme lui-même l'a reconnu, de Beethoven. Et l'antinomie qui semble exister entre les deux aspects de la musique de Bartók — son côté beethovénien et son côté populaire — n'est que dans nos concepts, non point dans sa musique même. Pour savante qu'elle soit, la forme n'est jamais chez lui construction pure, schéma mécanique s'imposant de l'extérieur et par violence à une matière sonore qui n'y était point prédisposée. Matière et forme ne font qu'un, car elles jaillissent indivisiblement d'un même processus. Et ce qui commande le développement, ce n'est point la rigidité de la cadence ou d'une quelconque formule préétablie, mais le libre déploiement des énergies rythmiques, mélodiques et harmoniques qui le font à l'image d'une libre mélodie. C'est pourquoi, malgré sa rigueur formelle, le développement de Bartók possède souvent une allure imprévisible et presque rhapsodique. Ainsi se trouve sauvée, en l'art savant de Bartók, la spontanéité même d'une musique populaire.

Si Bartók s'inspire de Beethoven, il retient précisément de sa technique ce que celle-ci contenait de plus vivant, non pas le statisme des symétries, mais le dynamisme du développement. Or, prolonger une mélodie populaire conformément à cet élan spontané qui s'y exprime, n'était-ce pas actualiser en leur plénitude les forces originales du « développement » musical, ce libre déploiement qui est en lui ? La musique de Bartók est musique du devenir, mais d'un devenir intelligible. Partout y règne l' « esprit de développement », une continuité subtile et non une rationalité schématique. Et si l'influence de Beethoven sur Bartók fut décisive, celui-ci n'emprunte à celui-là que ce qui était conforme à l'esprit de sa propre musique. De Beethoven il ne retient que le dynamisme de sa forme, ce par quoi Beethoven échappe déjà à la symétrie classique. Délaissant la forme statique, qui réside en le retour périodique d'éléments réguliers et stables, Bartók se tourne vers la forme dynamique, irrégulière et mouvante, forme nourrie de l'imprévisible de la durée.

Et il est par là fidèle aux implications intimes du chant populaire hongrois. C'est Bartók lui-même qui nous apprend que les mélodies populaires hongroises les plus anciennes — c'est-à-dire, selon lui, les plus authentiques — obéissaient presque exclusivement à ce qu'il appelle des « structures non architectoniques » ou « asymétriques ». La mélodie hongroise ancienne répondait en effet aux schémas A-B-C-D, A-B-B-C, A-A-B-C (Béla Bartók, *Hungarian Folk Music,* p. 21), tandis que la mélodie hongroise moderne, de structure « symétrique et architecturale » répondrait aux schémas A-B-B-A, A-A-B-A (*ibidem,* p. 31). Ainsi donc la musique populaire hongroise la plus ancienne réprouve le statisme — tout comme l'art savant de Bartók.

Le secret de cette vie spontanée qui anime chez Bartók les formes les plus traditionnelles émane de la prévalence qu'il accorde à l'esprit de développement, qui partout vient défaire le schématisme des symétries et imprimer aux formes statiques l'élan même du devenir. La forme lied, avant lui figée en d'abstraites symétries, permet maintenant aux forces mélodico-harmoniques de se développer comme leur énergie propre le leur commande. La reprise devient une variation libre, dont la structure est une des originalités les plus caractéristiques de Bartók; or cette structure obéit au même principe que le développement dans la sonate beethovénienne, principe dynamique qui entraîne le thème hors de ses implications immédiates. Ainsi cette musique savamment construite, et qui ne s'abandonne pas à une fantaisie arbitraire, s'ordonne cependant selon l'idée même de devenir, exprime ce devenir plus nécessaire à l'œuvre musicale que le thème qui l'organise. Car si l'œuvre musicale naît de son thème, elle est aussi une libre improvisation sur ce thème, un « développement » au sens profond du mot, c'est-à-dire un déploiement novateur, complice de la durée créatrice.

Dans les *Improvisations sur des chansons populaires* se manifeste l'essence même de l'art de Bartók, qui retrouve le spontané par la médiation de la forme. Il est une musique improvisée, qui est la notation des démarches spontanées du musicien; cette spontanéité psychologique, Bartók la repousse. L' « improvisation » est musique du devenir — d'un devenir reconquis au terme d'un achèvement structurel. La spontanéité quasi populaire de la musique de Bartók dérive précisément de la délicatesse de ses articulations logiques. Les *Improvisations* sont des variations sur des thèmes populaires. Mais Bartók ne se borne pas à juxtaposer ces variations, il les relie par des transitions qui les intègrent dans une continuité. Construites sur les données rythmiques et mélodiques du thème, elles éveillent l'attente de sa prochaine réapparition et, nous éloignant tout d'abord de lui, nous reconduisent vers lui et vers sa renaissance. Dans l'*Improvisation* nº 6, la première variation est précédée d'une introduction qui l'annonce : la forme mélodique émerge du libre jeu des forces thématiques, de sorte que nous assistons pour ainsi dire à l'acte même de sa création. Et de même que nous voyons naître la mélodie, nous la voyons mourir à la fin de la dernière variation, c'est-à-dire perdre progressivement sa forme et se dissoudre dans l'indétermination du devenir pur.

Développement d'un motif d'allure folklorique
Sonate pour piano (1926).

Thème : mes. 14-18.

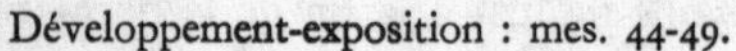

Développement-exposition : mes. 44-49.

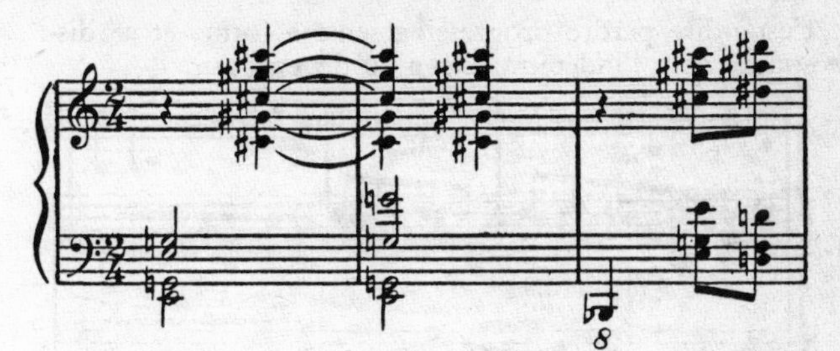

Développement-exposition : mes. 55-59.

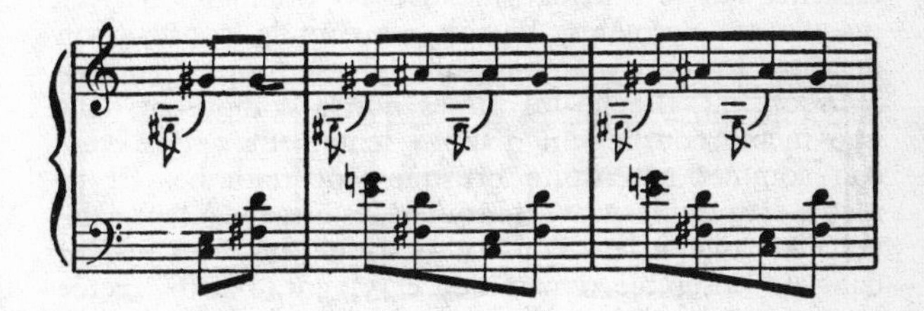

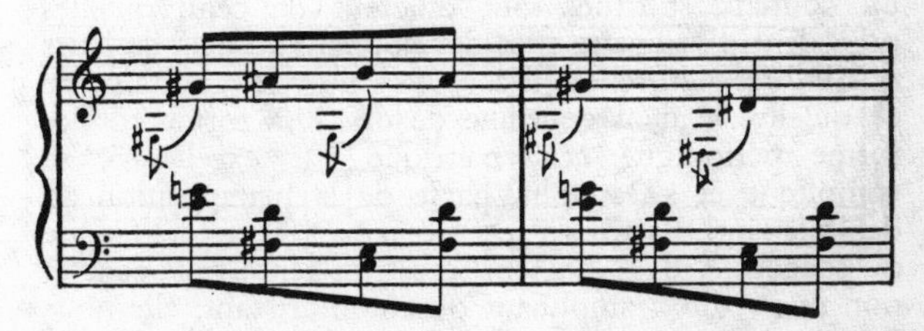

Développement-exposition : mes. 79-82.

Développement proprement dit : mes. 135-139.

Ex. 3

Partout, en l'œuvre de Bartók, c'est la victoire de la forme dynamique sur la forme statique, de la durée créatrice sur le schématisme. De ses premières œuvres jusqu'à ses dernières, Bartók poursuit la construction de cette forme dynamique qui lui est propre : dès la *Suite* op. 14, il relie les pièces qui la composent dans une même courbe qui d'abord lentement s'élève vers son sommet et ensuite brusquement retombe. Et ce même élan qui les traverse toutes, les arrache à leur existence séparée, à leur équilibre statique, pour les insérer dans un ensemble dynamique et vivant. Bartók recrée les formes traditionnelles et parvient à leur donner un contenu spirituel tout différent de celui qu'elles possèdent d'ordinaire : les développant au-delà de leurs possibilités naturelles, il leur fait dire le contraire de ce qu'elles avaient coutume de dire. La forme rondo, forme périodique et symétrique par excellence, se complique et s'assouplit, passe de la juxtaposition au déploiement. Bartók n'accepte jamais la raide facilité du schéma A-B-A. La reprise est un renouvellement et non une redite : amplifiant ou amoindrissant, elle nous entraîne vers l'avenir au lieu de nous replonger dans le passé. D'autre part, il intercale entre la partie médiane et la reprise une zone de transition qui a pour objet de briser le statisme des symétries, par un appel aux forces vives du devenir. Dans la troisième *Burlesque,* cette zone de transition dépasse même par son étendue celle des deux autres parties ensemble. Et l'œuvre entière semble oublier le thème qui l'inspire pour s'identifier au devenir qui en jaillit.

Ce dynamisme de la forme — après s'être affirmé en de courtes pièces — s'affirmera de manière éloquente et grandiose en la *Sonate* pour piano de 1926. Cette sonate a trois parties; mais ces trois parties se trouvent prises dans un même dessin dynamique qui les assemble en une courbe tour à tour descendante et ascendante. La forme sonate, traditionnelle depuis Beethoven, n'est plus entre les mains de Bartók une formule vide que la pensée musicale emplit après coup d'un contenu, l'union de la forme et du contenu restant extérieure et ne constituant pas un être réel et vivant. En repensant la sonate, en lui insufflant la neuve énergie du folklore, Bartók redonne vie à ses cadres usés, de sorte que forme et contenu se rejoignent maintenant en une unité indivisible. Si l'on analyse, par exemple, le premier mouvement de cette sonate, l'on constate qu'un principe dynamique règne sur son ensemble comme sur ses différentes parties. Exposition, développement et reprise ne valent que l'un par l'autre, par leur insertion dans le courant total qui les parcourt et les unit dans un même devenir — courbe dynamique descendante, réalisée par la progressive diminution d'ampleur des parties successives. L'exposition est loin d'être une simple « exposition » du thème : elle le développe déjà (voir ex. 3), principe que Bartók emprunte à Beethoven; ainsi les énergies du devenir affirment dès l'exposition leur suprématie sur l'élément géométrique. Cette suprématie, Bartók l'affirme encore d'une autre manière, selon un procédé cette fois original et bien à lui : une introduction précède le thème et l'annonce, grâce à sa parenté avec lui. Et en cette introduction, les énergies du devenir s'actualisent en leur pureté, hors de ce thème qui ne les stabilise que provisoirement. Ainsi le thème ne s'impose plus à l'auditeur comme un donné brut, mais nous participons à la démarche même par laquelle le musicien l'engendre. Et nous consentons d'autant plus aisément à lui que nous participons à l'acte qui l'a créé :

Ex. 4 : *Sonate* de 1926 : mes. 1-5.

Il faudrait donc dire que, dans l'exposition, le thème n'apparaît plus enfermé en lui-même, mais ouvert sur les énergies dont il jaillit et qui s'y incarnent, de sorte que l'accent se trouve déplacé du thème lui-même sur le pur pouvoir de déploiement qu'il porte en lui.

Ainsi, dans le domaine des formes, l'originalité de Bartók est encore le fruit d'une évolution créatrice. Bartók s'appuie sur une forme existante pour la modeler selon lui-même; il y décèle — ou y suscite — des possibilités neuves qu'il conduit jusqu'à leur accomplissement. Et le résultat, comme dans le domaine harmonique, n'en est pas moins audacieux pour avoir été lentement et patiemment conquis. L'œuvre musicale vit du conflit et de l'union de la forme et de l'élan du devenir : sans leur tension et leur rencontre, elle perd son sens, car il n'est de durée vivante que par la forme — et contre la forme. Mais chaque musicien résout de manière originale l'antinomie du devenir et de la forme, en assemblant selon des proportions diverses ces deux aspects contraires du temps musical. Certains optent pour une musique thématique, où l'élan du devenir est le serviteur et même parfois le prisonnier du thème, tandis que d'autres, qui cherchent à exprimer en sa pureté cet élan du devenir, optent pour une musique athématique. Mais le singulier mérite de Bartók est d'avoir su unir et équilibrer ces deux aspects contraires de la forme musicale, et d'avoir su faire de la sonate, symbole même de la forme symétrique et statique, la servante d'une musique du devenir.

Excellentes sans doute sont les raisons qui ont conduit Schönberg aussi bien que Stravinsky après 1920 à repousser le folklore. Il n'en reste pas moins que l'œuvre de Bartók les réfute. L'on contestera peut-être la solidité de la synthèse qu'il opère d'une monodie archaïque et d'une harmonie audacieusement moderne, à certains égards si lointaines, techniquement et spirituellement. Mais combien cette dramatique tension entre le produit spontané de l'instinct populaire et les artificieux détours dont, pour s'en emparer, doit user le musicien moderne, combien ce folklore reconquis de haute lutte confèrent une intense expression à la musique de Bartók! N'est-ce point ici comme la nostalgie du paradis perdu, et le symbole du désarroi et du désordre du monde contemporain où l'art n'ayant plus sa place naturelle, la naïveté — l'authenticité peut-être — est interdite à l'artiste ?

Bartók, chez qui revivent dans toute leur force les plus primitifs et barbares pouvoirs du folklore, est, au sens plein, un musicien du XXe siècle, conscient jusqu'à l'angoisse de tous les problèmes qui ont stimulé la création musicale de Debussy à Stravinsky et à Schönberg. A ces problèmes, Bartók cherche comme expérimentalement la solution, interrogeant le folklore, recréant selon lui et selon soi les divers langages de la musique contemporaine pour en éprouver la validité.

Son but essentiel était de recréer l'art musical, sans en renier les raffinements formels, lentement obtenus, ni les plus récentes conquêtes sonores, à partir des pouvoirs rythmiques, mélodiques et harmoniques de l'originel folklore hongrois. Il était convaincu qu'il lui fallait d'abord assimiler le chant de sa race avant d'atteindre à un message plus général, et creuser assez profond dans le concret pour y trouver les sources vivantes de l'universel. L'un par l'autre se réalisent chez Bartók le folklore et la forme. Le folklore ne se renonce pas :

il s'ouvre pour accueillir toutes les ressources que la musique accumula au cours de l'histoire. Et par lui la musique savante, opprimée par un trop long passé, recouvre des forces neuves, une nouvelle jeunesse.

Bartók, par son œuvre, a prouvé la justesse du postulat initial et fondamental de toute sa vie créatrice : que le chant du peuple, épuré, retrouvé dans sa fraîcheur rythmique et modale originelle, peut régénérer la musique. Défiguré, falsifié par les erreurs romantiques, le folklore ne pouvait accomplir sa mission salvatrice. Il lui fallait d'abord se purifier et reprendre contact avec ses sources vives pour pouvoir s'unir de l'intérieur à la technique moderne et, ce faisant, l'étayer et la vivifier. Bartók dès l'abord le comprit; et l'énorme travail du musicologue trouve sa justification et sa récompense éclatantes en l'œuvre du musicien.

Le folklore aide Bartók à sortir de l'impasse technique et esthétique où était parvenue la musique contemporaine. Pour les problèmes les plus aigus, il suggère une solution. Il offre la modalité qui à la fois libère et règle; il enseigne la primauté du rythme et de la mélodie, où s'incarnent les pouvoirs profonds du geste et du chant; et il transmet, à qui le pénètre, l'élan même dont il dérive. En réinventant le folklore, Bartók retrouve, en même temps que les sources de la musique populaire, les sources de toute musique. En lui les données folkloriques se changent en leurs actes créateurs. Il capte les plus intimes pouvoirs du rythme et de la mélodie. Le rythme lui apporte infiniment plus que ses particularités formelles : un dynamisme constructeur de toute sa musique. De même la mélodie lui communique ses schèmes sous-jacents, ses forces linéaires qui l'entraîneront vers la redécouverte du contrepoint. Et son harmonie même n'échappera pas à l'influence du geste et du chant; et ce sont eux qui détourneront Bartók de la tentation dodécaphonique vers une affirmation instinctive de la tonalité, qui créeront toujours dans sa musique des pôles qui l'orientent et la finalisent.

En définitive la métamorphose du folklore chez Bartók aboutit à la suprématie de la forme, non point de la forme pour la forme, mais de celle qui est glorification des plus purs pouvoirs par lesquels la musique s'engendre. Les impulsions de la spontanéité populaire, sans rien perdre de leur dynamisme, deviennent forces consciemment constructrices. Primitif demeure l'élan qui anime chez Bartók les formes les plus raffinées. Parce que la musique chez lui reprend contact avec ses origines, ce qui tendait à n'être plus que formule redevient forme vivante. En captant les pouvoirs mêmes d'où le folklore est issu, Bartók retrouve et renouvelle Beethoven et Bach. Il est délivré des systèmes; chacun, il les recréera selon soi et pour son propre usage. De l'intérieur il reconstruit les styles et les formes; il peut marier le contrepoint de Bach et la forme beethovénienne, équilibrer harmonie et mélodie. Car tous les aspects de la forme jaillissent d'un centre unique, du pur mouvement d'où naît toute forme. Si dépouillée soit-elle, la forme, chez Bartók, est expressive et persuasive parce qu'elle émane du geste et du chant, et reste toute proche des énergies formatrices.

La synthèse que Bartók édifia du folklore et du modernisme, en plus de son intrinsèque beauté, ne fut pas vaine historiquement. Fécondes et régénératrices furent les énergies rythmiques et prétonales qui sommeillaient dans le folklore. Mais seul pouvait les éveiller un Bartók.

Et le signe même de la réussite de son dessein, c'est que son œuvre ait pu assembler les deux aspects contraires de la musique, que la modernité ait été confirmée, non détruite, par l'archaïsme; c'est que le folklorisme lui ait permis de repenser les styles, d'expérimenter et d'évaluer les techniques les plus hardies, d'enrichir et de reformer le langage de la musique occidentale, de lui apporter des forces et des formes neuves. Par Béla Bartók, le folklore hongrois crée la musique hongroise, et l'âme singulière d'une patrie s'exprime en une langue universelle venant rejoindre l'universelle musique et s'intégrer à son histoire.

SA VIE

De la vie de Béla Bartók nous devons nous borner à dégager les traits susceptibles d'éclairer son art, et les étapes essentielles permettant de dessiner la courbe de son évolution créatrice.

Béla Bartók est né le 25 mars 1881 à Nagyszentmiklós, dans le district hongrois de Torontal, où son père était directeur de l'École d'agriculture et sa mère institutrice. Ses parents étaient tous deux musiciens. De bonne heure sa mère lui donne des leçons de piano et il s'essaye à la composition. En 1891, il fait ses débuts en public comme compositeur et comme pianiste.

Une nouvelle période de sa vie commence en 1893. Sa mère (son père étant mort en 1889), afin que l'enfant puisse développer ses dons, vient habiter Presbourg, où la vie musicale était intense. Il y étudie le piano et la composition avec László Erkel, fils de Férenc Erkel, le pionnier de la musique hongroise moderne. Son éducation musicale fut sérieuse et approfondie, mais, comme il était de règle, presque exclusivement allemande. Jusqu'à l'âge de dix-huit ans, il baigne dans l'atmosphère des classiques, de Bach à Brahms, et ses premières compositions trahissent l'influence de ce dernier.

Lorsque Bartók quitte le collège de Presbourg, son ami Dohnányi, qui faisait alors ses études à l'Académie Royale de Musique à Budapest, lui conseille d'y entrer. Comme Dohnányi, il y travaille le piano avec Thomán, élève de Liszt, et la composition avec Koessler, musicien allemand qui s'était intéressé à la musique hongroise et dont Zoltán Kodály devint l'année suivante (1900) l'élève. Cependant Bartók prend part ardemment à la vie musicale. Il élargit son expérience en se familiarisant avec Wagner et Liszt. C'est alors qu'il se libère de l'influence de Brahms; mais il ne trouve ni dans Wagner ni dans Liszt quelque fondement stable sur lequel bâtir. A cette époque il semble que la science scolaire ait brisé sa spontanéité créatrice. Il délaisse la composition pour s'adonner au piano. Non seulement il devient un grand pianiste, mais il invente, dans son jeu et dans sa musique, un nouveau style pianistique. Ce style est le triomphe du rythme et de l'accent; il est fait de sécheresse nerveuse, de précision aiguë et presque cruelle — aussi bien dans le *legato* que dans le *staccato* — et de ce fameux *martellato* où se dévoile toute l'esthétique moderne du piano, transformé d'instrument chantant qu'il était pour les romantiques en instrument à percussion. Le piano, de plus, chez Bartók comme chez Debussy — et la plupart des modernes — est par excellence l'instrument des expérimentations dans le concret sonore, et se trouve à l'origine des plus audacieuses conceptions harmoniques.

Bartók quitte l'Académie Royale en 1903 et, la même année, écrit sa première grande œuvre orchestrale, la symphonie *Kossuth,* toute vibrante de l'enthousiasme révolutionnaire qui anime alors la Hongrie. En 1904, c'est la première audition à Budapest du poème symphonique de Strauss *Ainsi parla Zarathustra,* qui fit sur Bartók une impression profonde. Mais tout ce que pourront lui enseigner les compositeurs étrangers ne sera qu'un moyen pour lui d'accomplir ce qui est désormais l'idéal de sa vie créatrice : la création d'une musique authentiquement hongroise. Bartók entreprend alors ses recherches folkloriques qu'il poursuivra toute sa vie. C'est d'abord la musique populaire moderne qui le retient; mais bientôt, avec Kodály, il se révolte contre la vision romantique et conventionnelle de la musique populaire et décide d'effectuer une investigation approfondie de l'authentique folklore là où il vit encore, c'est-à-dire dans la tradition orale des paysans. Il découvre ainsi le vaste domaine de la musique paysanne, l'archaïque et pur folklore. Il savait que le style csárdás, pseudo-hongrois, des compositeurs dilettantes conduisait à une impasse; il comprit que la musique tzigane était une corruption du folklore hongrois authentique, et sa croyance se confirma que la musique hongroise pouvait être régénérée par la musique paysanne.

Il est superflu d'insister sur la signification et l'importance des travaux folkloriques de Bartók. Ses publications en la matière font autorité, en particulier *Hungarian Folk Music ;* de plus, par ses enregistrements, ses notations et transcriptions, il a pu sauver d'innombrables mélodies qui auraient été à jamais perdues. (Bartók a rassemblé en tout plus de six mille chants magyars, slovaques, transylvains et roumains.) Enfin l'impulsion était donnée à la recherche folklorique, non seulement en Hongrie mais aussi à l'étranger. Bartók a consacré peut-être autant de temps à ce labeur anonyme, accompli dans un esprit scrupuleusement scientifique, qu'à ses compositions. Il est vrai que ces études folkloriques n'étaient point vaine curiosité de chercheur, mais que le compositeur y puisait le plus intime de sa force créatrice.

Peu à peu la personnalité de Bartók s'affirme, se libère des traditions de Erkel et de Liszt et d'un certain hungarisme tzigane. Son invention s'enrichit et il forge une technique neuve pour élaborer la matière thématique abondante et nouvelle qu'il a rassemblée.

En 1907, Bartók prend son poste de professeur de piano à l'Académie de Budapest; il commence à s'intéresser à la musique des Slovènes et des Roumains. Sur le conseil de Kodály et sans négliger ses recherches folkloriques, il se familiarise avec la musique occidentale moderne, en particulier avec Debussy chez qui il découvre non seulement l'échelle par tons entiers, mais aussi l'échelle pentatonique, la plus répandue dans la musique paysanne hongroise. De plus, il n'est pas insensible à l'exemple que lui donne le folklorisme de Stravinsky, qui stimule et confirme son désir de libérer la musique hongroise de l'intellectualisme germanique.

Cependant l'art de Bartók ne recueillait pas l'approbation et le succès qu'il méritait. Bartók avait à faire face à cette opposition que rencontre tout artiste original, opposition d'autant plus violente que le public hongrois était resté étranger aux récents développements de l'art musical en Europe occidentale, c'est-à-dire à la musique moderne. Pour éduquer le public hongrois, il fonda, en 1911, avec Kodály, une Nouvelle Société Musicale Hongroise; mais ils n'eurent que des déboires et durent abandonner l'entreprise. Leur consolation fut de poursuivre leurs recherches folkloriques. En 1913 ils visitèrent Biskra et rapportèrent de leur voyage deux cents chants arabes.

Cependant l'année 1917 marque un revirement du public hongrois à l'égard de Bartók. C'est dans cette ambiance favorable qu'eurent lieu la première audition du *Prince des bois,* puis, l'année suivante, du *IIe Quatuor à cordes* et du *Château de Barbe-Bleue,* qui connurent un vif succès et imposèrent Bartók comme le plus grand génie musical de la Hongrie. Après la guerre, la renommée de Bartók — comme compositeur et aussi comme pianiste — n'a cessé de s'étendre. En 1940, il part pour l'Amérique, où il devait connaître la gêne et même la misère. Malgré une santé chancelante, il continue de composer. Il meurt en terminant le troisième mouvement de son *IIIe Concerto pour piano,* à New York, le 26 septembre 1945.

La vie créatrice de Bartók peut se diviser en trois

périodes. La première période, marquée par la symphonie *Kossuth* (1903), la *Rhapsodie pour piano et orchestre* (1904), le *Quintette avec piano* (1905) et la *I*re *Suite pour orchestre* (1905), est nationaliste. Bartók s'inspire du folklore pseudo-hongrois typique du XIXe siècle et de la tradition de Erkel et de Liszt, enrichie de la technique de Strauss. Cependant Bartók modèle ses formes à partir d'un matériau entièrement nouveau. Et il n'y a pas trace dans sa musique d'inflexions dialectales; elle est plutôt imprégnée de phraséologie hongroise, et la langue qu'elle parle est à la fois vivante et limpide. Ainsi Bartók déjà réalise ce à quoi s'étaient vainement efforcés les pionniers du nationalisme : la création d'une musique authentiquement hongroise par la fusion du folklore et de la forme occidentale.

Dans la seconde période, son matériau thématique ne lui suffisant plus, Bartók emprunte à la musique paysanne, mais non pas seulement de simples données folkloriques; car il capte les forces mystiques dont elles sont issues (et que l'*Allegro barbaro* de 1911 évoque magnifiquement). En domptant ces forces mystiques, Bartók pourra retrouver et renouveler Beethoven, redécouvrir Bach et un idéal linéaire déjà proclamé par Stravinsky. Cette seconde période est jalonnée par la *II*e *Suite pour orchestre* (1905-1907), les *Deux Portraits* (1907-1908) et le *II*e *Quatuor à cordes* (1915-1917). Son style nouveau, pleinement développé dans les *Deux Images* pour orchestre (1910) et *le Château de Barbe-Bleue* (1911) apparaît déjà. Après avoir subi l'influence de Debussy et de la jeune musique française, Bartók traverse une phase déjà traversée par Schönberg et Stravinsky : celle de la réaction contre la prédominance de l'harmonie verticale. La mélodie, libérée de toute contrainte, plane librement. Déjà les *Deux Images* offrent une musique linéaire qui est dans la manière des maîtres classiques. L'harmonie de Bartók demeure une synthèse de Debussy, Schönberg et Stravinsky, synthèse dont, à certains égards, le folklore est le centre. *Le Château de Barbe-Bleue* contient encore des traces de Debussy et de Dukas; mais sa déclamation est purement hongroise. Le grand intérêt de cet opéra c'est qu'en lui se réalise pour la première fois un *parlando cantando* spécifiquement hongrois, épousant les intonations et les cadences du parler (à l'image de

Pelléas et Mélisande) en même temps que les inflexions du folklore.

La troisième période commence avec *le Prince des bois* (1914). La maîtrise du folklore aboutit à la maîtrise de la musique pure. La matière folklorique s'amenuise, l'art de Bartók s'universalise. Cette période est celle des *IIIe, IVe, Ve* et *VIe Quatuors à cordes* (1927, 1928, 1934, 1940), des deux *Sonates pour violon et piano* (1921, 1922), de la *Sonate pour piano* (1926), des *Ier* et *IIe Concertos pour piano* (1926, 1930-1931). Elle compte les œuvres les plus magistrales de Bartók, celles où se résume et s'accomplit toute son expérience de créateur : *le Mandarin merveilleux* (1919), les *IVe* et *Ve Quatuors à cordes,* la *Cantate profane* (1930), et la *Musique pour cordes, percussion et célesta* (1936). Bartók tire les ultimes conséquences du développement beethovénien et de la polyphonie de Bach. C'est l'apothéose de la forme. La *Cantate profane* a la structure des cantates de Bach, mais cette structure est revivifiée, revalorisée, par les énergies du folklore. La *Musique pour cordes, percussion et célesta* dévoile en leur pureté les formes primaires qui sont à la source de la musique de Bartók. La pure énergie mélodique se déploie librement, et les thèmes ne sont plus perceptibles. Et la pulsation élémentaire qui suscite et conduit la musique de Bartók apparaît en pleine clarté, du fait que l'exprime en l'isolant un groupe d'instruments à percussion. Dans cette dernière période de l'évolution créatrice de Bartók, il ne s'agit nullement d'un simple « retour » à Bach. Plutôt, en s'approfondissant, l'art de Bartók se recueille sur son principe vital, manifeste son contenu dernier — ce que le folklore lui livra, lui laissa de plus essentiel —, ce pur mouvement qui déjà animait la polyphonie de Bach et qui, chez Bartók, finalement victorieux de l'harmonie, recrée la polyphonie.

Gisèle Brelet.

BIBLIOGRAPHIE

Il faut d'abord signaler les propres travaux de Bartók : pour comprendre l'œuvre du musicien, il est fort utile de connaître l'œuvre du musicologue. Ce sont d'abord les publications sur le folklore :

Chansons populaires roumaines du département de Bihar, Bucarest, 1913.

Hungarian Folk Music, Oxford University Press, 1931.

Parmi les différents articles publiés dans divers périodiques tels « Pro Musica », « la Revue Musicale » et « Etnografia », citons :

Die Volksmusik der Rumänen von Maramures. IV Band der Sammelbände für vergleichende Musikwissenschaft, Munich, 1923.

Pourquoi et comment recueille-t-on la musique populaire ? Archives Internationales de Musique Populaire, Genève, 1948.

Les publications folkloriques ne doivent pas nous faire négliger les articles que Bartók consacra aux problèmes de la musique moderne dans les « Musikblätter des Anbruch » et dans « Melos ». Le plus important de ces articles est peut-être celui du 16 avril 1920, dans « Melos » : *Das Problem der neuen Musik,* où Bartók prend parti pour Schönberg et discute de « la nécessité de l'équivalence des douze sons dans notre système à douze sons ».

Ouvrages généraux.

Coeuroy, A., *Panorama de la musique contemporaine : Béla Bartók et les Balkans,* Paris, 1928.

Dyson, G., *The New Music,* Oxford University Press, 1926.

Erpi, H., *Studien zur neuen Harmonie und Klangtechnik,* Leipzig, 1927.

Gray, C., *A Survey of Contemporary Music,* Londres, 1924.

Grove's *Dictionary of Music,* dernière édition, Londres, 1955 (article de J. Weissmann).

Mersmann, H., *Die Tonsprache der neuen Musik,* Mayence, 1927.

Riemann, *Musik Lexikon,* dernière édition, B. Schott's Söhne, Mainz, 1959 (article sur Bartók avec bibliographie).

Stuckenschmidt, H. H., *Neue Musik,* Berlin et Francfort, 1951.

Vigué, J. et Gergely, J., *La musique hongroise,* Paris, 1959 (avec bibliographie).

Westphal, K., *Die moderne Musik,* Leipzig, 1928.

Die Musik in Geschichte und Gegenwart, sous la direction de Friedrich Blume, 7e livraison, Kassel et Bâle, 1950.

The International Cyclopedia of Music and Musicians, sous la direction d'Oscar Thompson, New York, 1946.

Von neuen Musik : Beiträge zur Erkenntnis der neuzeitlichen Tonkunst, Cologne, 1925.

Ouvrages d'ensemble et articles

Abraham, G., *The Bartok of the Quartets,* in « Music and Letters », n° 4, 1935.

Brelet, Gisèle, *Béla Bartok. Musique savante et musique populaire,* in « Contrepoints », mars-avril 1946.

Browne, A. G., *Béla Bartok,* in « Music and Letters », janvier 1933.

Calvocoressi, *Béla Bartok,* in « The Monthly Musical Record », mars, 1922.

Dille, D., *Béla Bartók,* Bruxelles, 1939 (2e éd., 1947).

Downey, J., *La musique populaire dans l'œuvre de Bartók* (Thèse pour le doctorat ès lettres), Paris, 1956.

Downey, J., *Les idées de Bela Bartók sur le folklore* (Thèse pour le doctorat ès lettres), Paris, 1956.

Gombosi, O., *Béla Bartók,* in « Musical Quarterly », n° 1, 1946.

Haraszti, E., *La musique de chambre de Béla Bartók,* in « Revue Musicale », août 1930.

Haraszti, E., *Bela Bartók. His Life and his Works,* Paris, 1938.

Leichtentritt, *On the Art of Béla Bartók,* in « Modern Music », mars, 1929.

Lendvaï, E., *Le style de Bartók,* Budapest, 1955.

Moreux, S., *Bela Bartók,* Paris, 1955.

Nüll, E. von der, *Béla Bartók. Ein Beitrag zur Morphologie der neuen Musik,* Halle, 1930.

Stevens, H., *The Life and Music of Bela Bartók,* New York, Oxford University Press, 1953.

Szabólcsi, B., *Bartók, sa vie et son œuvre,* Budapest, 1936.

Weissmann, J., *Bela Bartók. An Estimate,* in « Music Review », 1946.

« Revue Musicale », numéro spécial consacré à Bela Bartók (n° 224).

Studia memoriae Belae Bartók sacra, Budapest, Académie des Sciences, 1956.

LE JAZZ

On commence aujourd'hui à penser que le jazz pourrait bien être l'un des phénomènes musicaux les plus importants de notre époque. Il est extrêmement difficile d'en saisir le sens exact. On a dit que le jazz était la musique des Noirs. C'est vrai; mais c'est insuffisant : depuis longtemps le jazz n'est plus un folklore; il a donné des preuves de son universalité. Aussi bien sa diversité interdit-elle qu'on le saisisse tout d'une pièce. Son histoire se situe très en marge du mouvement musical contemporain, et pourtant l'on trouve, de l'un à l'autre, de mystérieuses correspondances. Au moment où Debussy rénovait le pouvoir du son, « du son en soi », où Stravinsky renouait avec des recherches rythmiques abandonnées depuis le Moyen âge, le jazz s'attachait à donner à ces deux éléments un sens tout nouveau. Avant de le juger, il est nécessaire de retracer son histoire, qui, en quelques dizaines d'années, l'a conduit du folklore vocal le plus simple à des formes d'improvisation et d'écriture instrumentales assez complexes.

LES ORIGINES. LA NOUVELLE-ORLÉANS

L'histoire du jazz s'étend sur un demi-siècle à peine; sa préhistoire, en revanche, remonte aux premières déportations d'esclaves africains en Amérique du Nord. L'homme noir ainsi déraciné ne pouvait conserver intactes ses traditions ancestrales. Son art, à l'image de son mode de vie, fut bouleversé. Dans les premiers temps de l'esclavage, les maîtres interdirent toute réunion : l'ensemble des chants et danses se rapportant aux traditions épiques des tribus, aux rites célébrés en commun, était condamné à disparaître. D'africain il ne resta que les chants d'amour, de travail et de funérailles, ainsi que certaines incantations (chants *Vaudou*). Un peu plus tard, on autorisa les Noirs à danser, le dimanche, dans des terrains vagues qui leur furent réservés : le célèbre Congo Square de La Nouvelle-Orléans fut le théâtre de fêtes qui attiraient les curieux et les voyageurs. Ces séances de danse collective où, selon les témoins du temps, les Noirs « entraient en transe », que représentaient-elles par rapport à la tradition africaine ? Rien de plus qu'un souvenir, fort probablement. Elles avaient perdu la plus grande partie de leur sens magique, puisque les Noirs avaient abandonné les croyances de leurs ancêtres pour se rallier au christianisme.

L'évangélisation des esclaves ne date que du début du XIXe siècle. Les Noirs apprirent, de la bouche des missionnaires, des cantiques d'inspiration anglo-saxonne (hymnes wesleyens et méthodistes). Ils ne tardèrent pas à les transformer radicalement par l'usage des procédés hérités de l'Afrique. Ainsi naquirent les *negro spirituals*. Les Noirs connurent aussi, un peu plus tard sans doute, la musique populaire des Blancs. Celle-ci, comme les cantiques, leur proposait un langage relativement complexe, fondé sur des notions qui leur étaient étrangères. Ils ne pouvaient accepter d'emblée ni la polyphonie européenne, régentée par l'accord, ni même une mélodie où alternaient les tons et demi-tons. On s'accorde aujourd'hui à considérer la « gamme du blues » comme le produit le plus typique de leur étonnante faculté d'assimilation déformatrice. Les notes « variables » qui caractérisent cette gamme — troisième et septième degrés mobiles, soit *mi* et *si*, ou *mi bémol* et *si bémol*, alternant dans la gamme d'*ut* — correspondent en effet aux sons que l'on ne trouve pas dans l'échelle primitive à cinq degrés. De même, les Noirs n'acceptèrent le cadre rigide de la mesure à quatre temps que pour en commencer aussitôt la désintégration par la *syncope* (déplacement de l'accent), procédé qu'ils ont en quelque sorte réinventé. Le *blues*, complainte amoureuse où se laisse apercevoir la peine de l'esclave, fut la pièce maîtresse d'un folklore nourri de survivances africaines, mais qui ne ressemblait à nul autre.

Vers la fin du XIXe siècle, les Noirs libérés des villes du Sud, et plus particulièrement les Néo-orléanais, se mirent à participer aux réjouissances musicales à la mode : bals, fêtes champêtres, pique-niques, batailles d'orchestres, défilés. Ce fut, pour eux, l'occasion de s'initier à la pratique des instruments de fanfare : cornet, trombone, grosse caisse; les cuivres surtout les séduisirent par leur puissance et leur malléabilité, qui les mettait en mesure de prolonger la voix humaine. Les premiers orchestres nègres jouèrent au moins autant de marches militaires et de polkas que de *blues*. Mais ces marches, ces polkas, n'étaient déjà plus tout à fait semblables à celles qu'exécutaient, à la même époque, nos orphéons de village. Le jazz allait venir.

La gestation du jazz n'est pour nous que sujet à hypothèses. Il se fit, insensiblement sans doute, une évolution dans la façon de rythmer les airs de danse, de les « syncoper ». À partir de quel moment ce style déformateur devint-il un style recréateur, l'imitation une conception ? Quand les quadrilles se mirent-ils à ressembler à des *blues ?* Quand la tradition vocale prit-elle le meilleur sur le nouveau répertoire instrumental ? Nul ne le sait exactement. C'est pourtant à cette frontière imprécise et indéfinissable que se situe la naissance du jazz.

Dès l'origine, le jazz fut plus qu'une musique de danse; mais il fut aussi cela. Les musiciens trouvèrent bientôt de nouveaux employeurs : les tenanciers de maisons de plaisir. Les plus petites employaient des pianistes, spécialistes du *blues* et du *ragtime :* c'est là qu'avaient débuté Tony Jackson, Clarence Williams, « Jelly-Roll » Morton. Les plus grandes accueillirent des orchestres parfois aussi importants que ceux des bals champêtres : clarinette, trompette ou cornet, trombone, banjo, contrebasse, batterie, plus le piano qui trouva là l'occasion de s'intégrer à l'orchestre de jazz. Ainsi la musique nouvelle crût-elle dans le cadre le moins propice en apparence au développement d'un art : celui du bouge, parmi les souteneurs et les filles, dans une ambiance de bagarres à coups de rasoir et d'agressions nocturnes. On sait bien peu de chose des pionniers qui animèrent ces lieux : les Bolden, les Perez, les Keppard, Picou, Cottrell, Robichaux, Célestin, Nelson, Tio, Baquet... Ils eurent le mérite, pourtant, d'initier les jazzmen de l'époque suivante : Armstrong, Bechet, Noone, Ory, les frères Dodds.

Il est impossible de définir la part que prirent, à la naissance du jazz, les musiciens blancs. Y eut-il de véritables échanges entre les deux races ? Il ne semble pas que les consignes de ségrégation raciale l'eussent permis. Toutefois, de même que les Noirs avaient pu emprunter aux Blancs leurs airs de danse, les Blancs ne pouvaient manquer d'entendre, ne fût-ce que dans la rue, ce que les hommes de couleur en avaient fait. Chose certaine, parmi les premiers musiciens qui émigrèrent de la Louisiane, on trouve une forte proportion de Blancs. C'est, paraît-il, au cours d'un engagement à Chicago, en 1915, qu'un chef d'orchestre blanc de La Nouvelle-Orléans, Tom Brown, utilisa pour la première fois le terme argotique de *jass* — ou *jazz* — pour désigner la musique que jouait son ensemble. L'appellation fit fortune. Quelques mois plus tard, un autre orchestre blanc, l'Original Dixieland Jazz Band, de Dominique La Rocca, étonnait New York. Présenté par la publicité comme le « créateur du jazz », La Rocca eut la chance d'enregistrer, en février 1917, le premier disque de jazz. La préhistoire du jazz était terminée; la période historique s'ouvrait.

Après la fermeture, en novembre 1917, de Storyville, le « quartier réservé » de La Nouvelle-Orléans, les jazzmen de la ville, réduits au chômage, réagirent diversement. Les uns cherchèrent de problématiques emplois dans les bals de faubourg; d'autres abandonnèrent le métier de musicien pour redevenir artisans ou hommes de peine. Les plus hardis remontèrent le Mississipi sur les gros bateaux à roues dont les historiens du jazz ont fait leur image d'Epinal favorite, vers les villes de l'intérieur. Ils y trouvèrent une audience étonnée, et de meilleures conditions de vie. Cela se sut. Bientôt l'émigration prit des proportions considérables, vidant La Nouvelle-Orléans de ses musiciens les plus talentueux. La grande ville du Sud cessa d'être le lieu géométrique du jazz. De nouveaux foyers s'allumaient : le jazz n'était plus un art de terroir, il allait rapidement affirmer, à travers les Etats-Unis d'abord, dans le monde entier ensuite, son universalité.

CHICAGO. LE JAZZ ANCIEN

De tous ces nouveaux centres vitaux du jazz, Chicago fut, entre 1918 et 1928, le plus important. C'est là que se fixa l'élite des jazzmen venus du Sud. Le développement, puis l'éclatement de ce qu'on a appelé le *style Nouvelle-Orléans,* eurent pour cadre la cité de la prohibition et des gangsters.

Parmi les nombreux orchestres noirs cantonnés dès 1920 dans le South Side, l'histoire n'a guère retenu que celui de Joe « King » Oliver. La célébrité de cet ensemble provient d'une série de disques, gravés en 1923, qui constituent pour nous le témoignage le plus représentatif du style de l'époque. Une polyphonie presque continue, en grande partie improvisée, avec des éclats de cuivre qui rappellent les fanfares du début du siècle, mais aussi des inflexions analogues à celles des chanteurs de *blues,* des rentrées de trombone en glissando, des arabesques de clarinette, une pulsation un peu sèche de la « section rythmique » (piano, banjo, basse), d'où se détachent parfois les *breaks* capricants de la batterie, telle nous apparaît la musique du King Oliver's Creole Jazz Band. Les solos instrumentaux, rares encore, sont presque informes, à une exception près : les quelques mesures que joue, çà et là, le second cornet, un jeune homme de vingt-trois ans nommé Louis Armstrong.

L'art des *blues singers* ne reste pas étranger au mouvement instrumental. Bessie Smith, originaire du Tennessee, Gertrude « Ma » Rainey, venue de Georgie, rencontrent à Chicago et à New York l'élite des jazzmen : Louis Armstrong, Tom Ladnier, James P. Johnson, qui les accompagnent et enrichissent leurs complaintes de contre-chants instrumentaux. Sans doute est-on ici à la frontière du folklore et faudra-t-il attendre quinze années encore avant de saluer l'apparition d'une authentique grande chanteuse de jazz en la personne d'Ella Fitzgerald. Il reste que les plus beaux témoignages de *blues* vocal-instrumental sont ceux qu'ont gravés, de concert, Bessie Smith et Louis Armstrong.

Le nom d'Armstrong, aussi bien, domine toute la fin de cette période. Trompettiste, chanteur, chef d'orchestre (et bientôt acteur de revue), Armstrong, par sa puissante personnalité et ses dons musicaux exceptionnels, écrase ses contemporains. On peut dire d'Armstrong qu'il réinvente le jazz, lui imposant tout à la fois une nouvelle structure, une mélodie infiniment plus libre et une conception rythmique que l'on tiendra longtemps pour définitive. Il développe prodigieusement l'improvisation en solo, tournant le jazz vers l'expression individuelle et rejetant du même coup dans le passé la polyphonie primitive du style Nouvelle-Orléans. Certes, cette polyphonie subsiste dans les premiers disques qu'il publie sous son nom, à la tête de son Hot Five; mais ce n'est déjà plus le langage collectif du Creole Band d'Oliver : les voix adjacentes, clarinette et trombone, sont désormais au service de la trompette reine vers laquelle converge immanquablement le jeu de la section rythmique et l'attention de l'auditeur. Un peu plus tard (dans le second Hot Five où il aura pour partenaires Earl Hines et Zutty Singleton), Armstrong réduira encore la part de ces instruments en adoptant le principe de l'arrangement écrit, qui substitue à l'initiative collective spontanée le plan, tracé d'avance, du *background* destiné à rehausser le soliste. Armstrong est aussi le premier grand virtuose du jazz, celui qui fait craquer les cadres dérisoires dans lesquels s'emprisonnaient, par inhabileté technique, presque tous les solistes de La Nouvelle-Orléans.

A la fin de la période de Chicago, le monde du jazz apparaît divisé en deux clans. D'un côté se situent ceux qui restent fidèles à l'esprit du jazz ancien; de l'autre, les disciples d'Armstrong, pour la plupart de jeunes musiciens que le grand style lyrique et flamboyant du génial trompettiste a conquis. Ici et là, cependant, par-dessus les différences de langage, certains traits communs demeurent, caractéristiques. Dès cette époque, le jazz se différencie de notre musique européenne, fondée sur l'alternance du couple tension-détente hérité du plain-chant, par la coexistence permanente de ces deux éléments, exprimés de façon bien différente. La tension est obtenue par un traitement spécifique de la matière sonore; la détente, par une conception particulière du rythme. La première s'identifie avec la surexcitation des sens qui résulte du langage *hot ;* la seconde, avec ce vertige indéfinissable qu'on a appelé le *swing*. Entre ces deux pôles se concentre l'électricité particulière au jazz.

NEW YORK. L'AGE CLASSIQUE

A partir de 1929, Chicago, au même titre que La Nouvelle-Orléans, n'est plus qu'un foyer secondaire abritant la décadence d'une grande école. Le jeune jazz, le jazz vivant, se fera désormais à New York. Armstrong triomphe à Broadway. A Harlem, le quartier noir, on peut entendre en de nombreux cabarets les meilleurs orchestres du moment. Ce sont souvent, il est vrai, moins de véritables orchestres que des *jam-sessions,* séances d'improvisation bénévoles. La crise a contraint nombre de bons musiciens à accepter les engagements de chefs d'orchestre qui n'ont nul souci du jazz. Déjà Bix Beiderbecke, le plus grand soliste blanc de l'époque, avait dû prêter la main aux entreprises fâcheuses du jazz « symphonique » de Paul Whiteman. Les *jam-sessions* nocturnes permettent au jazzman de se replonger, après le travail quotidien, dans l'atmosphère du vrai jazz.

La grande vague qui, du Sud au Nord, avait submergé le pays au cours des années 1915-1925, s'était un peu brisée à l'approche des grandes villes de l'Est. New York fut longtemps la citadelle du « jazz commercial » le moins authentique. La pénétration du jazz pur, plus lente qu'à Chicago, y donna de tout autres résultats. L'influence de la tradition néo-orléanaise fut en effet contrebalancée par celle des grands orchestres de variétés. L'idée qu'une musique jouée à dix ou douze devait être plus riche, donc plus « commerciale », qu'une musique jouée à six ou sept, était assez solidement ancrée dans les esprits pour incliner les premiers jazzmen new-yorkais vers le grand orchestre. Fletcher Henderson enregistra ses premiers disques en 1922 avec six musiciens; en 1932, il en dirigeait douze; en 1946, dix-neuf. Lorsque Armstrong se fixa à New York en 1929, il prit officiellement la tête d'un orchestre de onze éléments.

Le grand orchestre porta un coup décisif au jazz d'improvisation collective. Le langage de l' « arrangement » fit alliance avec celui de l'improvisation en solo pour combler le vide ainsi créé. Les premières formes d'arrangement, toutefois, étaient fort peu satisfaisantes. C'est à Duke Ellington que revient le mérite d'avoir réussi avant tout autre une synthèse orchestrale digne de ce nom. Sans doute l'œuvre du Duke est-il trop profondément original pour qu'on le puisse situer en plein cœur du jazz. Ses conceptions particulières, et notamment le *jungle style,* fondé sur l'utilisation expressionniste des stridences, n'ont guère fait école. Le Duke a cependant montré le chemin que devait suivre l'expression orchestrale du jazz : celui de la recherche et de l'expérimentation. Lui-même a beaucoup cherché; avec l'aide de ses grands solistes, Johnny Hodges, « Cootie » Williams, Harry Carney, Barney Bigard, « Tricky Sam » Nanton, il a quelquefois affirmé son génie en un chef-d'œuvre de trois minutes.

En 1935 éclate la bombe du *swing craze*. Tout d'un coup le grand public, qui semblait s'être détourné du jazz, le redécouvre. Entre-temps le jazz, il est vrai, a changé d'aspect. La polyphonie néo-orléanaise est oubliée; le jazz de grand orchestre s'est imposé. Bennie Goodman, virtuose blanc, et ses treize musiciens jouent une musique aux lignes simples, facilement assimilables. Toute recherche musicale y est généralement sacrifiée à la glorification du rythme, au *swing*. Cet élément devient la moelle épinière du jazz. Déjà Duke Ellington avait fait chanter à ses musiciens « *Cela ne veut rien dire s'il n'y a pas de swing* ». Le *swing* prend le pas sur tout, s'exprime en des *riffs*, figures rythmiques répétées inlassablement à la manière des musiciens d'Afrique, fait bondir les danseurs et onduler l'auditoire des premiers concerts de jazz. Aussi bien ne parle-t-on plus guère de « jazz » mais de *swing music*.

Après Goodman, sacré *king of swing* par la presse délirante, Tommy Dorsey, Artie Shaw, Harry James, principaux chefs d'orchestre blancs, déchaînent l'enthousiasme du grand public. On fait fête également, mais avec plus de circonspection, aux grandes formations noires : celles d'Ellington, de Cab Calloway, de Chick Webb, de Jimmie Lunceford. Pour l'observateur superficiel, le *swing* pourrait être alors un phénomène américain auquel les Noirs auraient apporté une modeste contribution. Courageusement, Bennie Goodman contribue à rendre justice aux musiciens de couleur; pour la première fois il ose se présenter en public avec un pianiste noir, Teddy Wilson, pour partenaire.

L'apogée du mouvement *swing*, dans lequel on voit aujourd'hui le premier classicisme du jazz, se situe vers 1938-1940. Dans le domaine de la petite formation, des leaders de tendance traditionnelle, comme Fats Waller, ou d'esprit avant-gardiste, comme Roy Eldridge, coexistent harmonieusement. Louis Armstrong, qui a nourri de ses découvertes tout le jazz classique, demeure l'un des chefs de file, bien qu'il ne soit plus à la pointe de l'évolution. Un nouveau venu, Lionel Hampton, ajoute aux sonorités traditionnelles du jazz le timbre inédit du vibraphone; on commence également à se servir de l'amplificateur électrique pour modifier celui de la guitare. Duke Ellington grave en 1940 ses plus beaux disques. Mais depuis deux ans, les regards sont tournés vers un orchestre originaire de Kansas City, dont le style merveilleusement sobre réalise le « moment parfait » de cet âge classique : l'orchestre de William « Count » Basie.

Le jazz ancien avait vécu sur le principe rythmique du *two beat* (mesure à deux temps), où chaque accent grave, tombant sur le temps, était balancé par un accent aigu violemment mis en relief sur le contretemps. Depuis la fin du style Nouvelle-Orléans, l'accent aigu ou *afterbeat* tendait à se faire de plus en plus discret. Chez Count Basie, l'on aboutit au principe des quatre temps égaux *(four beat),* qui permet au swing de s'exprimer d'une manière peut-être plus convaincante. L'*afterbeat* est en quelque sorte absorbé par la pulsation homogène, tout à la fois uniforme et bondissante, de la section rythmique, d'où le piano tend à s'évader. Sur cette fondation, d'une efficacité dynamique inconnue jusqu'à ce jour, se dresse un édifice orchestral fait de *riffs* entrecroisés, exécutés avec une souple précision et une flamme inouïe, dans une complète euphorie rythmique et sonore. L'esthétique de Basie représente l'aboutissement du mouvement libérateur lancé douze ans plus tôt par Louis Armstrong. Tension et détente s'y superposent en un équilibre parfait.

Le jazz classique, illustré par des solistes et des accompagnateurs de grande classe : Dicky Wells, Coleman Hawkins, Chu Berry, Art Tatum, King Cole, Jimmy Blanton, Milton Hinton, Chick Webb, Cozy Cole, Joe Jones, Sid Catlett, a atteint son sommet. Il n'y aura plus guère de renouvellement dans la sphère de la *swing music*.

Celle-ci se survivra cependant, par ses principaux créateurs, au cours de la période moderne. Ce n'est pas, aussi bien, le premier chevauchement que l'on observe dans l'histoire du jazz. Vers 1940, déjà, la reconnaissance de la valeur du jazz en tant qu'art avait provoqué un vaste regain d'intérêt pour ses origines. Les jazzmen de

La Nouvelle-Orléans avaient bénéficié de la résurgence. Le *New Orleans Revival,* auquel participa Armstrong, remit en lumière des hommes complètement oubliés : Sidney Bechet, Jelly Roll Morton, Kid Ory. On alla dans le Sud à la recherche des pionniers et l'on en ramena un vieillard : Bunk Johnson. On se prit d'admiration pour les pianistes boogie-woogie. L'esprit du jazz ancien se perpétue aujourd'hui encore chez certains instrumentistes qui ont refusé d'admettre les acquisitions des écoles classique et moderne.

LE JAZZ MODERNE

A la fin de l'époque classique (vers 1943), il paraissait peu probable que le jazz se renouvelât, qu'il allât au-delà des frontières qu'il semblait s'être imposées. On avait atteint un palier. Les germes d'une rénovation existaient pourtant. Billie Holiday, une chanteuse, Lester Young, l'un des principaux solistes de Basie, faisaient pencher la balance tension-détente en faveur de ce second terme. L'un et l'autre préparaient la voie au jazz *cool.* Ils furent devancés par des musiciens plus jeunes et plus révolutionnaires. En 1945, tout le monde partit en guerre pour ou contre le *be-bop.*

Dès 1941, un petit groupe de jazzmen qui se réunissait la nuit dans un club de Harlem, le Minton's, était animé par John « Dizzy » Gillespie, Charlie « Bird » Parker, Thelonious Monk, Kenny Clarke, Charlie Christian. Seul Christian jouissait de quelque notoriété; les autres étaient de jeunes professionnels. Soir après soir cependant, ils amassaient les éléments d'une révolution comme le jazz n'en avait pas connu depuis Armstrong. A la vérité le germe de cette révolution existait dans le style même qu'elle voulait détruire. En détachant le piano de la section rythmique, Basie et ses disciples en avaient amorcé l'éclatement. Clarke et Monk l'achevèrent. Ils créèrent — le premier, par un jeu de caisses et de cymbales très indépendant, le second, en réduisant ses interventions à de simples ponctuations syncopées — une impression de discontinuité rythmique qui renouvela la pulsation du jazz. Parallèlement, comme l'époque classique avait substitué au *two beat* de La Nouvelle-Orléans, issu des marches, le *four beat,* ils poursuivirent cette entreprise de structuration de la mesure en brisant le temps : la syncope devint un élément majeur du jeu de la section rythmique. Sur le plan mélodique-harmonique, l'action des jeunes jazzmen ne fut pas moins radicale. Les séquences harmoniques un peu raides du jazz classique furent assouplies : le chromatisme, l'accord de passage vinrent ajouter le clair-obscur et le dégradé à une palette trop exclusivement noire et blanche. Ce traitement rénovateur fut appliqué aux blues mêmes. Gillespie et Parker furent les premiers solistes à se mouvoir aisément dans le monde, nouveau pour le jazz, des implications polytonales; jusque-là, les innovations harmoniques d'Ellington n'avaient affecté que le langage orchestral. En revanche, ils répudièrent les acquisitions de leurs aînés dans le domaine sonore : Charlie Parker, surtout, rejette l'opulence d'un Carter ou d'un Hawkins au profit d'une certaine nudité de timbre, dont la beauté est peut-être moins immédiatement accessible. Enfin leur effort porta sur le répertoire. Mis à part Basie, exclusivement attaché aux *blues,* les jazzmen de l'époque classique, soucieux avant tout d'ivresse rythmique, avaient laissé s'implanter dans le jazz les rengaines les plus insipides. Le bop tenta de se créer, au moyen d'audacieuses paraphrases, un fonds de thèmes immédiatement exploitables. En outre, les dons prodigieux d'invention rythmique et mélodique qui font de Charlie Parker, à égalité avec Armstrong, le plus grand improvisateur de jazz, lui ont permis en mainte occasion de tirer parti des données thématiques les plus faibles.

Parker, Gillespie, Clarke, eurent certes une grande influence. De 1945 à 1950, chacun voulut être *bop*. Mais la leçon, mal assimilée, de ces trois grands chefs de file tourna court. Le public, le premier, se détourna d'une musique dont la complexité rythmique le déconcertait et qui n'était dansable que pour de véritables danseurs. Les jazzmen qui atteignaient leur majorité au moment de l'éclosion du bop furent séduits, sans doute, par cette forme d'expression que l'on a qualifiée, assez justement, semble-t-il, de « baroquisme ». Mais une autre voie, presque opposée, s'offrait à eux. Lester Young, le « Président » (des saxophonistes ténor), leur montrait un univers nouveau : celui de la décontraction absolue, du détachement. Cet improvisateur exceptionnel n'avait sans doute pas le génie de Parker : c'est peut-être pourquoi il fut plus immédiatement persuasif. Vers 1951, le mouvement *bop* semblait être légèrement en perte de vitesse; la tendance *cool,* au contraire, était on ne peut plus vivace.

Les musiciens *cool* cultivèrent donc la décontraction. Ils allèrent plus loin que les *boppers* dans le rejet de l'expressionnisme sonore. *Cool,* frais, s'oppose à *hot,* chaud : c'est dire dans quel esprit ils concevaient le jazz. Les trompettistes, par exemple, cessèrent de suivre la voie montrée par Armstrong, reprise par Eldridge et achevée par Gillespie, celle de la conquête du registre suraigu. Leur recherche essentielle — à la suite de Miles Davis — fut celle d'une qualité sonore qui fût en rapport avec le caractère intimiste de leur art. Le vibrato, le glissando, autrefois puissants éléments de coloration, furent sollicités avec une discrétion extrême. Les saxophonistes, à l'exemple de Stan Getz et de Lee Konitz, tentèrent d'obtenir une sonorité transparente, diaphane. De ce côté-ci le renouvellement était évident. Sur le plan rythmique, malheureusement, et bien que le *swing* fût toujours à l'honneur, on put craindre que le retour à des conceptions pré-parkeriennes (et pré-clarkiennes) n'ouvrît la voie à un redoutable néo-classicisme. A cela, les partisans du jazz *cool* répondent que la « touche » d'un batteur moderne est bien différente de celle d'un Ch. Webb ou d'un C. Cole. C'est vrai. Mais à cette même touche moderne un Kenny Clarke, un Max Roach joignaient une hardiesse de conception rythmique qui semble n'être plus guère qu'un souvenir pour Chico Hamilton ou Connie Kay.

A la mort de Parker (1955), le jazz semblait ne pouvoir échapper à une grave crise. Il y eut, au contraire, un magnifique regroupement de toutes les tendances modernes. Une nouvelle génération apparut, qui parvint à réconcilier les antinomies, que l'on croyait irréductibles, des tendances *bop* et *cool.* Ce fut le point de départ d'un second classicisme, aussi florissant que l'avait été celui des années 1935-1940. De jeunes et talentueux solistes allièrent la fantaisie de Gillespie à la grâce de Davis, la recherche parkerienne du délire à celle de l'extase héritée de Lester. Des trompettistes tels que Lee Morgan ou Clifford Brown (disparu prématurément en 1956), des saxophonistes comme Sonny Rollins ou John Coltrane sont, par l'esprit, très proches de l'esthétique *bop* telle qu'elle se dessinait vers 1945, mais ils ont mieux assimilé que leurs devanciers la leçon de Parker et, ce qui est très important, l'on perçoit dans leur musique un écho de la pudeur et de la discrétion qu'ont apportées dans le jazz les solistes cool. Une évolution parallèle peut être remarquée chez les jeunes batteurs noirs : Philly Joe Jones, Elvin Jones, continuateurs de Clarke, Roach et Blakey.

Après avoir perdu le public des amateurs de danse, le jazz a lentement conquis un public d'auditeurs. Le nombre des concerts de jazz — trop souvent commercialisés, il est vrai, ou de faible qualité — est en progression constante dans le monde entier. Dans les night-clubs des grandes villes américaines, les gens ne viennent plus pour danser, mais pour écouter. A cette évolution correspond une volonté d'expansion sur le plan, jusque-là sacrifié, de la forme. Quelques-uns, à l'exemple de John Lewis, directeur du Modern Jazz Quartet, sollicitent les grandes formes classiques (notamment la fugue); d'autres, comme Thelonious Monk, se fient à leur instinct pour découvrir, par-delà des structures éprouvées, un nouvel équilibre, asymétrique, et une forme « ouverte » par laquelle le discours, improvisé ou écrit, se recompose à mesure qu'il se détruit, en se nourrissant de ses propres acquisitions.

Cela dit, il faut convenir que la période moderne a été marquée, de la part du grand public américain, par une incontestable désaffection; celle-ci a entraîné une certaine décadence du grand orchestre, considéré comme producteur idéal de « rythmes à danser ». En juin 1954, la revue américaine *Down Beat* posait à vingt critiques internationaux la question suivante : « Quel est actuellement le meilleur orchestre de jazz ? » La réponse, presque unanime, fut : Count Basie! Sans doute Basie a-t-il su conserver, en le modernisant à peine, un excellent groupement. Mais une telle concordance montre à quel point les tentatives faites depuis la guerre en ce domaine ont été peu heureuses. La plus éclatante fut celle de Dizzy Gillespie, qui, de 1946 à 1950, essaya d'adapter les formes nouvelles du jazz au langage du grand orchestre et, subsidiairement, d'acclimater les rythmes afro-cubains.

Le public ne lui permit pas de poursuivre une expérience qui eût pu être fructueuse. À la même époque, Stan Kenton s'engageait, aux commandes d'une étonnante machinerie orchestrale malheureusement privée d'âme, dans la voie des recherches « progressistes ». D'autres chefs blancs : Woody Herman, Elliot Lawrence, Claude Thornhill, connaissaient une réussite plus satisfaisante, sur le plan du jazz, avec les premières tentatives de style *cool* orchestral. Un peu plus tard, Miles Davis, à la tête d'un ensemble mixte, parut devoir aller beaucoup plus loin; son orchestre, qui ne comptait pourtant que neuf membres, eut une existence éphémère. Le plus grand arrangeur américain de l'après-guerre : Gil Evans, un Blanc originaire du Canada, ne put disposer d'un grand orchestre que pour certains enregistrements.

Les dernières années ont mis en lumière un fait social remarquable. Un Bix, un Benny Goodman, un Django Reinhardt furent en leur temps des exceptions; le jazz de haute qualité n'est plus, aujourd'hui, l'apanage des Noirs. Certes, il n'y a pas encore de « génie blanc » du jazz, mais les génies sont par essence trop rares pour justifier une statistique. Les Konitz, Getz, Brookmeyer, Raney, Haig, Evans, Mulligan, Jaspar, Costa, Rehak, Solal, ne sont pas, face aux Jackson, Powell, Silver, Garner, Rollins, Coltrane, Mingus, en état d'infériorité manifeste, comme l'avaient été, malgré les exagérations publicitaires, les jazzmen blancs des générations précédentes. On se prend à se demander si les anciennes distinctions raciales, fondées sur la différence des milieux sinon sur des particularités morphologiques difficilement vérifiables, ne deviendront pas, assez rapidement, illégitimes. Le jazz fut incontestablement, à ses débuts, la musique du peuple noir des États-Unis; musique nourrie d'influences diverses, mais expression d'un groupe social bien défini. Le jeune Noir seul bénéficiait (dans les cas favorables, évidemment) de cette formation de l'oreille qu'à vingt ans on ne peut déjà plus entreprendre. Les formes d'éducation actuelles, les possibilités de diffusion que donnent la radio et le disque permettent de penser que l'enfant blanc peut désormais, tout comme l'enfant noir, être « imprégné de jazz ». Au surplus, les conditions d'existence de la minorité noire diffèrent de moins en moins de celles de la population blanche. Le préjugé de race, dans les grandes villes du Nord, est moins vivace qu'autrefois; chez les jazzmen de métier, il est en voie de disparition. De l'ensemble de ces facteurs il ne peut résulter qu'un rapprochement, sinon encore une fusion.

Né de l'assimilation d'un élément de culture occidentale par une minorité ethnique à laquelle cet élément était tout d'abord étranger, le jazz s'est développé au moyen d'incessants emprunts, mais aussi par un perpétuel effort de création et de recréation. Que représente-t-il aujourd'hui dans la perspective de cette culture occidentale à laquelle il appartient par le milieu ambiant, les instruments qu'il utilise, l'usage qu'il fait d'une certaine thématique fondée sur le système tonal ?

Si nous reconnaissons dans le jazz une musique authentique, il nous faut préciser ses rapports avec l'autre musique, l'européenne. On a beaucoup évoqué l'influence du jazz sur certaines œuvres de l'entre-deux-guerres. Stravinsky, Ravel, Milhaud et quelques autres se sont réclamés du jazz, à la suite, semble-t-il, d'un malentendu. L'examen des dates montre qu'ils n'ont pu connaître le visage véritable du jazz de leur temps; l'analyse des œuvres, qu'ils n'ont emprunté au jazz que ses caractères les plus anecdotiques. Aussi bien leurs tentatives étaient-elles vouées à l'échec, l'essence des deux musiques étant irréductible. La plus « civilisée » des deux peut nourrir l'autre de ses découvertes; mais tout échange véritable est actuellement impossible — et tout porte à croire que l'avenir confirmera cette impossibilité.

Peut-il exister, au sein d'une même civilisation, plusieurs musiques également représentatives de cette civilisation ? Telle est la principale question qui se pose dès qu'on aborde le problème de l'intégration du jazz à la culture occidentale. On peut, il est vrai, prétendre que le jazz est une négation radicale de notre forme de civilisation. De deux choses l'une, alors : ou il en sera rejeté, ou il en annonce la fin. Nous croyons plutôt qu'à travers lui s'exprime une poussée encore mal définie mais qui, en réhabilitant une certaine forme de sensualité créatrice, concourt à un développement harmonieux de l'homme moderne.

André Hodeir.

BIBLIOGRAPHIE

ANSERMET, E., *Sur un orchestre nègre,* dans « La Revue romande », octobre 1919.

DELAUNAY, Ch., *Hot Discographie encyclopédique,* tome I à III (A à H), 1951-1952.

FRANCIS, A., *Jazz,* coll. « Solfèges », Paris, 1958.

GOFFIN, R., *Aux frontières du jazz,* Paris, 1932.

HODEIR, A., *Hommes et problèmes du jazz,* Paris, 1954.

MALSON, L., *Les Maîtres du jazz,* coll. « Que sais-je ? », Paris, 1952.

PANASSIÉ, H., *Le Jazz hot,* Paris, 1934.

RAMSEY, F. Jr. et SMITH, Ch. E., *Jazzmen,* éd. française, Paris, 1950.

STOCK, D., et JALARD, M.-C., *Plaisir du jazz,* Lausanne, 1959.

SITUATION DE LA MUSIQUE CONTEMPORAINE

MUSIQUE CONTEMPORAINE EN FRANCE

SITUATION DU MUSICIEN CONTEMPORAIN

La musique contemporaine est une matière rebelle à l'entreprise de l'historien : le projet serait absurde d'en prétendre donner une vision objective. Il n'est de science que du *passé*. Il n'est d'histoire possible d'une époque musicale que lorsqu'elle est *dépassée*, et que celles qui lui succèdent, la fixant pour ainsi dire, lui assignent sa place et son sens définitif. Comment parler sans injustice de cette musique vivante et mouvante qui se crée devant nous, et dont la démarche hésitante s'oriente vers ce qui n'est pas encore, de cette musique en quête de soi, en proie à ses problèmes et à ses incertitudes ? Nous ne pouvons, nous ses contemporains, mêlés à sa vie et engagés avec elle, que participer à son processus et à son élan vers l'avenir. Il nous est impossible de mesurer l'exacte valeur des compositeurs et des œuvres, surtout en une période dont la caractéristique est de tout remettre en question, et de chercher des fondements neufs pour des constructions nouvelles. Il n'est plus d'esthétique établie et incontestée au nom de laquelle nous pourrions juger. Rien n'est donné, rien n'est assuré; tout est libre choix, risque et aventure. Que nous reste-t-il donc ? Le privilège précisément d'une compréhension peut-être refusée aux générations futures, qui n'auront point vécu comme nous cette époque de crise et l'inquiétude des créateurs. Il nous appartient de pénétrer à la racine de leur création, en l'intimité de leur « vouloir » artistique — à la source de leur musique. Le regard indifférent de l'historien doit faire place à la vivante communion de l'esthéticien.

D'autant que le propre du musicien moderne est justement de faire régner une esthétique sur sa création. Le compositeur d'aujourd'hui, révolutionnaire par nécessité, est en face de problèmes qui l'obligent à réinventer la musique, c'est-à-dire à se créer sa langue, sa technique, son style. D'où cette diversité des tendances, des esthétiques, qui est la marque la plus évidente du demi-siècle musical. Nous nous efforcerons de décrire ces diverses tendances et, nous situant au cœur de chacune d'elles, de comprendre à quels problèmes elles répondent et la valeur de la solution qu'elles proposent. Nous épouserons tour à tour leurs points de vue, sans jamais choisir entre elles, pensant que, pour en pénétrer le sens, il faut les juger selon elles-mêmes plutôt que selon soi. En vérité, notre propos est d'esquisser l'esthétique de la musique contemporaine en France telle qu'elle se dégage de ses esthétiques diverses.

Il ne peut s'agir pour nous de traiter de manière exhaustive de chacun des musiciens en particulier, et encore moins d'apprécier la valeur et la portée de leurs œuvres respectives. Chaque compositeur cité l'est d'ailleurs moins à titre personnel qu'à titre de symbole — symbole d'une tendance, d'une esthétique, de certains problèmes et de certaines solutions propres à notre époque. La valeur des œuvres n'est donc point en cause. Ce qui nous importe, c'est d'accuser les traits qui donnent à notre temps son visage le plus caractéristique : l'ardeur révolutionnaire, la soif de renouveau, le goût de l'exploration et de la recherche, le foisonnement des tentatives pour instaurer un ordre musical neuf — au risque de faire franchir à la musique ses propres frontières. Un musicien dès lors nous intéresse moins par ses œuvres que par ses recherches et ses découvertes ; et nous ne parlons de lui que justement dans la mesure où il s'insère dans le mouvement révolutionnaire de l'époque, où il apporte aux problèmes de l'heure une solution neuve. En procédant ainsi, nous écartons les musiciens en qui se perpétuent des tendances qui s'étaient déjà parfaitement réalisées chez leurs aînés et qui, pour n'avoir point innové dans le domaine technique, n'en ont pas moins créé des œuvres accomplies. Mais ce point de vue, à dessein limité, que nous adoptons est le seul qui nous permette de situer la musique contemporaine dans sa perspective propre : car c'est le point de vue de l'époque même, plus soucieuse de recherche que d'accomplissement, plus avide d'expérimentation que de création — et où les œuvres comptent moins que les esthétiques.

La conscience musicale contemporaine est engagée dans un drame ignoré des musiciens du passé. Ce drame, c'est la conséquence nécessaire de l' « impasse » où se trouve la musique depuis le XIXe siècle et qui semble mettre un terme à toute son évolution. La pensée tonale s'était développée par un progressif enrichissement de ses ressources harmoniques. Or, vers 1913, il apparut que les limites extrêmes de la complexité sonore étaient atteintes, imposant un arrêt brutal et définitif au pouvoir d'invention du musicien. Impossible désormais de faire dans l'univers tonal de nouvelles découvertes; il n'est plus d'accords inouïs à conquérir, et la pensée musicale n'a plus devant elle qu'une matière sonore usée, incapable, quoi qu'en fasse le musicien, de susciter des sensations fraîches et neuves. D'autre part cet enrichissement de l'univers tonal fut en même temps une dissolution de sa structure. Tonalité, consonance, mélodie, tous ces concepts fondamentaux livrés par la tradition se sont profondément altérés. Aucun principe stable n'offre son appui et son aide au musicien moderne. Le voici donc condamné à une angoissante liberté, à une immense responsabilité; le voici contraint de remettre en question les fondements de toute pensée musicale et de reconstruire la musique même. Celle-ci se trouvant maintenant privée de liens vivants avec son passé, son évolution ne peut plus être qu'une révolution.

A l'époque classique, les compositeurs se trouvaient unis par la communauté d'une langue, d'un style et d'une même foi en certaines lois incontestées qui offraient un fondement sûr à leur création; les variations n'étaient que dans les formules où ces lois s'incarnaient, formules où s'exprimait la personnalité plus ou moins forte du musicien. Aussi œuvrait-il avec sécurité et sérénité. Et les discussions ne portaient jamais que sur les moyens, non sur les principes.

Cette foi dans les principes n'était point ébranlée par la connaissance de cultures musicales d'époques et de pays éloignés. Le compositeur classique ignore les musiques ancienne et exotique. Il vit dans l'absolu d'une dogmatique qui n'a point encore subi les assauts du relativisme historique et géographique : sa musique est pour lui la mesure de toute musique. Il vit avec son temps, si intimement accordé à lui que la pensée ne l'effleure point de s'en évader. Jusqu'au début du XIXe siècle, la musique a été, comme le dit Roland-Manuel, un art saisonnier. Il en résulte que la seule musique vivante est alors la musique contemporaine. Mais en revanche la musique contemporaine est destinée aux contemporains. De sorte que le compositeur et le public, vivant semblablement dans leur temps et également soumis au style de leur époque, s'accordent et se répondent, et que le compositeur trouve soutien et confirmation dans ce public dont il comble les vœux.

Le musicien classique n'a donc point de conscience historique. Il ne s'éprouve point comme moderne, car il s'insère tout naturellement dans l'évolution de la musique. Sans doute à toutes les époques s'est-il trouvé des novateurs, mais ils acceptaient sans beaucoup le modifier le langage traditionnel, se contentant d'y ajouter et d'y imprimer leur marque. Ainsi prenaient-ils appui sur la tradition, qu'ils perpétuaient en l'enrichissant, en la renouvelant, sans jamais la renier. Or à notre époque, la tradition s'écroule. Coupé du passé, le musicien ne peut plus trouver de salut qu'en s'élançant vers l'avenir. Le voici donc devenu origine et premier commencement, et la musique future semble suspendue à ses décrets. Il lui faut se créer son esthétique, sa langue, son vocabulaire, sa syntaxe, qu'il ne reçoit plus gratuitement de son époque. Il lui faut résoudre pour lui-même le problème de la pensée musicale que le classique tenait pour résolu avant de créer son œuvre et dont il acceptait sans beaucoup la modifier la solution traditionnelle. C'est donc un effritement de la pensée musicale, un écartèlement de la musique entre des esthétiques et des langages contradictoires. Il n'est plus de style de l'époque qui rassemble les musiciens sous sa loi. Le style de l'époque, c'est la diversité même des styles. Alors se pose le problème des rapports entre le compositeur et le public — le problème de leur divorce, qui ne cesse de tourmenter le musicien d'aujourd'hui, de l'assaillir au plus intime de son pouvoir créateur. Car le divorce entre le compositeur et son public — qui remonte au romantisme et n'a cessé de s'aggraver depuis — est un fait nouveau dans l'histoire musicale, un fait des temps modernes et l'une des caractéristiques essentielles de la vie musicale d'aujourd'hui. La musique moderne, sans attaches avec la tradition, édifiée sur des bases entièrement neuves et qui diffèrent d'un musicien à l'autre, n'a pas l'audience du grand public. Malgré ses efforts, celui-ci ne retrouve plus ce qu'il croyait être la musique en cette diversité de langages divergents et incompatibles, en cette multiplicité de vérités musicales disparates. Secrètement il met en doute la valeur de la musique contemporaine et, s'évadant vers les musiciens du passé, il renie son temps — sans comprendre qu'il condamne ainsi le musicien d'aujourd'hui à la solitude, à ne créer que pour lui seul et les générations futures.

Ce problème du divorce avec le public a suscité chez les musiciens d'aujourd'hui toute une diversité nuancée d'attitudes. Il y a ceux qui *acceptent* ce divorce et créent dans l'absolu leur œuvre pour elle-même — et pour la postérité. Parmi eux, certains se réjouissent presque d'être incompris, voyant dans cette incompréhension la preuve secrète de leur valeur et le signe de leur gloire future... D'autres, regrettant cette incompréhension, ne s'en préoccupent pas — ou le feignent tout au moins; leur activité créatrice ne semble point en souffrir, et ils écrivent pour eux seuls des partitions qui demeurent lettre morte. Mais la réponse du public n'est-elle point nécessaire à l'artiste ? Il est des musiciens qui se sentent frustrés si leur manque cette réponse. Ils auraient besoin de s'éprouver au contact du public, non point pour se changer, mais pour se découvrir eux-mêmes et s'accomplir. Il en est d'autres enfin que ce problème du contact tourmente au point d'infléchir dangereusement leur activité créatrice et de les faire dévier de leur ligne. Plaire au public, ou se plaire à soi-même : le musicien d'aujourd'hui échappe difficilement à ce dilemme.

Dans le bouleversement des concepts fondamentaux de la musique, ne reste-t-il point quelque principe stable ? En vérité, pour le musicien moderne, tout devient problème. Les musicologues lui ont ouvert l'accès des musiques exotiques et anciennes, et le contact avec ces musiques a suscité en lui un relativisme qui a ébranlé sa foi dans les principes. La musique certes eut toujours un passé. Mais c'est seulement à l'époque moderne qu'elle prend conscience de son développement historique et se sent responsable de son avenir. Le musicien moderne, conscient jusqu'à l'angoisse de sa situation historique, souffre du « complexe de modernité ». Être moderne est pour lui une obligation et un tourment. Il s'applique à connaître l'histoire de la pensée musicale afin de démêler le sens de son évolution, de surprendre les fins qui l'orientent, de la devancer et de l'aider à s'accomplir... Mais l'intrusion du sens historique dans l'esprit du créateur semble corrompre les sources mêmes de l'activité créatrice. Parce que le musicien d'aujourd'hui veut « faire moderne », c'est-à-dire s'insérer dans l'évolution de l'art musical, et que celle-ci lui apparaît, par-delà les œuvres, comme un progressif enrichissement des moyens techniques, il considère sa propre création, elle aussi, comme un problème technique; il déduit son langage de la dialectique de l'histoire musicale, et ce langage se trouve ainsi posé *a priori* au lieu de jaillir d'une nécessité intérieure. De sorte que le sens historique serait à l'origine de cette surestimation du langage et de cet oubli de l'art qui sont les tares de bien des musiques d'aujourd'hui.

Le musicien contemporain ne parvient pas à dominer la richesse des ressources techniques mises à sa disposition. Tous les styles exotiques, tous les styles anciens se proposent à lui. Mais surtout il peut choisir entre le passé et le présent. D'un côté, ce sont des langages bien définis, éprouvés et sûrs, dont nombre de chefs-d'œuvre attestent la validité; de l'autre, c'est l'infinité des langages possibles, également arbitraires et ambigus, n'ayant pas fait leurs preuves et cherchant en vain à se prouver eux-mêmes... Le musicien d'aujourd'hui peut être ou non moderne. Il craint de ne l'être pas et craint aussi de l'être...

L'évolution de la musique au XIXe siècle lui apparaît essentiellement comme une dissolution. Mais si la dissolution est le fait de l'évolution, pourquoi ne pas nier l'évolution même ? L'esthétique du « retour à » est caractéristique de notre temps, et la nostalgie du passé est partie intégrante du « complexe de modernité ». Pour sortir de l'impasse et résoudre la crise actuelle, le musicien moderne volontiers s'évade dans le passé, revient à l'âge préclassique ou au paradis perdu de la tonalité. « La musique contemporaine, a-t-on dit fort spirituellement, est tout, sauf contemporaine. » Et le musicien d'aujourd'hui, incapable, semble-t-il, de vivre dans son temps, ne trouve pas refuge seulement dans le passé, mais aussi dans l'avenir, en écrivant des œuvres « en avance » sur son temps et incompréhensibles aux contemporains...

Mais qu'elle se tourne vers le passé ou vers l'avenir, la musique contemporaine tout entière est révolutionnaire — et non pas celle seulement des avant-gardistes. Car, quelle que soit sa tendance, elle met en cause les fondements mêmes de la pensée musicale; et quelle que soit la solution adoptée, celle-ci fut précédée d'un doute méthodique et d'un choix concernant les principes mêmes. L'on est porté à mettre l'accent sur les tendances avancées, qui donnent à notre temps sa physionomie propre. Or ce faisant, non seulement l'on risque d'être injuste envers les tendances qui ressuscitent des écoles du passé, mais l'on oublie que l'appel au passé est lui aussi caractéristique de notre temps. Pour le musicien moderne, retourner au passé signifie retourner aux sources vives de toute vraie musique, et avec l'intention de « fonder la musique de l'avenir ». Du point de vue des avant-gardistes, le néo-classicisme, qui d'après eux s'oppose à l'évolution créatrice de l'art musical, serait par là même condamnable. Et pourtant il faudrait bien distinguer parmi les néo-classiques ceux qui ne sont que des épigones, retrouvant moins l'esprit qu'ils n'imitent la lettre, et ceux qui le renouvellent en le rejoignant à travers le langage de l'époque : l'académisme inconsistant et le classicisme éternel. Toutefois la naissance de la notion de classicisme est le signe même que l'époque classique est depuis longtemps dépassée. Et l'on peut dire que le néo-classicisme est une esthétique, tandis que le classicisme ne l'était pas. De sorte que, chez les néo-classiques comme chez les avant-gardistes, une esthétique est à l'origine de la création musicale.

La musique moderne en vérité se meut entre deux pôles : le retour au passé et la quête de l'avenir, la tradition et la révolution. Mais tradition et révolution ne s'opposent point comme des termes irréductibles. Davantage engendrent-elles toute une dialectique nuancée. Il y a le conservatisme qui nie l'évolution, et celui qui l'accepte. Et ce conservatisme progressiste n'apparaît réactionnaire qu'à ceux qui voient dans l'emploi de la technique sérielle la seule solution valable. Toutefois, une parenté secrète semble relier révolution et tradition, par-delà leur opposition, peut-être superficielle et artificielle, s'il est vrai qu'aux profondeurs de toute musique s'apaise leur conflit. La révolution — retour aux sources —, n'est-ce point le retour au passé, qui nous offre des œuvres accomplies et comme d'éternels modèles ? A la tentation du « retour à », un Schönberg et un Alban Berg ont eux-mêmes cédé. « On revient toujours », est le thème du testament spirituel de Schönberg; et Alban Berg a synthétisé dans *Wozzeck* deux siècles d'histoire musicale — tellement la conscience musicale contemporaine, hantée par l'histoire, aspire à la maîtriser.

Mais, qu'il le veuille ou non, le musicien d'aujourd'hui est sommé de prendre parti. La création, si elle peut répondre chez lui à un besoin, est toujours en même temps pour lui un problème. Tourmenté par des scrupules d'ordre esthétique, il ne peut plus composer dans la sérénité et l'abandon; il a perdu la spontanéité, la naïveté créatrice : une spéculation désormais s'interpose entre sa vie profonde et son œuvre; et cette œuvre, avant d'être musique, est une proclamation de foi, un choix, un engagement. La démarche créatrice ne peut plus s'abstraire de la théorie, l'œuvre ne peut plus s'édifier à l'écart des conflits esthétiques. Bien des musiciens sans doute se flattent d'être libres. Ce n'est pourtant qu'un leurre : leur œuvre malgré eux les enchaîne, les situe du côté de la révolution ou de la tradition. Mais en général le musicien moderne sent la nécessité de se faire esthéticien, de se justifier théoriquement, d'éprouver sur le plan de la réflexion philosophique les principes directeurs de son activité créatrice. Notre époque a vu fleurir toute une diversité d'écoles réunissant chacune quelques musiciens autour d'une esthétique commune. Et même parfois le musicien moderne, comblant au-delà de toute espérance les vœux de l'esthétique traditionnelle et plus confiant en ses pouvoirs qu'esthéticien jamais ne fut, en arrive à se persuader que la valeur de son esthétique garantit celle de sa musique... Jamais en tout cas le musicien n'éprouva un tel besoin de s'expliquer et de se défendre qu'à notre époque. Et certains avant-gardistes semblent même s'exprimer plus volontiers dans la langue des concepts que dans celle des sons...

Le classique n'était préoccupé que de l'accomplissement de son œuvre, de la création du beau. Pour le moderne, l'œuvre, au lieu de se suffire et d'être fin en soi, tend à devenir une matière d'expérience et comme l'épreuve d'une hypothèse. « Musique expérimentale », « musique de laboratoire », ces formules, création de notre temps, en sont bien symptomatiques. L'art semble vouloir dérober à la science ses méthodes, l'artiste, adopter la démarche du savant. Mais n'est-ce point la ruine de l'art ? Parvenue au point extrême de complexité et comme épuisée par l'ampleur même de son développement, la musique n'est-elle point forcée de réfléchir sur elle-même, de faire sa propre « critique » au sens kantien ? Tourmenté par la nécessité de dénouer la crise, par la quête d'un nouveau langage, comment le musicien ne serait-il pas tenté de se détourner de l'œuvre musicale elle-même ? Ce qu'il veut avant tout, c'est « fonder la musique de l'avenir ». Rien d'étonnant donc que l'intéressant, l'inédit, promesses d'une musique future, tendent à supplanter le beau. Rien d'étonnant que l'œuvre s'efface devant sa technique et son esthétique. Pour assurer l'avenir de la musique, peut-être avons-nous plus besoin d'esthétiques valables que d'œuvres belles...

LE MOUVEMENT DE RÉNOVATION

SATIE ET LE « GROUPE DES SIX »

TOUTE la musique française moderne est issue du « Groupe des Six » et, par-delà les « Six », d'Erik Satie, leur chef spirituel et leur grand précurseur. Peut-être, comme l'a dit Virgil Thomson, « l'esthétique musicale de Satie est-elle la seule esthétique du XXe siècle dans la musique occidentale. Schönberg et son école sont des romantiques, et leur syntaxe dodécaphonique, pour ingénieuse qu'elle soit, n'en est pas moins du plus pur chromatisme romantique ». L'esthétique de Satie a rejeté le subjectivisme complaisant, l'héroïsme, la grandiloquence, la rhétorique — tout ce qui permet à peu de frais de toucher un large auditoire. Elle a mis à l'honneur la précision et l'acuité, et cette sereine objectivité qui, écartant toute expression conventionnelle, est bien plutôt sincérité que banale indifférence. L'esprit de Satie a longtemps régné sur la pensée musicale française. Il se prolonge non seulement chez les « Six », qui « réinventent Satie à la suite de leur ami Roland-Manuel », mais aussi dans « l'École d'Arcueil », directement affiliée à Satie, — et même dans une bonne part de la musique moderne.

Plus profondément, il faut dire que Satie marque l'avènement de la musique contemporaine — quelles qu'aient été les fortunes diverses de son œuvre, et bien que son esthétique ait suscité des réactions qui ont donné la victoire aux tendances romantiques. En effet c'est avec Satie que commence cette crise de la musique contemporaine dont nous avons parlé, crise qui fut prise de conscience, doute méthodique et quête de bases nouvelles. Satie est le premier musicien chez qui la création musicale, de *lyrique* qu'elle fut, se fait *critique,* le premier pour qui elle n'est plus un abandon incontrôlé aux épanchements de la subjectivité, mais un problème justiciable du jugement objectif : là est le vrai sens de son objectivisme, trop souvent entendu de manière superficielle. A l'ironie de Satie, il faut aussi donner son sens vrai, son sens socratique : par-delà toutes les ironies, elle est cette *eironéia* fondamentale, inséparable de la conscience même, qui est interrogative par nature; elle est la musique s'interrogeant elle-même, cherchant sa propre essence et sa vocation, et se guérissant par là même de toutes les erreurs et de toutes les illusions. L'ironie dissout les sortilèges romantiques et debussystes, elle « dévoile » la musique, la rappelle à elle-même.

La création, chez Satie, est gouvernée par des normes esthétiques qu'il a lui-même clairement définies et auxquelles il s'est volontairement soumis. Et en cela il est le premier musicien moderne, le premier à créer dans la lumière de la conscience. Satie marque en vérité la prise de conscience philosophique de la musique par elle-même, qui est sans doute le grand fait esthétique des temps modernes. Désormais, la création suppose réflexion et doute préalable, la spontanéité créatrice est brisée. Et par là même s'ouvre la crise de la conscience musicale contemporaine...

Le « Groupe des Six », inventé à l'insu de ses membres par le critique musical Henri Collet (dans deux articles de « Comœdia » de janvier 1920), rassemblait non seulement six musiciens — Auric, Durey, Honegger, Milhaud, Poulenc, Germaine Tailleferre — mais aussi des poètes d'avant-garde, tels que Blaise Cendrars et Cocteau, l'esthéticien du groupe. Unis à l'origine par les seuls liens de l'amitié, ces jeunes gens, de tendances et de tempéraments si divers, se découvriront une esthétique commune. Cette esthétique d'ailleurs n'est pas celle seulement de leur groupe : davantage incarne-t-elle l'état d'esprit de toute une génération, état d'esprit qui déborde la France même. C'est alors l'époque de la réaction contre le romantisme et l'impressionnisme, et de l'avènement d'un art « objectif » dont Hindemith est en Allemagne le représentant accompli. Dans *le Coq et l'Arlequin* de Cocteau, paru en 1918, ce que Satie appelait *l'esprit nouveau* accède à la conscience de soi. C'est un esprit d'équilibre et de retenue, d'humilité et de renoncement. C'est l'effort vers une rigueur technique et spirituelle qui, purifiant la musique de tout message extrinsèque, lui permet de délivrer son propre message et la rend à elle-même. C'est un retour à la musique « en soi », après la musique encombrée de littérature. Les « Six », suivant l'exemple de Satie, dont ils se réclament, continuent d'imposer à la musique cette cure de simplification et de purification dont elle avait besoin, après les subtilités et les complexités de l'impressionnisme. Plus d'évanescences, de chatoiements, d'harmonies vaporeuses et voluptueuses, mais des sonorités acides et incisives; plus de flou, de fluidité, plus de halo, mais des contours fermes. Le dessin de nouveau va régner et prévaloir sur la couleur. C'est un retour à la forme précise et concise, délivrée de tout développement vain. C'est un retour à la simplicité — cette simplicité qui, Bergson l'a noté, est un phénomène du XXe siècle — et en même temps, par-delà toute expression conventionnelle, à l'émotion vraie.

Cette révolution des « Six » était en fait une réaction contre les révolutionnaires d'hier : les romantiques, à leur tour créateurs d'une tradition nouvelle — mais qui retrouvait une tradition plus lointaine, mieux accordée, selon les « Six », au génie français. La révolution des « Six » répond à un appétit de lucidité, de mesure et de perfection formelle; elle exprime le réveil de ce classicisme toujours secrètement présent chez le musicien français. « Toute réaction est vraie », disait Stravinsky. Précisément le retour au classicisme est pour le Français retour à soi-même. Et le mouvement des « Six » en ce sens s'intègre au grand mouvement nationaliste du début du siècle, qui conduisit des musiciens comme un Bartók ou un Manuel de Falla à se replonger aux sources folkloriques. Mais, plus profondément, l'esthétique des « Six », c'était la redécouverte de la musique même, de ses pouvoirs originaux et de sa permanente vocation. Retrouver la simplicité, c'était retrouver l'essentiel.

Les œuvres d'Erik Satie furent le vivant modèle dont s'inspira l'esthétique des « Six ». Ses titres et ses textes ironiques, qui tournent en dérision la littérature dont volontiers se parait la musique romantique, sont l'enveloppe protectrice de la vraie musique. Se désolidarisant de tout programme qui risquait de la contaminer, proclamant son autonomie et sa suffisance, elle s'isole pour s'offrir en sa pureté. La musique reprend donc possession de soi en deux temps : elle se délivre par l'ironie afin de s'affirmer; et le refus ironique de tout ce qui l'entravait et la faussait préserve en vérité le *sérieux* de la vraie musique. En Allemagne, Hindemith aussi se défendait contre le romantisme allemand et retrouvait à sa manière le classicisme par cette même moquerie purificatrice. Pour toute la génération qui a subi l'influence de Satie, tout lyrisme, tout pathos, toute aspiration au sublime est méprisable et risible. L'on met en musique des textes empruntés à la vie quotidienne (tel le catalogue de « Machines agricoles » ayant inspiré à Milhaud l'œuvre du même nom) pour échapper plus sûrement à la tentation romantique. L'on retrouve aussi chez les « Six », comme chez Satie, ce recours aux airs de café-concert, de music-hall et de cirque, qui est vengeance contre les tétralogies, cette affectation de frivolité qui est défense contre l'exhibitionnisme et la grandiloquence. L'ironie était une première phase nécessaire dans cette ascèse vers la pureté musicale : dissolvant tout ce qui masquait la musique comme d'un voile mensonger, elle ne laissait plus subsister que la musique même. Le son, de symbole qu'il était, redevenait réalité sonore et l'effusion mélodique renaissait. Et finalement l'antiromantisme des « Six », comme celui de Satie, ne détruit qu'une caricature de romantisme. Car l'ironie n'est que l'envers de la retenue et de la pudeur — de la sincérité. Des divergences se manifesteront plus tard entre les membres de l'école :

cette sincérité les permettait, préparait l'éclosion d'un nouveau romantisme où l'émotion vraie prendrait sa revanche sur l'émotion trop loquace.

Pureté, ingénuité et candeur caractérisent la plupart des musiques nées en France après la Première Guerre mondiale — et non pas seulement celle des « Six ». Au sortir des ivresses romantiques, c'est, chez le musicien, la joie d'une redécouverte de la musique et comme la fraîcheur d'un regard neuf. L'innocente mélodie de Satie, au dessin si franc et si pur, renaît chez Poulenc et Milhaud. Et une atmosphère pastorale, toute de grâce printanière, émane aussi bien de la musique de Koechlin — dont les transparentes sonatines renonçaient aux complications de l'impressionnisme — que de celle de Poulenc, de Germaine Tailleferre et de Milhaud. Ce ne sont que *Printemps, Pastourelles, Rustiques, Concerts champêtres*. Est-ce le signe d'une détente après le drame ? Ou bien la musique ne chante-t-elle pas elle aussi sa délivrance ? Dans *l'Album des Six,* à dessein et avec délices, elle se fait inexpressive et superficielle. Mais ce n'est point là méfiance envers elle-même : en vérité, allégée de tout ce qui lui était étranger, elle joue avec ses purs pouvoirs...

En 1921, le « Groupe des Six » cesse d'exister. Mais sa mission est accomplie. Les « Six » ont libéré la musique, et chacun d'eux peut désormais suivre son propre chemin.

DARIUS MILHAUD

Chez Darius Milhaud s'unissent les contraires par la vertu d'une puissance créatrice surhumaine et véritablement unique chez les modernes. Sa production, titanesque, embrasse tous les genres et s'y manifeste avec la même fécondité. Et cette abondance, cette diversité de l'œuvre de Milhaud atteste que le musicien obéit, en sa création, à une profonde nécessité intérieure. Mais ce génie impétueux — cette force de la nature — est aussi un expérimentateur lucide. De tous les musiciens du « Groupe des Six », Milhaud est sans contredit celui qui s'engagea le plus avant sur la voie des recherches et le seul que préoccupèrent vraiment les problèmes de langage, la quête de nouveaux moyens d'expression. Ces recherches de Milhaud — comme l'on sait — concernent le problème de la polytonalité : utilisée de manière sporadique et accidentelle par Debussy et Strauss, et de manière fréquente et concertée par Ravel, Stravinsky et surtout Prokofiev, elle devient chez Milhaud un langage cohérent et complet. Mais jamais une fin en soi. Milhaud ne tombe point dans les pièges de quelque système. Car s'il est sans conteste attiré par l'expérience hardie et la spéculation théorique, au plus intime de lui-même règnent la spontanéité, la simplicité et la franchise du Méridional. Indifférent aux incompréhensions, Milhaud fut toujours docile aux injonctions de son génie. Sa puissante vitalité, qui s'enracine dans le cosmos, et les certitudes de sa foi qui lui tracent son destin spirituel, le défendent de ces scrupules excessifs qui paralysent tant de musiciens contemporains. Et son art possède en définitive vigueur et santé, parce qu'il n'est point le fruit d'une inquiétude théorique. Équilibrée et claire, malgré sa luxuriante richesse, la musique de Milhaud perpétue la tradition des grands musiciens français, épris d'harmonies raffinées, de mélodies à l'expressif et pur dessin, de constructions nettes et concises. Milhaud demeura toujours étranger à l'univers wagnérien. Son cœur latin, avoue-t-il, se rebiffe contre ce que Debussy traitait de « ferblanterie tétralogique ». Et l'on comprend aussi qu'il n'ait point été troublé par Schönberg — dont lui répugnaient également le subjectivisme morbide et le mathématisme abstrait.

En notre époque de crise, et bien qu'il participe à la recherche d'un nouveau langage, Milhaud a su créer une musique « méditerranéenne » qui eût comblé les vœux de Nietzsche. L'art de Milhaud s'alimente aux sources vives de toute création. Ce « Français de Provence, et de religion israélite » — ainsi qu'il se définit lui-même — n'est point prêt à céder aux prestiges de l'abstrait. Des liens puissants l'unissent à sa terre provençale. Et sa musique reflète le paysage méditerranéen : elle en a l'intensité de couleur, la netteté de lignes. Elle traduit aussi l'âme provençale que ce paysage a modelée : sa grâce, son enjouement et son ironie modératrice. Sans doute toute la musique de Milhaud n'est-elle point baignée de lumière méditerranéenne : elle connaît aussi ce que Paul Collaer appelle si justement « cette morsure de la douleur, cet accent lancinant qui est proprement juif ». Mais cette douleur est vaincue par la sérénité d'une âme religieuse — celle qui a trouvé dans *Service sacré* de si purs accents. Car chez Milhaud l'ardeur à vivre s'unit à une spiritualité exigeante. En sorte que sa musique unit les deux pôles de l'être humain : son dynamisme vital et sa noblesse spirituelle.

Le tempérament et l'esprit méditerranéens qui s'expriment chez Milhaud sont lyriques par vocation. Par quoi Milhaud échappe à son époque. Chantant la poésie de l'univers et la grandeur de la conscience, le lyrisme *objectif* de Milhaud est fort éloigné de l'effusion et de la confession romantiques. Le musicien de l'*Orestie* ignore l'introspection soucieuse et les tourments d'une subjectivité trop complaisante envers soi. Loin de se replier sur une angoissante solitude, il s'ouvre sur l'universel humain et sur le monde. Et ce monde n'est pas pour lui un « état d'âme » : il impose sa sérénité et sa sagesse. L'autobiographie *Notes sans musique* nous éclaire singulièrement sur la psychologie du musicien et par conséquent sur son esthétique. L'on y voit un Darius Milhaud curieux des pays et des hommes, possédant au surplus ce don si précieux de sympathiser avec les paysages et les objets, aussi bien qu'avec les êtres. Milhaud vérifie l'idée de Stravinsky selon laquelle le génie d'un artiste est en raison directe de sa réceptivité. Ce grand voyageur a beaucoup retenu, parce qu'il n'est nulle part un étranger et garde un contact permanent avec la vie. Nul individualisme restrictif, ni dans l'homme, ni dans sa musique. Son art n'est point confession, mais communion.

Cet héritier direct de la tradition gréco-latine ne pouvait manquer de partager l'anti-romantisme du Méditerranéen. Milhaud s'insurge contre un subjectivisme destructeur de la forme. Mais il repousse tout autant le formalisme de « l'art pour l'art ».

Milhaud — si soucieux de rigueur musicale — n'est pas un musicien « pur ». Sa musique porte le poids de l'humanité et de la nature tout entière. Nature dont l'homme et le drame de l'homme demeurent le centre. Violemment expressive, la musique de Milhaud réalise ce paradoxe d'un expressionnisme sans romantisme. C'est-à-dire non point destructeur et morbide, mais au contraire exaltant les forces vitales et spirituelles de l'homme. Car la musique, chez Milhaud, n'est point objet en soi, se suffisant par sa seule beauté : elle est d'essence spirituelle et religieuse, et l'intention éthique (sauf dans ses « œuvres de détente ») n'en est jamais absente. Non que Milhaud veuille moraliser ou philosopher en musique — ce serait encourir le reproche qu'il adressait à la musique de Wagner « où les pensées les plus abstraites se font jour dans une dialectique purement formelle ». Mais parce que l'art chez Milhaud émane du plus intime de l'homme, il est à son image : l'expression naturelle de ses options fondamentales et de sa conception du monde. Dans l'expressionnisme de Milhaud, c'est l'esprit qui commande aux moyens techniques. De là l'unité profonde de son art dans la multiplicité infinie de ses aspects. De là aussi qu'il n'y a pas eu chez lui d'évolution, sa musique étant restée ce qu'elle fut dès l'origine. Milhaud n'a point dévié de sa ligne. Ce réceptif à la musique d'autrui n'a guère subi d'influences, sinon à ses débuts celles de Koechlin et de Debussy, de Stravinsky aussi — mais si parfaitement assimilées qu'elles n'entament point l'originalité de son art. La mélodie, le contrepoint, et l'esprit même de la musique de Milhaud n'ont point varié, attestant par cette permanence combien le musicien vit au sein de réalités éternelles.

Milhaud fut attentif à la leçon de Satie, qui ne pouvait que le confirmer en lui-même en l'orientant vers l'authenticité de la mélodie, la sincérité et la simplicité d'expression, la netteté de la construction. Milhaud sait unir l'abandon à la rigueur. Il est généreux sans prolixité : la pensée contrôle et clarifie la richesse de l'imagination. Mais sans la brimer. Et la matière musicale offerte à cette pensée ordonnatrice est si abondante que celle-ci n'a plus le loisir de fonctionner à vide. Nulle rhétorique abstraite chez Milhaud, qui toujours s'exprime de la manière la plus directe. Seule la générosité du musicien — et non point le calcul — donne un caractère complexe à sa musique. Et même dans l'extrême complexité de la trame polyphonique, Milhaud reste toujours naturellement simple. Simplicité dont témoigne la franchise de la ligne mélodique.

En cette musique méditerranéenne gouverne la mélodie — le chant de l'homme. L'invention mélodique de Milhaud est intarissable. Cette invention toutefois n'est pas le fruit seulement d'un don, mais aussi de l'art qui n'a cessé de le cultiver.

Milhaud sait gré à son maître Gédalge de lui avoir

enseigné le prix de la mélodie, seule et nue. Elle est l'objet de tous ses soins, car il n'ignore point que la belle mélodie — cet être vivant qui n'a rien de commun avec le thème abstrait — est musique complète. La simplicité, l'évidence mélodique de la musique de Milhaud lui assure un pouvoir immédiat de persuasion. C'est par là qu'elle est communion humaine : car la mélodie, plus spécialement porteuse du message humain, résume le sens total de l'œuvre. La mélodie de Milhaud a l'ampleur du souffle qui en fait le symbole du devenir continu de la conscience. Mais aussi toute l'ingénuité et la fraîcheur du folklore. Cette parenté d'essence qui unit la mélodie de Milhaud au folklore le prédestinait à faire appel — et avec quel bonheur — à la musique populaire. Le folklore, chez Milhaud comme chez Bartók, est moins imité que réinventé, retrouvé du dedans et comme à sa source même. Ardent à connaître les musiques populaires de tous pays (Brésil, Antilles, Afrique, Sardaigne...) et prompt à se les ajouter, Milhaud — en qui s'exprime le fond même de l'âme provençale — a de particulières affinités avec le folklore de sa race; et ses idées mélodiques évoquent les chants du terroir provençal sans rien perdre de leur originalité. C'est cet élément folklorique, génialement transposé, qui donne sa saveur à la *Suite provençale,* à *la Cheminée du roi René,* aux *Malheurs d'Orphée,* au *Pauvre Matelot* et aux symphonies.

Le goût de Milhaud pour la recherche harmonique joint à son don mélodique devait le conduire à la polytonalité, qui est en réalité, chez lui, de la polymélodie. Cette simultanéité de mélodies dont chacune conserve son individualité et sa liberté propres, tout en s'intégrant à l'ensemble, ne signifient-elles point que toutes les créatures participent à un même drame ? La polytonalité apparaît alors comme un moyen d'expression destiné à mettre en relief la polymélodie : c'est-à-dire à garantir la liberté des voix, symbole de celles des créatures. Loin de n'être qu'artifice technique, la polytonalité de Milhaud porte un sens religieux : elle est allusion au mystère de l'omniprésence. Tout jeune, le compositeur a imaginé en rêve un langage extrêmement libre, et l'a pressenti ensuite dans une sorte d'intuition poétique : « Quand je me trouvais à la campagne en pleine nuit, plongé dans le silence, et que je regardais le ciel, il me semblait au bout d'un instant que je sentais venir vers moi, de partout, de tous les points du ciel, de sous terre, des rayons, des mouvements, et tous ces rayons portaient une musique, chacune différente, et cette infinité de musiques s'entrecroisaient, continuant à scintiller tout en restant distinctes. » Mais cette intuition poétique, Milhaud la contraindra à se développer en une technique aux règles rigoureuses. Dans le domaine de la polytonalité Koechlin lui avait ouvert la voie. Et Milhaud ne cache point tout ce qu'il doit à son *Traité d'harmonie* qui s'efforce d'en deviner les lois, comme à ses *Paysages et Marines,* et à ses *Sonatines françaises* qui en utilisent les ressources. Milhaud, prolongeant les recherches de Koechlin, nous apprend lui-même qu'il s'est livré à une exploration systématique qui lui a permis d'élaborer, en s'appuyant sur son expérience auditive, une sorte de logique polytonale : « J'avais entrepris à fond la question de la polytonalité. Je me mis à étudier toutes les combinaisons possibles en superposant deux tonalités et en étudiant les accords ainsi obtenus; je recherchai également ce que produisaient leurs renversements. J'essayais toutes les combinaisons imaginables en modifiant le mode des tonalités qui composaient ces accords. Je fis le même travail pour trois tonalités. Je ne comprenais pas, puisque dans les traités d'harmonie, l'on étudiait les accords ainsi que leurs renversements, pourquoi un travail du même ordre ne pouvait se faire avec la polytonalité. »

Les agrégations harmoniques qui résultent de la superposition de tonalités sont souvent très complexes et très proches de celles obtenues par les atonalistes viennois. Atonalité et polytonalité sont nées semblablement de la tendance latente chez les compositeurs modernes à penser selon des complexes sonores contenant les douze sons de l'échelle chromatique. Mais il subsiste entre elles une différence essentielle, puisque dans la polytonalité le diatonisme reste sous-jacent. Et l'on peut dire que l'atonalité répond à un désir de lisibilité et d'évidence mélodiques puisqu'elle réduit une harmonie chromatique à un entrelacs de mélodies franchement diatoniques.

Superposition de mélodies dans des tons différents, la polytonalité doit se soumettre au « jugement de l'oreille». Plus le caractère diatonique des mélodies sera affirmé, plus la perception polytonale sera claire. Mais un trop grand nombre de tons différents entraîne la confusion. Toutefois une instrumentation très diversifiée permet de clarifier une complexité polytonale qui ne serait pas acceptable au piano. La polytonalité trouve son lieu d'élection non point dans le grand orchestre traité par masses, mais dans l'ensemble d'instruments solistes, qui est le plus apte à traduire la polyphonie la plus radicale (ainsi dans *les Malheurs d'Orphée, l'Homme et son désir,* les *Études* pour piano et orchestre, les symphonies de chambre, *la Création du monde*).

La polytonalité a été attaquée de deux points de vue opposés. Ses adversaires, ce sont aussi bien les néo-classiques que les dodécaphonistes. Les premiers la condamnent parce qu'elle est une déformation de la tonalité, les seconds, parce qu'elle n'est qu'un compromis menant à une impasse, et ne saurait donc contribuer à l'évolution historique de l'art musical. L'on ne peut contester toutefois l'enrichissement qu'elle apporte aux pouvoirs à la fois expressifs et constructeurs de la musique. Et celle de Milhaud atteste l'ampleur des constructions qu'elle permet de régler ainsi que la subtilité de son langage. La polytonalité n'est point chez lui un système inerte, mais une technique souple et vivante se pliant chaque fois au propos du musicien — un moyen d'expression constamment réinventé. Ce dont toute son œuvre et singulièrement son théâtre nous apportent de multiples preuves.

C'est peut-être par la combinaison des voix et des instruments que Milhaud s'exprime le plus complètement. Comme si son expressionnisme avait besoin de l'excitant de la parole pour atteindre toute sa puissance. Le lyrisme de Milhaud se donne libre cours dans ses innombrables mélodies composées notamment sur des textes de René Chalupt, Léo Latil, Claudel, Ronsard, Gide, Cocteau, etc. Le sentiment poétique est ici d'un raffinement extrême, mais la mélodie de Milhaud, même dans la tendresse, ne s'abandonne pas à l'effusion sentimentale. Parmi ces mélodies, les célèbres *Chants populaires hébraïques,* transcription pour chant et piano de mélodies folkloriques juives, dont Milhaud nous restitue en l'exaltant le sombre pathétisme.

Dès *la Brebis égarée* (composée à l'âge de 18 ans), Milhaud découvre et affirme sa vocation pour le théâtre. Un théâtre aux dimensions de son souffle et du drame humain qu'il devra symboliser. L'œuvre dramatique de Milhaud est considérable, tant par la quantité que par la qualité. Le genre lyrique était en effet bien propre à traduire le lyrisme objectif de Milhaud, ce don d'une expression dépersonnalisée qui ne retient que l'âme des êtres et des choses. Et c'est dans son théâtre que Milhaud nous dévoile le mieux l'essence cachée de son art, où le modernisme de langage est au service de thèmes éternels. Dans son œuvre lyrique et chorégraphique (en dehor des divertissements tels que *Salade, le Train bleu, le Bœuf sur le toit*) Milhaud a chanté l'homme à la recherche de soi, de sa signification et de sa place dans l'univers : « l'odyssée de la conscience », de son obscurité primitive à sa suprême lucidité : depuis *l'Homme et son désir* jusqu'au *Festin de la sagesse*. En Afrique, en Grèce, au Brésil, dans la France de Jammes ou de Claudel, c'est toujours le même drame humain, dans son essence permanente, qui requiert le musicien.

Milhaud n'en demeure pas moins dans son théâtre musical un chercheur aimant courir les risques de l'aventure créatrice. *L'Homme et son désir* ainsi que *les Choéphores* explorent les ressources singulières de cet orchestre de percussion inventé par Milhaud et auquel son *Concerto* pour batterie et orchestre conférera la dignité de soliste. C'est cette percussion, aux effets subtils et colorés, qui soutient, dans *les Choéphores,* le « chœur parlé », dont l'originalité — du point de vue du langage dramatique — mérite d'être soulignée. Milhaud lui fait dire le texte en mesure, rythmé et conduit comme s'il était chanté. Il résout ainsi le dualisme parlé-musique, non point en ayant recours, comme Schönberg, au parlé-chanté, mais en soumettant à des rythmes musicaux les paroles non chantées. Conçue par Blaise Cendrars d'après la mythologie nègre, *la Création du monde* offrit à Milhaud, selon son dire, « l'occasion de se servir des éléments du jazz qu'il avait si sérieusement étudiés, d'utiliser le style jazz sans réserve, le mêlant à un sentiment classique, de traiter le jazz-band dans la forme de la musique instrumentale, comme une symphonie concertante ». Ce ballet au dynamisme puissant et inspiré, qui semble puiser directement aux forces cosmiques, est au surplus l'une des plus belles réussites de Milhaud.

Dans ses œuvres lyriques — dont aucune n'adopte la

formule de l'opéra classique —, le musicien fait preuve de sa faculté de renouvellement des moyens d'expression dans la fidélité à l'universel humain. L'auteur des *Malheurs d'Orphée* et de *l'Orestie* sait retrouver le sens profond des vieux mythes. Sans doute avait-on déjà composé avant Milhaud des drames musicaux sur des sujets grecs. Mais toujours en les transposant et les adaptant à notre époque : de proprement hellénique ne subsistaient que la trame de l'action et le symbole mythologique. Avec la trilogie de l'Orestie *(Agamemnon, les Choéphores, les Euménides)* Milhaud ne fait pas un opéra sur un livret s'inspirant d'Eschyle : mais il met en musique le texte même d'Eschyle. L'entreprise était audacieuse : Milhaud travailla douze ans, mû par une nécessité intérieure qui était la garantie du succès. Il ne s'agit plus ici d'une adaptation, mais pas davantage d'une reconstitution. L'identification se produit aux profondeurs spirituelles, et l'exactitude littérale — car Milhaud est fidèle à l'authentique métrique grecque — semble le fruit d'une parenté d'essence. La nature généreuse et véhémente de Milhaud retrouve toute la violence d'Eschyle, la fatalité et la grandeur antiques. Dans le chœur parlé des *Choéphores,* cette grandeur s'exprime en accents passionnés, sans grandiloquence.

Avec la trilogie sud-américaine *(Christophe Colomb, Maximilien* et *Bolivar)* Milhaud ne se contente plus de ressusciter de vieux mythes : il en crée de nouveaux par la puissance lyrique de son art. *Christophe Colomb* est sans doute, de ces trois drames, le plus beau et le plus grand spirituellement, et l'un des sommets de la musique de Milhaud. C'est une pièce singulière, qui fait appel aux tableaux vivants et aux projections cinématographiques, à toutes les ressources du chœur parlé, du chœur rythmé, soutenu par la percussion et qui, par le mélange de l'opéra et de l'oratorio, renouvelle le genre lyrique.

Avec *Bolivar,* Milhaud a voulu réaliser un opéra populaire. C'est moins une action dramatique qu'une grande fresque aux couleurs violentes, sorte d'imagerie musicale d'un langage dru et direct. *Bolivar* a l'ardeur impétueuse, la richesse surabondante et une grande variété de tons d'où résulte une impression de grandeur baroque.

Même au sein du grandiose, Milhaud sait trouver d'instinct la juste proportion. Et c'est pourquoi ce musicien des fresques majestueuses est aussi celui des « opéras-minute », où se manifestent en leur pureté ses qualités de mesure, de dépouillement et de concision. *L'Enlèvement d'Europe, l'Abandon d'Ariane, la Délivrance de Thésée* : ces trois pièces dont chacune ne dure que de sept à huit minutes forment un petit triptyque mythologique constituant un court spectacle. Ces « opéras-minute », confiés à des solistes — non à une masse d'exécutants —, répondent à une esthétique de l'économie et du raccourci lapidaire. Ce qui les différencie radicalement du « Kurzoper » allemand, qui ne se distingue du grand opéra que par sa brièveté, non par l'essence esthétique. Milhaud est ainsi l'initiateur de l'opéra de chambre, cette formule théâtrale si symptomatique de notre temps.

La production instrumentale de Milhaud, considérable elle aussi, est — dit-on — moins égale. Et pourtant, là encore, combien de chefs-d'œuvre — connus et inconnus — dont il faut nous borner à nommer les plus célèbres : les *Saudades do Brazil,* douze tangos pour piano où revivent les savoureux rythmes brésiliens; *Scaramouche* et le *Bal martiniquais* pour deux pianos, tout imprégnés d'un chaud exotisme; le *Carnaval d'Aix,* fantaisie pour piano et orchestre débordant d'esprit, où les personnages de la « Commedia dell' Arte » se mêlent aux souvenirs sud-américains; la *Suite provençale,* l'œuvre la plus populaire de Milhaud, si évocatrice hors de tout pittoresque extérieur; les symphonies pour petit orchestre qui, à l'instar de la *Kammersymphonie* de Schönberg, n'emploient que des instruments solistes; les *Quatuors à cordes* enfin et surtout, qui « contiennent, selon Poulenc, le meilleur Milhaud » et qu'on a pu comparer à ceux de Bartók.

C'est sans doute dans le domaine lyrique que Milhaud a donné toute la mesure de sa puissance créatrice. Darius Milhaud est, avec Honegger, le musicien ayant le plus contribué à la renaissance d'un théâtre lyrique contemporain. Détruisant la fable d'une musique française vouée à la légèreté du « divertissement », il lui a rendu la puissance dramatique et lyrique.

ARTHUR HONEGGER

Né comme Darius Milhaud en 1892, Arthur Honegger a plus d'un trait commun avec lui. L'un et l'autre sont doués d'une nature puissante et généreuse, d'une fécondité créatrice qu'attestent l'ampleur et la diversité de leur œuvre. Ils partagent aussi le privilège de ce sens de la grandeur — si rare chez le musicien d'aujourd'hui — qui les porte vers les monumentales architectures et les vastes fresques lyriques. Peu enclins l'un et l'autre aux confidences personnelles, ils sont également orientés vers l'universel humain, sollicités par le drame de la conscience. Une éthique commande à leur lyrisme, tout illuminé de leur foi en la noblesse de l'esprit. Semblablement attirés par le théâtre lyrique — où ils trouvent une forme à la mesure de leur projet —, ils ont l'un et l'autre découvert en ce domaine une alliance neuve du verbe et du son, un nouvel équilibre structurel, sous la forme de l'opéra-oratorio. Il est significatif à cet égard que Paul Claudel ait tour à tour collaboré avec Milhaud et Honegger et que cette double collaboration ait abouti à une égale réussite. Parmi les tendances diverses et divergentes qu'a suscitées à notre époque le besoin d'un renouveau dans le domaine de l'opéra, la tendance la plus valable et la plus riche d'avenir est certainement celle qui s'attache à l'oratorio et qu'inaugurent en France Milhaud et Honegger. Au problème de l'opéra nos deux musiciens répondent par une solution identique : l'opéra-oratorio, dont la valeur est attestée par des œuvres telles que *Christophe Colomb* et *le Roi David,* pour ne citer que celles-là.

Mais là s'arrêtent les ressemblances entre Milhaud et Honegger. Milhaud, le Français du Sud, est un antiwagnérien décidé, et de manière générale n'a guère de penchant pour la musique romantique allemande. Honegger est une nature plus complexe. Né au Havre de parents zurichois, imprégné de romantisme germanique et de spiritualité protestante, il saura équilibrer en lui les apports de son origine alémanique et sa formation latine. Et l'esprit français viendra tempérer le germanisme de ce fervent des festivals de Bayreuth. « Debussy et Fauré, avoue Honegger, ont fait très utilement contrepoids dans mon esthétique et ma sensibilité aux classiques et à Wagner. » Il n'en reste pas moins que l'expressivité romantique qui donne son contenu à la musique d'Honegger est à l'opposé de l'expressionnisme objectif de Milhaud.

De tous les musiciens du « Groupe des Six », c'est certainement Honegger qui est le plus éloigné de Satie. Chez l'auteur de la *Symphonie liturgique,* règnent la gravité et la grandeur, non plus l'ironie; et, en fait de concision, il nous propose de monumentales architectures, car il n'a point honte d'être éloquent. Enfin, dans aucune de ses œuvres il n'obéit à ce ferme et clair diatonisme qui correspondrait, selon les « Six », à une permanente exigence de la pensée musicale française. Là même où Honegger est le plus dans l'esprit de la tradition latine — ainsi dans les *Cahiers romans* pour piano — sa musique a des traits romantiques. Là même où il aborde un thème classique — comme dans *Antigone* — il demeure fort loin de la sérénité classique de Satie. Avec son *Horace victorieux,* il se range en 1920-21 aux côtés des atonalistes. Cette « symphonie mimée » est peut-être la partition la plus originale, la plus dégagée de toute concession de toute l'œuvre d'Honegger — à coup sûr la plus riche en dissonances et la plus hardie qui soit née à l'époque sur le sol français. Lorsqu'il s'unit — par un lien tout amical — aux « Six », Honegger ne souscrit pas pour autant au nouvel évangile inventé par Cocteau. « Je n'ai pas le culte de la foire et du music-hall — précise-t-il — mais au contraire celui de la musique de chambre et de la musique symphonique dans ce qu'elle a de plus grave et de plus austère. » Personne ne pourrait lui faire renier ses maîtres — Bach, Beethoven, Wagner et Franck — et céder à l'objectivisme qui est de mode. Entre l'école des « Nouveaux Jeunes » qui moque indifféremment Wagner et Ravel, Debussy et Franck, et le jeune Honegger, un seul point de contact : leur commune réaction contre les sortilèges de l'impressionnisme debussyste. Honegger toutefois s'en défend, non point par le retour à la simplicité harmonique préconisé par Satie, mais par le recours à une complexité polyphonique qui lui permet à la fois de conserver et de maîtriser la matière sonore engendrée par l'impressionnisme. Le contrepoint chez Honegger informera et conduira l'harmonie, comme chez Bach — son grand modèle — dont il ressuscite l'esprit et la technique en les réajustant à notre temps.

Le Roi David — qui en un soir rend Honegger célèbre — le sépare définitivement — du point de vue esthétique — des « Six ». A Cocteau qui lui reproche de « participer d'un ordre de choses à l'agonie », Honegger répond : « Je trouve qu'il est inutile d'enfoncer les portes dont on peut trouver la poignée. » Farouchement indépendant, Honegger est toujours demeuré à l'abri des fluctuations de la mode et des consignes d'école. La « problématique » musicale ne joue aucun rôle dans la structure créatrice d'Honegger. Ses œuvres n'obéissent point à une théorie particulière, et son langage est une synthèse d'éléments fort disparates, où se décèlent les influences les plus diverses. L'on y trouve sans doute de la polytonalité et de l'atonalité; mais ces techniques jamais ne règnent en maîtresses. Honegger ne voulait être qu'un artisan, un « honnête ouvrier de la musique accomplissant son métier en conscience ». La révolution en soi ne l'intéressait guère. « On trouve toujours plus novateur que soi », disait-il. C'est sous la contrainte d'une exigence intérieure qu'il innovait, par nécessité expressive, voire technique. Chez lui, nulle recherche gratuite, mais une extrême rigueur dans le choix et l'agencement des matériaux. Non point qu'il repousse les conquêtes de l'époque. Mais il les intègre aux cadres classiques, les soumet à l'inébranlable assise de la forme beethovénienne. Il concevait l'innovation non comme une rupture de la tradition, mais comme son prolongement et son enrichissement. « Pour progresser dans l'art — disait-il — il faut être solidement rattaché au passé... comme les branches d'un arbre. Une branche détachée du tronc meurt vite. » Et c'est sa parfaite liberté d'esprit en même temps que sa haute probité artistique qui l'autorisaient à se livrer aux plus audacieuses tentatives sans risquer d'en être la victime. L'un des côtés les plus remarquables de son œuvre est dans cet équilibre qu'il a su réaliser entre l'innovation et la tradition. C'est pourquoi son génie est si convaincant et fit communier dans une même ferveur les initiés et les profanes.

A la rigueur de l'écriture et de l'architecture, la musique d'Honegger joint la fougue du dynamisme et du lyrisme. A la forme classique, l'expression romantique. Car elle n'est jamais pur exercice de style. Un message — au sens le plus précis du terme — l'habite et l'anime, tendu comme un appel vers l'auditeur dont la réponse seule lui donnera son sens. Car nous sommes à ce point concernés par cette musique que notre incompréhension en signifie l'échec. L'œuvre d'Honegger est tout imprégnée des drames de conscience qui obsèdent l'humanité d'aujourd'hui. A l'optimisme tranquille du musicien de la *Suite provençale,* s'oppose le pessimisme tourmenté de l'auteur des *Cris du monde*. A la sagesse hellénique du Méditerranéen, qui vit au sein de réalités éternelles, la révolte de celui qui a ressenti au plus intime de lui-même tout le désarroi de notre temps. Chez Honegger, l'homme et le musicien se sentent solidaires de l'époque; ils en assument le drame spirituel. La souffrance, la révolte et l'effort vers le salut : telle est la dialectique interne de cette musique militante, où la joie est conquise au terme d'un dur combat. Une tension volontaire donne sa cohésion à la musique d'Honegger, rassemble énergiquement la diversité de ses matériaux et de ses styles. « Pas de facilité, avouait le musicien, une espèce de monstruosité... le besoin d'écrire de la musique... mais avec beaucoup de mal... » L'énigmatique besoin de créer, malgré tous les obstacles, les découragements, les déceptions, n'est-il point, chez Honegger, la voix catégorique d'un impératif moral : celui d'aider l'homme d'aujourd'hui à se retrouver, à se reconstruire ?

Un humanisme actif anime Honegger. « Il s'élevait, dit Henry Barraud, au-dessus de sa propre réussite pour mesurer des dangers dont il ne suffisait pas à son confort moral qu'il se trouvât personnellement préservé. » L'auteur d'*Incantation aux fossiles* et de *Je suis compositeur,* n'a cessé de dénoncer les préjugés, les routines, le mercantilisme, le snobisme; de lutter afin que cesse « la malédiction qui pèse sur notre métier ».

L'on conçoit qu'Honegger éprouve un impérieux besoin d'adhésion, que cette adhésion soit le mobile profond de sa création. A la lumière de son humanisme s'éclaire son esthétique. Mettre fin au tragique divorce du musicien contemporain et de son public, toucher l'auditeur, tel est le but sans cesse avoué d'Honegger, et qui infléchira la courbe de son activité créatrice. Le musicien d'*Horace victorieux* n'hésitera pas à renier son langage le plus audacieux. Après s'être rapproché de Schönberg, il s'écarte de son « art d'abstraction », qui a perdu contact avec le public. *Le Roi David*, qui a conquis les masses, lui indique le chemin. Il se détournera de l' « audace trop volontaire », et ne négligera rien pour se faire entendre, quitte à sacrifier à ce désir de communion ses recherches et ses ambitions de musicien. Ne proclame-t-il pas (en 1927) : « La musique doit changer de caractère, devenir droite, simple, de grande allure : le Peuple se fiche de la technique et du fignolage » ? C'est qu'en vérité la musique est essentiellement, selon Honegger, une « magie » et sa fin ultime est de « rayonner ». Incomprise, elle perd son sens, sa raison d'être. L'œuvre n'est donc qu'une médiatrice. Se dédoublant dans sa création, Honegger sait prendre ses distances avec son œuvre pour se mettre à la place de son auditeur. D'où sa science subtile de l'effet qui porte. D'où cette manière de construire l'œuvre devant nous, au lieu de nous l'imposer, afin que nous participions à sa création; et enfin cette habileté à se faire pardonner la dissonante complexité de l'harmonie grâce à la précision du dessin mélodique et rythmique. L'art musical que l'époque expose au danger de déshumanisation, Honegger entreprend de le restituer à l'homme dont il est issu. Aussi bien dans son œuvre lyrique que dans son œuvre symphonique où la forme pure est toujours vivifiée par le contenu dramatique.

Les deux tendances majeures de sa nature tout ensemble lyrique et architectonique expliquent la dualité de son œuvre, partagée entre la musique pure et le théâtre.

« Mon rêve, avoue Honegger, aurait été de ne composer que des opéras, mais ç'eût été peine perdue à une époque où le théâtre lyrique est sur le point de disparaître. » Par la prévalence qu'il donne à lhumain, l'opéra arrache la musique à tout formalisme stérile. L'humanisme d'Honegger l'oriente vers un genre musical où l'homme est présent tout entier. L'action lyrique le séduit par la liberté et la richesse d'expression qu'elle autorise et qui permet de s'exprimer sans équivoque — c'est-à-dire d'atteindre le public dans sa totalité. Honegger trouve au surplus dans le thème dramatique un excitant que ne lui offrent point les impératifs de la construction intellectuelle. Son tempérament généreux et direct et l'attrait qu'exercent sur lui les problèmes de déclamation lyrique le conduisent vers cette synthèse idéale : poésie-action.

Mais l'opéra est un genre à l'agonie. Là plus qu'ailleurs le divorce semble irrémédiable entre le compositeur et le public : ces habitués de *Carmen* et de *Manon* qui ne peuvent que bouder le lyrisme moderne. En dépit d'un climat défavorable, Honegger n'a pu résister à la tentation lyrique, à son désir de renouveler l'expression théâtrale selon l'esprit de notre temps. Et c'est en ce domaine que se sont exercées ses recherches les plus fécondes. A l'exception d'*Antigone* — son chef-d'œuvre le plus hardi mais le moins populaire — ce n'est pas du reste à l'opéra traditionnel mais plutôt à l'oratorio renouvelé qu'Honegger doit ses plus sûres réussites : *le Roi David, Jeanne au bûcher* et *la Danse des morts.*

Nulle œuvre dramatique d'Honegger n'est plus volontaire qu'*Antigone,* plus dégagée de toute concession, plus dédaigneuse de plaire. Revue par Cocteau, la tragédie de Sophocle est devenue un drame rapide, concentré, violent, dont le perpétuel paroxysme refuse toute trêve, même lyrique. A cette brutalité, la musique d'Honegger répond par une brutalité égale. Entièrement soumise au texte et à l'action, partageant son rythme haletant — bien qu'elle l'enveloppe d'une construction symphonique serrée —, toute la partition est dure, intense, tendue. Dans le texte de Cocteau, le musicien a trouvé un livret accordé à son propos qui est d'éprouver la prosodie qu'il vient de découvrir : « Remplacer le récitatif par... une ligne mélodique créée par le mot lui-même, par sa plastique propre, destinée à en accuser les contours et à en augmenter le relief. » L'épreuve est ici concluante. La prosodie d'Honegger souligne la prose percutante de Cocteau, la violence de l'action. *Antigone* vit au rythme de notre époque. Et si elle n'a pas trouvé l'écho qu'elle méritait, elle n'en demeure pas moins l'un des exemples contemporains les plus probants d'une fusion possible de la musique, de la parole et de l'action.

Le climat de divertissement est rare chez Honegger. Trois fois pourtant l'opérette a sollicité l'auteur du *Roi David.* Et *les Aventures du roi Pausole,* au « style mozartien, gai, vif, alerte, mélodique », resteront — paradoxalement — son plus grand succès scénique.

Si les conditions de la vie musicale ont détourné Honegger de l'opéra traditionnel, elles l'ont en revanche conduit vers une forme depuis longtemps oubliée : l'oratorio, qu'il ressuscite et réinvente.

Le premier contact d'Honegger avec le théâtre a lieu

en 1918 avec *le Dit des Jeux du monde*. Et le fait qu'il s'effectue sous le signe de la musique de scène, c'est-à-dire de la concision, de la rythmique et de la dynamique — et non du grand opéra — orientera le comportement futur de l'auteur d'*Antigone* et de *Jeanne au bûcher*. Dès *le Roi David,* Honegger affirme sa maîtrise de l'oratorio renouvelé (où le texte parlé remplace l'antique récitatif au clavecin). D'abord musique de scène (sur un poème de René Morax), l'œuvre — transformée en oratorio — triomphera dès sa création en 1924 et connaîtra un succès continu dans le monde entier. Jaillie spontanément en quelques semaines, cette fresque biblique en vingt-huit épisodes, où l'évocation pittoresque s'unit à la religiosité protestante, est d'une totale liberté de style. L'étonnant est que l'unité règne à travers une partition qui semblait théoriquement vouée à la dispersion. Mais la clarté de l'architecture n'y est point obstacle à l'envol lyrique et mélodique (dont témoigne le célèbre *Alleluia*). Par la noblesse et l'autorité de son langage, par sa simplicité et son dynamisme, *le Roi David* restera l'œuvre populaire par excellence d'Honegger.

Le Roi David inaugure la série des oratorios qui se poursuivra avec *Judith* (1925), *Phèdre* (1926), et les *Cris du monde* (1931). Avec cet oratorio profane (sur un poème de René Bizet) Honegger pour la première fois se délivre des idées qui le hantent et qui reviendront plus tard, de manière plus allusive, dans la *Symphonie liturgique* et la cinquième et dernière *Symphonie di tre re*. Dans cette œuvre tourmentée, ardente, la musique est vraiment l'arme d'un combat pour l'esprit. Inspiré — dit-on — de « l'hymne à la solitude » de Keats, cet oratorio, d'une pathétique actualité, exprime en réalité la révolte de l'individu contre la foule qui l'écrase et le machinisme qui l'asservit. Le langage musical d'Honegger est ici la synthèse des particularités de son style : la concision, la déclamation éloquente, le dynamisme et le lyrisme. Spirituellement, c'est un climat d'oppressant cauchemar : toute l'angoisse de l'homme moderne en proie aux puissances infernales qu'il a déchaînées, au vacarme frénétique des hommes et des choses, qui lui ravissent la solitude et le silence du recueillement. En vain l'homme tente-t-il de se rejoindre, de chanter son propre chant : malgré ses efforts et ses prières, il est à jamais exilé de lui-même. Avec quelle acuité, quelle vigueur Honegger nous fait sentir tout le tragique de cette folle agitation, destructrice de notre essence spirituelle. Et pourtant son avertissement ne fut pas entendu... Le musicien s'en montra très affecté et dans un article intitulé *Pour prendre congé,* manifesta toute l'étendue de sa déception. Déception devant l'impossibilité d'atteindre sûrement l'auditeur : de transmettre, sans équivoque, avec l'œuvre objective, le message subjectif dont elle fut chargée.

Mais *Jeanne au bûcher* réconciliera Honegger avec son public, en renouvelant l'unanime enthousiasme qui avait accueilli *le Roi David*. *Jeanne* vaut à Honegger la précieuse rencontre de Claudel. Le texte déjà musical du poète, « ordonné, composé et déjà comme entouré de musique » — selon les termes d'Honegger —, se prête singulièrement au projet du musicien, à sa quête d'une musique issue du mot lui-même. Il suffira donc au musicien de se laisser guider par le poète — qui d'ailleurs approuve ses recherches. Le texte ici n'est plus un prétexte, comme d'ordinaire dans l'opéra; mais il régit la musique qui en achève l'implicite musicalité. Conçue dans l'esprit médiéval du « jeu populaire », *Jeanne au bûcher* est, au dire d'Honegger, « la synthèse de tous les éléments du spectacle avec le texte parlé ». Le rôle primordial des chœurs (magnifiquement traités) ne nuit jamais au texte déclamé par la récitante, non plus qu'à l'orchestre. Malgré le disparate apparent d'une musique attentive à suivre scrupuleusement le poème, l'ouvrage jouit — comme toujours d'ailleurs chez Honegger — d'une parfaite cohésion. Cohésion des moyens mis en œuvre où interviennent entre autres le parlé, le crié, le chuchotement, les ondes Martenot et le recours avoué au folklore. Cohésion spirituelle d'une musique qui, à l'image du poème, sait mêler le charnel au céleste, et passer de la naïveté à la grandeur. De l'étroite communion entre Claudel et Honegger est née en définitive la plus populaire de nos partitions lyriques, l'une des plus persuasives par sa simplicité et sa ferveur. Le souffle épique de *Jeanne au bûcher* se retrouve dans *Nicolas de Flüe* (composé en hommage au sauveur de la Confédération helvétique), oratorio d'inspiration populaire dont le volontaire dépouillement accroît la force convaincante. Une seconde fois la collaboration Honegger-Claudel nous vaut l'une des pages majeures du musicien : *la Danse des morts*. D'un thème qui pouvait prêter — Saint-Saëns en témoigne — aux facilités de l'harmonie imitative, Honegger fait surgir une œuvre altière et riche de pensée, où la description est au service de l'expression, de la signification spirituelle. Enfin la *Cantate de Noël,* suprême message du musicien, apaise, en sa pureté mystique, l'angoisse sur laquelle s'achevaient les *Cris du monde*. Le choral final s'élève ici comme la voix même de la foi victorieuse.

Les œuvres lyriques d'Honegger, aux vertus diverses, ont contribué à réhabiliter — sinon comme il l'eût souhaité — l'opéra renouvelé, du moins l'oratorio enrichi des prestiges de la scène. Qu'Honegger ait réussi dans sa tentative de réaccorder le théâtre musical à notre temps, le meilleur témoignage en est le succès même de bon nombre de ses partitions lyriques qui — contre toute attente mais selon le vœu même du musicien — ont su rallier le public populaire.

Même dans le lyrisme, Honegger garde le souci d'une structure rigoureuse. Car ce grand lyrique est aussi un grand constructeur. Il est banal de constater la solide assise classique de l'œuvre d'Honegger. Son amour de la rigueur lui fera même modifier le plan classique de la forme sonate pour substituer au schéma A B C A B celui plus symétrique d'A B C B A (*Sonates* pour violon et piano, pour alto et piano). Son sens de l'architecture et du contrepoint se manifeste dès son premier *Quatuor* (dédié à Florent Schmitt). C'est une œuvre touffue, presque symphonique de conception et d'écriture; le musicien y confesse, en un atonalisme âpre et fiévreux, le côté alémanique et romantique de sa nature. Malgré la maîtrise supérieure des second et troisième quatuors, le musicien avouera à la fin de sa vie sa préférence secrète pour le premier « parce qu'il traduit exactement la personnalité du jeune homme qui l'écrivait en 1917 ».

Mais Honegger le bâtisseur ne donne toute sa mesure que dans la réalisation orchestrale. Sa vocation pour les vastes fresques s'affirme encore ici. Mais sans que la grandeur du dessein lui fasse négliger l'effet particulier (« dynaphone », ondes Martenot, emploi judicieux des couleurs instrumentales). Le poème symphonique *le Chant de Nigamon* (1917) indique par sa rudesse et sa vigueur d'accent une réaction contre la tentation impressionniste. La *Pastorale d'été* (inspirée du vers de Rimbaud : « J'ai embrassé l'aube d'été ») est une œuvre limpide et sereine, d'une poétique fraîcheur. *Horace victorieux* (1921), au langage incisif et brutal, est la symphonie de l'homme constructeur d'histoire. « La chose la plus originale et la mieux réussie qui soit sortie de mes mains », affirme Honegger — mais qui, en raison de son originalité même, resta fermée au public populaire. Citons encore *le Chant de joie, la Tempête, Pacific 231* au langage puissamment musclé, un triomphe mondial, mais aussi l'origine d'une légende dont le musicien souffrira; *Rugby,* constante improvisation à l'image du jeu lui-même. Une atmosphère ludique règne aussi dans les deux concertos (le *Concertino* pour piano et orchestre, et le *Concerto* pour violoncelle et orchestre).

En dépit d'une vocation orchestrale manifeste, Honegger n'écrira qu'à 37 ans sa *Ire Symphonie*. De caractère concertant, elle constitue son premier essai orchestral de « musique pure ». Plus de dix ans après, c'est la *IIe Symphonie* (pour cordes et trompette), l'une des pages majeures du musicien. La « musique pure » y est transfigurée par le lyrisme : nous sommes pris dans une angoisse et une tension croissantes, qu'une trompette inattendue soudain dénoue en un choral d'espoir lumineux. Sous l'aspect rigoureux, la *IIIe Symphonie* dite *Liturgique* (1945-1946) est encore un poème dramatique de l'angoisse et de la révolte. Révolte contre le matérialisme régnant et la stupidité des hommes. La construction, soumise à la courbe du sentiment, ordonne ses trois mouvements autour des versets *Dies irae, De profundis clamavi, Dona nobis pacem*. Cette admirable symphonie — l'un des sommets de l'œuvre d'Honegger — nous offre l'image complète de sa personne psychologique et musicale : la ferveur de son spiritualisme, et cette alliance d'esprit français et de sensibilité germanique qui lui permit d'harmoniser classicisme et romantisme. La *IVe Symphonie* (dite *Deliciae basilienses*) est proche par le climat de la *Pastorale d'été*. C'est un hommage à la Suisse, à Bâle, refuge estival. Un chant d'oiseau, un vieux chant populaire de Bâle : Honegger s'évade un instant de ses angoisses. Mais la *Ve Symphonie* dite *di tre re* (1950), sombre et douloureuse, reprend le thème de l'esclavage de l'homme moderne. Le Grave nous signifie que le fatalité inexorable pèse sur notre destin; et l'œuvre s'achève sans laisser place à l'espoir.

Ainsi Honegger a su traduire dans les formes traditionnelles le lyrisme qui lui est propre. Ce lyrisme, pour romantique qu'il soit, n'est jamais abandon à une sentimentalité dissolvante, mais il garde cette virilité dans la détresse qui témoigne de la volonté combative de l'homme. Volonté qui construit aussi les vastes architectures...

La musique d'Honegger; comme celle de Beethoven, est une méditation sur la condition humaine. Non point son moi singulier, mais l'homme universel est au centre de son œuvre. D'où tout ensemble sa simplicité et sa grandeur, d'où ces vastes fresques à la mesure de l'humanité et de son destin. Vivant intensément le drame de l'homme moderne, Honegger a créé une musique où chacun peut se reconnaître. Et c'est parce qu'elle reflète toutes les angoisses de l'époque et les grands problèmes qui nous assaillent au plus secret de nous-mêmes qu'elle est source de communion.

GEORGES AURIC

Chez beaucoup de nos musiciens d'aujourd'hui, il semble que le divorce avec le public soit visible à l'intérieur même de leur structure créatrice; de leur activité ils font deux parts, créant tantôt pour eux-mêmes et tantôt pour le public, vivant en même temps dans l'absolu et le relatif, ce qui leur permet à la fois de sauvegarder la pureté de leur idéal personnel et de se mettre à la portée du public, qu'ils peuvent peu à peu familiariser avec leur langage. Tel Zarathoustra, ils aiment parfois quitter la haute montagne qui est leur naturel séjour pour venir vivre parmi les hommes. Et c'est dire qu'ils ne descendent vers le public qu'avec la secrète pensée de l'élever jusqu'à eux-mêmes.

La génération des « Six », qui parvint à la maturité au moment même de la naissance du film sonore, y trouva une magnifique occasion de rapprochement avec le public. Le cinéma est un phénomène social, puisqu'il est hanté par les hommes de tous âges et de toutes conditions. Un vaste auditoire entend donc la musique de film. De sorte que le cinéma apporte au compositeur non seulement des moyens d'existence, mais encore l'espoir d'éduquer musicalement le public et de le réaccorder peu à peu avec la musique contemporaine. Et il est heureux que les producteurs fassent appel à de grands musiciens — ce qui atteste le succès même de leurs partitions auprès des foules — et que des musiciens de la valeur d'un Honegger, d'un Milhaud, d'un Auric, d'un Roland-Manuel, ne prennent point à la légère la tâche qui leur est confiée. Remarquons d'ailleurs que, par leur musique de film, les musiciens de la génération des « Six » perpétuent et accomplissent l'idée, chère à Satie, d'une « musique d'ameublement ». Cette musique faite seulement pour être entendue et non point écoutée, cette musique de toile de fond, les progrès de la technique, sous la forme du cinéma et de la radio, allaient lui permettre de se concrétiser et lui apporter par là même une éclatante confirmation. La vieille idée de Satie s'est revêtue de termes nouveaux qui en attestent la fécondité : musique illustrative, musique de fond, musique appliquée, musique fonctionnelle surtout. Par la radio, la musique est devenue le décor de notre vie. Le film de l'existence quotidienne a lui aussi besoin du compositeur. Celui-ci n'est donc plus exclu de la cité, mais il tend à exercer de nouveau un rôle social. Et peut-être l'avenir de la musique dépend-il dans une large mesure de la qualité de la musique fonctionnelle.

Georges Auric est le premier grand musicien moderne qui ait compris l'immense signification de la musique de film, le premier qui ait fait deux parts de son activité créatrice, sans pourtant qu'il en résulte une quelconque dualité ou scission à l'intérieur de lui-même.

C'est à Georges Auric que Cocteau dédia *le Coq et l'Arlequin* et c'est lui sans doute qui répondait le mieux à sa conception d'alors du « musicien français ». Auric est l'héritier spirituel le plus direct de Satie et comme la personnification de l'esprit des « Six ». Il n'eut pas à se faire violence pour œuvrer à l'enseigne du Coq et de l'Arlequin. C'est très spontanément qu'il retrouve l'art familier, transparent et narquois de l'auteur de la *Sonatine bureaucratique*. Comme chez Satie, une ironie purificatrice dissout les sortilèges romantiques et debussystes, exorcise l'héroïsme et la grandiloquence. Auric ne craint rien tant que de se prendre au sérieux ; il y a dans sa musique une légèreté de transcendance — transcendance d'un créateur qui n'est point envoûté par son œuvre; une objectivité lucide qui est défense contre tout exhibitionnisme; une tranquille gaieté, signe de volonté et de maîtrise. Le langage est clair et dépouillé, d'une simplicité confinant parfois à la sécheresse, tant dans le domaine harmonique qu'orchestral. En réaction contre la loquacité romantique et aussi la rhétorique scholiste (Auric fut un temps disciple de Vincent d'Indy), c'est le règne de la brièveté, de la précision et de la concision. Le laconisme, la mesure, la réserve, le scepticisme et la cocasserie : tout indique le *refus d'exprimer*. Auric le musicien à la verve caustique, au ton désinvolte, à l'intelligence toujours en éveil — tel du moins il se révèle dans ses premières pièces pour piano *(Sonatine, Pastorales, Impromptus) ;* ses mélodies sur des poèmes de René Chalupt (dont le célèbre et charmant *Gloxinia*), Jean Cocteau, Gérard de Nerval, Lise Hirtz, Théodore de Banville, Louise de Vilmorin; et ses ballets pour Diaghilev *les Matelots* (1925), *les Fâcheux* (1924) *la Pastorale* (1926), qui sont autant de réussites. Mais cette première manière ne devait être que la phase initiale d'une évolution créatrice qui le conduirait aux antipodes de son esthétique originelle. En apparence du moins; car à la lumière de cette évolution même, son antiromantisme du début n'est plus que délivrance à l'égard du faux romantisme. Momentanément refoulé, le sentiment n'en jaillirait ensuite que plus violemment. Réaction toute naturelle puisqu'elle sera celle aussi d'un Poulenc et d'un Sauguet.

« Refus d'exprimer », disions-nous, et non point incapacité d'exprimer. Auric n'aurait point à se défendre s'il ne se sentait vulnérable. Et malgré lui se font jour ses dons d'expression et de poésie. Sous le masque d'objectivité et d'ironie se laisse deviner un autre Auric : le musicien des grands films poétiques de Cocteau et des grands ballets dramatiques. Sans doute cette seconde manière n'entraînera-t-elle pas la disparition totale chez Auric de l'esprit des « Six ». Mais de plus en plus prévaudra sur l'Auric léger et cocasse l'Auric sérieux et grave, capable de s'exprimer avec violence, non seulement parce qu' il en ressent intérieurement la nécessité, mais aussi parce que l'histoire musicale l'entraîne vers ce style nouveau, plus complexe et plus riche en ressources expressives. Car Auric entend ne point demeurer étranger à son époque. Toujours à l'affût des aspects nouveaux de l'expression musicale, il se plaît à écouter le chant imprévu et hardi de ses cadets. Cette faculté d'accueil a permis à ce disciple de Satie d'admirer Alban Berg et d'accéder au dodécaphonisme sériel en même temps que les jeunes. Ce qui nous vaudra l'étonnante *Partita* de 1955, conjonction posthume de Satie et de Schönberg.

Dans la *Sonate en fa majeur* pour piano de 1932, Auric abandonne toute réserve pour s'exprimer avec ampleur. Le lyrisme y conduit à l'enrichissement du langage rythmique et harmonique, et le diatonisme des « Six » cède à un chromatisme qui parfois côtoie l'atonalisme. D'autre part, après avoir usé d'une écriture surtout harmonique, Auric — se souvenant maintenant de son passage à la Schola — retrouve le contrepoint. Mais un contrepoint aux possibilités augmentées par l'élargissement de l'horizon tonal. Au point de vue de la forme, cette sonate se signale par cette « économie de moyens » que réclame l'époque, et qui s'accompagne d'un travail de développement et de variation extrêmement complexe et subtil. Mais l'essentiel demeure le ton nouveau de cette sonate, d'esprit romantique et rappelant curieusement par certains côtés l'art de Scriabine. Auric pour la première fois tente ici, selon ses propres termes, « de faire quelque chose de différent, de plus tendu, d'expressif, de dramatique ».

Il est paradoxal que ce soit Cocteau qui, en faisant appel à lui pour *le Sang d'un poète,* ait tant contribué à le faire s'évader de l'esprit des « Six ». Avec ce film commence pour Auric une expérience créatrice nouvelle dont il va s'appliquer à définir l'esthétique. « Musique fonctionnelle » signifie pour Auric musique au service de l'expression dramatique, mais non pas de moindre qualité. Non seulement il n'a point jugé la musique de film indigne de son effort, mais il y a poursuivi le chemin inauguré par la *Sonate en fa* et sa quête d'un renouvellement de son art. C'est dire qu'il n'a jamais cédé à la tentation de facilité, mais a su maintenir son invention, en cette musique fonctionnelle, au niveau de la musique pure. Ce qu'attestent en particulier ses partitions pour les grands films poétiques de Cocteau : *le Sang d'un poète, l'Éternel Retour, la Belle et la Bête,* et l'étonnant *Orphée.* Par le contact qu'elle permet avec le véritable « grand public », celui qui ne fréquente pas les salles de concert, la musique de film lui apparaît riche d'enseignement. A condition d'y demeurer fidèle à soi-même. Auric a conscience de sa responsabilité et de sa mission. En sorte qu'il a trouvé dans la musique de film un authentique moyen d'expression : sans compromis, sans concessions, sa musique, par sa vérité humaine, a su convaincre l'auditeur.

Auric traite comme une musique fonctionnelle sa musique de ballet. Mais sans se départir de ses exigences envers lui-même. Elle fut d'ailleurs aussi l'agent en même temps que la bénéficiaire de sa métamorphose, et nous permet de suivre toute l'évolution de son style. Ses trois ballets pour Diaghilev, comiques et légers, témoignent de sa première manière, facile et gaie. Avec *les Enchantements d'Alcine* (créé en 1928) et *la Concurrence,* le ton, imperceptiblement, change. Mais c'est avec *Phèdre* (créé en 1950) et *le Peintre et son modèle* (créé en 1949), cette sombre histoire d'un artiste assassiné par son modèle, que commence à s'affirmer la seconde manière d'Auric, vigoureuse et dramatique, et qui donne au ballet une dimension nouvelle en profondeur. Une impression de grandeur et de tension tragique se dégage de *Phèdre.* La partition se signale par la brutalité de son langage, par son orchestration éclatante, par sa rythmique tout ensemble violente et subtile. Même intensité dramatique, même atmosphère délirante dans *Chemin de lumière* (créé en 1952), mais avec plus de hardiesse encore dans le langage. La partition demeure sur le plan de la musique pure et ne tombe pas dans l'anecdotique. Tout en étant constamment présente aux données du livret (d'Antoine Goléa) dont elle nous restitue à merveille l'univers affectif allant de la tendresse à la violence, et des sentiments les plus purs aux plus morbides déchaînements.

Admirateur non seulement des dodécaphonistes viennois, mais encore de Strauss, de Stravinsky et de Bartók, Auric recrée le ballet selon le langage de notre temps, enrichissant ainsi les moyens de l'expression chorégraphique. En particulier, il ne s'en tient pas aux rythmes élémentaires des compositeurs de ballets du XIXe siècle :

sa rythmique, tout en provoquant la danse, se veut plus hardie et plus diverse. Mais, s'il sait les pouvoirs du rythme à l'état pur, il laisse en général la primauté à la mélodie : héritage de l'esprit des « Six » et trait d'union entre sa première et sa seconde manière.

Et c'est la mélodie qui régnera en maîtresse dans la *Partita* pour deux pianos, cette œuvre expérimentale où le disciple de Satie engage le dialogue avec Schönberg. Œuvre expérimentale, la *Partita* n'est point pourtant œuvre de pure spéculation, mais aussi d'expression. Elle se déroule dans un climat affectif qui désigne l'auteur de *Phèdre,* climat de gravité et de noblesse, de tension tragique et — dans le *lento* — de pathétique méditation, qui touche l'auditeur non prévenu. Quelle meilleure preuve d'ailleurs de la validité d'un nouveau langage que la valeur même de l'œuvre qui l'utilise ?

Nous sommes à une époque, estime Auric, où s'impose la nécessité de revivifier les cadres traditionnels, usés et fatigués. Serait-ce par l'enrichissement du vocabulaire harmonique ? Mais l'harmonie est-elle vraiment dans la musique l'élément décisif et primordial ? Peut-être le tort de bien des musiciens contemporains est-il de surestimer l'importance du rôle de la matière sonore dans l'œuvre musicale. Obsédés par les théories harmoniques, ils oublient l'essence de la musique, son âme temporelle : la vivante et ondoyante mélodie. Mais cette mélodie qui est la musique même, pourquoi ne livrerait-elle pas au musicien d'aujourd'hui la solution de ses problèmes ? C'est à la mélodie précisément qu'il faudrait s'adresser selon Georges Auric pour dénouer la crise. Renouveler la musique par la mélodie — c'est à ce dessein que répond précisément la *Partita* pour deux pianos. Dans cette œuvre, le musicien volontairement délaisse la question du langage harmonique, tenue pour résolue, afin de se consacrer au problème de la forme, du discours musical — de la mélodie. C'est en fait tout le problème de l'organisation mélodique de la musique : de la construction des phrases, de leur étendue et de leur liaison, qui se trouve ici posé. La *Partita* témoigne de la curiosité et de la liberté d'esprit de Georges Auric. Cette œuvre en trois parties frappe par la fermeté et la singularité de sa structure, par l'intelligence de sa composition. Elle n'est pas sérielle, elle n'est pas non plus tonale. L'on y voit quel parti un musicien de la génération de 1920 peut tirer de la discipline sérielle. Ce n'est pas que Georges Auric se soit rallié au dodécaphonisme. Mais le renouveau d'intérêt dont bénéficie la discipline sérielle auprès de nos jeunes musiciens l'a engagé, à l'instar de Stravinsky, à en éprouver les possibilités. Georges Auric a beaucoup médité sur l'écriture sérielle, et s'il l'a utilisée, ce n'est pas en s'y soumettant, mais en se l'ajoutant. La *Partita* est fondée sur une série de douze sons, dont les combinaisons et altérations savamment élaborées permettent de donner l'impression d'invention continue. Le principe de *répétition,* fondement traditionnel de la forme, cède ici au principe de *variation*. Et c'est précisément cet impératif de variation perpétuelle qu'il retient surtout — comme un Serge Nigg ou un Casanova — de la doctrine schönbergienne. Mais c'est dans la mesure où il y trouve une technique lui permettant de réaliser, par opposition au développement thématique, ce développement mélodique qui fait l'originalité de sa *Partita* et renouvelle son art en l'approfondissant. Auric a vu admirablement que la mélodie est douée d'un pouvoir constructeur, qu'elle doit organiser et conduire le développement musical — tandis que l'harmonie, statique par nature, n'y saurait prétendre. Tel musicien, avec des harmonies complexes, ne réalise souvent que des phrases rudimentaires. Tel autre, avec les harmonies les plus simples, réalise des phrases amples, souples et variées. Ainsi donc le problème de la mélodie est indépendant de celui de l'harmonie et, semble-t-il, beaucoup plus important. Hindemith se plaint qu'il y ait tant de traités d'harmonie — et point de traités de mélodie. Et il est bien vrai que la mélodie seule, par son harmonieux déploiement, peut construire la forme musicale, au sens profond : cette durée sonore qui épouse le processus du temps. L'esthétique de la mélodie, c'est l'esthétique de l'œuvre musicale même. Et c'est peut-être à l'esthétique de la mélodie qu'il appartient de délivrer le musicien du poids des théories harmoniques et de l'obliger à tourner son regard vers ce qui est la fin même de la musique : l'œuvre musicale, cet être vivant.

FRANCIS POULENC

C'est chez Francis Poulenc que se sont incarnées le plus parfaitement les tendances classiques du « Groupe des Six ». Et l'on peut dire que de tous nos musiciens modernes, il est celui qui a le mieux sauvegardé la pureté de la tradition française.

« Classique », Poulenc l'est par nature et non par théorie. Il possède une sensibilité finement intellectualisée qui le garantit aussi bien du romantisme que de l'académisme. Et s'il compose, de son propre aveu, par « instinct », c'est que cet instinct est régi par des règles tacites — celles qui naissent du goût et du sens de la mesure. Poulenc peut donner libre cours à sa fantaisie, jamais elle ne l'entraînera vers l'informe, la démesure ou la grandiloquence.

Poulenc est le vrai « musicien français », libéré de tout préjugé, se méfiant des systèmes et se fiant à ses intuitions auditives. Essentiellement et exclusivement latin, il est imperméable à toute influence germanique, et par conséquent à la séduction des théories ou des procédés d'écriture. A l'écart de la musique abstraite comme de la musique à programme, il retrouve le plus beau pouvoir de la pensée musicale française : celui d'organiser la sensation sonore sans jamais l'émousser. Le charme reposant que dégage la musique de Poulenc vient de ce que le musicien n'a pas été touché par la crise de la conscience musicale contemporaine et a préservé son innocence, comme protégé par la musicalité spontanée qui l'habite et l'anime. Poulenc se vante de n'avoir pas de principes ou de système d'écriture. C'est dire qu'il n'est pas tourmenté par les problèmes de langage. Il n'eut jamais en vérité d'autre ambition que de suivre son naturel, ce qui lui valut la chance de se trouver sans avoir eu à se chercher; et son évolution ne fut pas une quête de soi, mais seulement un enrichissement et un accomplissement.

Poulenc peut apparaître à première vue comme un musicien de piano. N'est-ce point sa musique de piano — et en particulier les *Trois Mouvements perpétuels* — qui lui apporta d'emblée la célébrité, accréditant l'image d'un Poulenc léger, tour à tour charmant et impertinent —

image que devait d'ailleurs démentir son évolution ultérieure. Poulenc, pianiste pour qui le piano est un naturel moyen d'expression, à la fois perpétue et rénove la grande tradition pianistique. Car il a en vérité redécouvert l'éternelle vocation du piano, que notre époque voulait contraindre à renier sa nature pour devenir un instrument à percussion. Le piano de Poulenc chante et résonne, et sa matière sonore se nimbe du féerique halo dû à la magie d'une pédale consciente de ses pouvoirs. Mais, bien qu'elle soit très abondante et que les plus grands pianistes du monde entier l'aient adoptée, la production pour piano de Poulenc n'est point ce que le compositeur préfère de son œuvre. Toujours prompt à se critiquer, Poulenc estime que son œuvre pianistique confirme l'opinion selon laquelle la pratique du clavier, par les facilités qu'elle offre à la pensée musicale, lui ôte sa liberté et son originalité. Le meilleur Poulenc — ou le plus authentique — ne serait pas celui des trop charmantes pièces pour piano, mais bien celui des œuvres vocales — profanes ou sacrées — où peut à loisir s'épanouir ce don mélodique si caractéristique de sa personnalité musicale.

Autre paradoxe : le compositeur que l'on croyait voué à la légèreté, à l'ironie et au burlesque — donc musicien profane par excellence — s'est révélé après la cinquantaine comme un compositeur religieux de la plus noble race et comme prédestiné à la musique spirituelle par sa vocation la plus intime. Et même dans ses œuvres profanes, la même évolution peut s'observer, qui conduit Poulenc vers une musique plus austère et plus grave par son contenu, plus sévère et rigoureuse par sa forme. Ses œuvres de jeunesse dans le domaine de la musique de chambre sont très typiques de sa première manière et de l'esprit de l'époque par la brièveté, la concision, l'acidité et l'impertinence. Mais à partir des années quarante, elles prennent un caractère plus grave et plus lyrique, de même que les mélodies, qui définitivement perdent, elles aussi, tout caractère « Groupe des Six ».

Dernier paradoxe enfin : le musicien qui excellait dans la pièce courte, dans l'improvisation brillante où règne une spontanéité fantaisiste, a su devenir sans se renier l'architecte du *Concerto pour orgue et orchestre à cordes* (1939), cette œuvre si caractéristique du Poulenc « grave », où la densité du contenu s'allie à la perfection de la forme.

Mais peut-être n'y a-t-il rien en tout cela qui doive surprendre. Il y eut toujours dualité en la personnalité humaine du musicien. Au Poulenc espiègle et primesautier, d'un tour d'esprit « parisien », voire « faubourien », s'oppose et se joint un Poulenc austère aspirant à se délivrer du divertissement qui divertit l'âme d'elle-même; un Poulenc qui a le sens de la noblesse et le goût de la rigueur. De là les deux aspects antinomiques de sa musique. D'une part « son folklore » personnel — pour reprendre l'expression de Ravel —, aristocratique et populaire à la fois. D'autre part les lignes nues de certaines de ses œuvres religieuses. D'un côté les *Mouvements perpétuels, les Biches* et *les Mamelles de Tirésias,* de l'autre les *Motets,* la *Messe* et le *Stabat.* Poulenc au surplus ne renonçait pas volontiers à l'un ou l'autre de ces deux aspects complémentaires de lui-même, et moins opposés peut-être qu'il n'y paraît d'abord. La musique de Poulenc a beau revêtir les apparences du divertissement, parfois y transparaissait, à l'insu de l'auteur, un fond pathétique ou dramatique. Et l'ironie apparaissait comme une sorte de pudeur cachant et réservant ce qu'il y avait peut-être de plus profond en l'âme du musicien. En tout cas, chacun de ces deux aspects se reflète en des œuvres également authentiques, et Poulenc aimait citer ensemble *les Mamelles de Tirésias* (opéra-comique sur un texte d'Apollinaire), *Figure humaine* (cantate pour double chœur sur des poèmes de Paul Éluard) et le *Stabat Mater* (pour soliste, chœur et orchestre), considérant ces trois œuvres comme également caractéristiques de lui-même, et comme les plus naturelles et les plus personnelles qu'il ait écrites.

En ses contrastes mêmes, la musique de Poulenc est fidèle à son essence. Au sein des plus pathétiques sentiments, elle garde la discrétion et la retenue. Dans la gravité et la grandeur, elle conserve la simplicité et le naturel. C'est dire qu'elle reste toujours tout intime et intérieure. De sorte que par exemple dans le *Concerto pour orgue et orchestre,* qui rétablit l'usage de l'orgue dans la musique profane, l'instrument par excellence grandiose et quelque peu grandiloquent devient le confidentiel messager d'une angoisse secrète. C'est ce climat d'intimité et de recueillement qui fait le prix de la musique religieuse de Poulenc. Celle-ci, bien que tardivement apparue, occupe dans son œuvre une place de première importance. Les *Litanies à la Vierge Noire de Rocamadour* (pour chœur de femmes ou d'enfants, 1936), la *Messe en sol majeur* (pour chœur mixte *a cappella,* 1937), les *Motets* (pour chœurs mixtes *a cappella*) et le *Stabat Mater* (pour soprano, chœur mixte et orchestre, 1950) : autant de chefs-d'œuvre qui nous donnent l'exacte mesure du Poulenc « grave ». Dans leur écriture vocale, l'art le plus lucide rejoint le génie mélodique le plus spontané; et le musicien a su mettre sa science au service de son instinct infaillible de l'utilisation des voix. Surtout, la musique religieuse de Poulenc possède un accent neuf, et d'une qualité rare. Nul élément décoratif, théâtral ou dramatique ne peut s'y déceler; nul excès déclamatoire, mais une extrême pureté de style qui préserve — loin de la flétrir — la fraîcheur du sentiment. Une œuvre comme le *Stabat Mater* a ce précieux mérite, malgré une noblesse d'expression typiquement française, de rester toujours d'une émouvante simplicité. Poulenc apporte dans la musique religieuse ses modes d'expression familiers et personnels. Jamais il n'emprunte des dessins mélodiques au chant grégorien pour ensuite les accommoder à son langage harmonique, ainsi que le font nombre d'organistes de la jeune école française actuelle : Litaize, Duruflé, Jehan Alain, Langlais etc. Sa musique est religieuse hors de toute évocation du chant liturgique et seulement par la spiritualité qui l'anime. Rien en elle de solennel ou de guindé, mais une humilité et une ferveur par quoi elle rejoint l'esprit de la prière.

Simplicité et sincérité permettent à Poulenc de faire entendre son chant propre, ce chant qui règne souverainement sur toute sa musique, profane ou sacrée. La fécondité de Poulenc dans le domaine vocal — près de cinquante mélodies sur des poèmes d'Apollinaire, de Max Jacob et d'Éluard, le cycle *Tel jour telle nuit,* sans compter les œuvres chorales telles que les *Motets,* la *Messe,* le *Stabat* et la cantate profane *Figure humaine* — fait déjà pressentir l'essence mélodique de son art. Et si en vérité, dans la courbe de son évolution créatrice, la musique vocale a tenu une place toujours plus importante, cette évolution semble toute naturelle; elle était comme l'affirmation de la plus essentielle personnalité de Poulenc. Et c'est l'épanouissement même de son don mélodique, substance et fondement de son style, qui lui permit de se développer et de s'élargir sans renier ses caractéristiques essentielles. L'évolution de Poulenc se serait donc effectuée dans le sens d'un approfondissement : en même temps que l'homme accédait au plus intime de soi, l'artiste accédait aux sources de son art pour y puiser de nouvelles forces et de nouveaux pouvoirs. Rien d'étonnant donc qu'il ait livré le meilleur de lui-même dans ses œuvres vocales et que son style ait trouvé le chemin de la vraie grandeur. Mais n'y a-t-il pas cependant antinomie entre la mélodie et la construction formelle ? Dans la production du plus authentique Poulenc, l'on peut discerner deux sortes d'œuvres : de nombreuses mélodies qui semblent le pur jaillissement de son propre don mélodique, et des œuvres de plus d'envergure, plus « composées », et qui parviennent pourtant à égaler en spontanéité les meilleures mélodies. Poulenc certes n'a point le mépris de la forme que l'on prétend. Sa manière aisée ne doit pas faire illusion et nous laisser ignorer ses scrupules, ses remises en chantier; car il n'est aucune de ses œuvres qui n'ait subi, à chaque édition, des remaniements ou des transformations parfois profondes. C'est parce que les compositeurs français cachent par élégance les plans de leur construction, vont jusqu'au point où la forme revêt l'apparence d'un processus spontané, que d'aucuns leur reprochent leur manque de forme. Une mélodie de Poulenc, malgré son allure improvisée, n'est pas une improvisation. Elle a sa forme comme une sonate ou une symphonie. « Pour qu'une mélodie se tienne, dit Poulenc, il faut la construire. » Mais c'est la preuve même de l'excellence de la construction qu'elle puisse capter sans le briser l'élan mélodique. Et Poulenc ne construira pas ses œuvres de grande envergure autrement que ses mélodies, comme on le voit dans *Figure humaine,* d'une si totale spontanéité malgré une écriture recherchée, fouillée et subtile, ou dans le *Stabat Mater* où la diversité des épisodes se fond dans un seul élan lyrique et mystique. Au plus intime de la mélodie, Poulenc semble avoir découvert une vertu constructrice et plus réellement constructrice que celle de la forme abstraite. Et son aventure créatrice semble confirmer l'opinion de

Constant Lambert selon laquelle le compositeur doué du don mélodique possède par là même, hors de tout système de langage, son style personnel, qu'il pourra indéfiniment assouplir et perfectionner. Car il ne se trouvera jamais dans l'impasse que rencontrent inévitablement ceux — trop nombreux à l'époque moderne — qui fondent trop exclusivement leur musique sur l'harmonie ou sur le rythme. Et sa vie créatrice dessinera une évolution logique où le progrès de l'habileté technique n'exprimera qu'une fidélité toujours plus parfaite à lui-même.

Par son œuvre vocale aussi, Poulenc mérite bien le nom de « musicien français ». Car de même que sa musique chorale — profane ou sacrée — nous restitue l'esprit des polyphonistes de la Renaissance dont il semble retrouver l'art ondoyant et divers, ses mélodies sont comme l'accomplissement même de la mélodie française, dont la tradition remonte à Gounod et se continue à travers Debussy, Fauré et Ravel. Mélodie sensible et savoureuse qui enserre dans un contour raffiné un sobre lyrisme, mais qu'il appartenait à Poulenc d'assouplir et d'enrichir par une justesse de prosodie peut-être jamais égalée. Et cette justesse prosodique est d'autant plus remarquable que les poètes élus par Poulenc — Apollinaire, Max Jacob, Éluard, Reverdy — sont particulièrement difficiles à prosodier. Si Poulenc excelle dans ses mélodies, c'est justement qu'il a découvert les secrets de l'accord du son et du verbe, c'est qu'il n'ignore point quel appui la phonétique du mot prête à l'accent musical et sait être docile aux exigences du rythme poétique. Mais si poésie et musique se fondent en une unité indivisible, c'est aussi que Poulenc les relie de l'intérieur, par le sens contenu « entre les lignes » du poème, c'est que chacune exprime en son propre langage la même réalité spirituelle, la mélodie conférant au secret message du poème cette évidence sensible qui est le privilège de la langue des sons.

Dans le *Dialogue des carmélites* (créé d'abord à la Scala de Milan, puis à l'Opéra de Paris en 1957) se trouve transposé, magnifié et dilaté à la mesure de l'opéra cet art direct qui semblait propre aux cycles de mélodies, et sauvées cette humilité et cette ferveur qui faisaient le prix de sa musique religieuse. Le sujet et le texte de Bernanos (d'après Gertrude von Le Fort) ne semblaient guère convenir au théâtre lyrique. Sans doute cette pièce a-t-elle pour cadre la révolution française et la Terreur. Mais son contenu véritable réside dans les répercussions de ces circonstances historiques sur une communauté carmélitaine. Les différentes façons dont réagissent les carmélites devant le danger, devant le martyre, les affrontements psychologiques, l'influence réciproque des caractères, c'est tout cela qui constitue, au figuré, les « dialogues ». Le drame est ici tout intérieur et se noue dans la solitude des consciences. Si Monteverdi et Moussorgsky lui ont servi de modèles, Poulenc précise que ce n'est pas leur musique qui l'inspira, mais seulement leur esprit. D'une part en effet il ne pouvait être question d'un opéra à airs détachés comme le *Rake's Progress* de Stravinsky, et, d'autre part, Poulenc ne pouvait « songer à étouffer les mots si chargés de sens de Bernanos sous une avalanche orchestrale ». Avant tout Poulenc a voulu donner au texte de Bernanos un constant prolongement musical. L'orchestre savamment distribué n'intervient « en force » que lorsque cela est nécessaire et dans les passages symphoniques. Nous retrouvons dans les chœurs religieux — qui sont les sommets de l'œuvre — le Poulenc des *Motets* et du *Stabat,* le polyphoniste héritier de Victoria et de Lassus; et par toute l'œuvre, le mélodiste à la fois inspiré et savant qui trouve ici l'occasion de mettre à profit toute sa maîtrise de la prosodie française. A travers l'opéra entier chemine une ligne mélodique continue qui va du parler à l'extase mystique sans tomber ni dans le simple récitatif ni dans l'aria classique. L'alliance du texte et de la mélodie, vivante déclamation du texte, s'effectue non seulement au niveau de la prosodie, mais aux profondeurs psychologiques des personnages. La mélodie en épouse les moindres mouvements affectifs, semble confondue avec son rythme vital et comme modelée par son souffle même. L'art de Poulenc sans cesse rejoint ici ses sources mélodiques.

Soucieux de ne point se répéter, Poulenc tente avec *la Voix humaine* (d'après Cocteau) une nouvelle gageure dans le domaine lyrique. La difficulté était ici peut-être plus grande encore : un seul personnage, l'amante délaissée dialoguant au téléphone avec son amant, personnage muet et invisible. Or Poulenc a encore une fois triomphé : il a su recréer ce climat d'angoisse et de délire qui fait toute la vertu de *la Voix humaine*. Pour cela, nulle innovation de langage : c'est celui de Poulenc. La nouveauté réside dans la conception même de l'œuvre. C'est ici une musique de « points d'orgue ». L'orchestre se tait lorsque la femme délaissée écoute la voix de son amant. Point de mélodie continue. La déclamation chantée ne s'élève jusqu'au chant qu'en de rares moments. Le miracle est que ne se rompent point l'unité et la continuité de l'œuvre. C'est qu'en vérité non seulement les silences sont peuplés d'attente angoissée, mais les intonations mêmes de l'amante nous permettent de recréer le dialogue. Le mélodiste Poulenc s'est ici renoncé pour atteindre à la vérité du sujet qu'il avait choisi : il a sacrifié la mélodie en faveur de la diction pathétique.

Si Poulenc n'a pas inventé un nouveau langage musical, il a, en revanche, inventé un nouveau genre d'opéra qui s'écarte — aussi bien par son esprit que par sa conception — de l'opéra traditionnel et contribue à cette renaissance de la musique lyrique que semble appeler notre époque.

L'ÉCOLE D'ARCUEIL

HENRI SAUGUET

Lorsqu'à la fin de sa vie, Satie se fut retiré à Arcueil — tandis que chacun des « Six » suivait sa personnelle destinée —, il vit se rassembler autour de lui un groupe de musiciens plus jeunes, réunissant Henri Cliquet-Pleyel, Roger Désormière, Maxime Jacob et Henri Sauguet. Les « Nouveaux Jeunes », remplaçant les « Six », se donnèrent le nom d' « École d'Arcueil » en hommage à Satie, mais sans l'intention de constituer vraiment une école, obéissant à une esthétique définie. Le « maître d'Arcueil » n'enseignait-il pas d'ailleurs : « Marchez seuls. Faites le contraire de moi. N'écoutez personne » ? Toutefois leur admiration pour l'auteur de *Socrate* disait assez qu'ils tendaient tous également vers une simplicité d'expression qui ne pouvait que confirmer chacun d'eux en son originalité propre. Un Maxime Jacob — devenu en religion Dom Clément Jacob — est toujours resté fidèle à l'esprit de Satie, à cet idéal de simplicité, de dépouillement et d'humilité qui lui a permis d'harmoniser sa vocation musicale et sa vocation religieuse. Cet idéal avait déjà inspiré son œuvre profane : ainsi ce *Concerto* pour piano ou cette *Symphonie de chambre,* d'une ingénuité et d'une fraîcheur où semble revivre l'esprit des « Six » à leur naissance. Or ce même idéal le guidera dans son œuvre religieuse, dans ces *Cantiques* où, en réaction contre la vulgarité saint-sulpicienne, il restaure l'esprit de la mélodie grégorienne et de la polyphonie palestrinienne.

L'originalité d'Henri Sauguet — le plus illustre représentant de l' « École d'Arcueil » — c'est de dégager le sens le plus profond du message de Satie : cette sincérité dans l'expression qui ne va point sans la sobriété du langage. Si Sauguet s'appuie sur Satie, ce n'est point pour lui ressembler, mais pour se découvrir par son entremise. « Le groupe des Six » avait accompli une œuvre de purification. Henri Sauguet, qui leur succède, a pu chanter plus librement. A la simplicité volontaire et quelque peu ascétique de Satie, se substitue avec Sauguet la simplicité d'une spontanéité retrouvée. Et c'est là un changement profond de la démarche créatrice, qui permettra à Sauguet de rejoindre le romantisme, en le redécouvrant, loin de tout excès et de toute emphase, dans la sincérité de son premier élan vers l'expression et la poésie, et dans sa primitive ferveur.

Sauguet ne prise rien tant que le « naturel ». De là sa quête de simplicité et même de « banalité » qui est une défense contre toute tentation d'excentricité dans le langage. Excentricité qui n'aboutirait qu'à masquer l'immédiat du sentiment, tandis que la simplicité le laisse affleurer dans sa pureté. Sauguet bannit donc l'originalité extérieure afin que ne subsiste plus que l'originalité véritable, qui est consentement à soi-même.

Si Sauguet cultive la simplicité et se veut avant tout docile à sa spontanéité intime, ce n'est point qu'il se désintéresse des problèmes de langage. Mais chez notre musicien le langage demeure toujours un « moyen d'expression », au sens fort, c'est-à-dire ne devient jamais fin en soi. Sauguet n'est point tourmenté par le désir d'innover et de promouvoir l'évolution musicale. Nul système exclusif, nulle théorie concertée ne le retient captif. « Il est un fait — nous écrit le compositeur —

ce qui vaut quelque chose dans ma musique, c'est ce qui est agi par un sentiment. Mais je me préoccupe beaucoup du véhicule de ce ou de ces sentiments. Et je ne laisse pas le hasard décider des moyens de la mise en œuvre si, par contre, souvent je laisse ma pensée se livrer aux « jeux du hasard »... L'appareil technique me préoccupe autant qu'un autre, mais comme moyen de m'exprimer, c'est-à-dire attaché à la pensée ou au sentiment qui lui donne la vie, non en tant que but à atteindre et à perfectionner. Par la technique, je vais où je cherche à aller. »

Sauguet a fait sienne la maxime de Satie : « Tous les grands artistes sont des amateurs. » Amateurs, non point parce qu'ils méprisent le métier, mais parce qu'exempts de la déformation du « spécialiste » — si bien fustigé par Satie — auquel les arguties du métier dérobent le sens même de la musique. Pour Sauguet, la musique resta ce qu'elle fut dès sa première révélation : un art essentiellement signifiant, dispensateur de l'état de grâce poétique. De telle sorte que le « musicien le plus poète de notre temps » (Marcel Schneider) a préservé, en évoluant, ce don de poésie et cette fraîcheur d'invention qui s'affirmaient dès ses premières œuvres. Et malgré une harmonie toujours plus recherchée, une science toujours plus subtile, Sauguet restera fidèle à son idéal de simplicité. Simplicité de cœur qui transparaît à travers les complexités du langage harmonique, mais qui se traduit immédiatement dans la vivante spontanéité du « geste » mélodique. Le naturel de la musique de Sauguet, c'est de se laisser gouverner par la mélodie, si révélatrice du « moi profond ». Celle de Sauguet ne ressemble à nulle autre : elle unit à la sincérité d'accent cette grâce primesautière qui détend et délivre. En son délicat contour, il semble qu'elle parvienne à cerner l'élan même d'un devenir intérieur, à en épouser la courbe singulière. Le charme persuasif de cette spontanéité mélodique se trouve confirmé par celui d'une harmonie aisée et transparente, que son progressif enrichissement au cours de la vie créatrice de Sauguet n'a jamais privée de sa clarté. La rythmique enfin du musicien est aussi fort personnelle, sans avoir besoin d'ailleurs de faire appel à des rythmes complexes — ce qui a permis ses exceptionnelles réussites dans le domaine du ballet. Hors de toute innovation technique, Sauguet a créé un langage qui porte sa marque en prêtant à celui de notre temps — dont il utilise toutes les ressources — un sens nouveau, une résonance poétique qui le transfigure. L'inédit est ici dans l'esprit bien plus que dans la lettre, et la musique de Sauguet se referme sur son mystère.

Il importe d'autant plus — pour tenter de l'éclairer — d'en indiquer les sources. Ces sources résident — comme nous l'a confié le compositeur — « d'une part dans la musique liturgique, dont toute mon enfance (et c'est elle qui se prolonge tout au long de notre vie) a été imprégnée, et d'autre part dans la musique du XVIIIe siècle qui m'a fasciné au début de mes études musicales (les clavecinistes, Bach, car j'ai été organiste). Chopin et Schumann sont venus plus tard. Et Debussy a bouleversé tout cela ». Ensuite s'ajoutera l'influence déterminante de Satie. Influence au sens le plus noble, qui n'engendre point l'imitation d'autrui, mais l'affirmation de soi-même.

Sa première œuvre — une suite de danses pour piano —, Sauguet l'intitulera *Françaises,* pour souligner son appartenance à la tradition qu'il veut perpétuer; et sa musique ne cessera d'incarner les vertus les plus pures de la musique française : cette élégance naturelle, cette justesse de goût, ce subtil mélange d'humour et d'émotion dont elle a le privilège; et aussi sa gentillesse toujours attentive à « faire plaisir ». Sauguet avoue l'amour qu'il a toujours porté à la « voix qui chante ». De là sont nées assurément ces authentiques mélodies que nul procédé ne saurait construire. De là vient aussi que sa musique parle un si direct langage. Tout enfant, il chérissait la *Rêverie* de Schumann; et dès lors s'était imposé à lui le fondement de son esthétique future : l'idée que l'œuvre n'est pas objet en soi, opaque et résistant, mais expression et poésie. La musique de Sauguet ne sacrifie pas aux puissances troubles de la laideur et n'a nul goût pour les agressivités de langage : les dissonances n'y deviennent jamais discordances. Et le charme sonore s'y unit aisément à une expression essentiellement transfiguratrice. Les erreurs du faux romantisme une fois dénoncées par les « Six », il était possible de revenir à un romantisme renouvelé et retrouvé dans sa pureté originelle. Avec Sauguet, la musique reconquiert ses vertus chantantes, expressives et poétiques.

Romantique par sa spontanéité, son jaillissement poétique et lyrique, la musique de Sauguet répugne toutefois à la grandiloquence : recueillie sur le sentiment pur, elle ne le revêt point d'une parure extrinsèque. Et l'ironie — cette pudeur de l'âme française — vient ici, comme chez Satie, au secours de la sincérité d'expression, en préservant le sentiment des périls de l'ostentation et de l'outrance.

Cette musique que le sens illumine bannit tout ce qui est extérieur au profit du sentiment intime et de la sensibilité poétique. C'est bien mal la comprendre que de lui reprocher son manque de développement. La forme, chez Sauguet, renonce à ses jeux propres pour nous restituer l'immédiat de l'émotion poétique, pour épouser l'élan intérieur et la vie mouvante. D'où ce refus du développement qui gauchit la courbe naturelle du sentiment et nous éloigne de la « Stimmung » poétique originaire. Le libre discours de Sauguet, qui est d'un poète, s'insurge contre la rhétorique et la dialectique. Le musicien n'a que faire de « hautes mathématiques musicales » et de raisonnements abstraits : il lui suffit de chanter et d'évoquer. Presque toujours sa musique s'appuie sur un argument visuel, poétique ou légendaire. Sauguet excelle à créer un climat, à accorder, par leur saveur émotionnelle, le son et le sens. Avec élégance, le métier se dissimule derrière la donnée poétique. « Cacher l'art par l'art même », cette parole de Jean-Philippe Rameau, Sauguet en a fait sa devise favorite.

A vingt-six ans, Sauguet composait son premier ballet *la Chatte* (une commande de Diaghilev) et mettait sur le chantier son opéra *la Chartreuse de Parme ;* et depuis, de l'opéra à l'opéra bouffe, du ballet au divertissement dansé, et même à la musique de scène, rien de ce qui touche au théâtre ne lui est étranger ; car il sait à merveille mêler l'action et le rêve, et sa musique symphonique ou même sa musique de chambre pourraient souvent servir de prétexte à la danse. Sauguet s'est révélé comme l'héritier légitime de la tradition de l'opéra-comique français et du ballet parisien, tels qu'ils ont fleuri au XVIIIe siècle. Dès l'opéra bouffe *le Plumet du colonel,* sa première œuvre importante (qu'il dut composer — texte et musique à la fois — en cinq mois), Sauguet révèle sa vocation pour le spectacle ainsi que ses dons de mélodiste. L'on y trouve déjà cette mélodie continue qui régnera dans tout son théâtre lyrique. « Enfin de la musique qui chante! » s'est-on écrié à la première audition de cette œuvre, tandis que Stravinsky déclarait au jeune musicien : « Ne vous cherchez pas, vous vous êtes déjà trouvé. » Sauguet s'était en effet « trouvé », et son évolution créatrice ne sera que l'approfondissement et l'enrichissement de son art dans une constante fidélité de l'homme à lui-même. Sauguet a composé, avec un bonheur toujours égal, de nombreuses partitions de ballet parmi lesquelles il faut citer : *la Chatte, la Nuit, les Mirages, les Forains,* et *la Rencontre d'Œdipe et du Sphinx.* Il n'obéit en ce genre à aucune conception particulière; tout au contraire sa réussite vient-elle plutôt de sa disponibilité même et de sa faculté de métamorphose, source d'une technique assez souple et d'un vocabulaire assez varié pour se plier à toutes les exigences. Au théâtre comme dans ses ballets, il recherche toujours cette même vérité poétique qui constitue l'essence et l'originalité de son art. Dans *la Chartreuse de Parme* qu'il mit dix ans à parfaire (1926-1936) et où il a mis — dit-il — « la somme de ses connaissances et de ses émois », il ressuscite en le transposant selon soi le vieil opéra de Verdi et de Gounod. Le propos du musicien fut d'unir, en ce drame lyrique, la peinture psychologique et l'atmosphère romantique, la poésie et l'action. *Les Caprices de Marianne* (1954) — sujet qui l'a séduit par la psychologie romantique des personnages s'accordant à son propre romantisme — consomment l'alliance de la poésie et du théâtre lyrique. La mélodie s'y déploie de manière continue, grâce à une sorte de « conversation lyrique » qui suit les inflexions du texte sans jamais tomber ni dans le récitatif, ni dans le parlé. Le style théâtral de Sauguet n'a rien d'emphatique : le musicien témoigne ici encore de son don pour l'expression simple et sobre.

La guerre de 1940, qui lui a inspiré son émouvante *Symphonie expiatoire,* a enrichi l'expérience humaine du musicien et l'a porté à accentuer l'humanisme qui avait toujours animé sa musique — humanisme par lequel il rejoint d'une certaine manière le groupe « Jeune France » qui se constitue vers cette époque. De cet humanisme témoignent tout particulièrement le ballet *les Forains,* une série de mélodies sur des poèmes de Rilke, Heine Hölderlin, Baudelaire, Mallarmé, Laforgue, et la *Cantat pour basse et orchestre* sur 19 poèmes de Rilke : *Chant d'amour et de mort du cornette Christophe Rilke,* ainsi que son *IIe Quatuor*. Le musicien que l'on croyait voué à la légèreté a su atteindre dans *le Cornette* à la grandeur épique, sans pourtant quitter ce lyrisme familier et tout intérieur qui lui est propre. De même ne tombe-t-il point dans la rhétorique en cet émouvant *Quatuor* dédié à la mémoire de sa mère, où sa musique garde son tour aisé, sa discrétion et sa délicatesse de touche. Mais est-il nécessaire de tout dire lorsqu'on peut tout suggérer ?

En même temps que s'approfondit l'humanisme du musicien, son langage s'assouplit et s'enrichit, son ton se fait plus grave en s'adjoignant les ressources du chromatisme. Dans *les Caprices de Marianne,* il se sert tour à tour du langage tonal ou atonal selon les exigences de l'expression. Semblablement dans son ballet *le Caméléopard* (1956) comme déjà dans *la Rencontre* (1948), il use d'une grande liberté harmonique et d'une atonalité surgie non point de l'esprit de système, mais de la spontanéité de l'inspiration. En conquérant sa liberté, son langage harmonique accroît encore sa vérité expressive. L'on ne peut reprocher à Sauguet des procédés d'écriture arbitraires. Restant en principe attaché au principe tonal, il n'en a pas moins fait quelques incursions non seulement dans l'atonalisme mais encore dans la musique concrète (*Aspects sentimentaux,* où il utilise outre divers autres bruits ceux du pas et du souffle de la voix humaine). Mais là encore, en dépit de la nouveauté du matériau, Sauguet reste lui-même, parce qu'il continue d'obéir à son impératif fondamental : exprimer le sentiment poétique en sollicitant toutes les possibilités évocatrices de l'art des sons. Libre de langage, française de ton, la musique de Sauguet nous renvoie l'image fidèle de celui dont toute l'ambition ne fut que de rester fidèle à son chant intérieur et de conserver la naïveté de l'enfance magicienne.

LA JEUNE FRANCE

YVES BAUDRIER ET DANIEL-LESUR

En 1936, Yves Baudrier fonde avec Olivier Messiaen, André Jolivet et Daniel-Lesur le groupe de « Jeune

France ». En réaction contre les tendances abstraites, alors de mode, contre le « retour à Bach » (« avec fausses notes obligées! »), les quatre musiciens affirment leur commune volonté d'une « réincarnation de la musique dans l'homme », c'est-à-dire d'une réhumanisation de la musique. Loin d'être un groupe fermé, « Jeune France » accorda son appui à tous les musiciens partageant ce même souci d'humanisme musical (Germaine Tailleferre, Claude Arrieu, Marcel Delannoy, Georges Dandelot, Georges Migot, Tony Aubin, Henri Martelli, Jean Françaix, Jehan Alain, Jean-Jacques Grünenwald...). Ainsi la caractéristique essentielle de ce groupe — et sa nouveauté — c'était de mettre l'accent non point sur la technique — ou même l'esthétique — mais sur l'éthique du créateur et la vocation humaine de la musique. Les « Six » avaient libéré la musique « en soi », mais, isolée en elle-même, elle risquait de dépérir en perdant tout contact avec la vie. Grâce à « Jeune France », la musique de nouveau se reliait à la vie et singulièrement à l'homme. Mais quels allaient en être, pour l'art musical, les bénéfices ?

Yves Baudrier fut le théoricien du groupe à ses débuts, et le principal rédacteur du manifeste *Jeune France ;* ce manifeste exprime sans doute l'essentiel de sa conception, qui délaisse les questions de grammaire au profit d'un humanisme assez large pour que les musiciens du groupe aient pu s'y rencontrer sans renoncer à leur personnelle vocation. Et de fait, s'ils s'accordaient sur la nécessité d'un retour à l'humain, ils se différenciaient nettement par leur position respective à l'égard des problèmes de langage. Ce qui distingue Baudrier de Jolivet et de Messiaen, pour le rapprocher de Lesur, c'est le rejet à la fois instinctif et conscient des recherches théoriques — estimées responsables de la déshumanisation de la musique et de l'actuel divorce du compositeur et du public. Alors que pour Messiaen et Jolivet l'humanisme ne signifie point le renoncement aux recherches de langage, Baudrier et Lesur trouvent en cet humanisme même un fondement suffisant à l'art musical. Mais cette divergence à l'égard des problèmes théoriques ne traduirait-elle pas une divergence dans la conception même de l'homme ? Jolivet et Messiaen semblent, en effet, affirmer plus fortement son appartenance à un cosmos qui doit se refléter dans sa musique, et ne s'y reflétera que si le musicien déchiffre, au moyen de son entendement, les lois cosmiques. Baudrier et Lesur ont tendance, au contraire, à restreindre l'homme à lui-même et à son univers intérieur, donc à ne voir dans la musique que l'expression spontanée de lois psychologiques et affectives, que l'entendement ne doit point tenter de modifier ou d'écarter. Autodidacte, Baudrier répugne aux solutions commodes offertes par le métier ou les systèmes formels. Et s'il se fait théoricien, c'est pour déclarer la guerre à toutes les théories. Loin de se demander ce que la musique doit être, il cherche à pénétrer ce qu'elle est — et n'aurait jamais dû cesser d'être.

L'esthétique de Baudrier, c'est une théorie psychologique de la création, l'analyse de l'expérience intérieure d'un musicien très conscient de sa démarche créatrice. A l'inverse de Daniel-Lesur, musicien « pur », Baudrier se montre surtout préoccupé d'exprimer musicalement des contenus extra-musicaux. La création est toujours chez lui un acte d'expression, où la musique demande à la vie ses énergies formatrices. Son imagination très vive a d'ailleurs besoin d'être fécondée par le contenu extra-musical. D'où ses nombreuses réussites dans le domaine du poème symphonique — mais aussi, par contre, la difficulté qu'il éprouve à rejoindre à partir de l'expression, la pureté d'une forme douée de valeur autonome. Sa *Symphonie,* qui bannit tout développement formel, précisément nous instruit de cette essentielle tension entre l'expression et la forme, et semble réfuter le propos de l'auteur de demander à l'expression seule le secret de toute construction. Ce « lyrique qui fait crédit à l'intuition » se montre beaucoup plus heureux dans la musique à programme, qui lui permet de s'abandonner à sa verve lyrique et poétique. Citons en particulier ces deux étonnantes marines que sont *Raz de Sein* et *le Grand Voilier ;* citons aussi *le Musicien dans la cité,* autre poème symphonique, qui traduit les impressions d'un musicien devant le spectacle d'une cité moderne au cours d'une promenade nocturne. Si la musique de Baudrier prend sa source en des contenus extra-musicaux, elle repousse cependant le pittoresque. Elle n'est jamais description ni même évocation, mais expression. La nature pour Baudrier, ce n'est point celle de Jolivet ou de Messiaen, qui oblige l'homme à se dépasser, à communier avec des forces qui le débordent. C'est une nature qui ne prend son sens que par l'homme, parce qu'elle est surtout un état d'âme. La musique de Baudrier, à travers les spectacles qu'elle traduit, reste centrée sur le thème « l'homme et son destin ». Telle est sa manière d'interpréter l'humanisme de « Jeune France ».

A l'inverse de Baudrier, Daniel-Lesur apparaît comme un musicien « pur », non point qu'il s'adonne dans sa musique à la spéculation formelle, mais parce que sa musique n'est que pensée musicale guidée par sa propre lumière et ne sollicitant pas de secours extérieur. La musique de Daniel-Lesur séduit par une spontanéité qui nous fait pressentir que le langage musical fut pour lui, dès l'enfance, naturel mode d'expression. Seul des quatre membres du groupe, Daniel-Lesur ne croit pas à l'existence d'une crise, n'éprouve point au fond de lui-même le drame de la conscience musicale contemporaine. Il n'y a pas pour lui de problèmes de langage. C'est qu'il a eu la chance — comme tous ces musiciens d'autrefois, musiciens de père en fils — de toujours vivre baigné de musique, s'accoutumant ainsi très tôt à s'exprimer directement et comme à son insu en langage musical. De plus, son commerce constant avec les chefs-d'œuvre, dont l'éternelle actualité éclaire l'avenir, l'a sans cesse rassuré sur le sort futur de la musique et l'a imprégné des lois qui en constituent les immuables fondements. Aucune réflexion intellectuelle sur la crise contemporaine ne pouvait plus dès lors susciter en lui de doute ou d'angoisse. Plus heureux que ceux chez qui la conscience intellectuelle des problèmes, précédant la création, a brisé ou troublé le naturel processus de l'imagination créatrice, il n'eut pas à choisir sa voie.

Daniel-Lesur n'est donc point entravé par des scrupules esthétiques. Révélatrice à cet égard est la réponse qu'il apporta à l'enquête menée au lendemain de la dernière guerre dans « Contrepoints ». Ses principes esthétiques et techniques ? « De la musique avant toute chose. » Emploi de procédés d'écriture ? « Pourquoi se montrer si méchant envers soi-même ? » Et ailleurs il déclarera : « Une seule chose importe : que la musique contienne beaucoup de musique. Et pour cela il faudrait que l'homme ne soit pas inhumain. » Mais s'il se rattache par là aux tendances initiales de « Jeune France », il se distingue profondément de Messiaen et de Jolivet en ce qu'il ne les a pas suivis sur le chemin des recherches et des expériences. Daniel-Lesur a le sens aigu des différences irréductibles qui séparent pensée conceptuelle et pensée musicale. La musique ne saurait être considérée comme un langage au sens strict : alors que le mot, la phrase *traduit* une pensée, le son, la musique *est* pensée musicale.

La musique, selon Daniel-Lesur, repose sur un double fondement dont elle ne saurait s'affranchir : la résonance naturelle et le chant humain. C'est pour avoir voulu en faire abstraction que le dodécaphonisme reste suspendu dans le vide. Daniel-Lesur n'a jamais été tenté par les possibilités de l'atonalisme comme ceux qui se sont heurtés aux contraintes tonales et ont cherché à s'en libérer. Le chant grégorien et le folklore l'ont orienté vers la souple modalité, qui est demeurée son langage de base. Ce modalisme rénové et très personnel lui assure une liberté de langage qu'il n'eut point à conquérir en brisant le langage traditionnel. Dans la musique de Daniel-Lesur se laissent discerner, à côté des éléments préclassiques, des éléments impressionnistes et romantiques. Son style de piano tranche sur celui de notre temps : étranger à la sécheresse et au *martellato,* il est romantique par son effusion mélodique, son halo poétique, et par l'appel aux pouvoirs sensibles de la sonorité pianistique qu'il spiritualise et transfigure. Mais ce style qui restitue à la sonorité pianistique le nimbe de ses résonances ne lui ôte point sa cristalline précision. Indifférent à l'époque, le piano, chez Daniel-Lesur, nous fait entendre son chant propre dans la *Passacaille* pour piano et orchestre, dans la *Ballade pour piano* d'un lyrisme chaleureux mais toujours mesuré, dans le *Concerto da camera,* aimable et souriant avec une fine touche de sensibilité distinguée et discrète. *Le Bal,* suite pour piano, est un hommage à l'instrument romantique par excellence dont Daniel-Lesur nous conte les aventures, avec une émotion mêlée d'humour, depuis les *Moments musicaux* de Schubert jusqu'à la moderne frénésie de la percussion.

Le romantisme de Daniel-Lesur, spécifiquement français, trouve dans le sensualisme l'antidote du sentimentalisme. Ce romantisme, après s'être affirmé dans ses lieder et son poème symphonique *Andrea del Sarto,* s'est synthétisé avec son préclassicisme dans le *Cantique des Cantiques,* polyphonie chorale a cappella, où il retrouve selon soi l'art des polyphonistes de la Renaissance. Si ce *Cantique* témoigne en effet de sa science de la conduite des voix, il ne se réduit pas pourtant à un entrelacs sévère de lignes, mais suscite des effets de timbre qui transforment le chœur en une sorte d'orchestre immatériel. C'est dire que la polyphonie vocale se plie à l'impressionnisme de Daniel-Lesur de même qu'à son romantisme que vient féconder ici la fruste poésie sensuelle du chant d'amour de l'Ancien Testament.

Mais ce romantisme ne concerne que « l'homme psychologique », tandis que le préclassicisme constitue l'assise formelle de la pensée du musicien. Daniel-Lesur déclare préférer la suite, née de la danse et de la chanson, et toute proche des sources vives de la musique, à l'orgueilleuse sonate, issue de l'entendement constructeur, et sacrifiant comme lui à l'abstrait la qualité sensible et la vie mouvante. Daniel-Lesur avoue sa répugnance pour la forme et ses jeux stériles, pour la construction savante assujettissant à ses fins propres l'élan créateur. Et la lecture du catalogue de ses œuvres, aux nombreuses *Suites,* atteste qu'il a préféré remonter le cours de l'évolution, revenir de la sonate à la suite, de l'abstrait vers le concret, de la forme vers le sensible et vers la fantaisie. Mais il ne saurait s'agir chez Daniel-Lesur d'un quelconque « retour à ». Même dans sa *Suite médiévale* pour flûte, harpe, violon, alto et violoncelle où il évoque un Moyen âge de légende, il ne verse pas dans le pastiche mais parle son propre langage. Et c'est bien pour rester lui-même en échappant aux formules toutes faites qu'il recourt à la suite. Les musiciens français du XIXe siècle ne purent jamais s'accommoder de la sonate, malgré leur effort. Elle était trop en désaccord avec leur horreur de la redite et du développement, et surtout leur respect des enchaînements naturels de la sensation musicale. La suite se garde au contraire de sacrifier les effets sensibles de la musique à une prétendue élévation de style. Debussy et Ravel étaient déjà retournés à la suite ; et chez Daniel-Lesur comme chez eux cette démarche est inspirée par ce goût de la qualité sensible si propre au musicien français, qui lui fait rejeter toute forme pliant la sensation sonore à un ordre extrinsèque. Le souci majeur de Daniel-Lesur n'est point du tout de construire, mais bien d'organiser l'univers auditif selon ses relations naturelles et ses exigences intimes. S'il ne cherche pas de soutien dans les formes convenues, ce n'est pas pour s'abandonner à un pur sensualisme : mais la forme chez lui semble naître spontanément de la substance mélodique et harmonique. Aussi sa musique, pleine de fraîcheur, donne-t-elle le sentiment d'une libre improvisation sans préméditation où la forme, ne quittant pas le sensible mais l'illuminant comme de l'intérieur, se fait complice de notre plaisir. Si Daniel-Lesur se sent en affinité avec les préclassiques, c'est qu'en vérité demeure au fond de lui, malgré l'époque, une naïveté créatrice. Et le charme de son art si français, si étranger aux formules toutes faites de l'académisme — et de l'extrême modernisme — c'est de retrouver, selon le langage d'aujourd'hui, les vivantes origines de la musique : le chant et la danse, jaillis de la spontanéité du geste humain.

ANDRÉ JOLIVET

Le mérite essentiel de Jolivet est d'avoir su réunir les recherches les plus hardies et le souci de l'humain. Et non par une sorte de compromis entre révolution et tradition, mais par un « radicalisme » au sens profond, où le retour aux sources historiques, s'identifiant à un retour aux sources métaphysiques, signifie la redécouverte des pouvoirs permanents et de l'universelle essence de la musique.

Chez André Jolivet, c'est bien l'éthique — plutôt que l'esthétique — qui gouverne. Au centre de sa création, Jolivet ne met point les problèmes de langage, mais le problème de l'homme : c'est là sa manière de résoudre la crise de la musique contemporaine. Car de bonne heure il comprit que seule la quête de l'universel — de l'universel humain — pouvait lui permettre de transcender l'époque et le mal de l'époque. Chez André Jolivet aussi, la musique tente de se régénérer en rejoignant ses origines, ce qui est retrouver son essence humaine et son éternelle vocation. Par-delà les divers langages des civilisations primitives et exotiques qu'il s'approprie, Jolivet cherche et trouve l'homme universel — et c'est justement ce qui lui permet de se les approprier. Solidement ancré en l'humaine essence de la musique, il n'est plus captif de son temps — hanté par l'exclusive recherche d'un langage — ni de l'histoire, et peut réunir ce qu'elle avait dissocié.

Le vrai renouveau, selon Jolivet, ne peut résider dans la découverte d'un langage inédit, mais il naîtra de la redécouverte de l'homme. L'œuvre musicale n'est point le jeu individuel, la fantaisie arbitraire du musicien : elle est le message adressé par un homme à ses semblables. Le créateur ne doit pas se soucier de l'avenir et de la postérité, mais bien de ses contemporains. C'est eux qu'il doit sauver en créant une œuvre à l'image de l'homme vrai, où ils puissent se mirer et qui les reforme. De plus l'œuvre n'existe que si elle est comprise et admise; et elle ne le sera que si la création répond chez le créateur à une fonction vitale, si tout ensemble il collabore avec la vie universelle et s'accomplit selon son essence humaine.

Les raisons de la crise où se débat la musique contemporaine sont de nature éthique — et non point technique.

Chez Jolivet la formation de l'homme précéda celle du musicien. Peintre d'abord, Jolivet bientôt abandonna la peinture pour la musique, lorsqu'il découvrit que l'art musical, seul entre les arts, s'avérait capable de rejoindre ses origines et, en touchant les masses, de retrouver cette fonction sociale et humaine qui est un gage d'authenticité.

André Jolivet fut successivement l'élève de Paul Le Flem et d'Edgar Varèse — qui devait exercer par la suite une influence décisive sur les représentants les plus avancés de la jeune musique. Et la dissemblance même de ces deux maîtres permit à Jolivet d'affirmer de bonne heure, en toute liberté, son tempérament personnel et d'établir, par la suite, un heureux équilibre entre les sollicitations diverses de sa nature : l'art de Jolivet est né sous le signe de la synthèse, qui orientera son évolution et en marquera l'accomplissement. Avec Paul Le Flem, Jolivet assure les fondements architectoniques de son art par l'étude des grands classiques : Bach, Beethoven, Palestrina, Victoria. Et c'est tout naturellement qu'il sertira plus tard ses audaces sonores dans une ferme structure rythmique et formelle. Quant à la rencontre avec Varèse, c'est Paul Le Flem — ami et admirateur de Varèse — qui lui-même la suscita, en maître intelligent qui avait deviné la personnalité secrète de son élève. C'est sans doute à ses contacts avec Varèse que Jolivet doit son amour pour le son-matière, le désir de créer des matériaux inusités, d'absorber dans l'univers musical toute la variété des bruits qu'engendre notre civilisation mécanisée. Varèse lui a suggéré aussi une conception nouvelle de la construction musicale, qui devient transmutation constante de cellules originelles de sonorité, de densité et de rythme. C'est Varèse enfin qui le mit sur la voie de lui-même : d'une musique « en relation directe avec le système cosmique universel » et le confirma dans sa croyance en la nécessité de l'abandon du système tonal. A l'influence de Varèse, il faut ajouter celles de Schönberg, de Berg et de Bartók — qui devait être particulièrement féconde. Mais c'est grâce à Varèse que Jolivet put expérimenter le dodécaphonisme et le surmonter après se l'être intégré à lui-même. Le reproche essentiel qu'adresse Jolivet au dodécaphonisme, c'est de renier la loi de la résonance; et s'il veut dépasser la tonalité, c'est pour mieux respecter la résonance naturelle par quoi la musique — cet art humain — s'enracine dans l'ordre cosmique.

Jolivet estime que le créateur doit exprimer par son art sa vision du monde. Et jamais une musique n'incarna plus immédiatement une métaphysique que chez Jolivet, en qui renaît l'antique croyance dans le pouvoir magique de la musique, et dont l'œuvre exprime ce dialogue du cosmos et de l'âme humaine où réside notre vie même. Selon lui, la musique est la vibration du monde et doit être à l'image du système cosmique universel. En obéissant aux lois de la résonance naturelle, le musicien affirme déjà son appartenance au monde. Il l'affirme encore en utilisant les qualités spatiales du son. Le développement musical chez Jolivet n'est pas seulement thématique, linéaire, mais il s'opère aussi au moyen de modifications d'intensité, de variations de la masse orchestrale. Et le rythme n'est point seulement répétition de formules rythmiques ni le débit du lyrisme, mais la variation réglée de l'épaisseur du flux sonore. Ainsi la musique de Jolivet, véritable microcosme, vit à la fois dans le temps et dans l'espace. Mais de ce microcosme l'homme demeure le centre; car telle la monade leibnizienne, il reflète selon soi-même tout l'univers. L'homme en vérité n'est pas seulement contenu dans l'univers, mais aussi il le contient et l'assume. Ce dont témoigne admirablement la création artistique. Le monde offre à l'artiste les éléments mêmes de son langage, les moyens qui lui permettront de s'exprimer et de communiquer avec ses semblables. Et c'est en s'exprimant que l'artiste accomplit la vocation de l'homme et la secrète destinée de l'univers — et s'acquitte envers la vie.

Pour Jolivet le problème du langage ne saurait se poser en soi et indépendamment du problème éthique, auquel il reste subordonné. Dès 1935, il affirme qu'il cherche à rendre à la musique son sens originel antique, lorsqu'elle était « l'expression magique et incantatoire de la religiosité des groupements humains ». C'est l'époque où il écrit *Mana* (six pièces pour piano, 1935), sa première réussite, saluée par un article enthousiaste de Messiaen, qui ne cachera point quel enrichissement lui fut l'apport de Jolivet; les *Cinq Incantations* (pour flûte seule, 1936), la *Danse incantatoire* (pour grand orchestre, deux Martenot et six batteurs, 1937), *Cosmogonie* (pour orchestre ou piano, 1938), et *Cinq Danses rituelles* (pour orchestre ou piano, 1939). Pages puissantes, insolites, mais dont l'audace s'affirme avec une totale spontanéité. C'est que la technique y demeure inséparable de son fondement spirituel. S'il fait appel aux musiques orientales et primitives, utilisant les modes et les rythmes exotiques, ce n'est point sans retrouver en elles et par elles ce qui, de la musique, est l'intime substance : sa vertu proprement morale, son pouvoir secret d'unir les hommes, et aussi de sceller l'accord du cosmos et de l'âme humaine. Avec quelle sauvagerie joyeuse le musicien se délivre de l'étau de la cadence tonale et de la métrique régulière pour rejoindre — par-delà les siècles — la liberté mélodique et rythmique originelle. Le primitivisme n'est plus ici prétexte à pittoresque superficiel. Il prend son sens le plus vrai et le plus fort de retour aux sources. Retour à la musique première, saisie dans son jaillissement et sa nécessité profonde. Musique qui n'est plus art de divertissement, mais art d'efficacité, cherchant moins notre plaisir que notre salut. Jolivet ressuscite en fait la magie à l'état pur.

Mais l'expérience de la guerre et les contacts humains

plus intimes qu'elle créait infléchirent la vie créatrice du musicien. Celui-ci fut amené à se poser le problème des rapports avec ses semblables — avec le public. Il s'interroge alors sur le rôle exact et la portée des recherches techniques et esthétiques de l'entre-deux-guerres, et se demande si la recherche en général a bien une importance primordiale. N'entraîne-t-elle point en effet à une complexité d'écriture qui, en éloignant la musique de son principe fondamental, le chant des hommes, la leur rend étrangère et inaccessible ? A l'harmonie atonale, aux rythmes subtils et incantatoires, aux timbres étranges, vont succéder dans la musique de Jolivet l'harmonie modale, un rythme assagi, des sonorités plus traditionnelles. Pensant que l'essentiel pour le créateur est d'être compris, le musicien s'impose un langage plus simple et plus direct. C'est un retour à l'humain, c'est-à-dire au chant des hommes, source de tout lyrisme et de toute communion. Les *Trois Complaintes du soldat* (pour voix et piano ou orchestre de chambre, 1940), le *Nocturne* (pour violoncelle et piano, 1943) et les *Poèmes intimes* (pour voix et piano ou orchestre de chambre, 1944) nous révèlent un Jolivet mélodique et mélodiste, mais gardant un accent et un souffle de puissance. Les *Complaintes* — dont les paroles sont de Jolivet — lui gagnèrent un vaste public qui était resté fermé à ses premières œuvres. Écrite sous le choc émotionnel de la retraite et de la défaite, la musique se fait ici le témoin éloquent d'une actualité douloureuse et de toute évidence s'adresse à tous. Comme celle d'un Honegger qui consacra aux *Complaintes* une étude pénétrante attestant la communion spirituelle des deux musiciens dans un même humanisme.

L'année 1944 est celle du ballet *Guignol et Pandore,* dont le succès fut tel qu'il resta inscrit au répertoire. Ce ballet avant tout répond aux nécessités de la danse classique par des rythmes francs, des mélodies simples, d'inspiration souvent populaire. Musique de divertissement et d'évasion à l'égal de l' « opera buffa » *Dolorès ou le Miracle de la femme laide,* 1942. Mais d'aucuns se demandaient si *Guignol* ne consacrait point chez l'auteur de *Mana* l'abandon définitif de ses recherches les plus audacieuses et les plus précieuses. Crainte injustifiée; car cette simplification passagère que s'était imposée Jolivet préparait en réalité une troisième manière synthétisant les deux premières, à la fois sur le plan technique et le plan spirituel. En cette troisième période de la vie créatrice du musicien, son art s'accomplit dans un équilibre entre le magique et le quotidien, le cosmique et l'humain : entre l'audace du langage et la clarté du message. Jolivet n'a point renié ses tendances initiales : il les retrouve, au contraire, mais à travers un humanisme qui les décante, les éclaire et finalement les affermit.

L'annonce de cette troisième phase se trouve dans la *Sonate* pour piano de 1945 (écrite en hommage à Béla Bartók, qui venait de s'éteindre). Par son dynamisme rythmique, son écriture et son style pianistique, cette sonate préfigure le *Concerto pour piano* (1949-1950), l'une des œuvres les plus justement célèbres du musicien, avec le *Concerto pour ondes Martenot* (1947). Jolivet dans ces concertos poursuit ses recherches. Mais loin d'être jeu gratuit, elles restent toujours l'émanation et l'expression de l'humanisme du musicien qui les guide et se les soumet. Dès 1934 Jolivet avait expérimenté les possibilités encore inexplorées de l'onde Martenot — pressentant la vertu singulière de ses sonorités magiques —, mais sans avoir pleinement réalisé la solution qu'il souhaitait. C'est seulement dans le *Concerto* qu'il prend complètement possession de l'instrument électronique, nous en découvre dans toute sa richesse la personnalité à la fois physique et spirituelle. Pour la première fois dans la musique d'aujourd'hui les « ondes » ne sont plus traitées de manière décorative, sollicitées pour leurs « effets » insolites, mais confirmées dans leur vocation la plus secrète, celle d'interprète de l'invisible et de l'ineffable. Personnification de l'âme humaine, elles planent au-delà de l'orchestre, devenu par elles le symbole du monde visible. Et par une sorte de paradoxe l'instrument électronique est au service d'un poème de l'âme, dont il nous retrace l'odyssée.

Le *Concerto pour piano* semble voué tout entier à la magie incantatoire du rythme (d'où naquit un ballet de Skibine : *Concerto,* qui en dégage l'intention profonde). Le piano s'y confond avec la masse de l'orchestre, un orchestre où prévaut la percussion « musicale » avec ses structures caractéristiques et qui avoue sa parenté avec celui d'un Milhaud. Mais cette fusion matérielle n'est que le symbole concret de cette unité spirituelle qui fut l'essentiel propos de l'œuvre. Car le *Concerto* réalise, au sein d'un langage modal, une synthèse entre les traditions européenne et primitive-tropicale, afin d'atteindre à un langage universel qui puisse toucher les hommes de toutes races et de tous pays. Réagissant contre l'individualisme de notre époque qui condamne à la stérilité toutes les découvertes de langage, Jolivet place sa quête de nouveaux moyens d'expression sous le signe d'un humanisme universaliste.

Le retour à la voix humaine dans l'*Épithalame* (1953) et *la Vérité de Jeanne* a valeur de symbole. C'est l'éclatante proclamation de la suprématie du chant humain, c'est-à-dire de l'homme même, qui toujours doit demeurer la source, le centre et la fin de l'art musical. Avec *la Vérité de Jeanne* (oratorio pour soli, chœurs et orchestre, créé à Domremy en mai 1956 pour le cinquième centenaire du procès de réhabilitation), Jolivet s'est bien gardé de refaire une nouvelle « Passion de Jeanne d'Arc » ou une nouvelle « Jeanne au bûcher ». Il s'est attaché à suivre, en le découpant ingénieusement, le texte même du procès de réhabilitation. Absente du monde sensible, la sainte nous est ainsi restituée « en esprit et en vérité », dans sa pure essence intérieure et intemporelle. Audace bien digne d'un musicien alliant au sens de l'humain un sens si vif du sacré. Œuvre inspirée, *la Vérité de Jeanne* se situe au premier rang des grandes fresques dramatiques de ce temps, à côté de la *Jeanne* d'Honegger qu'elle rejoint d'ailleurs — au-delà des différences de style — par sa noble simplicité, sa poésie paysanne, sa vigueur lyrique et sa ferveur mystique.

L'*Épithalame* (sur un texte de Jolivet) célèbre, dans une exaltation croissante, le couple humain depuis la quête aveugle de la rencontre jusqu'au triomphe de l'amour total. Le texte se refère à la fois aux traditions sacrées de la chrétienté et de la Bible, de la haute Égypte et de l'Extrême-Orient. La forme est celle d'une symphonie vocale à douze parties réelles, où les voix sont traitées en instruments, sans pourtant qu'en soient négligées les exigences. Délivrées en partie du texte confié à un récitant, les voix retrouvent leur liberté d'expression; de sorte que les paroles chantées souvent se résolvent en onomatopées, longues vocalises, acclamations, cris, murmures, qui viennent souligner et magnifier les hardiesses harmoniques. En dépit de sa singularité, l'*Épithalame* parle une langue accessible à tous. Synthèse de données incantatoires, ésotériques et magiques, l'œuvre trouve dans l'expression d'un sentiment éternel et universel son unité spirituelle.

Comme la *I*re dont elle perpétue l'esprit, la *II*e *Symphonie* (1959) est une vivante synthèse des styles européen et tropicaux. Le nombre des mouvements est ici réduit à trois, par la suppression du *scherzo,* afin d'assurer à l'ensemble un parfait équilibre temporel. Nous saisissons ici l'un des traits caractéristiques de la pensée musicale de Jolivet, qui toujours ajuste et accorde l'un à l'autre le matériau et le temps musical, et où la totalité organique de l'œuvre s'identifie à sa *durée* (au double sens musical et chronologique). Enfin l'on a fait observer que la *II*e *Symphonie* utilise — de manière d'ailleurs discrète et originale — les données sérielles. Mais en réalité il n'y a pas eu chez Jolivet « conversion ». La technique sérielle se laisse déjà déceler dans le *Quatuor* de 1934, puis se manifeste avec plus d'évidence dans la *Sonate pour flûte* (1958) et la *II*e *Sonate* pour piano. Mais son emploi est encore plus net dans la *II*e *Symphonie.* Toutefois l'appel aux données sérielles — maintenant comme autrefois — n'est nullement chez Jolivet infidélité envers soi et renoncement à son style propre. La série ne gouverne en effet que les éléments mélodiques, sans s'étendre à l'harmonie. De telle sorte que les données sérielles s'incorporent au style atonal ou modal du compositeur, qui les plie à ses exigences.

Jolivet poursuit donc sans arrière-pensée ses recherches et n'abandonne point ses conquêtes techniques. Mais il semble qu'elles s'effacent et se fassent oublier. Dans la *II*e *Sonate* comme dans la *II*e *Symphonie,* toute complexité harmonique et rythmique se résout en simplicité supérieure, celle du sens, qui redonne à la musique, malgré toutes les audaces de langage, un pouvoir immédiat de persuasion. Il ne faut point, selon Jolivet, que l'artiste laisse l'esprit de géométrie gouverner sa création. Ce serait mutiler l'homme en lui et s'interdire d'atteindre, par son œuvre, l'homme intégral. Si les jeunes expérimentent, n'en déduisons surtout pas que la musique de l'avenir sera une musique expérimentale! L'art n'est pas une recherche, mais un accomplissement.

OLIVIER MESSIAEN

Il y a d'étroites affinités entre la démarche créatrice d'André Jolivet et celle d'Olivier Messiaen. Chez Messiaen aussi les recherches de langage obéissent à une exigence spirituelle, s'appuient sur une vision du monde qui leur assigne leur juste place et les subordonne à des fins plus hautes. Jolivet et Messiaen semblablement aspirent à une musique universelle, miroir du monde, de l'homme — et de toutes les musiques. L'humanisme de l'un et le catholicisme de l'autre les conduit donc également vers un universalisme dont leur exotisme n'est que la conséquence. Cet exotisme vrai — et non de surface —, cette faculté d'assimiler les cultures musicales les plus variées, sont propres au Français, et le fruit précisément de son universalisme. On le rencontre déjà, sous le plus séduisant visage, chez Claude Debussy, qui avait intégré des éléments orientaux à la musique européenne. L'exotisme de Jolivet et de Messiaen perpétue celui de Debussy, l'achève en lui donnant un caractère systématique. Et les deux musiciens de « Jeune France » réalisent, chacun à sa manière, l'une des synthèses les plus complètes de l'histoire musicale.

Chez Messiaen, le style est lié à l'homme même. Il ne s'est jamais servi « volontairement », nous dit-il, d'un procédé d'écriture. Dans sa musique, langage et message ne font qu'un, car ils naissent indivisiblement d'une même source, de la foi chrétienne du musicien. Il n'est point à craindre que Messiaen, malgré les expériences hardies qu'il poursuit aux côtés des jeunes musiciens, soit prisonnier d'un quelconque système. Dans ses *Modes de valeurs et d'intensités,* il a fait de la musique « expérimentale », mais il ne la considère point comme de la musique — comme sa vraie musique. Celle-ci « chante sa foi », est un acte de foi, qu'elle soit « pure, profane ou théologique ». Ce qui peut surprendre dans cette musique d'esprit catholique, c'est qu'elle demeure si étrangère à toute ascèse. Messiaen ne se cache point de chercher « une musique chatoyante, donnant au sens auditif des plaisirs voluptueusement raffinés ». Et d'aucuns se demandent si cette musique n'est point « trop terrestre pour les valeurs mystiques dont Messiaen prétend la lester ». Accusation injustifiée puisque le musicien a pris soin de préciser que sa musique n'était point « mystique », mais « théologique ». Et en vérité, elle ne tend jamais vers cette fusion extatique où toute forme se dissout; mais en sa technique même, solidement organisée, s'inscrit par avance sa vocation spirituelle : celle d'exprimer « la fin du temps, l'ubiquité, les corps glorieux, les mystères divins et surnaturels. Un arc-en-ciel théologique ». « Arc-en-ciel », dit Messiaen, car c'est seulement en langage « sensible » qu'une telle musique peut nous communiquer la vérité théologique, puisqu'elle s'adresse à l'homme, captif de sa « prison de chair ». Mais aussi cette vérité, rayonnant à travers les charmes sensibles des sonorités, les transfigure. Ce sont maintenant des sonorités « glorieuses », resplendissant langage de l'Absolu et des félicités éternelles.

Fils de la poétesse Cécile Sauvage, auteur de *l'Âme en bourgeon,* Messiaen vécut tout enfant dans un climat de féerie et de poésie, d'amitié et de connivence avec la nature, qui a modelé sa personne et son art. Et c'est dans un langage poétique assez étrange, mais expressif et révélateur, qu'il s'expliquera sur ses intentions musicales. Car Messiaen aime placer sa musique sous la sauvegarde de commentaires éloignant tout risque de méprise. « Mon secret désir m'a poussé vers ces épées de feu, ces brusques étoiles, ces coulées de lave bleu-orange, ces planètes de turquoises, ces violets, ces grenats d'arborescences chevelues, ces tournoiements de sons et de couleurs en fouillis d'arcs-en-ciel. » Et la technique même de Messiaen est imprégnée d'un symbolisme poétique, où les sons et les couleurs se répondent et qui pressent la vivante unité du cosmos.

Un empirisme fondamental fait échec chez Messiaen à l'*a priori* des systèmes, empirisme où s'exprime l'infini respect du monde créé. Dès lors il ne s'agit plus d'inventer la musique comme le Dieu de Descartes inventait le monde, mais bien plutôt de la découvrir partout où elle est : dans la nature animée et inanimée, dans le chant des oiseaux comme dans les *raga* hindous, et de déchiffrer les règles inscrites au cœur des sons et des rythmes afin d'y chercher appui et inspiration.

Le même empirisme se retrouve dans l'attitude de Messiaen à l'égard de l'histoire musicale et de la musique de ses devanciers. Messiaen, qui se tend vers l'avenir de toutes ses forces, ne renie point pourtant le passé. Il estime que la musique existe déjà, prête à lui livrer son aide et ses conseils, à le guider sur le chemin de lui-même. Aussi ne cesse-t-il de l'interroger dans *Technique de mon langage musical*. Lorsqu'en tête de ce traité, il nomme ses maîtres, Noël Gallon et Paul Dukas, remerciant ce dernier de lui avoir appris à « étudier l'histoire du langage musical dans un esprit d'humilité et d'impartialité », ce n'est point politesse de pure forme. Pour justifier ses innovations, il se réfère à la tradition ou plutôt aux traditions les plus diverses, qui viendront chez lui converger. Nulle volonté de rupture avec le passé. Il lui suffit de prolonger et d'enrichir le style de ses prédécesseurs, non sans le « passer au prisme déformant de son propre langage ». Il ne veut rien exclure, mais seulement parfaire. Bach, Mozart, Beethoven, le folklore russe, Moussorgsky, Debussy, il n'est rien dont il ne fasse, comme il le dit, « son miel ». Messiaen excelle à sauver par d'audacieuses métamorphoses : des procédés familiers reçoivent dans sa musique un visage si inattendu qu'ils en deviennent méconnaissables. Étendre indéfiniment les « notes étrangères » qu'il juge « indispensables à la vie expressive et contrapuntique de la musique », cela signifie pour Messiaen transformer la pédale en « groupe pédale », la note de passage en « groupe de passage », la broderie en « groupe-broderie », chacun de ces groupes formant un « tout musical complet ». Ce qui est sauvé et conservé, c'est une loi et non point l'usage restreint qui en était fait. Semblablement Messiaen étend d'une manière illimitée l'usage de la « note ajoutée » de Claude Debussy. Mais son invention harmonique est soustraite aux intempérances du caprice, malgré ou plutôt à cause de son appétit de somptuosité et de volupté sonores. Si le musicien moderne dispose d'une matière sonore innombrable, d'autant mieux doit-il la discipliner par un choix sévère, dicté par « l'instinct sacré de l'harmonie naturelle et véritable ». Cette harmonie « vraie » — selon la théorie de son maître Noël Gallon — c'est celle qui est issue de la mélodie et voulue par elle et que Messiaen déclare « voluptueusement jolie par essence ». Mais évidemment, ce rapport essentiel qui doit lier harmonie et mélodie est transposé selon les coordonnées propres à l'univers musical de Messiaen, qui lui confèrent, comme nous verrons, une signification neuve.

Car ce respect de la tradition, cette humilité dont témoigne Messiaen ne doivent point nous masquer l'originalité de sa pensée musicale. Celle-ci s'appuie essentiellement sur les « modes à transpositions limitées » et les « rythmes non rétrogradables ». Mais ce système modal et rythmique n'est point né d'une spéculation, d'une hypothèse *a priori :* il est fondé sur la découverte, au cœur des sons et des rythmes, de certaines formes naturelles qui enracinent dans le réel la création du musicien et lui promettent assistance et collaboration. L'atonalisme ne se soucie pas des données acoustiques. Et nul système modal n'y répond exactement. Mais il faut convenir que celui qui s'y accorde le mieux est justement ce mode à transpositions limitées qui contient les harmonies les plus proches de la note fondamentale. Les modes à transpositions limitées n'ont rien de commun avec les trois grands systèmes modaux de l'Inde, de la Chine et de la Grèce antique; non plus qu'avec les modes du plain-chant, toutes ces échelles étant douze fois transposables. Ces modes dégagent un climat polytonal, hors de toute polytonalité. Les combinaisons sonores qu'ils suscitent peuvent faire équivoque avec des sonorités polytonales — mais toujours le pouvoir modal les absorbera. Le modalisme de Messiaen est un système cohérent et complet où le mode est le fondement d'une pensée harmonique rigoureuse. Messiaen a en effet découvert à l'intérieur du mode une logique des enchaînements harmoniques, a construit un jeu d'accords dont toutes les notes appartiennent au mode employé. Ainsi chaque mode possède sa propre harmonie, au lieu d'être harmonisé, comme chez d'autres musiciens, par le recours à d'autres tonalités ou à d'autres modes. Ces modes de plus peuvent se superposer et engendrer une polymodalité. Et il est loisible de moduler d'un mode à lui-même, d'un mode à un autre mode, d'une polymodalité à une autre polymodalité.

Les modes qui ne se transposent pas, les rythmes qui ne se rétrogradent pas, ont en commun ce « charme des impossibilités », de nature à la fois sensible et métaphysique, où le plaisir coïncide avec l'implicite reconnaissance d'une loi — loi qui à la fois limite et soutient l'activité créatrice. Que cette loi existe bien hors de l'esprit du musicien est attesté par la singulière analogie qui rapproche ces modes et ces rythmes, et leur permet de se compléter. Les rythmes non rétrogradables réalisent en effet dans le sens horizontal (rétrogradation) ce que les modes réalisent dans le sens vertical (transposition). De même que ces modes ne peuvent se transposer parce qu'ils contiennent en eux-mêmes de petites transpositions, ces rythmes ne peuvent se rétrograder parce qu'ils contiennent en eux-mêmes de petites rétrogradations. Il en résulte un effet d'ubiquité tonale pour les modes et d'unité temporelle pour les rythmes, les uns et les autres, clos et refermés sur eux-mêmes, reflétant à leur manière l'unité divine. Ici nous touchons du doigt l'identité du langage et du message dont nous parlions. Car ce langage porte la marque d'un contact permanent avec l'intemporel. De même que les rythmes non rétrogradables, qui tournent autour d'un point fixe, subordonnent le temps à l'éternel, de même dans la musique de Messiaen toute diversité temporelle perpétuellement se résorbe en l'unité d'un éternel présent. Cette monotonie dont certains l'accusent, peut-être n'est-elle que l'effet de leur incapacité de se hausser jusqu'à l'intemporel, là où s'accomplit l'essentielle mission de la musique : celle de vaincre le temps.

Ce langage de Messiaen, si expressif dès l'origine de sa personne spirituelle, n'a cessé d'évoluer, sans jamais s'éloigner de ses sources ni renier ses fondements. De l'aveu du compositeur, l'influence de Debussy est très forte dans ses premières œuvres, les *Préludes* pour piano en particulier. Et pourtant dès ces *Préludes,* composés à vingt ans, Messiaen est déjà lui-même. Nulle imitation matérielle des formules debussystes; nul « debussysme »; seulement une parenté de sensibilité musicale, un même sens raffiné des magies sonores. Mais elles s'expriment déjà chez Messiaen à travers ces « modes à transpositions limitées » qui seront la base de son langage. Celui-ci par la suite s'enrichira sans cesse, cet enrichissement n'étant d'ailleurs jamais gratuit, mais traduisant au contraire l'élargissement de sa culture et de sa sensibilité musicales. Au matériel communément employé par les compositeurs occidentaux, au système de la gamme chromatique tempérée, au système diatonique avec ses modes majeur et mineur, aux anciens modes grégoriens, Messiaen ajoutera peu à peu les timbres, les modes et les rythmes exotiques (hindous en particulier); puis les modes, timbres et rythmes du chant des oiseaux, l'emploi du quart de ton et plus récemment la technique sérielle. L'art de Messiaen est en mouvement incessant. Mais jamais l'investigation théorique ne s'isole du processus vivant de la pratique créatrice. Et chacune de ses œuvres, en même temps qu'elle indique une étape de sa recherche, a valeur absolue comme originale synthèse de ses acquisitions successives. Ainsi, dans cette évolution créatrice d'un langage toujours plus novateur, nulle démarche pourtant de négation et de reniement, mais un élan continu vers une synthèse toujours plus ample, où toutes les musiques du passé et du présent, des pays et des peuples, du monde animé et inanimé viendront se joindre comme en un vaste chant de la Création tout entière.

Au catalogue de Messiaen, voici les œuvres auxquelles le compositeur attache le plus de prix et qui sont en même temps les plus significatives de son évolution. Aux *Offrandes oubliées* (pour orchestre, 1930), encore typiques de sa première manière — mais où s'annoncent déjà ses futures recherches rythmiques —, succèdent *l'Ascension* (deux versions : l'une pour orchestre, l'autre pour orgue, 1934), *la Nativité du Seigneur* (pour orgue, 1935) — l'un des sommets de sa production —, les *Poèmes pour Mi* (1936) et les *Chants de terre et de ciel* (1938) pour soprano et piano, les *Corps glorieux* (pour orgue, 1939), et le *Quatuor pour la fin du temps* (1941), si caractéristique du propos « théologique » de Messiaen. Le symbolisme de l'œuvre transparaît jusque dans la structure d'un langage essentiellement « immatériel, spirituel, catholique ». Messiaen y voudrait rapprocher l'auditeur « de l'éternité dans l'espace, ou infini », par « des modes réalisant mélodiquement et harmoniquement une sorte d'ubiquité tonale » et par « des rythmes spéciaux, hors de toute mesure, contribuant puissamment à éloigner le temporel ». Ce sont ensuite les *Visions de l'Amen* (pour deux pianos 1943), le premier des grands cycles pianistiques du compositeur, les *Trois Petites Liturgies de la présence divine* (pour chœur de femmes et orchestre, 1944), les

Vingt Regards sur l'Enfant Jésus (pour piano, 1944, durée : 2 h 30), le second de ses grands cycles pianistiques et l'un des sommets encore de son œuvre, *Harawi,* chant d'amour et de mort pour grand soprano dramatique et orchestre (1945), sorte de pendant vocal à l'œuvre pianistique précédente, et enfin *Turangalîla-Symphonie* (1946-1948, durée 1 h 30) qui achève sur le plan orchestral ce triptyque de réalisations monumentales. Cet « hymne à la joie » est comme la somme de l'art de Messiaen, une épopée cosmique où le musicien, maîtrisant la luxuriance des timbres, superposant les rythmes, les mélodies et les temps différents, s'élève vers l'universel et l'intemporel. L'on n'a point manqué de reprocher à *Turangalîla* son baroquisme de style. Mais le souffle épique d'un musicien recréant le monde, pouvait-il se plier aux règles de la concision et de la mesure ?

L'esprit sériel qui s'introduit chez Messiaen avec les *Quatre Études de rythme* (1949-1950) se retrouve dans la *Messe de la Pentecôte* (1950) et dans le *Livre d'orgue* (1951), où l'art du musicien, sans renier sa richesse, se dépouille de son trop-plein sensuel. La quatrième pièce du *Livre d'orgue* portait comme titre : « Chants d'oiseaux ». Traités selon la plus récente technique du compositeur, ils constituent la substance exclusive du *Réveil des oiseaux* (pour grand orchestre et piano principal, 1953), des *Oiseaux exotiques* (pour piano solo, petit orchestre à vent, xylophone, glockenspiel et percussion, 1956) et du *Catalogue d'oiseaux* (pour piano, consacré aux oiseaux typiques des diverses provinces françaises). Messiaen réaffirme ici son esthétique essentielle : cet empirisme naturaliste qui est un aspect de sa foi. La musique n'est point pour lui — selon la thèse chère à Hanslick et souvent reprise après lui — le privilège de l'homme. Davantage : la musique de l'homme n'est pas — ne peut pas être — la vraie musique. De toute cette diversité bariolée de langages musicaux qu'il a si passionnément interrogés, Messiaen ressent maintenant toute l'insuffisance. Ne sont-ils point tous également le fruit de conventions et de laborieux calculs ? « La Nature, les chants d'oiseaux !... C'est là que réside pour moi la musique. La musique libre, anonyme, improvisée pour le plaisir... » « Les oiseaux sont de grands artistes », et le compositeur sera trop heureux de s'approprier quelques-unes de leurs inspirations. Depuis son jeune âge Messiaen n'a cessé de noter les chants d'oiseaux, que l'on retrouve un peu partout dans son œuvre. Et sans doute au cours de l'histoire musicale s'étaient-ils déjà souvent mêlés à la musique de l'homme. Mais chez les compositeurs du XVIIIe et du XIXe siècle, ce n'étaient qu'allusions fugitives, simples évocations n'allant point au-delà du pittoresque. Avec Messiaen, il ne s'agit plus d'une vague et paresseuse imitation, mais bien d'une recréation, d'une participation intérieure. Par-delà le charme évocateur, il découvre la structure essentielle. Et le chant d'oiseau devient en définitive le fondement d'un style, le « style oiseau » — selon l'expression même de Messiaen — langage rigoureusement organisé et systématiquement intégré à l'écriture musicale. Ainsi l'homme ravit à l'oiseau les secrets de son art. Dans le *Catalogue d'oiseaux,* chaque pièce porte le nom de l'oiseau type de la région choisie. « Catalogue » : ce titre, en son humilité, révèle en fait l'audacieux réalisme de Messiaen. Ici « tout est vrai — insiste-t-il — les mélodies et les rythmes du soliste, les mélodies et les rythmes des voisins, les contrepoints de l'un et des autres, les réponses, les mélanges, les périodes de silence, la correspondance du chant et de l'heure ». Mais le réalisme débouche sur la plus intense poésie. Poésie de l'essence et non plus de l'apparence.

Mais comment ce naturiste candide est-il aussi ce subtil rythmicien, se plaisant à construire les rythmes les plus follement complexes ? Le propos du musicien reste identique : il est de tenter d'égaler, par artifice, l'art de la nature : « les rythmes des étoiles, des atomes, des chants d'oiseaux, les rythmes — enfin — du corps humain » furent ses modèles et l'ont guidé sur le chemin de ses innovations. Alors que les rapports des durées dans la musique classique n'excèdent que rarement 1 à 6 ou 1 à 8, Messiaen ne craindra pas de mettre en présence 64 durées « chromatiques » de 1 à 64, alternant par groupes de 4 les plus grandes et les plus petites, afin de nous suggérer l'idée des rapports entre les temps infiniment longs des étoiles et des montagnes, et infiniment courts des insectes et des atomes. Le pouvoir élémentaire, cosmique, qui émane des meilleures pages de Messiaen vient avant tout du travail rythmique qui en constitue l'assise vitale et la raison d'être. Par-delà toute magie sonore, le temps est l'âme même de la musique de Messiaen. Le temps, forme essentielle et universelle de toute vie. Par le rythme, la musique pénètre au cœur des êtres et des choses, les fait communier en leur essence commune. Le cosmos est un contrepoint de durées. Et aussi l'art de Messiaen.

Ce qu'il y a sans doute de plus neuf et de plus audacieux chez le musicien, c'est son langage rythmique, issu du sentiment profond de l'essence temporelle de toute vie, et de l'art musical qui nous la restitue. Debussy le premier avait tenté de libérer le rythme de la mesure; la métrique traditionnelle s'était avec lui considérablement assouplie; mais elle continuait pourtant à servir de référence au rythme. Or Messiaen, en suivant l'exemple de Debussy, va infiniment plus loin : s'inspirant de la métrique antique et de la rythmique hindoue, il abolit la mesure, et pose le rythme en lui-même, dans son autonomie et sa pureté. Il en découle une musique « amesurée » dont la subtile souplesse égale celle des rythmes naturels — dont le caractère essentiel, selon Ludwig Klages, est d'ignorer la mesure. Alors qu'Honegger, Milhaud et aujourd'hui les néo-stravinskistes avaient plus spécialement employé les effets d'accents déplacés, Messiaen mit tout son soin à se bâtir un langage rythmique qui lui parût cohérent, transportant sur le plan rythmique les innovations harmoniques ou mélodiques des trente dernières années. Ce furent la « valeur ajoutée » correspondant à la « note ajoutée », constante dans l'harmonie debussyste, les « pédales » et « broderies rythmiques » que nous proposaient depuis dix siècles les cloches de nos églises et que personne n'avait encore transposées avec cette précision.

Rien d'étonnant à ce que Messiaen ait fait tant de précieuses conquêtes dans le domaine rythmique. Car ce domaine en vérité était encore presque totalement inexploré, et l'on pourrait même dire que l'essentiel y restait à découvrir. Depuis la fin de la Renaissance, le rythme se trouvait relégué à l'arrière-plan, tandis que l'harmonie et la mélodie, considérées comme les composantes mêmes de la forme musicale, recevaient la première place. C'est à l'harmonie et à la mélodie qu'était confiée en effet la mission de construire la forme, tandis qu'était déniée au rythme toute valeur constructrice. Le singulier mérite d'Olivier Messiaen fut de libérer le rythme non seulement de la mesure, mais encore de la subordination où le tenaient harmonie et mélodie, en lui attribuant une importance et une valeur égales. Messiaen a senti la nature profonde du rythme qui, avant d'être accent, est durée et structure de durées : composition musicale. Et le langage rythmique cohérent qu'il a édifié dit assez que le rythme peut à soi seul construire une forme ressemblant étonnamment à une œuvre musicale — comme l'attestent par ailleurs certaines musiques noires purement rythmiques.

Le premier avant les jeunes compositeurs avant-gardistes, Messiaen établit dans sa musique une structure rythmique indépendante de la structure sonore. Le rythme ici vaut par lui-même, précisément parce qu'il est aussi élaboré que la forme sonore et, se soumettant aux mêmes lois qu'elle, devient par lui-même forme musicale. Messiaen explore toutes les possibilités constructrices du rythme musical. A cet égard, il fut particulièrement séduit par les « personnages rythmiques » de la musique hindoue que Stravinsky, aux dernières pages du *Sacre,* avait utilisés avec une grande maîtrise. Ces personnages ou thèmes rythmiques sont sources de variation et de développement — donc d'un discours musical. Merveilleusement divers sont les procédés permettant de varier un thème rythmique. Celui-ci peut être non seulement doublé ou réduit de moitié, mais aussi augmenté ou diminué selon les valeurs les plus diverses. De plus le rythme, ainsi que le son, la mélodie, peut se superposer à lui-même, engendrant cette polyrythmie par laquelle il organise non seulement horizontalement, mais encore verticalement le discours musical. Car cette polyrythmie permet les « pédales » et « broderies rythmiques » par quoi le rythme rivalise avec l'harmonie, et surtout les « canons rythmiques » qui en font l'égal de la polyphonie. Ainsi le rythme chez Messiaen redevient ce qu'il est : une forme musicale construite sans le secours du son par le pouvoir du temps, une musique réduite à soi et rejoignant sa pure essence.

L'on a trop tendance à considérer que dans la musique le son joue le rôle essentiel. Les compositeurs trop souvent oppriment le rythme sous le son, asservissent l'âme temporelle de la musique à son corps sonore. Et par une sorte de paradoxe il appartenait à Messiaen, qui plus que tout autre exalte toutes les splendeurs et les voluptés sonores, de redonner au rythme toute la diversité et l'ampleur de ses pouvoirs, d'en faire jaillir une musique complète. Comme pour témoigner que la musique, avant d'être l'art des sons, est l'art du temps.

RECHERCHES EXPÉRIMENTALES

L'ÉCOLE SÉRIELLE

PIERRE BOULEZ

La musique moderne en France était née sous le signe d'un retour à l'esprit français ; et la seconde génération des musiciens « révolutionnaires » — un Jolivet, un Messiaen — n'était point infidèle au génie national, puisque ces musiciens n'avaient fait au fond que conduire à leur terme les recherches modales et rythmiques de Claude Debussy et en déduire un système cohérent et complet de pensée musicale. Mais avec la troisième génération et les musiciens d'avant-garde dont il nous faut parler maintenant, il semble au premier abord qu'il en aille tout autrement. Ceux-ci se réclament en effet de l'atonalisme viennois : c'est un « retour à »... Schönberg ou plutôt à Webern, qui avait tiré les dernières conséquences de la méthode sérielle. Ainsi le chromatisme, renié par les « Six » comme contraire à l'esprit français, reprend vigueur chez nos jeunes musiciens les plus avancés.

Étrange destin en vérité que celui de la musique atonale — celui d'Anton Webern. Voici qu'elle devient actuelle, elle qui ne le fut pas à l'époque de sa naissance, et qu'elle se propose maintenant comme la musique de l'avenir, elle que l'on croyait n'être qu'une fantaisie éphémère, un accident sans portée et sans lendemain. Quant à Webern, depuis vingt ans il était d'usage de considérer sa musique comme une « dernière conséquence » et une « dissolution » du dodécaphonisme et comme signifiant la mort de la méthode instituée par Schönberg. Or, par un de ces revirements dont l'histoire musicale est coutumière, la musique de Webern, que l'on croyait être un point d'aboutissement et un terme, se révéla comme une origine et un principe, un germe fécond d'où allait éclore une pensée musicale neuve.

Strobel constate que la plupart des jeunes musiciens d'aujourd'hui « pensant clair et voyant loin » ont recours à la technique des douze sons. Car le retour triomphant du dodécaphonisme n'est pas particulier à la France : bien plutôt est-ce là un fait d'une portée internationale, puisqu'il y a des dodécaphonistes non seulement en Allemagne, mais aussi en Italie, en Suisse, en Belgique, en Angleterre, en Norvège, etc. Reste à découvrir quels sont, de cette renaissance de la technique sérielle, la cause et le sens exact. En réalité cette technique semble avoir offert aux jeunes musiciens non pas tant une solution toute faite qu'une orientation à leurs recherches, une méthode se prêtant indéfiniment à leurs expériences. Méthode dont nous pouvons constater que les résultats sont à l'image et à la mesure de ceux qui en usent. Des compositeurs de tous pays se sont approprié la technique de Schönberg et l'ont infléchie selon leur tempérament et leur race. Il est de la musique atonale qui sonne romantiquement. Il y a les chants de couleur italienne de Luigi Dallapicola, qui n'oublie point, malgré Webern, le *bel canto ;* les œuvres des dodécaphonistes parisiens disciples de Leibowitz qui rappellent l'art des polyphonistes franco-flamands; et enfin la musique sérielle française qui se souvient de Claude Debussy et en restitue la magie sonore.

Si le dodécaphonisme ne s'est pas toujours plié aux divers génies nationaux et a engendré du maniérisme et de l'académisme, de grands musiciens ont su, à travers lui, rester fidèles à eux-mêmes et aux traditions musicales de leur race : ce qui toujours demeure, quelle que soit sa technique, la condition première de l'authenticité, donc de la valeur d'une œuvre.

Comment les plus hardis d'entre les jeunes musiciens français se sont-ils ralliés au dodécaphonisme ? Il est nécessaire de retracer leur aventure si l'on veut pénétrer le sens de leur démarche créatrice.

En 1944, dans la classe de Messiaen alors professeur d'harmonie au Conservatoire, se trouvait réuni tout un groupe de jeunes musiciens particulièrement doués et pourvus d'une fine sensibilité auditive, parmi lesquels Serge Nigg, Claude Prior, Jean-Louis Martinet et Boulez — auxquels devait se joindre en 1945 Maurice Le Roux. Ces jeunes gens partagent avec leur maître le goût de l'inédit, de l'inouï et du rare, des explorations et des aventures dans les régions inconnues de l'univers musical. La classe d'harmonie de Messiaen, dispensatrice de l'enseignement le moins conformiste qui se puisse rêver, était déjà l'ébauche de sa future classe d' « esthétique, d'analyse et de rythme » où se donneront rendez-vous les jeunes compositeurs les plus avancés du monde entier. Messiaen, dès sa classe d'harmonie, s'était immédiatement donné pour tâche d'élargir les cadres de l'enseignement officiel. Il guidait ses élèves à travers le chemin suivi par la musique depuis la naissance de la polyphonie occidentale, afin qu'ils puissent embrasser dans toute son ampleur le processus de son évolution. Au-delà des lois de composition de l'harmonie classique, il révélait à ses élèves aussi bien les richesses de la musique modale du Moyen âge et de la Renaissance que les chefs-d'œuvre les plus récents des grands révolutionnaires de l'âge moderne : Debussy, Stravinsky, Alban Berg, et Schönberg — Webern demeurant pour l'instant encore ignoré. Il les initiait aussi aux rythmes hindous, dont il analysait avec eux les structures complexes. Ainsi le dogmatisme faisait place à un relativisme à la fois enrichissant et libérateur. La musique leur apparaissait infiniment plus vaste et plus variée qu'ils ne l'avaient soupçonné. L'idée s'éveillait en eux que la tonalité — qui n'a régné sur la musique que pendant une période restreinte — n'est peut-être pas une catégorie nécessaire de la pensée musicale; et cette conscience historique déjà suscitait en eux le sentiment de leur responsabilité créatrice.

Mais en 1945 arrive à Paris Leibowitz, le disciple des fondateurs de l'école dodécaphoniste. En 1946 paraît son livre *Schönberg et son école,* bientôt suivi de son *Introduction à la musique des douze sons,* qui font connaître à Paris la doctrine des dodécaphonistes viennois. Leibowitz, d'autre part, organise une série de concerts où il révèle certaines de leurs œuvres — en particulier de musique de chambre — au public parisien. Immédiatement naît chez les élèves de Messiaen l'ardent désir de se familiariser avec la musique dodécaphonique et d'abord avec sa technique.

Et c'est ainsi que les élèves de Messiaen, Boulez en tête, poussés par la curiosité d'esprit éveillée en eux par leur maître, iront demander des leçons à Leibowitz, qui leur transmettra la doctrine dodécaphonique classique. Dès 1945, Boulez avait « ressenti un choc » à l'audition de la *Symphonie* op. 21 de Webern. Il pressentait dans la musique de Webern des possibilités d'évolution insoupçonnées, et percevait que la technique sérielle pouvait déborder le domaine encore limité — celui des hauteurs sonores — où elle était restée jusque-là cantonnée. C'est ainsi que Webern, chez qui cette technique déjà s'évade de son originelle destination, devint le maître à penser de Boulez, et bientôt de tous les jeunes musiciens sériels du monde entier engagés dans la même voie.

Boulez et les jeunes musiciens de même tendance — qui semblent représenter l'extrême pointe de la révolution — ne se veulent ni ne se prétendent révolutionnaires. L'écriture sérielle, loin de rompre avec l'écriture tonale, en serait le naturel prolongement. Ils constatent le cheminement progressif de la musique vers l'atonalité et admettent la loi de la série qui organise le total chromatique sur de nouvelles bases. Cette loi de la série, instituée par Schönberg, n'est point un décret, une création arbitraire; elle est née logiquement d'une démarche d' « ultra-thématisation », où les intervalles du thème devenaient capables d'assumer seuls l'écriture et la structure de l'œuvre. Cependant la loi de la série ne régissait que les hauteurs, tandis que les autres composantes de la forme musicale : rythmes, nuances et timbres, demeuraient ce qu'elles étaient auparavant. Schönberg a repris dans ses œuvres sérielles les modes de composition de ces éléments tels qu'il les avait reçus de la musique tonale; l'on y observe le maintien de l'écriture rythmique traditionnelle comme l'emploi non moins traditionnel des intensités et des timbres. Et c'était là sans doute, à l'intérieur de l'écriture sérielle, une contradiction et une incohérence, l'affrontement de deux univers formels incompatibles et incapables de se rejoindre.

La tâche, qui dès lors semblait s'imposer aux jeunes musiciens sériels, était de dénouer la contradiction et de rendre l'écriture sérielle pleinement cohérente avec soi. Cette tâche d'ailleurs devait s'accomplir en plusieurs étapes. De bonne heure Boulez sentit d'abord ce qu'avait de paradoxal l'emploi de rythmes traditionnels dans l'écriture sérielle. L'inquiétude rythmique qu'il a gardée de l'enseignement de Messiaen lui a permis de démasquer la pauvreté de rythme du dodécaphonisme classique, et lui fera découvrir, en tirant les conclusions des recherches de Messiaen, les « secrètes lois rythmiques de l'atonalisme ». Ce qui signifie que Boulez construira un univers sériel unifié où, aux séries de hauteurs, viendront se joindre de véritables séries rythmiques.

L'évolution de Boulez est significative en ceci que loin d'être une aventure personnelle, elle se confond avec l'évolution même de l'écriture sérielle selon sa logique interne, évolution qui fut le fruit du travail en commun des dodécaphonistes de la jeune génération. Il faut signaler à ce propos l'influence de l'Institut de Musique contemporaine de Darmstadt où enseignèrent tour à tour Leibowitz et Messiaen, où furent révélés à la jeunesse allemande et internationale les œuvres les plus « avancées » de notre temps, et où les jeunes musiciens sériels purent échanger leurs idées, comparer leurs œuvres et collaborer sur le plan des recherches. Une surprenante unité se dégage des travaux entrepris en différents pays à partir de 1945. Or cette unité exprime et dévoile le « vouloir esthétique » de la nouvelle génération, cet appétit de rigueur, ce goût de l'absolu et des solutions radicales qui ne pouvaient se satisfaire que par une musique totale, englobant dans un système unique l'ensemble des phénomènes musicaux. Cette volonté d'organisation intégrale chez tous ces jeunes musiciens, c'était l'expression d'une réaction instinctive contre le danger que faisait courir à la musique son glissement vers l'atonalité destructrice de toute forme. Le seul remède efficace semblait résider dans une organisation totale de l'espace sonore qui permette d'écarter définitivement le risque d'une totale dissolution. Pour se défendre contre l'anarchie atonale, il fallait le secours d'une exigeante discipline génératrice d'extrême rigueur. Il fallait que nul phénomène musical ne puisse plus se soustraire à l'empire des formes et des structures. Et c'est pourquoi la loi de la série ne s'étendrait pas seulement aux hauteurs sonores et aux rythmes, mais aux timbres eux-mêmes, cet élément considéré jusque-là comme irrationnel et rebelle à la forme. A partir de 1953-1954, la tendance sérielle a été de plus en plus exclusivement représentée à Darmstadt. Et non pas la tendance sérielle de l'école de Leibowitz, fondée sur la technique et le style de Schönberg, mais celle de la plus jeune génération incarnée en des musiciens tels que Boulez, Nono et Stockhausen (professeur à Darmstadt à partir de 1956).

L'effort des jeunes musiciens vers la rationalisation intégrale, vers un ordre complet de l'espace sonore, trouva aide et confirmation dans une œuvre de Messiaen de caractère expressément expérimental : l'étude pour piano intitulée *Mode de valeurs et d'intensités* (qui fait partie des *Cinq Études de rythme* composées en 1949-1950). Cette étude utilise quatre modes : un mode mélodique, un mode de durées, un mode d'intensités, un mode d'attaques. Ces quatre modes se trouvent reliés entre eux en ceci que chaque son apparaît toujours avec la même durée rythmique, la même intensité et la même attaque. Or cette nouvelle conception de la structure musicale que Messiaen réalisait dans un univers modal pouvait être transposée dans un univers sériel : il suffisait de transférer aux séries les règles que Messiaen appliquait aux modes. C'est ce que firent Boulez et les autres compositeurs de sa génération appartenant à la même tendance. En France, un Maurice Le Roux, auteur d'une *Introduction à la musique contemporaine,* parvient à réaliser son dessein de généralisation de la technique sérielle sans la moindre concession. L'œuvre la plus valable jusqu'ici de la production musicale « sérieuse » de ce jeune musicien — l'auteur aussi de maintes musiques de film dans le langage traditionnel — est le *Cercle des métamorphoses* pour orchestre, qui date de 1953. Nous retraçant le secret processus par lequel se forment et se dissolvent les mondes dans l'immensité de l'espace-temps, ces *Métamorphoses* épuisent, au cours de cinq variations successives, toutes les possibilités résultant du développement fonctionnel d'une série.

Toutefois, l'organisation intégrale, par là même que sa mission la plus urgente était de vaincre l'atonalisme, ne devait être qu'une phase intermédiaire. Par ses excès mêmes, l'organisation intégrale réveillait chez le musicien le goût de la liberté — d'une liberté délivrée à la fois de l'atonalisme et du mathématisme. Tel est le sens intime de l'aventure de Boulez.

Boulez n'a cessé d'affirmer sa filiation avec Debussy, avec ce qu'il y a de plus neuf et de plus audacieux chez celui-ci dans le domaine du rythme, du timbre et de l'organisation sonore. Et l'on peut dire que chez Boulez s'est opérée, grâce à l'esprit de liberté qui anime les dernières œuvres de Debussy, une originale synthèse entre les techniques sérielles, les conquêtes rythmiques de Debussy, Stravinsky, Varèse, Jolivet et Messiaen, et les découvertes dans l'organisation des timbres et des intensités, auxquelles Messiaen aussi bien que les chercheurs des musiques concrète et électronique apportèrent leur contribution.

Dès sa *Sonatine* pour flûte et piano (1946) Boulez tente d'accorder l'enseignement rythmique de Messiaen et les principes sériels de Schönberg. Et déjà il brise l'étau de la série dodécaphonique qui n'est plus qu'une référence théorique, au lieu d'être le point de départ du processus créateur. C'est donc l'amorce et l'annonce d'une libération à l'égard du dodécaphonisme classique qui, selon Boulez, a engendré un académisme pire que tous ceux issus de l'écriture tonale. Cette libération s'affirme dans la *I*re *Sonate* pour piano (1946) où l'on ne trouve pas de séries initiales, sur le plan ni sonore ni rythmique. Mais de l'atonalisme Boulez conserve et conservera toujours les vertus lyriques. Celui qu'on peint sous les traits d'un mathématicien extériorise dans ses œuvres d'un violent expressionnisme l'univers affectif qui l'obsède et qui est bien de notre temps de déchirements, de révolte, de dramatique enfantement, de doute et d'espérance obstinés. La *II*e *Sonate* (1948), la plus caractéristique peut-être de son tempérament et de son style, traduit, en sa frénésie sonore et rythmique, un lyrisme haletant. L'inquiétude rythmique de Boulez n'est pas purement spéculative; et cette sonate témoigne combien la création musicale prend chez lui sa source, selon les termes de Messiaen lui-même, dans un « dynamisme naturel qui confine à la colère et donne à son langage musical des accès de rage tout à fait sympathiques... ». Par ce dynamisme — qui lui donne sa dimension cosmique — la *II*e *Sonate* s'apparente au *Sacre,* dont elle semble avoir emprunté « les personnages rythmiques ». Ces personnages ou thèmes rythmiques, élaborés selon les principes de Messiaen, y sont soutenus par un petit nombre de cellules sonores très caractéristiques dans leurs successions d'intervalles et par là même aisément reconnaissables. Ainsi le « dynamisme naturel » de Boulez a fait éclater la rigide série des dodécaphonistes, et ce sont des cellules sonores et rythmiques plus maniables qui fourniront à l'élaboration formelle ses données originelles. C'est donc une rupture totale à l'égard du dodécaphonisme classique. Mais s'il s'affranchit de la lettre, Boulez conserve l'esprit sériel, et s'achemine, guidé par lui, vers une rigueur plus subtile. Et tandis que *le Soleil des eaux* (1948), sur un poème de René Char, par sa luminosité et son raffinement sonore, atteste sa fidélité à Debussy, Boulez entreprend de construire cet univers musical intégralement sériel qui exige, pour sa réalisation, qu'aux structures sérielles sonores et rythmiques viennent se joindre des structures sérielles de timbres et d'intensités.

Cet univers intégralement sériel, *Polyphonie X,* pour 17 instruments solistes, et surtout *Structures* pour deux pianos (1952) nous le proposent dans toute sa sévérité et sa nudité formelles. C'est ici une tentative de rationalisation intégrale, puisque s'étend aux intensités et aux timbres eux-mêmes le règne de la série. Désormais tous les éléments de la musique — mélodie, harmonie, contrepoint, forme, instrumentation — qui se sont développés au hasard et indépendamment l'un de l'autre, toutes les dimensions de la forme musicale se trouvent ramenées à un dénominateur commun : la série. *Polyphonie X,* en sa rudesse grinçante, est loin de répondre à cet idéal d' « évidence sonore » que Boulez se proposait d'atteindre dans l'organisation des timbres. La vocation des instruments est ici sacrifiée à une rigueur formelle abstraite. Et Boulez lui-même confesse que ce premier essai d'organisation totale de l'espace sonore est trop rigide et, de ce fait, partiellement raté. L'expérience passée, Boulez cherchera la solution lui permettant de concilier l'organisation intégrale avec le respect des timbres.

Les *Structures* pour deux pianos s'inspirent ouvertement des *Modes de valeurs et d'intensités,* en hommage à Messiaen dont les préoccupations en cette œuvre se trouvaient rejoindre celles de son élève le plus révolutionnaire. Elles furent données en première audition au Festival du XXe siècle par Messiaen et Boulez (1952). Et c'était là le symbole de l'accord entre le maître et l'élève, et l'annonce d'un fécond dialogue, générateur d'une mutuelle influence, non seulement entre Messiaen et Boulez, mais plus généralement entre Messiaen et les jeunes musiciens étrangers de la tendance de Boulez. De sorte que si les *Structures* et les premières œuvres d'un Stockhausen et d'un Goeyvaerts s'apparentent aux *Modes de valeurs et d'intensités,* en revanche Messiaen — ainsi qu'il le confesse lui-même — n'aurait pas écrit sa *Messe de Pentecôte* et son *Livre d'orgue* sans l'existence de *Structures* et d'autres œuvres du même type. Le *Livre d'orgue* atteste aussi la continuité existant entre la génération de Messiaen et celle de ses élèves par la synthèse qui s'y établit entre la tradition modale élargie et rénovée et le nouveau langage sériel.

Toutefois une différence capitale subsiste entre l'étude « modale » de Messiaen et les structures « sérielles » de Boulez. Tandis que chez Messiaen, chaque hauteur sonore est une fois pour toutes pourvue d'une durée, d'un timbre (au piano : d'une attaque) et d'une intensité, chez Boulez, cette rigidité et fixité modales cèdent à une perpétuelle transformation sérielle. Les séries ne sont plus soudées entre elles comme l'étaient les modes de Messiaen, ce qui signifie par exemple que chaque hauteur sonore pourra apparaître tour à tour associée à chacune des attaques de la série. Toutefois les *Structures* restaient encore fort éloignées de l' « évidence sonore ». C'est seulement dans *le Marteau sans maître* (composé entre 1952 et 1954) que Boulez apportera au problème de l'organisation du timbre une solution plus heureuse. L'œuvre (pour contralto et un petit ensemble instrumental) est une suite de neuf pièces sur neuf poèmes de René Char, extraits du cycle qui a donné son nom à l'œuvre de Boulez. « C'est du Webern qui sonne comme du Debussy », selon Strobel. C'est dire que la rudesse grinçante de *Polyphonie X* et de *Structures* a fait place à la magie sonore et leur inexorable rigueur à une liberté retrouvée. Cette œuvre semble vouloir nous réconcilier avec une technique qui risquait de n'être qu'inhumaine algèbre. Non seulement par le charme de son instrumentation, son écriture transparente et déliée, mais aussi par la fantaisie d'un *rubato* qui, en assouplissant les structures fondamentales de l'œuvre, les réaccorde au plus inégal du temps vécu. Faire appel au *rubato,* c'était en vérité, pour la technique sérielle, restaurer dans toute leur souveraineté les droits et les pouvoirs de l'interprète, personnification de l'humain message dont toute vraie musique est chargée. Au *tempo rubato* du *Marteau sans maître* viendront s'ajouter dans les œuvres ultérieures bien d'autres libertés d'interprétation. De plus en plus s'affirmera le dessein de Boulez de vivifier sa musique par tous les imprévus de l'improvisation, et de l'enrichir de l'apport original de l'interprète, appelé désormais à une collaboration étroite avec le compositeur.

La *IIIe Sonate* (1957) associe, à la manière de la musique hindoue, une sorte de « formant » ou cadre structurel permanent, à l'improvisation instantanée. Composée pour l'instant de cinq « formants » comportant chacun des variantes (auxquels de nouveaux formants pourront s'ajouter dans l'avenir), elle laisse à la disposition de l'interprète le choix de ces variations et l'ordre des formants — excepté le formant central, en raison de sa prééminence formelle. Dans les deux *Improvisations sur Mallarmé,* contemporaines de la *IIIe Sonate,* Boulez semble renouer, par le style de souples vocalises de la partie vocale de soprano, avec la grande tradition du *bel canto ;* plus profondément, cette souveraineté accordée à la voix et à sa liberté improvisatrice confirme et précise son vœu de reconquérir l'humain, dont le chant est le vivant symbole.

Depuis *le Marteau sans maître,* Boulez soumet de plus en plus l'enseignement de Webern à l'esprit de la musique française tel que l'incarne Debussy, en essayant de concilier — comme il le dit lui-même — « la netteté et la logique interne des formes et des structures avec l'essor de l'imagination, de la fantaisie, de l'improvisation ».

Nous pouvons maintenant dégager la signification de la technique sérielle généralisée. L'on reprochait au dodécaphonisme classique de n'être qu'une algèbre élémentaire. Or, en se généralisant, la technique sérielle assure en fait à la forme une extrême complexité — complexité qui selon les musiciens sériels précisément exclut l'automatisme de l'écriture et exige l'intervention de la liberté, « principe d'une organisation vivante et vécue ». Surtout, la série généralisée permettait une exploration totale de l'espace sonore ouvrant de nouvelles possibilités de variation à l'intérieur de structures de plus en plus différenciées. Ainsi, grâce à une variation indéfinie, se réalisait une forme en perpétuel devenir, ajustée au contenu spirituel de l'atonalisme : la pure mobilité de la durée subjective. Et par là même la technique sérielle devait nécessairement revaloriser l'interprète auquel il appartient, comme le dit Boulez, de « donner une impression de temps non homogène », c'est-à-dire de réintroduire dans la musique ce temps vécu que la forme musicale — aussi complexe soit-elle — ne peut qu'évoquer et invoquer, sans jamais pouvoir vraiment le capter. D'autre part, la musique de la « variation indéfinie » ne pouvait mépriser l'interprète, précisément chargé autrefois d'apporter à la forme musicale fixée par le compositeur ces variantes qui lui permettent de se renouveler et d'épouser chaque fois la courbe singulière et inimitable d'un devenir intérieur. Cet appel au pouvoir créateur de l'interprète, nous le retrouvons chez un Stockhausen, dont le *Klavierstück XIX,* donné à Darmstadt en 1957, est formé de dix-neuf séquences différentes disposées selon un ordre purement « pratique » afin de se transformer au gré de l'interprète, de lui fournir les bases d'une improvisation dirigée, aux possibilités presque illimitées. Le soliste commence par l'une quelconque des séquences et les enchaîne ensuite au hasard de la lecture en les reliant par le rythme et l'inspiration de l'instant. Ainsi cette musique requiert donc l'interprète pour son achèvement, non seulement spirituel mais encore matériel : il a pouvoir sur le texte même, devenu peu à peu au cours de l'évolution historique le bien inaliénable du compositeur. Jamais depuis le Moyen âge une telle liberté n'avait été laissée à l'interprète. Le compositeur moderne d'hier — du début de notre siècle — voulait être, à l'égal du peintre ou du sculpteur, le maître absolu de son œuvre, soit en exigeant de l'exécutant de ne point « interpréter », soit en la confiant directement à des instruments mécaniques — qui définitivement la sauvaient de toutes les imperfections et licences de l'interprétation. Par un singulier retournement, le compositeur avant-gardiste d'aujourd'hui sollicite au contraire l'aide de l'interprète et l'oblige de participer à la création de son œuvre. Retournement d'autant plus paradoxal qu'il est dû à ceux-là mêmes qui ont voulu soumettre la forme musicale à la discipline la plus sévère qu'elle ait jamais connue.

LES DISSIDENTS

JEAN-LOUIS MARTINET ET SERGE NIGG

Tandis qu'un Boulez s'est libéré du dodécaphonisme classique sans renoncer aux principes de l'écriture sérielle, d'autres jeunes musiciens — un Serge Nigg, un Jean-Louis Martinet — de même formation ont repoussé après l'avoir adoptée l'écriture dodécaphonique et sérielle. Ce revirement — qui a suscité maintes polémiques —, il ne nous appartient pas de le blâmer ou de l'applaudir, mais bien de l'éclairer en essayant d'en saisir les raisons profondes.

Jean-Louis Martinet n'a cessé de méditer sur la « situation » du musicien d'aujourd'hui. La source de la crise actuelle n'est point à chercher, selon lui, au niveau du langage, mais plus profond, dans l'organisation de notre société et son comportement à l'égard de l'artiste. Le musicien d'aujourd'hui est exilé de la cité, qui le rejette comme « socialement inutile ». Le voici donc contraint — qu'il le veuille ou non — au rôle de révolté, dont l'œuvre ne traduira plus que l'angoisse et le désespoir. Le voici contraint aussi à se replier sur lui-même, à se réfugier en son « moi ». Individualisme qui le pousse vers la recherche exclusive de l'inédit et vers les complications techniques par quoi s'accentue encore sa scission avec le social, son divorce avec le public. L'œuvre d'art ne trouve plus aujourd'hui la totalité des conditions nécessaires à sa création. Elle est privée de sa sève nourricière. Gratuite à l'origine, comment pourrait-elle reconquérir sa nécessité interne ? Notre époque, où l'art est livré à tous les caprices individuels, n'a point de style. Ce langage et ce style collectifs, qui remédieraient à la diversité chaotique des techniques et des esthétiques, ne pouvons-nous le demander à la musique dodécaphonique et sérielle, conséquence logique de l'évolution musicale ? En réalité le musicien d'aujourd'hui est victime d'une conception erronée de l'histoire de la musique. Il y voit seulement l'évolution de « la musique en soi » au lieu d'y découvrir celle, vivante, de la société humaine qui s'y reflète. Or, abstraire ainsi l'évolution musicale de son contexte humain et social, c'est la réduire nécessairement à une complication progressive du matériau et de la technique, préjugé matérialiste qui entraîne la surestimation des problèmes de langage dont souffre le musicien moderne. En favorisant la course à la surenchère technique, une telle conception de l'histoire ne peut que précipiter la musique vers une complexité sans cesse accrue qui l'éloigne du profane en la privant de toute fraîcheur et spontanéité. La musique dodécaphonique ou sérielle n'est pas en vérité la pointe avancée du langage contemporain, mais plus exactement le produit d'un climat social à une époque donnée. Il ne faut pas oublier que cette musique a fait son apparition, pendant la période d'entre-deux-guerres, à Vienne où sévissaient alors l'inflation et la misère. D'où sans doute cet étrange pouvoir de la musique atonale et sérielle d'exprimer avec prédilection et — perfection — l'angoisse et tout l'univers des sentiments pathologiques, ainsi qu'en témoignent éloquemment les arguments des œuvres dramatiques de Schönberg et de Berg. Expression de l'anormal, comment l'atonalisme pourrait-il remplacer la tonalité et devenir le langage normal de l'art musical ? Mais il peut le compléter et devenir la source de conflits féconds. A la manière d'Alban Berg, il est loisible d'opposer l'atonalité à la tonalité, comme on opposait autrefois le mineur au majeur. « La querelle autour du matériau, si fréquente dans nos milieux musicaux, dit Martinet, nous paraît stérile, dérisoire; car, ce qui importe dans une œuvre d'art n'est pas le choix, *a priori,* d'un matériau, mais la qualité des sentiments qui y sont exprimés. Le « matériau » est choisi par le compositeur en vue d'une expression et peut changer d'une œuvre à l'autre, ou même, dans le courant d'une même œuvre : il est fonction du contenu de l'œuvre et varie avec ce contenu. »

A travers ses variations de langage, Martinet fut constamment fidèle à un humanisme qui s'affirme dès ses premières œuvres. Sa musique — où l'on trouve des titres aussi significatifs que *Prométhée* et *Orphée* — trahit son inspiration éthique. Martinet avant tout veut redonner à la musique ce sens humain que risquait de lui faire perdre l'abus des spéculations théoriques et des

« recherches de laboratoire ». Il ne pense point que le sort de la musique vivante doive se débattre sur les cimes désolées où le géomètre construit le système de ses théorèmes. Il n'est pas attiré non plus par les possibilités de la musique concrète. Ces possibilités sont selon lui — et contrairement à ce qu'on pourrait penser — fort limitées. Musique « illustrative » par essence, propre à servir de fond sonore au cinéma ou au théâtre, elle n'est point musique au sens plein, car elle n'est pas à notre mesure et à notre disposition : la preuve en est qu'elle supprime l'interprète, symbole et garant des attaches de la musique avec l'homme. Martinet s'inscrit en faux contre la tendance intellectuelle et scientiste de l'époque. Que sert par exemple d'édifier dans l'abstrait des rythmes compliqués et rares ? N'ayant point été à l'origine vécus par le compositeur, comment pourraient-ils être vivants pour l'auditeur ? Martinet ne veut point se laisser accaparer par les problèmes de langage. Il est en ce domaine sans parti pris : dodécaphonique à l'occasion comme dans sa *Pièce pour piano* (1950) et ses *Variations pour quatuor à cordes* (1946), volontiers aussi il restaure des pôles d'attraction et des lois cadentielles comme dans *Orphée* (1944) et *Trois Mouvements symphoniques* (1954). De l'enseignement de Webern, il a surtout retenu la dialectique du son et du silence. Comme on le voit en particulier dans les *Trois Poèmes* de René Char pour voix de femme et petit orchestre dont l'écriture souple et scrupuleuse porte à sa plus haute puissance la valeur de résonance des silences. Usant largement des libertés autorisées à notre époque au musicien, il ne recherche point pourtant l'effet sonore pour lui-même et n'est pas tourmenté par le désir de l'inédit. Son langage n'est donc jamais concerté ou décrété d'avance; mais chaque fois il naît de l'idée de l'œuvre et conforme à cette idée, c'est-à-dire sous l'empire d'une exigence intérieure.

On n'a pas manqué de l'accuser d'une disparité de langage et de style. En réalité l'unité de sa musique n'est point dans l'identité d'une technique, mais, plus profondément, dans une communauté de contenu et d'inspiration. Martinet a le goût et le sens de la grandeur, qu'il manifeste en de vastes fresques sonores telles que la *Trilogie des Prométhées* et le triptyque *Orphée*. « La Beauté est une sorte de morte », disait Valéry. Martinet entreprend de la ressusciter. Même ses œuvres dodécaphoniques repoussent « l'esthétique de la laideur ». Soumise au Beau, la musique de Martinet allie au sens humain et poétique la perfection formelle, et aux magies impressionnistes le chant d'une mélodie persuasive. Les *Trois Mouvements symphoniques* marquent un tournant dans l'évolution de Martinet. Son humanisme, en lui commandant de se rapprocher de l'auditeur, l'a orienté — tel un Honegger — vers une simplification et une clarification de son langage. Un choix fondamental s'est opéré, en fonction de ce principe suprême qui désormais s'impose à lui : l'œuvre d'art doit posséder l'évidence qui lui assure un pouvoir immédiat. Sa musique désormais respectera le sentiment tonal, image de joie et d'équilibre, et sa mélodie retrouvera l'intonation populaire. Le *Quatrième Mouvement symphonique,* créé en 1955, confirme cette orientation. La « nouveauté » de l'œuvre, a-t-on dit, réside dans son renoncement même à toute audace d'écriture, à toute « fausse note », au profit de la seule « invention expressive ». Enfin ces quatre mouvements symphoniques — ni symphonies, ni poèmes symphoniques, mais synthétisant la rigueur de l'une et la poésie de l'autre — confirment un trait constant de la musique de Martinet : l'équilibre et l'union — hors de tout compromis — de la forme et de l'expression.

Le cas de Serge Nigg est bien significatif du désarroi de la conscience musicale contemporaine. Il nous éclaire singulièrement sur ce drame intérieur qu'est, pour le musicien d'aujourd'hui, la quête d'un langage et d'un style. Serge Nigg dut accomplir dès sa jeunesse une longue évolution qui fit de lui tour à tour l'adepte et l'adversaire du dodécaphonisme. Serge Nigg a d'abord cédé à la tentation de l'exotisme — qui constitue l'un des aspects les plus caractéristiques de la musique française depuis Debussy. Mais rapidement il se rendit compte que l'exotisme ne lui apportait pas la solution de ses problèmes. Transposés selon notre musique, les rythmes complexes de la musique orientale (avec leurs pédales et contrepoints rythmiques) sont en vérité inaudibles, donc sans valeur. L'harmonie et le contrepoint ne jouent-ils pas précisément — du point de vue structurel — le même rôle dans la musique occidentale que le contrepoint rythmique dans les musiques exotiques ? Quant aux modes exotiques, toujours liés, dans leur pays d'origine, à une signification morale et sociale, ne revêtent-ils pas une fois transplantés — c'est-à-dire isolés de leur contexte et privés de leur sens originel — un caractère extérieur et artificiel ? Serge Nigg crut ensuite trouver le salut dans l'évangile dodécaphoniste. La doctrine de Schönberg lui apparaissait alors, non pas comme un système *a priori* et une solution toute individuelle, mais comme l'aboutissement logique de toute l'évolution musicale. Pourtant le dodécaphonisme non plus ne lui apporta pas ce qu'il en espérait, et c'est précisément en le mettant en pratique et à l'épreuve dans son activité créatrice qu'il en ressentit bientôt toutes les insuffisances. Le dodécaphonisme ne saurait se substituer à la tonalité : il nie le temps humain où la tonalité trouvait son fondement spirituel. La technique dodécaphonique et sérielle n'obéit point à la loi d'alternance de la sensibilité qui sans cesse oscille entre la tension et la détente, la peine et le plaisir. Comme Martinet, Nigg est frappé par l'aptitude singulière du dodécaphonisme à exprimer les aspects morbides et négatifs de l'âme humaine, et son impuissance par contre à en exprimer les aspects positifs et joyeux. Le dodécaphonisme n'est pas seulement prisonnier de cette uniformité de climat émotionnel qu'engendre l'abolition du dualisme consonance-dissonance et de la modulation. Plus généralement, en se privant de la polarité, du thématisme et de la cadence — qui permettaient à la tonalité d'exprimer le mouvement et le changement — il s'interdit de figurer un vivant processus. Tout repère nous manque qui nous avertirait à quel moment nous sommes du devenir musical. Nous ne pouvons plus l'accompagner de l'élan de notre durée. La musique atonale ne sait point, comme la musique tonale, susciter la dialectique de l'attente et de la surprise, éveiller nos désirs pour tour à tour les décevoir et les combler.

Mais ce n'est point seulement le dodécaphonisme que rejette Serge Nigg. Plus généralement, c'est le formalisme de ceux qui tendent à réduire la création musicale à un problème de technique et de langage. Pourquoi, s'étonne-t-il, m'avoir accusé de trahison envers le dodécaphonisme ? Quels devoirs le compositeur peut-il avoir envers une technique, simple moyen et non pas fin en soi ? La crise de la musique contemporaine n'est point, selon

Nigg, une crise de langage, mais bien de contenu. Doté d'une incomparable richesse de moyens, l'art occidental souffre pourtant d'épuisement. L'artiste ne ressent plus aux profondeurs de lui-même le besoin de s'exprimer. Et c'est pour en compenser l'absence qu'il s'adonne à des recherches gratuites; ainsi la quête incessante de nouveaux moyens techniques trahirait l'impuissance créatrice de notre époque. Le remède à cet état de choses ? Il est dans le *Progressisme,* qui ne fait point dépendre le progrès des innovations techniques mais de la découverte de nouveaux contenus expressifs. Dans l'évolution musicale, Serge Nigg voit un progressif enrichissement non point du langage, mais de l'expression. La musique, au cours de son histoire, nous a offert une analyse toujours plus fine et plus riche de la vie affective. La gamme des sentiments qu'elle peut traduire s'est sans cesse accrue. Au musicien d'aujourd'hui de continuer cette conquête du monde intérieur qui le délivrera définitivement du faux problème du langage. Les œuvres de Serge Nigg qui comptent désormais pour lui, ce sont celles écrites après son revirement et la prise de conscience de la nécessité d'un contenu. Dans le *Concerto* pour piano, inspiré d'un thème populaire, S. Nigg renoue avec la tradition française. C'est une renaissance de l'hédonisme, que reniaient les dodécaphonistes, et de la mélodie au sens traditionnel. Cette musique cherche — et obtient — notre plaisir. D'un langage clair et accessible, malgré sa richesse, et d'un lyrisme sans apprêt, ce concerto utilise à la perfection les diverses ressources du clavier, tout en restant constamment expressif; S. Nigg y accède à une liberté et à une spontanéité d'expression qui se réalisera pleinement dans son *Concerto* pour violon (1957). Ce dernier concerto, avoue-t-il, est la première œuvre qu'il ait écrite hors de toute préoccupation technique et aussi de tout interdit. Son langage s'y révèle comme une synthèse des expériences passées. Il est à la fois atonal et chromatique. Dans un milieu atonalisant, il obéit cependant à des nécessités harmoniques absolues. L'atonalisme est ici recréé selon la sensibilité du musicien. Une assise tonale où sont restaurées les notions de consonance et de dissonance permet de créer le sentiment de tension et de détente, d'évolution et de conclusion. C'est donc une synthèse de l'atonalisme et du tonalisme par une transformation et une adaptation des lois tonales au milieu chromatique. Et surtout, comme le *Concerto* pour piano, le *Concerto* pour violon redécouvre le sensualisme et l'hédonisme propres à la musique française, mais dans un climat romantique qui semble devoir être désormais celui de la musique de S. Nigg.

Ainsi, parmi les jeunes musiciens formés à la méthode dodécaphonique, les uns (tels Boulez, Philippot, Fano, Barraqué, Amy), partisans de la discipline stricte, lui ont donné, en la généralisant, des prolongements imprévus; d'autres (tels Martinet ou Nigg) l'ont abandonnée pour rejoindre la tonalité; tandis que d'autres encore (tels Claude Prior, Casanova ou Bondon) font écho à la souplesse expressionniste d'Alban Berg en accommodant le système schönbergien à leur tempérament. Cependant, qu'ils adoptent le dodécaphonisme ou le refusent, qu'ils suivent Webern ou Alban Berg, ils demeurent conscients de leur appartenance à la tradition française. Antiromantiques ou romantiques, ils n'oublient point le message debussyste et leur musique obéit à ce sensualisme hédoniste qui fut le trait constant de la musique française au cours de son histoire.

Le cas de Jacques Bondon mérite de nous retenir. Si ce jeune musicien utilise l'écriture atonale ou sérielle, voire même polysérielle, ce langage, loin d'être chez lui concerté, semble l'expression naturelle de sa sensibilité auditive comme de son expérience humaine. *La Coupole* (pour 13 instruments soli ou deux orchestres, 1954), *le Taillis ensorcelé* (pour quatre ondes Martenot, 1954), les *Insolites* (pour piano, 1956) les *Chants de feu et de lune* (pour piano et onde Martenot, 1957) *le Pain de serpent* (pour soprano et piano, 1957), ces titres évoquent déjà l'univers émotif où se meut Jacques Bondon : univers insolite, parent de la littérature de science-fiction, où les rêves radieux côtoient les cauchemars, mais dont la poésie n'est jamais absente. Le style de Bondon n'est jamais volontaire et tendu, mais il garde toujours, même en sa plus grande complexité, transparence et spontanéité : signe de l'accord du musicien et de son langage, comme aussi d'une harmonie préétablie entre un thème et un langage issus de notre temps et qui en portent également la marque. Une parfaite adéquation se réalise ici entre le matériau sonore et le climat émotif. L'atonalisme, par son caractère mystérieux, fantastique et fantomatique, était sans doute prédestiné à la traduction de l' « insolite ». Restait à le libérer de toute technique préalable et à lui donner vie : ce que réussit Bondon dans une musique jaillie d'un élan profond et où la sensibilité auditive toujours commande.

Comme Jacques Bondon, d'autres musiciens, plus jeunes encore, font preuve dès leurs premières œuvres d'une surprenante maturité. Avec assurance ils suivent leur voie. Les dramatiques incertitudes d'un Serge Nigg comme les recherches arides et obstinées d'un Boulez leur ont été épargnées. Déjà ils se meuvent avec aisance dans l'univers sonore qu'ont exploré leurs aînés. S'ils utilisent le langage atonal ou sériel, ils n'y trouvent plus une justification ou une excuse. Ils ne perdent plus leur temps à discuter technique et langage : ils sont trop pressés d'aboutir. Avant tout leur importe leur œuvre. La querelle autour du matériau devient moins âpre; il passe au second plan, reprend le rôle subordonné qui doit être le sien. L'on ne songe plus à se prévaloir de ses hardiesses de langage, car l'on a compris que seules comptent en définitive la qualité de l'invention musicale, la justesse de la sensibilité auditive. Les nouvelles techniques tendent d'ailleurs à perdre de leur intransigeance originelle, et leurs anciennes entraves cèdent à une liberté reconquise. Le langage sériel ne semble plus condamné à n'exprimer que le côté ténébreux et sordide de l'affectivité. Le musicien français l'a plié à son « esthétique du plaisir » comme aux contrastes et aux nuances d'une sensibilité plus humaine. La forme musicale — au sein de l'atonalisme aussi — pourra de nouveau, comme nous-mêmes, osciller entre le désir et la possession, entre la peine et le plaisir. Et c'est le signe que la musique quitte le laboratoire pour se mêler à la vie.

LA MUSIQUE CONCRÈTE

La musique sérielle semble marquer le point final de l'évolution du système tonal. Mais, après s'être libérée de la tonalité, la musique ne pouvait-elle pousser encore plus loin sa libération ? Tenter de s'approprier les inépuisables ressources du bruit, reniant ainsi ses limitations originelles pour s'égaler à sa définition la plus vaste ?

Seule la musicalisation du bruit semblait capable de combler ce vœu d'organisation totale et de musique intégrale d'une pensée musicale aventureuse et conquérante. Selon Luigi Russolo, l'inventeur de *l'Art des bruits,* la musique, dans son évolution vers des accords toujours plus dissonants, tend à s'éloigner du son pur pour se rapprocher du bruit. Or cette tendance ne pourra pleinement se satisfaire que par la substitution des bruits aux sons — par le bruit musical. Le son musical est en vérité trop restreint, quant à la variété de ses timbres. Il faut explorer et conquérir l'infinie variété des bruits, où le compositeur d'aujourd'hui trouvera la réponse à son besoin de renouveau. Il n'est point question, d'ailleurs, de nier la musique, mais bien plutôt de la revivifier en lui intégrant le bruit lui-même. C'est dire que le compositeur ne se bornera pas à une simple reproduction imitative, mais qu'il combinera et organisera le bruit, créant ainsi un art nouveau qui assurera la rénovation et le salut de la musique.

Le vœu d'élargir les possibilités d'expression musicale par l'appel au bruit en même temps que de soumettre le bruit irrationnel à la rationalité musicale se décèle à notre époque dans la musique au sens traditionnel. Il se manifeste à la fois dans la multiplication des instruments à percussion et dans l'importance que leur accorde l'orchestre moderne. Car leur tâche n'est plus seulement de souligner et d'amplifier, comme à l'époque classique; mais ils conquièrent l'autonomie, devenant comme un petit orchestre dans l'orchestre, tandis que chacun d'eux peut jouer le rôle d'un instrument soliste. Et l'on peut dire que l'attention et l'intérêt que le musicien moderne porte à la percussion vient de ce qu'il a su concevoir l'organisation rythmique et qualitative, c'est-à-dire la « musicalisation » du bruit. Mais ce bruit que notre musique occidentale avait presque entièrement évincé au profit du son musical, le musicien de notre siècle mécanisé devait fatalement le redécouvrir. Depuis le XIXe siècle, les bruits des machines ont imprégné la vie de l'homme, suscitant chez le musicien le besoin de les musicaliser. La musique jusque-là s'édifiait dans une zone transcendante à la nature, au moyen du son qui *humanisait* le bruit, mais par une opération d'abstraction qui le dépouillait de sa richesse concrète. Or le bruit ne peut-il *s'humaniser* directement et sans se renoncer ? Poussée par la nécessité de se renouveler et de s'enrichir, la musique, au XXe siècle, devait réhabiliter cela même qu'elle avait dû vaincre afin d'exister et que l'on considérait comme son contraire, c'est-à-dire pénétrer dans le domaine interdit des bruits.

Par une curieuse coïncidence — mais qui n'est sans doute point le fait du hasard — la « machine » — la technique électro-acoustique — allait ouvrir toutes grandes les portes de ce domaine interdit. En 1948, Pierre Schaeffer imagine de manipuler le son après enregistrement : telle est l'intuition essentielle d'où devait sortir la musique concrète. Musique expérimentale, musique de laboratoire, la musique sérielle ne l'était qu'en un sens métaphorique : la musique concrète l'est au sens littéral du terme. Au désir de renouvellement et d'enrichissement du matériau, elle répond au-delà de toute espérance, en mettant d'emblée à la disposition du musicien tout l'univers de l'audible, en créant à profusion des sonorités inouïes devant lesquelles il reste émerveillé — et d'abord désarmé. Un matériau nouveau, nous le savions déjà, pose en réalité plus de problèmes qu'il n'en résout; il ne saurait constituer une solution par lui-même et dispenser le musicien de son effort créateur. Bien au contraire. C'est ainsi que l'immense richesse sonore offerte par la musique concrète, loin d'apporter l'apaisement, a engagé la pensée musicale dans une nouvelle aventure créatrice aux conséquences pour l'instant incalculables.

La musique concrète renouvelle radicalement les problèmes posés par la musique contemporaine. Elle remet en question non seulement le matériau, mais plus profondément l'essence même de l'art musical, contraignant le musicien à la revision complète de ses principes et de ses concepts fondamentaux, à la mise en œuvre d'une nouvelle démarche créatrice. Et toute autre musique, si « avancée » soit-elle, apparaîtra désormais comme « traditionnelle » devant le total bouleversement opéré par la musique concrète, qui semble porter à l'absolu cette notion de « révolution » si symptomatique de notre temps.

« Frapper sur un gong, graver ce son, le reproduire d'abord parfaitement, puis s'en rendre maître, le façonner, en tirer toute une famille de sons, quels nouveaux pouvoirs!... Tant que le son restait à l'état évanescent, subordonné à l'instrument direct et à l'instrumentiste, on demeurait dans une musique traditionnelle, étroitement emprisonnée dans les symboles du solfège. Dès lors que le son captif sur un disque ou une bande magnétique devient le jouet de nos manipulations, il échappe à l'univers de la note, s'enrichit de nouveaux paramètres. Il en est de lui comme des images : la musique concrète naît avec la violence du cinéma » (Pierre Schaeffer).

La sonorité, matière temporelle si fluide et fuyante, s'est trouvée fixée par l'enregistrement. Or, au-delà d'un procédé technique commode de diffusion du son, l'enregistrement est en réalité une *application du temps sur l'espace* qui fait participer la substance temporelle jusqu'alors insaisissable de propriétés de celui-ci. La *materia musicae* sera maintenant douée de permanence; subsistant à travers le temps, elle devient un objet concret : c'est la naissance de *l'objet sonore,* qui fait de la musique l'analogue de l'art plastique, et du compositeur l'égal du peintre ou du sculpteur; tandis que l'œuvre musicale, délivrée de sa dépendance à l'égard de l'interprète — cette « infortune » dont la plaignait si fort Léonard de Vinci — possède dès sa naissance l'autonomie et l'éternité de toute œuvre d'art. D'autre part la continuité de la durée devient divisible à l'infini. La matière sonore se décompose en *objets sonores* que l'on peut découper et isoler. Enfin l'enregistrement, qui fait ressortir l'effet sonore pur, n'établit pas de distinction entre les phénomènes sonores : il les prélève tous indistinctement et les met *a priori* sur un pied d'égalité. Or le domaine sonore est immensément riche et déborde infiniment l'étroit domaine des instruments de musique. Pourquoi dès lors ne pas faire usage de *tous* les objets sonores, au même titre que des instruments classiques ? C'est la première démarche de la musique concrète : utiliser l'objet sonore concret *quelconque* en musique, réaliser « l'orchestre le plus général qui soit », l'orchestre concret constitué dans son principe de tous les phénomènes sonores qui nous intéressent et les assembler dans une dialectique de la durée.

L'objet sonore — qui est la notion centrale sur laquelle se fonde la musique concrète — est constitué par « tout prélèvement sonore, fixé par l'enregistrement. Il comprend bien entendu comme cas particulier les notes de musique produites par tous les instruments connus : classiques, exotiques ou électroniques. Il comprend en outre des objets nouveaux, en général inouïs, obtenus par les manipulations électro-acoustiques de « fragments » enregistrés. La musique concrète ne jette l'interdit sur aucun type d'objet sonore, mais en revanche ne veut pas se rendre prisonnière d'objets sonores spécifiquement nouveaux, dont la nouveauté serait le seul critère d'intérêt. Elle a mis récemment l'accent sur les objets sonores naturels, originaires de corps matériels en vibration, où elle trouve une variété et une richesse auditives sans commune mesure avec celles des instruments électroniques.

Jusqu'à présent, l'évolution relativement rapide de la musique occidentale durant trois siècles s'était bornée en fait à violer progressivement des règles supposées celles de la musique éternelle. Cette violation toutefois s'opérait toujours à partir des éléments traditionnels. En effet, les dernières dissonances une fois admises, la destruction de la gamme, la négation des notes comme degrés, aboutissaient pourtant à une musique réalisée avec des notes et des degrés. Pierre Schaeffer va d'emblée beaucoup plus loin : il remet en cause la notion même de note de musique. Cependant le procès de la note ne pouvait être entrepris qu'à son heure, lorsque seraient nées des machines mettant à la disposition du musicien tout l'univers des phénomènes sonores. Pierre Schaeffer ne désire point d'ailleurs la destruction des notes, mais bien plutôt leur dépassement, leur généralisation, afin de « faire éclater le corset d'abstraction dont cette notion s'est progressivement entourée ». Il constate la destruction qui s'est peu à peu opérée dans la musique traditionnelle et dont l'atonalisme est sans doute l'étape la plus grave. « Pourquoi douze notes, alors que la musique électronique en apporte tant d'autres ? Et surtout pourquoi limiter l'horizon de nos recherches par les moyens, les usages, les concepts d'une musique liée, après tout, à la géographie et à l'histoire ? »

Des concepts annonciateurs de la musique concrète étaient sans doute déjà apparus. Il y avait eu « l'art des bruits » de Marinetti et Russolo en Italie, les premiers en date à concevoir l'idée d'une généralisation de la musique lui permettant de s'évader de ses frontières.

Franc-tireur isolé, Varèse avait exploré les possibilités du son électronique et s'attachait au phénomène sonore pour lui-même, dans des œuvres comme *Octandre* et *Ionisation*. Et dans la musique traditionnelle déjà l'orchestre non seulement faisait une place toujours plus large à la percussion de même qu'aux instruments électroniques, mais il tendait à se dépasser lui-même en s'acheminant vers une recherche de plus en plus subtile de l'objet sonore. Pourtant ces signes précurseurs n'apparaissaient point encore à leur époque comme les prolégomènes d'un renouvellement radical. Il fallut diverses expériences presque simultanées, dont les plus connues sont celles de la « musique concrète » en France, du « piano préparé» et de la musique « for tape » américaine, sensiblement contemporaines, et celle de la musique électronique allemande, peu après, pour que la notion même du domaine musical, de son extension et de ses moyens fût remise en question. John Cage, avec son « piano préparé », jetait un pont entre le langage musical traditionnel et une possible langue des objets sonores. Le « piano préparé » avait du langage traditionnel le moyen d'expression essentiel : le clavier, et du nouvel univers sonore la matière, c'est-à-dire les milliers de sons nouveaux qu'on peut tirer d'une table d'harmonie convenablement agencée. Il a d'ailleurs fourni des œuvres de transition. La plus célèbre d'entre elles est le fameux *Bidule en ut* de Pierre Schaeffer et Pierre Henry qui est encore à peine de la musique concrète. Quant à la musique « for tape », elle répondait d'abord au vœu du compositeur de réaliser directement son œuvre sous forme enregistrée, afin d'en être le maître absolu. Et par là même elle était très proche de la musique concrète, par le caractère direct et concret de sa démarche créatrice.

Fait paradoxal, c'est grâce à la machine — aux moyens nouveaux de l'appareillage électro-acoustique — que le compositeur d'aujourd'hui peut entrer en contact immédiat avec la matière sonore, qu'il crée réellement — et non plus par métaphore — et modèle par une opération directe. La matière sonore est devenue entre ses mains incroyablement plastique et d'une inépuisable fécondité par les transformations physiques qu'il lui fait subir; sa musique échappe par conséquent à tout système préétabli — qu'il soit de solfège ou d'harmonie, de notation ou d'exécution — à toute esthétique concertée — qu'elle soit celle des néo-classiques ou des atonalistes. Musicien concret, à la fois compositeur et interprète, le voici en possession d'un « instrument à faire, et plus qu'à faire, à créer des musiques ».

Dans la musique traditionnelle, le processus créateur est abstrait, puisque le compositeur doit se borner à concevoir et à « écrire » son œuvre, tandis qu'il appartient à l'interprète de la transformer, par une exécution instrumentale, en musique sonore et audible. Dans la musique concrète, au contraire, le processus est concret puisqu'il s'applique à l'objet sonore, pris dans son contenu total — lequel échappe à toute notation abstraite. Ainsi le musicien, pendant toute la durée du processus créateur, ne quitte point l'objet sonore, avec lequel il dialogue librement sans passer par le détour d'une écriture.

Mais il ne faudrait pas sous-estimer les difficultés qui assaillent les chercheurs de musique concrète. Car ils ne sont pas seulement aux prises avec la réalité du concret sonore : ils sont dans l'obligation de faire face à de nouveaux concepts musicaux, de réviser des notions telles que celles d'instrument, de note, de partition et d'exécution, pour ne pas parler de la conception même des œuvres, de leur expression et de leur communication. Le son n'est plus désormais caractérisé par sa cause instrumentale, mais par l'effet pur. Aussi doit-il être classé, non selon l'instrument qui le produit, mais selon sa morphologie propre. Il doit être considéré pour lui-même. La meilleure preuve en est qu'une fois gravées sur la bande magnétique, les plus intéressantes sonorités dues aux techniques nouvelles nous masquent totalement leur source et leur mode de production. Corrélativement, la notion de note de musique, liée intimement au caractère causal de l'instrument, ne suffit plus à rendre compte de l'objet sonore. La définition que donne Pierre Schaeffer de la note complexe — « un objet sonore simple, qui a un début, un corps et une chute » — est déjà infiniment plus générale. Les relations classiques entre composition et exécution, entre auteurs et instrumentistes, se voient également profondément modifiées. Le compositeur devient son propre exécutant, et la partition n'est qu'un découpage ou « schéma de montage ». La réalisation est obtenue une fois pour toutes par un travail d'équipe qui rappelle celui de la réalisation cinématographique. L'œuvre musicale possède ainsi le caractère d'unicité des œuvres plastiques, toujours identiques à elles-mêmes et définitivement fixées par l'acte créateur. Enfin le contact avec le public est lui aussi différent. Le concert n'est plus un spectacle, et le compositeur entre en contact direct avec le public, grâce à une œuvre vivant par ses seules forces, sans le secours d'un interprète. Voici donc quatre transformations majeures du phénomène musical, et qui obligent à poser de façon nouvelle les problèmes de l'instrument, de la composition et de l'exécution. En définitive, la triple spécialisation était désormais dépassée — du luthier, de l'instrumentiste et du compositeur — sur laquelle avait vécu la musique traditionnelle.

Jusqu'ici les révolutions jamais n'avaient fait franchir au musicien l'enceinte de la musique; avec la démarche concrète, l'on assiste à son dépassement et à sa généralisation. Et la question aussitôt se pose, brutale et inévitable : la musique concrète est-elle encore de la musique, ou ne serait-elle pas plutôt un art sonore nouveau ?

Un art, elle l'est sans conteste. Il importe avant tout de prévenir l'erreur qui consiste à confondre la musique concrète avec un quelconque procédé de bruitage. Rien n'est plus opposé en réalité à la démarche esthétique de la musique concrète qu'un expressionnisme à base de bruits. Si la musique concrète utilise le bruit aussi bien que le son musical comme matière première, les objets sonores ne reçoivent un caractère esthétique que dans la mesure où ils n'évoquent plus aucun objet réel. Il leur faut, comme le son, d'abord se délivrer de leur fonction représentative, c'est-à-dire biologique et pratique, pour conquérir une réalité et une valeur autonomes. Il leur faut se dépouiller de leur signification afin de se signifier eux-mêmes. A l'origine de la musique concrète, comme à l'origine de la musique, il y a donc une même démarche d'abstraction qui a pour fin de délier le phénomène sonore de sa cause pour lui permettre de se lier avec lui-même, en éveillant les libres pouvoirs de l'activité créatrice. Si la musique, comme le dit Alain, est « bruit purifié », la musique concrète, elle aussi, « purifie » le bruit. Dès ses premières études (*Étude aux Chemins de fer, Étude aux tourniquets, Étude aux casseroles,* 1948) Pierre Schaeffer s'attache déjà à libérer le bruit de son caractère anecdotique. Une *Étude* comme celle *aux chemins de fer* était encore une œuvre de caractère ambigu. Ni dans son titre ni dans sa substance, elle ne reniait ses sources, auxquelles elle empruntait son pouvoir expressif. Et le bruit y conservait encore son ambivalence. Certaines séquences, évocation sonore de l'objet et gardant la continuité de l'enregistrement originel, étaient encore un bruitage de caractère dramatique, tandis que d'autres, arrachant l'objet sonore à son contexte et le coupant de toute allusion par l'artifice de la déformation et de la répétition, sont déjà de la musique. A partir de la *Symphonie pour un homme seul* (1949-1950) — réalisée en collaboration avec Pierre Henry — Pierre Schaeffer se crée un langage qui convainc par sa résonance humaine. L'œuvre — la plus célèbre de la musique concrète — ne fait point qu'évoquer, elle nous fait vivre, en un raccourci d'une violence expressive parfois presque insoutenable, le drame de la vie humaine, de l'homme seul en proie à ses démons dans la grande ville moderne, au milieu des machines, des embûches de toutes sortes et de l' « enfer que sont les autres ». Le matériau, délimité par un choix sévère, a été prélevé sur les divers éléments sonores dont l'homme, seul, peuple l'univers. Cependant cette œuvre ressortit encore à l'esthétique surréaliste, impressionniste-expressionniste, qui marque les débuts de la musique concrète. Bien qu'elle ne s'asservisse à nul « programme », la forme musicale y demeure en retrait, n'exerçant qu'une emprise lâche sur les objets sonores, afin de leur laisser toute leur éloquence directe. Mais de plus en plus Schaeffer prendra ses distances avec le dramatisme naturel du matériau. Et son évolution depuis dix ans nous fait assister au progressif abandon de son expressionnisme originel au profit d'un dépouillement qui lui a permis de découvrir et d'exploiter les *pouvoirs formels* du matériau concret.

Une fois libéré de ses attaches représentatives et purifié de son contenu émotionnel, le bruit est disponible pour les jeux de la forme. Mais sera-t-il matière aussi docile que le son ? Et le compositeur parviendra-t-il à maîtriser les puissances sonores nouvelles qu'il a déchaînées ? Dans la musique traditionnelle, le musicien exerçait son activité sur une matière une fois pour toutes définie, aux possibilités limitées. Et cette limitation même offrait un appui à l'élan de sa liberté créatrice. La musique concrète lui donne d'emblée la totalité de la matière sonore : mais elle n'est généreuse qu'en apparence; car voici le musicien saisi de ce vertige devant l'infini des possibles — si bien décrit par Stravinsky — qui inhibe ses puissances créatrices. Embarrassé de sa liberté même, le musicien concret aspire à une contrainte qui l'en délivre. Ne peut-il la trouver dans la résistance que lui oppose l'objet sonore ? Encore faudrait-il que cet objet ne soit pas entièrement opaque à la pensée. Le son est à notre mesure et à notre disposition; la pensée musicale qui le créa le fit conforme à ses exigences en le douant de cette rationalité intérieure qui le prédestine à entrer en relation avec lui-même. C'est ainsi que chaque son contient comme l'appel de tous les autres sons — l'appel de la musique elle-même. Il n'en est pas de même de l'objet sonore, qui nous est imposé du dehors et n'est point l'œuvre de la pensée musicale. Sa richesse et sa complexité le dérobent à nos prises; son irrationalité concrète s'insurge contre son intégration dans un ensemble. Rebelles à l'analyse, à la pensée, comment les objets sonores pourraient-ils se lier par des rapports internes, se plier à l'ordonnance d'une composition ? Il semble que le musicien concret soit condamné à les *juxtaposer* par « montage » faute de pouvoir les *composer*.

Telle était l'essentielle « aporie » à laquelle se heurtait le musicien concret. Sans doute lui restait-il la ressource de se faire naturaliste, d'épier les caractéristiques acoustiques et musicales des objets sonores afin de tenter de les classer et d'en faire la « caractérologie ». Mais en attendant cette connaissance des objets sonores, qui permettrait de construire l'équivalent d'une forme musicale, l'empirisme devenait l'attitude la plus sage. Improvisée et aventureuse, la démarche du musicien concret aboutissait, par « tâtonnements expérimentaux », à des réalisations qui n'osaient, en raison de leur inachèvement, revendiquer le titre « d'œuvres ». Plus proche que la musique concrète de la musique traditionnelle, la musique électronique s'élaborait à partir de sons soigneusement prédéterminés, aptes à se lier par des combinaisons rigoureuses. La partition d'ailleurs, sorte d'épure « scientifiquement justifiée », attestait que l'œuvre obéirait docilement au schéma préconçu par le compositeur. Si les musiciens électroniques étaient avant tout attentifs au problème formel, l'essentiel propos des musiciens concrets était l'exploration systématique d'un univers audible réhabilité dans sa totalité, la création et la découverte d' « objets sonores ». La musique concrète — c'était là déjà son mérite — donnait tout son sens au dialogue du musicien avec la matière sonore; le musicien concret qui l'interrogeait restait sans cesse disponible pour accueillir ses dons; il se laissait par elle inspirer et guider, toujours à l'affût de quelque heureuse surprise. Cette organisation intuitive risquait pourtant d'être arbitraire et hasardeuse. En fait le musicien concret semblait moins soucieux d'organiser le nouveau matériau que d'exploiter toutes les magies émotionnelles de ces sonorités étranges et inouïes. Ce fut le règne d'une esthétique impressionniste-expressionniste, toute dévouée à l' « effet sonore pur ». Esthétique qui par ses excès mêmes devait engendrer la « réaction sérielle ». Pour échapper à l'empirisme, l'on se jetait dans un constructivisme formaliste, faisant fi de la richesse du matériau. La musique concrète en effet n'avait pas tardé à tenter les « abstraits » — compositeurs avancés comme Messiaen et ses élèves sériels Boulez, Barraqué, Philippot, qui trouvaient en elle un terrain d'expériences inespéré, notamment dans le domaine rythmique (toute durée rythmique correspondant en effet à une certaine longueur de bande, il devenait possible de construire les rythmes les plus complexes, qui ne pouvaient être joués par les instrumentistes). Cette période « abstraite » (1951-1952) est marquée par *Antiphonie* de Pierre Henry, les deux *Études* de Boulez, et *Timbres-durées* de Messiaen. Aux orgies sonores succédaient la rigueur et le dépouillement, un ascétisme rythmique et formel réduisant le matériau au rôle de support des opérations de la pensée. Mais était-ce résoudre le problème de la composition concrète ? Michel Philippot proposait une solution plus heureuse dans une *Étude* (1953) d'une grande beauté sonore malgré son austérité, par la connivence qui s'établissait entre les matériaux choisis et la construction sérielle. Ainsi semblait s'imposer la nécessité d'enraciner la forme dans le concret, de le reconstruire selon ses données originales. Faute de quoi l'on ne pouvait prétendre l'avoir réellement maîtrisé...

Encore incertaine de sa démarche, la musique concrète recueillait pourtant déjà un succès qui risquait de lui être fatal en l'entraînant sur la pente de la facilité. Le public, qui ne pardonnait pas aux écoles révolutionnaires de la musique traditionnelle de contredire à ses habitudes musicales, se montrait en revanche bien disposé pour un art sonore nouveau, sans références à l'ancien, et qui surtout conservait du bruit dont il était issu un pouvoir évocateur d'une justesse et d'une richesse extrêmes. Par ce pouvoir évocateur et cette action immédiate sur le public, la musique concrète apparaissait d'emblée toute désignée pour l'illustration dans les domaines les plus divers — radio, film, théâtre et ballet — où elle prouvait sa supériorité sur la musique traditionnelle. Dès sa naissance, la musique concrète a donc joui, comme « musique appliquée », d'une fortune considérable. Le film, de bonne heure, la met à son service dans *Maskerage* (1952) de Max de Haas, musique de Pierre Schaeffer; et Maurice Béjart le premier tente d'adapter une chorégraphie à une œuvre de musique concrète : la *Symphonie pour un homme seul.* Mais en revanche ces vertus naturelles d'illustration et d'expression pouvaient l'entraver dans son évolution et son accomplissement. Devant tant de richesses sonores qui encourageaient sa paresse, le musicien ensorcelé risquait d'oublier sa fonction propre. Au cours des années 1954-1957, les applications à la radio, au théâtre, au ballet, au cinéma se multiplient; et la musique concrète semble vouée à l'exploitation des procédés et des « effets ». Allait-elle ainsi rester prisonnière de ses premiers balbutiements et renoncer à sa vocation musicale la plus pure ? Pierre Schaeffer prit conscience du danger et sut y faire face, assurant ainsi l'avenir du nouvel art sonore. La réorganisation qui s'imposait a lieu en 1958. C'est l'avènement du « Groupe de recherches musicales », qui permet à la musique concrète de prendre un nouveau départ.

Ce nom de « Recherches musicales » signale un changement et aussi un rapprochement avec la musique traditionnelle. Le souci formel a décidément prévalu sur l'impressionnisme anarchique, et l'empirisme qu'engendrait l'abondance du matériau fait place à un certain ascétisme : il ne s'agit plus de surprendre, mais de donner à comprendre. Les objectifs de recherches ont été plus clairement définis : la démarche concrète à la fois se généralise et se précise. Elle est devenue « musique expérimentale », où toutes les musiques, dispersées dans le temps et l'espace, où toutes les techniques, des plus anciennes aux plus récentes, viennent se confronter. Tous les objets sonores l'intéressent, qu'ils proviennent des instruments de musique traditionnels ou électroniques, occidentaux ou exotiques, qu'ils soient réductibles ou non aux termes du solfège traditionnel. Mais à la condition d'être musicaux, c'est-à-dire que l'oreille y perçoive d'emblée une structure intelligible, qui lui confère l'existence esthétique. « L'objet sonore » est donc devenu « objet musical » : il est choisi en fonction de sa morphologie, c'est-à-dire de ses caractéristiques formelles. Ainsi, dans son effort esthétique d'abstraction, la démarche concrète accomplit un progrès décisif. Partie du bruit stylisé, la voici parvenue à l'objet musical, totalement désolidarisé de sa cause et de tout prétexte anecdotique, parce qu'il possède enfin cette rationalité intrinsèque qui lui assure une vie autonome. Tout comme le son lui-même. Et parce que la musique concrète tient à sa merci l'objet musical, elle peut maintenant construire une structure qui en dépende, se rapprochant en cela de la musique traditionnelle, où le son parfaitement intelligible provoque les jeux de la pensée musicale.

Il faut souligner la justesse philosophique de cette notion d' « objet musical », qui implique la primauté de ce qu'Aristoxène nommait « le jugement de l'oreille ». Un tel objet d'autre part exigeait d'être étudié par une méthode conforme à sa nature : non point physique et mathématique, mais psychologique et musicale. Ainsi la démarche expérimentale conserve, en sa nouvelle rigueur, ce goût et ce sens du concret qui l'avaient si heureusement marquée dès ses origines. Ce « psychologisme » du Groupe de Paris le distingue foncièrement de certains groupes de musique expérimentale établis à l'étranger. Il explique aussi la prédilection de nos musiciens concrets pour l'étude des objets sonores d'origine acoustique, qui seuls vraiment correspondent à l'oreille et à la sensibilité de l'homme. L' « expérience » à laquelle se réfère la musique expérimentale, c'est en fin de compte l' « expérience auditive », et non point celle du laboratoire. La soumission à l'objet musical, telle est sa loi, sa morale. C'est dire qu'elle exclut toute composition automatique, toute forme abstraite qui ne serait pas « audible ». Contrairement à la musique électronique, la musique concrète a refusé les facilités et les pièges d'une rigueur algébrique qui ne parlerait pas à notre sensibilité auditive; et voici que, séduite par son exemple, la musique électronique se laisse entraîner dans son sillage... Ainsi, née de la machine, la musique concrète, en remettant l'oreille et la subjectivité à la place d'honneur, affirme la primauté de l'humain.

Les nouvelles œuvres des musiciens concrets ne veulent être que des « études » volontairement limitées sur la morphologie et les caractères de tel ou tel groupe d'objets musicaux. Elles ne sont destinées, dans l'esprit de leurs auteurs, qu'à approfondir leur connaissance du matériau, source d'une maîtrise de plus en plus complète. Toutefois, si les recherches du groupe s'orientent dans une même direction, les compositeurs n'y sont point assujettis à une esthétique commune. Tandis que Yannis Xenakis cherche à matérialiser, sous forme sonore, des concepts probabilistes, et que Michel Philippot reste très attaché à l'esthétique sérielle, Pierre Schaeffer s'efforce de retrouver les concepts traditionnels de « thème et variation », pour leur dialectique formelle sans doute, mais aussi pour le dialogue du souvenir et de l'attente qu'elle suscite. Ses études attestent quelle importance il attache à la mémoire auditive, combien il sait en mesurer à la fois les pouvoirs et les limites. Luc Ferrari de son côté retrouve le principe de répétition ainsi que l'alternance psychologique de la tension et de la détente. C'est dire que la démarche expérimentale, au-delà de la recherche, rejoint le plan de la création. Création où les tempéraments et les options personnelles reprennent librement leurs droits, aussi bien dans le choix — maintenant « éclairé » — des matériaux, que dans leur organisation.

Une même économie de moyens, génératrice des plus vastes ressources formelles, préside aux études récentes du groupe. *Étude no I* de Mireille Chamass, *Crucifixion* de Romuald Vandelle, *Visage V* et *Tête et Queue de dragon* de Luc Ferrari, *Volumes* de F. B. Mâche, *Analogique A et B* de Yannis Xenakis et *Ambiance II* de Michel Philippot. Mais ces études sont aussi des œuvres. Et l'on ne peut, par exemple, contester la vertu lyrique singulière que dégage *Ambiance II* — où la musique qui accompagne le texte récité est issue d'éléments du texte, mais non reconnaissables, ce qui n'empêche point que l'on saisisse intuitivement leur accord.

Les trois remarquables études de Pierre Schaeffer (*Étude aux allures ; Étude aux sons animés ; Étude aux objets,* 1958-1959) « prennent leur appui, nous dit l'auteur lui-même, sur ce triple ascétisme : un nombre volontairement limité de corps sonores, des manipulations essentiellement tournées vers le « montage » et non plus vers la déformation, et enfin un parti pris de composition qui consiste à se soumettre à l'objet plutôt que de soumettre l'objet à des considérations préconçues ». Ce sont des *études d'après nature* où s'exprime, face au mathématisme régnant, un naturalisme qui évoque Rameau. Contrairement à la musique concrète à ses débuts, l'on dénature le moins possible le son originel. Car « de nombreuses manipulations telles que réverbérations, filtrages, accélérés ou ralentis, ne font qu'appauvrir et caricaturer les êtres sonores ». Et là s'exprime une victoire sur la machine, subordonnée au son vivant comme à l'homme, et qui ne s'interposera plus dans leur dialogue qu'elle doit seulement favoriser. Le compositeur alors découvrira que « nombre de corps sonores naturels offrent des structures remarquables tant par la composition harmonique que par le profil dynamique, tant par les lois d'entretien et d'extinction du son que par son évolution dynamique, harmonique et mélodique ». Il s'efforcera donc de « réaliser un assemblage d'objets pour leur corrélation réciproque, et la sélection de ces objets pour leur meilleure logique interne ».

Ainsi tendent à se rejoindre l'empirisme et le formalisme — dont la dialectique même définit la pensée musicale. Et dans la mesure même où l'objet musical implique participation et recréation intérieures. Il faut « le reconnaître dans ses moindres détails, lui arracher son secret ». Mais cette recréation impose la nécessité d'une notation, d'un solfège et d'une lutherie nouvelles, qui nous permettront de disposer de l'objet sonore comme nous disposions du son. Révolutionnaire à l'origine, la musique concrète découvre maintenant ses affinités avec la musique universelle. Son propos essentiel est « d'étudier l'objet musical », généralisation de la « note de musique », pour lui-même, et de découvrir, en se tenant au plus près de la grande tradition musicale, qu'elle soit occidentale ou exotique, les lois d'association et d'évolution de ces objets, ainsi que le nombre et l'ordre des dimensions qui s'offrent à leur évolution dans l'espace musical ». La musique concrète ajoute, à la mélodie de timbres de Webern, des mélodies de grain, d'allure, de densité, de volume et d'autres qualités dont la liste n'est pas close. Elle veut être la généralisation de la musique et non point sa négation. Aussi ne renonce-t-elle pas aux pouvoirs du son pur, à la composition mélodique et harmonique, aux instruments et aux usages anciens. Si elle dépasse la musique, elle l'intègre et s'y intègre.

Et par là même, elle tend à devenir, elle aussi, « art du temps ». Son retour aux sources acoustiques vivantes est à cet égard bien significatif. Si l'homme ne peut vraiment sympathiser qu'avec l'objet sonore issu de sources naturelles, c'est dans la mesure où il porte inscrite en lui-même cette aventure temporelle qui constitue l'étoffe même de notre vie. Ainsi la musique concrète, en retrouvant le son vivant, a retrouvé la loi profonde de toute musique : le temps. Ce temps si intensément présent dans l'*Étude aux allures* (de Schaeffer) et dans *Visage V* (de Ferrari), où les deux musiciens conservent le rythme des objets sonores pour en jouer subtilement.

Voici donc la musique concrète parvenue à l'autonomie et à la dignité d'art pur. Mais renoncer à sa fonction illustrative, n'était-ce point rompre avec l'univers de l'image ? Tout au contraire devait-elle renouer avec lui par des liens autrement subtils et profonds? Le cinéma — art déjà vieux — n'attendait d'abord de la jeune musique concrète que des effets tout extérieurs. Mais aucun enseignement sur le plan des méthodes et des techniques. Or, après la création du « Groupe de recherches musicales », voici que de jeunes cinéastes, séduits par la rigueur et la fidélité au réel de la démarche concrète, manifestent le désir de se mettre à son école. En 1960, Pierre Schaeffer est chargé par la R. T. F. de généraliser à l'image ses travaux de recherches. Généralisation d'où naîtra rapidement une alliance neuve du son et de l'image. La musique avait toujours été la servante du film; mais ne pouvait-elle devenir maîtresse ? Elle le deviendra par la musique concrète, prenant ainsi sa revanche sur tant d'humiliations subies... Ayant emprunté à ses débuts la terminologie du cinéma, parce qu'elle avait découvert des méthodes de composition qui s'apparentaient en fait aux techniques cinématographiques, la musique concrète à son tour va éclairer le cinéma sur lui-même; le guider dans la quête de ses propres structures. Et grâce au parallélisme fondamental de l' « objet sonore » et de l'objet visuel, si bien mis en lumière par Pierre Schaeffer. Ce parallélisme s'exprime notamment par des correspondances dimensionnelles de structure temporelle interne et de rythme de succession. Et c'est là comme l'annonce et l'appel d'un « contrepoint » qui substitue à l'association causale et anecdotique image-son, une liaison interne, esthétiquement valable et par là même plus convaincante. *Caustiques* (1959) de Gérard Patris, musique de F.-B. Mâche, est un exemple de recours aux techniques du concret dans la recherche des images et témoigne de l'identité des deux démarches — musicale et filmique — dans l'emploi des objets. L'*Étude aux allures* (1960) de Raymond Hainz, musique de Pierre Schaeffer, est née d'une rencontre fortuite entre deux études, l'une visuelle l'autre sonore, menées indépendamment l'une de l'autre par leurs auteurs. Et cette correspondance entre les deux œuvres prouve, d'autant mieux qu'elle ne fut point concertée, la parenté des deux démarches, fondées l'une et l'autre sur un même phénomène d'entretien (les « allures »), commun aux objets visuels et sonores. Signalons enfin l'expérience décisive que constitue *Objets animés* de Jacques Brissot, sur une musique de Pierre Schaeffer. L'*Étude aux sons animés* de Schaeffer fournit au film un rythme, un canevas de montage : l'équivalent d'un scénario. Ainsi, au lieu d'accorder la musique au film, il se révélait plus fécond d'ajuster le film à une musique préexistante, dont la structure temporelle guidait le cinéaste dans son effort pour maîtriser la durée.

La musique expérimentale peut donc être pour le cinéma une source de renouvellement. Mais elle l'est déjà incontestablement pour la musique elle-même. Quelle que soit la valeur intrinsèque qu'il lui attribue, le compositeur ne peut en faire abstraction. La démarche concrète a suscité en effet une morphologie neuve, non seulement dans la musique expérimentale, mais aussi dans la musique orchestrale. Ce dont témoignent des œuvres comme *Lovecraft* de Claude Ballif (pour orchestre de chambre) et *Visage IV* de Luc Ferrari (pour cuivre et percussion) dont le style appartient au domaine des « objets sonores » créés par la musique concrète.

L'électro-acoustique a pour toujours enrichi et libéré la pensée musicale, en lui apportant de nouveaux modes de conception et d'expression. Le compositeur, par la machine, a été délivré des schémas stéréotypés, des contingences et des conformismes séculaires qui le régissaient à son insu. Il s'est vu contraint de repenser son art. La machine toutefois n'est pas sans danger; et il n'est pas toujours facile de tracer la frontière qui sépare l'usage de l'abus. Le « Groupe de musique algorithmique de Paris » (Pierre Barbaud, Roger Blanchard, Brian de Martinoir, L. Van Thienen, Jean Germain) a toute confiance dans la machine dont il exalte sans restriction le pouvoir créateur. La musique algorithmique résulte de l'application d'un procédé de calcul à une donnée numérique symbolisant des sons, des silences et des rythmes. Elle est donc essentiellement systématique et peut être exécutée par une machine à calculer à laquelle on a fourni la donnée numérique initiale et un programme. *Factorielle 7*, œuvre calculée par Pierre Barbaud, Roger Blanchard et Jeannine Charbonnier, n'est point dépourvue d'une certaine beauté austère et hautaine, fruit d'une extrême rigueur. Cette cohérence formelle porte en soi une logique implacable, où n'entrent point le hasard et l' « humain trop humain », c'est-à-dire le psychologique comme tel sur lequel la musique sérielle — récemment — et la musique concrète — de toujours — ont mis l'accent. L'idée d'une « machine à composer » est loin toutefois d'être absurde. Faire ainsi de la composition une science au sens exact du terme présente un intérêt à la fois pratique et spéculatif. Non seulement « la machine à composer » peut alléger la tâche du compositeur en explorant à sa place avec des moyens bien supérieurs à ses ressources, en soumettant son invention à une méthode rigoureuse qui la soustrait à l'inconscience et au hasard; non seulement elle lui permet d'expérimenter sur la logique musicale et d'éprouver un système en le conduisant à son ultime conséquence, mais elle peut être un précieux instrument d'enquête sur la nature même de la création en isolant son aspect objectif et structurel de son aspect humain. L'on ne peut certes faire grief au musicien de chercher enseignement et ...inspiration dans l'« œuvre » que compose la machine. Faut-il pour autant accepter « l'industrialisation de la composition musicale » ? Ce serait confondre art et industrie. L'artiste ne saurait raisonnablement accorder à la machine plus de crédit que le mathématicien lui-même, pour qui elle demeure un outil destiné à aider la pensée créatrice, et non point à en dispenser... La machine risque toujours d'aliéner l'artiste et de l'entraîner dans son automatisme. Il doit donc la contrôler étroitement, se la soumettre afin qu'elle parle le langage de l'art : le langage de l'homme.

Mais y parvient-elle tout à fait ? Pour avoir pactisé avec la machine, la musique expérimentale est condamnée à rester étrangère aux sources vives de l'art musical : le chant humain, le geste et le temps vécu d'un interprète qui seul donne au temps musical son émouvante actualité et sa liberté improvisatrice. L'interprétation, promesse pour l'œuvre musicale d'une perpétuelle renaissance et d'une éternelle jeunesse, n'a plus de place en cette musique-objet, dont Pierre Henry observe qu'elle s'apparente au langage filmique et qu'elle est à certains égards plus plastique que musicale. Une fois pour toutes fixé sur la bande, le temps de la musique concrète n'est-il point semblable au temps cinématographique ? Assujettis à un rythme et à un temps invariables, l'un et l'autre, clos sur eux-mêmes hors du temps, sont indifférents à son processus qu'ils ne sauraient rejoindre. En vérité l'art né de la voix et de la danse ne saurait se passer de l'interprète; c'est ce que viennent d'affirmer avec force les jeunes musiciens sériels en assignant à l'interprétation un rôle privilégié. Mais sans doute est-ce en comblant leur appétit de rigueur que la musique mécanisée leur permettait de restituer à la musique instrumentale et vocale cette liberté qui lui est si nécessaire — et dont la musique dépourvue d'exécutant avait dû aiguiser en eux la nostalgie. Ainsi la musique concrète ne saurait remplacer la musique traditionnelle. Pas davantage que le film supprime le théâtre. Nous sommes en présence d'un nouvel art des sons. Faut-il l'appeler encore musique ?

La musique expérimentale, consciente de ses manques, s'efforce de mériter ce nom par la reconquête de cette liberté et cette imprévisibilité que les machines semblaient définitivement exclure. *Texte II* de Boucourechliev s'inscrit sur deux bandes magnétiques qui se déroulent simultanément sur deux magnétophones. Chaque bande a par rapport à l'autre plusieurs points de départ possibles. De telle sorte que l'œuvre n'est plus une forme immuable, définie une fois pour toutes, mais une « forme en mouvement », réseau de rencontres imprévisibles et toujours renouvelées. La musique expérimentale retrouve ainsi ce style d'improvisation qui est l'une des acquisitions majeures de la musique nouvelle. Mais ce n'est pas encore retrouver le geste et le chant de l'interprète. Or pourquoi ne s'unirait-elle pas avec la musique instrumentale ? Entre le magnétophone et les musiciens vivants, nul antagonisme. La preuve en est que des œuvres sont nées où ils joignent leurs ressources et leurs originales séductions. Œuvres dont le succès auprès du public montre assez le pouvoir convaincant. *Analogique A et B* (pour bande magnétique et quelques instruments à cordes, 1958-1959) de Xenakis et *Volumes* de Mâche (pour 12 pistes magnétiques et orchestre de chambre, 1960) offrent cette heureuse conjugaison des haut-parleurs et des interprètes par quoi la musique expérimentale se réconcilie avec la liberté d'interprétation. Et avec la musique même.

En ne refusant point d'engager le dialogue, musique expérimentale et musique traditionnelle se sont enrichies et inspirées mutuellement. Elles ont échangé leurs propres concepts, leurs propres modes de pensée. Et ce dialogue fut d'autant plus fructueux qu'il se poursuivit jusque dans le concret des œuvres. C'est grâce à ce dialogue qu'en particulier une solution satisfaisante a pu être apportée au problème de l'espace, qui est l'un des soucis majeurs de la pensée musicale contemporaine. Si une conscience obscure de l'espace habite la musique dès ses origines, si déjà Mozart, Haydn et Berlioz avaient intégré la spatialité à l'expression orchestrale, c'est seulement à l'époque moderne que le musicien prend pleinement conscience de la nécessité de s'approprier l'espace comme dimension musicale. Or, pour la solution de ce problème, l'appareillage électro-acoustique apporte des ressources neuves (multiplicité des pistes magnétiques et des haut-parleurs). La musique expérimentale peut structurer l'espace à la fois au niveau de la composition et au niveau de l'interprétation. Ainsi *Tête et Queue de dragon,* de Luc Ferrari, comporte quatre voies mais s'exécute sur huit haut-parleurs dont l'exécutant peut « jouer » selon son libre choix, de telle sorte que l'œuvre peut revêtir différents aspects rythmiques et dynamiques.

Par la musique expérimentale, l'espace assume pleinement sa fonction « compositionnelle ». Mais la maîtrise de l'espace acquise par la pensée musicale a réagi à son tour sur la musique traditionnelle. Le résultat en fut une recréation de l'espace orchestral. *Gruppen* de Stockhausen et *Doubles* de Boulez donnent à l'orchestre symphonique une nouvelle structure spatiale, tendant à créer une stéréophonie de fait. Le traitement « spatialisé » de la masse orchestrale permet de diversifier et d'opposer les groupes en présence, afin que la musique « circule » dans l'espace. La forme musicale acquiert ainsi une mobilité nouvelle en même temps que la stéréophonie accède à une fonction musicale. Mais la maîtrise de l'espace comme variable structurelle ne s'accomplit totalement que par la mise en œuvre simultanée d'exécutants et de bandes enregistrées. Si le domaine instrumental se lie de nos jours au domaine enregistré pour une même synthèse formelle, c'est par l'espace — la disposition stéréophonique des sources sonores — que s'achève leur fusion.

La démarche concrète finalement abolit toutes les frontières arbitraires qui séparaient la musique d'elle-même. Rien de ce qui est musical ne lui est étranger. Par le nouvel art sonore, toutes les musiques — celles des hommes, de la nature et des machines — se rencontrent et se réconcilient, communiquent et communient. Et dans la musique même, leur commune référence.

RETOUR AU CLASSICISME

L'AUBE de la musique contemporaine connut une sorte de surestimation de la révolution : une musique semblait n'avoir de prix que dans la mesure où elle remettait en question les concepts fondamentaux de la forme musicale. La révolution pourtant n'est point une solution par elle-même et comporte un grave danger : celui de détruire sans reconstruire. Aussi le besoin d'une forme stable et d'une ferme assise s'éveilla-t-il bientôt chez les musiciens « radicaux ». D'où, après une période révolutionnaire caractérisée par une libération des moyens d'expression et une dissolution des anciens cadres, une période de constructivisme où l'on s'efforça de reconquérir la forme et de reconstruire la musique : le passage de l'atonalisme à la technique sérielle et le retour au classicisme. Car l'anarchie qui menaçait la musique la plus avancée ne pouvait être écartée que par une nouvelle ordonnance du matériel sonore ou par le recours aux formes traditionnelles.

Le classicisme, essentiellement latin au sens éternel et non historique du terme, devait refleurir à l'époque moderne dans le vaste mouvement néo-classique. Ce mouvement en effet, qui naquit à Paris mais devint rapidement international, porte indubitablement la marque de la culture latine et de l'esprit français. Ce néo-classicisme n'est nullement un académisme mort, se bornant à restaurer le langage et la technique des classiques. Il porte le sceau du XXe siècle et ne demeure pensable historiquement que comme une conséquence de certaines expériences réalisées au début du siècle. Virtuellement s'y inscrit le chemin qui conduisit le musicien à chercher son salut dans le passé et à reconquérir la tradition.

Le mouvement néo-classique a trouvé un centre actif en l'école Nadia Boulanger qui, fondée à Paris en 1914, acquit rapidement renom et prestige international. Cette école a formé de nombreux compositeurs parmi lesquels non seulement des Français, mais aussi des étrangers originaires de toutes les parties du monde, en particulier d'Europe centrale, d'Angleterre et d'Amérique, ainsi qu'en témoignent les noms de Alexei Haïeff, Gail Kubik, Ravsing Olsen, Michal Spisak, Aaron Copland, Walter Piston, Antoni Szalowski, Lennox Berkeley, Leo Preger, Igor Markévitch, Jean Françaix, Michel Ciry, pour ne citer que quelques-uns, parmi les plus marquants des disciples de Nadia Boulanger. Dans cette école s'est effectuée une synthèse entre l'esthétique stravinskienne et le classicisme latin, une intégration de l'harmonie et de la rythmique de Stravinsky à la forme et à l'esprit classiques, selon l'exemple donné par Stravinsky lui-même, dans ce qu'il est convenu d'appeler sa période néo-classique. Mais la doctrine de l'école n'était pas tyrannique au point d'anéantir les personnalités de ses disciples. Nadia Boulanger n'imposait nul langage particulier, mais inspirait plutôt le goût d'une architecture claire et solide, d'un classicisme retrouvé selon l'époque. C'est le seul trait commun à tous les musiciens formés par cette école et dont chacun, dans son évolution créatrice, ne suivit que sa vocation singulière.

JEAN FRANÇAIX

Le représentant le plus illustre de l'école est sans conteste Jean Françaix. Il semble que chez lui le classicisme de Stravinsky, que celui-ci avait en une certaine mesure emprunté au génie français, lui soit restitué, enrichi des trouvailles harmoniques et rythmiques du grand Russe, et comme rajeuni et vivifié d'un sang neuf. Le message de Stravinsky est pour Jean Françaix un acquis dont il dispose avec sûreté et qu'il convertit en instrument de son originale fantaisie. De manière générale l'on peut dire que Jean Françaix — en vertu d'un heureux don et d'un classicisme naturel — suppose les problèmes résolus, de sorte que la musique retrouve avec lui une spontanéité de jeu que n'entrave nul scrupule esthétique. Le langage de Jean Françaix est en profondeur celui d'un classique, mais se pare avec désinvolture des audaces harmoniques et rythmiques qu'autorise l'époque. Et celles-ci, domptées par la logique et la limpidité de l'écriture, changent leur agressivité en charme ou en ironie. Avec sa grâce aimable et son esprit espiègle, l'auteur du *Quintette à vent* illustre brillamment l'idéal si français du « divertissement ». Le bonheur de l'invention sans cesse dissimule dans le *Quintette* la nouveauté du langage et la fermeté de la construction. Cette œuvre éblouissante nous tient sous le charme toujours neuf de son spirituel badinage, auquel le timbre des « bois » prête un ton volontiers narquois. Il y a chez Jean Françaix une facilité et une simplicité qui ne tombent jamais dans la banalité. C'est qu'elles sont en vérité l'achèvement et comme la récompense de l'art le plus subtil : elles épargnent à l'auditeur l'effort qu'elles exigèrent du créateur. L'assurance et l'aisance techniques de Jean Françaix — par quoi il semble fils spirituel de Jacques Ibert — lui permettent de réaliser comme en se jouant toutes les formes, aussi bien l'opéra *(la Main de gloire)*, l'oratorio *(l'Apocalypse de saint Jean)*, le ballet *(Beach, Scuola di ballo, le Roi nu,* etc.) que le concerto, la musique de chambre et la pièce pianistique (*Cinq Portraits de jeunes filles,* et *Huit Danses exotiques* pour deux pianos). Mais son génie malicieux se montre singulièrement à l'aise dans l'opéra-comique, auquel il donne un tour et un ton modernes. *L'Apostrophe* — paroles et musique de Jean Françaix — que celui-ci qualifie de « comédie musicale », fait alterner le parlé et le chanté mais avec une sensible prédominance du premier sur le second. Discrète de touche, économe de ses moyens mais visant juste, la musique souligne l'action avec esprit, servie par un orchestre brillant et disert. *Le Diable boiteux* est un bref opéra-comique comportant deux personnages seulement qui chantent dans la fosse de l'orchestre, alors que sur la scène l'action est menée par des mimes. La musique apporte un commentaire alerte à ce sujet plaisant si bien accordé au ton railleur et à la verve enjouée du musicien. Traitée avec une extrême virtuosité d'écriture, la partition du *Diable boiteux* fait appel à un petit orchestre de chambre pétillant de malice. Comme Jacques Ibert encore, Jean Françaix sait manier les timbres avec autant de légèreté que d'esprit, les rendant complices de son propos facétieux. L'auditeur n'est jamais déconcerté par la musique de Jean Françaix : malgré ses audaces, elle lui apparaît d'emblée comme familière; ce pouvoir direct elle le doit non seulement à ses charmes sensibles, mais aussi à l'agrément d'un style qui semble ignorer la tension et l'effort, et à la clarté d'une écriture qui lui confère une sorte d'évidence. Chez Jean Françaix la musique moderne oublie ses angoisses en retrouvant l'équilibre et l'heureuse insouciance du classicisme.

MICHEL CIRY

Michel Ciry est l'auteur de deux cahiers de *Préludes pour piano,* d'un *Concerto* pour piano, vents et batterie, d'un *Trio,* de deux *Quatuors* et surtout d'une importante œuvre religieuse. Ce jeune compositeur est aussi peintre et graveur de talent. Une même évolution s'est d'ailleurs manifestée dans sa gravure et sa musique qui, à partir de 1947, devient plus sévère, plus rigoureuse avec une dominante d'esprit sacré qui se maintient dans sa production actuelle. *Stabat Mater, Dies irae, Symphonie de pitié, Symphonie d'espérance, Pieta* inspirée par la Passion et la mort de la Vierge, tels sont les titres significatifs de ses symphonies, auxquelles s'ajoutent plusieurs autres œuvres d'inspiration religieuse dont un *Mystère de Jésus* sur un texte de Pascal. Son œuvre musicale est donc placée sous le signe de la spiritualité et de la gravité. Elle s'inscrit ainsi dans un mouvement de renaissance de la musique religieuse auquel participent des compositeurs de toutes tendances tels que Migot, Poulenc et Messiaen, Florent Schmitt *(Messe)*, Jean Rivier *(Requiem)*, Marcel Dupré *(De Profundis)*, Maurice Duruflé *(Requiem)*, Jean Langlais *(Passion* et *Messe in Simplicitate)*, Émile Damais *(Chemin de la croix)*, Manuel Rosenthal *(Missa Deo gratias)*, Raymond Loucheur *(Psaume)*, Henri Tomasi *(Messe en ré)*, Marcel Despard *(Requiem)* et tant d'autres.

Bien des compositeurs français, s'ils n'accepteraient pas volontiers l'étiquette de « néo-classiques », appartiennent cependant à ce mouvement de reconquête de la forme selon le langage et l'esprit du temps. C'est parmi eux que se rangeraient par exemple un Jean Rivier, un Raymond Loucheur et un Henri Martelli qui, sans aucunement se ressembler, retrouvent cependant par des voies diverses un même classicisme. L'académisme, a-t-on dit, « c'est l'hypocrisie de ceux qui empruntent une forme sans avoir en eux assez de vie pour lui donner une âme ». C'est aussi le trait caractéristique de ceux qui s'obstinent à vivre hors de leur temps. Bien éloignés certes d'un tel académisme, les trois musiciens dont il est question ont su reconquérir la forme à travers le matériau complexe de notre temps, c'est-à-dire en vérité repenser la dialectique du matériau et de la forme.

JEAN RIVIER

Jean Rivier est une nature fougueuse, pleine de vitalité, de verve et d'exubérance, c'est par là même un compositeur fécond en qui semble résider une disponibilité constante à créer. L'on comprend que la forme dans sa musique n'ait rien de factice et d'abstrait, mais qu'elle ait cette santé, cette vigueur qui témoigne de quel élan profond elle surgit. Son métier est éclectique en ce sens qu'il n'est prisonnier d'aucune consigne; il précise lui-même : « Je n'ai aucun système harmonique, aucune idée préconçue sur l'emploi de tel ou tel accord. J'écris pour chaque œuvre, et inconsciemment, dans le langage qui paraît lui convenir. » Car le dynamisme naturel du musicien est au service d'une volonté de classicisme, d'équilibre et d'économie de moyens, de clarté et de sobriété dans les développements. « Volonté de construction » dit-il lui-même, en ajoutant « horreur de la complication et du pathos ». C'est cette volonté de plier à la forme la rebelle matière sonore de notre époque qui donne souvent à son discours cet aspect tendu, âpre et rugueux auquel il doit sa personnalité et son style. Le style de Jean Rivier est classique par sa lumière toujours égale, sa robustesse souple et directe. Mais il faut distinguer le musicien de *Vénitienne,* de l'*Ouverture pour un Don Quichotte,* du *Concerto* pour violon et orchestre, épris d'élégance, d'humour et de charme, et le compositeur profond des *Quatuors* à cordes, des *Symphonies,* du *Psaume LVI* et du *Requiem,* d'une émotion austère. Le premier perpétue avec bonheur la tradition de l'opéra-comique et du ballet français. L'opéra bouffe *Vénitienne* (sur un livret de René Kerdyk, créé en 1937) est une partition savoureuse, où se mêlent fantaisie, poésie légère et gaieté sans vulgarité. Tandis que le ballet *Divertimento* est un jeu ondoyant de sentiments en huit épisodes : de la tendresse à la nostalgie, de l'ironie à l'amour. Mais c'est sans doute dans sa musique symphonique et sa musique de chambre que Jean Rivier nous livre le meilleur de lui-même. Il s'y montre constructeur obstiné de structures volontaires et vigoureuses. Il n'est que de comparer le classicisme de Jean Rivier à celui de Jean Françaix pour mesurer toute la différence de leur contenu. Chez Françaix une matière sonore ténue et légère s'offre docilement au rayonnement de la forme, dans un climat de détente et d'heureux loisir. Ici règnent une transparence et une spontanéité mozartiennes. Rivier, par contre, brasse la matière sonore avec une puissance beethovénienne pour la soulever jusqu'à la forme, et sa musique symphonique dit la volonté inlassable de l'homme, construisant son œuvre pour se construire lui-même. Le classicisme est ici retrouvé dans son dynamisme fondamental, dans la pureté de ses énergies formatrices. La *Symphonie pour cordes en sol majeur,* par son contrepoint nerveux, par la fermeté de ses rythmes, sa volonté d'équilibre et de clarté, est sans doute l'une des œuvres les plus authentiquement classiques — au sens universel du terme — de la musique française contemporaine. La *VIe Symphonie en la mineur,* à l'écriture tourmentée, se déploie dans un climat plus sombre, plus dramatique, sans pourtant abandonner un équilibre harmonieux témoignant que la forme gouverne aussi la matière sentimentale. Comme chez les grands classiques, la maîtrise formelle chez Jean Rivier est maîtrise de soi : non point négation de la vie affective, mais art d'en disposer. Cette maîtrise se traduit volontiers par la pudeur et la réserve dans l'expression. Jean Rivier ne craint point cependant les climats violents : le lyrisme passionné ou la frénésie du rythme. Mais le tumulte est toujours chez lui organisé, car il domine et dirige les forces qu'il a déchaînées. Le classicisme chez Rivier n'est point pur savoir formel : la forme fut en l'artiste avant d'être en son œuvre, elle est forme humaine obéissant non seulement à une logique formelle, mais à une logique affective, à une dynamique des sentiments. La forme beethovénienne, avec ses thèmes masculin et féminin, doit à ce contraste, à ce combat de contraires, à la fois son dynamisme et son achèvement. C'est ce bithématisme, d'une signification à la fois affective et formelle, que l'on retrouve par exemple dans le *Concerto en ut majeur* pour piano et orchestre de Jean Rivier. Il y a chez le musicien comme un art de composer les sentiments, de les équilibrer par leurs contrastes mêmes afin qu'ils s'apaisent en une harmonie supérieure. Comme en témoignent tout particulièrement les *Trois Pastorales* et le *Concerto* pour flûte et orchestre. Si le musicien met ici en œuvre toutes les ressources de l'instrument, c'est pour nous en révéler les diverses saveurs émotionnelles ou, pour parler comme les Anciens, les vertus éthiques. Les trois mouvements s'ordonnent selon une structure affective. L'allégro initial est construit sur le contraste entre un orchestre ténébreux et tourmenté et la transcendance ludique de l'instrument ailé. Le second mouvement, grave et serein, nous découvre la flûte angélique et religieuse, instrument d'initiation mystique. Mais le troisième mouvement ramène le contraste du début, ce qui donne à l'œuvre équilibre et perfection en la repliant sur elle-même. La musique de Jean Rivier possède la richesse musicale et spirituelle, alliée à un métier magistral. Si son propos essentiel est de construire, le musicien n'oublie point que la musique est l'art des sentiments : maîtrisés, humanisés, objets d'un jeu qui les purifie et nous délivre. Jean Rivier nous soumet tout entiers à la loi musicale.

RAYMOND LOUCHEUR

Noblesse et grandeur habitent la pensée de Raymond Loucheur, naguère directeur de notre Conservatoire national supérieur de musique. Son œuvre, peu nombreuse, y gagne d'être dominée par le souci de l'essentiel et de toujours porter la marque de l'homme qui la conçut. La vigueur, la rude franchise de Loucheur se retrouvent dans sa musique virile et sans concessions, aux angles nets, aux solides assises rythmiques. La rectitude de pensée dont elle témoigne et une certaine austérité de style ne l'empêchent pas d'être vivante et colorée. La forme jamais ne s'enlise dans les schémas conventionnels de l'académisme, car un dynamisme généreux l'habite et l'anime. La musique de Loucheur, d'une démarche assurée, est celle d'un homme d'action.

Ses envois de Rome d'emblée l'imposent comme l'un des musiciens les plus personnels de la jeune école française. Parmi ces partitions romaines, un *Quatuor à cordes*, une *Symphonie, Trois Pièces* pour sextuor de clarinettes, et le *Psaume XXXIX* pour chœur et orchestre, œuvres dont l'audace, jamais gratuite, est à la mesure de la fermeté du style. Déjà s'affirme l'un des traits distinctifs de notre musicien : ce sens exigeant de la construction, qu'aiguise une sensibilité auditive raffinée. Avec le mouvement symphonique *Défilé* (1936) — tableau orchestral inspiré d'une photographie de sportifs défilant au stade — Raymond Loucheur nous révèle un autre aspect de lui-même : son goût de la peinture musicale et ses dons d'évocation. Cependant toujours le pittoresque chez Loucheur vient enrichir et non détruire la pensée musicale, ainsi qu'en témoignent sa vaste fresque descriptive *Apothéose de la Seine,* sa *Pastorale,* sa célèbre *Rhapsodie malgache* — où il perpétue avec bonheur la tradition de l'exotisme français — et enfin le ballet *Hop-Frog,* l'une de ses œuvres maîtresses (présentée en 1953 à l'Opéra).

La musique de ce ballet-pantomime en deux actes, longuement méditée, est réalisée avec ce soin minutieux qui, loin d'être un jeu frivole, émane en vérité de la rigueur interne de la pensée musicale. Cette œuvre drue, aux accents incisifs où se conjuguent l'humour et l'intensité dramatique, a l'éloquence directe qui la rend intelligible même au profane. Inspirée d'un conte fantastique d'Edgar Poe, à merveille elle nous en restitue le climat d'hallucination et de cauchemar. La musique sait être ici cynique, sarcastique et grimaçante, mais par les plus nobles moyens; aussi tant de cruauté et de sarcasmes finalement se résorbent-ils en cette plénitude musicale dont ils furent le prétexte et l'instrument. « Depuis longtemps, écrit Georges Favre, les habitués de l'Opéra n'avaient entendu une musique d'une telle densité, d'une matière aussi rare, toute chargée de sens et d'une ampleur aussi sûre. » Les motifs conducteurs, d'un relief accusé, avec aisance se métamorphosent — tour à tour humoristiques, sarcastiques, lyriques, dramatiques — sans perdre leur identité personnelle. L'œuvre ainsi possède à la fois l'unité et la variété de ton. Il faut souligner la nouveauté et la force d'un langage qui ne s'abrite derrière aucune influence, la subtilité et la richesse de l'orchestration. Raymond Loucheur est un coloriste; mais il faut aussitôt ajouter que le timbre chez lui, loin d'être superficiel coloriage, s'intègre à la pensée musicale et à la construction même de l'œuvre.

Ce respect de la qualité sonore et de la vocation des instruments, qui se dissimulaient sous l'éloquence descriptive de *Hop-Frog,* sont à l'état pur dans sa musique de chambre. Citons en particulier les *Quatre Pièces en quintette* (1954) pour flûte, harpe, violon, alto et violoncelle, le *Concertino de trompette* (1955) avec sextuor de clarinettes — si bien écrit pour mettre en valeur les instruments solistes, et le *Quatuor à cordes,* qui compte parmi les meilleurs de l'école française. Mais la volonté constructrice n'exclut nullement chez Raymond Loucheur la spontanéité de l'invention mélodique, comme l'attestent la *Sonatine pour violon,* les *Trois Duos* pour soprano et mezzo-soprano (avec accompagnement d'orchestre) et les *Cinq Poèmes de Rainer Maria Rilke.* La mélodie de Loucheur, par son extrême souplesse, se plie aux nuances les plus subtiles de l'expression poétique. Jamais elle n'étouffe la voix du poète; bien au contraire il semble qu'elle la purifie et la délivre en prolongeant ses plus secrètes résonances.

Si Loucheur sait s'abandonner à l'inspiration mélodique, son appétit et son sens de la construction le prédestinaient à la forme symphonique. Rappelons à ce propos le jugement de Florent Schmitt, qui salua dans la *Ire Symphonie* de 1936 (article du *Temps*) « l'une des plus remarquables de ces dix dernières années ». D'une rythmique variée, d'une polyphonie savante et d'une orchestration égale par l'éclat à celle de *Hop-Frog,* la *IIe Symphonie* (1945) utilise des thèmes conducteurs, mais sans nulle rigueur cyclique. La générosité de l'inspiration préserve le musicien de toute vaine rhétorique; et l'ampleur du souffle n'exclut point ici la concision. Chez Raymond Loucheur se trouve maîtrisée la matière sonore complexe et cahotique de notre époque : la densité de cette matière s'éclaire sous le rayonnement de la forme. Et la forme acquiert en retour et en récompense cette évidence sensible qui l'arrache au formalisme.

HENRI MARTELLI

Une éthique semble gouverner la musique d'Henri Martelli. La forme n'est jamais chez lui pure algèbre sans résonance dans l'âme. Elle est victoire sur l'émotion, qu'elle intègre et surmonte, qu'elle sauve et recompose. « Les sentiments de l'artiste, dit Martelli, forment seuls le sujet principal autour duquel et au moyen duquel viennent se tisser les multiples trames qui concourent à l'élaboration du discours musical. Mais ce discours exige que se réalise un « équilibre » entre « un rythme intérieur, purement subjectif » et « un apport extérieur qui doit trouver ses sources dans une technique approfondie et très sérieusement acquise ». Martelli est l'un des rares compositeurs de notre temps dont la pensée soit fondamentalement polyphonique. Son écriture, c'est le contrepoint retrouvé et renouvelé, c'est-à-dire un contrepoint qui porte le sceau du xxe siècle et ne craint nulle audace. Ainsi Martelli s'exprime par la technique qui assure au musicien la plus subtile maîtrise de la matière sonore; celle aussi qui exige de l'auditeur la collaboration la plus constante et la plus intime. Le contrepoint ne saurait être subi : on n'en peut jouir paresseusement; son mouvement perpétuel figure l'effort et l'action. Et il implique cette rigueur dans l'expression et dans la forme si caractéristiques de l'art de Martelli.

L'on peut discerner dans la production de Martelli deux groupes d'œuvres : celles qui sont placées sous le signe de la création d'atmosphère, celles qui ne sont que musique pure et nous délivrent sans doute l'essentiel message du musicien. Parmi les premières, *la Bouteille de Panurge,* la *Fantaisie sur un thème malgache* pour piano et orchestre, l'*Ouverture pour un conte de Boccace,* et surtout les *Bas-Reliefs assyriens,* œuvre remarquable par la justesse et la qualité de la transposition. Par quel miracle la fluide et mobile matière sonore parvient-elle à nous transmettre le statisme et la pesanteur de la pierre ? L'orchestre utilise ici des « matériaux » qui créent une adroite équivalence entre la symphonie et la pierre taillée. Le sujet justifiait pleinement ces reliefs violents, ces accents pesants, ces proportions vigoureuses.

Mais la nature profonde de Martelli le porte vers un art plus intérieur. Après diverses œuvres d'orchestre (*Sarabande, Passacaille, Concerto*), le compositeur se dirigera vers la musique de chambre, à laquelle le destinait son écriture serrée et volontaire. Ainsi sont nés le *Trio* avec piano, la *Sonate* pour violon et piano, la *Suite* pour quatre clarinettes, et le *Concertino* pour violon et musique de chambre. Depuis cette période d'avant-guerre, l'on voit le style de Martelli, toujours fidèle aux mêmes principes de construction et d'écriture, se simplifier et se clarifier, conquérir toute son aisance et sa sûreté. Parmi les œuvres récemment écrites par le musicien, si quelques-unes — comme la *Sinfonietta* et le *Concerto* pour piano et orchestre — sont du domaine symphonique, la plupart appartiennent à la musique de chambre, où Martelli s'est révélé d'une extrême fécondité. Signalons en particulier un *II*^{e} *Quatuor* à cordes, un *Octuor à vent,* un *Trio d'anches,* un *Quintette à vent,* sept *Sonates,* plusieurs pièces et suites pour piano et différents instruments, sept *Duos* pour violon et harpe.

Élégante et racée, la musique de Martelli dédaigne comme autrefois l'effet facile et immédiat. L'art du musicien demeure sans complaisance pour les émotions troubles et les dissolvantes rêveries; il ne fait pas sa part à l'inconscient, car il est avant tout amoureux de netteté et de clarté. Et s'il ne cherche point à frapper ou à séduire, il agit sur nous comme une sagesse et nous communique en définitive son allégresse intérieure.

Semblable tendance au classicisme se trouve chez un Jean Martinon (en particulier dans son *Quatuor à cordes*) et dans une certaine mesure chez un Henry Barraud. Et aussi chez tout un groupe de musiciennes : Suzanne Demarquez, Jeanne Leleu, Yvonne Desportes, Henriette Roget, Claude Arrieu et surtout Elsa Barraine, qui réfutent définitivement l'opinion courante faisant de la femme compositeur une pure lyrique, incapable de construire.

Claude Arrieu est une artiste originale et indépendante, dont l'art se moque des modes et des théories. Soucieuse de s'exprimer dans un langage qui lui soit personnel, elle veille aussi à ce qu'il sonne agréablement; et ses recherches sonores, loin d'être un jeu gratuit, restent soumises à l'économie de l'œuvre où elles prennent place. La curiosité d'esprit de Claude Arrieu l'a conduite à solliciter les genres les plus différents : non seulement la musique vocale, la musique de chambre et la musique symphonique, mais encore la musique de film, l'opéra-comique, voire même l'opéra radiophonique. Une heureuse spontanéité lui permet de s'adapter aux exigences les plus diverses et de toujours garder ce tour aisé, cette franchise et cette fraîcheur qui lui sont propres. Mais son esprit primesautier, sa vivacité légère, sa drôlerie, éclairées de poésie et de rêve, ainsi qu'une invention mélodique abondante, semblaient la prédestiner à la musique de demi-caractère. Et c'est dans la meilleure tradition française que s'inscrivent l'opéra-comique *Cadet Rousselle* et l'opéra bouffe *la Princesse de Babylone,* où elle témoigne de son sens très sûr des exigences vocales et scéniques, comme de son art de la transposition musicale. Claude Arrieu est aussi l'auteur de pièces pour piano, d'un *Trio,* de mélodies et de chœurs a cappella, de concertos pour un ou deux pianos et orchestre, et de la belle *Cantate des Sept Poèmes d'amour en guerre* (d'après Éluard). Le classicisme chez Claude Arrieu, bien qu'il ait recours à la thématique traditionnelle, n'est nullement appétit ou volonté de construction. C'est un classicisme de la sensibilité et du goût, qui engendre un art à la fois sensible et clair, et toujours très direct.

Elsa Barraine est une symphoniste remarquable. Si l'on note au catalogue de ses œuvres un *Quintette pour piano et cordes,* un *Quintette à vent,* des *Variations pour piano et percussion,* cinq cantates pour solo, chœurs et orchestre, ce sont assurément ses deux symphonies qui nous donnent toute la mesure de son talent. Du classicisme elle n'imite point la lettre, mais elle ressuscite avec autorité l'esprit. Ce n'est point ici un retour artificiel et concerté à la symphonie : celle-ci répond à la noblesse des idées, à l'ampleur du pouvoir constructeur; elle est la forme naturelle d'une pensée par essence vigoureuse et rigoureuse. Mais pour conscient qu'il soit, le style d'Elsa Barraine n'a rien d'abstrait. Sa musique robuste et saine, et qui toujours maîtrise ses audaces, est image de discipline et de volonté. C'est cette tension volontaire qui confère à son art sa fermeté et son éclat, et aussi cette virilité et cette assurance qui font d'elle l'égale de ses rivaux masculins.

Redonner une forme à la musique : ce problème comportait une autre solution; au lieu de retourner à la tradition classique, il était loisible au compositeur de remonter aux origines — non tant historiques qu'éternelles — de l'art musical : à son essence mélodique. Telle semble avoir été l'entreprise d'un Henry Barraud — qui retrouve la mélodie à l'intérieur du langage harmonique de notre temps, et surtout d'un Georges Migot — qui, indifférent à son époque, réinvente la polyphonie en la rejoignant à ses sources mêmes.

HENRY BARRAUD

Barraud, à l'encontre de tant de musiciens d'aujourd'hui, refuse de s'abriter derrière une théorie. Il ne voudrait point être confondu avec ceux qui tentent de masquer par l'exposé complaisant de leur esthétique l'insuffisance de leur musique : il veut laisser à ses œuvres le soin de plaider leur cause... Si Barraud se défend de tout *a priori,* de tout dogmatisme, c'est qu'il a le sentiment très vif de l'autonomie du processus créateur, qui porte en lui-même sa propre lumière, et qui n'a de sens que par l'œuvre qui l'oriente. Cette œuvre existe déjà en l'esprit du musicien : il ne lui reste plus qu'à la découvrir, à travers ses audaces, ses tâtonnements et ses repentirs. Il lui faut en trouver la forme et les moyens : secret dont il « perd aussitôt la clef ». Mais cette pudeur du créateur devant le mystère de sa création ne signifie point que nulle esthétique ne le gouverne : elle nous invite plutôt à la chercher en l'œuvre achevée.

Barraud se méfie des innovations nées arbitrairement de la pure volonté d'innover; mais il croit en celles qui jaillissent sous la contrainte d'exigences internes, sous la poussée et selon les besoins de la pensée musicale. C'est par impuissance créatrice et manque d'originalité véritable que tant de musiciens d'aujourd'hui s'épuisent à la recherche d'une originalité de langage. La révolution technique dissimulerait ainsi et révélerait à la fois la carence de l'esprit. Barraud pour qui l'œuvre est antérieure et supérieure à tous les moyens techniques n'a nulle raison de se vouloir révolutionnaire. Il pense que le principe tonal a fort bien résisté à tous les assauts et ne se soucie point d'inventer un nouveau langage. Mais l'invention ne peut-elle résider ailleurs et plus profond ?

La musique d'Henry Barraud rend un son bien étranger à notre époque. Sous l'élégance hautaine de l'écriture, elle demeure profondément subjective et tout intérieure. Et ses pathétiques accents sont ceux d'une spiritualité comme tourmentée par une quête d'absolu. Romantisme et mysticisme habitent secrètement cet homme apparemment réservé — mais qui ne cache point l'intérêt qu'il porte à Berlioz. Et le style volontaire et surveillé de sa musique ne lui ôte point son essentiel lyrisme, ses pouvoirs poétiques et magiques, son sens du tragique et du sacré. Henry Barraud s'est aussi diverti à illustrer *la Farce de maître Pathelin* et l'humour de *l'Astrologue dans le puits*. Besoin sans doute de détente et d'évasion de l'auteur du *Mystère des saints Innocents* et de *Numance,* ces œuvres de haute tension spirituelle.

Si la musique d'Henry Barraud possède une transparence classique, il n'y a jamais chez elle de construction pure. Et pourtant Barraud est l'auteur de trois symphonies, d'une *Symphonie pour orchestre à cordes,* d'un *Quatuor* et d'un *Trio à cordes,* d'un *Trio pour hautbois, clarinette et basson,* ces œuvres de musique pure voisinant avec la cantate, l'oratorio, l'opéra et l'opéra-comique. Mais partout il réinstalle la mélodie dans toute sa souveraineté et lui redonne le gouvernement de la musique. C'est la raison sans doute de son aisance à manier les genres les plus opposés. Car la mélodie — où se résout le dualisme de l'expression et de la forme — offre une solution aussi bien au problème de la musique pure qu'à celui de la musique lyrique, apportant à l'une ses vertus constructrices et à l'autre ses vertus expressives.

Pour assurer la continuité de l'œuvre musicale, il est deux sortes de développement : le développement thématique, qui naît d'un thème prédestiné par soi-même à son élaboration formelle et s'appuie sur des « procédés de développement » dont l'ingéniosité ne fait souvent qu'accuser l'artifice; et le développement mélodique qui, jailli des énergies intimes de la mélodie, en prolonge l'élan profond. C'est précisément cette seconde sorte de développement que nous trouvons chez Barraud qui, jamais ne choisit ses thèmes en vue de combinaisons formelles. « Seul m'intéresse en eux, dit-il, le potentiel lyrique qui leur permettra de se prolonger et de grandir, d'évoluer et d'aller jusqu'à l'extrême bout de leur dernière conséquence, sans qu'il soit nécessaire pour cela d'user des ficelles du métier, des répétitions, des diminutions ou augmentations. » Un tel thème est par excellence « mélodique », et non point abstrait. Germe de l'œuvre, il lui permet de se développer à la manière d'une unique mélodie et d'atteindre tout naturellement à la continuité symphonique. Le *Concerto pour piano,* classique de sentiment et de conception, ne tombe point dans le piège des clichés néo-classiques. Son second mouvement en particulier a ceci de remarquable de n'être qu'une longue cantilène. De ce style mélodique, les *Préludes* pour piano nous offrent le parfait témoignage. Le *III*e *Prélude* par exemple débute comme une antique monodie. C'est l'éloquence nue d'un chant nous faisant sentir qu'il se suffit et qu'il est musique complète. Et toute la pièce, méprisant les habituels procédés de construction, n'est qu'une longue mélodie dont le subtil phrasé et le processus de croissance donnent à l'œuvre sa forme. S'inspirer de la mélodie, lui laisser le soin de conduire le développement, c'est sans doute le seul moyen pour le compositeur d'échapper aux artifices du thématisme.

C'est cette primauté que Barraud accorde à la mélodie qui lui permet d'emprunter à toutes les techniques sans n'être jamais captif d'aucune. Dans la *IIIe Symphonie,* dont la forme s'écarte de la construction classique traditionnelle, l'on voit Barraud utiliser tour à tour les divers systèmes contemporains, atonal, polytonal, voire sériel, sans pour autant abandonner la modalité qui lui est chère, en raison de sa souplesse même qui lui permet de régler la mélodie sans la brimer. Dans le *Testament de Villon,* cantate au parfum médiéval, Barraud, tout en mêlant subtilement archaïsme et modernisme, retrouve comme spontanément le passé monodique et modal.

L'opéra *Numance,* composé sur un poème de Madariaga, d'après Cervantès, atteint à la grandeur du théâtre antique. C'est ici le drame métaphysique de l'individu face à l'histoire, sa dépersonnalisation devant les catastrophes collectives, thème éternel et combien actuel... Comme Honegger dans *Antigone,* Barraud oppose à l'événement, qui ne peut être que subi, la voix humaine, symbole de volonté et de liberté. La mélodie assume la noble mission d'incarner cette liberté, pouvoir fragile mais invincible et qui reste invaincu devant la puissance du destin. La voix humaine règne ici sur la symphonie orchestrale, comme la conscience sur la symphonie du monde.

Reprenant le mot de Roland-Manuel, Henry Barraud nous déclarait : « Notre folklore, c'est le chant grégorien. » Sa musique en conserve la liberté rythmique et mélodique, et la ferme assise diatonique, qui la garantit du chromatisme absolu et de l'atonalisme. Car sous l'expressivité chromatique, l'on retrouve toujours chez Barraud le doux et persuasif diatonisme du chant liturgique. De sorte qu'en cette musique qui laisse deviner l'angoisse du siècle, triomphe en définitive la sérénité grégorienne.

GEORGES MIGOT

La polyphonie — art essentiellement français — renaît brillamment de nos jours — chez un Poulenc, un Daniel-

Lesur et un Roland-Manuel par exemple —, signe encore que l'époque n'est pas entièrement captive d'elle-même et garde le souci de nos plus belles traditions. Mais, parmi les musiciens séduits par la polyphonie, Georges Migot est le seul qui en fasse l'unique fondement de son style. Selon lui, la musique de « demain » ne peut être que celle de « toujours ». Sans doute y eut-il à chaque époque des musiques qui la traduisent à côté de celles qui s'en échappent vers les valeurs universelles et permanentes. Mais la vraie musique toujours transcende son époque — et c'est pourquoi elle lui survit. Migot a choisi : il ne sera pas un témoin de son temps, mais rejoindra l'éternelle source de toute musique, qui est vocale.

Georges Migot fait figure d'exilé, ou tout au moins d'isolé, dans son siècle; et l'on n'a pas manqué de railler ce « groupe du Un ». Mais la singularité chez Migot n'est nullement l'expression de l'individualisme; tout au contraire elle est — paradoxalement — le fruit d'un contact instinctif avec l'universel et d'un constant dialogue avec l'absolu. Migot n'est pas un « spécialiste » : peintre, graveur, pédagogue et théoricien de la musique, humaniste surtout au sens où l'entendait la Renaissance, il ne conçoit pas l'art hors de la philosophie où il s'enracine. Un savoir encyclopédique vient chez lui alimenter la foi en même temps que s'y vivifier. Savoir où la sensibilité joue son rôle à côté de l'intellect, et qui redonne au mythe et au symbole la plénitude de leur sens. La musique de Migot reflète sa nostalgie de l'unité universelle : elle veut être en règle avec l'univers et de connivence avec ses lois. Une mystique du nombre l'anime — d'un nombre qui n'est point une abstraction mathématique, mais, comme pour les Anciens, une vivante essence : une « eurythmie ». C'est dire que cette musique rétablit « le rythme universel détrôné à notre époque au profit des rythmiques factices ». A sa manière elle se soumet aussi à « l'ordre du temps » — ordre dont ne saurait la détourner un lyrisme qui d'avance s'y accorde. D'où cette austérité qui lui est parfois reprochée, mais aussi cette sérénité et cette paix qu'elle nous dispense.

Chez un esprit profondément religieux comme Migot, la création n'est point sécession et rupture, mais consentement et accueil. Elle procède de l'humilité et non de l'orgueil. Migot n'ambitionne pas de réinventer *a priori* le langage musical, entreprise selon lui dénuée de sens. Le laboratoire ne saurait en effet fournir des échelles valables, car une échelle ne vit et ne vaut que par l'éthique et la symbolique des sons qu'elle manifeste. Notre système diatonique et ses intervalles — assise permanente de la pensée musicale française — sont des symboles élaborés par des siècles de civilisation; et si l'on *utilise* un symbole, l'on ne saurait le créer. Il ne s'agit donc point tant de changer ce système que de le revaloriser et de lui redonner son sens en redécouvrant ses sources vives. Le propre de la musique est de chanter. « La mélodie, dit Migot, est l'âme même de la musique et du musicien qui la révèle. » Historiquement, le mélos est antérieur aux intervalles et à leur fixation, et l'écriture même a noté les inflexions vocales avant les intervalles qui les traduisent et les définissent. C'est donc la voix qui a déterminé les intervalles proprement mélodiques qui seuls permettent à la musique de chanter, et la musique ne saurait se manifester à travers les intervalles par trop petits ou distendus, exigés par une matière sonore voulue nouvelle à tout prix. L'erreur essentielle du dodécaphonisme, c'est de renverser le processus normal de la création musicale et les rapports naturels entre la mélodie et l'intervalle : il prend en effet comme point de départ une série d'intervalles, s'interdisant d'emblée de créer une authentique mélodie. Car la mélodie, comme l'avait bien vu déjà Aristoxène, n'est point simple juxtaposition de sons et d'intervalles, mais réside dans l'unité de l'élan qui les traverse, les modèle, et les organise en un tout. « C'est la mélodie, suggérée par l'intuition créatrice, dit Migot, qui *choisit* ses intervalles. » Et c'est seulement lorsqu'elle naît du chant intérieur du musicien qu'elle le ressuscite en l'auditeur.

Chez Migot, la culture vient féconder l'intuition créatrice, et la connaissance vivante de notre passé musical lui a permis de rejoindre la plus ancienne tradition du génie français — et de se rejoindre à travers cette tradition. Par-delà les siècles de musique dite « classique », il tend la main aux plus lointains de ses ancêtres, les trouvères et les troubadours, les luthistes et les contrapuntistes. Mais il n'emprunte point des moyens d'expression : il retrouve le sens profond d'une pensée. La tradition selon lui est « art », non « archéologie »; elle n'est pas « pédagogique », mais « poétique ». Il est une vocation de la musique française dont nos jeunes musiciens, tentés par les recherches, risquent selon lui de s'écarter, mais qu'ils ne sauraient trahir sans se trahir eux-mêmes. Musicien français d'abord, l'auteur du *Tombeau de Du Fault*, de l'*Hommage à Thibault de Champagne*, de l'*Hommage à Claude Debussy* et du *Tombeau de Nicolas de Grigny*, est fidèle au modalisme de la pensée musicale française. Et aussi à ce classicisme qui n'est point un style historique, mais un style permanent que chaque musicien doit retrouver selon lui-même; car les œuvres françaises, selon lui, à chaque époque réalisent leur classicisme, c'est-à-dire obéissent, avec des moyens syntaxiques toujours nouveaux, à la nature essentielle de la musique qui est chant et architecture.

Il est difficile de citer les œuvres principales parmi une production étonnamment féconde — plus de deux cents numéros d'opus — et qui embrasse tous les genres, depuis les œuvres didactiques — exercices d'ascèse pour le compositeur (*Ad usum Delphini, le Petit Fablier* pour piano, *Dix-Huit Vocalises* sans accompagnement) jusqu'aux œuvres monumentales, comprenant trois fresques symphoniques, *les Agrestides* (1919), *Hagoromo,* et surtout un cycle christique intégral qu'il est seul à avoir réalisé et où revit l'aventure spirituelle d'un Jean-Sébastien (la *Passion,* les *Nativités, la Mise au tombeau, le Sermon sur la montagne, Résurrection,* la *Cantate pascale,* la *Cantate d'amour,* 1955), couronnés par l'immense fresque a cappella *Saint Germain d'Auxerre.* Migot, comme les bâtisseurs de cathédrales, est à l'aise dans le monumental, qui s'accorde aux dimensions mystiques de son souffle. Il triomphe dans la musique chorale religieuse qui, comme sa musique profane, bannit tout sensualisme au bénéfice d'une pure lumière spirituelle.

Loin de son siècle, qu'il n'essaie point de flatter, Migot poursuit seul son propre chemin. Mais cet art hautain n'est point inhumain, car il retrouve, selon un langage nouveau et pleinement personnel, l'âme même de toute musique : la noblesse du chant humain.

LES INDÉPENDANTS

A CÔTÉ de ceux qui ont été profondément touchés par la crise et ne la surmontent que par un « retour à » la tradition ou le recours à la révolution, il est encore à notre époque des musiciens chez qui cette crise n'a point atteint les sources mêmes de l'activité créatrice : ce sont, au sens fort, des « indépendants ». L'indépendant ne semble pas souffrir « du complexe de modernité ». Il n'est pas hanté par le souci de devancer l'avenir et de promouvoir l'histoire musicale. Cherchant un langage personnel hors de tout postulat théorique, il semble moins exposé aux influences que les compositeurs appartenant aux groupes constitués, que leur curiosité conduit à se choisir des « maîtres à penser ». Ajoutons que des quelque trois cents musiciens de tous âges que compte l'école française contemporaine, la majorité appartient à ces « indépendants » qui, à l'écart des écoles et des systèmes, composent librement une œuvre n'ayant qu'en elle-même ses références.

FLORENT SCHMITT

La longue carrière de Schmitt peut apparaître comme exemplaire en ce sens que les révolutions musicales dont il fut témoin ne l'ont jamais fait dévier de sa ligne, de sorte que son évolution semble n'avoir été dictée que par des exigences tout intérieures. Non point qu'il se soit refusé délibérément à toute influence : il n'est point sans doute d'artiste plus curieux de l'œuvre d'autrui — et tout particulièrement des jeunes musiciens. Mais cette curiosité justement n'est permise qu'à celui que la force de son caractère préserve de jamais s'égarer loin de lui-même. Florent Schmitt n'emprunte point : il transforme tout ce qu'il reçoit en sa propre substance. Cette indépendance — qui permit à Florent Schmitt de réconcilier dans son art les contraires, de mêler les époques et de synthétiser les styles — a déconcerté ses commentateurs et prêté à malentendus. D'aucuns ont voulu voir en Florent Schmitt un second Richard Strauss, un musicien d'esprit germanique, infidèle au génie de la musique française. Or c'est là non seulement restreindre abusivement son art, mais encore en fausser l'esprit même. Si Florent Schmitt s'est rendu célèbre par des œuvres « grandes » à la fois par les sujets d'inspiration et la conception architectonique, s'il manie en démiurge les masses orchestrales, il sait aussi plaisanter avec un humour discret, et volontiers adopte ce ton léger et désinvolte par quoi il est fils spirituel d'un Chabrier ou d'un Satie : que l'on songe seulement, parmi tant d'autres œuvres qui laissent transparaître la verve et l'esprit de l'homme, aux malicieuses *Scènes de la vie moyenne* (pour piano). Et surtout, romantique par son lyrisme, sa fougue et sa véhémence, son désir d'évasion dans le temps et dans l'espace, son amour du pittoresque et de la splendeur orchestrale, son penchant au majestueux et au monumental, Florent Schmitt demeure un classique par son horreur de la sentimentalité, par son goût et son sens de la rigueur. Même aux moments les plus dramatiques, sa musique conserve, par-delà toute passion, cette sereine maîtrise qui lui confère noblesse et dignité. De son romantisme, Florent Schmitt n'est donc jamais dupe. Si sa musique volontiers s'inspire d'un « programme », elle n'en est point captive et demeure d'abord musique. La création n'est jamais chez lui un pur épanchement, mais elle est fabrication autant qu'expression. Il y a chez Florent Schmitt un minutieux artisan qui a pour souci majeur la perfection de son œuvre. Attentif à l'ensemble, il ne néglige point le raffinement du détail. La forme, enchaînée aux lois du contrepoint et docile aux injonctions du rythme, se déploie selon une nécessité inéluctable. Et le paradoxe se réalise d'un art d'une inspiration romantique s'exprimant dans une écriture d'une pureté toute classique. Chez Florent Schmitt la véhémence et l'exubérance n'excluent nullement l'élégance ni la justesse; somptueuse et puissante, sa musique ne trahit point la précision et la clarté latines. Ainsi règne la forme classique sur le vaste flux romantique pour y introduire l'ordre et l'équilibre. Et ce classicisme est d'autant plus précieux qu'il est romantisme dompté. La forme ici, répudiant toute maigreur ascétique, s'égale, par sa foisonnante richesse, à la générosité de l'inspiration : les développements, abondants sans prolixité, sont gonflés d'une sève ardente, et la logique s'illumine de lyrisme. En vérité c'est à l'ampleur même de l'élan créateur qu'est due celle de la forme, cette forme qui déborde tout schéma convenu pour épouser l'idée inspiratrice. Florent Schmitt refait la forme classique à sa mesure, aux dimensions de son souffle; et ainsi, il ne se borne pas à dompter le romantisme : il parvient à le sauver.

L'œuvre de Florent Schmitt est nombreuse (138 numéros d'opus) et couvre tous les genres. Musicien qui pense orchestralement, Schmitt donne toute la mesure de sa générosité, de son lyrisme et de sa puissance constructive dans sa musique symphonique et lyrique, qui lui a conquis une vaste audience. Le *Psaume XLVII* (1904, pour soprano solo, chœurs, orgue et orchestre), œuvre presque de jeunesse, mais d'une étonnante maturité, fut à l'origine de sa gloire et demeure pour le grand public son œuvre majeure. Le *Psaume* est cette musique « cyclopéenne » dont rêvait Berlioz. A la fois barbare et raffiné, il est soulevé d'une joie ardente et orgueilleuse, clamée dans un langage éclatant — mais que cerne une architecture rigoureuse. Et l'œuvre doit sa force de conviction autant à la majesté de son ordonnance qu'à l'élan de son lyrisme et à la rutilance de son orchestration. L'éloquence de Schmitt est sans grandiloquence. Le flot grandiose du *Psaume* reste toujours naturel et spontané dans son jaillissement, preuve qu'est inné au musicien le sens de la grandeur. Schmitt affirme ici d'emblée son esthétique et son style, et s'y trouve d'avance tout entier contenu. De la même veine seront toutes ces fresques fastueuses qui se nomment *la Tragédie de Salomé, Antoine et Cléopâtre, Salammbô, Oriane,* la *Symphonie concertante* (pour piano et orchestre) et enfin la *Symphonie* de 1958, où le musicien de 88 ans — loin de s'imposer un dépouillement — nous dispense encore son lyrisme sensuel, son orchestration somptueuse, son exaltation dionysiaque. La musique de chambre tient aussi une place privilégiée dans la production de Schmitt : elle lui offre l'occasion de satisfaire pleinement ses exigences d'artisan, son goût du style châtié, son aspiration à la musique pure. Mais il y reste fidèle à son esthétique fondamentale. Parmi tant d'œuvres jalonnant une vie d'incessant labeur, retenons le *Quintette* pour piano et quatuor à cordes, la *Suite en rocaille, A tour d'anches,* le *Quatuor* pour saxophone, le

Quatuor pour trois trombones et tuba, le *Trio* à cordes, le *Quatuor* à cordes — l'un des plus achevés de l'école française — le *Quatuor* de clarinettes. Dans toutes ces œuvres de chambre se trouvent condensés à leur point de suprême perfection les traits essentiels du musicien : surabondance de l'inspiration, hardiesse et opulence de l'harmonie, clarté et concision du style.

L'art de Florent Schmitt — synthèse complexe qui réconcilie les époques et les styles, et sauve le passé tout en préparant l'avenir — est un défi à la conception historique de la création musicale qui a cours aujourd'hui, tyrannisant jusqu'au créateur lui-même. Dans une période où la musique se cherchait, le jeune musicien Florent Schmitt s'exprime dans un langage discipliné, déjà personnel, sans visées révolutionnaires ni respect servile du passé. Il n'a pas l'ambition d'innover à tout prix et n'est pas de ceux qui croient que la musique commence avec eux. Tandis que règnent Debussy et les Russes, Florent Schmitt, averti des dernières conquêtes de la technique musicale, rejette l'impressionnisme et proclame la pérennité du classicisme. Formé dès sa jeunesse à l'école des classiques et romantiques allemands, il a trouvé chez eux un art de penser à sa mesure. Au lieu de chercher la singularité, il restera attaché aux règles traditionnelles, où sa pensée semble trouver sa forme naturelle. Cet homme caustique, cet humoriste aux boutades célèbres n'est point un destructeur. Et il saura réintégrer dans le langage d'aujourd'hui un romantisme renouvelé.

Transcendant encore son temps, il résistera au dodécaphonisme comme il avait résisté à l'impressionnisme, demeurant un indépendant dont le seul souci est l'accomplissement de son œuvre. D'autres se sont acquis le titre de novateurs. Tandis que l'indépendance de Florent Schmitt à l'égard de toute théorie et les caractères mêmes de son style qui ressuscite le passé ont masqué ses innovations — trop diverses d'ailleurs pour être embrassées dans une doctrine unique. Et pourtant, s'il n'est pas tenu pour un novateur, l'on ne saurait nier son apport au langage moderne. De certaines libertés et audaces, il fut le premier à user, et l'on s'est borné à les redécouvrir après lui. A sa gloire s'ajoute celle d'avoir inspiré d'autres grands musiciens tels que Honegger —

qui, sans l'imiter, semble lui avoir ravi le secret des constructions spacieuses — Ravel et Stravinsky, lesquels ont reconnu leur dette envers lui. C'est sans doute aux *Lucioles* pour piano (1901), si nouvelles quand l'on songe à leur date de composition, que l'on doit les *Miroirs* de Ravel, car elles révélèrent à celui-ci, de son propre aveu, « tout le parti qu'on pouvait encore tirer du piano ». Florent Schmitt, de bonne heure, a recours à la polytonalité, hors de toute doctrine polytonale : il se plaît en particulier à superposer les accords parfaits, formant ainsi des harmonies somptueuses qui ne trouvent leurs égales à cette époque que dans *le Rossignol* de Stravinsky. Le *Psaume* annonce les audaces rythmiques du *Sacre* (1913), l'orchestration ravélienne de *la Valse* (1919). En 1907, *l'Oiseau de feu* n'était pas encore écrit, et cependant *la Tragédie de Salomé* l'évoque déjà par son « dynamisme » rythmique. L'on ne trouverait pas d'exemple, en remontant le cours de l'histoire musicale, d'une vie rythmique si intense et si variée, de mètres si neufs. Et sans doute les halètements des deux danses finales, *Danse des éclairs* et *Danse de l'effroi,* ne sont-ils pas étrangers à ceux de la *Danse sacrée* qui scandalisa le public de 1913. Enfin l'on trouve dans *Salomé* comme plus tard dans *Antoine et Cléopâtre* cette fameuse « dérégistration » des timbres qui devait faire fortune. Mais si Florent Schmitt s'est toujours montré ardent chercheur, ce fut sans esprit de système, et pour obéir chaque fois aux nécessités singulières de l'idée inspiratrice. Et ses découvertes risquent de passer inaperçues dans la mesure même où elles s'effacent devant leur mission expressive et s'intègrent à la trame de l'œuvre. Florent Schmitt a trouvé accès auprès du public, malgré le modernisme de son langage, parce que ses innovations ne furent qu'une réponse à ses impératifs intimes. Et la leçon qu'il donne peut-être aux jeunes musiciens, c'est que l'accord du créateur avec soi est la condition première de son accord avec le public.

JACQUES IBERT

Au moderne romantisme de Florent Schmitt répond le moderne classicisme de Jacques Ibert, qui n'est point soumission délibérée à une tradition, mais plutôt sa réinvention comme spontanée selon le langage même de notre temps. Il suffit d'évoquer le *Divertissement,* son élégance désinvolte, son enjouement aristocratique, son écriture si constamment heureuse, pour sentir à quel point se manifestent chez Jacques Ibert les vertus majeures du génie français. Sans la guerre qui l'éloigna de Paris, il aurait certainement fait partie du « Groupe des Six », aux côtés de ses camarades et amis Auric, Honegger et Milhaud. Dès ses premières œuvres, Jacques Ibert se montre profondément libéré des conventions. Le prisonnier de la *Ballade de la geôle de Reading* (l'un de ses envois de Rome), n'est-ce point le jeune musicien aspirant à sortir de la prison des règles pour courir les risques de l'aventure créatrice ? Jacques Ibert ne veut point tomber dans les pièges de l'académisme, qu'il soit traditionaliste ou avant-gardiste. Il ne juge point utile, pour justifier ses œuvres, de se réclamer de la tradition ou de la révolution. Si, tout jeune prix de Rome, il provoqua le scandale, ce fut bien malgré lui : ses audaces ne furent jamais concertées. Considérée d'abord comme agressive et insolite, la musique de Jacques Ibert nous apparaît aujourd'hui comme un modèle de clarté et d'équilibre. Celui auquel on reprocha ses fausses notes et son absence de forme est en vérité un classique, qui ne revendique sa liberté que pour mieux suivre sa loi intérieure.

Tour à tour tonal, polytonal et atonal, selon que son propos l'exige, Jacques Ibert n'est l'esclave d'aucune formule, d'aucune théorie, se gardant ainsi de prendre pour fin ce qui selon lui ne devrait jamais être qu'un moyen. La musique sérielle qui tend à « mettre la musique en équation », Jacques Ibert craint fort qu'elle n'aboutisse qu'à une impasse, et que les compositeurs appliquant systématiquement la loi de la série ne soient que les « Grands Rhétoriqueurs » de la musique contemporaine. Mais en définitive peu importe le système : seule compte la qualité de l'œuvre édifiée par son entremise. « Il n'y a pas de musique dodécaphonique, sérielle ou autre : il n'y a que de la bonne ou de la mauvaise musique. » Jacques Ibert n'est point opposé par principe aux expériences concrètes et électroniques — lui-même, dans certaines partitions pour le cinéma et la radio, les a sollicitées dès les années 1928-1929; ces expériences néanmoins ne doivent point nous faire oublier que la musique est un art d'expression, non la simple résultante de recherches scientifiques. D'ailleurs la matière, si nouvelle soit-elle, ne peut suffire à provoquer l'évolution du langage ou de la syntaxe. L'erreur de notre temps est de croire que la musique souffre d'un épuisement de ses ressources, alors qu'en réalité elle est accablée par la surabondance même de ses matériaux et de ses moyens, qu'elle ne parvient pas à maîtriser. La solution à la crise actuelle n'est donc point dans la découverte d'une matière neuve, ni dans celle d'un quelconque système prétendant se substituer à la pensée musicale, mais elle est dans cette pensée musicale même, s'exerçant librement selon ses exigences intimes.

Ce qui importe avant tout dans une musique, ce n'est point la matière, mais la qualité du discours, c'est-à-dire de la pensée musicale. Chez Jacques Ibert, la liberté de conscience et de langage a pour corollaire « l'extrême rigueur envers soi-même et dans le choix des moyens utilisés ». Au choix définitif d'un système — qui aliène la pensée musicale — Jacques Ibert oppose ce choix constant qui la stimule. Son écriture, claire, châtiée, généralement contrapuntique, a cette transparence et cette aisance qui sont le signe d'une absolue sûreté. L'on chercherait vainement chez Ibert l'emploi systématique de procédés— dont on croit faussement qu'ils constituent le style d'un compositeur. L'on ne peut non plus signaler chez lui d'évolution. Si la matière sonore s'est affinée, décantée, le style s'est maintenu semblable à soi, en dépit de la diversité des procédés et à travers la diversité des genres auxquels il devait s'accorder. Ce style tout spirituel, seul le définit un certain idéal esthétique, laissant toute latitude au créateur dans le choix des matériaux et des moyens les plus propres à le réaliser : idéal de concision, de mesure, de sobriété dans l'expression, de distinction dans l'humour.

L'universalité même d'un tel style a permis à Jacques Ibert d'œuvrer avec un égal bonheur dans les deux domaines de la musique pure et de la musique descriptive ou dramatique. Musique symphonique, lyrique, vocale, musique de chambre, musique de scène, il n'est point de genre qui ne l'ait tenté à la fois par ses possibilités et ses problèmes. Et toujours il sait plier son langage à son propos fondamental, le modeler selon le contenu expressif qu'il lui assigne : ce qui est conforme à l'enseignement des grands classiques.

La précoce maturité de son talent s'affirme avec les lumineuses *Escales* (1922-1923), trois décors méditerranéens suggérés par des thèmes d'esprit populaire. Leur succéderont *Féerique,* le *Chant de folie,* le *Divertissement,* le déjà classique *Concerto* pour flûte et orchestre. Parmi beaucoup d'autres titres, signalons encore, dans l'œuvre orchestrale, le *Concertino da camera* (pour saxophone et petit orchestre), le brillant *Capriccio,* d'un équilibre exemplaire, l'*Ouverture de fête,* qui — selon Honegger — « donne une impression de maîtrise absolue par le côté architectural grandiose de la forme, par la saveur et la force d'expression des thèmes, par l'admirable sûreté de l'écriture orchestrale », l'éclatant *Louisville-Concert,* la *Symphonie concertante* pour hautbois et orchestre à cordes où pour la première fois Ibert aborde la construction symphonique, manifestant un respect des formes établies qui ne brime point sa liberté créatrice. Retenons aussi, dans le fief plus réservé de la musique de chambre, les trois *Pièces brèves* pour quintette à vent, d'une grâce et d'un humour spécifiquement ibertiens, et deux de ses œuvres majeures : le *Trio* pour violon, violoncelle et harpe, et le *Quatuor,* dont la beauté formelle égale la noblesse d'inspiration.

Ibert ne cache point son amour du concret sonore, son plaisir à manier les timbres instrumentaux. Son orchestre a cette précision et cette perfection dans le raffinement sonore, qui témoigne d'une adresse sans défaillance. Il a toujours eu aussi le goût des combinaisons orchestrales peu communes : ainsi le *Concerto* pour violoncelle s'accompagne d'un orchestre exclusivement composé de ces instruments à vent qui lui furent toujours si chers et dont il fait le plus spirituel et poétique usage. Artisan accompli, Jacques Ibert cherche et trouve dans les résistances de la matière sonore le stimulant de son activité créatrice.

De même aussi dans les contraintes inhérentes à chaque genre musical. Auteur de soixante-trois musiques de film, il rend grâces au cinéma pour ses fécondes servitudes. Car ce musicien pur est attiré par les arts du spectacle, et singulièrement par le théâtre lyrique, sous ses divers aspects vocaux et chorégraphiques. La spirituelle et justement célèbre *Angélique* (créée en 1927), dont l'accent si neuf fut souvent imité, perpétue et modernise l'authentique tradition de l'opéra bouffe. En cette farce (sur un livret de Nino) Jacques Ibert sait conserver, dans la verve et la plus truculente fantaisie, sa coutumière élégance. De la même veine d'ironie subtile *le Roi d'Yvetot* (quatre actes de Jean Limozin et André de La Tourasse), à la fois populaire et raffiné, est un opéra-comique du meilleur style. Le premier, Jacques Ibert apporte dans les conceptions chorégraphiques cet élargissement que souhaite notre temps. *Diane de Poitiers* mêle le chant à la danse de la plus heureuse façon. Avec *le Chevalier errant* (1935), épopée chorégraphique pour grand orchestre, chœurs et deux récitants, le musicien brillant se révèle musicien dramatique et confesse, en cette œuvre majeure, l'éthique humaniste qui est au fond de sa musique. « Don Quichotte n'est plus ici — nous dit Jacques Ibert — le Chevalier à la Triste Figure, berné par ses illusions, mais un héros qui, par le don de soi, triomphe de ses adversaires, et ressuscite l'âge d'or sur terre... Cet ouvrage concrétise assez certaines de mes aspirations les plus secrètes et apparaît comme la synthèse des formes que je préfère. »

Jacques Ibert demeure pour le public le compositeur par excellence des divertissements. Et sans doute l'humour et le sourire en musique, c'est bien chez lui qu'il les faut chercher. Mais ne s'y mêle-t-il pas cette touche de tendresse d'une sensibilité qu'ils ne peuvent dissimuler ? Sensibilité dont les élans romantiques se livrent sans détours dans la *Ballade,* le *Chant de Folie,* la *Symphonie concertante* et le *Quatuor*. Le musicien lui-même nous confie qu'« il céderait volontiers à un romantisme juvénile qui l'incite à se satisfaire de ses propres passions », mais qu' « obéissant à un réflexe d'auto défense, il se soumet instinctivement au contrôle de la raison ». Pure ou dramatique, la musique de Jacques Ibert n'est jamais gratuite; elle demeure un acte d'expression, la restitution d'une aventure intérieure — un témoignage de l'homme. Ibert compose pour se libérer en mettant en forme les émotions qui l'assaillent. Et l'élégance n'est chez lui que l'aboutissement d'une ascèse. Ascèse à laquelle le divertissement, en son ironique sagesse et sa liberté de jeu, doit sa signification secrète...

CLAUDE DELVINCOURT

Tant par son œuvre d'artiste que par son œuvre d'éducateur, Claude Delvincourt fut un modèle d'indépendance. Attentif à son époque, il voulut façonner le Conservatoire de Paris (qu'il dirigea de 1941 à 1954) à l'image même de la vie musicale contemporaine, dans tout le divers contradictoire de ses tendances; de sorte que dans cette maison que l'on eût crue vouée à l'académisme vinrent se mêler aux traditionalistes les novateurs les plus audacieux, Milhaud côtoyant Tony Aubin, et Messiaen, Caussade et Noël Gallon. C'est que Delvincourt percevait avec acuité la crise de la conscience musicale contemporaine et vivait avec intensité le drame de ce choix entre révolution et tradition que semble imposer l'époque. Et, au lieu d'élever autour du jeune musicien le rempart protecteur d'un enseignement académique, il préférait le mettre d'emblée face à face avec les problèmes qui assaillent le compositeur moderne, non sans lui fournir les conditions et les éléments d'une solution. C'est ainsi que les jeunes musiciens reçurent au Conservatoire non seulement un enseignement technique, mais encore une éducation esthétique et une formation humaine; car Delvincourt avait compris qu'aujourd'hui plus que jamais une vaste culture est nécessaire à l'artiste, que la proverbiale « bêtise » du musicien n'est plus de saison, et qu'il faut le convier à une prise de conscience de lui-même et de son art.

Delvincourt était d'autant plus qualifié pour orienter les jeunes musiciens qu'il avait connu l'anarchie artistique de l'entre-deux-guerres, en avait souffert et, prévoyant celle qu'engendrerait la guerre de 1940, s'efforçait d'avance d'en limiter les ravages. Sa sollicitude à leur égard l'avait conduit à formuler ses conseils en une préface où, après les avoir mis en garde contre les charmes faciles de l'exotisme, il attirait leur attention sur la nécessité de la formation scolaire et du métier — par lequel seul les « fauves » ont droit à notre respect — et surtout les adjurait de ne pas oublier qu'ils appartiennent irrévocablement à cette école française dont les caractères demeurent à travers les vicissitudes de notre évolution musicale. Malgré la réputation d'avant-gardiste que lui conférait l'orientation hardie qu'il donnait aux études, Delvincourt déplorait le désordre contemporain et nourrissait l'espoir d'une réconciliation, d'un dépassement et d'une synthèse. Il blâmait les révolutionnaires qui prétendent renier en bloc la totalité du passé pour reconstruire la musique sur des bases artificielles. Selon lui, l'histoire musicale n'a en réalité jamais connu de révolution, au sens que lui donnent nos modernes révolutionnaires : ce qui apparaît d'abord comme rupture se révèle ensuite comme s'insérant dans la courbe continue de l'évolution et se rattachant secrètement à la tradition. Il faut éviter toutefois le trop volontaire « retour » au passé des néo-classiques et en vérité laisser, dans le processus créateur, sa part à l'inconscient. Qu'il suffise au jeune musicien de ne pas rompre délibérément le fil qui le relie à la tradition. Car « la sève [en] est assez riche pour donner naissance à des œuvres puissantes et neuves ». L'action et le rayonnement de la personnalité de Delvincourt s'étendirent bien au-delà des limites du Conservatoire; et nombreux sont les jeunes musiciens qui en bénéficièrent et qu'il guida vers eux-mêmes. Tel Dutilleux qui confesse que « son évolution a été dans une large mesure conditionnée par tout ce que Delvincourt entreprit de neuf et d'audacieux rue de Madrid ».

Mais si Delvincourt exerça une si heureuse influence sur la jeune école française, c'est que chez lui l'action de l'éducateur, loin d'être l'expression de vues *a priori*, jaillissait de l'expérience intime du créateur. Car c'est à l'intérieur même de sa personnalité créatrice que de bonne heure s'était posé le dramatique problème du choix entre tradition et révolution. Mais s'agissait-il vraiment d'un choix ? Il sentit avec force qu'il était impossible au musicien français de renier la tradition même qui l'avait engendré et à laquelle — qu'il le veuille ou non — il reste attaché par les fibres les plus secrètes; et que seules les vérités éternelles dont cette tradition est la dépositaire peuvent arracher le musicien aux forces destructrices de la révolution. Ce sentiment d'invincible appartenance à la tradition laissait pourtant intactes chez Delvincourt une curiosité, une largeur de vues et une faculté de sympathie qui le rendaient accueillant à toutes les nouveautés, à toutes les hardiesses. Il ne pensait point que le musicien d'aujourd'hui doive se priver de toutes les ressources nouvelles que lui apportent les récentes conquêtes du langage musical. Les théories seules lui étaient suspectes, en raison des limites et des étroitesses inhérentes à tout système, si révolutionnaire soit-il; mais il n'était jamais *contre* une musique. Aimant Janequin et Chabrier — dont il retient l'esprit bouffe — Gounod, Fauré, Debussy, Ravel et Roussel — auquel on peut le rattacher —, il ne rejette point pour autant Stravinsky ni même Schönberg, si éloigné pourtant de lui-même, mais s'enrichit de leur apport, tout en le transposant selon la tradition musicale française. C'est cette tradition qu'il s'est plu à retrouver, semblable à elle-même, chez nos maîtres du Moyen âge et de la Renaissance comme chez nos modernes. Et c'est précisément parce qu'il en retrouva l'esprit au plus intime de lui-même qu'il put sans crainte s'abandonner à sa naturelle largeur de vues que s'est opérée cette subtile synthèse des courants et des tendances que nous admirons dans son œuvre.

Dès son adolescence, Claude Delvincourt, « indépendant » déjà, selon le témoignage de son maître Busser, dissimule mal son impatience des règles scolaires et son désir d'évasion vers l'inconnu de l'univers sonore. L'un de ses envois de Rome et la première œuvre où sa personnalité s'affirme, *l'Offrande à Siva,* grande fresque chorégraphique, ne peut être montée à l'Opéra, en raison de l'Académie des Beaux-Arts, qui jugeait l'œuvre « trop moderne et trop audacieuse ». Puis viennent la *Sonate* piano-violon, la *Suite* pour piano qu'il orchestra plus tard, les *Boccaceries* — un exemple à ne pas suivre, au dire de son auteur — et le *Bal vénitien,* d'une inspiration populaire mordante et truculente. Les *Danceries* pour violon et piano, où se conjuguent la technique et l'esprit français, marquent un renouvellement et une libération de ses moyens d'expression, grâce à l'élargissement de sa conception tonale. Celle-ci s'enrichit en empruntant à l'atonalisme sans pourtant se renier, mais plutôt comme pour trouver en cette négation d'elle-même l'occasion d'une éclatante confirmation. Claude Delvincourt disait à ce propos : « Je ne me sers du système atonal que pour mettre dans une lumière plus vive une affirmation tonale. »

Diverse, l'œuvre de Delvincourt l'est comme cette tradition française où elle puise son inspiration. Il y a chez lui à la fois le sens de l'humour — dont témoigne la sotie de *la Femme à barbe* — et le sens de la grandeur, grandeur sans ostentation que nous trouvons dans ses deux œuvres maîtresses : l'opéra *Lucifer* et le *Quatuor* à cordes. L'on sait quelle admiration Delvincourt vouait à la musique du Moyen âge, et singulièrement à celle de l'école française, dont il recommandait l'étude au jeune musicien. Or, s'il nous propose dans *Lucifer* une conception neuve de l'opéra, délivrée de toute convention, c'est justement en retrouvant les origines liturgiques du théâtre occidental : à la fois ses lois permanentes et ses sources vives. « Conscient de la déchéance du théâtre en musique, le compositeur de *Lucifer* — dit Roland-Manuel — remonte, avec autant de hardiesse que de sagesse, aux sources liturgiques du théâtre occidental dont la première œuvre proprement dramatique, *le Jeu d'Adam et Ève,* traitait sensiblement le même sujet et stipulait, dans une même exigence, l'union du mot, du geste et du chant sous l'impérieuse et constante domination du discours musical. » C'est cette même intégration à la tradition des récentes innovations de notre temps que nous offre l'ultime message du musicien, son *Quatuor,* qu'il venait d'achever avant son tragique accident qui en fit une œuvre posthume. « Ce *Quatuor,* dit encore si justement Roland-Manuel, s'inscrit allégrement dans la ligne du classicisme français (et donc dans la tradition idéale de la Suite) avec cette hardiesse de langage et cette liberté d'expression que confère la vertu de style, et que le souci du relief sonore et des ressources instrumentales inspire et limite à la fois. L'écriture en est stricte, exigeante, puissamment animée dans l'extrême diversité de ses contrastes... » C'est cette pureté d'écriture et de style qui délivre le musicien des solutions dogmatiques et les rend inutiles, en pliant sous sa loi et en exploitant à son profit cette « indécision » du langage harmonique à laquelle Delvincourt ne voulut jamais renoncer. En ce suprême témoignage qu'est le *Quatuor,* le compositeur nous fait sentir ce que fut pour lui l' « indépendance » : une conquête de la liberté d'expression et la redécouverte en elle des lois et valeurs éternelles sans lesquelles nulle musique ne peut s'édifier.

Ces quelques portraits d'indépendants nous ont permis de discerner les mobiles profonds de leur position, qui n'est point tant spéculative que dictée par leur expérience créatrice. Il semble en résumé qu'il existe deux types d'indépendants : les romantiques — tel un Florent Schmitt — dont la création répond à un besoin d'expression se soumettant les divers moyens techniques; les classiques — tels un Delvincourt et un Roland-Manuel —, dont le processus créateur s'appuie sur le vif sentiment qu'ils éprouvent de leur appartenance comme naturelle à une tradition, et plus spécialement à la tradition française. Du premier type seraient des musiciens comme Eugène Bozza, Pierre Capdevielle, Georges Dandelot; Émile Damais et José David (l'esthétique du groupe « Eurythmie » auquel ils appartiennent proclame en fait le primat de la sensibilité individuelle); Henri Dutilleux, Ivan Devriès, Jean-Jacques Grünenwald, Marcel Landowski, Henri Tomasi etc. Du second type, des musiciens tels que Georges Aubanel, Marcel Bitsch, Henri Challan, Jacques Castérède, Jacques Chailley, Maurice Delage, Marcel Dupré, Maurice Duruflé, Raymond Gallois-Montbrun, Vincent Gambau, Jean Hubeau, Georges Hugon, Inghelbrecht, André Lavagne, Jean Martinon, Jacques de La Presle, Manuel Rosenthal, Marc Vaubourgouin... D'autres indépendants enfin semblent conjuguer les deux types. L'originalité d'un Tony Aubin, c'est justement de concilier l'expression lyrique et le sens des vastes architectures avec une élégance d'écriture et une subtilité harmonique qui le rapprochent de Fauré et de Ravel. Bien remarquable à cet égard est sa *Symphonie romantique* par l'heureuse synthèse qu'elle édifie d'un lyrisme généreux et d'une sobriété toute classique.

JACQUES CHAILLEY

Un art qui ne puise ses sources qu'en notre tradition nationale : c'est celui de Jacques Chailley, éminent musicologue — mais authentique compositeur. Comme chez Maurice Emmanuel dont il est le disciple, le savoir de l'historien ne vient pas limiter chez Jacques Chailley l'élan du musicien : il lui offre au contraire appui et inspiration. Sa création repose en effet sur une assimilation profonde de tout notre passé musical. Le Moyen âge, les polyphonistes de la Renaissance et le folklore lui ont fourni de précieuses suggestions pour la découverte de son style propre. Tandis que sa familiarité avec Bach le rendait attentif à cette symbolique sonore par quoi l'art du Cantor nous atteint encore aujourd'hui au plus intime de nous-mêmes. Un compositeur à son sens n'a pas le droit de créer *a priori* un nouveau langage. Il ne peut qu'utiliser — en l'enrichissant peut-être — le langage façonné par les siècles. Nous assistons au cours de l'histoire musicale à un développement progressif et naturel de l'instinct harmonique, qui trouve dans la résonance sa base objective. Le même processus se répète dans la formation auditive de l'individu. D'où la nocivité des théories qui rompent délibérément avec ce processus naturel, interdisant au compositeur qui leur fait confiance de communiquer avec son public. Et voici, saisie à sa source, l'erreur fondamentale des dodécaphonistes. La musique chez eux est coupée entièrement de ses bases antérieures au profit d'une arbitraire arithmétique. Sans égards pour les données acoustiques et auditives, le raisonnement abstrait, dans le dodécaphonisme, règne en maître, désorientant l'oreille qu'il prive de la consonance, son critère séculaire, pour lui imposer un rapport préétabli et tout artificiel entre les sons. A la crise de la conscience musicale contemporaine, Chailley préfère apporter quant à lui une solution plus conforme tout ensemble au naturalisme psychologique d'un Rameau et à la tradition française, qui jusqu'à Debussy n'a cessé de s'en inspirer.

N'ignorant rien de la musique du xxe siècle, Chailley adopte un modernisme dégagé de tout esprit de système. Ce qui lui permet d'utiliser toutes les ressources peu à peu conquises au cours des temps par l'art musical et de les combiner à sa guise — en excluant toutefois les formules portant trop visiblement encore la marque de leurs inventeurs, celles de Debussy par exemple. La musique de Jacques Chailley parle en définitive le langage d'aujourd'hui, mais en y réunissant hardiment les époques.

Parmi une œuvre qui concerne tous les genres, retenons un *Quatuor* de tendance moderne, une *Symphonie* de coupe classique, une *Sonate* pour alto et piano et de nombreux chœurs, d'esprit folklorique. Dans son opéra *Thyl de Flandre,* Chailley respecte la forme traditionnelle du genre, mais la réajuste à l'époque par la vivacité d'un mouvement jailli de la variété des climats émotionnels.

Toujours claire, vivante et volontiers truculente, la musique de Chailley ne tombe point dans l'archéologie. Et les reconstitutions historiques elles-mêmes y sont toujours des transpositions. Transposition de l'antique dans ses partitions de musique de scène pour *les Perses, Antigone, Agamemnon, les Oiseaux ;* du Moyen âge dans le *Jeu des grandes heures de Reims* et le *Jeu d'Adam et Ève*. Le ballet *la Dame à la licorne* est caractéristique de la manière de Jacques Chailley. Il lui eût été facile d'écrire un pastiche de la musique du XVe siècle. Mais il a préféré s'adresser résolument à l'auditeur du XXe siècle en lui offrant un Moyen âge qu'il puisse reconnaître. C'est dire qu'il a substitué à la reconstitution historique une évocation poétique sollicitant en particulier les pouvoirs de suggestion de chansons populaires — telles que l'*Amour de moy* — et de rythmes de danses anciennes. Une étroite fusion se réalise finalement entre l'élément médiéval et l'élément moderne. Fusion qui accorde *la Dame à la licorne* à la sensibilité auditive moderne.

N'est-ce point l'admiration fervente que nourrit Jacques Chailley pour l'esthétique médiévale qui l'a délivré de tout médiévalisme artificiel ? En cette esthétique il a reconnu l'authentique visage de la musique française, son éternelle vocation. Vocation que sa propre musique n'a cessé de servir.

Le romantisme est-il contraire à l'esprit de la musique française ? Bien des musiciens français d'aujourd'hui s'insurgent contre cette esthétique d'agrément et de divertissement où l'on prétend les enfermer. Rejetant l'hédonisme ainsi que la concision, ils réclament le droit à la profondeur et à l'ampleur.

PIERRE CAPDEVIELLE

Capdevielle est un inspiré chez qui le romantisme acquiert une dimension métaphysique. Sa musique semble naître au ciel des idées. Elle n'est point enchaînée à son corps sonore, et s'en échappe vers sa pure essence. La musique sensible n'aurait-elle pour but que « de nous faire souvenir de la musique véritable » ? Chez Capdevielle, l'art musical redécouvre son opération essentielle et première, sa fonction rituelle. L' « art gratuit » — estime le compositeur — contredit à la plus noble mission de l'art, de même que « la musique formelle » prive la musique de sa raison d'être, de sa finalité la plus haute. Notre plaisir — si intelligent soit-il — ne saurait être le but d'un art qui pressent l'absolu et nous le fait apercevoir comme une terre promise. A la création musicale Capdevielle redonne tout son sérieux, toute sa gravité. Elle n'est point jeu d'esthète, mais la quête passionnée de l'ineffable. Si la musique de Capdevielle est expressive, ce n'est point au sens limité d' « expression des états affectifs ». L'humain et le divin s'y confrontent. Elle est le dialogue secret de la créature et du créateur. Dès qu'elle naît, nous sommes d'emblée transportés hors du quotidien, au royaume du fabuleux et du sacré : comme si elle brisait pour nous le mur des apparences. Son climat fondamental, n'est-ce point ce « sublime » kantien, où le sentiment de l'infini s'unit à celui de notre faiblesse, où l'effroi se mêle à l'adoration ? Nous retrouvons ici l'acte même d'où la musique jaillit chez le primitif. Et c'est dire combien chez Capdevielle la musique, sans renier son évolution, renoue avec ses origines.

Mais cette musique aimantée par l'ineffable ne se dissout point pourtant dans le mysticisme et la rêverie. En cet art qui baigne dans une « aura » fabuleuse, nulle fluidité amorphe, mais une pensée musicale précise et agile, une écriture minutieuse et complexe. L'éclectisme de langage ne menace point la cohérence d'une musique soucieuse avant tout de sa signification. Cet éclectisme est même nécessaire, s'il est vrai que chaque œuvre se crée, conformément à son idée, sa forme et sa matière. Capdevielle — dont l'admiration va de Wagner à Stravinsky en passant par Debussy, Strauss, Roussel et Schmitt — n'applique ni ne bannit systématiquement aucun procédé d'écriture. Il les ressent tous comme indispensables. N'ont-ils point chacun leurs vertus singulières d'expression ?

Capdevielle est l'auteur d'une *Ouverture du pédant joué* — au style léger et facétieux où l'ironie gauloise reprend ses droits —, de trois symphonies, d'un opéra *les Amants captifs,* « mythe lyrique » où se devine — comme dans *Peregrinos* — sa familiarité avec les Anciens. Mais c'est sans doute dans sa musique de chambre — des sonates pour alto-piano, violon-violoncelle, flûte-alto, — et surtout dans ses grandes fresques symphoniques qu'il nous livre le meilleur de lui-même. *Les Épaves retrouvées, l'Ile rouge,* vaste composition vocale sur un poème de Serge Moreux, *la Tragédie de Peregrinos,* cantate avec récitant sur un texte de Charles Exbrayat, et la très pure *Incantation pour la mort d'un jeune Spartiate,* ces pages majeures du musicien ont en commun une même grandeur allant jusqu'au grandiose, une même noblesse spirituelle, revêtue de splendeur sonore. L'on a qualifié d' « impressionniste » l'auteur des *Épaves retrouvées.* Mais en réalité la musique de Capdevielle traverse les magies sonores qu'elle suscite (tout particulièrement dans le récent *Concerto* pour piano et orchestre) pour se résoudre en ce « profond et mystérieux silence » dont parlait saint Augustin. Silence de l'essentiel et de l'ineffable où la musique sonore tout ensemble s'abolit et s'accomplit.

MARCEL LANDOWSKI

Chez Marcel Landowski, à qui nulle audace de la technique moderne n'est étrangère, le processus créateur demeure pourtant ce qu'il fut chez les maîtres du passé : un acte d'expression jaillissant de l'intimité humaine et spirituelle du musicien. Landowski aime à se situer lui-même dans la dépendance de Moussorgsky et d'Honegger. Et en vérité la musique pour lui comme pour eux n'est point pure spéculation sonore, soumise à ses lois autonomes, mais le moyen le plus précieux dont dispose l'homme pour prendre conscience de sa condition et de son destin. Chez Landowski, l'action de composer est inséparable de l'acte de vivre, et le processus créateur, tout empirique, engendre spontanément ses propres moyens d'expression. C'est dire qu'il ne se subordonne point à un langage *a priori* ou à des recherches formelles. Ce sont ces recherches précisément qui ont éloigné, selon Landowski, le public de la musique contemporaine. Chez le musicien d'aujourd'hui, trop préoccupé des problèmes techniques, la création s'est scindée de ses sources vives, c'est-à-dire humaines et spirituelles. Mais il suffit que la musique retrouve son sens humain — chez un Honegger par exemple — pour que immédiatement elle « touche » le public — aux deux sens du mot — en dépit des audaces de son langage. L'actuelle « crise » de la musique n'est nullement une crise de langage, mais plutôt de l'artiste lui-même, oublieux de sa mission, des sources et des fins de l'activité créatrice. En fait la musique d'aujourd'hui souffre non point d'un épuisement de ses ressources, mais bien au contraire de leur surabondance, de cette complication technique qu'a engendrée l'abus des recherches. Et le musicien contemporain ne doit-il pas justement redécouvrir cette *simplicité* devenue si difficile, dans la mesure justement où elle suppose *sincérité ?* Au surplus, cette sincérité seule peut donner une expression neuve aux formules qui paraissaient définitivement usées, de même qu'un contenu et un sens aux conquêtes de l'époque. Car Landowski ne bannit nullement *a priori* ces conquêtes. Bien plutôt est-ce pour ne se priver d'aucune ressource qu'il ne s'enferme point dans les limites d'un système. C'est donc sur le plan du langage un éclectique admettant les procédés les plus divers, l'unité de sa musique n'étant pas dans le langage, mais dans l'acte d'expression, qui redonne une cohérence aux procédés les plus disparates. Et cet acte d'expression, d'autre part, requiert la pleine maîtrise de tous les moyens techniques, une écriture directe et limpide qui le transmette sans détours.

La musique de Landowski ne craint point de s'affronter aux grands problèmes qui assaillent l'humanité actuelle — problèmes philosophiques de toujours, mais auxquels notre temps confère une acuité nouvelle. Landowski aime courir les risques de l'aventure métaphysique — en marge de sa musique comme dans sa musique. Celle-ci affectionne les vastes sujets, les amples démonstrations, toujours soucieuse de remplir cette fonction éthique et ce rôle social que Landowski, disciple de Platon, assigne à l'art musical. A une époque surtout où les hommes perdent le sens de l'humain, la musique seule peut les sauver, les reconstruire à l'image de l'homme vrai. Maîtresse de vérité, elle nous libère des illusions qui nous séduisent et nous égarent. Elle nous éclaire et nous guide dans la quête de nous-même. Il faut toutefois ajouter que cette vraie musique n'est pas le produit de quelque artifice technique, mais la récompense de l'humilité du créateur devant le mystère du Beau, qui seule lui en révèle les lois secrètes. Tel est l'univers spirituel où vit Landowski et où s'enracine sa musique.

Dès ses premières œuvres, Landowski déjà s'affirme;

et si par la suite sa technique s'est élargie, il n'a pas dévié de sa ligne, continuant sans fausse honte de mettre sa musique au service de son humanisme. L'oratorio *Rythmes du monde* est issu de la « vision du drame de l'homme qui a perdu le véritable chemin de son bonheur ». Landowski est obsédé par la déshumanisation qui guette l'homme captif de la science et de la technique, et veut par sa musique lui redonner le sens de l'humain. Pour la première fois s'exprime ici la thèse qui lui est chère : l'incapacité de la science à fournir à l'homme la solution de ses problèmes et la nécessité pour lui de la dépasser pour s'accomplir. *Rythmes du monde,* dès sa première audition (en 1941), en présence d'Honegger, reçut un accueil triomphal qui témoignait que le compositeur était d'accord avec son public. Tout comme l'auteur des *Cris du monde* qui découvrait en Landowski son disciple spirituel, et ne cessera dès lors de le conseiller et de le guider, dans le total respect de sa personnalité créatrice. Méditant inlassablement, comme Honegger, sur la condition humaine, Landowski lui aussi a trouvé une forme musicale à sa mesure dans l'art symphonique et lyrique. La symphonie chez Landowski n'est jamais construction gratuite qui se suffit et se signifie. Volontiers elle s'appuie sur un programme, un texte ou un thème littéraire, comme en témoignent le poème symphonique *Edina,* ou la symphonie *Jean de la Peur* (créée en 1951), symphonie qui exalte la valeur du mystère que la science voudrait tuer et qui seul pourtant donne son sens à la destinée humaine.

Mais c'est dans le domaine du théâtre que la réussite de Landowski semble le moins contestable. Le théâtre chanté lui semble constituer « la forme d'expression musicale la plus complète, et la plus chargée d'émotion humaine »; mais il n'en est que plus urgent de lui apporter ce renouvellement qu'exige notre temps. « Le théâtre d'aujourd'hui, s'il veut vivre, doit se nourrir des thèmes d'aujourd'hui, des thèmes qui nous occupent tous plus ou moins chaque jour et qui sont à la racine même de notre vie. » Conformément à cette profession de foi, Landowski s'écarte délibérément dans ses œuvres lyriques de tout sujet d'inspiration biblique ou gréco-romaine, et sollicite des thèmes essentiellement modernes. Mais, malgré l'audace des sujets et aussi des moyens mis en œuvre, son théâtre n'a rien de conventionnel ou de factice. Landowski a ce pouvoir inné de donner traduction théâtrale à des thèmes qui sembleraient s'y refuser, d'incarner dans le concret de ses personnages les idées-forces qui lui-même l'animent dans sa création. Dès *le Rire de Nils Halérius,* légende lyrique et chorégraphique (créée en 1951), Landowski, en même temps qu'il nous dévoile son univers spirituel, jette les fondements d'un art lyrique nouveau. C'est ici une réfutation par l'absurde du scepticisme et une proclamation de foi spiritualiste. La construction de l'ouvrage est originale et heureuse : l'argument lui-même autorisait le compositeur à traiter le premier acte en opéra, le second en ballet, le troisième en oratorio où les chœurs occupent la première place. Dans cette œuvre, Landowski associe intimement le chant avec toutes ses ressources, la déclamation nuancée ou rythmée, et le parler individuel et collectif. Dans son principe, ce procédé n'est certes pas nouveau. Mais le mérite de Landowski est de lui avoir donné ce naturel et cette vie qui si souvent lui faisaient défaut. Avec *le Fou,* opéra dédié à la mémoire d'Albert Einstein (créé en 1956), nous sommes au cœur même du drame de notre temps, aux prises avec le problème du pouvoir destructeur de la science si puissamment symbolisé par la bombe atomique. Le cas de conscience qu'elle pose au savant — à la fois responsable et irresponsable de son mauvais usage — Landowski nous le fait vivre dans toute sa grandeur tragique. La philosophie n'est plus ici à l'état pur; elle émane d'une action dramatique mouvementée qui en illustre la dialectique intime. Plus encore que *le Consul* de Menotti, *le Fou* oriente de manière décisive l'art lyrique contemporain; et l'on peut dire que cet « opéra de l'ère atomique » renouvelle et revivifie un genre que l'on croyait usé en le réaccordant à notre temps. Car non seulement il traite d'un thème essentiellement — violemment — actuel, mais il fait appel aux artifices les plus audacieux de la mise en scène la plus réaliste en même temps qu'il utilise les ressources de la technique sonore la plus moderne. La stéréophonie en particulier y joue un rôle important et contribue à fondre le décor sonore dans le décor visuel. Cependant le langage musical, s'il utilise les conquêtes de notre temps, exclut toute recherche gratuite et garde son caractère direct. L'unité de conception règne sur l'ensemble, sous l'autorité de la musique — qui ne se borne pas à commenter l'action, mais en incarne la philosophie cachée. Enfin *le Ventriloque* (créé en 1956) nous offre comme le résumé de l'art lyrique de Landowski. L'on y assiste à l'épanouissement d'un thème qui lui est cher : celui de la vanité des biens terrestres et de la rédemption par le rêve. Toutes les ressources d'une technique dramatique élargie, depuis le mélange des genres — danse et chant — jusqu'à la stéréophonie, se conjuguent ici pour nous acheminer vers ce « théâtre total » qui depuis l'origine des temps demeure la hantise commune des tragédiens et des musiciens. Théâtre total en effet, où la nouveauté des moyens mis en œuvre ainsi que leur disparité ne déconcertent pas, puisqu'ils restent soumis à l'unité de conception. L'auteur du *Ventriloque* s'apparente à l'auteur du *Médium* par son aisance à penser au moyen d'artifices de mise en scène, de figures chorégraphiques et de formules sonores. Mais surtout chez Landowski, conformément à la grande tradition du théâtre, la musique, le sentiment dramatique et le verbe se confondent dans une même soumission à l'idée inspiratrice.

HENRI DUTILLEUX

La musique de Henri Dutilleux frappe par une authenticité qui n'est point la qualité maîtresse des musiques d'aujourd'hui. Henri Dutilleux s'évade de son époque par sa conception romantique du processus créateur, par la prévalence qu'il accorde à l'élément émotif et humain sur toutes les spéculations techniques. L'artiste, selon lui, n'est point seulement un artisan; et la musique n'est nullement jeu sonore ou architecture gratuite, encore moins description : elle est expression, et sa fin est d'éveiller chez l'auditeur une résonance humaine. Dutilleux s'insurge contre ceux pour qui l'essence et la vocation de notre musique résideraient uniquement dans le « divertissement ». La musique française en vérité n'a pas que des qualités de charme, d'élégance, de finesse et d'esprit; elle n'est point seulement sensualité harmonique, spontanéité mélodique et clarté architecturale, comme l'atteste notre passé, récent ou lointain. Si Dutilleux, comme un Berlioz, est docile aux sollicitations et suggestions de thèmes extra-musicaux, ce n'est point pour les facilités proches du relâchement dont ils sont le prétexte et l'excuse. Toujours veille chez Dutilleux une pensée musicale exigeante; de sorte que l'expression dans sa musique n'est jamais au détriment de la construction.

Baigné de musique dès son enfance, il fut par là protégé contre les séductions de la révolution. Le choc provoqué chez tant de jeunes musiciens du monde entier par la révélation du dodécaphonisme ne l'a pas atteint. Il n'a jamais été et ne pense pas jamais devenir dodécaphoniste, bien qu'il avoue n'être pas resté indifférent à cette renaissance d'un système d'écriture que l'on croyait définitivement condamné. Il était naturel d'ailleurs que la doctrine de Schönberg exerçât une plus forte influence sur les très jeunes musiciens que sur ceux qui, tel Dutilleux, formés aux disciplines académiques mais les ayant élargies, se trouvaient par là même prémunis contre toute entreprise révolutionnaire. Toutefois, si Dutilleux se méfie de tout système appliqué de manière absolue et comme fin en soi, sa sensibilité se trouve accordée à un certain atonalisme, d'ailleurs relatif. Au surplus, cet atonalisme spontané demeure pour lui un moyen d'expression qu'il n'utilise que dans l'exacte mesure où il en éprouve la nécessité. Dutilleux a toujours été attentif à toutes les expériences de son époque : celles de la radio, dans le domaine du « décor sonore », (il dirige à la R. T. F. le service des Illustrations musicales), celles de la musique dite « concrète », celle aussi d'un Béla Bartók. Mais il a su les transmuer en instruments de son style personnel, style dont la conquête a orienté toute son évolution créatrice. Il y avait chez Dutilleux le goût inné d'une certaine sensualité harmonique (entretenue dès son jeune âge par la fréquentation de Chopin et de Schumann, et plus tard, de Chabrier, Franck, Fauré, Debussy et Ravel) et une propension à penser verticalement. Et c'est pour se délivrer de ce « trop-plein » harmonique qu'il se soumit à la discipline du contrepoint en prenant conseil de Bach et, chez les modernes, de Roussel d'abord, de Stravinsky et Hindemith ensuite. « Je ne veux pas dire — précise-t-il — que ces trois musiciens contemporains étaient mes préférés — Hindemith, en tout cas, n'est pas pour moi le plus cher — mais l'étude de leurs œuvres me paraît avoir été essentielle pour mon évolution. » A travers ces maîtres, c'est en effet son propre style qu'il cherche et une voie d'accès vers lui-même. Nulle influence prédominante, nulle technique particulière ne se peuvent ainsi déceler dans sa musique, qui ne sombre pas non plus dans un éclectisme de mauvais aloi; car elle est une authentique synthèse dont les diverses composantes se résorbent en l'unité d'un style et d'une présence humaine.

Chez Dutilleux, la conquête d'un style se confond avec la quête d'une musique toujours plus humaine, toujours plus chargée de signification sociale et spirituelle. Après avoir, dans ses premières œuvres (une *Sonatine* pour flûte et piano, des mélodies, une *Sonate* pour hautbois et piano), quelque peu sacrifié à l'idéal de « divertissement », il s'engage résolument dans la voie de l'humanisme avec la *Sonate* pour piano (1948) déjà, avec la *Ire Symphonie* (1951) surtout, tendance qui s'affirmera dans le ballet *le Loup* et les *Trois Sonnets* de Jean Cassou (pour baryton et orchestre.)

La *Sonate* vaut par son expression pudique, son économie de moyens, son raffinement formel. Dutilleux n'y fait point de concessions à la rhétorique ni à la virtuosité gratuite. Son instinct pianistique demeure en règle avec la plus rigoureuse logique musicale. Et son lyrisme d'autre part a cette retenue naturelle qui le rend docile aux impératifs formels. Toutefois la *Sonate* s'évade déjà de la tradition. Il y règne une liberté de construction qui est à l'opposé de la licence mais fait de l'œuvre une perpétuelle invention. Si la *Sonate* se déploie encore dans un climat impressionniste de sensualité harmonique, la *Ire Symphonie* parle un langage plus âpre, qui rompt délibérément avec la « grâce française ». Une sourde inquiétude s'y fait sentir, qui laisse deviner les tourments et la difficulté d'être de l'homme actuel. Le lyrisme de Dutilleux, comme celui d'un Landowski, n'est point fermeture de l'individu sur soi-même, mais ouverture sur l'universel humain. Dutilleux a l'horreur instinctive de l'exhibitionnisme. Et la *Symphonie* ne se permet cette intensité expressive et ces paroxysmes que parce qu'elle n'est point égoïste confession, mais assume le destin de l'humanité et de la Création tout entière. Le langage, direct et généreux sans verbosité, ne refuse nulle audace, pourvu qu'elle porte sens. C'est ici la synthèse des deux tendances antinomiques qui coexistent, de son propre aveu, chez le compositeur : « d'une part, un grand désir de liberté dans l'expression de la pensée, une curiosité pour tout ce qui est rare, exceptionnel, et, d'autre part, une tendance à inscrire cette pensée dans une structure logique, un cadre formel ». Cette structure logique de la *Symphonie* n'a rien de conventionnel. L'œuvre se compose de quatre mouvements dont les deux premiers s'enchaînent : *Passacaglia e Scherzo molto vivace, Intermezzo, Finale con variazioni*. Elle s'écarte délibérément de la forme classique « sonate ». L'on n'y trouve point de bithématisme ou de réexpositions; et cette symphonie élude la nécessité du développement symphonique en utilisant (dans les premier et quatrième mouvements) la forme variation, rejoignant par là le style libre de Franck. Dutilleux parvient à trouver la clarté et l'évidence architecturales hors des schémas convenus. Il y a chez lui une richesse de ressources et une imagination formelle qui le délivrent de la forme toute faite. L'influence indirecte de d'Indy fut déterminante sur la pensée architectonique de Dutilleux; mais des scholistes il garde la rigueur sans le rigorisme et finalement invente un style symphonique qui lui est propre.

L'esprit symphonique de Dutilleux ne l'empêche point de se montrer également heureux dans un genre dont l'esprit est tout différent : le ballet *le Loup* (avec son *adagio* d'une expression sans ostentation) est une authentique réussite par le sens rythmique, la vivante souplesse harmonique et les qualités dramatiques dont son auteur y fait preuve.

Dans la *IIe Symphonie* (1959), Dutilleux reste fidèle à un style qui faisait déjà de la *Ire Symphonie* l'une des plus originales du siècle. La forme s'inspire encore ici constamment des principes de la variation, et le souci du monothématisme se manifeste dans chacune des trois parties de l'œuvre. Mais les éléments thématiques, au lieu de s'imposer d'emblée, n'acquièrent que progressivement leur physionomie définitive. Car la forme, chez Dutilleux, n'est jamais architecture statique, mais constante métamorphose : elle épouse le flux temporel et semble retrouver, en sa logique subtile, l'élan d'une improvisation. Une fois de plus Dutilleux témoigne ici de sa maîtrise dans l'élaboration de structures en mouvement. Mais l'originalité de la *IIe Symphonie* est de les étayer sur une configuration neuve de l'espace orchestral. Le compositeur utilise deux formations d'orchestre distinctes : un ensemble « de chambre » de douze musiciens entoure le chef; le grand orchestre se déploie au-delà, selon le dispositif accoutumé. Le compositeur a précisé que cette division ne rappelait qu'extérieurement le *concerto grosso* classique — peu compatible avec le propos du musicien contemporain ; car si la présence de deux formations a permis à Dutilleux des effets de dialogue et d'opposition, il les fait aussi fusionner ou se superposer (ce qui autorise des recherches de polyrythmie et de polytonalité).

Dutilleux a cherché d'autre part à susciter, au moyen de ce dispositif, une sorte de relief sonore par la dispersion dans l'espace de certains instruments de même famille que rassemblait l'orchestre classique. C'est ainsi que certaines « touches » sonores, émises par le grand orchestre, trouvent leur équivalence et comme leur reflet dans l'orchestre de chambre, ou encore l'un des deux orchestres s'efface soudain pour laisser le champ libre aux vibrations de l'autre. Tout comme les sériels, l'indépendant qu'est Dutilleux s'inspire de la stéréophonie pour recréer la structure de l'orchestre traditionnel, prouvant ainsi que demeure toujours vif en lui le goût de la recherche. Recherche liée d'ailleurs à la prise de possession d'un univers intérieur qui lui est propre.

Henri Dutilleux élargit le concept de musique française sans pourtant le démentir. Il ne renie pas la somptuosité des moyens harmoniques, rythmiques et orchestraux, la virtuosité de l'écriture, la clarté de la forme. Dans la *Sonate* comme dans les *Symphonies,* les préoccupations techniques et formelles ne sont jamais absentes. Mais cette musique est aimantée par une fin qui les transcende. L'humanisme de Dutilleux est celui d'un « musicien poète » pour qui l'art n'est pas seulement traduction, mais transfiguration et « ravissement ». Dutilleux excelle dans l'art d'évoquer, ce qu'attestent non seulement ses musiques de scène et de film, mais sa musique pure elle-même. La *Ire Symphonie* possède un étrange pouvoir d'envoûtement. Par une sorte de symétrie voulue par l'auteur, la musique émerge de l'ombre dès les premières mesures pour s'y replonger dans les toutes dernières ; l'on dirait la naissance et le déroulement d'un rêve. La *Sara-*

bande, la *Danse fantastique,* ses musiques de scène pour *les Hauts de Hurlevent* ou *la Princesse d'Élide,* la *Sonate* et la *Ire Symphonie :* autant d'œuvres où, par la magie des sons, nous est restituée la poésie des songes. Mais poésie révélatrice de vérité. Si la *IIe Symphonie* nous arrache au quotidien, c'est pour nous mettre face à face avec l'« essentiel inaperçu. » Et l'interrogation insistante sur laquelle elle s'achève la referme sur ce mystère qui est au cœur de l'être et où s'enracine la musique de Dutilleux.

Landowski et Dutilleux marquent le début d'une évolution dans la structure créatrice de l'indépendant. Sans doute celui-ci continue-t-il de penser que l'œuvre musicale ne doit point chercher dans la théorie, c'est-à-dire hors d'elle-même, ses propres raisons. Mais fort, justement, de son indépendance, il empruntera toujours plus volontiers aux tendances révolutionnaires. L'horreur des recherches formelles en général et du dodécaphonisme en particulier tend à s'atténuer pour se muer en compréhension et même en sympathie, non seulement chez les jeunes, mais chez des musiciens déjà mûrs, tentés à leur tour par les techniques nouvelles. Et dans la mesure même où ces techniques tendent à s'intégrer au langage courant de notre temps, comme à notre tradition. Chez un Maurice Jarre et un Marius Constant, un Jacques Bondon, un Luc-André Marcel et un Lucien Bourdeaux (le groupe « Rive Droite » auquel ils appartiennent ne les lie que d'amitié), l'indépendance n'implique plus un renoncement aux expériences de notre temps. Un Marcel Borusiak (ancien élève de Noël Gallon, Milhaud et Jean Rivier), parti d'un style académique, a su adopter, dans son *Canto* (1960), « sans arrière-pensée » une technique sérielle libérée de toute ambition théorique, de toute prétention spéculative. Un très jeune indépendant comme Pierre Ancelin considère la technique sérielle — ainsi que bien d'autres — moins comme destructrice que comme enrichissante. Et ne l'est-elle point surtout dans le domaine formel ? L'esprit sériel, au sens le plus large, dans ce qu'il a de valable et d'accordé à l'esprit du temps, se manifeste hors de la technique sérielle proprement dite. Éclairé par le debussysme, il a permis à Pierre Ancelin de repenser les notions de thématisme, de polarité, de mode et d'intervalle. Sur sa musique règnent des séries limitées à deux ou trois intervalles, qui, comme chez Debussy et les jeunes sériels, assument dans toute leur ampleur leur fonction constructrice. Pierre Ancelin pourtant s'évade de son époque. Selon lui les formes demeurent, si les matériaux changent. La forme chez Ancelin affirme sa transcendance. D'où cette saveur d'éternité et ce sentiment d'allégement que dispense une œuvre telle que l'*Offrande lyrique*. Chez un Jean Barraqué une esthétique spécifiquement moderne se transcende en une pensée musicale intemporelle. Tel est le paradoxe créateur de ce musicien sériel qui se prétend « un musicien du passé ». Barraqué — en qui André Hodeir n'hésite pas à reconnaître la figure la plus importante de toute la musique européenne depuis Debussy — observe rigoureusement les lois de la technique sérielle. Mais c'est pour les soumettre à une fin supérieure. Si Boulez est un explorateur, un découvreur de langage, Barraqué, assimilateur au génie multiple, est un styliste. Deux influences prédominantes se conjuguent en lui : celles de Beethoven (le Beethoven des derniers *Quatuors*) et de Debussy (le Debussy de *la Mer* et de *Jeux*). D'où cet effort de Barraqué vers l'intime alliance de la rigueur et de la liberté. L'auteur de *Séquence* (1950) — sorte de concert pour solistes où la voix se fait une place parmi les instruments — s'approprie ce style d'improvisation inauguré par Debussy et que les sériels s'efforcent de conduire à ses ultimes conséquences. Comme Debussy, Barraqué veut que l'œuvre musicale s'invente sans cesse par une sorte de complicité avec la durée créatrice. Mais pour réaliser une musique en devenir, il n'a point recours au hasard comme Boulez ou surtout Stockhausen. C'est au contraire à travers une écriture rigoureuse que ce grand beethovénien atteint à la plus totale liberté.

D'autres jeunes indépendants, d'obédience sérielle, ou modale (comme Jacques Charpentier, l'auteur des *Études karnatiques* pour piano), affirment une vocation d'intemporalité. Aujourd'hui comme autrefois, l'indépendant se situe à la fois dans l'histoire et hors de l'histoire. Il surmonte l'évolution, qui n'est plus pour lui que l'« image mobile » d'une pensée musicale éternelle.

LA MUSIQUE « DÉPENDANTE »

Au milieu du bouleversement de notre temps, qui remet en question les principes que l'on croyait les plus assurés, se perpétue la tradition de l'opéra-comique français. Toute une diversité de talents viennent en effet illustrer de nos jours, en ordre dispersé, l'idéal national de l'opéra-comique et de la musique de demi-caractère : idéal qu'ils sauvent en le rénovant. L'opéra-comique, cette synthèse théâtrale, est de création et de tradition purement françaises. Ce qui explique le phénomène singulier et significatif que l'Opéra-Comique de Paris soit le seul théâtre d'opéra-comique existant au monde. En vérité ce genre satisfait une tendance permanente du goût, et même du tempérament français.

Mais la complexité et les subtilités de l'écriture moderne pouvaient signifier la mort de la musique de demi-caractère. Ou bien celle-ci, s'isolant de l'évolution du langage musical, risquait de s'attarder en des formes périmées et désaccordées d'avec l'époque. Or il appartenait au classicisme inné du musicien français d'opérer une clarification et une simplification du langage moderne, permettant d'en intégrer les conquêtes à l'opéra-comique. D'ailleurs, en s'appliquant à ce genre lyrique, tel que le conçoit le musicien français, nécessairement les complexités de l'écriture devaient-elles s'abolir au profit du naturel. Mais en cette décantation de la langue, il y a choix et non appauvrissement. C'est ainsi que dans l'opéra bouffe en particulier — ce genre si spécifiquement français — ont excellé des musiciens dont le langage n'a rien de rétrograde. Citons en particulier : Jacques Ibert *(Angélique)*, Claude Delvincourt *(la Femme à barbe)*, Roland-Manuel *(Isabelle et Pantalon)*, Honegger *(les Aventures du roi Pausole)*, Darius Milhaud *(Esther de Carpentras)*, Jean Rivier *(Vénitienne)*, Henry Barraud *(la Farce de Maître Pathelin)*, Henri Sauguet *(le Plumet du colonel)*, Claude Arrieu *(Cadet Rousselle, la Princesse de Babylone)*, Maurice Thiriet *(la Véridique Histoire du docteur)* ; et parmi les plus jeunes : Pierre Petit *(la Maréchale Sans-Gêne, Furia italiana)* et Jean-Michel Damase *(la*

Tendre Éléonore). Tous ces opéras bouffes répondent à la tendance qui porte la plupart des jeunes musiciens après 1920 à élargir les formes du genre en y introduisant plus de fantaisie dans les sujets et la manière de les traiter. Cet élargissement est bien manifeste chez celui que l'on peut considérer comme le maître de l'opéra-comique à l'époque moderne et le promoteur, en ce domaine, d'une esthétique nouvelle : Marcel Delannoy.

MARCEL DELANNOY

Delannoy est un autodidacte, chez qui le pouvoir a précédé le savoir. Mais c'est sans doute parce que chez lui l'acquisition de la technique fut postérieure à l'exercice spontané de la pensée musicale qu'il ne se méprit point sur lui-même. Sa première œuvre ne fut point en effet — selon la coutume — un recueil de mélodies mais un opéra-comique, *le Poirier de misère,* dont la parfaite réussite témoignait que son auteur percevait déjà sa véritable vocation. Donnée à l'Opéra-Comique en 1927 — Delannoy n'a pas encore trente ans — cette œuvre reçut non seulement l'accueil chaleureux du public, mais encore l'approbation de Maurice Ravel. Dans *le Poirier de misère,* cette œuvre tout entière émanée de son propre fonds, Delannoy d'emblée découvre non seulement sa technique et son style, mais aussi le genre musical auquel il est prédestiné et qui sera par lui enrichi et rénové.

Delannoy appartient à la race des musiciens dont l'inspiration s'alimente à la double source du chant et de la danse. Centré sur l'expression mélodique et rythmique, son style convient admirablement au théâtre et au ballet; et nombreuses sont ses réussites en ce domaine, parmi lesquelles il faut citer, outre *le Poirier de misère,* le ballet-cantate *le Fou de la dame,* l'opérette *Philippine,* l'opéra giocoso *Ginevra,* l'opéra féerique *Puck;* les ballets *la Pantoufle de vair, Cindarella, Figures sonores, les Noces fantastiques.* Toutefois, malgré son talent inné pour l'art lyrique, Delannoy n'en est pas moins à l'aise dans la musique pure, où il témoigne de sa verve mélodique, de sa finesse harmonique, et de son sens de la polyphonie chorale et orchestrale. Ses deux symphonies (écrites presque à vingt ans d'intervalle), son *Quatuor* à cordes, ses *Lieder,* sa *Sérénade concertante* pour violon et orchestre, son *Concerto de mai* pour piano et orchestre, toutes ces œuvres de musique pure ont en commun avec ses œuvres lyriques le charme et la verdeur, le lyrisme et la poésie, et aussi ce ton allègre et volontiers populaire d'un musicien peu enclin aux « sarcasmes » de l'époque. Le propos de Marcel Delannoy paraît être de bannir les subtilités de la technique moderne pour se rapprocher de ce qu'il appelle le « jaillissement populaire ». Car selon lui, le musicien français ne peut trouver son style que dans la fidélité à sa race. Delannoy ne prétend point reconstruire le langage musical, ni répudier les formes traditionnelles : il y a primauté de l'esprit sur la matière, de la pensée musicale sur la technique; il ne faut point accuser d'épuisement les moyens traditionnels, et l'on peut faire avec des formes anciennes une musique neuve. Toutefois Delannoy estime que dans le domaine lyrique, après le *Singspiel* mozartien, le vérisme de Puccini et de Menotti, et le drame wagnérien, « tout est encore à réinventer », et qu'il appartient au musicien français de jouer un rôle décisif dans la rénovation des formes lyriques et leur évolution vers le « spectacle total ». Ce spectacle total, Delannoy le conçoit comme un « choréodrame » ou un « choréopéra », synthèse dramatique des éléments vocaux, orchestraux, chorégraphiques, et même « parlés » (dont son *Abraham et l'Ange* nous offre l'exemple).

Les deux moyens principaux de la rénovation du théâtre lyrique seront en effet le recours à la danse et l'intégration du parlé. Si la danse peut rajeunir et enrichir le théâtre musical, c'est à la condition qu'elle soit utilisée non point comme un élément décoratif, mais bien comme un élément d'action et d'expression dramatique (à la manière du ballet-opéra du XVIIIe siècle). C'est ainsi que dans *Puck,* le personnage principal est purement dansant. Delannoy élargit donc le concept d'opéra-comique en ajoutant la pantomime au chant et en faisant collaborer la danse à l'action. Mais c'est encore et peut-être surtout par la manière neuve dont il traite le parlé que Delannoy élargit les limites du genre. Sans doute les classiques avaient-ils imaginé les transitions que ménagent vers l' « air », le « recitativo secco » et le « recitativo sostenuto ». Mais Delannoy va beaucoup plus loin dans cette voie. « L'idéal, dit-il, serait de compléter les maillons de la chaîne reliant le parlé prosaïque à l'air absolu. Donc, à un bout de cette chaîne : parlé prosaïque, puis parlé poétique, parlé rythmique, parlé rythmique ponctué (batterie), récitatif secco; à l'autre bout, le récitatif soutenu plus ou moins symphoniquement, l'air absolu ou bien l'ensemble. Au poète de déterminer la place de ce dernier maillon, mais toujours à un sommet d'intensité. Le retour au parlé peut se faire par la voie inverse à moins qu'on ne veuille obtenir une brusque chute de température dramatique, un énorme contraste : on passera alors, d'un seul coup, du chant au parlé prosaïque. Car les combinaisons varient selon les exigences du livret. »

Il y a deux traditions d'opéra-comique : celle de la comédie-opéra — dont *Louise* de Charpentier, *le Carrosse du Saint-Sacrement* de Busser et *le Rossignol de Saint-Malo,* de Paul Le Flem nous offrent l'exemple — qui ne contient pas de dialogue parlé. Celle du pur opéra-comique qui en contient et dans laquelle s'inscrivent *Carmen* et *Pelléas.* Or l'originalité de Delannoy est de synthétiser ces deux traditions, comblant du même coup le fossé qui sépare l'opéra-comique de l'opéra. Car l'intégration du parlé dans le théâtre musical ne s'applique pas seulement au « demi-caractère », mais aussi au « grand caractère ».

Dans une note à la fin de *Puck,* Delannoy donne des directives d'interprétation qui assurent la réalisation de transitions insensibles de la musique au parlé et vice versa. Ainsi se trouve parachevée l'intégration du parlé à la musique et apaisée l'antinomie des deux éléments sous le règne de la loi musicale. Car l'impératif fondamental du théâtre de Delannoy, c'est toujours le souci de la musique en soi. Par où le musicien de théâtre rejoint le compositeur de musique pure.

THÉÂTRE ET BALLET

Si nous assistons de nos jours à une « crise du théâtre lyrique », il ne semble point que le compositeur soit en cause. Il importe au contraire de souligner la qualité de la production lyrique de notre temps. Jacques Ibert, Auric, Poulenc et Sauguet, Darius Milhaud et Honegger, Henry Barraud; Emmanuel Bondeville *(l'École des maris, Madame Bovary),* Henri Tomasi (l'*Atlantide, le Triomphe de Jeanne, Il Poverello),* Pierre Capdevielle *(les Amants captifs),* Jean Martinon *(Hécube),* Jacques

Chailley *(Thyl de Flandre)* : il n'eſt guère de musicien de notre temps que n'ait séduit le genre lyrique, auquel certains d'entre eux — un Milhaud et un Landowski par exemple — ont donné le meilleur d'eux-mêmes. Dans ce domaine s'opèrent aussi un assouplissement et un renouvellement des cadres traditionnels qui souvent aboutissent à redonner vie à des formules que l'on croyait périmées. Notre temps remet en honneur le myſtère médiéval, comme si le théâtre occidental cherchait à se rajeunir en retournant à ses sources liturgiques : ainsi dans *Lucifer* de Delvincourt et *le Myſtère des saints innocents* de Barraud. Notre temps retrouve aussi le drame antique, ressuscitant en particulier sous une forme neuve le « chœur » des tragiques grecs : ainsi chez un Honegger et un Milhaud.

Qu'un Landowski mette en scène l'homme d'aujourd'hui, ou qu'un Honegger et un Milhaud fassent appel à des héros antiques ou bibliques, ils se rencontrent dans leur propos essentiel : celui d'incarner le drame proprement moral de l'homme s'affrontant aux problèmes éternels de la conscience humaine. Avec Honegger et Milhaud, un théâtre musical aux visées morales et philosophiques eſt né, qui se perpétue chez un Landowski. Un nouveau lyrisme fait ainsi son apparition, loin de tout individualisme romantique. Lyrisme qui retrouve les mythes majeurs des grands tragiques grecs, dans leur signification permanente. Lyrisme musical dont la noblesse d'expression eſt à la mesure de la grandeur de son propos. Pour le compositeur d'aujourd'hui, assignant à l'art musical une mission rédemptrice, le genre lyrique offre en vérité le moyen d'exposer, de manière plus explicite que la musique pure, les problèmes les plus essentiels qui assaillent la conscience humaine.

Deux tendances se font jour chez ces musiciens pour qui le genre lyrique eſt le champ idéal d'une éthique humaniſte (tendances qui d'ailleurs ne s'excluent nullement et auquel le même musicien peut céder tour à tour). L'une, dépouillant le drame de tout élément extérieur pour le réduire à sa subſtance tragique interne, reſtaure sous un aspect neuf la forme délaissée de l'*oratorio*. Honegger, dans cette voie, a donné l'exemple en des œuvres magiſtrales. L'autre tendance s'oriente au contraire vers le « spectacle total » c'eſt-à-dire vers une synthèse de tous les éléments du spectacle (englobant la chorégraphie et le texte parlé chez un Honegger, voire même le cinéma chez Milhaud). Synthèse s'enrichissant chez Landowski de toutes les possibilités neuves qu'apportent les conquêtes de la technique moderne.

Le théâtre musical de notre temps, dans son effort d'assouplissement des cadres traditionnels, tend à la fusion des genres. Toute une diversité d'êtres lyriques nouveaux — d'une incontestable authenticité — voient le jour, qui n'entrent dans aucune catégorie définie et que le compositeur ne sait plus très bien comment nommer...

Ballet-opérette, ballet-bouffe, ballet-cantate, choréopéra, ces termes inventés par notre temps attestent non seulement cette fusion des genres, mais encore l'importance qu'y reçoit l'élément chorégraphique, toujours présent. D'aucuns estiment même qu'au théâtre lyrique — condamné par la désaffection que lui témoigne le public — se substitue de nos jours le ballet, qui semble mieux accordé à notre époque si l'on en juge par la faveur dont il jouit tant auprès du public que du compositeur.

L'actuelle vogue du ballet — en France comme à l'étranger — est due pour une bonne part aux Ballets russes de Serge de Diaghilev, dont l'influence se fait encore sentir aujourd'hui. Le premier, Diaghilev réalisa une synthèse de la musique, de la peinture et de la danse telle qu'il n'en avait jamais existé auparavant. Or le ballet ainsi conçu répond à notre temps en apaisant ce tourment de l'unité, en comblant ce vœu d'un « spectacle total » auquel tentait aussi de satisfaire à sa manière le nouveau théâtre lyrique. Le ballet, lui aussi d'ailleurs, semble vouloir franchir ses frontières traditionnelles pour s'égaler au théâtre lyrique. N'a-t-on point assisté récemment à la conjonction poésie-musique-danse ? Dans *les Amants de Téruel* (de Raymond Rouleau, donné par la compagnie Ludmilla Tchérina) et *Orphée* (de Béjart), l'élément vocal, pour la première fois, est utilisé à des fins chorégraphiques.

L'on mesure toute l'importance des Ballets russes dans l'évolution de la musique contemporaine si l'on songe qu'ils ont suscité des chefs-d'œuvre tels que *Daphnis et Chloé* de Ravel, *Jeux* de Debussy, *Parade* de Satie, *les Biches* de Poulenc, *la Chatte* de Sauguet, plusieurs ballets d'Auric... Ce fécond rapprochement de la musique et de l'art chorégraphique dont Diaghilev fut l'initiateur se perpétue à notre époque. La musique est partie intégrante du ballet contemporain. Souvent même elle y joue un rôle prépondérant. A tel point que les plus belles partitions de ballet ne perdent pas au concert leur sens et leur valeur. Et l'on peut affirmer que le succès d'un ballet est dû au moins autant à la qualité de la musique qu'à l'action chorégraphique.

Le ballet satisfait aux aspirations des musiciens en quête de nouveaux moyens d'expression leur assurant une plus vaste audience. Mais c'est sans conteste chez le musicien français qu'il trouve son terrain d'élection; car la musique de ballet incarne de la plus séduisante façon l'idéal si français d'une musique de « divertissement ». Divertissement qui a ce rare privilège d'abolir l'actuel divorce du compositeur et de son public. Nombreuse donc est la cohorte des musiciens français — des aînés aux tout jeunes — dont les partitions de ballet sont d'authentiques réussites. Il est impossible de les nommer toutes, et nous devons nous borner à ajouter à celles déjà citées (de Auric, Sauguet, Poulenc, Delannoy, Jean Françaix) *la Nuit vénitienne, la Précaution inutile, Héraklès, la Reine des Isles, Psyché* et surtout *l'Œuf à la coque* (un des brillants succès de la Compagnie Roland Petit) de Maurice Thiriet; *Deuil en vingt-quatre heures,* du même compositeur, *le Loup* d'Henri Dutilleux, *Ciné-bijou* de Pierre Petit, *la Perle* de Claude Pascal (tous commandés par la Compagnie Roland Petit); *la Croqueuse de diamants* de Jean-Michel Damase (l'un des succès aussi de cette même compagnie); *le Petit Prince* de Maurice Le Roux (d'après Saint-Exupéry), *Cyrano* de Marius Constant, *Marionnettes* et *le Dompteur* de Claude Pascal, etc. Dans ces ballets très divers de fond et de forme, triomphent les qualités majeures du génie français : la verve rythmique, le lyrisme mélodique, le don d'élégance et de poésie et — la plus essentielle dans une musique de divertissement — une heureuse spontanéité.

L'ILLUSTRATION MUSICALE

Les arts du spectacle offrent plus aisément que la musique pure un terrain d'entente entre le compositeur et le public, dans la mesure où ils exigent une musique signifiante, directe et toujours efficace. Mais ne sont-ils point aussi une menace pour l'art musical en restreignant la liberté créatrice du musicien ? Les servitudes de la musique « dépendante » n'ont pas eu que des conséquences négatives et néfastes. Bien au contraire. Sommé de faire face à de nouveaux problèmes, l'art musical dut réviser sa démarche traditionnelle, remettre en question ses *a priori*. Et l'on vérifie ici une fois de plus que chez l'artiste authentique, l'art fait de ses contraintes mêmes l'instrument d'une invention et d'une libération. N'est-ce point — outre les raisons matérielles — poussés aussi par la curiosité du créateur que se sont empressés de répondre à l'appel du cinéma naissant les Honegger, Roland-Manuel, Milhaud, Ibert, Sauguet, Auric, Poulenc, Jaubert, Tailleferre ? Ce sont eux qui ont découvert la technique d'écriture, d'orchestration et, pour tout dire, la forme même de ce nouveau genre musical. Un Maurice Thiriet, le musicien des *Visiteurs du soir* et des *Enfants du Paradis*, et l'auteur de cent trente partitions de film, a trouvé dans la musique de cinéma son authentique vocation. De même un Yves Baudrier. Et l'on sait que Jacques Ibert rend grâces au cinéma pour l'enseignement fécond qu'il en a retiré. Henri Sauguet, de son côté, ne craint pas d'affirmer : « Le cinéma a apporté un bouleversement profond et presque total dans la musique, une véritable libération. L'habitude de travailler avec la montre nous a amenés à sacrifier tout bavardage. » Une esthétique nouvelle est née du cinéma, esthétique de l'économie et du raccourci lapidaire, en plein accord avec le style de notre temps. Et surtout le cinéma n'a-t-il pas contribué à délivrer le musicien de toutes les formules académiques pour l'aider à retrouver, dans sa pureté originelle, le sens musical ? Yves Baudrier n'a pas tort de célébrer cette « source de jouvence » que constitue le film pour un art trop vieux et « surchargé d'habitudes formelles ». Mais, en fait, les « effets sonores » que réclame toute musique illustrative — de film, de scène ou de radio — n'est-ce point la redécouverte de l'incantation primitive ?

Dans la musique illustrative ont trouvé leur usage et leur justification les matériaux les plus modernes. Et la fortune que cette musique connaît à notre époque —

fortune prédite par Satie — témoigne que le public n'est pas hostile à la nouveauté d'un langage pourvu qu'il en puisse saisir le sens C'est la conscience lucide de cette évidence qui fait l'unité de la double activité d'un Maurice Jarre, jeune musicien que sollicitent également la musique pure et la musique illustrative, qui fut pour lui l'enseignement de toute une esthétique. Au lieu de partir du créateur ou de la musique en soi, cette esthétique se fonde sur les exigences de l'auditeur. Tout s'y subordonne à cet axiome fondamental : une musique n'est valable que si elle est capable de toucher l'auditeur, c'est-à-dire si celui-ci peut retenir et refaire ce qu'il vient d'entendre. La musique suppose la mémoire — les Anciens déjà le savaient. D'où la nécessité pour le compositeur d'user de thèmes relativement simples, revenant fréquemment, et de ne pas tomber dans le « péché de développement ». Il est loisible au compositeur, selon Maurice Jarre, d'utiliser toutes les techniques de production de son que l'époque met à sa disposition — sans pourtant écarter les agents traditionnels, c'est-à-dire les instruments de musique, nullement incompatibles d'ailleurs avec les techniques nouvelles.

La *Passacaille* de Maurice Jarre, écrite pour le Festival d'Aix-en-Provence (1956), atteste son don de la construction dramatique : celle qui parle à l'auditeur et s'impose à lui immédiatement, sans qu'il ait à faire appel à un savoir formel. Homme de théâtre jusqu'en sa musique pure, Maurice Jarre excelle dans la musique de scène, où il donne toute sa mesure et témoigne de sa maîtrise des techniques les plus nouvelles. Pourquoi sa musique est-elle toujours si accordée à ce qu'elle est chargée d'évoquer ? C'est qu'il a le génie du « décor sonore » au sens strict, au sens où le décor est un faux, une apparence dont toute la réalité n'est qu'en la subjectivité du spectateur. Éclectique par principe et utilisant tous les langages, exploitant en particulier les vertus de dépaysement des divers styles historiques, il fait appel tour à tour à Dowland et à Debussy, à Scarlatti et à Schönberg. De toutes ces musiques il sait extraire la saveur et le parfum, n'en conservant jamais que l'effet pur sans le style et la forme. L'on comprend que la musique concrète l'ait séduit par ses possibilités évocatrices, de sorte qu'il lui emprunte volontiers ses matériaux et ses techniques, en particulier des procédés de « truquage » radiophoniques tels que la stéréophonie. Toutefois Maurice Jarre n'est pas un « musicien concret » : il compose en effet par écrit et non pas expérimentalement; et surtout, il faut souligner qu'il est aussi éloigné, en sa musique illustrative, de la musique concrète que de la musique traditionnelle, et par la manière même dont il les repense et les recrée. Tandis que musique traditionnelle et musique concrète ont ce trait commun de posséder une facture objective, la musique illustrative de Maurice Jarre ne se fonde que sur l'impression subjective. La démarche du musicien est ici inversée : auditeur plutôt que créateur, il n'est attentif qu'à l'effet sonore pur, aux charmes magiques de l'art musical et à leurs prolongements mystérieux dans l'inconscient. Ainsi tous les langages musicaux — de la musique traditionnelle à la musique concrète — ne sont-ils que matières pour la musique illustrative qui en joue selon ses fins propres. Et à ces matières musicales dont certaines paraissaient définitivement usées, Maurice Jarre restitue leur fraîcheur grâce à la finesse d'une sensibilité auditive qui, libérée de tout *a priori* formel, n'en est que plus agile pour la conquête de leurs saveurs émotionnelles. La musique illustrative n'apparaît plus alors comme un genre inférieur, mais comme un genre original possédant son esthétique propre.

La musique de scène prend à notre époque une ampleur inusitée au XIXe siècle. La proportion des représentations dramatiques accompagnées de musique de scène a en effet considérablement augmenté. C'est que, dans le théâtre moderne, les décors — qui sont commandés à d'authentiques créateurs — appellent par leur irréalisme une sonorisation qui en confirme et en précise le climat émotif. Le surréalisme et le mysticisme, la fantaisie et la féerie qui règnent sur le théâtre contemporain s'accordent d'ailleurs à l'art musical et y trouvent leur naturel prolongement. Mais il faut signaler aussi l'influence du cinéma et de la radio, qui — ne pouvant se passer de musique — ont éveillé en nous le besoin de cet art invisible et souverain dont la présence seule peut donner sa dimension intérieure au spectacle.

Rejetant dans l'ombre l'univers de la vision et de l'objet, la radio redonne la primauté à l'audition.

Et voici que cette essentielle limitation et servitude de la radio libère la musique et la rend à elle-même en l'arrachant au monde extérieur. Si la radio contraint l'art musical à se soumettre à ses exigences techniques, elle instaure par contre le règne de la musique, dans son orgueilleuse suffisance. Et par l'entremise de la radio, la musique va se soumettre les autres arts, intériorisant les arts du spectacle et les recréant selon soi, dans son univers purement sonore et musical.

En croyant se borner à les transmettre, la radio en vérité a réinventé la musique, la littérature, la poésie, le théâtre et l'opéra. En s'ajoutant l'épithète de « radiophonique », ils s'obligeaient à changer de style, et se muaient insensiblement en autant d'arts nouveaux.

Tout devient musique à la radio. Le verbe n'y est plus ni celui qui se lit, ni même celui que l'on entend dans l'univers visible : c'est un verbe exalté, musicalisé et recouvrant toute sa puissance magique. De telle sorte qu'à la radio se réalise entre le verbe et le son une fusion idéale, qui permet de les composer musicalement. Un art précisément est né de cette fusion de la littérature et de la musique à la Radio; art qu'illustrent avec une grande force de persuasion des œuvres comme *le Joueur de flûte* et *Pygmalion,* petit oratorio et opéra radiophonique de Marius Constant, *Ruisselle,* œuvre musico-poétique aux effets sonores inouïs, de Maurice Jarre et Roger Pillaudin, ou *les Adieux,* poème musical de Marcel Landowski.

Dans le théâtre radiophonique, rien ne peut plus être vu : tout doit être entendu. Or cette servitude originelle du théâtre radiophonique libère en définitive le théâtre de ses conventions traditionnelles, lui ouvre les portes du rêve et de l'imagination, de la féerie et du merveilleux, de l'expérience métaphysique... Les êtres et les choses n'y sont plus que leur voix, présence sonore, âme musicale, s'affranchissant ainsi de leurs liens terrestres. Et la musique régnera en maîtresse sur ce théâtre spiritualisé. En abolissant le monde visible, la radio élargit considérablement le champ d'expression de la musique, elle l'oblige à prendre conscience de toute la finesse et de toute l'ampleur de ses pouvoirs. Tandis que la musique de scène n'est qu'un complément de la mise en scène, le « décor sonore » doit assumer toutes les fonctions du décor visuel. Mais seule la radio est justement capable d'opérer le miracle de cette métamorphose de l'impression auditive en impression quasi visuelle. Car seule elle peut enrichir la palette du compositeur de cette prodigieuse diversité d'effets sonores nés de ses originales ressources. Dans le décor sonore, le pouvoir de suggestion de la musique est porté à sa plus haute puissance. Sans doute les bruits, en vertu de leur réalisme, pouvaient-ils sembler plus appropriés pour « planter le décor » et créer l'atmosphère. Or le réalisme des bruits n'aboutit le plus souvent qu'à la détruire. En fait l'art radiophonique a évolué du réalisme à la poésie, préférant au bruit la musique, plus poétiquement évocatrice. Et les bruits radiophoniques eux-mêmes sont des bruits recréés, ayant valeur poétique d'objets sonores.

Mais en réalité l'expression de « décor sonore » est impropre; car il n'a aucune analogie avec le décor visuel. S'adressant à l'oreille, il est fugace, se mêle au texte, réagit sur lui, devient aussitôt un contexte. A la radio, art du temps, tous les matériaux sonores fusionnent dans la fluidité temporelle. L'illustration musicale d'une pièce radiophonique n'est donc point une simple musique de scène. Mais elle doit être pensée *pour* la radio et faire partie intégrante de la pièce avec laquelle elle formera, à l'audition, un tout indivisible. Des compositeurs de tous âges et de toutes tendances ont écrit des musiques radiophoniques, affermissant cet art nouveau dont les pionniers se nomment Ibert, Milhaud, Honegger, Aubert, Auric, Poulenc, Sauguet, Rosenthal, pour ne citer que quelques-uns, parmi les plus représentatifs de notre école française.

La radio a créé un genre lyrique nouveau, l'opéra radiophonique, qui s'exprime par des moyens purement sonores. De ce genre nouveau, *Pygmalion* de Marius Constant (sur un livret d'Yves Jamiaque), *Ariane* de Georges Delerue et *la Cabine téléphonique* de Claude Arrieu nous apportent le témoignage convaincant. L'opéra radiophonique substitue au « spectacle total » un « art musical total », où la musique embrasse l'opéra tout entier pour le réduire à soi. Fusion totale de tous les matériaux sonores sous l'autorité de la musique, l'opéra radiophonique est par essence « composition musicale ». Ainsi se trouve surmontée l'antinomie spectacle-musique.

La musique illustrative convient au compositeur français, dont la musique souple et sensible sait créer l'atmosphère avec une poésie discrète et persuasive. Et c'est en France que les recherches sur l'art radiophonique ont été poussées le plus loin. Recherches récompensées par d'authentiques réussites qui ont fait école à l'étranger.

La musique concrète, le théâtre radiophonique, voire le « ballet radiophonique », telles sont les nouvelles formes d'art suscitées par la technique radiophonique. L'on saisit sur le fait comment les servitudes d'une technique suscitent de nouvelles possibilités esthétiques, dans cet « art radiophonique » qui recrée selon soi la littérature, le théâtre, l'opéra, et la musique elle-même...

En acceptant de dépendre de la radio, la musique a augmenté considérablement ses ressources et ses pouvoirs. Ce qui était vrai de la musique de film et de scène l'est plus encore de la musique radiophonique. Bien plus radicalement s'opère en elle ce retour au *sens* pur, dont l'art musical tout entier a recueilli le bienfait. Dépendance et autonomie, ces deux conditions inverses de l'art musical tendent à se rejoindre à la radio. Par le détour d'une technique tout artificieuse, la musique s'est en fait rajeunie, a renoué avec ses sources magiques, et reconquis son pouvoir le plus immédiat et le plus profond.

DÉCADENCE OU RENAISSANCE ?

Révolution ou tradition ? L'on répond volontiers : l'avenir décidera. Comment résister pourtant au désir d'en déceler les signes précurseurs.

La musique a d'abord vécu au début du siècle une période de désintégration. La libération à l'égard des contraintes formelles du classicisme, inaugurée par le romantisme et poursuivie par l'impressionnisme, aboutissait inexorablement à la dissolution de la tonalité et du rythme, à l'atonalisme et à l'arythmie. Cette dissolution encourageait l'esprit d'aventure, la fièvre d'exploration et d'expérimentation, favorisés par les nouvelles possibilités techniques de notre temps. Or ces recherches en tous sens aboutissaient en fait à des techniques inconciliables qui achevaient de dissoudre ce qui restait encore de principes formels et de faire perdre à la musique son « unité de conscience ». L'on conçoit que de véhémentes polémiques aient opposé, aux promoteurs de la révolution, les partisans de la tradition, ne voyant de salut que dans un « retour en arrière » vers l'unité et vers la forme. Mais aujourd'hui notre vision est plus sereine, et le fossé ne nous semble plus aussi infranchissable entre les adversaires d'hier. Le grand heurt de la révolution et de la tradition n'a point été vain. Forces traditionnelles et forces révolutionnaires ont joué leur rôle dans l'élaboration d'un style de notre temps. Si les tendances musicales sont multiples et bariolées, leur ensemble est cependant beaucoup moins incohérent qu'il ne paraît à première vue. Il existe sans conteste, en dépit de la diversité des techniques, un style de l'époque par où elles se rejoignent. L'on assiste à des rapprochements inattendus, à la conjonction des contraires. Fait symptomatique de notre temps, les aînés se mettent volontiers à l'école des jeunes et cèdent à l'attraction de l'avant-garde au lieu de rester enfermés dans leur position. Tel qui récuse en théorie les langages révolutionnaires ne voudrait point cependant priver sa musique de leur apport. Chaque découverte n'est pas plutôt faite que déjà elle s'intègre au vocabulaire courant. Ainsi voit-on les conquêtes les plus osées trouver place dans les musiques les moins ésotériques : musiques de film, de ballet et de scène, qui usent largement des procédés sériels et concrets. Musique concrète et musique traditionnelle vont à la rencontre l'une de l'autre : elles se mêlent volontiers, aussi bien chez les musiciens concrets que chez les musiciens traditionnels. C'est dire qu'elles ne sont plus ressenties comme incompatibles. À la désintégration succède donc l'intégration. A la soif d'aventure, le besoin de reconstruction; à l'analyse individuelle, la synthèse collective.

Le problème fondamental qui assaille le musicien d'aujourd'hui, n'est-ce point de découvrir une structure formelle mettant fin au chaos révolutionnaire et qui permette de maîtriser la surabondance des richesses sonores suscitées par les recherches et les expériences ? Le symptôme le plus apparent de cette volonté de reconstruction réside dans ce retour à la symphonie que l'on observe de nos jours, et tout particulièrement chez les

Français. Vers les années 1900, Debussy pouvait prétendre, avec quelque apparence de raison, que « depuis Beethoven la preuve de l'inutilité de la symphonie était faite ». Et pourtant de nos jours les musiciens les plus divers : Honegger et Milhaud, Loucheur et Sauguet, Jean Rivier et Henry Barraud, Tony Aubin, Pierre Capdevielle, Jacques Chailley, Adrienne Clostre, Pierre Hasquenoph, Lucien Bourdeaux et tant d'autres ont tenté de soumettre aux exigences d'une forme stricte, dont la thématique s'appuie sur les bases rigides de la tonalité, une matière sonore fuyante et rebelle à la thématique traditionnelle. Ce curieux retour à la symphonie révèle en vérité que l'ère des explorations est révolue et qu'il ne reste plus qu'à organiser le terrain conquis.

Cette volonté d'organisation — commune aux aînés et aux jeunes — n'est nullement refus de la révolution : elle la prolonge et la consolide. Et ce sont justement les plus révolutionnaires qui éprouvent le plus violemment cet appétit constructif. Aux yeux du sériel, il n'est de plus noble titre pour une œuvre musicale que celui de *Structure*. Et qu'est-ce que la technique sérielle généralisée sinon une « hyperorganisation » ? L'atonalisme — et même le dodécaphonisme — détruisaient parce qu'ils ne se posaient qu'en s'opposant à la tonalité. La technique sérielle construit parce qu'elle s'en libère et conquiert l'autonomie. A la menace d'une totale dissolution le musicien a répondu par une intégrale rationalisation. Les recherches d'hier étaient destructrices : celles d'aujourd'hui sont constructrices. Et le musicien concret lui-même participe à ce retour à la forme : devant une matière sonore prodigue en sortilèges, il s'impose un ascétisme qui lui permettra d'en exploiter les pouvoirs formels et de rejoindre par là l'art musical. Ainsi la nouveauté de la matière n'est plus pour le musicien l'atout majeur et une excuse à l'absence ou à l'insuffisance de la forme. L'invention formelle devient l'essentiel. C'est dire que nous entrons dans une ère formaliste.

Issu d'une réaction instinctive de défense, ce formalisme n'a rien d'un académisme. Le musicien d'aujourd'hui, impatient de reconstruire, puise dans cette impatience même son énergie informatrice. Et cette reconstruction tend par là même à engendrer un univers affectif nouveau. La joie sonore et rythmique d'un Messiaen, le dynamisme impétueux d'un Jolivet et d'un Boulez, l'éthique d'un Martinet, la vigueur de nos symphonistes, et enfin l'abandon général de l'esthétique de la laideur : tout indique l'effort pour retrouver, au sein du nouveau langage, les éternelles valeurs musicales et humaines. Retour à l'humain, primauté de l'humain, nulle école n'estime pouvoir s'y soustraire. La technique sérielle s'efforce de briser le déterminisme mathématique où elle a failli s'enfermer pour restituer liberté et spontanéité non seulement au compositeur mais encore à l'interprète. Ainsi cette libération de l'interprète — qui retrouvait dans toute leur plénitude ses pouvoirs créateurs d'autrefois — était l'œuvre précisément de ceux qui furent si souvent accusés de « déshumaniser » la musique. Mais le musicien concret avait réagi plus tôt encore, son contact incessant avec la machine lui faisant mieux mesurer le danger de déshumanisation d'un art contaminé par la technique. Très vite il a senti la nécessité de se soumettre la machine, de la plier aux exigences de la sensibilité auditive et de la subjectivité humaine. La musique concrète s'oriente décidément vers des structures qui parlent à l'oreille, vers un langage qui puisse réaliser, entre le créateur et l'auditeur, une véritable communion.

Par cet effort vers la reconquête de l'humain, la révolution tend à s'intégrer à la tradition. Le révolutionnaire d'aujourd'hui ne prétend plus que « la musique commence avec lui ». Boulez, comme il le dit lui-même, ne veut que « ramasser le faisceau des disponibilités élaborées par nos prédécesseurs, en exigeant de soi-même un minimum de logique constructive ». La musique concrète — plus paradoxalement — après avoir bouleversé les concepts fondamentaux de la musique traditionnelle, s'efforce de la rejoindre et de la prolonger, la prend pour guide et pour modèle. « Il faut bien penser, dit Schaeffer, qu'un moment viendra où les nouvelles trouvailles, qu'elles soient formelles ou matérielles, et les nouveaux procédés instrumentaux devront rejoindre les fins et les moyens déjà connus et prolonger l'expression musicale la plus universelle. Le contraire serait la négation de toute continuité musicale et, en particulier, de l'évolution progressive des habitudes d'écoute et des possibilités d'assimilation. » Le révolutionnaire n'échappe pas à cette dialectique : après avoir rompu avec le passé, il éprouve le besoin de renouer avec lui. Il se découvre des ancêtres; et la révolution se révèle n'être qu'une évolution.

Évolution toutefois éminemment créatrice. Une *nouvelle sensibilité musicale* s'exprime dans la musique d'aujourd'hui et en explique les innovations de langage. Cette nouvelle sensibilité musicale est elle-même issue de la sensibilité moderne — qui porte la marque des mouvements de pensée de notre temps. Sensibilité subtile, complexe, enrichie par la physique moderne, la psychanalyse et les philosophies de l'existence, sensibilité violente, tourmentée et parfois délirante, qui ne peut plus oublier sa dimension métaphysique. Mais si la sensibilité moderne est commune au compositeur et à l'auditeur, il n'en reste pas moins que celui-ci a contracté des habitudes auditives l'éloignant de ce nouveau langage qui lui est pourtant accordé. Il lui faut donc le temps de l'apprendre, c'est-à-dire de se reconnaître en lui, il lui faut par lui-même découvrir cette « nouvelle écoute » que réclame la nouvelle musique. Celle-ci a rejeté les cadres *a priori* qui favorisaient la paresse : cette musique qui s'invente à mesure doit être appréhendée dans sa forme singulière et imprévisible. De l'auditeur comme de l'interprète, elle exige collaboration et complicité. En ces « formes ouvertes » s'exprime une philosophie de la liberté, qui éveille en secret notre liberté créatrice. Le compositeur ne nous impose pas une vision unique de son œuvre : il sollicite notre faculté de « choix ». A nous d'entendre cet appel et d'y répondre. Plus qu'une aventure technique la musique moderne est une aventure spirituelle.

La fable semble avoir vécu d'une musique française faite d'esprit et de légèreté plus que de profondeur et de force. Nul doute que la musique sérielle en particulier ne soit née en réaction contre la légèreté de l'entre-deux-guerres et que bien d'autres musiques — celles d'un Dutilleux et d'un Landowski par exemple — ne traduisent une révolte de la spiritualité contre l'intellectualité. La musique française d'aujourd'hui tend à s'éloigner de l'idéal de « divertissement » et prend un ton plus grave. Et la musique des jeunes sériels emprunte à la musique allemande, en même temps que sa rigueur formelle, son intériorité et sa profondeur riche en résonances métaphysiques. Est-ce à dire qu'il nous faille abandonner le « mythe des écoles nationales » ? Chez un Boulez, un Barraqué, le rigoureux ordre germanique s'allie aux magies sonores de la sensualité latine. Dans sa quête d'une solution française au problème sériel, Boulez s'est de plus en plus rapproché de Debussy. Debussy le libérateur, mais aussi le restaurateur de notre tradition menacée, et dont les *Jeux* ne cessent d'éclairer et de guider les jeunes musiciens français d'aujourd'hui — sériels ou non. De tout temps le musicien français, selon Norman Demuth, a « tout prévu » et pressenti le premier le sens même de l'évolution musicale. A ceux pour qui l'esprit sériel est contraire à l'esprit français, Demuth rappelle que l'expérience sérielle est née sur notre sol. Ni Matthias Hauer, ni Arnold Schönberg ne connurent les *Clairs de lune* d'Abel Decaux composés dès 1900. C'est lui pourtant le véritable ancêtre des jeunes sériels français — qui l'ignorent, mais ont réinventé, à partir de Debussy, son « impressionnisme sériel ».

Aujourd'hui comme autrefois, la musique française fait entendre dans le concert européen un chant qui lui est propre. Par-delà ses déchaînements, ses angoisses et ses révoltes, elle demeure encore avant tout une musique du plaisir et de l'intelligence. Elle conserve le culte de cette élégance qui est une ascèse. Si d'aventure elle explore les profondeurs de l'inconscient, c'est pour y faire pénétrer la lumière de la conscience. Et la violence expressive elle-même n'y sert jamais d'excuse à la laideur. Mais cet hédonisme — qui n'est point facile épicurisme — n'est-ce point la victoire d'une liberté de jeu qui fait de l'harmonie avec la passion, de la joie avec la peine, et transmue les plus obscurs sentiments en pure musique ?

Cet esprit de la musique française, chacun de nos musiciens le retrouve selon soi. C'est pourquoi, malgré la diversité contradictoire de ses tendances, la musique française d'aujourd'hui se rassemble pourtant en une seule école française. Cette école est riche à la fois en réussites et en promesses. A la menace de destruction, le musicien, en France aussi, a répondu par une tenace volonté de reconstruction. Et la crainte d'une décadence s'est changée en l'espoir — en la certitude — d'une renaissance.

Gisèle BRELET.

BIBLIOGRAPHIE

La musique française contemporaine commence seulement à faire l'objet d'études approfondies et systématiques. Il semble qu'il soit maintenant possible d'embrasser le demi-siècle musical. La musique demeure cependant de nos jours comme au début du siècle un art « en mouvement » et par là même difficile à cerner. Même si l'on ne joue pas les prophètes, l'on est nécessairement trahi par la perspective changeante de l'histoire : chaque phase nouvelle jette un nouvel éclairage sur les précédentes et oblige le musicologue à reviser ses concepts. C'est sous ces réserves que nous signalons les meilleurs travaux inspirés par la période contemporaine et auxquels leur date même de parution peut servir de justification et d'excuse.

OUVRAGES GÉNÉRAUX

ADORNO, T. W., *Philosophie de la nouvelle musique,* Paris, 1962.

BECK, G., *Compositeurs contemporains,* Œuvres d'orchestre, Paris, 1960.

BRUYR, J., *L'écran des musiciens,* 2 vol., Paris, 1930.

COLLAER, P., *La musique moderne, 1905-1955,* Paris-Bruxelles, 1955.

COMBARIEU, J., *Histoire de la musique,* les tomes IV et V sont signés René DUMESNIL, Paris, 1959.

GOLÉA, A., *Esthétique de la musique contemporaine,* Paris, 1954.

GOLÉA, A., *Vingt ans de musique contemporaine,* 2 vol.. Paris, 1962.

LA GRANGE, H.-L. de la, *La musique de 1900 à 1950,* dans « la Revue musicale », novembre 1952.

LE ROUX, M., *Introduction à la musique contemporaine,* avec une préface de Claude Delvincourt, Paris, 1947.

MARIE, J.-É., *Musique vivante,* introduction au langage musical contemporain, Paris, 1953.

MOOSER, A., *Panorama de la musique contemporaine (1947-1953),* préface de Bernard Gavoty, Lausanne, 1953.

MOOSER, A., *Regards sur la musique contemporaine (1921-1946),* préface d'Arthur Honegger, Lausanne, 1946.

SAMAZEUILH, G., *Musiciens de mon temps,* Paris, 1946.

SAMUEL., Cl., *Panorama de l'art musical contemporain,* Paris, 1962.

SIOHAN, R., *Horizons sonores,* évolution actuelle de l'art musical, Paris, 1956. L'ouvrage contient un examen critique approfondi de la technique sérielle.

STUCKENSCHMIDT, H. H., *Musique nouvelle,* Paris, 1956.

VUILLERMOZ, É., *Histoire de la musique,* Paris, 1949. 29e éd. en 1956.

WOLFF, P., *La musique contemporaine,* Paris, dans « L'Activité contemporaine », s. d.

WORNER, K. H., *Musik der Gegenwart,* Mayence, 1949; avec une riche bibliographie.

La musique des origines à nos jours, sous la direction de Norbert Dufourcq, Paris, 1946.

Larousse de la musique, sous la direction de Norbert Dufourcq, 2 vol., Paris, 1949.

Encyclopédie de la musique, sous la direction d'Igor Stravinsky, 3 vol., Paris, 1958-1961.

Die Musik in Geschichte und Gegenwart, vaste encyclopédie sous la direction de Friedrich Blume, Cassel, Bärenreiter-verlag, 1949 et sq., (en cours de publication).

Dictionnaire de Riemann, publié sous la direction de Wilibald Gurlitt, Mayence, Schott, 12e édition, 3 vol., 1959-1961.

OUVRAGES CONSACRÉS A LA MUSIQUE FRANÇAISE CONTEMPORAINE

DUMESNIL, R., *La musique contemporaine en France,* 2 vol., Paris, 1949.

DUMESNIL, R., *La musique en France entre les deux guerres,* Paris, 1946.

FAVRE, G., *Musiciens français contemporains,* Paris, 1955.

LANDORMY, P., *La musique française après Debussy,* Paris, 1943.

MACHABEY, A., *Portraits de trente musiciens français,* Paris, 1949.

ROSTAND, C., *La musique française contemporaine,* Paris, 1952.

ROY, J., *Présences contemporaines, musique française,* Paris, 1962.

Musique et Univers sonore, « Age nouveau », n° 92, Paris, mai 1955. Enquête auprès des musiciens français sur la création musicale.

TEMPLIER, P. D., *Erik Satie,* Paris, 1932.

Erik Satie, son temps et ses amis, « la Revue musicale », n° 214, juin 1952.

Ferroud, P. O., *Autour de Florent Schmitt,* Paris, 1953.
Hucher, Y., *Florent Schmitt,* Paris, 1953.
Bruyr, J., *Honegger et son œuvre,* Paris, 1947.
Delannoy, M., *Honegger,* Paris, 1953.
Gérard, C., *Honegger,* Bruxelles, 1945.
George, A., *Arthur Honegger,* Paris, 1926.
Landowski, M., *Honegger,* Paris, 1957.
Roland-Manuel, *Arthur Honegger,* Paris, 1924.
Tappolet, W., *Arthur Honegger,* Neuchâtel, 1938.

Numéro spécial consacré à Honegger pour le cinquantième anniversaire de sa naissance, dans les « Cahiers Comœdia-Charpentier », articles de Paul Claudel, Arthur Hoerée, Roland-Manuel, Émile Vuillermoz, Paris, 1942.

De Honegger, on lira avec fruit un choix d'articles qu'il a publiés sous le titre : *Incantation aux fossiles,* Lausanne, 1949 où il mène le combat pour la musique contemporaine; et *Je suis compositeur,* Paris, 1951, résumé des entretiens avec Gavoty à la R. T. F.

Beck, G., *Darius Milhaud,* Paris, 1949.
Collaer, P., *Darius Milhaud,* Paris, 1947.

Si la bibliographie sur Darius Milhaud est bien mince, malgré l'importance du musicien, c'est que ce grand individualiste, ne s'étant jamais posé en chef d'école, n'a guère eu de disciples ou d'imitateurs.

De Darius Milhaud : *Notes sans musique,* Paris, 1949 : l'auteur s'y livre avec beaucoup de gentillesse et de modestie en même temps qu'il nous livre de pittoresques souvenirs, notamment sur les « Six ».

Hell, H., *Francis Poulenc, musicien français,* Paris, 1957.
Poulenc, F., *Entretiens avec Claude Rostand,* Paris, 1954.

Olivier Messiaen nous introduit lui-même à sa musique dans : *Technique de mon langage musical,* traité de composition en 2 vol., Paris, 1944.

Messiaen, O., *Entretiens avec Antoine Goléa,* Paris, 1961.

Saluons l'apparition de « Musiciens d'aujourd'hui », éditions Ventadour, la première collection entièrement consacrée à la musique contemporaine (en particulier française). Elle se présente sous forme de brochures illustrées, de présentation et de lecture agréables. Sa devise « l'homme et son œuvre mis en parallèle » indique son propos qui est de nous faire pénétrer en la personnalité humaine des musiciens et de nous faire revivre leur aventure créatrice.

SUR LE DODÉCAPHONISME
ET LES JEUNES MUSICIENS SÉRIELS

LEBOWITZ, R., *Introduction à la musique de douze sons,* Paris, 1949.

La musique et ses problèmes contemporains, brochure collective dans « Cahiers de la Compagnie Madeleine Renaud - Jean-Louis Barrault », Paris, 1954.

« Domaine musical », nº 1, bulletin international de musique contemporaine, direction Pierre Boulez, Paris, 1954.

Le système dodécaphonique, dans « Polyphonie », 4ᵉ cahier.

Musique nouvelle, dans « Esprit », janvier 1960.

« Die Reihe », série de cahiers publiés par l'Universal-Edition (Vienne) sous la direction de Herbert Eimert avec la collaboration de Karlheinz Stockhaussen et dont le propos est d' « informer sur la musique sérielle ».

GOLÉA, A., *Rencontres avec Pierre Boulez,* Paris, 1958.

HODEIR, A., *La musique depuis Debussy,* Paris, 1961.

BRELET, G., *Musique nouvelle,* « Revue internationale de Philosophie », nºˢ 61-62.

SUR LA MUSIQUE CONCRÈTE OU EXPÉRIMENTALE

SCHAEFFER, P., *Introduction à la musique concrète,* dans « Polyphonie », 6ᵉ cahier, Paris, 1950.

SCHAEFFER, P., *A la recherche d'une musique concrète,* Paris, 1952.

L'œuvre du XXᵉ siècle, numéro spécial de « la Revue musicale », nº 212, Paris, avril 1952.

SCHLOEZER, B. de, *Musique concrète, musique abstraite, musique,* dans « N. R. F. », 1ᵉʳ mai 1953.

RUSSOLO, L., *L'art des bruits,* manifeste futuriste 1913, introduction de Maurice Lemaître, Paris, 1954.

MOLES, A. A., *Théorie informationnelle de la musique,* Brunswick, juillet 1956.

Vers une musique expérimentale, numéro spécial de « la Revue musicale », nº 236, Paris, 1957.

Expériences musicales, numéro spécial de « la Revue musicale », nº 244, Paris, 1959.

MOLES, A. A., *Les musiques expérimentales,* Paris-Zurich-Bruxelles, 1960. L'ouvrage comporte une abondante bibliographie.

BARBAUD, P. et BLANCHARD, *Musique algorithmique,* dans « la Revue musicale », numéro spécial nº 250, Paris, mars 1961.

BRELET, G., *L'aventure spirituelle de la musique concrète,* dans « la Table ronde », mars 1963.

LA MUSIQUE MODERNE EN ALLEMAGNE, EN AUTRICHE ET EN SUISSE ALÉMANIQUE

L'ANNÉE 1918 vit l'effondrement des empires allemand et autrichien. Le rêve de grandeur, de puissance et d'éclat avait été balayé par les tempêtes de novembre de cette année fatidique. Le « bastion étincelant » de l'empereur Guillaume II disparut en même temps qu'un art bouffi d'orgueil, ostentatoire et inauthentique, dont le monument de la bataille de Leipzig est l'illustration devenue proverbiale. Il est vrai qu'Adolf Hitler tenta, quinze ans plus tard, de restaurer l'hégémonie allemande en Europe en même temps qu'un art dirigé, pompeux et vide. Ce fut le dernier retour de flamme de ce rêve utopique d'une germanisation du monde, dont les convulsions bestiales resteront pour les Allemands une marque d'infamie éternelle : mégalomanie nationaliste, antisémitisme, chambres à gaz, homicides organisés à grande échelle. Ce fut l'horrible chant final du romantisme allemand, que Wagner avait conduit dans une voie idéologique catastrophique : « C'est ainsi que tranche l'épée de Siegfried! » L'uniforme et la musique militaire étouffaient tout mouvement de l'esprit libre et des sentiments humanitaires. L'accord final ne pouvait être que la catastrophe.

Après 1918, des germes jeunes et riches de promesses surgirent partout des ruines politiques, spirituelles et morales de l'Empire. Les forces que le régime wilhelmien avait jugé subversives, et qu'il avait bâillonnées autant que cela lui avait été possible, se firent jour après une période d'oppression de plusieurs dizaines d'années. La révolution spirituelle de ces années d'après-guerre fut plus importante que la révolution politique. Une véritable ivresse s'empara du monde artistique allemand. Pendant de nombreuses années, les manifestations artistiques pratiquèrent une surenchère presque quotidienne. La peinture expressionniste et le dadaïsme, les pièces d'actualité politique et la poésie sociale et révolutionnaire, le jazz et les revues nègres furent passionnément applaudis, discutés — et naturellement combattus par les milieux dits nationaux. Petit à petit, la musique moderne trouva, elle aussi, audience et pénétra dans la vie musicale publique qui, suivant une tendance conservatrice générale, maintenait avec le plus d'entêtement les idéaux et les formes de l'époque wilhelmienne. Il est pour ainsi dire impossible de se représenter aujourd'hui le dynamisme artistique de cette époque, politiquement représentée par la République de Weimar. Berlin, naguère encore symbole du pas de parade prussien, devint en quelques années le centre européen de tous les efforts nouveaux accomplis dans les domaines du théâtre et de la musique. Quelle époque brillante que celle où Jessner et Piscator, Busoni, Schönberg et Hindemith, Klemperer, Kleiber, Bruno Walter et Furtwängler exerçaient simultanément leur activité à Berlin, où quatre théâtres nationaux (dont trois opéras) et une douzaine de scènes privées d'excellente qualité présentaient à un public avide de les entendre les dernières créations de l'ensemble du monde intellectuel et artistique ! Et la province allemande, à cette époque, était pareillement vivante, bien que cette vie se manifestât différemment selon les tempéraments régionaux. Francfort, Darmstadt, Gera étaient à la tête de l'activité d'avant-garde, et la petite ville de Donaueschingen, en Forêt Noire, devint, grâce aux festivals que Heinrich Burkhard et Paul Hindemith eurent la témérité d'y organiser, un centre de cette nouvelle musique, pour laquelle on se passionnait un peu partout. Plus tard, ces manifestations, qui ont fait date, durent être transférées à Baden-Baden, station thermale mondialement connue, où furent entreprises des expériences avec des partitions de film, avec des compositions mécaniques et avec de nouvelles formes d'opéra. C'est là qu'eurent lieu les scandales mémorables des premières de *Mahagonny* de Kurt Weill et du *Lehrstück* de Hindemith, tous deux sur des livrets de Bertolt Brecht. C'est là également qu'on entendit pour la première fois les *opéras-minute* et *le Retour de l'enfant prodigue* de Darius Milhaud. Très peu de temps après, Erich Kleiber donnait à Berlin la première de

Wozzeck d'Alban Berg et, quelques années plus tard, alors que déjà grondait au loin le tonnerre de la réaction nazie, le *Christophe Colomb* de Darius Milhaud. L'Opéra national de la place de la République devint, sous la direction d'Otto Klemperer, un foyer de la musique nouvelle et d'une conception moderne de l'opéra. Dans presque toutes les villes allemandes naquirent des sociétés et des cercles de travail, qui s'occupaient uniquement de la musique moderne, contribuant pour une grande part à sa rapide diffusion en Allemagne.

Un large esprit international et la passion de la recherche caractérisaient cette vie artistique qui reçut un coup mortel lorsque Hitler prit le pouvoir en 1933. Il est vrai que les nazis faisaient grand cas du théâtre et de la musique, et les représentations de qualité ne manquaient pas; cependant, tout fut « redressé pour être mis en harmonie avec les idéaux de la communauté allemande », comme on disait alors. L'Allemagne devint, sur le plan intellectuel, une province réactionnaire et antisémitique, où toute expression artistique fondée sur la liberté et la générosité d'un esprit vraiment international était interdite. L'une des conséquences de cette situation fut l'émigration des musiciens les plus importants. Schönberg, Hindemith et Weill allèrent en Amérique. Kleiber, Klemperer, Walter et bien d'autres furent expulsés. De tous les grands musiciens, seuls Furtwängler et Strauss restèrent en Allemagne, et ils durent, eux aussi, se soumettre contre leur gré à la dictature artistique impitoyable du ministère de la Propagande. Cependant, l'élite fâcheusement réduite de « l'intelligentsia allemande » maintint un contact clandestin avec la vie intellectuelle de l'étranger, et lorsqu'en 1945 la terreur nazie fut anéantie par les Alliés, ce fut la vie artistique qui resurgit en premier lieu des ruines allemandes comme signe d'une nouvelle orientation spirituelle.

Les difficultés étaient immenses à tous égards. Elles furent surmontées. Ce qui avait échoué avant 1933 — imposer la musique nouvelle au grand public — réussit cette fois presque sans peine. La radio, nouveau mécène de tous les efforts artistiques du temps, est pour la plus grande part à la source de cette révolution. C'est grâce à la radio allemande que le public put se pénétrer des grandes œuvres de la musique nouvelle. Depuis 1946, la radio de Francfort organise des « journées de la musique nouvelle » (qui sont le plus souvent réalisées en liaison avec les « Cours d'été pour la musique nouvelle » de Darmstadt); la radio de Munich subventionne les concerts de la « Musica viva »; la radio de Hambourg a fondé une série de concerts, « Das neue Werk » (l'Œuvre nouvelle), dont la réputation est maintenant universelle; un cycle de concerts analogue est organisé par la radio de Cologne sous le titre « Musik der Zeit » (Musique du temps). Depuis 1950, le « Südwestfunk » de Baden-Baden a repris la tradition des « Journées de la musique contemporaine » à Donaueschingen, et en a fait la manifestation annuelle la plus importante de la musique nouvelle en Europe. Pour ces journées musicales de Donaueschingen, la Radio de Baden-Baden a passé depuis des années de nombreuses commandes, favorisant ainsi matériellement les compositeurs vivants (entre autres : Boris Blacher, Hans Werner Henze, Karlheinz Stockhausen, Bernd Aloys Zimmermann, Karl Amadeus Hartmann, Hermann Reutter, Olivier Messiaen, Pierre Boulez, Marcel Mihalovici, Giselher Klebe, Luigi Nono, Goffredo Petrassi, Rolf Liebermann, Conrad Beck, Henri Pousseur, Jacques Wildberger).

PAUL HINDEMITH

Contrairement à ce qui s'est passé en France, où la « musique nouvelle » a pris son essor dans un groupe de jeunes musiciens (les « Six »), que relayèrent ensuite d'autres groupes, c'est le seul nom de Paul Hindemith que l'on trouve à l'origine du mouvement moderne en Allemagne. Hindemith est la figure dominante de la musique allemande moderne : le seul Allemand de renommée internationale et d'envergure supranationale. Quelle évolution étrange que celle de cet homme! Autrefois l' « enfant terrible » qui épouvantait tous les milieux « bien pensants », aujourd'hui symbole d'un esprit conservateur que les mêmes milieux proposent en modèle à la jeunesse. Autrefois le type même du musicien instinctif, d'une vitalité énorme et souvent très agressive, aujourd'hui le maître fêté qui produit œuvre sur œuvre selon des règles sévères que lui-même érige et s'impose, et jouissant, comme professeur de composition, d'un très grand prestige. Autrefois, le casse-cou avide d'expériences, qui gravait une musique de film dans le rouleau d'un orgue mécanique et écrivait avec Brecht un *Lehrstück* accueilli par une tempête d'indignation, aujourd'hui le conservateur d'une tradition spécifiquement allemande.

Les œuvres de Hindemith des années 1920 à 1930 étaient-elles vraiment aussi révolutionnaires, aussi subversives qu'on l'a cru à cette époque ? Le *Quatuor à cordes* opus 16, qui établit la renommée mondiale de Hindemith — en grande partie parce qu'il le jouait lui-même partout, comme membre du quatuor Amar, en tant qu'altiste — marque-t-il réellement le début d'une nouvelle époque de la musique allemande ? L'effet d'épouvante que causa Hindemith n'était-il pas plutôt dû au fait que la musique de l'époque wilhelmienne était restée complètement à l'écart des nouvelles tendances qui se faisaient jour dans l'Europe entière, et que Hindemith adoptait avec une insouciance juvénile tout ce qui, de l'extérieur, parvenait à ses oreilles ? Il y avait là Stravinsky, le jazz, la nouvelle liberté rythmique, la nouvelle sonorité percutante de l'orchestre, et surtout une harmonie qui avait rejeté depuis longtemps la contrainte des rapports fonctionnels entre les accords et utilisait toutes les agrégations harmoniques imaginables. Hindemith, à l'époque, n'était pas difficile sur le choix de ses moyens. Mais tout ce qu'il saisit au passage fut marqué de son tempérament de musicien instinctif, une véritable révélation après les années de vagues sonores straussiennes et de résignation pfitznérienne. Les textes provocateurs des premiers opéras de Hindemith, *Mörder, Hoffnung der Frauen (Assassins, espoir des femmes)* de Kokoschka, *Nusch-Nuschi* de Franz Blei et surtout *Sancta Susanna (Sainte Susanne)* d'August Stramm (qui ne put être joué que sous la protection de la police), contribuèrent au fait que l'on vit en Hindemith le destructeur de tout ce que Hans Sachs, dans *les Maîtres Chanteurs,* qualifie d' « allemand et authentique ». Très peu de gens surent reconnaître la force d'expression de cette musique, voire y déceler un certain fondement romantique dont Bernhard Sekles, l'un des maîtres de Hindemith au Conservatoire de Francfort, fut le premier à s'apercevoir. Il y eut également peu de gens pour remarquer, par-delà même l'apparition d'un nouvel univers sonore, la sûreté du métier et le sens de la forme.

Ces deux caractéristiques ressortent clairement d'une œuvre pour chant et piano, qui marque une étape décisive dans l'évolution de Hindemith : le *Marienleben (Vie de Marie)* d'après Rilke (1924). Tout ce qu'il y avait d'instinctif et de spontané dans l'activité créatrice de Hindemith s'est trouvé discipliné et en même temps fortifié par la rencontre avec la musique baroque allemande et en particulier avec Bach. Un pas est fait, lourd de conséquences pour la musique nouvelle en Allemagne : la jonction du style plein de vitalité de la création surtout instinctive avec la sévérité concertante de l'époque baroque. Cette jonction décide de l'œuvre de Hindemith pendant un grand nombre d'années, et c'est à elle que nous devons les *Kammermusiken (Musiques de chambre)*, opus 36 (pour piano, violoncelle, violon, alto et orchestre de chambre), le *Quatuor à cordes,* opus 32, et le *Trio à cordes,* opus 34. Dans le *Konzert für Orchester (Concerto pour orchestre),* opus 38, ce style à la fois instinctif et néobaroque est transporté au grand orchestre, dans l'opéra *Cardillac,* d'après *Das Fräulein von Scudéri (Mademoiselle de Scudéri)* de E. T. A. Hoffmann, dans le domaine du théâtre lyrique. Ces œuvres marquent la rupture avec le poème symphonique (Richard Strauss) et le drame musical. Ce sont des morceaux de musique autonomes, nouveaux par leur conception harmonique et mélodique, et en même temps très étroitement liés — même dans l'opéra — à la tradition spécifiquement allemande de la musique instrumentale, qui va de Bach à Reger. Le caractère allemand de la musique de Hindemith apparaît de plus en plus prononcé dans les œuvres suivantes, de nouveaux morceaux concertants pour divers instruments solistes accompagnés d'un orchestre de plus en plus important, dans sa *Konzertmusik (Musique de concert)* pour cordes et cuivres, écrite pour le Boston Symphony Orchestra, dans l'oratorio métaphysique *Das Unaufhörliche (Ce qui ne cesse jamais)* d'après Gottfried Benn, et aussi dans de nombreux chœurs et *Spielmusiken (Musiques instrumentales)* destinés aux amateurs. La principale de ces œuvres pour amateurs est *Der Plöner Musiktag (Journée musicale à Plön),* une cantate comprenant de nombreux morceaux que Hindemith monta et exécuta lui-même avec les jeunes élèves de l'école populaire de musique de Plön, en Allemagne du Nord.

C'est ici qu'apparaît un trait nouveau et essentiel de la personnalité artistique de Hindemith : le pédagogue. Depuis sa jeunesse, Hindemith avait vécu dans la pratique du métier. Il avait grandi dans l'orchestre de l'Opéra de Francfort, puis il tint l'alto pendant de longues années dans le Quatuor Amar, qui fit sensation dans le monde entier par ses exécutions parfaitement fidèles à la lettre et à l'esprit des œuvres; il parut comme altiste soliste dans ses propres concertos, et devint enfin professeur de composition à l'École supérieure de musique de Berlin (1927). A partir de ce moment, l'enseignement devait l'intéresser au moins autant que la composition. D'abord à Berlin, ensuite à l'Université Yale, aux États-Unis, il eut l'ambition de former des élèves qui sussent allier un métier impeccable à un esprit artistique moderne. Cet esprit signifiait pour lui : une écriture polyphonique au sens où l'entendaient les maîtres du baroque allemand, enrichie par une harmonie utilisant toutes les ressources du chromatisme. C'est la conception qu'il enseigne dans son *Unterweisung im Tonsatz (Traité de composition)*, fondé sur les données acoustiques naturelles, et où il reste fidèle à la tonalité traditionnelle, tout en lui ouvrant de nouvelles possibilités d'agrégations harmoniques, grâce à une nouvelle valorisation fonctionnelle des intervalles.

Le *Traité de composition* marque aussi une étape décisive dans le travail créateur de Hindemith. Je n'irai pas jusqu'à le qualifier de tournant, comme le font beaucoup de ses adversaires. Car on ne peut prétendre que depuis 1933, année où l'œuvre théorique fut écrite, suivie de bien d'autres, plus tard, aux États-Unis, le style de Hindemith ait subi des modifications fondamentales. Mais tout ce qui, antérieurement, était écrit avec la spontanéité joyeuse du musicien instinctif, est maintenant soumis au contrôle de la théorie formulée par Hindemith lui-même et étroitement rapporté à elle. Par ailleurs, les traits subjectifs, disons même sans crainte les traits romantiques, qu'une attitude plutôt objective et constructive avait autrefois repoussés ou tout au moins endigués, se manifestent maintenant de plus en plus nettement. Cela apparaît de façon évidente dans l'opéra *Mathis der Maler (Mathis le peintre)*, un drame d'artiste encore, comme *Cardillac*, ce qui est significatif des préoccupations profondes et constantes du compositeur. Cependant, dans *Mathis,* Hindemith ne montre plus, comme il avait fait dans *Cardillac,* un artiste que sa monomanie criminelle a placé en dehors de tout ordre social, mais il expose les conflits qui naissent de l'opposition entre la nécessité absolue de satisfaire le besoin créateur et l'incompréhension des masses pour cette attitude individuelle de l'artiste. Ces conflits conduisent le maître du retable d'Isenheim (Mathis, plus généralement connu sous le nom de Grünewald) à préférer renoncer avec résignation à la création artistique en une époque révolutionnaire, et le rapprochent ainsi du *Palestrina* de Pfitzner; d'ailleurs, sur le plan musical, les deux œuvres présentent également des points communs. A l'époque, Hindemith fit personnellement l'expérience de ces conflits : les dirigeants de l'État nazi, Hitler lui-même surtout, lui reprochaient, dans leur aveuglement total, à lui, le maître conscient de la tradition allemande, son attitude « non allemande » et « dissolvante » et, en interdisant l'exécution de ses œuvres, lui rendirent la vie en Allemagne tellement insupportable, qu'il partit pour la Suisse en 1936, puis pour l'Amérique, où il enseigna jusqu'en 1953 à l'Université Yale, à New Haven, avant de revenir en Europe, comme professeur de musicologie à l'Université de Zurich. Le fait que Hindemith se soit occupé de plus en plus de théorie musicale et de spéculation philosophique est d'ailleurs également significatif de ses conceptions artistiques.

Une gravité nouvelle, une mission éducative parfois volontairement soulignées distinguent les œuvres extrêmement nombreuses nées après *Mathis :* le grand cycle de *Sonates* pour instruments solistes avec piano (de la flûte au trombone), plusieurs symphonies, dont une grande *Symphonie en mi bémol* assez proche d'Anton Bruckner, que Hindemith vénère beaucoup depuis quelque temps, des concertos pour toutes sortes d'instruments, qui, sans que cela nuise à l'originalité du style de Hindemith, s'inscrivent dans la ligne des concertos symphoniques du romantisme allemand, plusieurs ballets, parmi lesquels une interprétation, utilisant des formes musicales rigoureuses, de la légende de saint François d'Assise *(Nobilissima Visione),* et une très singulière *Hérodiade,* où Hindemith transpose, de très originale façon, la prosodie du poème de Mallarmé en mélodies instrumentales, enfin un nouveau grand opéra, *Die Harmonie der Welt (l'Harmonie du monde)*. Dans cette œuvre, dont le personnage central est Kepler, l'auteur reprend l'idée de la division en quelque sorte musicale du monde en trois parties (*musica mundana, musica humana, musica instrumentalis*), idée énoncée dans la philosophie de la musique de l'Antiquité, témoignant ainsi du côté spéculatif de sa nature; l'œuvre, que l'on pourrait qualifier de « drame musical de la profession de foi », défend, sur le plan sonore, le point de vue d'un romantisme élargi, caractéristique du dernier Hindemith.

La situation de Hindemith dans la musique contemporaine est clairement délimitée. Il reprend la tradition de la musique instrumentale allemande de Brahms et de Reger, dans un esprit, certes, de conservation, mais suffisamment ouvert à l'évolution pour que seuls ceux qui ne voient le salut exclusif de la musique que dans l'utilisation rigoureuse de la technique sérielle puissent le qualifier de « réactionnaire ». Bien sûr, l'art de Hindemith n'a plus rien de commun avec cette « musique nouvelle » qui hantait les jeunes cervelles entre 1920 et 1930. Hindemith a dépassé les expériences qu'il aimait passionnément dans sa jeunesse, pour parvenir à un style très personnel, où il n'y a plus de place pour l'humeur improvisatrice, ni pour la vanité du pur jeu sonore. Il écrit une musique savante, et c'est précisément ce qui le rend difficilement accessible à bien des auditeurs. Et c'est justement ce caractère savant qui nous apparaît comme éminemment allemand. Hindemith oppose au post-romantisme, descriptif et décoratif, un art dont le sérieux artisanal et le renoncement conscient à chatouiller agréablement l'oreille remontent jusqu'à Bach.

Pendant sa longue carrière de professeur, Hindemith a formé un grand nombre de compositeurs qui imitent consciencieusement son écriture, comme par exemple Harald Genzmer. Mais même la plupart des compositeurs de sa génération n'ont pu se soustraire, tout au moins temporairement, à l'influence du style de Hindemith, ni à l'exemple direct de sa personnalité musicale. Parmi ces musiciens, Hermann Reutter est l'un des plus remarquables. C'est une nature lyrique, et il a, du chant et des possibilités de la voix humaine, un sens devenu rare de nos jours. Lui-même excellent pianiste, il a écrit de nombreux cycles de *lieder* qui, par la noblesse et le naturel de leur inspiration mélodique et par leur expression à la fois simple et puissante, surpassent tout ce qui s'écrit aujourd'hui encore dans ce domaine fondamentalement romantique. Ses oratorios et ses œuvres scéniques, *Der grosse Kalender (le Grand Calendrier)*, *Doktor Faust*, *Saül*, *Der verlorene Sohn (le Fils prodigue)*, *Odysseus*, introduisent des effets d'une grande plasticité dans une atmosphère très authentiquement populaire.

Ernst Pepping a introduit avec succès la réforme de style de Hindemith dans la musique d'église protestante et a écrit dans ce domaine des œuvres de valeur durable. Par la richesse de son imagination, aussi bien sur le plan sonore que sur celui de la technique d'écriture, Hugo Distler dépassait encore Pepping. Il aurait sans doute ouvert les voies à un renouvellement de la musique d'église allemande dans l'esprit de notre temps, s'il n'avait été acculé au suicide par l'oppression nazie.

SCHREKER, KRENEK

On a déjà dit que, dans les années qui suivirent la Première Guerre mondiale, l'opéra allemand se développa, tout au moins temporairement, dans des proportions insoupçonnées. Ce développement prit les directions les plus diverses.

Franz Schreker (directeur, à partir de 1920, de l'École supérieure de musique de Berlin) demeura fidèle aux effets d'envoûtement de l'opéra traditionnel, bien qu'un critique musical de la valeur d'un Paul Bekker (qui publia pendant de longues années tant d'articles importants et significatifs dans la « Frankfurter Zeitung ») l'ait mis au rang de Wagner et de Mozart. Schreker stupéfiait et fascinait son public par un érotisme jusqu'alors inconnu sur les scènes d'opéra allemandes. Dans *Der ferne Klang* (*le Son lointain*, 1912), il osa transfigurer de façon poétique le destin moderne d'une fille de joie, et auprès de *Die Gezeichneten* (*les Marqués*, 1918), au parfum macabre et décadent, *Salomé* n'était qu'un jeu d'enfant. Plus tard, Schreker se perdit de plus en plus dans un symbolisme d'une sensualité exaspérée. Ses sources sont multiples : l'impressionnisme français s'y mêle au vérisme italien et au climat littéraire viennois, Debussy à Puccini, à Wagner et à Strauss. Plutôt qu'un créateur, c'était un arrangeur orchestral infiniment doué. L'oubli se serait de toute façon fait sur son nom, même si, en 1933, le verdict racial nazi ne l'avait pas condamné au silence.

Schreker était un éminent professeur. Il possédait le don assez rare de favoriser les tempéraments personnels et de les laisser se développer d'une façon autonome. Ses élèves les plus connus ont été Alois Haba, Karol Rathaus et Ernst Krenek; la gloire de ce dernier sembla, un instant, devoir dépasser celle de son maître. Krenek a été l'un des grands espoirs de la « musique nouvelle ». Dans ses premières œuvres instrumentales, il allie une fantaisie sonore sauvage à un tempérament passionné, mais nullement débridé. Ses premières œuvres pour la scène surprirent par l'instinct élémentaire du théâtre dont elles font preuve : Krenek écrivait ses livrets lui-même, y introduisant pêle-mêle symbolisme et réalisme, poésie et actualité, conte de fées et mélodrame grandguignolesque, le passé et le présent. Son succès mondial, d'ailleurs de courte durée, fut *Jonny spielt auf (Jonny joue)*, 1927; ce succès était dû à quelques mélodies de jazz habilement amenées, que le nègre Jonny jouait lui-même sur le saxo, et à une foi, justifiée de façon très primitive, en l'avenir du Nouveau Monde. *Jonny* annonce déjà l'évolution, surprenante pour l'époque, vers la grande mélodie chantée, qui aboutira à la béatitude sonore de certaines œuvres ultérieures, comme surtout l'opéra *Das Leben des Orest (la Vie d'Oreste)*, 1930, version moderne d'un sujet antique consacré. L'œuvre scénique la plus importante de Krenek est l'opéra *Karl V* qui, malheureusement, n'a été joué jusqu'à présent que sur deux théâtres, à Prague, en 1934, et à Essen. Cette œuvre marque la plus récente et, semble-t-il, la dernière étape de l'évolution du compositeur. Krenek, qui vit en Amérique depuis 1938, se voue de façon chaque jour plus intense à l'écriture sérielle et à ses conséquences extrêmes : la musique pointilliste et la musique aléatoire; il gagne ainsi en pensée organisatrice ce qu'il perd en spontanéité créatrice. Au cours des dernières années, Krenek s'est également essayé à l'emploi des moyens électroniques. Son *Pfingsthymnus (Hymne de la Pentecôte)* appartient aux réussites jusqu'alors les plus importantes dans ce domaine.

KURT WEILL

Revenons au théâtre lyrique. C'est Kurt Weill qui s'est engagé sur une voie vraiment nouvelle avec *Mahagonny* (1927) et *Die Dreigroschenoper (l'Opéra de quat' sous,* 1928), après avoir sacrifié, dans ses premiers essais pour le théâtre, à la mode expressionniste de l'époque. Weill était élève de Feruccio Busoni, qui dirigeait depuis 1924 une classe de composition à l'Académie des Beaux-Arts de Berlin, et, grâce à Busoni, interprète hors pair de Bach et de Mozart et héraut de la « jeune classicité », tout l'illusionnisme romantique lui était devenu suspect. A tout le fatras ornemental de l'opéra, Weill oppose un théâtre à tendance sociale, réaliste et sans illusions. A la place des querelles d'amoureux, on voit apparaître la lutte pour la simple subsistance; à la place des héroïnes et des pères nobles, les gangsters et les types du « milieu »; à la place du drame musical psychologique, le théâtre parlé épique, avec intermèdes musicaux. *L'Opéra de quat' sous* est une version nouvelle de l'ancien *Beggar's Opera* anglais, qui était lui-même dirigé contre la pompe de l'*opera seria,* marqué du sceau de Haendel. Le créateur spirituel de ce nouveau théâtre social et révolutionnaire a été Bertolt Brecht. Cependant, ses pièces avec musique n'auraient jamais connu le succès mondial qui devait être le leur sans les mélodies de Weill, oscillant entre la sentimentalité et la hardiesse, et sans la force lancinante de ses rythmes, tirés en partie du jazz et en partie de ces ballades populaires spécifiquement berlinoises, où il est beaucoup question de meurtre et de sang. Ultérieurement, Weill tendra à des formes d'opéra plus larges : *Die Bürgschaft (la Caution),* 1932, sans jamais retrouver cependant le relief et la force expressive de *l'Opéra de quat' sous*. En 1933, Weill dut à son tour quitter l'Allemagne. En Amérique, il connut de grands succès avec des pièces écrites pour Broadway, qui offrent peu d'intérêt du point de vue musical.

WERNER EGK, CARL ORFF

Deux noms dominent l'opéra allemand contemporain : ceux de Werner Egk et de Carl Orff. Les deux compositeurs ont grandi en dehors de l'éducation musicale officielle, Egk à la Radio, Orff dans une école de danse de Munich, où régnaient les idées de Dalcroze. Au fond, tous deux sont des autodidactes. Cependant, de leur origine bavaroise ils tiennent le sens du théâtre et des combinaisons sonores de grande envergure. Ce sont les seuls, parmi les musiciens de la génération de 1900, qui n'ont en aucune façon subi l'influence du classicisme baroque à teinte romantique de Hindemith.

Werner Egk a passé quelques années de sa jeunesse comme peintre en Italie. Ce séjour a éveillé en lui une véritable passion pour la musique d'essence latine, c'est-à-dire pour la mélodie qui se fait comprendre immédiatement, et pour les rythmes de danse nettement marqués. Ses maîtres sont Stravinsky, de Falla et Ravel. Mais en même temps, il possède une bonne dose de robustesse bavaroise. Sa musique est à la fois raffinée et primitive, recherchée et populaire. Cet heureux et rare mélange s'enrichit d'un sens infaillible pour les effets dramatiques. C'est un musicien de théâtre hors pair. Déjà dans sa première œuvre de quelque envergure, un oratorio de la lignée des pièces didactiques de Brecht, *Furchtlosigkeit und Wohlwollen (Intrépidité et Bienveillance)*, qu'il reprit en une nouvelle version en 1959, se manifeste ce sens élémentaire de l'effet. Comme auteur de théâtre, Egk enregistre son premier succès en 1933 avec l'opéra féerique *Die Zaubergeige (le Violon enchanté)*. Sur le plan de la forme, Egk continue la tradition italienne très stricte de l'opéra à numéros. Dans ses livrets, Egk marque sa préférence pour les grandes figures de la tradition et de la culture européennes : *Christophe Colomb* (1931-1941), Don Juan (dans le ballet *Joan von Zarissa,* 1940), *Peer Gynt* (1938), Faust (dans le ballet *Abraxas,* vaste drame dansé, inspiré d'un écrit de Heine, 1947). Dans *Irische Legende* (*Légende irlandaise,* 1955), il reprend un thème mythique inspiré de William B. Yeats, qui lui donne l'occasion de traiter, dans une suite de tableaux aux teintes d'apocalypse, du problème de la responsabilité individuelle et des devoirs de l'être humain isolé envers ses semblables, dans une situation politique et sociale qui justifierait sa fuite. En 1957, Egk a fait la surprise d'un opéra-comique excellemment réussi, *Der Revisor (le Revizor,* d'après Gogol).

Le ballet, si longtemps négligé sur les scènes allemandes, y reçut une nouvelle impulsion grâce à Werner Egk, qui y fut amené par le détour de la musique française, pour laquelle il manifeste d'ailleurs une prédilection sans cesse croissante. *La Tentation de saint Antoine,* cantate parodique faite de chansons composées sur des textes français de la période prérévolutionnaire du XVIIIe siècle, la *Suite française* d'après Rameau, et *Chanson et romance* pour soprano léger, d'après des poèmes en vieux français, en sont les témoins.

Récemment, Egk a fait également ses preuves dans le domaine symphonique *(Orchestersonate, Allegria)*. Les *Variationen über ein caraïbisches Thema (Variations sur un thème caraïbe),* 1959, après sept ans de silence dans ce domaine, la première œuvre purement orchestrale de Egk, lui ont été inspirées par un voyage dans la mer des Caraïbes, et le montrent une fois de plus comme un metteur en scène expérimenté de formules sonores très efficaces.

Carl Orff désigne ses œuvres scéniques comme étant du « théâtre musical ». Cela veut dire que, contrairement aux œuvres lyriques de Egk, elles n'ont rien, ou très peu à voir avec l'opéra au sens traditionnel. Orff revient aux formes d'origine du théâtre sacré et de la danse rituelle. Avec courage et esprit de suite, il saute par-dessus des siècles de laborieux développement de l'art musical européen. La musique de Orff — si on veut bien lui reconnaître ce nom de musique — est volontairement sans art : rythmes simples, éléments mélodiques de caractère psalmodique et souvent oriental, que l'on serine à l'auditeur, qu'on lui martèle sans fin, comme dans la musique des danses rituelles primitives. L'orchestre de Orff n'est au fond qu'une riche percussion; son instrument vocal est le chœur, qui va du balbutiement syllabique au cri inarticulé; parfois, des parties de solo, de caractère mélismatique, y sont très habilement introduites. Son moyen d'expression mimique, la danse, va des rondes licencieuses aux excès les plus débridés.

L'élément d'émotion du théâtre de Orff est Éros dominant le monde. Tout cela est conçu avec une intelligence aiguë, car Orff est un intellectuel, et construit avec un sens infaillible de l'effet incantatoire.

Le fait qu'il mêle diverses langues dans ses textes — l'allemand, le latin, le français — répond bien à l'idée d'universalité du théâtre musical « élémentaire » de Orff. *Carmina Burana* (1937), parmi ses œuvres celle qui a eu le plus de succès, est bâtie sur les poèmes, écrits en latin vulgaire, d'un vieux manuscrit bavarois. Avec *Catulli Carmina* et *Trionfo di Afrodite,* sur des textes latins, *Carmina Burana* a fini par former une trilogie scénique. Tout à la fois rudes et pleins de jovialité, lyriques et populaires sont les deux contes lyriques *Der Mond (la Lune)*, 1939, et *Die Kluge (l'Épouse sage)*, 1943. Dans *Die Bernauerin (Agnès Bernauer)*, 1947, une histoire bavaroise qui raconte la tragique affaire d'amour entre l'empereur Charles V et la fille d'un bourgeois de Ratisbonne, Orff essaie de recréer, avec une sorte de naïve sincérité, le style archaïsant des vieux conteurs de fables. Ces dernières années, un penchant de plus en plus prononcé pour l'esprit de la culture méditerranéenne se manifeste chez Orff. Ce penchant devait logiquement le conduire à la tentative extrême d'insuffler une vie nouvelle à la tragédie antique. Une étape décisive de l'évolution créatrice de Orff est ainsi atteinte : son art, depuis toujours réduit à des formules, pousse dès lors à ses dernières conséquences le principe de la réduction à des principes fondamentaux. Alors que, dans *Die Kluge,* certains souvenirs de l'*opera buffa* étaient encore reconnaissables, à présent, il ne peut plus être question d'aucune association d'idées avec ce que le terme d' « opéra » recouvre. Déjà dans *Antigone* (1949), d'après Sophocle, dans la recréation poétique de Friedrich Hölderlin, la ligne du chant se maintient souvent et pendant longtemps sur un seul son, et cette monotonie est rompue dans certains cas seulement par de brefs mélismes. Le texte est déclamé selon des rythmes strictement fixés d'avance, Orff renonçant parfois à indiquer la hauteur exacte des sons; ces procédés rappellent ceux de Milhaud dans *les Choéphores,* à cette double différence près que Milhaud a composé sa partition pour plusieurs voix et que sa musique possède une force dramatique bien plus grande que celle de Orff. L'orchestre d'*Antigone*, qui comprend plus de soixante instruments à percussion, répète pendant des scènes entières des « archétypes » rythmiques. Ce processus de stylisation est encore bien plus poussé dans l'œuvre toute récente de Orff, *Œdipus der Tyrann* (*Œdipe le tyran*, 1959), également d'après Sophocle et Hölderlin. La mobilité des voix y est encore plus limitée en faveur de la récitation monocorde. La partie d'orchestre, à laquelle Orff renonce presque complètement pendant de longs moments, n'a plus qu'un rôle de fond sonore, la parole et la déclamation dominant entièrement, de sorte qu'un type d'œuvre d'art se manifeste ici, où le son est uniquement véhicule du texte et la musique dépourvue de toute autonomie. De cette façon, la notion orffienne du « théâtre musical » se dévoile, en définitive, comme une conception nouvelle de « l'œuvre d'art total », où la musique n'est plus qu'un moyen, et ne constitue jamais plus une prémisse essentielle.

SCHÖNBERG

Le moment est venu de parler des bouleversements qu'a subis la technique de la composition musicale depuis le début du XXe siècle, et qui devaient finalement aboutir à une organisation entièrement nouvelle de la matière musicale. Cette nouvelle organisation a conduit à la dissolution des conceptions musicales classiques, à la liquidation de la musique fondée sur les résolutions cadentielles de la tonalité, avec l'ordonnance régulière des périodes mélodiques et rythmiques. Ce processus de dissolution s'est étendu déjà sur tout le XIXe siècle. Les tensions mélodiques devinrent de plus en plus grandes et irrégulières. La musique s'est muée en un moyen d'expression de plus en plus différencié de phénomènes psychologiques. La mélodie, qui, à l'époque classique, était construite sur la base de l'accord parfait, est devenue une courbe essentiellement chromatique, ce qui a eu pour résultat un enrichissement insoupçonné de l'harmonie, qui devait se libérer en même temps et d'une manière de plus en plus accélérée des anciennes formules cadentielles. Un point décisif à cet égard a été atteint dans *Tristan et Isolde* de Wagner, point de départ d'une évolution qui devait nécessairement aboutir à la dissolution de l'ancien système harmonique et par conséquent à l'atonalité. La musique était parvenue à un degré tel d'échauffement interne, qu'elle devait finalement et obligatoirement faire sauter toutes les entraves d'un ordre qui semblait éternellement valable. On peut comparer cette évolution, qui s'amorce déjà chez Weber et chez Chopin, pour se manifester à l'état de crise chez Richard Strauss, Scriabine et Debussy, à ce qui arrive à un ballon que l'on gonfle sans cesse d'air : il finit par éclater.

La crise de l'ancien système harmonique éclate ouvertement dans les premières œuvres d'Arnold Schönberg qui, après bien des tâtonnements, trouve un nouvel ordre pour l'échelle, devenue libre, des douze demi-tons chromatiques de l'ancienne gamme : la composition fondée sur douze sons uniquement et mutuellement rapportés à eux-mêmes, et ordonnés en une série, d'où le nom de « dodécaphonisme » ou de « musique sérielle ». Tout cela, quoi qu'on en dise souvent, n'est pas le résultat de simples calculs théoriques ou de subtilités intellectuelles, mais le fruit d'un besoin créateur qui correspondait à une nécessité historique. C'est précisément dans les œuvres qui font éclater la crise que Schönberg agit comme sous l'effet d'une impulsion inconsciente. Il veut concrétiser des visions musicales que personne n'a eues avant lui; il veut exploiter des domaines d'expression où personne encore n'a osé pénétrer. Il veut dire l'indicible, et pour cela il a besoin d'une langue que personne n'a encore parlée. Schönberg a toujours insisté sur le fait qu'en musique c'était le cœur qui devait guider la tête, et il a toujours composé selon ce principe. Schönberg est vraiment toujours en quête de l'expression, c'est un expressionniste au sens absolu du terme. Il est significatif que l'une de ses premières compositions ait paru dans « Die Brücke » (Le Pont), le célèbre manifeste de la peinture expressionniste en Allemagne.

Arnold Schönberg est né à Vienne en 1874. Il a grandi dans le monde du romantisme tardif, d'obédience wagnérienne, et c'est en effet l'art de Wagner qui a déterminé ses premiers pas de musicien créateur. Parmi les musiciens de sa génération, il se sentait surtout attiré vers Gustav Mahler, lui aussi un romantique de l'espèce la plus pure. La gamme très généreuse de sonorités et d'expressions de la musique du post-romantisme, dont le fondement est la musique à programme, conditionne les premières œuvres orchestrales de Schönberg, le sextuor à cordes *Verklärte Nacht* (*Nuit transfigurée,* d'après un poème de Richard Dehmel), le poème symphonique *Pelléas et Mélisande* (d'après Maeterlinck, composé l'année même de la création, à Paris, de l'œuvre célèbre de Debussy), l'oratorio *Gurrelieder*, dont l'appareil sonore cherche à dépasser la *Symphonie des Mille* de Mahler : c'est d'une hypertrophie romantique aux proportions gigantesques. Ce n'est pas par hasard que Schönberg vit à cette époque à Berlin, où il subit l'influence de la « nouvelle école allemande », dont il rencontre en personne l'initiateur, Richard Strauss. Schönberg gagne alors péniblement sa vie, en orchestrant de la musique légère.

En 1903, il revient à Vienne. C'est alors que commence l'évolution qui conduira, dix ans plus tard, à la crise. La première étape consiste à tourner le dos à la musique à programme. Schönberg, en admiration croissante devant Beethoven, écrit un *Quatuor à cordes,* encore post-romantique par le style et la dimension, mais aux contours clairs, et où une savante dissection thématique laisse présager du nouveau. A ce *Quatuor en ré mineur,* opus 7, succède un second *Quatuor en fa dièse mineur,* qui déjà fait éclater le cadre tonal et annonce une concentration de l'expression. Une voix de soprano intervient dans les deux derniers mouvements. Entre les deux quatuors se situe une œuvre symphonique qui marque une date extrêmement importante dans l'histoire de la musique moderne : la *Kammersinfonie (Symphonie de chambre),* opus 9, de 1906, pour quinze instruments solistes. Ici, l'auteur se détourne de l'orchestre géant cher aux épigones de Strauss et de Mahler. Dans un style encore traditionnel, l'œuvre apporte un souci de concentration sur la ligne mélodique et le travail thématique du contrepoint. A la réduction des moyens extérieurs correspond la concentration de l'expression. Ce qui, autrefois, se développait vers l'extérieur, en un pathos d'une riche sensualité, se concentre maintenant vers l'intérieur, en intervalles étrangement distendus. Ce qui, autrefois, s'étendait voluptueusement en luxuriantes harmonies, est condensé à présent en quelques accords, que les règles traditionnelles ne sauraient expliquer. Dans le cycle de lieder *Die hängenden Gärten,* opus 15 *(les Jardins suspendus),* 1908, l'atonalité est atteinte, aboutissement inévitable de toute une évolution. Les poèmes ésotériques de Stefan George offrent la matière verbale rêvée pour la création de lieder qui, du point de vue formel aussi, ne rentrent plus dans aucun des schémas traditionnels. Une courte succession de sonorités nouvelles, quelques agrégations complexes sans rapports fonctionnels, quelques sons de la voix se mouvant entre le chuchotement et le cri : une abstraction et un raffinement de l'expression inconnus jusqu'alors sont inventés ; et en même temps une liberté dans la conception harmonique, pour laquelle il n'existe qu'une seule explication et une seule justification : la force de persuasion d'une manifestation créatrice dénuée de toute concession.

Sifflé lors d'exécutions sans lendemain, accablé de sarcasmes par des « spécialistes » hautement placés, raillé par cette critique viennoise qui n'avait pas autrement accueilli Mozart, Beethoven et Schubert, Schönberg poursuit son chemin sans se laisser troubler. Il oppose aux opulentes sonorités orchestrales d'hier celles du piano, infiniment plus délicates (*Klavierstücke — Pièces pour piano* — opus 11 et 19) ; à l'opéra plein de bruit et de pompe extérieure, le monodrame *Erwartung (Attente)*, 1909, véritable psychanalyse musicale d'une âme en proie aux tensions extrêmes de l'érotisme, dans un monde irréel de morbidité et d'hystérie. Le pendant à cette œuvre est *Die glückliche Hand (la Main heureuse)*, composée immédiatement après, qui utilise à la fois le chœur, la récitation et la voix chantée, et ouvre la voie à l'œuvre la plus originale de cette époque, le *Pierrot lunaire*, cycle de vingt et un courts « mélodrames » pour voix parlée, piano, flûte, clarinette, violon (ou alto) et violoncelle. Le caractère nouveau de cette composition tient à ce que Schönberg fixe la hauteur mélodique et le rythme de la récitation, exactement comme si la voix devait chanter. Une impression auditive absolument unique naît de l'union des sonorités fantasmagoriques, surréelles et transcendantes du quintette d'accompagnement avec la voix qui murmure et qui hurle dans tous les registres, dans une tension expressive extrême. D'un autre côté, Schönberg tend de nouveau dans cette œuvre à des structures de forme au sens classique du terme, qui manquaient complètement dans ses œuvres scéniques, ses pièces pour piano et ses *Cinq Pièces pour orchestre*, opus 16. Ces compositions, qui ressortissent encore à un expressionnisme très littéraire et très élaboré, et qui ne peuvent, en définitive, dissimuler leur appartenance au monde de *Tristan,* sont caractérisées par la dissolution complète de toutes les lois musicales valables jusqu'alors. Je dis bien : de toutes, car non seulement l'harmonie conquiert une liberté illimitée, une totale indépendance fonctionnelle, mais la technique traditionnelle de la composition, avec ses thèmes bien profilés et plus ou moins savamment utilisés et traités, est, elle aussi, complètement abolie. On peut en dire autant de l'ordonnance rythmique. Le post-romantisme, jadis brillant de splendeur et magnifique d'allure, s'achève dans l'amorphe et dans l'aphorisme.

Et voici le tournant décisif. Le long d'une période de quatre ans, au cours de laquelle il ne publie aucune œuvre, Schönberg découvre le moyen de redonner une forme contrôlable à cette musique qui était parvenue à une liberté et à une anarchie illimitées. En 1922, il pouvait dire à l'un de ses élèves : « J'ai fait une découverte qui assurera la prépondérance de la musique allemande pendant cent ans. Cette découverte, c'est la méthode permettant de composer avec douze sons. » Elle repose sur le fait que le compositeur construit une succession comprenant les douze demi-tons de notre gamme — la série — et ne répète aucun son de cette série, avant que les onze autres aient été utilisés harmoniquement ou mélodiquement. La série elle-même peut être déroulée à l'écrevisse; les intervalles peuvent être renversés. Le système dodécaphonique représente une ordonnance absolument nouvelle de notre matière sonore : c'est la victoire sur la manière de penser en gammes, d'où étaient extraits les accords parfaits familiers à l'oreille et qui servaient de base harmonique. Rien n'est plus déconcertant pour l'oreille dans cette musique sérielle que l'absence de relations harmoniques et d'un fondement d'où tout part et vers quoi tout tend, même si cette musique adopte par la suite, chez Schönberg lui-même, des contours à nouveau plutôt thématiques et plus nettement rythmiques. Dans les premiers temps, avec la fierté bien légitime de l'inventeur, il utilise sa méthode avec l'intransigeance qui lui est naturelle. La musique devient une opération arithmétique aux règles très précises, une construction sonore abstraite : cela se voit dans la *Suite pour piano,* opus 25, et dans le *Quintette pour instruments à vent,* opus 26, qui est bien l'œuvre la plus inaccessible que Schönberg ait écrite. Cependant, cet emploi rigoureusement scolaire de la nouvelle méthode ne constitue qu'une étape intermédiaire. Elle est suivie d'un nouvel élan de la fantaisie créatrice de Schönberg, à quoi nous devons le *IIIe Quatuor à cordes,* diverses œuvres chorales — dont *Satiren,* satires contre le néoclassicisme, qui firent à Schönberg beaucoup d'ennemis nouveaux — et les *Variations pour orchestre,* opus 31. Schönberg a maintenant dépassé le stade doctrinal. Dans ses *Variations pour orchestre,* il revient aux sonorités, pleines d'un charme excitant, de l'impressionnisme, mais, en même temps, il y introduit le célèbre motif B. A. C. H. *(si bémol, la, do, si)* comme élément de contrepoint. C'est là un symbole pour le style de la maturité du maître : il se rapproche de plus en plus de la tradition classique, représentée pour lui essentiellement par Bach et Beethoven, mais renoue avec cette tradition, non pas par la reprise superficielle de certains aspects mélodiques ou harmoniques, ainsi que le remarque très justement H. H. Stuckenschmidt, mais par une utilisation très rigoureuse, bien que très élargie, des types formels classiques.

A cette époque, Schönberg vit de nouveau à Berlin. A partir de 1925, il dirige, comme Busoni et Pfitzner, une classe de composition à l'Académie des Arts de Berlin. Ce fut la période de sa vie où il eut le moins de soucis. Loin des basses rivalités personnelles auxquelles il était sans cesse exposé à Vienne, il professait un enseignement fécond et rassemblait autour de lui un cercle d'élèves et d'amis qui devaient lui rester fidèles, à lui et à ses idées, même dans les années pénibles qu'il connut plus tard. Car, en 1933 il fut licencié à cause de ses origines juives, bien qu'il eût été nommé à vie par l'État prussien, et il dut quitter l'Allemagne, comme tant d'autres grands artistes qui vivaient alors à Berlin. Il gagna d'abord la France où, comme Weill, il ne put prendre pied, puis se rendit aux États-Unis, où ses qualités de professeur surtout lui valurent la plus grande considération. De 1934 à 1944, il enseigna dans les deux universités de Los Angeles. Les dernières années de sa vie furent assombries par de grandes souffrances physiques et des soucis matériels.

La dernière période de création de Schönberg est

caractérisée par un rapprochement encore plus marqué de la tradition classique. Il utilise le système dodécaphonique avec une telle liberté que même des structures tonales redeviennent possibles, et il écrit même quelques œuvres rigoureusement tonales, qui confirment encore une fois, au soir de sa vie, ses liens organiques et comme marqués par le destin, avec le néoromantisme allemand : *Variationen für Blasorchester (Variations pour orchestre d'instruments à vent)*, opus 43, plus tard remaniées pour orchestre symphonique. A côté d'un *Concerto pour piano* et d'un *Concerto pour violon* naissent un *IVe Quatuor à cordes* et un *Trio à cordes* qui représentent les sommets de l'utilisation souveraine de la méthode dodécaphonique. Son horreur de la cruelle persécution des juifs par Hitler — Schönberg, baptisé catholique, revint, confessionnellement aussi, en 1934, au judaïsme — l'incite à écrire deux de ses compositions les plus originales : la parodie mordante *Ode à Napoléon,* d'après la satire de Lord Byron sur le dictateur corse, et *A Survivor from Warsaw (Un survivant de Varsovie),* où il peint, en une bouleversante concentration de moyens d'expression, la destruction du ghetto de Varsovie par les S. S. allemands. Dans les dernières années de sa vie, Schönberg pense beaucoup aussi à terminer son opéra *Moïse et Aaron,* dont il avait terminé le livret en 1932 et composé deux actes sur trois seulement, mais il ne trouva plus la force nécessaire à cette réalisation. Un mois avant la mort de Schönberg, Hermann Scherchen dirigea à Darmstadt pour la première fois, sous forme concertante, un extrait de cet opéra, la « Danse autour du veau d'or ». Schönberg lui-même avait douté de la possibilité d'une exécution complète des deux actes composés de *Moïse et Aaron,* étant donné les extrêmes difficultés techniques et matérielles que posait une telle réalisation; cependant, une audition en concert fut tentée en 1954 par la Radio de Hambourg sous la direction de Hans Rosbaud. La première représentation sur scène eut lieu trois ans plus tard à Zurich, encore avec Hans Rosbaud, et donna pour la première fois une idée de l'importance de cette œuvre audacieuse, qui réunit en elle, en une puissante synthèse, tous les éléments du langage sonore de Schönberg.

L'œuvre du dernier Schönberg est marquée par des préoccupations religieuses. En 1945 naît le *Prelude zu einer Genesis (Prélude à une genèse)*, la mise en musique du Psaume CXXX est terminée le 2 juillet 1950. Les *Moderne Psalmen (Psaumes modernes)*, auxquels Schönberg travailla jusqu'en ses derniers jours, sont des méditations et des confessions d'un solitaire; ils n'ont rien à voir avec les psaumes bibliques. Comme pour *Moïse et Aaron*, Schönberg écrit lui-même les textes de ses psaumes, et comme l'opéra, ceux-ci restent à l'état de fragment : la rédaction du texte est interrompue dans le seizième psaume. L'auteur meurt en août 1951, en composant la musique du premier psaume.

ALBAN BERG ET ANTON WEBERN

De toujours, deux musiciens viennois, Alban Berg et Anton Webern, avaient voué à Schönberg admiration et amitié, et chacun devait développer l'enseignement du maître de façon toute personnelle. Avec Schönberg ils sont les représentants principaux de ce qu'on a appelé l' « école viennoise atonale », dont l'influence posthume détermine depuis une quinzaine d'années presque toute la production musicale, en tant que, dans le monde occidental — et aussi oriental, dans quelques régions limitrophes — elle prétend au progrès, à l'actualité et à l'importance de son rôle et de son efficacité dans le mouvement général des arts. Webern en est devenu bien vite la figure centrale. L'étude approfondie de son style, des structures de sa musique et de leurs secrets arithmétiques cabalistiques, c'est aujourd'hui une condition *sine qua non* pour le jeune compositeur.

L'œuvre d'Alban Berg, bien moins apte à donner naissance à une école, offre sur celle de Webern, impopulaire en raison de son ésotérisme, l'avantage de pouvoir agir immédiatement sur un public beaucoup plus large. L'opéra *Wozzeck*, que Berg composa sur le fragment dramatique du même nom de Georg Büchner, le poète romantique dont les œuvres constituent une violente critique de la société de son temps, figure aujourd'hui jusqu'au répertoire des petits théâtres de la province allemande. Bien entendu, ce vaste écho ne s'est manifesté que peu à peu d'une manière positive. Au début du siècle, il était presque exclusivement de caractère négatif. Quoique les rosseries de la critique viennoise, réactionnaire et dénuée d'instinct, ne pesassent pas lourd dans la balance — de cette critique qui ne voyait dans la géniale *Sonate pour piano,* opus 1, rien d'autre que des « traces de talent et d'originalité », et qui traitait les moyens sonores très différenciés et entièrement non conventionnels du *Quatuor à cordes,* opus 3, de « mauvais traitements infligés aux instruments » — le nom de Berg est lié au souvenir d'un des plus gros scandales de concert du XXe siècle. En effet, deux mois avant la mémorable soirée parisienne du *Sacre du printemps,* il fallut interrompre la première audition publique de deux des cinq *Orchesterlieder nach Ansichtskartentexten von Peter Altenberg (Chants pour voix et orchestre d'après des textes de cartes postales illustrées de Peter Altenberg),* opus 4. Furent ressentis comme choquants non seulement les textes en style d'aphorismes du poète impressionniste viennois, que l'on pourrait définir, étant donné surtout les circonstances extérieures de sa vie et de son travail créateur, comme une sorte de réplique autrichienne de Verlaine; choquant parut aussi le langage musical de Berg, qui transformait les épigrammes d'Altenberg en drames musicaux-miniature, où se combinaient l'exaltation et la lassitude du *Jugendstil (modern style)* avec des visions sonores expressionnistes. Mais là n'est pas la véritable importance de cette œuvre, qui dure à peine quelques minutes. Bien plus importante est l'apparition, dans quelques-uns des *Lieder d'Altenberg,* et une quinzaine d'années avant que la technique dodécaphonique soit formulée, de certaines pratiques de composition proprement dodécaphoniques.

La personnalité de Berg participait quelque peu du sismographe. La sensibilité à certains courants encore subconscients, telle qu'elle se manifeste dans la sonorité et la technique de composition du *Quatuor à cordes* et des *Lieder d'Altenberg,* s'intensifie dans le dernier des *Drei Orchesterstücke (Trois Pièces pour orchestre),* opus 6 jusqu'au pressentiment de ces bouleversements et de ces catastrophes qui, à peine cette troisième pièce pour orchestre achevée, commencèrent politiquement par la déclaration de la Première Guerre mondiale.

Si Berg s'était contenté jusque-là de composer des œuvres plutôt brèves, parfois même à caractère d'aphorisme, on peut dire que les *Orchesterstücke,* opus 6, constituent le premier pas dans le domaine de la grande forme cyclique. L'opus 6 représente une sorte de courbe symphonique, où le style de l'école de Schönberg, les idées architecturales de Gustav Mahler et l'enrichissement debussyste du coloris instrumental fusionnent en une synthèse très personnelle.

Avec l'opéra *Wozzeck,* composé entre 1917 et 1922, une étape marquante du théâtre lyrique moderne est atteinte, ainsi qu'un point culminant de l'évolution de Berg. On y trouve, pleinement épanouie, cette qualité déjà présente dans ses premières œuvres, mais manifeste surtout — et d'une façon bien plus accentuée — dans les œuvres de la maturité : la volonté de synthèse. Dans sa conception d'ensemble de *Wozzeck,* Berg échafaude un système de coordination des aspects les plus divers des tendances esthétiques et spirituelles de son temps. Ainsi, *Wozzeck* se trouve, d'une part, par son attachement au *leitmotiv,* dans le cercle d'influence du drame musical wagnérien et, d'autre part, Berg s'engage ici dans une voie nouvelle et audacieuse de la conception formelle d'un opéra, du fait qu'il édifie les différentes scènes de l'œuvre sur des formes de la musique pure (suite, sonate, passacaille, invention). Sa palette harmonique comprend aussi bien l'accord parfait d'*ut majeur* que le thème dodécaphonique de sa passacaille, en passant par les altérations chromatiques wagnériennes; il invente un nouveau rapport entre le verbe et le son, qui synthétise souverainement toutes les ressources vocales de son temps : l'arioso dépouillé et l'extase dramatique la plus poussée, dans le style de *Tristan* et de *Salomé,* le récitatif mi-chanté, mi-parlé et la déclamation mélodramatique selon le modèle du *Pierrot lunaire* de Schönberg. Les liens avec le passé et les vues sur l'avenir restent étroitement noués, en vertu d'une cohérence logique exceptionnelle du discours musical; et les éléments du langage, loin de demeurer dissociés, réalisent leur unité dans l'élan ardent d'une volonté d'expression qui trouve sa racine dans de profondes convictions esthétiques et morales : c'est tout cela qui fait la grandeur de Berg.

Malgré l'accent mis sur l'agencement constructif de sa musique, Berg lui-même considère l'expression comme l'élément le plus important de son art. Il trahit ainsi d'une façon très nette ses attaches profondes avec le post-romantisme allemand, attaches dont il avait d'ailleurs clairement conscience. Une preuve en est la citation — mélancolique et pleine de vénération — de *Tristan,* dans la *Lyrische Suite für Streichquartett (Suite lyrique pour quatuor à cordes).* Cette œuvre est aussi un exemple de son inclination à la synthèse. Déjà dans le *Kammerkonzert für Geige, Klavier und dreizehn Bläser (Concerto de chambre pour violon, piano et treize instruments à vent),* commencé trois ans plus tôt, Berg avait employé pour la première fois — sinon dans le strict esprit de Schönberg — la technique sérielle. Maintenant, dans la *Suite lyrique,* les premier, troisième et sixième mouvements sont entièrement construits selon les principes dodécaphoniques de Schönberg, le cinquième mouvement l'est en partie seulement, tandis que le deuxième et le quatrième mouvements renoncent à tout rapport avec une série de douze sons. Et Berg était particulièrement fier d'avoir réussi, malgré l'emploi de moyens techniques variés, une composition d'une parfaite unité de style, qui, en plus, par le caractère très personnel de son lyrisme cependant purement instrumental compte parmi les œuvres les plus significatives de notre siècle.

Les œuvres des dernières années de Berg font apparaître de plus en plus nettement la volonté de synthèse. On peut la reconnaître, ne serait-ce que dans le choix des séries dodécaphoniques elles-mêmes, où Berg met l'accent tout exprès sur ce qui peut les rattacher à l'ancienne tonalité, contrairement à Schönberg dans ses œuvres de la même époque. Ce caractère simili-tonal définit, par exemple, la série fondamentale du *Concerto pour violon* de 1935, série dont les huit premiers sons forment une suite d'accords parfaits majeurs et mineurs. Dans cette œuvre, la dernière qui fut menée à terme, la synthèse est poussée au point extrême qui permet à Berg d'encastrer une mélodie populaire de Carinthie et un choral de Bach, avec son harmonisation originale, dans le style dodécaphonique de cette musique purement expressive et d'un romantisme ouvertement proclamé.

Berg, qui est mort le 24 décembre 1935, n'eut pas le temps d'achever *Lulu,* son deuxième opéra. Il en avait écrit lui-même le livret, en combinant deux drames de Frank Wedekind : *Erdgeist (l'Esprit de la terre)* et *Die Büchse der Pandora (la Boîte de Pandore).* Comme dans *Wozzeck,* la tragédie crûment naturaliste de *Lulu,* la femme aux instincts violents et primitifs, créée pour « attirer, séduire, empoisonner et assassiner comme si de rien n'était », est élevée par la musique dans le monde de la magie et de la psychanalyse. La musique, qui continue dans la voie des structures formelles de *Wozzeck,* se sert de la technique dodécaphonique, suscite une richesse immense de couleurs orchestrales, mais s'inspire dans sa facture, beaucoup plus fortement que *Wozzeck,* du caractère du « grand opéra » traditionnel.

Berg a laissé des œuvres peu nombreuses, mais d'une densité musicale et d'une richesse de signification d'autant plus grandes. C'est un ensemble dont l'effet fascinant est produit par un besoin d'expression hautement personnel, qui se meut constamment entre la tradition et la révolution. Berg a humanisé l'art spéculatif de son maître. Malgré son fanatisme en matière artistique, il était d'un naturel poétique et, doué d'une délicatesse extraordinaire, il avait aussi un humour spécifiquement viennois, qui lui permettait de cacher un cœur tendre. Schönberg était au fond d'une nature inaccessible et d'un abord très difficile dans les rapports humains et sociaux. Le monde littéraire en fit l'expérience lors de sa pénible discussion avec Thomas Mann au sujet du roman *Doktor Faustus*. Berg, par contre, était un homme essentiellement aimable, qui n'avait pas l'agressivité doctrinaire de son maître. Ses émotions, il les extériorisait avec véhémence dans l'œuvre d'art. C'est justement ce qui le distingue fondamentalement de son ami et condisciple Anton Webern.

La musique de Webern est, en effet, synonyme d'introversion par excellence. Le terme de « nature sismographique » convient encore mieux à Webern qu'à Berg; mais ce qui, chez ce dernier, devenait éruption musicale et dramatique, vision de catastrophes orchestralement exprimées, se mue chez Webern en délicats dessins d'expressions sublimées, subtilement éthérées, ramassées dans l'espace le plus restreint. Cela n'est pas sans rapports avec le romantisme et, de fait, l'opus 1 de Webern, la *Passacaille* pour orchestre, est entièrement imprégné du post-romantisme allemand de Wagner, de Richard Strauss et, bien entendu, de Schönberg. Cependant, aucun autre musicien de l' « école viennoise » n'a su se défaire du romantisme aussi parfaitement que Webern.

La *Passacaille* opus 1, composée en 1908, montre une grande maîtrise technique, une possession absolue de l'art du développement des thèmes et des motifs, selon les modèles du classicisme et du romantisme, ainsi qu'une prédilection évidente pour des recherches contrapuntiques, comme pour des combinaisons et des teintes rares dans la sonorité de l'orchestre, toutes choses caractéristiques de l'école schœnbergienne de l'époque. Cependant, par l'ampleur relative de sa forme, par le doublage de telles parties instrumentales dans l'orchestration et par l'évidence indiscutable de sa tonalité de *ré mineur,* cette œuvre se présente plutôt en opposition avec l'évolution ultérieure de Webern.

Lorsqu'en 1912 les élèves de Schönberg, parmi lesquels il faut compter Webern de 1904 à 1910, dédièrent à leur maître un recueil d'hommages, Webern écrivit que Schönberg suscitait en chaque élève « la plus grande sincérité envers soi-même ». Webern emprunta cette voie de la « plus grande sincérité » sans la moindre concession. Déjà entre 1909 et 1914 apparaît un groupe d'œuvres hautement significatives, de l'opus 5 à l'opus 11, où la tonalité se trouve effacée et où le style qui restera caractéristique pour Webern est déjà atteint. Dès lors, il n'y a plus de thèmes, ni de développements, ni de formes au sens traditionnel de ces termes. L'atonalité et la renonciation qu'elle implique à toute limitation propre à l'esthétique révolue imposent à Webern une discipline et une économie extrêmes des moyens. Il oppose aux raffinements voluptueux et aux débordements orchestraux des œuvres contemporaines de Richard Strauss et de Max Reger l'art de la concentration la plus poussée. Tout ce qui n'est pas essentiel : les reprises, les voix de remplissage, tout l'appareil des couleurs et des arabesques romantiques, tout cela disparaît. La musique se nourrit uniquement de la force personnelle d'un message qui, réduit à ses plus étroites dimensions, devient un aphorisme sonore. Là où auparavant les cordes s'épanchaient en larges courbes chantantes et où les instruments à vent étaient mobilisés par bataillons, suffisent à présent quelques intervalles, voire des sons isolés. La forme se réduit à un minimum (l'une des pièces pour orchestre de l'opus 10 ne comprend que sept mesures), mais ce minimum recèle en soi une expression qui, par sa densité, sa couleur et la force de l'émotion qu'elle dégage n'a pas son pareil dans la musique allemande. Ce n'est pas un hasard si la plupart des compositions de ce groupe ne demandent qu'une formation de musique de chambre (quatuor à cordes, violon ou violoncelle avec piano, chant et huit instruments). Même lorsque Webern, durant cette période, compose pour grand orchestre, l'impression d'entendre de la musique de chambre prévaut. Pour Webern, qui vivait à l'écart du monde, dans l'intimité de la nature et de l'œuvre de Goethe, et qui ne pouvait comprendre pourquoi Ravel utilisait les bois par quatre dans *Daphnis et Chloé,* le petit ensemble était au fond le moyen d'expression approprié à sa pensée musicale et l'aphorisme la forme de son langage.

Néanmoins, Webern reconnut lui-même que les miniatures chuchotées et immatérielles des années qui précédèrent la Première Guerre mondiale — qualifiées assez exactement par les contemporains de « musique au bord du silence » — représentaient un danger; qu'elles étaient le signe d'une crise directement provoquée par la perte de la tonalité, et que la voie qui mène à l'expression sténographique des sentiments n'était pas utilisable à la longue. Il fallait chercher une nouvelle discipline, que Webern trouva dans le domaine vocal. Pendant plus de dix ans, il ne compose que des lieder, dans lesquels la voix, conduite en intervalles aventureusement distendus, se soude d'une manière constructive au filigrane enveloppant des instruments accompagnateurs. L'un de ces cycles : *Fünf Canons nach lateinischen Texten (Cinq Canons d'après des textes latins)* montre que le contrepoint réapparaît, et de façon déterminante, dans le monde des formes de Webern. Dans cette deuxième période de sa vie créatrice, il accomplit, avec les *Drei Volkstexte (Trois Textes populaires)*, opus 17, le pas décisif vers la technique dodécaphonique, qu'il utilisera dorénavant de façon constante et enrichira d'apports personnels. Sa musique devient dès lors plus sévère et plus dure. Elle ne perd rien de sa transparence, de cette transparence propre à un certain style de musique de chambre; désormais, celle-ci augmente au contraire, mais la musique tend à l'objectivité et se pare ainsi d'une auréole de logique constructive, qui lui confère l'éclat et la flamme froide du cristal poli. La « mélodie de timbres » de Schönberg, utilisée par Webern déjà dans ses *Pièces pour orchestre*, opus 6, se voit à présent intégrée dans la technique sérielle, et ce, par la division de la série en motifs de deux, trois ou quatre sons et la répartition de ces motifs entre des instruments différents. Webern n'applique d'ailleurs pas le principe sériel à la succession des sons et des timbres seulement, mais l'applique également au rythme et esquisse parfois son application aux intensités.

Le début du *Concerto pour neuf instruments*, opus 24, est caractéristique de cette technique. La série comprend quatre groupes de trois sons chacun, répartis entre le hautbois, la trompette, la flûte et la clarinette. Chaque groupe comprend les intervalles de neuvième mineure et de tierce majeure, et représente le renversement de la récurrence du groupe précédent. Le rythme est articulé de façon sévèrement rationnelle, selon la proportion 1 : 2, l'intensité décroît du *forte* au *piano*. Avec cette organisation totale de tous les éléments de la musique, Webern accède à un nouveau stade de son évolution. Alors que, dans sa période atonale, il n'écrivait aucune note qui ne fût réclamée et justifiée par son besoin d'expression personnelle, il n'écrit plus aucun son, à présent, qui ne soit légitimé par la série ou par ses variations. En même temps, il opère la synthèse de tous les moyens de son langage : le style des lignes brisées, aboutissant au pointillisme, s'associe à une orientation nettement polyphonique; la propension pour les sons harmoniques, les pizziccati et les instruments à vent bouchés devient un moyen de construction qui absorbe, de son côté, les impulsions expressives immédiates des œuvres précédentes et les transcende au niveau de la spiritualité intellectuelle. L'aphorisme cède la place à la recherche de formes plus grandes, mais continue de se manifester dans la facture pointilliste. Étant donné le caractère très particulier que prend la mobilité des éléments de la musique dans les œuvres de la maturité de Webern (je cite comme œuvres importantes, en plus du *Concerto*, opus 24, la *Symphonie*, opus 21, les *Variations pour piano*, opus 27, les *Variations pour orchestre*, opus 30, et les deux *Cantates* sur des textes de Hildegard Jone), cette sorte de tournoiement autour d'un axe en apparence immobile, on a pu comparer ces œuvres avec les mobiles de Calder. « Mobile » est d'ailleurs devenu un mot clef de la jeune avant-garde, qui se réfère au dernier Webern dans la conception de ses structures. Ayant été longtemps considéré comme un *outsider* musical, Webern est actuellement à la source d'une évolution de caractère mondial; mais il faut dire que, dans les conséquences extrêmes des spéculations « aléatoires », cette évolution est déjà en train de se tourner « avec Webern contre Webern ».

LA GÉNÉRATION MOYENNE

La génération moyenne des compositeurs symphoniques en Allemagne — pour revenir au point de départ de nos considérations — a d'abord été sous l'influence de Hindemith. Mais elle ne pouvait rester insensible au grand exemple de Stravinsky et subit depuis peu l'influence de la théorie sérielle, qui tend à conquérir le monde. « Dis-moi comment tu réagis à Webern, et je te dirai qui tu es » — cette phrase résume on ne peut mieux la situation actuelle. Webern est en 1960 ce que Hindemith était en 1930 : le modèle suprême. Et comme toujours, on s'en tient plus à l'aspect technique, et donc tangible, qu'à l'aspect spirituel, c'est-à-dire intangible. Des charretées d'épigones et de surenchérisseurs se réclament périodiquement de Webern, qui apparaissent et disparaissent selon l'humeur de la mode. Mais Webern a déclenché, parmi les natures vraiment douées, un mouvement qui a conduit à une révolution totale et à une organisation entièrement nouvelle de la matière sonore. L'évolution est si rapide qu'il apparaît vain (et d'ailleurs impossible) d'en fixer les différentes étapes. Alors que la détermination absolument rigoureuse de tous les paramètres de la matière sonore était encore prônée il y a peu d'années, une réaction vigoureuse a suivi depuis, avec l'admission, dans la composition, du hasard et de l'improvisation (bien entendu quand même ordonnée dans sa structure). On est également en train de considérer et d'exploiter de façon entièrement nouvelle l'espace acoustique. La machine électronique, hier encore réservée aux expériences de l'ingénieur du son, est devenue la source, pour le musicien, de moyens sonores nouveaux, encore mal maîtrisés d'ailleurs. D'autres développements, d'autres surprises suivront certainement encore. Alors que la vie musicale dans les salles de concert et dans les théâtres lyriques se poursuit comme si rien n'avait changé depuis cinquante ans, l'avant-garde des jeunes compositeurs s'efforce, elle, d'adapter la musique à la réalité du XXe siècle, le siècle du réacteur atomique et des fusées lunaires. Cela est bien, cela est nécessaire.

Mais revenons-en aux faits. L'évolution de Wolfgang Fortner, originaire de Leipzig, est caractéristique de la situation générale. Il commence par écrire de la musique d'église de type polyphonique, oscillant entre la tradition des cantors de Leipzig et la vitalité musicale instinctive de Hindemith. Puis il est conquis par les rythmes complexes et la limpidité sonore de la musique de Stravinsky. Un vent venu de France chasse de ses partitions l'épaisseur du contrepoint. Comme Hindemith, Fortner s'occupe à l'occasion de musique pour amateurs et dirige un orchestre d'étudiants. Jusque-là, sa musique reste néo-classique par la forme et par l'esprit : et c'est le *Concerto pour violon* de 1947, la *Symphonie* de 1947. Aux cours d'été de Darmstadt qui, grâce à leur directeur, Wolfgang Steinecke, deviennent le centre des efforts révolutionnaires de la musique allemande après la fin de la Seconde Guerre mondiale, il entre en contact avec la théorie dodécaphonique. Technique sérielle et structures sonores nouvelles modifient de façon croissante l'aspect fondamental néo-baroque de la musique de Fortner, en l'amenant à des constructions plus raffinées tant dans l'expression que dans la sonorité, mais où l'esprit classique continue cependant à se manifester. Les étapes capitales de ce nouveau style sont : *Phantasie über B. A. C. H. (Fantaisie sur B. A. C. H.)*, 1950, *Mouvements* pour piano et orchestre (1954), *The Creation* (1955), *Impromptus* pour orchestre (1957), *Chant de naissance* (1959). Fortner a travaillé aussi pour la scène. Le ballet *Die weisse Rose (la Rose blanche)* est une des premières œuvres qui résultent de son expérience dans le domaine de la technique dodécaphonique; la tragédie lyrique *Bluthochzeit* (*Noces de sang,* 1957), d'après Federico Garcia Lorca, est une des étapes essentielles de la musique dramatique allemande depuis le *Wozzeck* de Berg. La synthèse puissante et comme instinctive qu'y réalise Fortner entre la musique lyrique fonctionnelle et des passages symphoniques, des fragments en style de chanson et des éclats hautement dramatiques, la parole à fonds musical et la parole non accompagnée tend vers une nouvelle solution des rapports entre le verbe et le son et nécessite en même temps un nouveau type d'interprète, non étroitement spécialisé, familiarisé avec les exigences d'une telle tentative de « théâtre total ».

À côté de Fortner, qui est aussi un remarquable professeur de composition, il faut citer la forte personnalité, très typiquement bavaroise, de Karl Amadeus Hartmann. C'est, en réalité, un autodidacte, sur qui le chef d'orchestre Hermann Scherchen exerça une influence décisive. Hartmann n'a été connu qu'après la guerre, car il ne publia rien entre 1933 et 1945, par aversion pour les nazis. Dans l'une de ses premières œuvres de quelque envergure, le *Simplizissimus,* d'après la célèbre chronique de Grimmelshausen, ce poète de l'époque baroque à tendances sociales accusées, il adopta la forme de l'oratorio scénique, puis se tourna vers la grande forme symphonique, qu'il varie par des apports très personnels, la chargeant d'intensité expressive et d'un message d'une haute valeur morale. Se conformant à la tendance actuelle, Hartmann s'efforce, dans ses dernières symphonies, de la *Ve* à la *VIIe*, de donner une forme rigoureusement construite à ses compactes masses sonores. En fondant et en dirigeant, avec une claire conscience du but à atteindre, les concerts de la « Musica viva » de Munich, Karl Amadeus Hartmann a rendu un service durable à la musique contemporaine, et a infligé un démenti cinglant à la thèse répandue dans le monde entier par les champions du tran-tran musical quotidien, selon laquelle on ne pourrait pas gagner un public avec des programmes exclusivement modernes. Ses manifestations, qui ne présentent que des œuvres contemporaines, sont constamment suivies par plusieurs milliers d'auditeurs enthousiastes.

La malheureuse situation de Berlin a eu pour conséquence la scission de l'ancienne capitale allemande en deux parties d'aspect tout à fait différent, même sur le plan artistique. Tandis que, dans le secteur russe, la vie musicale s'encroûte dans la convention et que les problèmes que pose la musique d'aujourd'hui n'y sont envisagés que sous l'angle des idées politiques qui y règnent, Berlin-Ouest déploie une activité artistique aux aspects très variés, mais où l'avant-garde et le souci d'universalité occupent une très grande place. L'Opéra municipal, d'abord sous la direction de Carl Ebert, devenu, depuis, le « Deutsche Oper Berlin », sous la direction de Gustav Rudolf Sellner, s'est toujours efforcé d'égaler le niveau artistique de l'ancien Opéra national de Prusse, auquel on n'avait jamais renoncé, même pendant la période hitlérienne. Le festival de Berlin, ouvert à tout ce qui est nouveau, s'est acquis une renommée mondiale.

Parmi les compositeurs exerçant leur activité à Berlin, un seul est connu dans le monde musical européen : Boris Blacher. Des compositeurs allemands contemporains, Blacher est celui dont le travail offre le plus d'élégance et d'habileté. C'est un homme très intelligent, qui oscille avec facilité entre la parodie et l'ironie, la gentillesse et la virtuosité. Il est le seul à essayer de continuer et de développer le style de *l'Opéra de quat'sous* de Weill dans ses œuvres scéniques, *Die Flut* (*le Flot,* 1947), *Preussisches Märchen* (*Conte de Prusse,* 1953, inspiré de la célèbre histoire authentique du faux « Capitaine de Köpenick »), suivant, là aussi, une tradition proprement berlinoise. Son œuvre la plus connue est cependant *Abstrakte Oper n*° 1 (*Opéra abstrait n*° *1,* 1953), inspirée d'une idée de Werner Egk, qui constitue un cas unique assez intéressant dans le théâtre lyrique contemporain. Au lieu de s'unir en une action suivie, les scènes, toutes séparées, symbolisent les situations fondamentales de la condition humaine (la peur, l'amour, la panique). Le « texte » chanté est fait de voyelles et de consonnes combinées « abstraitement », c'est-à-dire sans rapport aucun avec des mots ayant un sens. Parmi les œuvres orchestrales, les *Paganini-Variationen (Variations sur un thème de Paganini),* pleines de brio, de charme et d'esprit, et les deux premiers *Concertos* pour piano sont souvent joués.

En vue de donner à ses idées musicales, toujours pleines d'esprit, un fondement de structure, Blacher s'est codifié en 1950 un principe propre, que l'on peut considérer comme une variante des idées rythmiques d'Olivier Messiaen : celui des « mètres variables ». Le changement de mesure y est érigé en principe. L'œuvre musicale est fondée sur une suite de structures métriques, qui sont établies et développées selon les lois de telles séries arithmétiques. Blacher voit dans cette technique, que d'autres compositeurs, comme Karl Amadeus Hartmann par exemple, ont parfois employée, de nouvelles possibilités dans les domaines du rythme et de la forme. Elle s'est révélée particulièrement efficace dans son *Orchester-Ornament (Ornement pour orchestre)*, opus 44, un des morceaux les plus réussis de Blacher; le *IIe Concerto* pour piano et la *Orchester-Fantasie (Fantaisie pour orchestre)* se fondent également sur des « mètres variables ». Son ballet *Hamlet* et la *Studie im pianissimo (Étude en pianissimo)*, cette dernière commande de la ville américaine de Louisville, ont été très favorablement accueillis un peu partout. Dans ses œuvres les plus récentes, *Requiem, Gesänge des Seeräubers O'Rourke und seiner Geliebten Sally Brown (Chants du pirate O'Rourke et de sa maîtresse Sally Brown)*, Blacher s'est tourné vers la technique dodécaphonique et le style pointilliste. C'est là une double conséquence parfaitement logique de la voie suivie jusqu'alors par Blacher, car les « mètres variables » se fondaient, eux aussi, sur une pensée de nature sérielle, et l'écriture brisée, fragmentée, sans cesse entrecoupée de silences du « pointillisme musical », est un prolongement de la tendance à la transparence et à l'aphorisme, tous deux caractéristiques depuis toujours de la musique de Blacher.

L'Autrichien Gottfried von Einem, avec qui Blacher travailla pendant la guerre dans une sorte de cellule de résistance, lui est apparenté par les idées et le talent. Einem est incontestablement très doué pour le théâtre. Comme son compatriote Berg, il choisit des œuvres célèbres du théâtre parlé allemand comme fondements de ses opéras : *Dantons Tod (la Mort de Danton)*, d'après Büchner, 1947, connut un grand succès, qui se renouvela quelques années plus tard avec *Der Prozess (le Procès)*, d'après le roman bien connu de Kafka. Ces deux œuvres furent jouées pour la première fois au festival de Salzbourg, dont la direction s'était enfin rendu compte que même un festival qui se destine principalement à représenter d'une manière exemplaire les chefs-d'œuvre des époques passées ne peut laisser de côté la musique contemporaine. Depuis 1953, Einem a surtout composé des œuvres pour orchestre, qui montrent une écriture aux effets sûrs et une attitude à tendance éclectique.

LA JEUNE GÉNÉRATION

Tournons-nous vers les jeunes compositeurs allemands : Karlheinz Stockhausen, Hans Werner Henze, Giselher Klebe, Bernd Aloys Zimmermann. Ils appartiennent tous à une génération à laquelle il n'a été possible d'entrer en contact avec la « musique nouvelle » véritable, authentique et réellement importante qu'au lendemain de l'effondrement du nazisme. Il est naturel qu'ils aient pris d'abord Hindemith et Stravinsky pour modèle — Stockhausen constituant, à cet égard, une exception. Mais ils prirent bientôt conscience du fait que le traditionalisme polyphonique de Hindemith et le classicisme spiritualisé de Stravinsky ne correspondaient pas à leur besoin d'expression. La technique dodécaphonique d'Arnold Schönberg devient l'outil adopté avec enthousiasme, car il semble promettre autant de possibilités constructives que de moyens d'expression. Mais si la voie jusque-là est commune à tous les jeunes compositeurs, l'outil une fois adopté, les personnalités se séparent nettement.

Hans Werner Henze, le plus éclectique, en un certain sens le plus doué, mais aussi le plus menacé des musiciens de cette génération, a suivi exactement la voie décrite ci-dessus. Après quelques travaux dans l'optique de Stravinsky et de Fortner *(Klavier-Concertino, Concertino pour piano)*, il adopte l'atonalité dans son *Concerto pour violon* (1947), et accomplit ainsi, comme il l'a dit lui-même, la rupture avec toute esthétique de l'objectivité. Il apprend les secrets du dodécaphonisme à Darmstadt, aux cours de René Leibowitz; mais, chose significative, cette technique restera toujours pour lui un instrument, un moyen, ne deviendra jamais un but. Au fond, les compositions de cette époque, comme la cantate surréaliste *Apollo und Hyazintus (Apollon et Hyacinthe)*, l'opéra radiophonique *Ein Landarzt (Un médecin de campagne)* d'après Kafka, et la *IIe Symphonie,* montrent déjà cette tendance aux recherches sonores très fouillées, allant de la beauté voluptueuse du son à ses raffinements les plus éthérés, qui deviendront fondamentales dans ses œuvres plus récentes. La *IIIe Symphonie,* que Henze lui-même a qualifiée de « suite de visions chorégraphiques », inaugure une période où le théâtre lyrique sera mis au tout premier plan. L'activité que Henze déployait à l'époque aux théâtres de Constance et de Wiesbaden n'a pas été sans l'encourager dans ce sens. Comme œuvre capitale de cette période, on peut citer l'opéra *Boulevard Solitude,* nouvelle version surréaliste, au titre original en français, du thème de Manon Lescaut.

Un tournant décisif dans la carrière de Henze a lieu en 1953, lorsqu'il décide de transférer son domicile en Italie. Le contact avec la luminosité, la clarté et le chant du monde méditerranéen entraîne un changement complet d'orientation de sa pensée musicale. Il laisse de côté tout schématisme, de quelque système que ce soit, se détourne des voies bornées tracées par le fanatisme des groupes et des petits cercles d'avant-garde. La simplicité de l'humanisme méditerranéen, le charme et la beauté, au sens traditionnel de ces notions, déterminent à présent son écriture. Cela éclate dans *Ode an den Westwind (Ode au vent d'ouest)* pour violoncelle et orchestre et se confirme dans *Fünf neapolitanische Lieder (Cinq Chants napolitains)* pour voix moyenne et orchestre de chambre, dans *Nachtstücke und Arien (Nocturnes et Airs)* sur des poèmes d'Ingeborg Bachmann, dans l'opéra *König Hirsch (le Roi cerf),* d'après Gozzi, dans *Kammermusik* (*Musique de chambre,* 1958) et dans le ballet *Undine (Ondine)*. A l'avant-garde en 1950, Henze est aujourd'hui un néo-romantique, qui ne renie d'ailleurs pas entièrement ses précédentes étapes (ainsi, le ballet *Undine* utilise encore très librement une série dodécaphonique), mais qui tend à se créer un langage conforme à des goûts personnels d'un grand raffinement, et qui doit également demeurer accessible au public le plus vaste. Cela donne un style doté d'une finesse exquise dans le coloris instrumental, mais tendant aussi à un éclectisme qui, sous des parures orchestrales raffinées, rejoint le jeune Stravinsky, Puccini et Richard Strauss, et retrouve même la douceur mélodieuse de Schubert. Il semble que Henze ait encore à trouver son équilibre entre l'utilisation insouciante de styles d'avant-hier, un savoir-faire considérable et l'essence de sa véritable personnalité.

Giselher Klebe se fit connaître en 1950 par un morceau pour orchestre, *Die Zwitschermaschine (la Machine à pépier),* variations inspirées du tableau de Paul Klee.

Né en 1925 à Mannheim, il a fait ses études musicales à Berlin, avec Josef Rufer, un élève de Schönberg, et avec Boris Blacher. Mais déjà pendant la guerre il a eu l'occasion, dans un cercle où la résistance intellectuelle était à l'honneur, d'étudier des partitions de Schönberg. C'est en composant son *Quatuor à cordes,* opus 9, qu'il découvre « que la technique sérielle de composition offre la possibilité recherchée d'établir un lien optimum entre l'idée, l'expression et la logique de la construction », comme il devait dire lui-même. En même temps, des problèmes mathématiques le captivent, qui se reflètent pour la première fois dans la *Sinfonie für 42 Streicher (Symphonie pour 42 cordes)*. Sa *Symphonie,* opus 16, offre un exemple intéressant de synthèse entre le progrès et la tradition : cette œuvre a pour fondement un « thème dodécaphonique » mozartien (les premières mesures du *Concerto en ut mineur* pour piano, K. 491). Par la suite, Klebe s'engagea de plus en plus dans la voie du néo-expressionnisme; ces dernières années, il s'est tout particulièrement consacré au théâtre lyrique. Son opéra *Die Räuber (les Brigands),* d'après Schiller, a trouvé en Allemagne un grand écho, et fut suivi, en 1959, de *Die tödlichen Wünsche (les Vœux mortels),* d'après *la Peau de chagrin* de Balzac. Quelques semaines après la première représentation de cette œuvre, parut *Die Ermordung Cäsars (l'Assassinat de César),* un acte d'après Shakespeare, où Klebe utilise entre autres les moyens électroniques.

Bernd Aloys Zimmermann, de Cologne, s'intéressa pendant longtemps aux conquêtes de la musique nouvelle, sans pour autant renier son tempérament personnel de musicien. Le premier mouvement de son *Concerto* pour hautbois (1952), bien que composé selon la technique dodécaphonique, porte en exergue, en français, la mention « Hommage à Stravinsky ». Celui qui devait devenir le grand modèle de l'avant-garde allemande et internationale, Anton Webern, se profile derrière le *Concerto* pour violoncelle de 1953 et la musique pour un ballet imaginaire *Perspektiven (Perspectives)* pour deux pianos; dans cette dernière œuvre, surtout, se manifeste la personnalité de Zimmermann, son art de la variété des rythmes et des contrastes d'intensité. *Canto di speranza,* cantate pour violoncelle et orchestre de chambre (1957), inspirée par *Pisan Cantos* de Ezra Pound, réunit la sonorité et la facture des émules de Webern aux principes rythmiques issus de l'isorythmie médiévale et, dans la cantate *Omnia tempus habent,* pour soprano et orchestre, le style de Zimmermann se présente comme un pendant allemand du style de Pierre Boulez.

Karlheinz Stockhausen, avec Henze le compositeur le plus cité sans doute de leur génération, est le seul qui ne se soit pas tourné vers le néo-classicisme au début de sa carrière. Son point de départ, c'est le *Mode de valeurs et d'intensités* de Messiaen, qu'il découvre pendant l'été de 1951. La première œuvre de Stockhausen, *Kreuzspiel (Jeu en croix),* voit le jour quelques semaines plus tard. Au début de 1952, il entre pour environ un an dans la classe d'analyse d'Olivier Messiaen. Il s'ouvre aux idées de Messiaen, si diverses et passionnantes, pour les oublier ensuite, comme il dit; il apprend à connaître, afin de voir quels sont les problèmes de l'art qui n'ont pas encore été pleinement résolus, tant dans le passé que dans le présent. Ce que Stockhausen demande à lui-même et à son œuvre, c'est de réaliser ce qui n'a encore jamais été fait, de conquérir sciemment des terres vierges. De fait, dans presque chacune de ses œuvres composées à ce jour, il envisage un problème différent de la technique de composition, de la manière d'écouter ou d'exécuter, mettant ainsi en évidence l'évolution organique de ses idées, une évolution parvenue aujourd'hui aux antipodes de son point de départ. Cela a peu à voir, cependant, avec des possibilités de mutation dans l'écriture et le style de Stockhausen. L'aspect extérieur de ses partitions a beau se modifier : le fondement de son style reste la musique pointilliste athématique de Webern et le traitement sériel des hauteurs, des intensités et des rythmes. Stockhausen est un musicien qui, dans son travail créateur, se laisse encore guider par des considérations intellectuelles et rationnelles. C'est ainsi qu'il parvient toujours à se poser des problèmes intellectuels que les artistes internationaux les plus importants de sa génération reprennent et développent à leur compte, sans parler des épigones qu'il a déjà.

En 1952, à Paris, Stockhausen composa *Spiel für Orchester (Jeu pour orchestre),* en deux mouvements, qui le fit connaître d'un public très vaste, cette œuvre ayant été jouée dans le courant de l'automne de cette même année au festival de musique contemporaine de Donaueschingen. Cette composition, qui tend à un ordre nouveau de la sonorité dans le temps, laisse deviner les voies que son auteur empruntera plus tard : celle d'un renoncement complet au concept traditionnel de la forme, et celle qui mènera au monde sonore électronique. Dans ce dernier domaine, le *Gesang der Jünglinge im Feuerofen (Chant des adolescents dans la fournaise)* est une réussite; cette œuvre est exemplaire pour l'union de la voix humaine et du son synthétique; et c'est, par-delà ces considérations techniques, une des œuvres les plus révélatrices de talent de toute la jeune génération allemande. Dans le domaine de la musique instrumentale, où il faut citer une série de morceaux pour piano, et surtout les *Kontra-Punkte (Contrepoints)* pour six instruments à vent, deux cordes, piano et harpe, Stockhausen pousse la fixation de tous les éléments de la musique jusqu'à un point extrême, celui où chaque détail de la composition est le résultat de combinaisons exactement calculées et où l'interprète est privé de toute liberté.

Une telle organisation, savamment appliquée à tout le déroulement musical, est guettée par le danger de la rigidité totale. Stockhausen donne, là aussi, la première impulsion pour surmonter l'obstacle : dans ses *Zeitmasse (Mesures du temps)* pour quintette à vent, il accorde à nouveau aux interprètes certaines libertés dans le tempo et réintroduit ainsi un élément restreint d'improvisation dans la musique. L'étape décisive sur cette voie d'un nouvel assouplissement, qui prépare une nouvelle révolution musicale, est le *Klavierstück nº 11 (Pièce pour piano nº 11)*, de 1957. C'est le « hasard guidé » qui est devenu ici l'élément déterminant de la composition : cette pièce comprend un certain nombre de segments, dont l'interprète fixe l'ordre de succession à sa guise, selon l'inspiration du moment. Ainsi la forme n'est plus déterminée à l'avance, mais se recrée, nouvelle, à chaque exécution, et l'exécutant, de simple interprète qu'il pouvait être, devient un collaborateur du créateur, créateur à son tour.

Depuis lors, cette évolution a conduit à l'invention de nouvelles méthodes de notation musicale, comme Stockhausen lui-même en a expérimenté dans son *Zyklus (Cycle)* pour un batteur (1959), et à un mouvement, qui ne se limite d'ailleurs pas à l'Allemagne, qui tient à laisser régner la plus grande « indétermination » dans la composition, annonçant par là une idée de la forme, toute nouvelle pour l'Occident, mais s'exposant aussi au danger du dilettantisme. Au fond, il s'agit pour Stockhausen avant tout de surmonter la situation telle qu'elle se présente « après Webern », d'ouvrir de nouvelles voies en partant de la musique pointilliste, sans pour autant revenir en arrière, et de retrouver la « grande forme » par-delà le style webernien de l'aphorisme. Cette volonté d'atteindre à de plus vastes dimensions apparaît dans les *Gruppen für drei Orchester (Groupes pour trois orchestres)*, 1957, œuvre pour l'exécution de laquelle les trois groupes instrumentaux qu'elle comporte doivent être placés à des endroits différents de la salle, doublant pour l'auditeur le pur événement sonore d'un événement spatial. Sonorité « spatiale » et hasard, grande forme et technique électronique sont les problèmes qui préoccupent actuellement les jeunes compositeurs de beaucoup de pays. Les différentes étapes de cette évolution, qui réserve sans doute encore de nombreuses surprises, l'œuvre de Karlheinz Stockhausen les marque avec une particulière netteté.

LA MUSIQUE MODERNE EN SUISSE ALÉMANIQUE

Comment l'avenir se présente-t-il ? La situation intellectuelle et artistique, qui porta Schönberg à mettre en musique le vers prophétique de Stefan George « Ich fühle Luft von anderen Planeten » (« Je sens un air venu d'autres planètes »), cette situation se renouvelle-t-elle, depuis, sur un autre plan ?

Je ne voudrais pas prendre congé du lecteur sur cette question si lourde d'inconnu. Je préfère ajouter quelques mots sur la musique en Suisse alémanique, que de tels problèmes ont moins effleurée. Liée depuis toujours à la vie musicale allemande par sa structure et son orientation, la Suisse conserve aujourd'hui, dans les manifestations publiques de sa vie musicale, les formes et le décor bourgeois, ébranlés en Allemagne par la guerre et les bouleversements intérieurs. Bien entendu, on y trouve une générosité, une largeur de vues que la société mélomane allemande, groupée dans ses « Philharmonies », devait perdre de plus en plus; et lorsque, après 1933, la vie musicale allemande fut privée de toute étincelle d'esprit moderne, ce fut le théâtre municipal de Zurich qui donna les premières représentations de *Mathis* de Hindemith et de *Lulu* d'Alban Berg; et dans le domaine du théâtre parlé, la Suisse fut pendant toute la période hitlérienne le seul refuge de toutes les forces éprises de liberté.

En Suisse alémanique, la musique nouvelle doit les impulsions les plus fortes qu'elle ait reçues aux efforts infatigables et intrépides de Paul Sacher. Pendant plus de trente années d'activité, Sacher a joué avec son orchestre de chambre de Bâle presque toute la musique nouvelle, et il a remarquablement encouragé la production moderne par ses commandes à Stravinsky, Honegger, Bartok, Martinu, Martin et Hindemith, pour ne citer que les plus grands noms.

Les Suisses alémaniques restèrent jusqu'à la fin de la Première Guerre mondiale sous l'emprise du romantisme allemand. Je pense à Hermann Suter, et à son œuvre principale *le Laudi di S. Francesco d'Assisi,* je pense aussi à Othmar Schœck, musicien plein de sensibilité mais peu intrépide, qui continua la tradition du lied allemand néo-romantique, et qui n'emprunta la voie du progrès qu'une seule fois, avec sa mise en musique de *Penthesilée* de Kleist, qui date de 1927, et a été remaniée une première fois en 1928 et une deuxième fois en 1942.

Arthur Honegger, qui vécut à Paris, est resté une grande figure de la vie musicale française moderne, quoiqu'il fût citoyen de Zurich et bien plus près de la mentalité allemande, de l'esprit d'un Reger et d'un Strauss surtout, qu'on ne se l'imagine d'habitude.

Conrad Beck doit à ses relations amicales, à l'échange intellectuel et artistique avec Arthur Honegger, Jacques Ibert et Albert Roussel, tout comme à ses études chez Nadia Boulanger des impulsions essentielles. Lui-même qualifie les années qu'il vécut à Paris, entre 1922 et 1933, comme ayant été, sur le plan artistique, les plus stimulantes de son existence. C'est vers la fin de cette période, en 1931, qu'il composa *Innominata,* pour orchestre, qui est restée jusqu'à ce jour l'une de ses partitions les plus caractéristiques. Depuis, Beck a beaucoup composé, et dans tous les genres, excepté l'opéra. Signalons comme points culminants sept symphonies et plusieurs oratorios, parmi lesquels *Der Tod zu Basel (la Mort à Bâle)*, 1952, fut particulièrement remarqué.

Le travail du compositeur, a dit Beck un jour, connaît des périodes de caractère opposé. Tantôt, c'est l'accentuation des contrastes et de la tension générale, tantôt c'est l'apaisement de la simplicité qui est recherché. Les traits caractéristiques de la personnalité de Beck sont aussi contrastés que ces tendances générales. On pourrait les considérer comme provenant, les unes de l'influence allemande, les autres de l'influence française, qu'il a tour à tour subies. Un penchant prononcé pour une expression intériorisée, comme tissée de réflexions mélancoliques indéfiniment ressassées, et se traduisant dans une écriture polyphonique tellement serrée que les éléments mélodiques qui la constituent paraissent s'imbriquer les uns dans les autres comme autant de roues dentées, se trouve compensé par un sens très français de la clarté formelle et d'une très fine vivacité des rythmes. L'idée fondamentale d'une œuvre n'a pas pour Beck de valeur en soi, mais sert aussitôt de moteur à des développements très complets. Beck place le dessin en quelque sorte abstrait d'une idée musicale au-dessus de la couleur; c'est pourquoi certaines de ses œuvres de musique de chambre ont fait impression à l'égal de ses œuvres pour chœurs et pour orchestre; je pense en particulier à la *Cantate* de chambre sur des paroles de Louise Labé, composée en 1937.

Depuis 1939, Beck est directeur de la section musicale du studio bâlois de la radiodiffusion suisse; en cette qualité, et sans oublier d'apporter tous ses soins au maintien vivant des traditions alémaniques, il a su mettre au service de la musique un esprit avancé d'une exemplaire générosité.

Heinrich Sutermeister, sans doute très doué pour le théâtre lyrique, est un élève de Carl Orff; il débuta de façon très prometteuse avec *Romeo und Julia (Roméo et Juliette)*, 1939, et *Die Zauberinsel (l'Île des magiciens)*, 1942, inspirés de Shakespeare, mais se confina ensuite dans une convention qui semble lui suffire depuis. Citons, parmi ses opéras récents, *Raskolnikoff* (1948) et *Titus Feuerfuchs* (1957).

Rolf Liebermann connut une ascension rapide après la guerre, surtout avec *Leonore 40/45*, opéra de la fraternisation franco-allemande, au livret bilingue de Heinrich Strobel, qui raconte en une suite de tableaux réalistes et ironiques à la fois, traités à la manière des comédies féeriques viennoises, les amours d'un soldat allemand et d'une jeune fille française. Liebermann est issu du cercle de Hermann Scherchen et se sert de la technique dodécaphonique avec autant de liberté que de sens théâtral, comme le montrent ces réussites brillantes que sont l'opera semiseria *Penelope* et l'opéra *Die Schule der Frauen (l'École des femmes)*, également sur des livrets de Heinrich Strobel. Ironie et sens de la délicatesse, jeu linéaire dans le goût de la musique de chambre et puissance dramatique s'unissent dans sa musique, qui accorde plus d'importance à la « clarté » et au « faire plaisir » qu'à l'application fanatique d'un système, est moderne sans vouloir à tout prix être neuve, et possède la rare faculté d'agir directement sur le public. Comme compositeur de musique instrumentale, Liebermann a également enregistré beaucoup de succès. Signalons le *Furioso* pour orchestre, fréquemment joué, mais surtout son *Concerto for Jazzband and Symphony Orchestra,* une sorte de concerto grosso pour les deux formations sonores numériquement inégales et tellement différentes comme esprit et comme style de la vie musicale actuelle, où Liebermann réussit à réunir *l'al fresco* symphonique à des danses modernes, pour faire de l'ensemble l'un des plus grands succès de l'après-guerre.

En dehors de ses qualités de compositeur, Liebermann possède le don de l'organisation au plus haut degré. Pendant de longues années, il continua à la Radio de la Suisse alémanique, avec autant d'adresse que d'énergie, l'œuvre que Scherchen avait entreprise en faveur de la musique nouvelle, et y fit notamment exécuter l'oratorio *Thyl Claes* de son professeur Wladimir Vogel. En 1957, il fut appelé à la direction de la section musicale de la Radio de Hambourg et, au début de la saison 1959-1960, à la direction de l'Opéra d'État de Hambourg, où la première représentation du nouvel opéra de Hans Werner Henze, *le Prince de Hombourg* (d'après Kleist) eut lieu en mai 1960.

Le Bâlois Jacques Wildberger est, comme Rolf Liebermann, élève de Wladimir Vogel. Après avoir occupé le poste terriblement épuisant de co-répétiteur au Théâtre municipal de Bâle, Wildberger est titulaire, depuis 1959, d'une chaire à l'École supérieure de musique de Karlsruhe; il représente la Suisse dans les milieux internationaux d'avant-garde. Ses points de départ sont la « mélodie de timbres » de Schönberg, le pointillisme de Webern, et les « mètres variables » de Boris Blacher, comme le montre une de ses premières et meilleures compositions, les *Tre Mutazioni,* pour orchestre de chambre (1953). Son aptitude à la logique formelle et à l'expression puissante, liées à une écriture transparente, se confirme dans *Intensio — Centrum — Remissio* (1958) pour orchestre, et dans une cantate d'après des haï-kaï japonais (1959).

A côté de Wildberger, c'est surtout Arnim Schibler qui jouit d'une réputation bien établie. C'est un chercheur, que préoccupent aussi bien Bach, Vivaldi, la technique sérielle que *le Sacre du printemps,* qui tente une synthèse des éléments les plus divers et qui est l'auteur d'un ensemble de compositions manquant un peu d'unité, mais assez important quant au nombre, ensemble dont la variété s'étend du petit morceau éducatif pour piano à l'opéra, et du quatuor à cordes à la symphonie et à la cantate.

Comme je l'ai déjà indiqué, Liebermann et Wildberger doivent beaucoup à un musicien qui, bien que né en Russie, mais vivant depuis de longues années en Suisse romanche, entre dans le cadre de cette étude : il s'agit de Wladimir Vogel, artiste à qui l'impétuosité révolutionnaire est aussi étrangère que l'orthodoxie. Sa nature le pousse à rechercher la synthèse, la liaison organique du romantisme et du modernisme. En Russie, il fut captivé par l'esthétique de Scriabine; après la Première Guerre mondiale, il apprit à connaître, chez Busoni, à Berlin, l'idéal complètement différent de la « jeune classicité ». Pendant de longues années, il chercha à obtenir la fusion de ces deux principes contradictoires, auxquels s'ajoutèrent d'ailleurs des influences du Schönberg des années 25 à 30. Les *Zwei Etüden für Orchester (Deux Études pour orchestre),* qui montrent un sens éveillé pour une écriture orchestrale variée et aux résultats sonores excellents, connurent en 1931 un grand succès. Deux ans plus tard, les nazis le chassent d'Allemagne et, après des étapes intermédiaires à Paris et à Strasbourg, Vogel s'établit à

Ascona, où il vit actuellement. Si l'oratorio *Wagadu's Untergang durch die Eitelkeit (Chute de Wagadu par la vanité)*, 1930 annonçait déjà, par l'organisation entièrement « logique » de sa structure, la voie qui, par-delà Scriabine et Busoni, mène à Schönberg, le *Concerto* pour violon de 1937 accomplit le pas décisif vers l'école viennoise, par l'utilisation de la technique dodécaphonique. Mais naturellement, Vogel utilise le dodécaphonisme sans l'intransigeance de Schönberg et de Webern. On pourrait plutôt mettre Vogel en parallèle avec Alban Berg, dont il a d'ailleurs célébré la mémoire par une *Épitaphe* pour piano.

Plus encore que ses œuvres pour orchestre, toujours adroites, expressives et riches en couleurs, ce sont les œuvres où Vogel met au premier plan le problème si complexe des rapports entre le verbe et le son qui ont fait sensation. L'alternance fluctuante entre le mot chanté et le mot parlé est déjà présente dans *Wagadu,* se poursuit dans le grand oratorio en deux parties *Thyl Claes* (1937-1945), se rapproche du style des chansonniers dans *Arpiade,* d'après des poèmes de Hans Arp (1955), et devient vision religieuse dans *Jona ging doch nach Ninive (Jonas se rendit tout de même à Ninive)*, 1957. La dernière en date des œuvres de Vogel a été intitulée par lui *Sinfonia* pour double chœur parlé et voix de soliste : il y « met en musique » à sa façon le célèbre *Lied von der Glocke (Chant de la cloche)* de Schiller.

Heinrich STROBEL.

BIBLIOGRAPHIE

BRAUNER, R. F., *La musique moderne en Autriche,* Vienne, 1948.

HINDEMITH, P., *A Composer's World : Horizons and Limitations,* Cambridge (Mass.), 1952.

KRENEK, E., *Portrait de lui-même,* Zurich, 1948.

LAUX, K., *Musique et Musiciens contemporains,* 1er vol., *L'Allemagne,* Essen, 1949.

LEIBOWITZ, R., *Schönberg et son école ; l'étape contemporaine du langage musical,* Paris, 1947.

REDLICH, H. F., *Alban Berg, Versuch einer Wurdigung,* Vienne, 1957.

REICH, W., *Alban Berg,* Vienne, 1937.
SCHOENBERG, A., *Style and Idea,* Londres, 1950.
SCHÖNBERG, A., *Briefe,* Mayence, 1958.
SCHUH, W., *Zeitgenössische Musik,* Zurich, 1947.
STROBEL, H., *Paul Hindemith,* Mayence, 1948.
STUCKENSCHMIDT, H. H., *Arnold Schönberg,* Zurich, 1951.
STUCKENSCHMIDT, H. H., *Neue Musik (zwischen den beiden Kriegen),* Berlin, 1951.
WÖRNER, K. H., *Neue Musik in der Entscheidung,* Mayence, 1954.
« Melos », revue de musique moderne, Mayence, 1921-1933. A reparu en 1945.
« Die Reihe », revue de musique sérielle, Vienne, 1955...

LA MUSIQUE DANS LES RÉPUBLIQUES POPULAIRES

On a cru devoir réunir ici l'étude des tendances musicales d'un certain nombre de pays « de l'Est européen », non certes en raison de leur situation géographique (l'Est commencerait-il sur l'Elbe plutôt que sur l'Oder, le Rhin ou la Vistule ?) mais en raison d'une classification « politique »; les gouvernements de ces pays se sont donné pour tâche de les conduire vers une organisation socialiste, puis communiste, adoptant, entre autres, d'identiques principes d'orientation culturelle. Il ne saurait être question cependant de confondre, anonymes et uniformes dans une même masse, des pays qui, au point de départ de cette étude, offrent des données économiques et culturelles très différentes sinon opposées. Il ne saurait guère y avoir de commune mesure entre l'Albanie, sortant à peine d'une organisation médiévale, et la Tchécoslovaquie déjà industrialisée, entre l'Union soviétique stabilisée quoique multiple et l'Allemagne à la recherche de sa réunification, entre la Tchécoslovaquie restée slave et la Bulgarie très fortement marquée d'influence balkanique ou encore la Roumanie, pays latin, entre l'Allemagne au lourd passé musical et l'Albanie sans aucune tradition de musique savante. Les similitudes sont dans les principes des efforts tentés, en particulier dans le souci du niveau culturel du plus grand nombre. Dans la plupart de ces pays, la culture que nous pourrions dire classique (ancienne ou contemporaine) par rapport à celle que représente le folklore est un bien encore en voie de conquête par les masses populaires. Aussi ne serait-il pas équitable de porter sur l'activité musicale de ces pays un jugement fondé sur les critères auxquels sont habitués des pays comme la France ou l'Allemagne où la création artistique savante, ses techniques, ses styles, ses traditions ont pu se développer sans discontinuité depuis des siècles et s'introduire quelque peu dans le bagage musical de tout un chacun. De même devrait-on peut-être ne pas s'en tenir à notre inclination à juger des productions en soi et tenir compte du fait que dans ces pays les circonstances de la production et la réceptivité supposée des destinataires importent au plus haut point. Comme cela s'est produit déjà dans l'histoire de la musique, à certains niveaux, à certaines époques d'un développement, la possible valeur en soi d'une création compte moins que ce qu'elle peut représenter d'avenirs possibles. La création isolée, de même, compte moins que le niveau culturel général. Plus encore qu'un bien à conquérir, la culture est considérée dans ces pays comme une « arme » pouvant hâter l'heure de l'émancipation recherchée sur tous les plans. C'est dire la très grande importance que l'on y attache. Cette double attitude dicte la primauté conférée à la satisfaction des besoins culturels des masses et la considération de ces masses comme source des génies musicaux de demain. Aussi y est-il difficile désormais d'isoler le compositeur et sa personnalité de l'ensemble du mouvement musical populaire comme de la situation générale du pays.

UNION SOVIÉTIQUE

L'Union soviétique est le premier des pays socialistes modernes à qui se soient posés des problèmes d'esthétique nouveaux et qui ait tenté de les résoudre. Son évolution, à cet égard, est des plus instructives.

Dans l'enthousiasme des premières années de la révolution, puis dans les années qui suivirent la Grande Guerre (où les compositeurs renouèrent avec les courants musicaux de l'Europe occidentale), la plupart des musiciens russes s'adonnèrent à un « naturalisme » — où les bruits de machines l'emportaient musicalement sur les sentiments de l'ouvrier — et aux techniques « d'avant-garde » les plus récentes. Dans le même temps on assistait aux manifestations du « futurisme » en littérature et du « constructivisme » en peinture. A la veille de la Seconde Guerre mondiale, cependant, de nouvelles lignes de force de la création musicale s'étaient dégagées. En témoignent des œuvres comme la *Ve Symphonie*, au lyrisme tendu, de Chostakovitch (1937) ou son *Quintette* (1940) au langage très dépouillé; la Symphonie avec chœur dite *Poème à Staline* (1938) et le *Concerto* pour violon et orchestre (1940) de Khatchaturian, dans un langage très coloré d'intonations, de sonorités et de rythmes arméniens; ou bien encore les *Sonates* pour piano Nos 6 et 7 (1940), classiques et acerbes, et le dramatique *Alexandre Nevsky* (1938) de Serge Prokofiev. Toutes ces œuvres s'inscrivaient dans une optique commune dont l'analyse révèle un souci essentiel de la chose dite, du « contenu », lui-même régi par le principe fondamental de l'indispensable nécessité pour les masses et l'artiste de s'émouvoir aux mêmes sources; le souci aussi d'un langage qui, malgré ses recherches, soit accessible à des masses ouvrières et paysannes qui n'avaient pratiqué jusque-là que leur folklore et accédaient pour la première fois à la musique « savante ». Ce souci impliquait lui-même une référence aux intonations nationales. Ce nouvel aspect de la création musicale se référait d'ailleurs à diverses déclarations de principe : « L'art appartient au peuple. Il doit plonger ses racines les plus profondes dans les masses ouvrières les plus larges. Il doit être compris et aimé par elles. Il doit les unir et les élever dans leurs sentiments, leurs pensées et leur volonté. » (Lénine à Clara Zetkine.)

Ce faisant, les compositeurs renouaient avec la double tradition de la musique russe. Sur le plan des idées, une tension dynamique vers l'avenir, de généreuses aspirations sociales, une volonté d'être proches du peuple, qu'avaient manifestées, à des degrés et par des moyens divers, les plus grands classiques, de Glinka à Rimsky-Korsakov, non sans subir les rigueurs de l'autorité ou des personnes en place. Sur le plan du langage, c'était une nouvelle référence à la déclaration de Glinka : « J'ai voulu unir notre chant populaire avec la bonne vieille fugue d'Occident. » De Glinka aux contemporains la filiation était d'ailleurs très directe, par Balakirev, « le fils musical », et son « Groupe des Cinq ». La génération qui les suit est déjà celle des compositeurs soviétiques : Miaskovsky, puis Prokofiev, élèves de Rimsky-Korsakov; Glière, élève de Tanéev, disciple de

Rimsky. Ceux-ci forment à leur tour la génération des Chostakovitch, Kabalevsky, Khatchaturian. Par Tanéev s'établit une filiation parallèle reliant ces compositeurs à Tchaïkovsky d'un côté, à Rachmaninov de l'autre.

On ne saurait retracer pleinement le mouvement musical soviétique sans insister aussi sur l'importance énorme que joue dans ce pays l'effort de démocratisation de la culture musicale tant par la multiplicité des écoles de musique, conservatoires, orchestres professionnels et troupes d'opéra dans chaque ville de quelque importance, que par les innombrables sociétés d'amateurs, sociétés folkloriques, orchestres populaires, chorales des campagnes comme des villes. Il y a là une multitude d'artistes à la disposition de qui tous les moyens matériels et pédagogiques sont toujours mis pour se perfectionner et, le cas échéant, devenir professionnels. C'est ainsi que se crée pour la musique « sérieuse » un public de plus en plus nombreux et un niveau musical général toujours mieux apte à percevoir le message des compositeurs. Ce fait répond aussi à une déclaration de principe du marxisme-léninisme : la mise en commun des ressources économiques doit permettre à chacun d'accéder à la culture « garantissant l'épanouissement, et l'exercice libre et complet des dispositions physiques et intellectuelles » faisant que « qui porte en soi un Raphaël puisse se développer librement ».

Le compositeur, dans le contexte d'une telle esthétique et d'un tel mouvement culturel, va se trouver intégré à la vie quotidienne de son pays. Son œuvre en sera marquée. Ainsi la guerre se reflétera-t-elle dans la production musicale. En 1942, parurent la *VIIe Symphonie* dite *Léningrad* de Chostakovitch, la suite pour orchestre, *1941*, de Prokofiev; en 1943, les cantates de Kabalevsky *la Grande Patrie* et *les Vengeurs du peuple*, à quoi s'ajouta en 1943 l'opéra *Au feu (Devant Moscou)* tandis que Prokofiev écrivait la *Ballade pour un enfant inconnu ;* en 1943, la *IIe Symphonie* de Khatchaturian et en 1945, l'*Ode à la fin de la guerre* de Prokofiev, pour ne citer que quelques œuvres. Par contre, les années suivantes virent un regain d'œuvres à programme moins précis : concertos, musique de chambre.

En 1948 fut présenté l'opéra de Mouradeli *la Grande Amitié*. Le livret en fut jugé historiquement erroné.

Les thèmes musicaux soulignant la présence sur scène et soutenant les danses des différents peuples en jeu (Ossètes, Lesghiens, Géorgiens, Cosaques) ne semblèrent en rien rappeler les mélodies populaires bien connues de ces peuples. Ce fut l'occasion pour Andreï Jdanov de rappeler, au cours d'une conférence des musiciens soviétiques, les composantes du « réalisme » : un contenu fidèle à la réalité soviétique et principalement dans ce qu'elle peut avoir de plus dynamique; un langage accessible, chantant, d'une haute maîtrise professionnelle, tenant compte de l'héritage classique ainsi que des caractéristiques nationales et populaires de chaque peuple. C'est en manière de réponse à cette intervention que Chostakovitch écrivit, en 1949, l'oratorio *le Chant des forêts*. Son sujet : l'entreprise de transformation de la nature qu'est la régénération des terres désertiques par la plantation de milliers de kilomètres de bandes forestières de protection. Le langage en est extrêmement « classique ». Après quoi d'ailleurs il composa, en 1951, *Vingt-quatre Préludes et Fugues* pour le piano à la manière de J.-S. Bach. En 1951 parut l'opéra de Chaporine *les Décembristes* sur le mouvement révolutionnaire de décembre 1825; et en 1950 l'oratorio *la Garde de la paix* de Serge Prokofiev.

Quelques passages de l'intervention de Jdanov se virent différemment interprétés. Quelques-uns crurent qu'il suffirait désormais de construire des œuvres musicales en prenant pour matériau de base les mélodies folkloriques elles-mêmes. Ce n'était envisager que l'aspect extérieur des choses; ce fut un nouveau « formalisme ». Le thème folklorique, utilisé à l'état brut, n'a de raison d'être, dans une œuvre de musique « savante », que s'il est chargé par tout un peuple d'une valeur expressive, intellectuelle et émotive très précise. Ainsi, pour certains pays, le *Dies irae* ou le thème de *la Marseillaise*. Ainsi Chostakovitch réutilisant, dans le finale du *Chant des forêts,* le thème d'une chanson pour la paix, écrite par lui antérieurement et devenue très populaire. Le chant de gloire à la réalisation du plan de reboisement s'accompagnait donc naturellement de l'idée de paix inhérente pour tous à la mélodie utilisée... Ainsi en 1957 la monumentale *XI*^e^ *Symphonie* sera construite sur des thèmes de la révolution de 1905; et en 1960 le *VIII*^e^ *Quatuor* op. 110

reprendra des thèmes identiques mêlés à certains thèmes antérieurs du compositeur même. De son côté, Arno Babadjanian déclarait, à propos de son *Trio* pour violon, violoncelle et piano : « Je ne peux nullement être d'accord avec les compositeurs qui tendent à simplifier l'art en vue de le mettre soi-disant à la portée de tous. Le secret de la rentabilité n'est pas dans le simplisme mais dans la simplicité, la sincérité, l'humanité de la musique exprimant les plus grandes idées de notre temps... La transcription exacte des chansons populaires ou leurs intonations sans la compréhension de l'âme du peuple ne donne qu'un aspect extérieur et non une œuvre nationale véritable. »

Le problème posé par la thèse de l'accessibilité de l'œuvre d'art à la compréhension des masses a sans doute bloqué, pour une part, l'évolution de la musique soviétique, au sens où nous entendons ce terme : évolution du langage et des moyens sonores. De fait, en juillet 1960, G. Kogan dans « Musique soviétique » rappelait que si le problème était moins crucial en littérature, c'est qu'à l'école « tout un chacun a appris à lire et à écrire... et à rédiger de petites compositions », ce qui est moins répandu pour l'écriture, la composition et l'histoire musicales.

Arguant des interventions de Jdanov et partant du principe que leur pays fait de l'épanouissement des facultés humaines son but essentiel, que l'homme ne s'y oppose plus à l'homme ni à la société, que les manifestations les plus diverses du génie humain s'épanouissent dans la joie et l'enthousiasme, d'autres compositeurs émirent la théorie de « l'absence de conflit ». Et l'on assista à une floraison d'œuvres claironnant un optimisme béat. Si ce style marqua pendant un temps d'une empreinte particulière les œuvres courtes et nécessairement dynamiques que doivent être les chants de masse, de victoire ou de vision glorieuse de l'avenir, il n'apporta rien dans le domaine des grandes formes. Le vrai réalisme était encore ailleurs. Les drames personnels, la douleur humaine ne peuvent être entièrement supprimés. L'erreur et le doute comme la joie et l'espoir sont toujours en tout homme, à cette différence que, si la société est harmonieuse et fraternelle, les éléments positifs le peuvent emporter plus aisément. C'est une telle réponse que proposa, musicalement, Chostakovitch en écrivant, en 1953, sa *Xe Symphonie ;* symphonie aux résonances très personnelles, pleine d'angoisse comme de dynamisme heureux, en un langage très différent de celui du *Chant des forêts,* sans crainte d'audaces d'écriture.

Cependant paraît une nouvelle génération de compositeurs. Certes ils restent fidèles aux traditions musicales russes. Pourtant l'on découvre dans *le Petit Cheval bossu,* ballet de Rodion Chtédrine, plus que celle de Rimsky-Korsakov ou de Tchaïkovsky, une influence du meilleur Prokofiev et même du Stravinsky des premières années. On remarque également dans certains passages du *Concerto* pour violon et orchestre d'Andreï Echpaï un souffle nouveau tant dans la rythmique que dans l'intonation et l'harmonie. Ainsi les tendances de la création musicale soviétique semblent-elles venir moins de l'opposition des moyens d'expression divers que du développement, avec ses fluctuations d'optique (réagissant naturellement sur la technique du langage) d'une esthétique concertée.

ALBANIE

La petite Albanie, trop souvent oubliée, est sans doute actuellement en Europe le dernier pays qui nous soit un vivant témoignage de la façon dont une nation peut naître à la « grande musique », elle qui n'a en ce domaine aucune tradition.

C'était un pays resté médiéval, dit « de princes charmants ». Il comptait, en 1936, 80 % d'analphabètes, n'avait aucun musée ni conservatoire d'État. En 1938 il ne dénombrait qu'un seul orchestre, trois chorales et trois fanfares. Le peuple cependant cultivait un trésor musical, resté partie intégrante de sa vie quotidienne, contrairement à ce qu'il pouvait représenter pour les princes qui avaient adhéré, eux seuls, à un mode de vie et à des conceptions « modernes » et forcément encore étrangères. La vie musicale de l'Albanie se perpétuait dans l'infinie richesse des danses et des chants transmis et enrichis de bouche à oreille, expression de la vie et survivance de la culture des antiques civilisations qui s'étaient épanouies sur ce territoire : chants épiques des héros populaires, chants nostalgiques de l'émigration, chants élégiaques de la nature et de l'amour. Tandis que les villes commerçantes subissaient la double influence de l'Orient et de l'Occident, faisaient connaissance avec des instruments tels que le violon et la guitare, les campagnes paysannes conservaient plus purs deux types archaïques de civilisation : le créto-mycénien et le thraco-illyrien.

Diverses suivant les régions (modes archaïques, rythmique extrêmement riche, chants en solo sous l'impulsion d'un coryphée), ces richesses pouvaient être la base d'un nouvel essor de création musicale. Encore fallait-il leur permettre de déboucher sur un monde plus vaste que leur petit coin de terre ou leur échoppe; encore fallait-il donner aux chantres, aux instrumentistes, aux bardes populaires la possibilité de perfectionner leurs techniques, de prendre connaissance de techniques encore inconnues; encore fallait-il donner à l'intelligentsia locale la possibilité d'atteindre un public plus large et plus vivant que celui des petits cercles privés. Ce n'est qu'à la fin de la guerre que cela devint possible.

Base de tout développement intellectuel, la suppression de l'analphabétisme fut le premier objectif que se fixa le gouvernement populaire. Pour parfaire leurs connaissances, les étudiants furent envoyés en U.R.S.S. et en diverses républiques populaires. Les premiers instituts d'enseignement supérieur furent ouverts, parmi lesquels un « Lycée des arts » à Tirana, des missions folkloriques envoyées à travers le pays, des « Maisons de la culture » ouvertes dans les principales agglomérations. Un musée d'archéologie et d'ethnographie fut organisé, un « Institut philharmonique albanais » créé, comprenant un orchestre, une chorale et un groupe de danse. En 1950 fonctionnaient déjà : 313 groupes choraux, 40 orchestres, 20 groupes de ballet, 31 groupes de danse, 440 groupes musicaux d'amateurs.

Les jeunes compositeurs albanais allèrent compléter leurs études techniques et esthétiques en Union soviétique. Leurs œuvres cherchent à exprimer les réalités de la vie nouvelle de leur peuple. Ce sont avant tout des « chants de masse », des symphonies et des oratorios de circonstance (les enfants, les héros de la libération, la construction, la première ligne de chemin de fer...). Sur le plan du langage, ils se sont mis à l'école de Glinka comme à celle des compositeurs soviétiques. Il serait présomptueux de leur reprocher de n'en avoir pas encore dégagé leur personnalité. Moniuszko et Glinka, chacun en leurs premiers opéras « nationaux », et malgré leur volonté de rupture, ne furent-ils pas encore proches de la musique italienne ?

Citons trois centres culturels importants : Kortcha, Shkodra et Tirana; le chef d'orchestre de la Philharmonie d'État : Mustafa Krantia; les compositeurs Dheri, Jakova, Kono, Leka, Pelingu, Trako, qui assument la lourde charge de faire naître l'Albanie au monde de la musique « savante ».

BULGARIE

A la différence de l'Albanie, la Bulgarie a connu, elle, une période de grande culture à une époque relativement récente. L'âge d'or de la littérature bulgare se situe en effet aux IXe et Xe siècles. Mais le joug politique turc qui lui succéda eut pour conséquence l'anéantissement de tout mouvement culturel autonome. Ce joug, dont les débuts coïncidèrent avec l'aube de la Renaissance occidentale, devait durer cinq siècles. Dès lors la nation ignora tout de la musique « savante »; tout du préclassicisme, du classicisme et du romantisme occidentaux. Lorsqu'en 1877 commença la libération, la musique occidentale pénétra grâce à des musiciens tchèques qui furent les premiers à être chefs d'orchestre ou professeurs dans les écoles secondaires. Ce sont eux qui posèrent alors les bases d'une nouvelle vie musicale bulgare. A la veille de la seconde guerre mondiale le mouvement musical était encore restreint : on ne comptait qu'un seul orchestre symphonique d'État, aucune aide pour la culture musicale populaire. Pancho Vladiguerov, après des études à Berlin, était le premier compositeur bulgare de valeur. Ses œuvres prenaient appui sur les thèmes folkloriques nationaux passés au prisme du post-romantisme allemand.

Dès septembre 1944, le nouveau gouvernement consacre un effort important aux activités musicales tant professionnelles que folkloriques. En 1951, on comptait déjà huit orchestres symphoniques d'État qui, hors des programmes ordinaires dans leurs villes, allaient donner des concerts d'éducation dans les usines et les fermes coopératives. Les spectacles de ballet et d'opéra eurent partout un rapide succès. En 1950, trois villes de province avaient déjà créé leur propre opéra.

En 1948, les déclarations de Jdanov eurent une assez grande répercussion sur la création musicale bulgare, dans le sens d'une production accrue de chants de masse, comme dans le sens d'une folklorisation de la musique savante. Il est vrai que le folklore bulgare, extraordinairement riche, peut donner à cette musique un souffle très particulier. Les rythmes surtout en sont d'une variété infinie. Souvent impairs, ils s'organisent à partir d'une unité de temps rapide (environ 320-350 du métronome, transcrits en notation moderne par la double-croche). Les mesures ne sont alors que le regroupement d'un certain nombre de figures brèves. Ce peut être là la base d'une très grande liberté rythmique, d'une richesse, sinon même d'une complexité naturelles. Philip Koutev a tenté dans sa *Symphonie de danses* l'utilisation de tels rythmes dans une musique « savante ». Et si l'on peut regretter qu'il ne se soit pas laissé aller à un libre développement, s'en tenant assez strictement au matériau originel, il n'en a pas moins montré là une voie des plus intéressantes. Certaines danses bulgares ont une pulsation et un mouvement général si vertigineux que l'on a pu dire que les danseurs bulgares sont les plus « rapides » du monde. Toute cette richesse nous est révélée d'une façon vivante par l' « Ensemble de chants et de danses de la République bulgare Philip Koutev », d'un niveau technique et artistique qui en font sans doute le meilleur ensemble de ce genre au monde.

La nouvelle école bulgare est très jeune. Son doyen, Pancho Vladiguerov, toujours très dynamique, est né en 1899. Son *IIIe Concerto* pour piano op. 36 est l'œuvre concertante bulgare la plus jouée et son *Ouverture héroïque « 9 septembre »* op. 44 est des plus célèbres. De tous les compositeurs, nombreux déjà, Liubomir Pipkov, qui fut élève de Nadia Boulanger, est sans doute celui qui a su le mieux dégager un langage personnel, tout en assimilant les données du folklore et l'esprit même du peuple bulgare. C'est à lui que la musique bulgare doit son premier quatuor comme son premier oratorio. Donnons pour exemples l'opéra *Momtchil* (1948), le *Concerto* pour violon et orchestre (1952) et le *IIe Quatuor à cordes* (1948). Beaucoup, par contre, en sont encore au stade de la fresque ou de la rhapsodie folkloriques. Tous, dans leurs œuvres orchestrales, utilisent avec la joie que procurent les acquisitions récentes, le grand orchestre avec les bois par trois et les autres groupes en conséquence. Citons encore Marin Goleminov dont le *IIIe Quatuor à cordes* dit *Vieux Bulgare* (1944) révèle une émotion profonde; Karastoïanov qui a su écrire des chants de masse parmi les plus réussis, à caractère vraiment national; Vesselin Stoïanov, directeur de l'Opéra de Sofia depuis 1954 et dont *Pierre le rusé,* un opéra, fut particulièrement remarqué; Christo Manolov dont le ballet *le Dragon et Jana* fut monté avec succès en 1958; Jivka Klinkova qui montre une très grande habileté dans l'harmonisation des chants folkloriques.

ROUMANIE

Si l'Albanie naît à la musique savante, si la Bulgarie reconstruit les assises d'une tradition nationale, la Roumanie est en avance sur elles, car elle a pratiqué la musique savante depuis plus longtemps, et d'une façon continue. Après un long cheminement à travers le vieux fonds folklorique, la musique religieuse de la fin de notre Moyen âge, les musiques de danse de Vienne et de Paris à la mode au XVIIIe siècle, ainsi que les enseignements de professeurs français et italiens, les études, au XIXe siècle, de Gavriil Musicescu, ses transcriptions et ses harmonisations, qui furent les premières du folklore roumain, les influences des écoles de Vienne et de Paris enfin, la Roumanie trouva en Georges Enesco son grand classique. On en put voir l'affirmation lorsqu'en mai 1936 son *Œdipe* fut monté par l'Opéra de Paris. D'une dizaine d'années plus jeunes, Michel Jora et Michel Andricu furent les deux autres personnalités qui contribuèrent au renouveau de la musique roumaine.

Avant la guerre, les jeunes compositeurs, leurs études terminées au conservatoire de Bucarest, allaient se perfectionner à Dresde, à Leipzig ou à Paris. C'est dire les courants divers qu'ils pouvaient étudier. Depuis la seconde guerre mondiale, les circonstances politiques les ont amenés à se replier quelque peu sur eux-mêmes; tous ont travaillé auprès de Michel Jora. Ce leur fut l'occasion d'approfondir les problèmes du nationalisme en musique.

Depuis la libération, un intérêt accru a été porté au folklore. L'Institut du folklore roumain à Bucarest, sous la direction de Paul Constantinescu, est sans doute un des plus riches d'Europe. Et cet intérêt ne s'est pas borné à une simple conservation ou codification d'airs anciens. Fait particulier, il a stimulé une création constante de chansons nouvelles, non écrites, par des chanteurs populaires (tels d'anciens bardes) et circulant de bouche à oreille. Encore assez gauches en leur première forme, elles chantent le travail collectif, les premiers tracteurs, l'alliance de la paysannerie et de la classe ouvrière, l'action pour la paix. Et l'on peut se demander si l'on n'est pas là à la source d'un folklore nouveau. Quant aux chansons anciennes, alors que les générations précédentes avaient plutôt connu un folklore à influences urbaines et suburbaines, les missions de recherche dans les campagnes, créées depuis 1947, ont permis de renouer avec le fonds national le plus typique, celui des chants paysans les plus purs, les plus anciens.

Tous les compositeurs roumains s'en inspirent, quelles que soient leur personnalité et les particularités de leur langage, dans leur souci d'une expression nationalement caractérisée. C'est que l'orientation et le dynamisme de la vie musicale sont influencés par l'afflux d'un public nouveau et nombreux à qui le nouveau régime a procuré tous les moyens de s'adonner aux activités musicales. Or ce public est éminemment attaché au fonds national qui lui est le plus proche et le plus naturel; attitude opposée à celle des cercles culturels de l'ancien régime qui, eux, cultivaient un préjugé défavorable à tout ce qui avait saveur de terroir, renouvelant l'attitude de la bourgeoisie russe du temps de Glinka. Chez tous les compositeurs on rencontre une double et parallèle production : d'une part, par des œuvres directement inspirées du folklore (de la simple harmonisation à la grande fresque rhapsodique), moyen à la fois de contrôle personnel et de communion plus aisée avec un public neuf; d'autre part, des œuvres non « folkloriques » à caractère national. La langue musicale subit actuellement l'influence des échelles modales nationales et, de plus en plus ces dernières années, des recherches de langage de Bartók. Il faut se rappeler, d'ailleurs, que celui-ci a travaillé à partir du folklore roumain autant que du fonds hongrois.

La vie culturelle roumaine est animée par Bucarest et par la ville universitaire de Cluj qui a fêté en 1955 le cent trente-cinquième anniversaire de la fondation de son conservatoire. D'excellents orchestres symphoniques sont à la disposition des créateurs. Parmi leurs chefs, Georgescu est universellement connu. Des compositeurs d'une quarantaine d'années il faut retenir les noms de Chirescu, Ion et George Dumitrescu, Max Eisikovitch, Alfred Mendelsohn, Sigismond Toduta, C. Silvestri; parmi les plus jeunes : Anatol Vieru, P. Bentoiu, M. Chiriac, V. Popovici.

Si le génie d'Enesco fut, dans la période d'avant-guerre, un phénomène unique et qui ne s'est pas encore renouvelé au cours des dernières années, on peut considérer qu'il a donné une base solide à une école nationale, qui découvre sa résonance originale, un « ton » personnel, sensible désormais à une oreille exercée.

Albanie, Bulgarie, Roumanie, cherchant une base comme une tradition à leur musique savante naissante s'en sont rapportées à leur folklore national. Les écoles modernes polonaise, hongroise ou tchèque, nées un siècle plus tôt, en avaient fait de même. Dans un analogue sursaut de libération nationale sur le plan politique, se sont dégagées, sur le plan culturel, d'analogues attitudes d'exaltation du vieux fonds national.

POLOGNE

Lorsque meurt, en 1937, Karol Szymanowski, les jeunes compositeurs polonais recueillent un héritage tout à la fois riche, divers et confus, dans un contexte matériel assez défavorable. C'est tout d'abord un patrimoine datant principalement du XVIe siècle, époque où la cour de Pologne était un des centres musicaux les plus riches d'Europe (mais les invasions et les pillages divers que subit la Pologne dès le XVIIe siècle en avaient détruit de nombreux témoignages); puis un courant italianisant datant des XVIIe et XVIIIe siècles; enfin, née d'une réaction contre les occupations étrangères, une tradition d'expression nationale, tant sur le plan des sentiments exprimés (patriotisme, protestation contre toute tyrannie) que sur le plan des recherches de langage (utilisation de modes et de mélismes du folklore national), tradition qu'avaient illustrée tour à tour Chopin, Moniuszko, Wieniawski et Szymanowski. Cette tradition, cependant, était ou méprisée, ou incomprise, dégénérant en formules superficielles et en morceaux « de genre » dits « polonaises » ou « mazurkas », étrangers à l'esprit même de la nation. Cela au profit de courants germaniques, russes ou français. Sur le plan des réalisations matérielles possibles, il n'y avait alors que deux théâtres d'opéra (Varsovie et Poznan), un seul orchestre symphonique de la radiodiffusion, et un unique centre de musique symphonique (la Philharmonie de Varsovie).

Dès la fin de la guerre, l'Union des compositeurs polonais mena campagne contre les musiques « formalistes », où l'organisation des sons semble être l'unique dessein du compositeur, contre les « musiques de tours d'ivoire », contre l'art abstrait, en faveur d'un « style national de musique contemporaine », rejoignant par là, en l'approfondissant et en l'adaptant à l'époque moderne, la tradition qui s'était développée de Chopin à Szymanowski. Dans le même temps, le ministère de la Culture et des Arts favorisait un renouvellement d'intérêt pour le folklore (concours, créations de groupes d'amateurs, création de l'ensemble « Mazowze » de chant et de danse, travaux musicologiques des professeurs Adolf Chybinski, Jadwiga et Marian Sobieski, par exemple). Il suscitait également un mouvement de compréhension culturelle par les masses populaires grâce à la création d'écoles d'art, de bourses d'études, de maisons de la culture, d'ensembles professionnels : orchestres symphoniques dans chaque ville importante, ensembles choraux, orchestres de radio multipliés, enfin — organisation particulière — neuf orchestres symphoniques itinérants. Les compositeurs mêlés à toutes ces activités, joués plus facilement, en contact plus direct avec le peuple de leur pays, allaient se créer un langage néo-classique et folklorisant. Ils allaient, par ailleurs, se retrouver plus « citoyens » jusqu'à recouvrer même parfois une fonction « politique » (mais n'avait-ce pas été, un temps, le cas de Paderewski ?). Cette dimension politique va être une particularité des compositeurs des pays de l'Est. On peut le constater chez Szabo en Hongrie, chez Dobiás en Tchécoslovaquie, chez Chostakovitch en U.R.S.S. Pour faire le point des résultats obtenus dans cette nouvelle voie offerte à la musique polonaise, le « Festival de musique polonaise » fut organisé en 1951. Panufnik venait d'écrire sa symphonie *la Paix* pour récitant, orchestre, chœur mixte et chœur d'enfants, d'une attachante beauté, d'un souffle généreux et d'une grande richesse de langage. Szeligowski avait écrit le premier opéra polonais d'après-guerre, *la Révolte des escholiers,* Wiechowicz montrait sa maîtrise de l'écriture chorale en sa très vivante *Cantate des moissons,* pour chœur mixte *a cappella,* Lutoslawski enfin tant par ses œuvres pour piano et pour orchestre que par ses musiques de film était le grand maître de la musique polonaise. Sept ans plus tard, sa *Musique funèbre* (1958) sera considérée comme une des meilleures œuvres contemporaines de son pays. Chez tous ces compositeurs, dont certains avaient travaillé à Paris auprès de Nadia Boulanger ou à la Schola Cantorum, le langage néo-classique allait de soi (dans la lignée des Ravel, Bartok, Stravinsky). Mais en 1956, fait unique dans les pays de l'Est, une génération de plus jeunes compositeurs qui jusqu'alors semblaient avoir suivi la même voie que leurs aînés, arrive à faire admettre dans les salles de concerts des œuvres d'une esthétique et d'un langage opposés, inspirés par les recherches du dodécaphonisme. Tadeuz Baird, le plus doué d'entre eux, maintient cependant, en ses *Essais pour orchestre* et ses *Exhortations,* certain héritage de Szymanovski. Serocki pousse plus avant dans ses *Épisodes pour archets et batteries* (1960). Kotonski écrit en 1960 *Étude pour un coup de cymbale*. De plus jeunes compositeurs encore se réclament directement de l'école de Darmstadt. En 1960 Gorecki présente *Heurts* et

Penderecki *Dimensions du temps et du silence.* Grâce à ces compositeurs, également musique électronique et musique concrète acquièrent droit de cité à la radiodiffusion et dans les salles de concert.

HONGRIE

Surgie des musiques de cour des XVIIe et XVIIIe siècles comme des musiques des violonistes tziganes de la fin du XVIIIe et du début du XIXe siècle, l'école nationale hongroise apparaît sur le plan international avec Liszt, au siècle dernier. Elle devait dès lors avancer à pas de géant et, à la veille de la Seconde Guerre mondiale, se trouver en pleine gloire avec des personnalités telles que Zoltán Kodály et Béla Bartók, parmi les plus marquantes du monde musical contemporain. En 1940 Bartók s'exila en Amérique.

Si le mouvement schönbergien fut représenté, avant-guerre, par Seiber, il n'eut pas une grande influence sur l'ensemble des jeunes compositeurs, de sorte que l'impulsion de nationalisme musical qu'imprima le gouvernement populaire après la guerre se trouva continuer naturellement une tradition vieille d'un siècle. Par contre, l'exigence d'un langage relativement simple, aux fins d'atteindre un large public neuf à la musique savante, se révéla plus difficile à réaliser. C'est que, plus que les compositeurs tchèques ou polonais, par exemple, Kodály et Bartók avaient intégré dans leurs compositions non seulement des éléments issus du folklore national, mais les techniques de composition les plus savantes que pour une part, d'ailleurs, ils avaient forgées eux-mêmes. Il n'est, de toute façon, pas si simple d'avoir à prendre la succession d'un Bartók. Les tentatives portèrent sur deux plans : sur le langage tout d'abord. Dans un souci de ne pas contrefaire la langue si personnelle d'illustres devanciers, comme de ne pas tomber dans une surenchère abstraite de « procédés » d'écriture, on se détourna des recherches harmoniques. Ce fut une réaction contre ce que les musicologues hongrois nommèrent l' « épigonisme ». Sous prétexte, en effet, de maintenir la tradition nationale, certains compositeurs s'étaient contentés d'imiter les œuvres et les procédés tour à tour de Liszt, Erkel, Bartók et surtout de Kodály. Le second effort de renouvellement portait sur les « genres ». Dans un souci d'être plus accessible au public nouveau comme aussi d'exalter les réalisations et les « plans » du domaine économique, on n'écrivit plus qu'une musique ou simplement divertissante (les années 1945 à 1949 virent éclore une foule de *divertimento* pour formations les plus diverses) ou de grandes masses chorales et orchestrales à « programme » très explicité. On négligea la musique de chambre, l'expression des sentiments les plus intimes. Il semble bien que, depuis le « Plenum des compositeurs hongrois » d'octobre 1953, on soit revenu sur ces conceptions. Il est intéressant à ce propos de relever l'intervention d'Andras Mihaly : « Si les œuvres des classiques ont subsisté jusqu'à nos jours, cela a été rendu possible par le fait qu'elles n'ont pas manqué de perpétuer, de refléter, avec une force incomparable les valeurs humaines éternelles » ; et celle de Szabo : « Sans caractère individuel il n'y a pas et il ne peut être question réellement de création ayant des traits profondément populaires. Le rapport créateur entre la musique populaire et l'originalité de la personnalité créatrice a déterminé, par exemple, les traits communs et parents, en même temps qu'essentiellement différents du style musical de Bartók et de Kodály. »

La *Symphonie à la mémoire du poète Vörösmarty* (1952), de Járdányi peut être considérée comme l'œuvre type de cette période qui sera plus tard appelée « crise *do* majeur », où certes le « programme » fut révolutionnaire, mais où le style resta traditionnel. Les discussions qui se déroulèrent au cours du « Plenum des compositeurs hongrois » d'octobre 1953 marquèrent le début d'une nouvelle orientation.

Deux tendances principales semblent actuellement se partager la création musicale hongroise. Un groupe de compositeurs a trouvé en l'école de Darmstadt un nouveau pôle d'attraction. C'est ainsi que les *Six Pièces* pour orchestre (1959) de Endre Szervánszky sont strictement sérielles mais avec une rythmique parente de celle de l'*Allegro barbaro* de Bartók. Un autre groupe poursuit plus expressément l'élaboration du « réalisme » où le style soit à la dimension de la nouveauté et de l'impulsion du programme. La version de ballet (1958) du *Ludas Matyi* de Ferenc Szabo (1re représentation en 1960) est considérée comme l'œuvre la plus importante de ce courant. Dans un langage fidèle aux modes nationaux, avec des éléments polytonaux, Szabo y a tenté la transposition musicale de l' « Entfremdungseffekt » du théâtre de Brecht.

A côté des personnalités connues que sont Zoltán Kodály, Leo Weiner et Laszlo Lajtha, chefs de file déjà cités, l'école hongroise compte de nombreux compositeurs dont la réputation commence à passer les frontières de leur pays : Mihaly et son beau *Concerto* pour violoncelle; Farkas, au lyrisme chaleureux; Ranki, dont l'opérette *le Roi Pommade,* tirée d'un conte d'Andersen, connaît un immense succès par la verve qui l'anime; Sugar, Kokai, Kadosa que l'on peut situer dans la lignée de Bartók et dont la rythmique peut rappeler celle de Honegger.

Pour donner une idée de l'effort entrepris pour la connaissance et la diffusion du folklore national, mentionnons que l'Institut d'art populaire de Budapest, de 1951 à 1956, a recueilli, sous forme d'enregistrements et de films, 650 fêtes traditionnelles, 12 000 mélodies et 4 200 jeux populaires et publié un million d'exemplaires de brochures pour les groupes culturels. Par ailleurs l'étranger connaît déjà la haute valeur de l'Ensemble de chants et danses de la république populaire hongroise, qui a mis à son répertoire, entre autres chœurs, les harmonisations de chants populaires de Béla Bartók et de Zóltan Kodály. Citons aussi l'exaltation de l'instrument folklorique par excellence qu'est, avec le violon, le cymbalum. L'art d'un Aladár Racz l'a haussé au niveau d'un instrument classique. Mais Liszt ne fut-il pas le premier à en introduire l'étude au Conservatoire de Budapest ? On connaît aussi la très grande valeur des écoles hongroises de violon et de piano. M. Toth a su faire de l'Opéra de Budapest un des plus beaux et des plus audacieux d'Europe. La Hongrie compte enfin deux chefs d'orchestre de toute première valeur : Somogyi et Ferenczik.

TCHÉCOSLOVAQUIE

L'école tchécoslovaque renaît à la même époque que l'école hongroise : Smetana est le contemporain de Liszt et de Erkel. En un siècle à peine, elle va offrir l'illustre lignée Smetana-Dvorak-Suk-Novak. Les deux derniers de ces compositeurs nous mènent aux années 1930. Les tendances musicales sont alors diverses. Martinu d'une part, venu parfaire ses études en France après avoir été l'élève à Prague de Suk, est le véritable continuateur de l'école née de Smetana. D'autre part, Alois Haba, influencé, lui, par les musiques germaniques, après avoir été l'élève de Novak, représente la tendance « athématique » comme aussi la musique en quart et en sixième de ton. Si Schönberg enfin exerça, dans les années 1920-1928 surtout, une influence sur les jeunes compositeurs, il n'y eut pas, en Tchécoslovaquie, de grands représentants de l'école dodécaphonique. Pendant la guerre, après le départ de Martinu et de Jaromir Weinberger, l'activité créatrice d'importance se réduit aux œuvres de Novak et du jeune compositeur Vaclav Trojan (notamment son opéra d'enfants *le Carrousel*).

Dès la fin de la guerre, un premier événement capital pour la vie musicale tchécoslovaque fut la création, en 1946, du Festival annuel de musique internationale, « le Mai de Prague ». Véritable plaque tournante du commerce entre l'Est et l'Ouest, Prague devint aussi le lieu de rencontre, de confrontation et d'interpénétration des différentes cultures et des différentes tendances de l'esthétique musicale de l' « Occident » et du monde nouveau qui se construit à l' « Est ». Le Festival permet non seulement l'audition des œuvres, mais les contacts personnels, les discussions esthétiques entre artistes, interprètes et créateurs.

Un second événement que permit l'existence du « Mai » fut, en 1948, ce que l'on a appelé l' « Appel de Prague », manifeste publié à l'issue d'un « Congrès international des compositeurs, critiques et musicologues ». On y constatait que la musique « sérieuse » est de plus en plus individualiste, subjective et abstraite dans son contenu; compliquée, artificielle et cosmopolite dans sa forme, ne touchant plus, par là, qu'un public de plus en plus restreint. Quant à la musique « légère », elle y était jugée de plus en plus vulgaire et standardisée, dépravant le goût musical des masses. Le manifeste proposa de redonner à la musique un contenu digne des sentiments et de l'idéal « progressiste » des masses populaires, ainsi qu'un langage fidèle aux cultures nationales. Toutes les formes musicales où intervient la voix humaine, et donc les intonations des langues parlées et des chants nationaux (oratorios, cantates, chants, mélodies), furent jugées les plus aptes à permettre le redressement de la situation.

Les compositeurs tchèques furent parmi les premiers à répondre à cet appel. C'est alors que Dobiás écrivit sa grande cantate *Édifie ta patrie, tu consolides la paix,* au lyrisme romantique; que Seidel, venu de la peinture à la musique, écrivit un très grand oratorio inspiré de la vie de Fučik, *Hommes, veillez,* pour solistes, chœur d'enfants, chœur mixte, fanfare et orchestre symphonique, en un langage lyrique et véhément à mi-chemin de l'école tchèque traditionnelle et des procédés d'écriture de Prokofiev. Alois Haba, de son côté, revenu au « système standard », écrivit entre autres des *Danses valaques* pour grand orchestre. Comme dans les autres pays, l'État favorisa l'essor d'un vaste mouvement musical populaire facilité par l'existence, en dehors de Prague, des centres culturels importants que sont Brno et Bratislava. Parmi les œuvres des jeunes créateurs, on mit à l'honneur, de Jan Hanus la *IIe Symphonie,* de Jan Novak le *Concerto* pour hautbois et le *Concerto* pour deux pianos, de Vaclav Trojan des musiques de film, claires et vivantes, très appréciées du public.

Après une débauche d'œuvres de très grandes proportions, on s'est aperçu, depuis 1955, ici comme en Hongrie, que l'emploi presque exclusif des grandes masses vocales et instrumentales avait provoqué un certain relâchement dans le traitement des formes et dans la précision de l'écriture. Le système des commandes précises fut abandonné, laissant plus libre jeu à l'inspiration de l'artiste pour tel ou tel sujet, telle ou telle forme. On revint à une plus fréquente pratique de la musique de chambre. Les œuvres symphoniques eurent des « programmes » moins précisés. Quant au langage on put noter une recrudescence de l'influence de l'art de Martinu sur les jeunes compositeurs. Prokofiev et Chostakovitch furent également pris pour modèles au point que se développa une crise de « Chostakovisme tchèque ». En 1960 la Tchécoslovaquie compte près de trois cents compositeurs, parmi lesquels les personnalités que sont Vladimir Sommer et Havelka dans les domaines des musiques symphonique et chorale, et Rezac dans celui de la musique de chambre.

ALLEMAGNE

La plus grande diversité, sinon la plus grande confusion, avait été la caractéristique des professions de foi comme des techniques élaborées dans les années 1920. Dès 1930, en revanche, une certaine décantation s'est faite, l'avant-gardisme s'est tempéré. A côté de néo-classiques comme Ottmar Gerster, de néo-romantiques comme Carl Orff et surtout Richard Strauss, de dodécaphonistes parmi lesquels figure quelque temps Paul Dessau, deux courants principaux se dessinent. Le plus important est animé par Paul Hindemith au langage atonal, d'une polyrythmie affirmée, aux accords construits d'après les résonances naturelles; il s'efforce à un art de la composition dont le but est l'efficacité musicale directe. Il s'ensuivra une préférence pour toutes les musiques accompagnant un spectacle, les suites baroques, et des formes concertantes apparemment sans artifice. A côté de ce courant se développe un autre style de littérature musicale en sympathie directe avec la vie des masses laborieuses. Ainsi naissent des chansons politiques, des chants de masse, des musiques de film et de théâtre où s'illustrent Hanns Eisler et Paul Dessau et qui passeront rapidement les frontières de l'Allemagne.

Dès les débuts du nazisme cet élan musical, révolutionnaire en son esprit, sera étouffé, les œuvres en seront interdites. Les autres tendances musicales par contre pourront poursuivre un instant encore leur développement. Mais déjà les compositeurs n'écrivent plus que des œuvres « neutres » de musique de chambre ou d'orchestre. Le lied, la cantate, l'oratorio sont délaissés. Les rares exceptions prennent leur inspiration dans des thèmes religieux ou le sentiment de la nature. Quelques titres importants et leurs dates vont préciser cet essor de l'art lyrique en Allemagne dans les années d'avant-guerre et son évolution : de Richard Strauss, *Arabella* en 1933, *la Femme silencieuse,* en 1935 (année où il quitte le poste qu'il avait accepté aux « Affaires musicales » du Troisième Reich), *Daphne* en 1938, *Capriccio* en 1941, enfin *Liebe des Danae* en 1943 pour le festival de Salzbourg, lequel sera ajourné. L'œuvre ne sera représentée en public qu'en 1953 à Dresde. D'Ottmar Gerster, *Enoch Arden* en 1935 et, en 1941, *Die Hexe von Passau,* mais cet opéra sera interdit, son contenu jugé trop révolutionnaire. D'un plus jeune, Rudolf Wagner-Regeny *Der Günstling* en 1935 et *Johanna Balk* en 1941; de Carl Orff *Der Mond* (1939) et *Die Kluge* en 1943. Le discours musical de ces deux derniers compositeurs est caractérisé par son allure populaire.

Cependant, face au nazisme, certains, tels Siegfried Borries, Günter Raphael gagnaient ce que l'on a appelé « l'émigration intérieure », d'autres et parmi les plus marquants, Dessau, Eisler, Hindemith, quittaient l'Allemagne. Ce sont eux qui, dès 1945, tentèrent un renouveau de la culture musicale allemande. Mais la division de l'Allemagne en deux États de tendances politiques opposées va peser sur les développements de l'art. Schématiquement (car il y a certes des interpénétrations, des influences et des exceptions de part et d'autre), on peut avancer qu'à l'Ouest les compositeurs, dénonçant le système tonal, se sont lancés dans le « modernisme ». Les expressions théoriques en sont exposées dans la revue « Melos » des éditions Schott, les cours d'été de Darmstadt devenant un pôle attractif international. A l'Est, par contre, la tendance est à un art « réaliste », lié aux masses et à leurs aspirations sociales. Ernst H. Meyer, élève d'Eisler, en est le théoricien qui, en 1951 dans la revue « Musik und Gesellschaft », assigna, entre autres devoirs, de « se mêler activement à la nouvelle vie sociale... combattre au maximum tous les phénomènes de dégénérescence de la vie musicale contemporaine... se rapprocher de l'héritage classique comme du chant populaire en restant réceptif aux désirs et aux critiques des travailleurs de toute l'Allemagne ». Dessau ajouta : « La musique appartient au peuple et doit être comprise par le peuple tout entier. » La concrétisation de ces principes sera l'un des soucis de l' « Union des compositeurs et musicologues allemands » créée en 1951. Sur le plan technique on aboutira à un rejet de tout dodécaphonisme ou de total chromatisme. On renouera par contre avec le lyrisme, la mélodie « chantante », l'intonation « nationale » puisée aux sources des grands devanciers et du chant populaire. Parmi les œuvres importantes nées de cette nouvelle esthétique on peut citer la *Bauerlegende* de Wagner-Regeny en dialecte saxon, la *Thüringische Sinfonie* de Gerster, le *Mansfelder Oratorium* de Meyer, le *Herrnburger Bericht* (1951) et la *Lilo Herrmann* (1953) de Dessau.

Contrairement à ce que l'on a constaté en Hongrie ou en Pologne, les œuvres des compositeurs de l'Allemagne de l'Est ne révèlent pas à ce jour de changements d'orientation ni dans les conceptions fondamentales du rôle de la musique ni dans le langage utilisé. Cette constatation se vérifie aussi bien dans les œuvres plus récentes des compositeurs déjà cités que dans celles de Thilman (*VIe Symphonie,* 1959), de Cilensek (*Ve Symphonie,* 1959), ou celles de compositeurs plus jeunes tels Kochan et Asriel, tous estimés dans leur pays.

Avec quarante grands orchestres de concert la République démocratique allemande possède à elle seule autant de sociétés qu'il en existait avant-guerre dans toute l'Allemagne. S'y ajoutent les cinquante-quatre orchestres de théâtre et les multiples sociétés d'amateurs qui sont de tradition dans ce pays. Franz Konwitschny, à Dresde, est sans doute parmi les plus grands chefs allemands contemporains.

Marcel Frémiot.

LA MUSIQUE ESPAGNOLE

Depuis vingt-cinq ans, beaucoup de choses capitales se sont produites dans l'histoire de l'Espagne. Musicalement, il en est arrivé peu. La création musicale s'est trouvée interrompue par les événements sanglants qui ont débordé les frontières espagnoles, des Pyrénées aux côtes américaines. Ce qu'il y a de plus important dans les événements d'ordre musical de la Péninsule a consisté en recherches historiques; dans le domaine de la création, rien n'a été écrit qui prouverait une élévation du niveau par rapport aux dernières œuvres de Manuel de Falla.

Goethe disait qu'il fallait recommencer à écrire l'histoire tous les vingt ans. Bien qu'il n'y ait pas en Espagne de faits musicaux nouveaux, les événements dramatiques qui ont divisé l'Espagne en deux parties, la péninsulaire et l'émigrée, obligent à reviser les appréciations et les concepts. Les faits peuvent bien être les mêmes, avec de légères différences; le critère selon lequel on les juge maintenant peut pourtant permettre de les comprendre selon d'autres valeurs et de les éclairer sous d'autres lumières.

Excepté les pertes naturelles, filles du temps écoulé, l'histoire de la musique espagnole maintient intacts les faits principaux. Leur appréciation diffère considérablement par rapport à celle qu'on pouvait en donner il y a vingt-cinq ans. Les noms se sont maintenus : leur estimation, pour le critique actuel, varie. Les secteurs dans lesquels on note une plus grande marge de variation sont l'historique et le national ou nationaliste, tous deux si étroitement unis en Espagne. La critique historique s'est considérablement renouvelée en Espagne, par le fait même d'une meilleure connaissance de son histoire. Conjointement, on mesure le caractère superficiel de certaines modes que l'on pouvait considérer comme intrinsèquement représentatives de l'Espagnol; certaines techniques, certaines préoccupations formelles, certaines idées conventionnelles concernant la grandeur et l'importance historique se sont dissipées à la lumière cruelle d'aujourd'hui, et la majorité des concepts et de leurs prolongements dans le domaine esthétique se montrent aujourd'hui totalement caducs.

Si nous examinons à nouveau les figures dominantes de notre histoire contemporaine, un peu à la manière des « vies parallèles », nous voyons la fréquence avec laquelle oscillent les plateaux de la balance. Dans chaque couple de Dioscures, lequel est mortel et lequel immortel ? *Ai posteri...* Cette revision remonte nécessairement aux hommes qui sont comme les deux colonnes, *plus ultra* de notre siècle (allusion au blason des Rois Catholiques qui comporte, de chaque côté, deux colonnes avec la devise : *Plus ultra*); Francisco Asenjo Barbieri et Felipe Pedrell, hommes tout à fait en accord avec leur siècle et leur époque, qui regardaient à la fois en arrière et en avant; Barbieri était, lui, plus en accord avec son temps, si médiocre, parce qu'il y était à son aise et obtenait le succès avec ses conséquences; en désaccord et plein d'amertume fut Pedrell pour lequel son époque fut injuste. Aussitôt après, les rôles sont changés : on exalte Pedrell en même temps qu'on déprécie le travail de Barbieri. Mais eux-mêmes, que séparaient près de vingt années, savaient se comprendre et s'apprécier mutuellement en leur qualité d'historiens. En tant que compositeurs, ils se détestaient.

BARBIERI. PEDRELL

Notre génération les ignore tous deux également en tant que compositeurs. Je crois que pas un de nos jeunes gens n'a jamais écouté (sauf peut-être au cours de quelque audition épisodique pendant l'Exposition de Barcelone de 1928-1930) une seule des œuvres de Pedrell : ses trilogies patriotiques (l'époque demandait des trilogies aux compositeurs de drames musicaux), dans lesquelles Pedrell chantait la saga des *Pyrénées,* ou même sa traduction symphonique des amours castillanes de Calixto et de Melibea que la critique enthousiaste de son temps (même en France) tenait pour un *Tristan et Isolde* espagnol. La critique surtout, plus que l'histoire, est contrainte à des revisions fréquentes.

Aussi bien Pedrell que Barbieri furent en même temps

des compositeurs, des historiens et des critiques. Pedrell a réuni ses articles en de copieux volumes. Barbieri n'a pas voulu recueillir les siens, pensant que c'étaient des commentaires trop attachés aux circonstances du moment; aujourd'hui, nous devons souvent les chercher dans de vieilles revues, parce qu'ils contiennent beaucoup d'informations historiques qui n'ont pas vieilli. Mais les œuvres majeures de critique et d'histoire de Pedrell ou de Barbieri ont besoin d'être revues, et ce travail s'effectue actuellement selon trois directions : nouveaux faits historiques qui viennent rectifier ou préciser ceux qu'ils ont consignés; travail de transcription, en certains cas, déficient; objectivité de la critique qui, au temps de ces maîtres, a pu pécher par excès d'enthousiasme patriotique : ainsi, par exemple, ce qui se rapporte à l'« hispanisme » de certains polyphonistes et même de certains compositeurs lyriques.

Le nom de Barbieri n'est connu actuellement des lecteurs étrangers que par son œuvre de musicologie espagnole : son *Chansonnier musical des XVe et XVIe siècles.* De ses soixante-dix *zarzuelas* (genre lyrico-dramatique typiquement espagnol qui s'apparente à l'opérette française de qualité; c'est là un genre extrêmement important par son extension; les sujets se rapportent souvent à l'actualité, aux mœurs et à la vie sociale), le public actuel n'en connaît plus que deux : *Pan y toros (Du pain et des taureaux)* et *El Barberillo de Lavapiés (le Petit Barbier de Lavapies),* dans lesquelles les auditeurs contemporains crurent retrouver la plus pure essence du théâtre de quartier ou de formes brèves qui avaient fleuri, de l'époque de Lope de Vega à celle de Manuel Garcia, alors que ce théâtre était, en fait, en pleine décadence; mais on ne pensait plus « qu'en italien ». Ainsi l' « opéra national », qui n'a, en réalité, jamais existé en Espagne, reposait sur une équivoque. Pedrell lui-même, après avoir tenté d'échapper à l'italianisme, tomba dans les défauts de l'opéra symphonique allemand.

Ainsi comprend-on que, lorsque le public du milieu du XIXe siècle découvrit une musique qui lui rappelait approximativement la musique caractéristique des *sainetes* (prolongement au XVIIIe siècle d'un genre typiquement espagnol inauguré au XVIe sous forme de « lever de rideau » par Lope de Rueda, continué par Cervantès sous la forme de l'*entremes,* ou intermède, et au XVIIe, par Ramón de la Cruz, sous la forme de *sainete* qui subsiste encore), *tonadillas* (musique de scène populaire au lever du rideau : en général chant et guitare), *bailes* (intermèdes chantés et dansés d'un caractère comique) et tous les autres genres, à vrai dire mineurs, du XVIIIe siècle, il vit dans la *zarzuela* de Barbieri une espèce de résurrection du théâtre national.

Barbieri qui, entre-temps, était parti à la recherche, dans les fonds d'archives, les bibliothèques de toute l'Espagne, dans les palais et les cathédrales, de tous les documents concernant l'histoire musicale de l'Espagne, fut enchanté de ce jugement. D'ailleurs ses contemporains, à l'exception de quelques bibliophiles et érudits, manquaient des éléments nécessaires pour apprécier comme il convenait son travail historique. Il était trop tôt pour formuler des conclusions, d'autant plus que Barbieri arrivait à des hypothèses assez aventurées. Sans elles cependant son travail de recherche n'aurait pas eu à l'époque le moindre écho. A l'heure actuelle, où depuis fort longtemps déjà on ne joue plus les zarzuelas de Barbieri (à quelques exceptions près sous la République), on voit que la transcription du *Chansonnier* est son titre le plus solide à l'immortalité, encore que Mgr Higinio Anglés ait dû présenter à l'Institut espagnol de musicologie une nouvelle version de cette polyphonie profane si riche et si colorée. Ce n'est pas, toutefois, Barbieri qui découvrit le manuscrit, dont la reliure était fort abîmée et qui avait perdu des feuillets, sur les rayons de la bibliothèque du Palais Royal. Ce fut Don Gregorio Cruzada Villaamil, le bibliothécaire. Il prévint Barbieri qui s'enthousiasma, pensant que l'on pourrait y retrouver la musique de Juan del Encina (auteur dramatique et chantre à la chapelle Sixtine au début du XVIe siècle, un des fondateurs du théâtre espagnol), en quoi il ne se trompait pas. Le *Chansonnier,* appelé de ce fait *Chansonnier du Palais,* ou *Chansonnier de Barbieri,* fut publié en 1890 dans la transcription de ce dernier, sous les auspices de l'Académie royale de San Fernando (Beaux-Arts). Déjà avant la République, l'édition était épuisée et il eût fallu lui apporter d'ailleurs certaines retouches, mais les académiciens s'y refusèrent.

Barbieri venait du théâtre, où il avait passé son

enfance. Choriste, chanteur, acteur, puis directeur de troupe, il avait d'abord été connu sous le nom de son père : Asenjo. Le nom italien de Barbieri qu'il prit par la suite était celui de sa mère. Et peut-être peut-on voir là un signe des temps et du prestige lyrique de l'Italie en Espagne. Barbieri était un homme cultivé, bien qu'il eût commencé par être clarinettiste ; dès sa jeunesse, il fit preuve de penchants littéraires et écrivit des vers, peu connus, étant donné leur caractère assez libre dû à l'influence de Martial et d'autres épigrammatistes. Au cours de sa vie vagabonde d'acteur, il connut la gêne et l'adversité. Peu après l'âge de vingt ou vingt-deux ans, on lui offrit un poste à l'École des Beaux-Arts de San Eloy, dans la vieille ville universitaire de Salamanque. L'un de ses biographes le décrit alors visitant archives et bibliothèques. C'est peut-être à ce moment que s'éveilla l'intérêt de Barbieri pour Juan del Encina et, avec lui, sa future activité de chercheur, de collectionneur de documents, activité qui l'emporta de très loin sur son œuvre musicale proprement dite. Sa vaste collection de documents constitue un des fonds importants de la Bibliothèque nationale de Madrid ; c'est là une mine exploitée par plusieurs de ses continuateurs, dont le travail, moins fructueux quant à la recherche, le fut, en revanche, quant à la coordination. Barbieri, qui était de dix-huit ans plus âgé que Pedrell, fournit à ce dernier une documentation abondante (dont les brouillons figurent dans les papiers inédits de Barbicri), à une époque où la recherche la plus sérieuse en matière de musique consistait tout au plus dans le travail de compilation de musique sacrée effectuée par Don Hilarión Eslava dans sa *Lira sacro-hispana*. Eslava, dont l'œuvre didactique sut s'imposer par la clarté d'exposition des doctrines classiques, fut aussi, à ses heures, un compositeur d'« opéras nationaux » où l'épisode historique venait se mêler au folklorisme pittoresque. D'ailleurs, c'est seulement à cette époque, dans les premières décades du XIXe siècle, que l'on recueillit les chansons populaires des différentes régions espagnoles, travail dont le précurseur fut le notaire basque Iza Zamacola, à la fin du XVIIIe siècle.

Felipe Pedrell participa dès son adolescence à l'élan que les recherches folkloriques connaissaient dans toute l'Espagne, tout d'abord sous une forme spontanée, ensuite par l'intermédiaire de groupements dont il est intéressant de connaître la date de formation. En Andalousie, en 1869, sous la direction de Don Antonio Machado y Alvarez, père des fameux poètes Antonio et Manuel; en Catalogne, en 1876 (José Fiter, ami de Machado); à Madrid, en 1882 (J. Maria Sbarbi); dans les Asturies, en 1882 (au Centre asturien de Madrid); en Galice, en 1884 (Manuel Murguia); en ce qui concerne le Pays basque, Ramiro de Echave fonde l'Union basco-navarraise la même année, mais il faut noter que les folkloristes, plus ou moins heureux dans leur travail de transcription, avaient pris les devants dans toutes les régions. Ce fut à leur exemple que se constituèrent ces sociétés organisées suivant une meilleure méthode et avec des critères de plus en plus scientifiques. Tout le XIXe siècle est rempli, en Espagne, d'anthologies et de collections. Je n'en veux pour exemple que l'œuvre admirable de Federico Olmeda à Burgos et du P. Damaso Ledesma à Salamanque, dont les collections ou « chansonniers » furent imprimées dans les premières années du siècle. Ce travail de compilation, accompagné d'une étude critique de plus en plus serrée, a continué jusqu'à nos jours grâce aux spécialistes de l'Institut espagnol de musicologie.

Felipe Pedrell, enfant de chœur à la cathédrale de Tortosa (il était né dans cette ville en 1841) connut dès son enfance la musique polyphonique de tradition hispanique (peut-être aussi les maîtres flamands et italiens) et, à côté de ces influences traditionnelles et académiques, l'influence populaire du chant paysan. C'est l'influence populaire de la terre et des grands travaux de l'homme (comme disait Francis Jammes), l'influence populaire de la ville et des classes bourgeoises et prolétariennes mêlées que subit Pedrell dès sa première enfance. Ces deux influences le poursuivront durant toute sa carrière.

Les premiers essais de Pedrell en matière de composition musicale religieuse datent de ses quinze ans. Son initiation au folklorisme, il est permis de le penser, découla du désir de s'exercer à la dictée musicale en transcrivant les « chansons de métier » qu'il entendait dans sa région natale de Tarragone, qu'il ne quitta qu'à dix-huit ans pour visiter la capitale de la Catalogne, Barcelone.

Alors que Barbieri était allé de la capitale aux provinces, Pedrell alla de sa province natale à la capitale. A Barcelone, les opéras italiens occupaient la première place. Le premier opéra national de Pedrell est révélateur des conceptions culturelles de l'époque. Il s'intitulait *l'Ultimo Abenzerragio* (1874). On y voyait les Abencérages de Grenade chantant leurs peines, leurs maux, en italien, sans la moindre trace de folklore. Le ton andalou appartenait à la zarzuela, emprunté à la chanson andalouse de *colmado* (arrière-boutique d'épicerie ou de pâtisserie) et de café-concert, ainsi qu'aux résidus de l'hispanisme pittoresque, de saveur toute romantique, tel qu'il avait été illustré de Manuel Garcia à Ocon y Rivas. Pedrell détesta toujours cette espèce d'hispanisme qui lui rappelait ses tribulations de Madrid où, méconnu, il avait vécu de longues années. Il assista de loin, dans un isolement hautain, au succès populaire et financier des auteurs de zarzuelas, sans prétendre se mesurer à eux, car, s'il y avait eu des *tonadilleros* d'origine catalane, la zarzuela était (comme auparavant la *tonadilla*), un genre exclusivement madrilène. Parfois cependant, pour obtenir plus de variété dans la couleur locale, on situait l'action dans les provinces dont les chants populaires étaient les mieux connus dans la capitale, tout spécialement les chants andalous qui finirent par constituer une rengaine : celle de l' « andalousisme » d'opérette, non sans avoir auparavant englobé cet autre lieu commun qu'était l'andalousisme de salon, dans la manière de Garcia et de ses filles qui le répandirent de Paris à New York et Mexico.

Une date significative pour la culture musicale espagnole reste celle de la fondation, en 1866, après bien des tentatives, de la Société des concerts, par Barbieri. Il s'agissait d'un orchestre symphonique à la structure bien définie et permanente. Barbieri dirigeait pour la première fois en Espagne, dans le programme inaugural, la *VIIe Symphonie en la majeur* de Beethoven. La musique de chambre s'affirmait avec les Quatuors du Conservatoire inaugurés en 1863 par Jésus Monasterio, violoniste célèbre de l'école de Bériot. Vers le milieu du siècle, arrivent en Espagne Mikhail Glinka et F. A. Gevaert, qui enseignent aux compositeurs débutants à prêter l'oreille à la musique populaire. Ils furent entendus. La tendance musicale, chez les compositeurs de la deuxième moitié du siècle, hésita entre le symphonisme romantique allemand et un nationalisme un peu naïf. Barbieri fut suivi par d'autres chefs d'orchestre, parmi lesquels Mariano Vázquez, dont il est juste de rappeler le nom, car ce fut lui qui, en 1878, dirigea à Madrid avec l'orchestre mentionné les neuf symphonies de Beethoven.

Ce courant, qui prolongeait l'élan du romantisme allemand, avec quelque retard, en Espagne, marque un point d'équilibre qui contraste avec l'influence antérieure, mais toujours présente, de l'opéra italien. La musique de chambre progresse entre-temps lentement, et seulement grâce à la virtuosité systématique, ce qui provoquera les protestations de celui-là même qui l'avait favorisée. Barbieri abandonnait ostensiblement la salle quand un pianiste étranger commençait à exécuter une sonate de Schumann. Mais le wagnérisme, introduit sous son aspect le plus assimilable pour un public de culture encore élémentaire par quelques chefs d'orchestre de passage, constitue un épisode important de la vie musicale espagnole des dernières décades du siècle. Pedrell adhère tout de suite au mouvement. Le moment essentiel sera constitué par la composition de la trilogie sur *les Pyrénées,* qui date de 1890-1891. Pour expliquer et définir sa position, Pedrell rédige un opuscule intitulé *Pour notre musique (Quelques observations sur la grande question d'une école lyrique nationale)*. A l'en croire, il n'existait pas en Espagne de musique espagnole, et il fallait bien la créer en se fondant sur l'aphorisme attribué au jésuite Eximeno, suivant lequel chaque peuple devait fonder sa musique savante sur sa musique populaire. De ce fait découlent histoire, folklorisme et... drames symphoniques.

Entre-temps, l'historiographie continuait d'évoluer comme elle pouvait, car on accueillait plutôt froidement ses tentatives les meilleures. Aussi, malgré ses inexactitudes et ses lacunes critiques, le *Dictionnaire bio-bibliographique des Ephémérides de musiciens espagnols*, de Baltazar Saldoni (auteur d'opéra à ses heures), publié en quatre volumes à Madrid entre 1868 et 1881, marque-t-il une date. Les *Critical and Bibliographical Notes on Early Spanish Music,* de Juan Facundo Riaño, voient le jour à Londres en 1887. L'œuvre du comte de Morphy, *les Luthistes espagnols du XVI*e *siècle,* est imprimée à Leipzig sur la recommandation de Gevaert, en 1902. Les deux premiers volumes de la *Hispaniae Scholae Musica Sacra* éditée par Pedrell paraissent en 1894 dans l'édition catalane de Juan Bautista Pujol. C'était là un effort exceptionnel et, après quelques autres volumes, la publication dut être confiée à la maison Breitkopf und Härtel, de Leipzig. Barbieri avait essayé de constituer un dictionnaire des musiciens espagnols, et il avait rassemblé à cet usage un matériel biographique considérable qui demeure inédit parmi ses papiers de la Bibliothèque nationale. Pedrell fit la même tentative entre 1894 et 1897 sans réussir à imprimer plus d'un volume (A-G.) Un autre essai bibliographique sur *les Musiciens espagnols anciens et modernes à travers leurs livres,* que Pedrell commença à publier dans une revue, dut cesser avec elle en 1897. Pedrell ayant achevé la rédaction de ses œuvres, il est curieux que ses successeurs ne les aient pas rééditées. Sans doute auraient-elles nécessité une revision, mais ce ce n'est pas là un bien grave obstacle. Il a fallu aussi reviser ses éditions des grands polyphonistes (de Morales y Guerrero à Victoria), et c'est à quoi fut contraint l'Institut espagnol de Musicologie.

La thèse de Pedrell était prématurée : les musiciens espagnols de tout temps basèrent leur inspiration sur la musique populaire. Les grands polyphonistes ne devaient rien, eux-mêmes, à leurs prédécesseurs flamands et se laissaient guider par leur sens dramatique et expressif plutôt que par le contrepoint de ces derniers. L'exemple de Morales dans le motet *O vos omnes* était typique aux yeux de Pedrell qui s'acharnait à démontrer l'hispanisme de cette musique, au point de négliger les remarques de ceux qui découvrirent que le motet en question appartient à Victoria. D'ailleurs le moine Juan Bermudo, auteur aussi modeste qu'intéressant du *Declaración de instrumentos,* contemporain de Morales, ne le reconnaissait pas comme musicien fondamentalement espagnol et le considérait plutôt comme un étranger, vu ses longs séjours à Rome et l'influence de l'art polyphonique italo-flamand qu'il y subit. De Victoria on a pu dire, à propos de son hispanisme, que l'on reconnaissait en lui son sang mauresque (ce qui eût été un grief essentiel, étant donné les idées du temps). Les œuvres les plus profondément dramatiques de Victoria sont contemporaines de ses années madrilènes, bien postérieures à son séjour à Rome, où, tout au contraire, on lui reprochait de n'être qu'un imitateur de Palestrina. L'attribution d'une couleur nationale à la polyphonie sacrée de Morales à Victoria ou aux polyphonistes profanes du *Chansonnier* de Barbieri est une thèse dont on a un peu abusé, sans que l'on sache réellement définir l'élément espagnol et ses accents véritables, sinon par une « évidence interne » plus ou moins généreuse.

Les méthodes de transcription pratiquées d'Eslava à Barbieri et Pedrell connaissent aujourd'hui un ajustement plus rigoureusement scientifique. A leur suite s'inscrit la très remarquable figure de Rafael Mitjana, musicologue et diplomate natif de Malaga, qui mourut en Suède où il avait trouvé, à l'université d'Upsal, toute une documentation de grande valeur. Récemment, il faut citer Higinio Anglés qui a donné à l'histoire de la musique espagnole ses bases les plus solides.

Barbieri et Pedrell sont les deux grands promoteurs de la musicologie espagnole et même de la musique espagnole à proprement parler. Dire que le maître est Pedrell, patriarche fondateur d'un lyrisme national et de l'historiographie espagnole, est aussi exagéré que d'attribuer l'un de ces mérites, ou les deux, à Don Francisco Asenjo Barbieri qui, à n'en pas douter, les possède mais non exclusivement. « Tout est l'œuvre de tous », comme dit le proverbe.

BRETON. CHAPI

L'erreur capitale des compositeurs du XIXe siècle fut de s'obstiner à créer l'opéra national sur les bases stylistiques du chant italien. On rend souvent hommage à Lope de Vega en tant qu'introducteur de l'*opera in musica* en Espagne, ce qui est loin d'être certain; en fait, c'est l'emploi si fréquent qu'il fait dans son théâtre du chant populaire qui fait de lui l'initiateur que l'on aurait dû suivre et que l'on suivit plus tard pour la formation d'une langue musicale proprement espagnole au théâtre. Quel que soit le jugement que l'on porte sur le théâtre mineur des saynètes, tonadillas et autres petits genres qui traduisirent la réaction populaire contre l'italianisme prédominant, ceci depuis Calderón et ses successeurs jusqu'à Ramón de la Cruz, on est contraint de reconnaître que ce théâtre est, en fin de compte, la source la plus profonde du sentiment national qui s'affirme, de façon exemplaire, dans la façon de chanter le castillan. A partir de la décadence du théâtre mineur jusqu'à la prétendue résurrection de la zarzuela, vers le milieu du siècle, l'espagnol conserve exactement ses caractéristiques prosodiques et son accent authentique dans la chanson de salon mi-populiste (García, Ocon), mi-populaire (Iradier, Nunes Robles et quantité d'autres). La tendance générale du XIXe siècle espagnol, qui est celui de la décadence politique, fut de mépriser tout ce qui n'était pas marqué de l'estampille européenne. Ainsi, au fur et à mesure que la culture du public s'enrichissait, grâce à la formation d'orchestres et de sociétés de concerts, et que l'on connaissait mieux la musique romantique, on vit grandir le fossé entre les dilettantes italianisants ou les amateurs germanisants, et l'art national du théâtre de quartier *(teatro de barrio)* et de la chanson accompagnée à la guitare.

La nouvelle zarzuela, qui était, dans sa forme, une greffe de l'opéra-comique parisien sur les mœurs et le goût musical des Madrilènes, se rattache, à ses débuts, au style italien dominé par Emilio Arrieta qui naquit la même année que Barbieri et mourut la même année que lui. Arrieta crée un type de zarzuela « de qualité », lequel était à proprement parler un opéra à l'italienne et, de fait, son œuvre majeure, *Marina,* devient un opéra du seul fait que l'on y chante d'un bout à l'autre. Plusieurs autres musiciens de moindre envergure se contentent de fabriquer des zarzuelas de un à trois actes, ambitieuses et plus proches de la chanson de salon. Hernando, Oudrid, Gaztambide, s'adonnent abondamment à un art lyrique qui demeure faible, mais qui est si bien accueilli du public qu'écrire des zarzuelas constitue une mine d'or. Arrieta, doué d'une meilleure technique, se range nécessairement à leur suite. Barbieri, cependant, les domine tous, car, outre son puissant talent et sa verve madrilène, il connaissait bien mieux et de beaucoup plus près le théâtre des saynètes et des tonadillas.

A la génération suivante, le genre a conquis ses lettres de noblesse et est reconnu profondément national. Cette génération, c'est celle de Tomás Bretón, né à Salamanque. Evidemment le prestige de l'opéra, plus ou moins italianisant et nationalisé de façon plus ou moins discutable, ne laissera pas de s'exercer sur eux. Bretón « se révèle » le génie du dernier tiers du siècle avec son opéra *les Amants de Teruel,* dont la première a lieu au théâtre Royal, en 1889. De façon assez curieuse, Barbieri avait écrit et traduit en italien un autre livret sur la même légende de la région de Teruel, déjà exploitée par Tirso de Molina au XVIIe siècle, puis devenue un des plus grands succès du théâtre romantique avec Hartzenbusch, sous le titre baroque de *Gli Amanti di Terrollo,* mais il ne se décida pas, fort intelligemment, à le mettre en musique. Barbieri eut toujours une dent contre Bretón, lequel d'ailleurs le lui rendait bien, mais, s'il est un théâtre lyrique espagnol qui puisse être considéré comme le successeur légitime de *Pan y toros* et du *Barberillo,* c'est bien celui de Bretón avec *la Verbena de la Paloma,* tiré d'une légende de Zorrilla, dernier grand poète du romantisme, vers la fin du siècle (1894). Cette œuvre obtint un énorme succès et même de nos jours se révèle clairement la plus réussie de notre théâtre mineur, où le castillan est chanté avec le même naturel que le napolitain de *la Serva padrona* ou le français du *Devin du village.* Tout arrive avec un retard considérable, mais il n'est jamais trop tard.

A mi-chemin entre les opéras de Bretón et ses saynètes, se situe la zarzuela dite « grande » à cause de ses trois actes, intitulée *la Dolores.* Si son langage harmonique ainsi que son orchestration avaient été plus soignés, *la Dolores,* drame presque « vériste », en tout cas d'un réalisme populaire, pourrait figurer à côté du théâtre lyrique français, italien, ou du théâtre tchèque d'un Smetana ou d'un Janaček. En tant que théâtre musical, elle constitue un excellent exemple d'art national par sa langue chantée et par le sens mélodique général, exemple qui ne fut jamais dépassé.

A côté de Bretón, d'autres *zarzuelistas* de moindre importance, Valverde, Chueca, Jiménez, Caballero, contribuent à fixer le sentiment national et la langue qui le traduit en termes très modestes mais, du moins, authentiques. Au-dessus de tous ces noms s'impose le talent étincelant de Ruperto Chapí. Ses opéras, depuis *Circe* jusqu'à *Margarita la Tornera,* sont aussi peu italiens que possible pour l'époque, et si espagnols qu'ils rappelaient la zarzuela aux oreilles de leurs contemporains. Chose fort logique — mais on ne pouvait apercevoir alors que cette route était la seule bonne — et, même aujourd'hui, cette opinion que j'émets peut paraître à beaucoup dénuée de sérieux.

La Revoltosa, de Chapí, *la Bruja, El Rey que rabió* (qui aurait plu à Chabrier) sont, dans leur genre, des chefs-d'œuvre pleins de talent, faciles (parfois trop), étincelants d'esprit et d'une bonne humeur où le génie espagnol prenait sa revanche sur ses malheurs et ses malheureux gouvernants. Ni Bretón ni Chapí ne dédaignèrent la grande musique et ils donnèrent aux orchestres symphoniques leurs *Suites,* d'un romantisme pittoresque qui ne dépassait pas Mendelssohn mais qui ne déméritaient pas de lui, se situant à la hauteur de Raff. Ils écrivirent aussi de la musique de chambre. Les *Quatuors* de Chapí, lâches de forme, dénotent l'improvisation; le *Trio* de Bretón se rapproche de l'hispanisme de Sarasate et de Lalo. Mais c'est une œuvre qui se laisse écouter aussi bien que les pièces d'Enrique Fernández Arbós, qui possèdent la même combinaison instrumentale. Bretón dirige, à la suite de Barbieri et durant quelques années, l'orchestre de la Société des concerts. Après une éclipse, celle-ci fut ressuscitée en 1905 par Arbós : nous entrons dans l'époque contemporaine.

ALBENIZ. GRANADOS

Cette époque est marquée de façon éclatante par deux grands noms. Isaac Albeniz, d'origine basque (et il eut d'ailleurs au Pays basque d'illustres homonymes tels que D. Pedro Albeniz, qui a le plus contribué à former l'école moderne espagnole de piano) naquit sept ans avant Enrique Granados, dont on peut penser que son ascendance du côté maternel se réfléchit dans l'inflexion délicate et sensuelle de son inspiration.

Sensuelle à coup sûr était, au plus haut degré, la muse d'Albeniz, caractère extraordinaire et en contraste frappant par son exubérance et sa vitalité avec celui de Granados, alangui, douillet et maladif. On a voulu voir chez l'un et l'autre de ces musiciens, Catalans comme Pedrell, les continuateurs de ses idées d'une musique nationale, idées qu'il n'avait pu réaliser lui-même en raison des lieux communs esthétiques qu'imposait la vie intellectuelle d'une époque décadente, durant laquelle s'étaient ravalées les valeurs typiquement espagnoles que l'on rattachait au « Semanario pintoresco » (hebdomadaire équivalent du « Punch » britannique), fruit d'un romantisme déchu. Pedrell lui-même contribua à discréditer l'Espagne d'opéra-comique, mais Barbieri fit des castagnettes la première manifestation du tempérament national (il en présenta la première défense érudite, bien que, pour ce faire, il dût adopter le ton badin).

Albeniz et Granados ne sont en rien débiteurs, sur les plans esthétique ou technique, de Pedrell, ni, en toute rigueur, d'aucun maître espagnol de leur temps, mais leur musique repose sur l'hispanisme d'opéra-comique et de la zarzuela, ainsi que sur la musique de salon, si méprisée et si calomniée — comme si le XIXe siècle, jusqu'en ses dernières années, avait produit quelque chose de mieux en Espagne! Il y a eu en 1960 un siècle qu'Albeniz est né, et le premier cahier de la suite *Iberia* fut imprimé à Paris en 1906. Il est temps donc de voir Albeniz tel qu'il fut et sans préjugés critiques ou patriotiques.

Albeniz est un des cas les plus extraordinaires de ce qu'on appelle un enfant chéri des Muses. On peut dire en toute rigueur qu'il n'étudia jamais ni avec personne. Las de courir l'Amérique entière, encore tout jeune, il arrive à Leipzig, en 1875, et suit les cours que donnaient au Conservatoire — célèbre depuis l'époque de Mendelssohn — des théoriciens comme Salomon Jadassohn et des pianistes tels que Carl Reinecke. Il est fort possible que le style pianistique, tout d'improvisation et d'intuition, d'Albeniz, ait gagné quelque chose au contact de l'ami de Mendelssohn et de Schumann. Mais, penser que la muse qui inspirait ses compositions de salon, ses *Feuilles d'album,* et son flot de *Pièces caractéristiques,* à la mode du temps, pût s'accommoder de la sévère et pauvre imagination de Jadassohn, est illusoire. Cela est si vrai que, de retour à Madrid, le comte de Morphy, enthousiasmé par le jeune homme, comme tous ceux qui le connaissaient, obtient pour lui la protection de la famille royale et l'envoie à Bruxelles avec une recommandation pour Gevaert. Le grand professeur et le faible compositeur qu'était Gevaert le fit entrer dans la classe de solfège de Franz Rummel, élève de Brassin.

Isaac Albeniz, seul fils d'une famille ruinée, fut un cas précoce d'imaginatif dans lequel s'unissaient heureusement la musique et l'aventure. Il s'échappa à plusieurs reprises du foyer paternel, et il se tira toujours d'affaire en improvisant au piano selon la technique élémentaire apprise au Conservatoire de Madrid et aidé de son extraordinaire capacité d'invention. Albeniz, comme le fit bien voir son comportement dans la vie, n'était pas un raisonneur, mais un impulsif qui méconnaissait ses capacités réelles et s'abandonnait à des enthousiasmes faciles, comme ceux qui l'entraînèrent à composer des opéras absurdes sur les livrets d'un banquier anglais, poète de la Table Ronde, avec ses *Merlin,* ses *Lancelot* et ses *Ginebra,* trilogie dont Albeniz ne réalisa que la première partie. Aujourd'hui, on peut se rendre compte, avec la *Fantaisie* que composa sur la musique de *Merlin* le maître mexicain Manuel M. Ponce, que nous avons affaire au cas désespéré d'une musique sans imagination ni technique. Albeniz ne tarda pas à se lasser de cette erreur d'orientation que les circonstances lui avaient imposée. Mais quand il s'installe à Paris en 1893, une fois marié, il tombe dans le « milieu franckiste » qui était, de plus, anti-impressionniste. Chez Chausson, il rencontre les musiciens qui devaient rendre célèbre la « Schola »; il en avait déjà vu quelques-uns à Barcelone, comme Vincent d'Indy et Chausson lui-même. A cette date, le monde se transformait sous l'effet du génie de Claude Debussy, qui avait donné au public le *Quatuor* et *l'Après-midi d'un faune.* Bien que le milieu des amis de Chausson et de Vincent d'Indy et, à un moindre degré, de Paul Dukas, ne fût pas favorable à l'impressionnisme, Albeniz, en sa qualité de pianiste, ne put faire moins que de connaître les œuvres pour piano de Debussy, depuis les *Deux Arabesques* et la *Suite bergamasque,* jusqu'aux pièces pour chant, tels les *Poèmes* de Baudelaire, les *Ariettes oubliées,* les *Fêtes galantes,* tandis que Debussy travaillait à l'époque à ses *Proses lyriques.* Collet dit dans son livre sur Albeniz que l'Espagnol n'aima jamais Debussy, ce qui peut se rapporter aux relations personnelles. Quant aux relations musicales, ce fut l'influence de Debussy qui transforma l'hispanisme « salonnard » d'Albeniz et même son Espagne d'opéra-comique, tant et si bien que tambour de basque et castagnettes accompagnent et l'*Iberia* de

Debussy et l'*Iberia* d'Albeniz, qui sont approximativement de la même période. Albeniz meurt en 1909 et Debussy termine sa série d'*Images* en 1912. Les *Images de l'Espagne* qu'Albeniz offre, dans les admirables cahiers de cette Suite, composent une Espagne que ni un Catalan ni un Castillan n'avaient aperçue, ni ne pouvaient apercevoir. Elles sont le fruit d'une imagination individuelle et puissante sans influence scolaire d'aucune sorte, mais elles sont vues à travers ce monde merveilleux de musique, de peinture et de poésie qu'était le Paris des dernières décades du siècle passé et des premières du siècle présent.

En ce qui concerne Granados, on pourrait le présenter, au total, comme une « édition de poche » d'Albeniz. Arrivé à Paris de sa province catalane (il était né à Lerida en 1867 et fut l'élève du cours d'harmonie de Felipe Pedrell), il rencontre son compatriote, l'apprenti pianiste Ricardo Viñes, qui allait consacrer sa carrière à la cause de l'impressionnisme pianistique français et à quelques-uns de ses prolongements russes et espagnols. Si l'on peut penser que la musique de salon se transforme chez Albeniz suivant un processus presque magique, qui fut celui du Chopin des *Mazurkas,* des *Valses* et des *Nocturnes,* on peut supposer que, dans la même voie, Granados reflète le populisme de salon de Grieg.

Avec une influence de plus, celle qui amena Albeniz à tenter fortune dans la zarzuela, baignant dans l'ambiance « goyesque » de San Antonio de la Florida, cet « ermitage fleuri » que Ravel recherchait à Madrid quand, malade, il visita l'Espagne, indifférent à Séville, à sa Giralda et à ses taureaux et attiré par les rives du Manzanares et le panorama goyesque, la prairie de San Isidoro et l'ermitage de San Antonio avec ses fresques : le prestige du monde goyesque parvient au musicien à travers une ambiance de zarzuela typique. Granados écrit deux *zarzuelas grandes* (et non négligeables) sur des livrets de Feliú y Codina, le dramaturge de *la Dolores.* L'ambiance populaire de Granados sera, en conséquence, castillane, avec *le Miel de la Alcarria* et *Maria del Carmen,* avec ses pièces pour les salons bourgeois de Barcelone et de Madrid. La combinaison de l'élément goyesque et de l'apport de la zarzuela avec la musique de salon qui s'était affinée grâce aux expériences françaises donne les *Goyescas* et les *Tonadillas* et, à un moindre degré, les *Danzas españolas,* de 1909, année de la mort d'Albeniz, jusqu'à la fin tragique de Granados, victime innocente et inattendue de la Grande Guerre, en 1916, à la suite du torpillage du « Sussex » dans le Pas de Calais. Après un succès brillant et éphémère Granados revenait de New York, où avait été représentée, pour la première fois, une mise en scène des *Goyescas,* que la critique yankee avait comparée sur un ton élogieux à *Cavalleria rusticana...*

FALLA. TURINA

En dépit des protestations de Manuel de Falla suivant lesquelles sa musique est une conséquence des doctrines de Pedrell, toute son œuvre démontre que sa personnalité de musicien s'était affirmée d'abord en écrivant des zarzuelas comme *la Vie brève* (appelée opéra, comme sont des opéras *Marina* et *la Dolores,* étant donné que tout y est chanté, conformément au critère simpliste qui réduit l'opéra à cette prépondérance exclusive du chant et à l'absence de partie parlée). *La Vida breve* est, *stricto sensu,* une zarzuela avec tous ses lieux communs traditionnels et un langage mélodique fondé directement sur Chapí et sur les chansons de salon à l'andalouse. Cette affirmation, ainsi formulée, peut fortement surprendre ceux qui n'ont pas encore abandonné leurs vieux préjugés, tant en faveur de la hiérarchie des valeurs esthétiques que du pittoresque des valeurs nationales. Dans ce cas, le pittoresque est constitué par le style andalou du *cante flamenco* et du *cante jondo,* valeur essentiellement historique et l'une des caractéristiques les plus marquées de la musique andalouse, auxquelles Manuel de Falla s'efforça de rendre leur prestige. Il faut tenir compte, d'ailleurs, des différences existant entre ces deux nuances de chant andalou : le *flamenco,* d'un côté, plus superficiel et légèrement encanaillé (beuveries, danses, bagarres — *flamenco* indique en effet le couteau des *majos* andalous : élégants de la pègre, comme on peut le lire dans les *Escenas andaluzas* classiques d'Estébanez Calderón, polygraphe folkloriste, un des représentants les plus connus du *costumbrismo,* genre journalistique fait de petits essais qui cherche à fixer les types sociaux pittoresques; cette étymologie est encore extrêmement controversée, on peut se reporter à la petite anthologie du *Roman picaresque* de Marcel Bataillon); le *jondo,* de l'autre, plus sévère, plus contenu, plus profond comme l'indique son nom, qui ne doit rien à la tradition arabe ou juive, bien que dans cette musique il y ait interpénétration des uns et des autres éléments, y compris surtout l'élément andalou. Une fois que l'on a tenu compte de ces différences, on peut reconnaître dans Joaquín Turina un aboutissement du style andalou *flamenco,* comme chez Manuel de Falla une parenté avec l'Andalousie *jonda.* N'oublions pas, cependant, qu'il y eut un certain nombre de musiciens andalous se rattachant à l'une ou à l'autre lignée qui ne purent s'élever au-dessus de la musique de tréteaux et de café-concert. Ces musiciens, mal connus même des Espagnols, sont cependant les créateurs de ce style andalou, de ce *sermo vulgaris* dans lequel s'exprimèrent Falla et Turina, mais de façon plus élevée et sur un ton plus noble. Et Pedrell parlait d'une « musique naturelle ». L'espagnol andalou que parlent dans leur musique Falla et Turina avait été préalablement élaboré par ces artisans mineurs et aujourd'hui presque oubliés, parmi lesquels je ne mentionnerai qu'un nom : Eduardo Ocon, fameux jadis pour son *Bolero,* morceau pour piano, ainsi que pour ses multiples chansons. Quand, à l'époque de Falla et de Turina, un Catalan de génie, Amadeo Vives, fidèle aux penchants des confectionneurs de zarzuelas à faire autant d'argent que possible, mais surpris de la qualité de leur art, voulut donner une couleur madrilène et andalouse à quelques-unes de ses zarzuelas et à ses *Canciones epigramáticas* (peut-être ce qu'il a fait de mieux), c'est aux chansons tonadillesques d'Ocon, de Madrid à Séville, qu'il se réfère.

Vives, toutefois, ne connut pas l' « action catalytique » produite sur Turina et Falla par le milieu musicien de Paris. Turina, sur le conseil peut-être d'Albeniz, s'orienta vers la Schola, mais auparavant il était allé spontanément à l'hispanisme trivial de Moritz Moszkowski, conseillé probablement par Joaquín Nin. De la Schola, Turina ne reçut rien de positif. Autant prétendre unir l'eau et le feu. L'empreinte de Moszkowski se maintint chez lui toute sa vie dans la couleur superficielle, dans la construction faible, dans l'écriture pianistique spirituelle autant qu'efficace, qu'il ne travailla scrupuleusement que dans quelques œuvres, telles ses *Danzas fantásticas* qui, à mon sens, constituent, avec le deuxième *Trio,* la partie durable de son œuvre, si tant est qu'elle ne doive périr tout entière.

Le système, pour usé qu'il soit, des vies parallèles, me semble opportun pour parler d'Albeniz et de Granados, de Falla et de Turina, chez lesquels le parallélisme se répète à peu près identiquement. On peut voir, en effet, que, bien qu'ils soient éloignés dans leurs idées et dans leurs goûts, Catalans et Andalous eurent en commun une même attirance pour le style madrilène de la tonadilla, pour nous exprimer en termes génériques. Quoique Turina et Falla aient dû une bonne partie de leur renommée à Madrid, ce n'est pas le milieu auquel ils se réfèrent de préférence. Je crois, pour ma part, que Falla, blessé par le jugement défavorable de l'Académie des Beaux-Arts (où il ne voulut jamais pénétrer) sur sa zarzuela-opéra, alors limitée à un seul acte : *la Vida breve,* insista, non sans excès, sur ce qu'il devait à son maître Pedrell; mais quand nous devions éclaircir avec Falla certains détails d'harmonie, il avait recours immanquablement au traité de Richter traduit par Pedrell qu'il préférait à tout autre (même à l'œuvre si équilibrée et si claire d'Henri Reber qui, dans la technique française du Conservatoire, correspond à celle d'Eslava en Espagne). Falla, qui se préoccupait des modes grecs, dans les dernières années de son séjour à Madrid, recherchait la traduction française du traité du *contrepoint* de cet auteur que Collet et moi étudiions au Nuevo Cafe de Levante de Madrid, à l'époque où ce dernier recueillait des données pour sa thèse sur *le Mysticisme musical espagnol au XVIe siècle*. Malgré ses succès comme élève de piano de José Tragó (un vieux Madrilène qui avait travaillé avec Albeniz dans la classe de Compta, au Conservatoire), et bien qu'il eût obtenu le premier prix tant désiré de piano catalan, Falla fut réduit, dans les cruelles années de Madrid, à accepter de petites tâches mercenaires pour le maître Chueca, l'auteur madrilène de *la Gran Via* et d'innombrables zarzuelas du genre mineur dont Falla parlait certains jours avec une complaisance marquée.

Paris demeurait comme la grande illusion. Falla, qui avait découvert par hasard le petit traité si intéressant, bien que si court, de Louis Lucas sur *l'Acoustique nou-*

velle (1854), ajoute dans un fragment autobiographique que c'est un passage des *Pyrénées* de Pedrell qui fut son chemin de Damas, et, sur-le-champ, il s'en fut demander à ses maîtres un enseignement qui, selon ses dires, était bien supérieur au niveau esthétique de ses contemporains. Que ce fût un passage des *Pyrénées* qui révéla à Falla sa future carrière peut fortement étonner. Mais on ne sait jamais... Il a trente ans quand on lui propose de faire une cure à Vichy. Le voyage dure sept ans. Notons que, lorsqu'en 1939 Falla accepte la direction de certains concerts à Buenos Aires, avec l'autorisation des gouvernants franquistes, son séjour là-bas dure aussi sept ans, jusqu'à sa mort dans un village retiré tout près de la Cordillère des Andes, qui lui rappelait peut-être les montagnes de Grenade.

A son arrivée à Paris, Falla, qui porte dans ses cartons certaines œuvres ébauchées qu'il fera connaître à son retour à Madrid au début de la guerre de 1914, frappe à la porte de Paul Dukas, avec lequel il revise l'orchestration de *la Vie brève* (c'est ainsi que désormais elle s'appellera après la première à Nice). Dukas le met en contact avec le milieu impressionniste, aux représentants duquel Falla demeure (plutôt qu'à ses programmes) fidèle toute sa vie, comme à son amitié et à son admiration illimitée pour Debussy, Ravel, Schmitt et Dukas lui-même, ce que je puis affirmer sur la base d'une amitié durable et d'une expérience quotidienne avec Falla. Les *Quatro Piezas españolas* et les *Tres Melodias de Teofilo Gautier,* qui naissent en 1908 et 1909, sont très significatives de l'impression produite par ce nouveau milieu sur Falla; mais, alors que les mélodies en question sont conçues à Paris, les pièces espagnoles arrivent achevées de Madrid. Si l'on pouvait établir une étude analytique, elle éclairerait bien des choses dans la formation du nouveau style de Falla qui s'affirmait décisivement dans les *Nuits dans les jardins d'Espagne,* œuvre par laquelle il se fit connaître durant son nouveau séjour à Madrid.

Le langage mélodique, harmonique et orchestral paraît, dans cette dernière œuvre, plus dépendant de ce qu'on peut appeler une idée poétique générale par rapport, du moins, à d'autres œuvres plus célèbres et contre lesquelles il avait une dent à cause même de leur célébrité : *l'Amour sorcier* et *le Tricorne,* dont le style andalou révèle une touche extrêmement vigoureuse et une pensée formelle, harmonique et rythmique extrêmement claire. Toutefois leur couleur andalouse constitue précisément la partie rebattue, bien que la présentation ait été plus raffinée qu'à l'ordinaire. Il est inutile de mentionner l'immense succès que remportèrent les ballets. A la suite du *Tricorne,* Falla qui avait perdu ses parents à Madrid décide de repartir pour Grenade, où il vécut reclus, presque comme un ermite.

Quelques peintures du Palais de l'Alhambra lui rappellent les romances de Don Gayferos, de Melisendra, ainsi que la pièce pour marionnettes de Cervantès, *el Retablo de Maese Pedro.* Un nouveau tournant intervient dans la musique de Falla avec la nécessité de faire appel à un style qui ne devrait rien à son langage antérieur à l'andalouse. Il s'agit donc d'une nouvelle phase de sa carrière, où l'on peut voir les conséquences larvées des enseignements historiques de Pedrell et de ses transcriptions des vieux *vihuelistes* que, selon moi, Falla découvre à nouveau dans les volumes du *Chansonnier populaire espagnol,* publié en Catalogne peu après la fin de la guerre. Le *Retablo* est une première conséquence de cette redécouverte, avivée — Falla se trouvait alors prisonnier de sa retraite à la Antequeruela Alta —par les cours et conférences que Pedrell avait donnés plusieurs années auparavant, à l'Athénée de Madrid, sur la musique ancienne castillane. Lancé sur cette nouvelle voie, il n'est pas douteux que Falla dut éprouver la nécessité de découvrir un type de musique aussi serrée et laconique que celle des vihuelistes du XVIe siècle ou de ces combinaisons instrumentales et suggestives que l'on trouve dans la *Diana* de Jorge de Montemayor, et qui n'étaient pas, d'ailleurs, de purs caprices de l'invention du poète. Le résultat en fut le *Concerto pour clavecin, flûte, hautbois, clarinette, violon et violoncelle,* suivant le titre de la partition, dédié par Falla à Wanda Landowska — sans qu'il semble pour autant qu'il ait été compris par l'illustre artiste, expérience fréquente chez Falla : nous songeons à la *Fantaisie bétique* pour piano, dédiée à Arthur Rubinstein qui la négligea. Les dates de composition du *Concerto* sont 1923-1926. Dès lors, Falla n'écrivit plus que des œuvres de circonstance, réservant tous ses efforts à la composition d'une grande cantate sur l'œuvre poétique de Mossen Jacint Verdaguer, le Mistral catalan, *l'Atlantide*.

Joaquín Turina mourut à Madrid en 1949. Il avait passé dans la capitale les années cruellement inoubliables de la guerre civile sans qu'il eût jamais été inquiété dans sa personne. Depuis son retour triomphal en Espagne à la même époque que Falla, il ne vit point se répéter le triomphe retentissant de *la Procesión del Rocio,* tableau symphonique que l'on peut situer sur le même plan que la *Catalonia* d'Albeniz. La *Symphonie sévillane* de 1920 est, à la suite, son œuvre la plus considérable. On commence à y repérer, comme dans l'opéra *Jardin de Oriente,* qui eut la bonne fortune d'être joué au théâtre Royal, la tendance de Turina à diluer la couleur et la matière qui la soutient dans une espèce d'aquarelle, nette de ton et d'un effet délicat, mais lâche de trait comme de volonté. En ce sens, il est utile de comparer le processus créateur d'Albeniz dans les pièces d'*Iberia,* par exemple, compte tenu de leur admirable puissance évocatrice, de leur merveilleuse invention mélodique, harmonique, de leur qualité d'écriture pianistique, avec les *Quatro Piezas españolas* de Falla. Ce qui était lâche et sans rigueur chez Albeniz apparaît chez Falla fortement structuré, la musique est contenue dans des limites rigoureuses. Les pièces pour piano de Turina, au contraire, que ce soient les pages faciles de *l'Album de voyage,* de 1916, ou les *Contes d'Espagne* de 1918, présentent ce processus de dissolution, freiné seulement (et encore relativement) dans ses œuvres de musique de chambre, comme les *Trios* de 1926 et 1933 (particulièrement le deuxième).

NATIONALISME ET NÉO-ROMANTISME

Abordons à présent la production musicale qui s'écarte du chemin normal suivi par l'art espagnol durant le XIXe siècle et qui est liée à l'activité des orchestres symphoniques, en particulier de celui de Madrid, fondé et dirigé par Enrique Fernández Arbós. Cette activité et celle des compositeurs soumis à son influence situent la production espagnole hors des activités régionales. Les plus valables et les plus intenses sont celle de la Catalogne étendue jusqu'au Levant, celles de l'Andalousie, du pays Basque, de la Vieille-Castille et de la Galice.

Les deux tendances principales, en Espagne comme partout, sont d'une part la recherche de la couleur nationale, suivant l'exemple des Russes et des Tchèques, et, de l'autre, les prolongements du néo-romantisme allemand, suivant l'exemple de Richard Strauss. La structure formelle et organique de la symphonie n'a jamais été bien comprise en tant que concept, ni par les Espagnols, ni même par les Latins. De ce fait, la forme préférée, chez les uns, est la suite, chez les autres le poème symphonique. Parmi les compositeurs nationalistes s'affirme, avec un éclat particulier, Bartolomé Peréz Casas avec sa *Suite murcienne (A mon pays)*. Parmi les néo-romantiques, les compositions qui dénotent la plus solide structure formelle sont les vastes compositions d'Oscar Esplá, qui s'efforce de démontrer qu'elles dérivent essentiellement de la chanson populaire d'Alicante, sa région natale. Les poèmes symphoniques de Conrado del Campo accusent, avec un certain retard, l'influence des poèmes de Strauss. Mais del Campo mit le meilleur de lui-même dans ses *Quatuors* qui constituent la production de chambre la plus considérable en Espagne. Le meilleur exemple, et le seul publié, en est les *Caprices romantiques* qui accompagnent les *Rimas* de Bécquer (poète post-romantique très inspiré par Heine), ainsi que *le Christ de la Vega*, ample toile de fond du poème de Zorilla. Les *Quatuors* de del Campo s'échelonnent entre 1905 et 1910 (à l'exception de tel d'entre eux composé par la suite), c'est-à-dire durant les années d'activité du Quatuor Francés (Julio Francés, premier violon), dont del Campo faisait partie comme alto, ce qui explique sa prédilection pour le genre. L'activité de ce quatuor fut un grand bienfait pour l'art instrumental des premières décades du siècle et c'est pour lui qu'écrivirent Chapí, Arregui, Villar et quelques autres.

Del Campo avait une imagination fertile et une plume facile, sans être très exigeant pour la qualité de l'écriture et de la forme. Ses compositions sont abondantes et, parmi elles, figurent, outre les poèmes symphoniques qui, comme *la Divine Comédie,* sont à comparer avec le *Merlin* d'Albeniz et l'autre *Divine Comédie* de Granados, traduisant les unes et les autres un post-romantisme germanisant, ses œuvres théâtrales dont certaines penchent vers l'historicisme romantique du *Don Alvaro* du duc de Rivas (que l'on peut comparer à Hugo et à Lamartine) et du *Rey Trovador* de Marquina, et dont certaines autres tendent vers la couleur madrilène d'*el Avapiés* ou castillane de *la Malquerida* qui, semble-t-il, n'ont jamais été représentées.

Comme del Campo s'était voué à l'enseignement, presque tous les jeunes compositeurs qui faisaient de Madrid le centre de leur vie, et bon nombre de Sud-Américains, suivirent ses cours. Son enseignement dut être des plus souples puisqu'on ne décèle chez ses élèves aucun trait commun (par exemple, chez Moreno Torroba et chez Domingo Santa Cruz). Mais il en fut de même de l'enseignement dispensé au Conservatoire par Pérez Casas, comme auparavant par Bretón.

La ligne directrice post-romantique nous amène de Vicente Arregui à Facundo de la Viña, auteurs tous deux d'œuvres symphoniques, mais surtout d'opéras, parmi lesquels il convient de signaler, pour leur forte couleur castillane, dans une certaine mesure « vériste », l'opéra intitulé d'après une romance castillane *la Espigadora (la Glaneuse)*, de la Viña, dont la première eut lieu à Barcelone en 1927, et surtout l'opéra en un acte *la Montaraza*, que je crois inédit. Sur tout cet ensemble se détache la solitaire figure d'Oscar Esplá, que sa pensée tourmentée, sa fécondité et son incessant labeur qui atteignent au « surfait » placent aux antipodes de del Campo. Un instinct fondamental l'emporte vers la complication de l'harmonie et de la forme, privant ainsi ses vastes compositions de toute spontanéité. Parmi celles de la première époque, figure son ample *Sonate pour piano et violon*. Le prélude symphonique sur la *Veillée d'armes de Don Quichotte* est peut-être son œuvre la plus équilibrée, dans son orchestration touffue mais colorée. Une *Sonatine du Sud* pour piano seul, si longtemps attendue, se transforme en *Sonate du Sud*, donnée pour la première fois à Bruxelles, où Esplá passe les années difficiles des deux guerres (guerre civile et Deuxième Guerre mondiale).

La zarzuela, pendant ce temps, fut cultivée par des personnalités intéressantes, parmi lesquelles il convient de citer le nom de Federico Moreno Torroba (*Luisa Fernanda*, qui se rattache à la *Doña Francisquita* de Vives), et Jesús Guridi *(El Caserío)*, auteur d'opéras régionaux basques *(Amaya, Mirentxu)*. Son compatriote de San Sebastian, José Maria Usandizaga éveilla les plus vives espérances avec son opéra basque *Mendi Mendiyan* et sa zarzuela *las Golondrinas,* mais Usandizaga mourut encore jeune. Le niveau baisse considérablement avec Jacinto Guerrero *(la Rosa del Azafran)*, en qui l'on voulut voir l'héritier de Frederico Chueca. Le théâtre de qualité eut en Catalogne un représentant marquant, Enrique Morera et un adepte intelligent et sensible, Jaime Pahissa, écrivain aussi, auquel on doit la biographie de Falla publiée à Buenos Aires, où il réside.

Il est impossible de nous arrêter davantage aux figures de moindre importance qui abondent partout en Espagne, et nous passons à la période qui commence avec la République et se termine lors de la dispersion de la plupart des jeunes musiciens à travers le vaste monde, de Paris et Londres jusqu'au Mexique et à l'Argentine.

LA GÉNÉRATION DU XXe SIÈCLE. LE MOMENT ACTUEL

Ernesto Halffter fut le premier et le plus important de la génération du début du siècle. Né à Madrid en 1905, il donna la première de sa *Sinfonietta* alors qu'il n'avait pas vingt ans. Cette œuvre produisit une immense sensation parmi les critiques et les musiciens. C'était la première fois, en effet, que, dans la musique espagnole, on pouvait offrir une symphonie en quatre mouvements capable de tenir en haleine l'auditoire pendant toute l'exécution et de provoquer chez lui une réaction d'enthousiasme étonné : chez Halffter se fondaient dans une heureuse synthèse l'esprit madrilène et l'atavisme germanique. C'était le moment où Stravinsky prônait un retour à Bach. Falla, de son côté, préconisait un retour à Scarlatti, chez qui les Espagnols croyaient déceler une inspiration madrilène. Halffter suivit fidèlement les indications de Falla dans son ballet *Sonatina,* donné pour la première fois à Paris par Antonia Mercé, « la Argentina ». Placé à la tête de l'« Orchestre bétique de chambre », Halffter se fit un devoir de révéler au public les dernières œuvres de Manuel de Falla qui était devenu son maître. Tout le monde d'ailleurs n'accepta point la formule scarlattienne, étant donné le danger qu'elle présentait par sa propre facilité, étant donné aussi que son schématisme ne pouvait conduire qu'à la rhétorique et devenir, en dernière analyse, un principe de stérilité. Installé à Lisbonne, Ernesto Halffter ralentit sa production dans les années suivantes, mais une de ses dernières œuvres, *Rhapsodie portugaise,* nous le présente exempt de préjugés, détaché de toutes thèses esthétiques ou techniques, avec une inspiration toujours fraîche et une orchestration au coloris net.

Son frère Rodolfo, son aîné de cinq ans, suivit durant plusieurs années le scarlattisme de Falla, tout en se montrant plus attentif envers les premiers compositeurs espagnols pour piano. Leurs sonates avaient été publiées alors par Joaquín Nin en même temps que certaines chansons de tonadillas. Dans différents ballets *(Don Lindo de Almeria, la Madrugada del Panadero),* Rodolfo Halffter suit la formule proposée, où il trouve la possibilité de nouveautés harmoniques ingénieuses et d'un effet intéressant. Etabli à Mexico après la guerre d'Espagne, il écrivit tout d'abord un *Concerto pour violon,* donné pour la première fois par Samuel Duschkin et qui est à ce jour son œuvre la plus marquante. Ses deux *Sonates pour piano* sont des œuvres de maturité. En dernière analyse, Rodolfo Halffter semble las du diatonisme plus ou moins dissonant de ses œuvres antérieures et tourne les yeux vers le dodécaphonisme, selon lequel il a conçu sa troisième *Sonate.*

A son époque appartiennent également trois autres compositeurs madrilènes, exilés eux aussi, Salvador Bacarisse, d'extraction française, et compositeur prolifique dans tous les genres. Dans son exode à travers les Pyrénées, il perdit une grande partie de ses manuscrits. Établi à Paris, Bacarisse a continué son travail avec une ardeur qui n'a d'égale que son optimisme. Un peu plus jeune que lui, Julián Bautista, né en 1901 et ami inséparable de Bacarisse — tous deux furent élèves de del Campo — écrivit également des ballets (*Juerga,* pour la Argentina) et des œuvres symphoniques. A Buenos Aires, il s'est consacré aux nouvelles tâches qui ont attiré les jeunes compositeurs, dans la mesure où les règlements de protection nationaliste ne l'en empêchent pas, c'est-à-dire à la musique de film. Il en va de même de Gustavo Pittaluga, ce dernier d'ascendance italienne bien que madrilène aussi, né en 1906. Durant son séjour à New York, à la suite de la guerre, il revisa entièrement ses œuvres multiples conçues en Espagne, parmi lesquelles son ballet *la Romeria de los cornudos,* dansé par Encarnacion Lopez, la Argentinita, et sa sœur Pilar. C'est là son œuvre la plus réussie et la plus connue. La musique de son film *los Olvidados* (Luis Buñuel) a fait le tour du monde. Instable, vagabond, tantôt il s'installe à Cuba, tantôt aux Etats-Unis ou au Mexique, tantôt sur la côte du Pacifique, tantôt en Argentine ou au Brésil. Jesús Bal y Gay se fit d'abord connaître par son travail de musicologue *(Lope de Vega et ses chansons, Chansonnier d'Upsala, Noëls de Juan Vasquez).* Certaines de ses transcriptions ont vu le jour dans la capitale du Mexique où il réside et où il a transcrit un groupe important de polyphonistes du XVIe siècle, dont les œuvres figurent dans des manuscrits conservés aux archives. En tant que compositeur, il se révéla plus tard par des œuvres d'écriture soignée et de forme équilibrée comme son *Concerto grosso* et sa *Sonate pour clarinette.* Un autre musicologue important, Eduardo M. Torner, auquel on doit la divulgation de certaines musiques pour viole, de folklore asturien, ainsi que diverses études sur le chant populaire espagnol, vit à l'heure actuelle à Londres. Torner est asturien et Bal galicien; Baltasar Samper, folkloriste, compositeur et chef d'orchestre majorquin, réside au Mexique.

C'est à Londres que s'est installé Roberto Gerhard, qui préfère se considérer comme catalan puisqu'il naquit dans cette région, plutôt que suisse. Il fut un élève de Pedrell en sa prime jeunesse et plus tard vint se joindre à l'école viennoise, plus ou moins atonaliste. C'est là aussi que vit Manuel Lazareno, un des derniers noms qui apparurent pendant la guerre. Pedro San Juan, un Basque établi à Cuba et par la suite aux Etats-Unis, se consacre à l'enseignement et à la direction d'orchestre. José Ardévol, de famille catalane, s'installe à La Havane dès avant la guerre. Casal Chapí, petit-fils du grand auteur d'opérettes, dirige l'orchestre national de Montevideo. Trois compositeurs travaillent activement en Amérique : María Teresa Prieto, Asturienne, au Mexique, auteur de cinq symphonies, et Emiliana de Zubeldia,

Basque, également au Mexique et aussi féconde. Maria Rodrigo vit actuellement à Porto Rico, après avoir résidé plusieurs années en Colombie.

Parmi les musiciens de la jeune génération qui demeurèrent dans la Péninsule, le « doyen » doit être Manuel Palau, qui dirige le Conservatoire de Valence. La plupart de ces compositeurs sont des « Levantins ». Le succès de Federico Mompou, dans le Paris des années de l'entre-deux guerres, lui valut une sensible popularité. Sous son impulsion, Manuel Blancafort a composé des pages aimables. Son fils, qui porte le même prénom que lui, est aujourd'hui un des jeunes Catalans les plus riches de promesses en même temps que José Valls et Lamote de Grignon fils. Miguel Querol Gavaldá, secrétaire de l'Institut espagnol de Musicologie, et remarquable transcripteur du *Chansonnier de Medinaceli,* s'est révélé récemment comme compositeur de qualité par des œuvres à plusieurs voix.

Parmi les musiciens de la génération du XXe siècle s'affirme surtout en Espagne le Valencien Joaquín Rodrigo, qui paraît être « l'enfant gâté » du régime actuellement en vigueur. Rodrigo a de l'imagination et une plume facile, avec un penchant marqué pour les chemins où Joaquín Turina avait laissé ses traces légères. Auteur de plusieurs concertos, il doit sa popularité au *Concerto d'Aranjuez* pour guitare qui a été répandu hors d'Espagne par Regino Sánz de la Maza. Le P. José Antonio Donostia, Basque de Saint-Sebastien et auteur de délicates harmonisations de chansons populaires de son pays, vécut à Barcelone où il travailla à l'Institut de Musicologie. Fernando Remacha, un Navarrais qui faisait groupe avec Bacarisse et Bautista dans leurs jeunes années madrilènes, réside actuellement dans sa province où il écrit de belles pages chorales pour les magnifiques ensembles qui sont l'orgueil de Pampelune. On ne saurait passer sous silence les mêmes ensembles catalans, galiciens comme celui de Pontevedra, basques comme celui de Bilbao et de Saint-Sebastien, qui ont vivement encouragé l'étude et la pratique de la chanson populaire, pas plus qu'on ne saurait oublier le grand art polyphonique et, pour terminer, les compositions vocales d'autres compositeurs récents.

Adolfo SALAZAR.

BIBLIOGRAPHIE

BOLADERES IBERN, G., *Enrique Granados,* Barcelone, 1921.

BORRELL, J., *Diez años de música española,* Madrid, 1949.

CHASE, G., *The Music of Spain,* New York, 1941.

COLLET, H., *Espagne. Le XIXe siècle. Deuxième partie : la Renaissance espagnole,* in « Encyclopédie du Conservatoire de Paris, » vol. IV, 1919.

COLLET, H., *Albeniz et Granados,* Paris, 1926.

COLLET, H., *l'Essor de la musique espagnole au XIXe siècle,* Paris, 1929.

COTARELO y MORI, E., *Ensayo histórico sobre la zarzuela,* Madrid, 1932-1933.

DELEITO y PINUELA, J., *Origen y apogeo del género chico,* Madrid, 1920.

FALLA, M. de, *Escritos,* introduction et notes de SOPENA, F., Madrid, 1947.

GUICHOT y SIERRA, A., *Noticia histórica del Folklore,* Séville, 1928.

JEAN-AUBRY, G., *la Musique et les Nations,* Londres, 1922.

LANDORMY, P., *Histoire de la musique,* Paris, 1923.

MARTINEZ OLMEDILLA, A., *El maestro Barbieri y su tiempo,* Madrid, 1950.

MITJANA, R., *La música contemporánea en España y Felipe Pedrell,* Malaga, 1901.

MITJANA, R., *¡ Para música vamos !,* Valence, 1909.

PAHISSA, J., *Manuel de Falla,* Buenos Aires, 1947.

PEÑA y GOÑI, A., *La ópera española y la música drámatica en España en el siglo XIX,* Madrid, 1881.

ROLAND-MANUEL, *Manuel de Falla,* Paris, 1930.

SALAZAR, A., *La música contemporánea en España,* Madrid, 1930.

SALAZAR, A., *La música moderna,* Buenos Aires, 1944.

SALAZAR, A., *La música en la sociedad europea,* vol. IV, Mexico, 1946.

SALAZAR, A., *La música de España (la Música en la cultura española),* Buenos Aires, 1953.

SALCEDO, A. S., *Tomás Bretón,* Madrid, 1924.

SALCEDO, A. S., *Ruperto Chapí,* Cordoue, 1925.

SOPEÑA, F., *Joaquín Turina,* Madrid, 1943.

SOPEÑA, F., *Joaquín Rodrigo,* Madrid, 1946.

THOMAS, J. M., *Manuel de Falla en la isla,* Palma de Majorque, 1948.

TREND, J. B., *Manuel de Falla and the Spanish Music,* Londres, 1929.

VILLALBA MUÑOZ, P. Luis, *Ultimos músicos españoles del siglo XIX,* Madrid, 1914.

VILLAR, R., *Músicos españoles contemporáneos,* Madrid, 1919-1920, 2 vol.

VILLAR, R., *Falla y su « Concierto de cámara »* Madrid, 1931.

LA MUSIQUE ITALIENNE AU XXe SIÈCLE

C'EST à l'aube du siècle, en 1901, que meurt Giuseppe Verdi. Son activité créatrice avait cependant cessé dix ans plus tôt lorsque, après les dernières mesures de *Falstaff,* il notait sur la partition la phrase célèbre : « Tout est fini ! Va ton chemin, jusqu'où tu pourras... Adieu ! » Et l'on peut dire que, dès cette époque, sa popularité était ternie par l'éclat d'astres nouveaux qui pointaient à l'horizon de la musique d'opéra (on sait en outre que les derniers opéras de Verdi n'ont jamais été « populaires » au sens et dans la mesure où l'avaient été les précédents, depuis *Rigoletto* jusqu'à *la Force du destin*). Quelques jours avant la représentation de *Falstaff, Manon Lescaut* était présenté à Turin. Son auteur, Giacomo Puccini, vient tout juste de passer la trentaine ; trois ans plus tard, en 1896, il s'affirme de nouveau avec *la Bohème*. Et, en cette fin du XIXe siècle, d'autres compositeurs luttent pour s'assurer la primauté sur la scène lyrique : Mascagni triomphe à Rome, en 1890, avec *Cavalleria rusticana,* que suivront *l'Amico Fritz* (1891), *Guglielmo Ratcliff* (1895) et *Iris* (1898) ; Umberto Giordano vient compléter la triade de l'opéra italien dit « vériste » avec *Andrea Chénier* (1896) et *Fedora* (1898). Ces trois musiciens se sont partagé la faveur du public pendant toute leur carrière, qui s'est poursuivie jusqu'à ces dernières années, sans que cette faveur paraisse s'atténuer, du moins pour ce qui est de leurs meilleures productions, même depuis que d'autres tendances et d'autres personnalités se sont affirmées et ont infléchi le goût des « élites » vers de nouveaux horizons. Il serait pourtant malaisé de rattacher cette œuvre au cours de la tradition musicale italienne. Même si la qualification d' « œuvre internationale » qui lui a été appliquée par un illustre musicologue italien peut sembler aujourd'hui injustifiée, il est hors de doute que sa formule tire ses origines, proches ou lointaines, d'au-delà des frontières de l'Italie et que les caractères spécifiquement italiens y doivent être reconnus plutôt dans les défauts (ou les excès) que dans les véritables qualités artistiques.

Les premiers indices d'un bouleversement réel dans la vie musicale italienne remontent au début du siècle. Il s'agit bien de bouleversement plutôt que de renouveau, puisqu'en fin de compte nous assistons plus à la disparition de certaines malfaçons, résultant d'une désaffection pour les problèmes essentiels de l'art, qu'à une reconstruction *ab imis* d'une structure tombée en ruine. Je n'oserais pas affirmer qu'une telle œuvre d' « hygiène artistique » ait été accomplie par les soi-disant précurseurs, par ce groupe de musiciens (Giovanni Sgambati, Giuseppe Martucci, M. Enrico Bossi et quelques autres) qui, dans les dernières années du XIXe siècle, s'éloignant du théâtre, composèrent de la musique de chambre et de la musique symphonique. Leur effort, des plus nobles, intéresse davantage la culture que l'art : ce fut un mouvement stérile, assez académique et pédagogique, inspiré des mouvements analogues surgis dans les pays de langue germanique. Disons plutôt qu'une certaine reconnaissance doit aller à ces pionniers de l'histoire et de la critique musicales qui, offrant de nouveau à l'attention du public oublieux des noms et des œuvres de musiciens des siècles précédents, renouant des liens et des rapports susceptibles de reconstituer le chemin par lequel s'est développée l'histoire musicale italienne, firent la lumière dans les jeunes consciences en formation (je songe à l'œuvre de Luigi Torchi et, sur un plan plus populaire, à celle d'Amintore Galli).

Il ne faut pourtant pas surestimer l'importance de ces éléments. Tout au plus, leur fonction est-elle comparable à celle de la première guerre mondiale lorsqu'elle a contribué à accélérer les évolutions spirituelles, à hâter le mûrissement des consciences, à consolider les positions acquises. Ainsi, tandis que dans certains pays elle suscitait des révisions dans un sens strictement formel et linguistique, en Italie elle contribuait à l'affirmation de certains caractères fondamentalement italiens; certaines facultés d'introspection s'en trouvèrent accusées. C'est pourquoi, après la crise de l'immédiat après-guerre

— l'ouverture des frontières succédant à une période d'isolement forcé donne toujours lieu à un certain internationalisme éphémère, superficiel et sans suite — nous assistons, dans le domaine de la création musicale italienne, à l'avènement d'une conscience nationale. Sans avoir rien renié des fruits de l'évolution musicale sur le plan universel, elle n'en a pas moins puisé dans ses propres réserves non seulement les mouvements artistiques, mais également les mobiles moraux qui contribuent à fixer les traits durables des nationalités.

Le véritable tournant (le *Wendepunkt* des Allemands) de la musique italienne contemporaine peut être situé dans les années précédant la première guerre mondiale. C'est l'instant où pointent à l'horizon certains musiciens d'origine, de nature et de formation bien différentes, qui, peu après, se trouveront unis pour un certain temps dans la bataille pour le renouvellement du goût artistique et de la coutume musicale italienne. Quelques dates, essentielles à notre avis, méritent d'être retenues dans la chronologie de notre art musical : 1908, musique de scène d'Ildebrando Pizzetti pour *la Nave,* de D'Annunzio; 1910, première série des *Impressioni dal vero (Impressions d'après nature)* pour orchestre, de G. Francesco Malipiero et, aussitôt après, *Preludi autunnali (Préludes d'automne)* pour piano; 1912, *Symphonie en mi* pour orchestre de Franco Alfano; 1913, *Notte di maggio (Nuit de mai)* pour voix solo et orchestre et *Nove pezzi (Neuf pièces)* pour piano d'Alfredo Casella. Ces dates marquent la période « héroïque », la période du *Sturm und Drang,* de la lutte contre le préjugé, contre la routine et, dans le meilleur des cas, l'inertie du public. Comme toujours, ces musiciens — et quelques autres vaillants novateurs — furent accusés d'asservir l'authentique fantaisie mélodique italienne à l'influence d'esthétiques étrangères (Verdi lui-même n'avait pas échappé à un tel grief à l'époque de *Falstaff*), parce que, conscients de ce que l'histoire de la musique italienne ne trouve pas ses limites dans le mélodrame du XIXe siècle, ils avaient soutenu que la tradition italienne remontait aux siècles précédents et à la musique instrumentale des compositeurs de ces époques.

Trois personnalités dominent et caractérisent la période de reprise — celle qu'Henry Prunières, qui la vécut intimement avec une compréhension que les musiciens italiens ne pourront jamais oublier, qualifia de « renouveau musical italien » — et posent les jalons de l'évolution ultérieure : Pizzetti, Malipiero et Casella, tous trois originaires de l'Italie du Nord, à peu près du même âge, mais formés dans un climat et des milieux bien différents.

PIZZETTI

Pizzetti a été des premiers à se rendre compte des nouvelles exigences du style et à rompre sans hésitation avec les anciennes : dans son œuvre tout entière on trouve des instants de plus ou moins grand bonheur de création, mais nulle trace de regrets ou de retours en arrière. Lorsqu'on connaît ses premières pages chorales et ses premières œuvres lyriques vocales de chambre — et c'est précisément dans l'écriture polyphonique et dans l'accouplement de la parole à la note que le musicien révèle les caractères les plus singuliers et remarquables de sa personnalité — on a l'impression que l'artiste n'a rien renié ni perdu des fraîches intuitions de ses débuts. S'il n'a jamais répudié le XIXe siècle mélodramatique italien et nourrit une véritable admiration pour Verdi, nous dirons même une affection, à laquelle n'est certainement pas étrangère leur commune origine émilienne, il l'accepte dans un esprit nourri de très nobles sentiments, de haute passion, dédaignant dans l'art les petitesses quotidiennes, les timides balbutiements, les inquiétudes féminines, tout en s'attachant à en modérer les formes avec son aristocratique sens de la mesure et des proportions, et son bon goût acquis par une sévère formation. A travers ses premières expériences théâtrales, Pizzetti s'est créé une poétique du drame musical qu'il a perfectionnée progressivement, par des retouches et des illustrations successives, et dont le principe semble être le suivant : le drame et la musique doivent naître, et naissent, au même point, de la même intuition et, du moins idéalement, tendent à s'identifier. Un véritable dramaturge est un musicien en puissance et, d'autre part, le musicien qui veut mettre un drame en musique doit être pourvu d'un instinct dramatique, faute de quoi il n'aboutira à rien. Pour Pizzetti, éthique et esthétique gravitent dans la même orbite et ont des rapports tellement étroits que la notion d'œuvre d'art devient toujours moins précise et limitée tandis que la vie réelle vient occuper le premier plan; mieux, elle tend à constituer une sorte d'antithèse de l'élément artistique pur. Abstraction faite de la théorie, qui présente beaucoup d'analogies avec celle des romantiques, l'œuvre de Pizzetti, depuis *Fedra* (1915) jusqu'à *la Figlia di Jorio* (1954) révèle un enrichissement et un mûrissement évidents : enrichissement de substance musicale accompagné d'une sélection toujours plus rigoureuse du langage musical; exclusion de tout ce qui n'est pas nécessaire, mais aussi une plus grande plasticité des lignes, un plus grand éclat, un pouvoir d'expression plus marqué de l'orchestre.

MALIPIERO

Personnalité par bien des côtés franchement opposée à celle de Pizzetti, G. Francesco Malipiero est parti à son tour de principes traditionnels très différents des principes courants. Chez lui la révolte contre le XIXe siècle mélodramatique, et non seulement mélodramatique, a été complète et a atteint à une véritable négation sur un plan polémique. Malipiero, dont l'enfance et l'adolescence ont été plongées dans une atmosphère musicale romantico-germanique, s'est surtout dressé contre les pratiques des musiciens du XIXe siècle qui justement, dans les formes instrumentales et symphoniques, exaltèrent outre mesure les possibilités d'élaboration et de variation d'un élément thématique jusqu'à le faire oublier totalement. Nettement opposée à celle du XIXe siècle, la musique de Malipiero l'est tout spécialement par l'absence absolue de développements thématiques formels, ce qui au fond constitue la particularité qui heurte davantage la compréhension de ce public qui ne parvient pas à concevoir un discours d'où la rhétorique des contre-expositions, des retours et des reprises est absente. Quant à la substance des fantômes de Malipiero, nous pensons que la formule que nous avions lancée voilà trente ans, lorsque nous connûmes pour la première fois sa musique : « idéal classique d'un esprit romantique », garde toujours une certaine valeur. Dans toutes les pages du musicien vénitien, perce le désir d'apaiser, par une formule extrêmement simple et claire jusqu'à la monotonie, comme la vision d'une plaine monochrome à perte de vue, une matière fantastique, agitée et bouleversée, qui tend à forcer les limites de la réserve, mais, dans les instants de grâce, confère aux lignes une vibration intense, une charge émotive au pouvoir de suggestion et au charme de laquelle il est difficile d'échapper.

CASELLA

La personnalité d'Alfredo Casella, que nous n'hésitons pas à placer auprès des deux autres musiciens précédents, doit être considérée d'un point de vue critique différent, c'est-à-dire par rapport à la période où Casella vécut et œuvra plus intensément en Italie, et qui couvre la quinzaine d'années qui suivirent la première guerre mondiale. La saison musicale de cette période a été différemment marquée chez les jeunes musiciens, selon les diverses « manières » que Casella a théorisées et appliquées successivement. Le travail post-debussyste — qui prit des noms et eut des aspects différents dans les nations européennes — a été synthétiquement exprimé en Italie par l'œuvre de Casella, qui reflète, parfois comme une glace déformante, les crises harmoniques, instrumentales, spirituelles et même morales de l'art musical. Nous avons dit « déformante », entendant par là que Casella s'est toujours efforcé de donner de ces crises et de leurs incarnations successives une « traduction » italienne, de faire intervenir dans la combinaison l'élément italien, la saveur de notre tradition, avant même que l'exaltation nationaliste devînt article du dogme officiel. C'est là ce qui reste de positif de son imposante production; cela n'est guère négligeable et ne le sera nullement même lorsque, comme toujours, le temps aura rendu à chacune des sources ce qu'elle contient d'occasionnel, d'exemplaire et de polémique. Pianiste et chef d'orchestre, conférencier et écrivain, professeur ainsi que compositeur, Casella fut tout cela à la fois et successivement, à un rythme vertigineux, mais suivant une méthode tellement précise et un plan de travail si bien réglé qu'il a presque toujours réussi à atteindre les objectifs qu'il s'était fixés. Ce fut surtout un infatigable animateur, dépourvu de grands moyens oratoires, mais réussissant néanmoins à communiquer l'assurance et à inspirer le courage à ceux qui, en l'écoutant, lui reconnaissaient d'indiscutables dons de *leader*. Ce qui nous montre le Casella le plus vivant et le plus sûr de soi, ce sont les pages « problématiques » nées entre 1913 et 1924 : depuis la *Notte di maggio* pour voix solo et orchestre, jusqu'à la *Partita* pour piano et orchestre, les pages de tension plutôt que celles de délassement, qui traduisent l'anxiété de la recherche et de la conquête plutôt que la complaisante satisfaction de la tâche accomplie, et encore épargnées par le goût du formalisme qui ternit la vivacité des compositions postérieures, même si à d'autres points de vue celles-ci méritent l'attention et l'étude. Dans ses dernières œuvres, Casella parut avoir retrouvé le ton de ses premières pages, surtout dans cette *Missa solemnis « Pro pace »* que l'on peut considérer comme son dernier message et qui révèle chez l'auteur une émotion nouvelle, un sens du mystère et une aspiration à la transcendance que nous pouvons essayer de rattacher à l'angoisse de ses jeunes années.

ALFANO

Appartenant à la même génération que les trois musiciens dont nous venons de parler, deux autres compositeurs se sont fait connaître au-delà des frontières de leur patrie : il s'agit de Franco Alfano et d'Ottorino Respighi. Alfano fut célèbre à vingt-huit ans : le succès de son opéra *Resurrezione* (inspiré de l'œuvre de Tolstoï), présenté à Turin en 1904, le signala à l'attention du public qui, à ce moment-là, raffolait de Puccini. Peu nombreux furent alors ceux qui reconnurent, sous le conformisme apparent de la structure mélodramatique, les traits d'une originalité qui annonçaient chez le jeune compositeur la volonté d'introduire dans le langage de l'opéra réaliste de nouvelles formes et des accents nouveaux. L'enseignement du fameux pédagogue de Leipzig, Jadassohn, qu'Alfano avait suivi en 1895, portait ses premiers fruits dans l'œuvre inspirée de Tolstoï, fournissant à l'auteur les prémices d'une écriture contrepointiste, entre les maillons de laquelle la verve mélodique vient s'insinuer et dont elle se nourrit et s'enrichit.

La *Symphonie en mi* offre l'exemple le plus convaincant

du symphonisme lyrique d'Alfano, un symphonisme qui ne renonce point aux expressions naturelles du compositeur théâtral mais les combine avec un dessin ferme et sensible à la fois. Que l'on compare la *Symphonie* d'Alfano à celle écrite dix ans plus tôt par son insigne compatriote Giuseppe Martucci, et l'on se rendra compte de l'esprit bien différent avec lequel le compositeur du xxe siècle aborde le problème du renouvellement musical italien sur le plan de la production symphonique et instrumentale de chambre (un quatuor à cordes s'ajoute, quelques années plus tard, à la liste de ses œuvres). Sous le signe de la symphonie naît *l'Ombra di Don Giovanni (l'Ombre de Don Juan)* qui, représenté à la Scala de Milan en 1914, n'ajouta que peu de chose à la popularité de l'auteur, mais attira l'attention et lui valut l'estime de la critique d'avant-garde. C'est dans le livret de la *Leggenda di Sakuntala,* qu'il a tiré lui-même du poète indien Kâlidâsa, qu'il trouve les personnages et le climat conformes à son tempérament musical, essentiellement lyrique et pathétique, voire dramatique. La richesse des images poétiques est un stimulant à la fantaisie mélodique et coloriste du compositeur : les personnages naissent et vivent dans une atmosphère de chant qui se renouvelle avec bonheur, épousant les variations des sentiments pour devenir elle-même le personnage le plus saillant et dominant. Sous cet aspect, *Sakuntala* possède une franche originalité qui le distingue de toutes les autres œuvres de l'époque. Et c'est surtout à cause de cette œuvre qu'Alfano ne sera pas oublié des futurs historiens de la musique italienne du xxe siècle.

RESPIGHI

De tous les musiciens de la période post-puccinienne, Ottorino Respighi est sans doute celui qui a eu la faveur des publics internationaux. Ses compositions symphoniques inspirées de la Ville Eternelle, notamment *les Fontaines de Rome, les Pins de Rome,* doivent être placées parmi les œuvres de concert qui ont été exécutées le plus souvent au cours des trente dernières années. Les raisons de leur remarquable succès tiennent à leurs caractéristiques mêmes, car elles parviennent à unir les éléments traditionnels de la forme musicale à une certaine tendance au modernisme, reconnaissable surtout à la brillante orchestration, qui trahit l'influence de Rimsky-Korsakov et de Richard Strauss, qui fut l'idole du compositeur bolonais au temps de sa jeunesse. Respighi est un illustrateur exceptionnel de milieux et d'atmosphères plus qu'un créateur de personnages, et c'est pourquoi ses œuvres théâtrales n'ajoutent point à la renommée du symphoniste, surtout lorsqu'elles mettent en scène des événements et des figures romantiques ou tragiques comme *la Campana sommersa (la Cloche engloutie)* ou *la Fiamma (la Flamme)*. Plus réussies sont celles où domine la veine comique ou légère *(Belfagor)*, ou encore celles où l'intrigue passionnelle est vue à travers l'écran de la légende ou de la mystique *Maria Egiziaca (Marie l'Egyptienne)*. C'est que dans celles-ci il parvient à faire valoir son don singulier par lequel il transpose sur le plan d'un modernisme équilibré des éléments classiques, des éléments du style du passé, dont il sait cueillir heureusement les aspects les plus suggestifs et évocateurs, comme dans les trois séries de *Antiche Arie e Danze per liuto (Airs anciens et danses pour luth)*; et c'est justement dans ce cadre aux proportions limitées que réside le meilleur de l'œuvre de Respighi, que se révèle plus subtilement sa sensibilité artistique, sa finesse d'artisan.

BUSONI

De Ferruccio Busoni l'on a dit trop souvent qu'il appartient davantage à l'histoire de la musique germanique qu'à celle de la musique italienne, invoquant surtout le fait qu'il a vécu la plupart du temps en terre allemande où il a créé des centres de haute éducation musicale et participé activement à la vie culturelle. Mais si nous considérons sans préventions la musique qu'il nous a laissée et surmontons certaines résonances inévitables des thèmes psychologiques et intellectuels du XIXe siècle germanique, nous percevons que, par leur fond, le but auquel elles tendent et l'esprit qui les marque, elles ne peuvent pas ne pas révéler la nature italienne de leur auteur. En outre, bon nombre de ses pages critiques affirment sa foi profonde en la création d'un art qui, tout comme la poétique de Goethe, fond les caractéristiques de l'esprit romantique du Nord avec celles du classicisme méditerranéen, pour aboutir à un « nouveau classicisme » dont les postulats sont clairement énoncés dans une lettre écrite en 1920 à Paul Bekker.

Toutes les compositions de Busoni n'ont pas le fini de l'œuvre d'art : dans bon nombre d'entre elles on trouve des parties imparfaitement réalisées qui nous intéressent peut-être à cause de cela, mais ne nous convainquent pas. Cette attitude incertaine, « faustienne », inquiète et insatisfaite, fut l'une des caractéristiques du personnage, chez qui le désaccord entre la connaissance et le doute fut toujours obsédant. Et c'est pourquoi l'importante production de Busoni, qui embrasse tous les genres musicaux, doit être tenue le plus souvent pour révélatrice de certaines tendances et de certaines conquêtes qui ne seront réalisées que plus tard. Toutefois, l'enseignement de Busoni a aujourd'hui encore son utilité pour les jeunes, de par la pureté de ses convictions et la ferme hostilité contre la routine et l'académisme. En outre, ses affirmations en faveur de la mélodie, cellule germinale du langage musical, prennent comme un accent de prophétie lorsqu'on songe qu'elles appartiennent aux premières années du siècle : il s'agit bien de mélodie et non de thématisme, ce qui est tout différent, et qui est bien le genre cher au maître du classicisme germanique. Dans son œuvre, les rappels des thèmes mélodiques deviennent en effet de plus en plus obsédants, à mesure que la nostalgie du chant devient chez lui plus pressante. Sa profonde admiration pour le plus grand génie contrepointiste de l'Allemagne (Jean-Sébastien Bach, à la connaissance et à l'étude de qui Busoni a tellement contribué en tant que pianiste et transcripteur) cède à la tendresse pour la claire mélodie et la franche poésie de l'auteur de *Don Giovanni*. Si son œuvre théâtrale la plus importante, *Doktor Faust,* est encore conçue dans l'esprit de cette métaphysique musicale qu'il cultiva avec tant de passion et de maîtrise dans les années de pleine maturité, on y trouve bien des allusions à ce « troisième style » qui aurait pu être celui de la simplicité et auquel la mélodie, conçue non comme partie mais comme expression totale, aurait imprimé son empreinte et son caractère.

GHEDINI

Auprès de ces noms marquants, il serait injuste de ne pas citer ceux de bien d'autres compositeurs qui se joignirent à eux pour créer le nouvel « humus » du xxe siècle : de Mario Castelnuovo Tedesco à Vittorio Rieti, de Riccardo Pick-Mangiagalli à Adriano Lualdi, de Virgilio Mortari à Antonio Veretti, de Guido Guerrini à Ludovico Rocca, de Mario Labroca à Federico Ghedini. Le sort a voulu que quelques-uns d'entre eux aient été appelés à œuvrer dans la période de transition, autrement dit qu'ils aient pris place entre les pionniers du nouvel esprit musical — auquel nous avons fait allusion — et les nouvelles générations montantes qui se sont épanouies dans l'entre-deux-guerres et occupent maintenant le terrain, monopolisant l'attention et l'intérêt du public. L'un des cas les plus singuliers qu'il convient de signaler et qui présente une certaine analogie avec celui de Charles Koechlin, est celui de Ghedini, qui a atteint un âge avancé et, après une longue période d'effacement, fut récemment exalté et élevé au rang de maître par un important groupe de jeunes. Jusqu'en 1936, ce fut un musicien aux tendances académiques doté d'un bon tempérament et pourvu d'une technique exceptionnelle. Mais c'était justement la technique qui bridait chez lui la fantaisie, de sorte que les pages qu'il écrivit alors ne révélaient aucune personnalité bien définie et trahissaient les influences les plus variées. C'est depuis cette date que l'on peut faire commencer, avec une approximation suffisante, la nouvelle manière de Ghedini qui, s'étant dégagé d'une technique particulière, affirme enfin son langage et sa personnalité poétique. Celle-ci est traduite surtout par certaines compositions symphoniques, parmi lesquelles le *Concerto dell' albatro* (*Concerto de l'albatros,* 1945) inspiré d'une page de *Moby Dick,* de H. Melville, a eu un remarquable succès : il s'agit d'une musique transparente et froide, d'où émane une suggestion mystérieuse résultant de l'habile emploi des timbres et de sonorités presque désincarnées. En outre, le compositeur ne dissimule pas une certaine veine romantique, que l'on retrouve parfois dans le choix des textes, dans une sorte de mysticisme et de catholicisme laïque, éloigné de toute confession et exempt de tout dessein apologétique.

En ce qui concerne l'harmonie, on peut dire que Ghedini est un « indépendant », qu'il n'est lié à aucun système, quoiqu'il ait subi l'influence du polytonalisme et du dodécaphonisme : mais la structure de l'œuvre se recommande toujours chez lui par une polyphonie serrée et un contrepoint rigoureux, qui lui confèrent un caractère dans une certaine mesure semblable à celui de l'abstractisme pictural contemporain (cf. *Architetture* pour orchestre) ou qui rappelle la musique instrumentale italienne (*Sette Ricercari* pour violon, violoncelle et piano, *Canzoni* pour orchestre), et surtout la musique de Gabrieli. A ce propos, il ne faut pas oublier que Ghedini est également l'auteur d'un certain nombre d'adaptations et de transcriptions d'œuvres anciennes.

Si nous considérons maintenant une génération plus récente, à laquelle appartiennent les musiciens nés dans le siècle, deux noms s'imposent : ceux de Luigi Dallapiccola et de Goffredo Petrassi, qui polarisent en quelque sorte l'essentiel des jeunes talents de la musique italienne (réserve faite pour quelques « isolés »). Sur les plans artistique et esthétique, Dallapiccola et Petrassi représentent deux conceptions nettement différentes et en un certain sens opposées.

DALLAPICCOLA

Luigi Dallapiccola, né en Istrie, alors que cette région de l'Adriatique orientale appartenait encore à l'Empire austro-hongrois, a subi au cours des premières années de son activité de compositeur l'influence de Gustav Mahler. Aujourd'hui, il doit être placé parmi les disciples les plus convaincus de Schönberg. L'acte de naissance de son dodécaphonisme porte une date éloignée : 1934; c'est celle du *Divertimento in quattro esercizi* pour soprano et cinq instruments. Dodécaphoniste chevronné, il utilise pourtant cette technique avec une indépendance qui est le propre des véritables personnalités artistiques. Que ce musicien est éloigné du climat moral et esthétique dans lequel s'est épanoui le langage « sériel »! Ayant médité sur les possibilités nouvelles que ce langage ouvrait, il s'est gardé de subordonner à celui-ci son tempérament propre, qui abhorre le décadentisme romantique et est davantage tourné vers un nouveau classicisme méditerranéen au sens où le concevait Busoni. Aux mains de Dallapiccola, le langage dodécaphonique est un instrument docile que l'auteur maîtrise pleinement et auquel il sait renoncer au besoin, en toute connaissance de cause (il existe de très larges fragments de ses œuvres où la stricte conformité à la « série » est abandonnée au profit de l'expression et de la variété : il suffirait de rappeler le ballet *Marsia* qui est l'une de ses plus brillantes réussites). En tant que musicien de théâtre, Dallapiccola a témoigné de bonnes qualités dramatiques, surtout dans la création d'atmosphères d'inquiétude et de cauchemar obtenues par des moyens assez simples et une habile exploitation du pouvoir suggestif des timbres (dans le *Volo di notte,* d'après *Vol de nuit* de Saint-Exupéry, qui pèche pourtant par une narration excessivement statique, et plus encore dans *il Prigioniero (le Prisonnier)* qui a permis un développement dramatique plus varié et riche en « suspense »). A l'aboutissement de ses heureuses réalisations a contribué l'écriture vocale aussi bien dans son acception monodique (voir les premières mesures des *Sex Carmina Alcaei*) que dans ses acceptions polyphoniques (voir les *Canti di prigionia (Chants de captivité)* qui est peut-être l'œuvre la plus importante qu'il ait écrite jusqu'à présent).

PETRASSI

Goffredo Petrassi est né la même année que Dallapiccola dans un petit village des environs de Rome. Ses premières œuvres traduisent déjà un esprit typiquement romain ainsi que celui du milieu dans lequel l'auteur a passé sa jeunesse : l'esprit des chantres des basiliques romaines et des grandes pages de l'âge d'or de la polyphonie. Sa fantaisie créatrice se plaît aux amples formes architecturales dans lesquelles l'esprit du modernisme (l'esprit de Hindemith, par Casella, qui fut l'ami et le protecteur de Petrassi dès les débuts de celui-ci, et l'esprit de Stravinsky) anime et colore ses constructions monumentales. C'est en 1933 que le nom du musicien s'affirme valablement dans le domaine international avec la *Par-*

tita pour orchestre qui, par la cohérence du style, l'équilibre des parties, la solidité de la structure, est une œuvre plus que remarquable chez un auteur qui n'a pas encore atteint la trentaine. Mais un élément plus personnel se manifeste dans les compositions pour chœurs qui suivent : il s'agit d'un élément qui sort des profondeurs mêmes d'une âme d'artiste devant qui revit en permanence le prodige des grandes architectures romaines. De sorte que les pages instrumentales qu'il écrira par la suite resteront bien au-dessous du *Salmo IX (Psaume IX)* pour chœur et orchestre, du *Magnificat* et du *Coro di morti (Chœur des trépassés)*, même si, dans ce dernier, les tendances classiques et païennes des vers de Leopardi sont entachées de romantisme par l'expression musicale. On sent que le chant vocal élimine le démon intellectualiste et moderniste, que l'on retrouve par contre dans les pages symphoniques. Mais, parmi ces dernières, l'adagio du *Concerto* pour orchestre mérite d'être signalé comme un instant de pur lyrisme contemplatif. Dans les derniers travaux de Petrassi (notamment dans les deuxième et troisième *Concerti* pour orchestre, composés entre 1951 et 1953), l'on note une volonté inattendue de tirer également parti de formules et d'expédients qui confèrent apparemment au langage plus d'agilité et d'éclat et pourraient fort bien annoncer une nouvelle manière du jeune et actif compositeur.

LES COMPOSITEURS NOUVEAUX VENUS

Si nous voulions parler maintenant des compositeurs venus à la scène pendant les dix ou quinze dernières années, nous devrions citer quantité de noms, de sorte qu'une première discrimination serait fort malaisée. L'une des remarques que nous pouvons faire en considérant l'éventail musical de l'Italie contemporaine est celle-ci : parmi les nombreux musiciens dont les œuvres sont fréquemment présentées au public, il n'en est pas qui se distinguent de façon à pouvoir prendre indiscutablement figure et fonction de *leader*. Le groupe est néanmoins compact et nombreux : il est de taille à satisfaire ceux qui, sur le plan de la production, sont enclins à donner davantage de prix à un bon niveau moyen qu'à l'affirmation d'individualités exceptionnelles. Un « humus » bien fécondé constitue, en effet, la condition indispensable à l'épanouissement de ces personnalités qui portent la marque du génie et qui, d'ordinaire, ne sont pas reconnues comme telles par ceux qui ont assisté à leur naissance et à leurs premiers pas.

Parmi les compositeurs italiens les plus doués qui — selon la coutume — sont à classer parmi les « jeunes », nombreux sont ceux qui rendent hommage à la technique dodécaphonique dans un esprit de plus ou moins stricte observance. Le groupe des disciples les plus rigoristes comprend : Mario Peragallo, Riccardo Malipiero, Riccardo Nielsen, Camillo Togni, Luigi Nono. Par contre, Roman Vlad, Guido Turchi, Valentino Bucchi et Adone Zecchi me paraissent appartenir au groupe de ceux qui tendent à plus d'indépendance. Je placerais ensuite dans une catégorie à part Mario Zafred, Nino Rota et Vieri Tosatti.

Tous les disciples des théories de Schönberg sont des musiciens extrêmement aguerris du point de vue technique comme de la théorie. Leurs pages peuvent apparaître parfois comme issues du désir ou de la nécessité de soutenir l'une ou l'autre thèse, de résoudre tel ou tel autre problème (ce qui, comme on l'a souvent affirmé, est le résultat d'une équivoque qui fausse au départ la plupart des discussions sur l'art contemporain, de l'équivoque entre le langage en tant que moyen technique, grammatical, et le langage considéré en tant qu'expérience artistique). Chez les meilleurs on devine souvent une lutte intérieure pour reconnaître et atteindre le point de rencontre et d'équilibre entre la fantaisie qui déborde et le moyen technique le plus apte à traduire les sentiments : l'une et l'autre prenant le dessus à tour de rôle, les deux exigences ne parviennent jamais à se mêler intimement, à conférer une forme concrète, hors des généralités, aux impulsions profondes de la personnalité. Il résulte de tout cela qu'il est très difficile d'esquisser un tableau d'ensemble des tendances de ces compositeurs, que l'analyste trouve plongés dans une atmosphère particulière, égale et égalisatrice, qui tend à confondre leurs traits essentiels avec ceux de la production de chacun. Mieux vaut donc se borner à signaler les œuvres où reviennent le plus fréquemment les passages où les divergences auxquelles nous avons fait allusion sont heureusement surmontées.

De Mario Peragallo nous citerons le *Concerto* pour piano qui contient des fragments d'une haute puissance dramatique avec de remarquables et suggestifs effets sonores que nous retrouverons à un degré encore plus poussé, bien qu'avec une plus grande tendance à la virtuosité, dans le *Concerto* pour violon de 1954. De Riccardo Malipiero, esprit subtil et malicieux, je rappellerai une *Symphonie* à la structure solide et au large souffle (1949) et une *Cantata sacra* composée antérieurement sur des textes de sainte Catherine, que je considère comme l'une de ses meilleures œuvres. Nielsen se rappelle à mon souvenir avec une *Musica per archi* (*Musique pour cordes,* 1945) d'une facture assez poussée, plutôt que par des œuvres plus ambitieuses tel le monodrame *l'Incubo* (*le Cauchemar,* Venise, 1948). Roman Vlad, quoiqu'il ait fait ses études musicales à Rome, ne parvient pas à faire oublier son origine roumaine en ce sens que la veine romantique et dramatique est chez lui prédominante, même lorsque s'exerce plus subtilement le jeu de son intelligence singulière. En effet, son tempérament le conduit, parfois, à dépasser les limites du cadre fixé et à un certain déséquilibre. Il arrive néanmoins que ces travers constituent des éléments positifs, comme dans la cantate *Le ciel est vide,* sur des textes de Jean-Paul et de Gérard de Nerval, pour chœur et orchestre (1953). L'autre aspect de la fantaisie musicale de Vlad, qui se traduit par l'invention plaisante et légère, nous le reconnaîtrons dans le *Divertimento* pour onze instruments (1948), ainsi que dans les nombreuses musiques de scène et de film qu'il a composées. Nous citerons enfin Guido Turchi, musicien solidement préparé et promis à un bel avenir, dont la fantaisie a tout d'abord subi l'influence de Bartok; nous rappellerons de lui la *Piccola musica notturna (Petite musique de nuit)*, de 1954.

A l'extrême-droite de l'éventail, le Triestin Mario Zafred fait autorité. Ayant tout juste dépassé la trentaine, il a déjà à son actif un nombre imposant de compositions de grande envergure (cinq symphonies, des concertos pour flûte, pour violon, pour trio et pour orchestre, des quatuors à cordes, une *Elegia di Duino* pour chœur et orchestre, etc.). La musique de Zafred réalise en un sens le postulat de l'art conditionné par le milieu social, de l'art « engagé » : l'auteur veut être compris d'un public non sophistiqué, bien que sa musique soit d'une facture extrêmement soignée; elle demeure à l'écart de toute forme expérimentale et ne dédaigne pas la mélodie nettement articulée, diatonique et expressive. Sans vouloir faire intervenir ici l'élément politique, nous pouvons affirmer qu'il y a une certaine affinité entre la poétique de Zafred et celle de Chostakovitch, quoique l'on trouve chez l'Italien plus de réserve et de mesure que chez son collègue russe.

Dans le domaine plus particulier de la musique d'opéra, on aurait tort de négliger le nom de Gian Carlo Menotti, déjà connu sur la scène internationale, et celui, plus modeste, de Vieri Tosatti. Même les détracteurs les plus acharnés de la musique de Menotti — et Dieu sait s'il en est, au moins autant qu'il y a de partisans non moins acharnés — admettent que le jeune compositeur italo-américain possède d'exceptionnelles qualités d'homme de théâtre, comme inventeur (dans les livrets qu'il écrit lui-même) de situations et d'instants dramatiques tels qu'il réussit à tenir le public en haleine, dans un état continuel d'attente et de *suspense* d'un incontestable effet. Lorsqu'on admet cette orientation de l'œuvre de Menotti, il devient difficile de discuter de sa musique comme d'une chose à part, et il faut reconnaître que, dans sa forme parfois schématique et presque toujours essentiellement illustrative, elle s'adapte parfaitement aux scènes et aux moments dramatiques. Menotti a introduit dans ses livrets des situations et des faits divers de notre époque qui émeuvent le public de tous les pays, comme dans *le Consul,* qui est l'œuvre qui a eu jusqu'à présent le plus de succès, sans faire oublier le *Medium,* ni le précieux lever de rideau inspiré de *The Telephone.*

Le très jeune compositeur romain Vieri Tosatti est également plus sensible au spectacle qu'au fond musical. Avec *il Sistema della dolcezza (le Système de la douceur)* et surtout la *Partita a pugni (le Pugilat),* il a créé deux essais caractéristiques des possibilités qu'un jeune compositeur de l'ère atomique peut voir dans la survivance d'un spectacle d'opéra, dont les incarnations successives ont été tellement différentes au cours de trois siècles d'existence.

Guido M. Gatti.

BIBLIOGRAPHIE

DE PAOLI, D., *La Crisi musicale italiana,* Milan, 1939.
GATTI, G.M., *Musicisti moderni d'Italia e di fuori,* Bologne, 1925.
JEAN-AUBRY, G., *La Musique et les nations,* Londres, 1922.
MILA, M., *Cent' anni di musica moderna,* Milan, 1944.

GATTI, G.M., *Ildebrando Pizzetti,* Milan, 1954.
GAVAZZENI, G., *Tre studi su Pizzetti,* Milan, 1938.
L'Opéra di G. Francesco Malipiero con un' introduzione di G.M. GATTI, Trevise, 1952.
PRUNIÈRES, H., *G.F. Malipiero,* « Mercure de France », Paris, mai 1919.
Alfredo Casella, a cura di F. D'AMICO et G.M. GATTI, Milan, 1958.
BUSONI, F., *Scritti e pensieri sulla musica* a cura di LUIGI DALLAPICOLLA e G.M. GATTI, Milan, 1954.
Ottorino Respighi, dati biografici a cura di ELSA RESPIGHI, Milan, 1954.
DELLA CORTE, A., *Ritratto di Franco Alfano,* Turin, 1936.
D'AMICO, F., *Goffredo Petrassi,* Rome, 1942.
WEISSMANN, J.S., *Goffredo Petrassi,* Milan, 1957.
VLAD, R., *Luigi Dallapiccola,* Milan, 1957.

LA MUSIQUE EN ANGLETERRE

TRADITIONNELLEMENT insulaire, la musique britannique a été soumise, depuis le début du XXe siècle, à un nombre toujours croissant d'influences extérieures. Au commencement, ces influences se faisaient à peine sentir car elles ne s'exerçaient pour ainsi dire que par l'intermédiaire des salles de concert : leurs créateurs et leurs interprètes demeuraient des ombres distantes dans une lointaine Europe centrale. Par contre, il y a aujourd'hui un certain nombre de compositeurs qui ont quitté leur pays pour venir s'installer en Angleterre, non seulement pour y composer mais aussi pour y enseigner, et le fait même de leur présence dans ce pays a beaucoup contribué à vaincre toutes les résistances qui, auparavant, auraient pu empêcher qu'on acceptât de bon cœur leurs idéaux musicaux. Matyas Seiber, Berthold Goldschmidt Franz Reizenstein, et, plus récemment, Andrzej Panufnik, sont parmi ceux qui ont fait de la vie musicale anglaise le cadre d'élection de leurs futures activités créatrices; ils ont suivi l'exemple donné par Egon Wellesz qui, peu après 1930, quitta Vienne pour s'installer en Angleterre, demeurant avant tout un érudit, sans pour cela laisser diminuer son intérêt pour la composition. Gerald Finzi et Edmund Rubbra, malgré l'orthographe peu anglaise de leurs noms, sont tous les deux profondément anglais. Ils ont vu le jour et ont été élevés dans le pays qui nous a donné Elgar, Holst, Bax et Moeran.

La génération de compositeurs qui a reçu le meilleur enseignement académique a souvent recherché l'aide et les conseils des visiteurs éminents dont les méthodes de composition musicale incarnent ce qu'il y a de meilleur dans les traditions européennes. C'est ainsi que la technique dodécaphonique a plusieurs défenseurs ardents parmi ces jeunes compositeurs, tandis que d'autres ont préféré marcher sur les traces de Mahler, Hindemith, Bartok et Stravinsky. Il ne fait aucun doute que l'intérêt intense pour la musique qui s'est développé pendant la guerre a eu beaucoup d'influence sur les compositeurs établis ou débutants. Cette impulsion nouvelle donnée à la composition, on la trouve dans une réorganisation des saisons de concerts, dans le sauvetage dramatique de l'Opéra de Covent Garden (qui faillit être transformé en salle de bal) et dans les encouragements prodigués aux œuvres nouvelles par la Troisième Chaîne de la B. B. C. Les retransmissions du festival de Cheltenham, consacré entièrement à la musique moderne, et les relais d'importantes créations aux festivals d'Edimbourg, King's Lynn et Aldeburgh, pour ne citer que quelques-uns des plus remarquables, ont redonné aux compositeurs un sentiment d'optimisme et de confiance en eux-mêmes. Des œuvres de moindre envergure comprenant de la musique de chambre, des pièces pour piano et des mélodies, ont été radiodiffusées de temps à autre dans une série de programmes intitulée « Musique nouvelle », et, bien que la Troisième Chaîne n'ait qu'un auditoire restreint mais fidèle, il est évident que cet encouragement sur le plan pratique a été une véritable aubaine pour bien des compositeurs de tous genres et de tous calibres.

L'opéra, toutefois, présentait des difficultés inévitables car, en Angleterre comme ailleurs, il faut reconnaître qu'un opéra est une forme très coûteuse de spectacle, et qu'il ne peut être monté si son succès est incertain. Malgré cela l'opéra a été de beaucoup le genre le plus important dans la musique anglaise d'après-guerre. Comme l'a fait remarquer récemment Sir William Walton, on peut très bien écrire la plus belle symphonie du monde et rester relativement inconnu. En revanche, dès qu'un opéra est mis en scène, le nom du compositeur devient célèbre d'un bout du monde à l'autre. Walton a eu maintes fois l'occasion de mettre cette opinion à l'épreuve. Son opéra *Troilus and Cressida* obtint un succès immédiat grâce à sa manière directe et à la forme traditionnelle de sa construction. La musique en est franchement lyrique, parfois franchement réaliste, et de toute évidence le compositeur n'a pas ménagé sa peine pour rendre la musique agréable aux chanteurs et au public. Sir Arthur Bliss a eu moins de chance avec *les Olympiens,* car si cette œuvre contient beaucoup de belle musique, il lui manque certaines caractéristiques fondamentales de la tradition de l'opéra. Il en est pratiquement de même pour *Midsummer Marriage (le Mariage d'une nuit d'été)*, de Michael Tippett, qui contient largement la matière de plusieurs symphonies, mais qui est malheureusement gâché par un thème difficile (de l'invention du compositeur) qui détourne l'attention des aspects visuels et auditifs de l'opéra. Une *Suite de danses,* jouée en public quelque temps avant la première représentation intégrale de l'opéra, nous a donné un avant-goût de la haute qualité qu'on pouvait attendre de la musique proprement dite.

Sur une note plus légère, Lennox Berkeley nous a donné un ravissant opéra dont le thème principal a été inspiré, peut-on dire, par l'art culinaire : *A Dinner Engagement, (Invitation à dîner)*. Brève et précise, cette œuvre charmante contient beaucoup de mélodies fraîches et spontanées, pour lesquelles ce compositeur a un don qui est aussi visible dans un autre opéra, *Nelson,* œuvre plus sérieuse, presque épique, malgré l'usage justifiable qui y est fait des détails les plus romanesques de la carrière du célèbre amiral. Il y a un contraste analogue entre le léger et le sérieux de deux opéras récents d'Arthur Benjamin. Seul le premier de ces opéras, *Prima Donna,* a été représenté. Cette œuvre gaie et satirique contient toutes les trouvailles mélodiques que les nombreux admirateurs de Benjamin ont coutume d'attendre de lui. *A Tale of Two Cities (Un conte de deux villes)*, d'après le roman de Charles Dickens, nous montre Benjamin sous un jour tout à fait différent, mais toujours parfaitement maître de ses moyens musicaux qui sont considérables, de telle sorte que le pathos et l'intensité du drame ressortent avec encore plus de netteté et de vigueur. Cet opéra a été radiodiffusé plusieurs fois en version intégrale, et il est à espérer qu'il sera un jour monté au théâtre.

De tous les compositeurs anglais d'opéra, le plus uniformément heureux et le plus prolifique est certainement Benjamin Britten, et son exemple a encouragé ses collègues, jeunes et vieux. Expérimentateur infatigable dans le domaine du grand opéra et de l'opéra de chambre, il a obtenu des succès notoires dans ces deux genres. *Peter Grimes* est le premier grand opéra anglais qui fut joué et reçut un accueil enthousiaste dans les théâtres du continent. On peut en dire autant de *A Midsummer Night's Dream (le Songe d'une nuit d'été)* et de son opéra de chambre *The Rape of Lucretia (le Viol de Lucrèce)*. *Albert Herring* nous montre le côté léger de la veine humoristique du talent de Britten et ces qualités jointes à sa sympathie naturelle pour les plaisirs de l'enfance sont en évidence dans *Let's make an Opera (Faisons un opéra)*. Malheureusement, les deux opéras *Billy Budd* et *Gloriana* sont bien moins réussis que *Peter Grimes*.

D'autres opéras écrits récemment ont reçu des prix en 1951, au cours du festival de Grande-Bretagne, mais n'ont pas encore été représentés : *Deirdre of the Sorrows (Deirdre des Douleurs)*, de Karl Rankl, *Wat Tyler*, d'Alan Bush, *Béatrice Cenci*, de Berthold Goldschmidt. Des représentations données par des troupes d'amateurs ont permis à un public considérable d'apprécier les œuvres de deux jeunes compositeurs : *The Man from Tuscany (l'Homme de Toscane)*, d'Antony Hopkins, et *The Mayor of Casterbridge (le Maire de Casterbridge)*, de Peter Tranchell.

Dans le domaine de la musique orchestrale, on compte des symphonies marquantes écrites par William Wordsworth, descendant du poète et compositeur au style coulant et mélodieux; par Humphrey Searle, qui, bien que partisan du dodécaphonisme, a su en faire une question purement personnelle et rester à l'écart des polémiques; par Richard Arnell, compositeur fécond et très doué, dont les tendances d'avant-garde ne sont pas outrées au point de le rendre incompréhensible pour un public moyen. John Gardner a surpris le public d'un récent festival de musique contemporaine à Cheltenham par une symphonie d'une construction originale mais solide, brillamment orchestrée et riche en trouvailles thématiques. Les œuvres de Peter Racine Fricker lui ont acquis, malgré sa jeunesse, une renommée internationale. Ses trois symphonies, et son oratorio *la Vision du Jugement*, d'une puissance sans concessions et d'une haute distinction, l'ont placé au premier rang des compositeurs anglais modernes. Son *Concerto pour alto*, écrit pour William Primrose, le fait apparaître sous un jour plus lyrique que ses symphonies, mais l'orchestration demeure à la fois inimitable et pleine de maîtrise.

La production symphonique de Malcolm Arnold est

plus facilement accessible. Il y fait preuve d'une grande habileté et d'une inspiration mélodique subtile et plaisante, se rapprochant ainsi d'un compositeur de la génération précédente, Gordon Jacob, dont les œuvres récentes comprennent d'excellents concertos pour piano, cor, hautbois et basson. Bliss a donné matière à penser aux violonistes avec un *Concerto* dédié à Alfredo Campoli, qui l'a créé, tandis que Rubbra, dans un style plus grave, a trouvé, tout comme Fricker, l'inspiration d'un *Concerto pour alto* dans le talent de Primrose. Les *Symphonies* de Rubbra témoignent d'une évolution constante, et contiennent beaucoup de musique sérieusement composée sinon toujours exprimée avec gravité. Si la qualité primordiale de Rubbra est sa faculté créatrice contrapuntique, son trait le plus attachant est la façon dont il réussit à exprimer la profondeur et l'intensité de ses émotions.

La *Spring Symphony (Symphonie du printemps)*, de Benjamin Britten est un exercice dans le style symphonique postérieur à Mahler et, bien qu'elle soit très intéressante, elle a été éclipsée par ses deux récents opéras, *Gloriana* et *The Turn of the Screw (le Tour d'écrou)*. Britten n'a pas écrit moins de quatorze partitions de films et, malgré le caractère éphémère de ces œuvres, il semble bien que ses Variations sur un thème de Purcell, utilisées dans *Instruments of the Orchestra (les Instruments de l'orchestre)*, auront pendant longtemps encore une place de choix dans le domaine de l'enseignement par le son et l'image comme dans celui du spectacle. *A Ceremony of Carols (Cérémonie des cantiques)*, de Britten, est un bel exemple du sens intuitif que possède ce compositeur des possibilités des effets choraux spéciaux et il en est de même (quoique à un degré moins marqué) de sa mise en musique du *Te Deum* et de *Rejoice in the Lamb*. De beaucoup plus subtile est la façon dont il traite la voix solo dans des œuvres de la qualité de sa *Serenade* pour ténor, cor et cordes; des *Sonnets of Michelangelo (Sonnets de Michel-Ange)* et des *English Folk-Songs (Chansons populaires anglaises)* : il a beaucoup d'affinités avec le folklore, bien que le caractère très anglais de son œuvre repose plutôt sur des moyens d'expression et des goûts historiques personnels (Purcell et la basse contrainte, par exemple) que sur l'exercice direct de sympathies musicales ethniques. Son sens de la déclamation est très développé et très original et le place dans une catégorie à part. Une *Messe,* écrite pour le chœur de la cathédrale de Westminster révèle un aspect tout à fait nouveau de l'habileté de Britten.

Un des plus jeunes symphonistes est James Stevens, qui a obtenu récemment un prix de la Société Philharmonique Royale.

Ralph Vaughan Williams a charmé le public anglais avec sa *Cinquième Symphonie,* œuvre de caractère avant tout paisible, doux et optimiste. Vint ensuite sa *Sixième Symphonie,* qui commence par un cataclysme et se termine par une peinture horrifique du vide sidéral. Profondément émouvante, mais dans un sens tout différent, la *Sinfonia Antarctica* a tiré ses thèmes et sa texture de la partition musicale d'un film sur l'Antarctique. C'est une symphonie d'un nouveau genre, liée à des concepts visuels, mais toutefois détachée de ceux-ci, et qui prouve sa vigueur dans son cadre nouveau. Le même compositeur, éternellement jeune, s'est efforcé d'étendre le répertoire de l'harmonica en écrivant une *Rhapsodie* pour cet instrument, et celui du tuba par un *Concerto.* Il y a également d'autres concertos d'une facture remarquable et très personnels : le *Concerto pour piano,* d'Alan Rawsthorne, et le *Concerto pour clarinette* de Gerald Finzi.

La musique de film a attiré plusieurs compositeurs britanniques de renom : William Alwyn, Anthony Hopkins, William Walton, Benjamin Frankel, John Veale et Gordon Jacob, ont tous écrit des partitions d'une valeur indiscutable, de caractère utilitaire certes mais bien écrites, et qui contiennent de la musique qui mérite une place dans un répertoire moins éphémère.

La musique de chambre est un genre que l'on pratique beaucoup moins activement qu'autrefois; cependant des compositeurs continuent à faire de leur mieux dans une grande variété d'œuvres pour toutes sortes d'ensembles instrumentaux. Priaulx Rainier, Alan Rawsthorne, Matyas Seiber, Arnold Cooke, Elizabeth Lutyens, Elizabeth Maconchy et Howard Ferguson représentent un groupe de compositeurs évolués dont les meilleures œuvres ont certainement droit à une place dans les concerts comme elles en ont une au programme des sociétés de musique de chambre. Un beau *Quatuor à cordes* de Herbert Murrill fait preuve d'affinités avec la France, tandis que des œuvres de Wilfrid Mellers, Bernard Stevens et Peter Racine Fricker font sans cesse preuve de leur facilité à apporter des idées nouvelles à des styles et à des formes anciennes.

La musique chorale joue toujours un rôle important dans la vie musicale anglaise, et a pris un grand essor ces dernières années, grâce au *Hodie* de Vaughan Williams, grâce à Herbert Howells, dont l'*Hymnus Paradisi* et la *Missa Sabrinensis* représentent ce qu'il y a de mieux dans la tradition chorale anglaise, car ces œuvres succèdent en ligne directe aux grands oratorios d'Elgar; grâce aussi aux œuvres de l'envergure de l'*Apocalypse* d'Eugene Goossens, du *Stabat Mater* de Lennox Berkeley, de la *Missa in honorem Sancti Dominici,* de Rubbra, de la *Messe* d'Anthony Milner, de *The Hound of Heaven (le Lévrier du ciel),* de Maurice Jacobson et des cantates *The Sacred Dance (la Danse sacrée)* de Peter Crossley-Holland, et *Of Beasts* de David Cox.

Telles sont les principales tendances et personnalités de la vie musicale anglaise d'aujourd'hui. Si elles ne sont pas aussi variées qu'en Europe ou en Amérique, elles ont suffisamment de diversité pour encourager de jeunes talents, quelles que soient leurs aspirations. Cependant on n'y trouve aucun indice d'un extrémisme qui gaspille ses propres ressources à la recherche stérile d'un modernisme purement gratuit. Cet état de choses augure bien de l'avenir, et c'est l'avenir de la musique britannique qui est entre les mains de ces compositeurs et de tous ceux auxquels ils enseignent, ou qu'ils atteignent par d'autres moyens, s'efforçant de les convaincre que la récente renaissance de la musique en Angleterre est quelque chose de durable et non pas un phénomène passager.

Denis STEVENS.

BIBLIOGRAPHIE

BACHARACH, A. L., *British Music of our Time,* Londres, 1946.
BLOM, E., *Music in England,* Londres, 1942.
HARTOG, H., *European Music,* in « the Twentieth Century », New York, 1957.

L'ÉCOLE AMÉRICAINE

Les citoyens américains composent de la musique dans tous les styles connus. Par conséquent, on ne peut pas parler d'un style américain. Il n'y a même pas de style dominant dans notre musique classique, comme il y en a dans la musique populaire. De l'éclectisme post-romantique de Howard Hanson et de l'expressionnisme néo-classique d'Edward Burlingame Hill et de John Alden Carpenter, le néo-classicisme parisien de Walter Piston, le néo-classicisme romantisé de Roy Harris et de William Schuman, l'élégant néo-romantisme de Samuel Barber, le néo-romantisme sentimental de Douglas Moore, de Randall Thompson et de Henry Cowell, le modernisme germano-éclectique de Roger Sessions, le polytonalisme néo-primitif de Charles Ives, et le chromatisme extatique de Ruggles, jusqu'aux recherches de percussion et de rythme d'Edgar Varèse et de John Cage, nous avons tout! Nous avons aussi, ou du moins, nous avions jusqu'à ces derniers temps, les célèbres atonalistes Schönberg et Krenek, et les maîtres néo-classiques Stravinsky et Hindemith. De plus, nous avons une gloire nationale en la personne d'Aaron Copland, qui combine si habilement, à la manière de Bartok, le sentiment populaire et les techniques néo-classiques que souvent les étrangers ne se rendent pas compte qu'il s'agit d'une musique américaine.

Et pourtant, toute cette musique est américaine, parce qu'elle est faite par des Américains. Si elle a des traits caractéristiques qui n'appartiennent qu'à ce continent, nos compositeurs en sont, pour une grande part, inconscients. Ces traits existent cependant, ils appartiennent aux compositeurs de toutes les écoles, aussi bien qu'à nos voisins sud-américains. Deux procédés typiques employés par les Américains sont le crescendo sans accelerando et un rythme de base constant de croches égales (qu'elles soient exprimées ou non). Ni l'un ni l'autre ne sont connus des Européens, bien que pratiquement tous les Américains les considèrent comme chose établie. Il se peut qu'une étude plus approfondie de la musique américaine révèle d'autres caractéristiques. Mais il serait injuste d'exiger leur présence comme preuve d'américanisme musical. Tout Américain a le droit d'écrire de la musique selon ses désirs et capacités. Si les Européens commencent à voir l'école américaine sous un autre jour que celui du provincialisme le plus pur, comparé à Vienne et à Paris, s'ils voient en elle quelque chose de neuf, de frais, de réel, et d'un peu étrange, cette nouveauté n'est pas, chez nous, le monopole, ni même la spécialité d'un groupe quelconque. Elle n'est pas le fait des autochtones, ni des musiciens formés en Allemagne, ou influencés par les Français, ni des autodidactes, ni de ceux qui résident à New York ou qui furent élevés en Californie. Elle est dans l'air, et nous appartient à tous. C'est un ensemble de postulats fondamentaux si communs que tout le monde les accepte sans discussion. C'est pourquoi, bien qu'il n'y ait pas de style dominant dans la musique américaine, il existe, vue de loin (d'Europe par exemple), une école américaine.

Le sentiment national et les patriotismes locaux sont des sources d'interprétation qui en valent bien d'autres. On ne saurait, cependant, les juger plus nobles. Au mieux, ils sont simplement le sujet énoncé ou évident d'une œuvre. Une musique qui porte la vie en elle va toujours plus loin que l'énoncé de son sujet ou que la pensée de son auteur au moment où il l'a écrite. Personne ne devient compositeur américain par le seul fait de penser à l'Amérique en composant. Si cela était vrai, le charmant fox-trot *Adieu New York* de Georges Auric serait de la musique américaine et non française, et *The Road to Mandalay* de Walter Damrosch serait birman. Pour écrire de la musique américaine il suffit d'être américain et de composer à sa guise. Il y a un précédent et un modèle pour tous les genres. Et de toute façon, tout américanisme valable est la propriété de tout le monde.

Néanmoins, il est raisonnable de dire que la base de la pensée musicale américaine est une façon particulière de concevoir le rythme. Au-dessous de toute chose se continuent de courtes périodes, toutes d'articulation et de scansion isochrones. Elles ne sont pas toujours énoncées mais on doit toujours les sous-entendre. Si pour une raison expressive quelconque, on en change temporairement le flot, elles doivent recommencer exactement comme avant, une fois l'altération expressive terminée. Afin de tout clarifier, tous les instruments, à cordes et à vent, doivent jouer avec une attaque nette et légèrement percutante. Il ne faut jamais sacrifier l'attaque au profit d'une belle sonorité, ni même pour la justesse d'une note, parce qu'elle est plus importante que l'une et l'autre. D'ailleurs, dès que le rythme est devenu régulier, la musique se joue d'elle-même ; la hauteur et les sonorités s'adaptent automatiquement.

La musique populaire américaine a donné à l'art deux, peut-être trois, procédés expressifs d'une originalité absolue. L'un est une nouvelle forme de temps *rubato,* une manière d'articuler si librement une mélodie que sa scansion métrique ne concorde presque jamais avec celle de son accompagnement, celle-là jouissant d'une liberté rythmique très grande tandis que celui-ci demeure strictement mesuré. Un autre procédé typiquement américain consiste à jouer « *blue* », c'est-à-dire à donner l'expression mélodique en s'écartant constamment du diapason conventionnel, sans pour cela masquer ou contrarier l'harmonie fondamentale qui se maintient à la hauteur normale. L'observation simultanée de ces deux dichotomies, l'une métrique et l'autre tonale, donne au jeu le style connu sous le nom de *hot*. Et bien qu'il en existe des précédents dans le folklore et même dans les usages artistiques européens, le fait, pour nous, de l'avoir systématisé constitue un apport.

Un autre procédé par lequel notre musique populaire se différencie de la tradition européenne est le *crescendo* d'intensité (mentionné ci-dessus) sans accélération du tempo. Il se peut que Jean-Sébastien Bach ait joué de l'orgue sans accélérer les passages plus forts, mais il ne connaissait pas le *crescendo* d'intensité tel que nous le concevons aujourd'hui ; il ne connaissait que des paliers d'intensité. Faire croître le son, par un passage rapide et sans heurts, de la plus grande douceur à la plus grande intensité et le ramener ensuite à son point de départ, est une invention romantique. L'on ne peut y arriver, même aujourd'hui, qu'avec un orchestre ou un chœur assez nombreux, ou au piano ou à l'accordéon. C'est la nouveauté fondamentale du romantisme musical; le XIXe siècle inventa un style rythmique fluide, où l'on remplaça la métrique stricte par les pulsations, pour donner au *crescendo* prévu une apparence de spontanéité.

En Europe, le *crescendo* sans accélération est employé depuis longtemps pour suggérer le bruit des armées qui s'approchent et puis s'éloignent, sa régularité rythmique évoquant aisément la marche. Mais, à part cet emploi particulier, il est étranger à la pensée romantique. Si vous voulez vous amuser, essayez simplement de l'appliquer à Wagner, Chopin, Liszt, Brahms ou Beethoven, ou même à Debussy. Ces compositeurs demandent la souplesse de l'articulation rythmique. Et, bien que l'on puisse, dans une intention de rhétorique comme lorsqu'on approche de la péroraison, ralentir au lieu d'accélérer alors que le volume augmente, il ne convient évidemment pas, dans la musique européenne, d'exécuter un *crescendo* ou un *decrescendo* dont l'expression doit être subjective, sans *accelerando* ou *rallentando*.

Même en Europe le monde moderne a reconnu depuis longtemps le crescendo de rythme fixe comme une addition possible, en théorie au moins, à la dynamique de plans de la symphonie du XVIIIe. Cependant les compositeurs européens ne s'en sont jamais servi (à ma connaissance) sauf dans un but spécifiquement évocateur. Aucun des trois crescendos les plus célèbres de la musique moderne n'est construit à la fois sur la continuité du son et la régularité du rythme. L'*Elektra* de Strauss, dont le ton continu s'élève en vagues du début à la fin, ne présuppose pas une métrique exacte. La Danse des Adolescents du *Sacre du printemps* de Stravinsky, et le *Boléro* de Ravel, présupposent une interprétation exacte au point de vue métrique, mais ce ne sont pas des œuvres subjectives, ni des crescendos tonalement constants. Elles sont aussi objectives et d'une dynamique aussi ordonnée que n'importe quelle fugue pour orgue de Bach.

Le crescendo parfaitement régulier est naturel et même inhérent à la pensée musicale américaine. Nos orchestres de théâtre l'exécutent sans hésitation ni embarras. Nos orchestrateurs populaires le demandent toujours et l'obtiennent. Nos compositeurs de symphonies le demandent toujours et l'obtiennent rarement. Quant aux chefs d'orchestre formés en Europe et qui dirigent la plupart de nos ensembles symphoniques, ils ne le comprennent absolument pas. Très peu d'entre eux comprennent l'exactitude métrique sous quelque forme que ce soit. Néanmoins la musique américaine exige une exactitude métrique très grande, que certaines libertés momentanées ne font que souligner. Elle exige également beaucoup de crescendos. Tous deux se retrouvent très fréquemment dans la musique de Barber, Schuman, Piston, Hanson, Copland, Harris, Bernstein, Gershwin, Cowell, Sowerby, Randall Thompson et William Grant Still. Il s'agit bien là de deux procédés, et non de deux aspects du même procédé. La séparation de ces procédés est aussi caractéristique de la pensée musicale américaine que l'est notre emploi simultané du mètre libre et du mètre strict, de la hauteur libre avec la hauteur stricte. Ces trois dichotomies sont la base de notre langage musical.

Écouter Howard Hanson ou Leonard Bernstein diriger de la musique américaine est un plaisir comparable à celui d'assister à un concert de musique française dirigée par Pierre Monteux ou d'entendre les œuvres de Mahler et de Bruckner interprétées par Bruno Walter. L'interprétation s'accorde avec l'écriture. Nos chefs étrangers ont donné au compositeur américain une chance d'entendre ses propres œuvres. De plus, ils ont créé dans le public une certaine tolérance envers la musique américaine, ou plutôt ils ont encouragé une tolérance qui a toujours existé. Mais ils ont créé aussi une certaine résistance qui n'existait pas ici avant l'invasion musicale des Allemands qui suivit la guerre civile. Cette résistance vient d'un manque complet d'adaptation au langage musical américain de la part des musiciens formés en Europe. Ils comprennent sa grammaire internationale, mais ils n'ont pas acquis son idiome et son accent.

Pour autant qu'ils soient conscients (et plusieurs le sont) qu'il existe un idiome et un accent, il est probable qu'ils les prennent pour de quelconques patois. Ils ne le sont en aucune façon; ils sont une contribution au langage musical universel, ce dont beaucoup d'Européens de l'après-guerre commencent à se douter. Depuis longtemps, la musique populaire américaine est admirée à l'étranger, mais on ne fait que commencer à découvrir la musique américaine classique.

Aujourd'hui, la musique qui se fait aux États-Unis est presque la meilleure du monde. De tous les pays dont la musique passe les frontières, seule la France montre une rigueur plus grande, tant au point de vue du métier que de l'originalité. Ni l'Allemagne, ni l'Italie, ni la Russie, ni l'Angleterre, ni le Mexique, ni le Brésil ne produisent de la musique en quantité régulière, dont la qualité soit comparable à celle de l'école américaine. Et nous sommes une école. Non parce que je le dis, mais parce que nous possédons un vocabulaire qu'il suffit, me semble-t-il, de faire ressortir pour que chacun puisse reconnaître qu'il n'appartient qu'à nous.

Virgil THOMSON.

BIBLIOGRAPHIE

BERGER, A., *Aaron Copland,* Oxford University Press, New York, 1953. Analyses de ses principales œuvres de concert, très peu sur sa vie et ses œuvres scéniques.

BRODER, N., *Samuel Barber,* S. Schirmer, New York, 1954. Biographie critique.

CHASE, G., *America's Music,* Mc Graw Hill, New York, 1955. Histoire utile mais faible pour ce qui est des modernes.

COPLAND, A., *Our New Music,* Whittlesey House, New York, 1941. Explication des tendances du XXe siècle, qui attire particulièrement l'attention sur les compositeurs américains.

COWELL, Henry et Sydney, *Charles Ives,* Oxford University Press, New York, 1954. La vie et les œuvres d'un compositeur important.

EWEN, David Ed., *American Composers Today,* H. W. Wilson, New York, 1949. Recueil de biographies.

GOSS, M., *Modern Music-Makers,* E. P. Dutton, New York, 1952. Étude détaillée de trente-sept compositeurs américains.

HOWARD, J.T., et LYONS, J., *Our American Music,* 3e éd. revue, Thomas Y. Crowell, New York, 1954. L'histoire classique de la musique américaine, avec chapitres supplémentaires sur la décade 1945-54.

MATTFIELD, J., *Variety Music Cavalcade,* Prentice Hall, New York, 1952. Une chronologie, 1620-1950, concernant surtout le chant populaire.

OVERMYER, G., *Famous American Composers,* Thomas Y. Crowell, New York, 1944. Documents biographiques presque introuvables sur des musiciens tels que Hopkinson, Mason et Gottschalk.

REIS, C.R., *Composers in America,* éd. revue, Macmillan, New York, 1947. Notes biographiques succinctes et listes d'œuvres de trois cent soixante compositeurs.

SCHREIBER, F.R., *William Schuman,* G. Schirmer, New York, 1954. Étude critique. Chapitres analytiques par Vincent Persichetti.

THOMSON, V., *The Musical Scene ; the Art of Judging Music,* Alfred A. Knopf, New York, 1945-48.

Music Right and Left, H. Holt, New York, 1951. Anthologies de la critique, 1940-1950.

LE DÉCLIN DE L'OPÉRETTE

Nous sommes bien loin, au moment où j'écris, du temps où une douzaine de salles de spectacle parisiennes étaient entièrement consacrées à la musique, opéra ou opéra-comique pour trois ou quatre d'entre elles, dont, bien entendu, les deux théâtres subventionnés par l'État (l'Académie impériale de musique et l'Opéra-Comique), le Théâtre-Lyrique auprès de ces deux théâtres officiels, les autres étant plus spécialement voués à la musique légère, à l'opérette. Ce genre, pour récent qu'il fût, puisqu'il ne date que du Second Empire et qu'il connut son âge d'or dès sa création avec Hervé et Offenbach, maintint alors constamment son succès. La confusion des genres aidant, il déborda; l'opérette força les portes de l'Opéra-Comique et du Théâtre-Lyrique, jusque-là fermées devant elle. Bien entendu, l'opérette conserva les salles qu'elle avait enrichies, les Bouffes-Parisiens, les Variétés, gagna le théâtre La Fayette, le théâtre des Champs-Élysées, les Folies-Marigny, l'Alcazar d'été, les Folies-Saint-Germain, etc. Les mœurs favorisaient sa vogue; Henry Roujon dans son étude sur *les Artistes et les amis des arts* considère que la date d'*Orphée aux Enfers* est capitale dans l'histoire de notre théâtre, car de ce jour-là, « la bouffonnerie lyrique fut un besoin de l'esprit parisien », qui, grâce aux Expositions universelles attirant à Paris une foule d'étrangers, devient l'esprit européen. Le fait est que la littérature du temps est pleine d'allusions à l'opérette. Nul n'ignore que le duc de Morny protège Offenbach. Ceci, assurément, ne veut pas dire que tout soit pour le mieux dans le meilleur des mondes de l'opérette, mais jugeant d'un point de vue purement musical, il est certain que, dans ce raz de marée de musique légère qui submerge le théâtre au dernier tiers du XIXe siècle, les successeurs d'Offenbach, un Charles Lecocq, puis un Emmanuel Chabrier, puis un Reynaldo Hahn et un André Messager ont produit d'excellents ouvrages. A Paris comme en province, l'opérette s'est honorablement maintenue fort longtemps, les signes de décadence ne s'étant manifestés qu'au début du xxe siècle, et étendus en nombre et en gravité après la guerre de 1914-1918.

Aujourd'hui que voyons-nous ?

Manifestement l'opérette, malgré quelques essais de rajeunissement plus ou moins heureux, paraît si gravement atteinte que certains la disent en voie de disparition et annoncent sa mort très prochaine.

Que penser de cela ?

Cherchons d'abord à apercevoir les causes du mal qui, s'il se prolongeait, serait en effet bientôt mortel.

L'opérette, comme tous les genres de musique, comme l'opéra, drame lyrique ou *opera giocoso,* obéit, comme tout ce qui vit, à la loi générale qui règle l'évolution des créations de l'esprit comme des créatures de chair. Mais l'évolution n'est pas seulement commandée, quand il s'agit du théâtre, par la nécessité de se renouveler selon l'esprit du jour : il est certain que les modes de l'esprit, comme les modes vestimentaires, se plient au goût du moment. Dans les changements qu'elle y constate, la postérité l'observe comme un miroir des mœurs; elle y découvre une parenté parfois évidente, d'autres fois moins visible, mais cependant toujours certaine, entre les manifestations les plus diverses du goût. C'est dans les domaines les plus différents que l'on découvre ces courants subtils, réglant la diffusion des idées. On dit que ces idées sont dans l'air, qu'on les respire. Tous les philosophes qui ont traité les problèmes d'esthétique l'ont constaté : beaucoup d'analogies simultanées, en des domaines sans aucun lien, le montrent bien. Le « démodé », son temps de purgatoire accompli, devient le « style ». Certes, tout ne surnage pas : le pire, en général, tombe dans le gouffre de l'oubli, mais il en reste assez d'échantillons pour que nous puissions en juger. On sait de reste que bien des meubles précieux ont fait un long stage au grenier avant d'être achetés à très haut prix, à la Salle des Ventes ou chez les antiquaires, par de riches collectionneurs. N'en est-il pas de même des tableaux ? N'a-t-on pas exilé dans les réserves du Louvre des toiles de maîtres un moment prisées très fort, et puis un peu plus tard décriées, tandis que descendaient des mêmes réserves d'autres toiles dont on redécouvrait le charme un long moment obscurci ?

Aux environs de 1910, il fut de bon goût de vitupérer l'opérette. Alors, ni Offenbach, ni Lecocq, ni aucun de leurs disciples ne trouvaient grâce devant Catulle Mendès qui, dans ses chroniques musicales du « Journal », combattait le genre périmé, désuet et néfaste, de l'opérette. Librettiste, il offrait à Chabrier le mauvais livret de *Gwendoline,* contrefaçon wagnérienne, pour guérir le pauvre ami de la tentation d'écrire une autre *Étoile,* un autre *Roi malgré lui,* d'autres partitions étincelantes d'une originalité qui en fait les plus purs joyaux de la musique légère...

Heureusement pour celle-ci, un Messager, excellent musicien lui aussi, auteur de *la Basoche* (1890), de *Véronique* (1898), de *Fortunio* — ce chef-d'œuvre — (1907) continuait de penser différemment, et de la même main qui dirigeait à l'Opéra-Comique *Pelléas et Mélisande* à sa création, à l'Opéra la tétralogie de *l'Anneau, Tristan* et *Parsifal,* à la Société des Concerts les ouvertures et les symphonies de Beethoven, écrivait à ses heures de loisir *M. Beaucaire* et *Coup de roulis*...

Pendant la guerre, aux jours sombres de 1918, une opérette, *Phi-Phi,* obtenait un succès triomphal, dû à la grande habileté du librettiste Albert Willemetz et du compositeur Henri Christiné. Ils avaient su, non sans esprit, offrir aux affamés d'oubli, civils et militaires, un dérivatif à leurs soucis. Et la paix à peine signée, Vincent d'Indy n'hésitait pas à composer une opérette d'actualité : *le Rêve de Cinyras* — trois actes et cinq tableaux — créée, sur le théâtre de la Petite Scène, par Xavier de Courville qui en avait rapporté du front le sujet et l'esprit.

Tout semblait donc, à ce moment, donner tort aux prophéties de Catulle Mendès : on pouvait croire que l'opérette allait se renouveler normalement sans rompre rien, sans trahir son passé. En effet, de jeunes musiciens, auprès des survivants, un Reynaldo Hahn, un Messager, assuraient « la relève », comme on aimait dire. Un Louis Beydts bientôt, avec *Moineau* qui rendait délicatement hommage à Messager, un Roland-Manuel avec *Isabelle et Pantalon* montraient que l'opérette ne voulait pas mourir. Dans les années qui suivirent le traité de paix, il semblait que de nouveaux débouchés étaient offerts à cette jeune génération : Mme Bériza créait un théâtre qui leur fut largement ouvert; Louis Masson ouvrait boulevard Rochechouart le Trianon-Lyrique où il accueillait la *Sylvie* de Fred Barlow auprès d'*Isabelle et Pantalon* de Roland-Manuel, de *la Belle de Haguenau* de Maurice Fouret. Maurice Yvain joignait à une connaissance parfaite du « métier » une richesse d'invention qui, à partir de 1922, avec *Ta bouche,* lui valait des succès renouvelés par une dizaine d'ouvrages, maintenus jusqu'au *Corsaire noir,* créé en février 1958 à Marseille. Mais à la regarder de près, la liste de ces ouvrages montre déjà les dangers que doit affronter le compositeur pour se maintenir à l'affiche des théâtres : il lui faut de plus en plus découvrir des livrets permettant de donner à l'élément spectaculaire la part très large, sinon même essentielle.

Néanmoins, on voit des musiciens de haut renom, séduits par l'opérette, tenter d'infuser au genre un sang nouveau, un sang noble. Maurice Ravel, sur le merveilleux livret de Franc-Nohain, apporta au genre un pur chef-d'œuvre : *l'Heure espagnole* était digne de paraître à l'affiche de l'Opéra-Comique après sa création à Monte-Carlo; il ne fut nullement déplacé à l'Opéra, où Jacques Rouché le monta. Albert Roussel, après *Padmavâti* et *la Naissance de la lyre,* ne dédaigna pas non plus d'écrire une opérette, *le Testament de la tante Caroline,* qui fut créé à l'Opéra-Comique au moment où ce théâtre entrait dans une période désastreuse. Vers le même temps, au théâtre d'essai de l'Exposition internationale de 1937, Henry Barraud créait une série d'opérettes commandées à l'élite des jeunes musiciens français : on vit donc à la Comédie des Champs-Élysées, momentanément devenue scène lyrique, *la Véridique Histoire du docteur* de Maurice Thiriet, *la Poule noire* de Manuel Rosenthal, *la S. A. D. M. P.* (Société anonyme des messieurs prudents) de Louis Beydts, *Philippine* de Marcel Delannoy, *Vénitienne* de Jean Rivier, *les Invités* de Tibor Harsanyi, un ouvrage des plus curieux, et d'Henry Barraud lui-même la musique de scène pour *l'Âne et le Ruisseau* et *On ne badine pas avec l'amour* d'Alfred de Musset.

D'autres faits aussi, à peu près contemporains, pouvaient laisser croire que l'opérette, se renouvelant, surmonterait la crise et triompherait des obstacles amoncelés sur sa route : aux Bouffes-Parisiens, où jadis Offenbach avait régné, Arthur Honegger, sur un livret en trois actes d'Albert Willemetz, d'après le roman de Pierre Louys, avait donné le 12 décembre 1930 *le Roi Pausole ;* fort bien jouée par une troupe réunissant des artistes aimés du public, l'opérette nouvelle semblait promise à un succès pareil à celui de *Phi-Phi.* Musicalement, en effet, elle était supérieure à cet ouvrage et le livret n'était pas moins spirituel. L'accueil du public fut excellent, mais moins durable. Pourtant une reprise, également bien accueillie, maintint *le Roi Pausole* à l'affiche pendant plusieurs mois consécutifs. Pour l'Exposition de 1937, Arthur Honegger, qui avait collaboré avec Jacques Ibert et donné *l'Aiglon* à l'Opéra, écrivit avec le même musicien *les Petites Cardinal,* également sur un livret d'Albert Willemetz qui, cette fois, s'était adjoint P. Brach. L'opérette fut créée aux Bouffes-Parisiens avec une interprétation malheureusement insuffisante pour en assurer longtemps le maintien à l'affiche. Et ceci nous amène à constater l'un des symptômes importants d'un mal dont la musique légère, plus encore peut-être que la musique sérieuse, va maintenant souffrir : c'est de moins en moins la valeur musicale, la qualité de l'œuvre qui assurent la recette du théâtre, mais c'est de plus en plus la présence sur la scène d'une vedette pour laquelle un gros effort de publicité a été fait, un artiste qu'avec la complicité des producteurs de disques on a lancé comme un produit pharmaceutique, une eau minérale, un tissu nouveau... On ne va pas *entendre* de la musique, on va *voir* Mme Y... ou M. Z... dans un rôle taillé pour eux sur mesure, symptôme d'un état nouveau qui chaque jour se manifeste davantage : la tendance de l'élément visuel à empiéter sur ce qui était jusqu'alors le domaine du sens auditif, le domaine de la lecture, de la mémoire, de la réflexion, de l'intelligence. Les méthodes nouvelles d'éducation sont elles-mêmes fondées sur cette précellence de la vue; sans doute acquiert-on plus vite les notions élémentaires, mais ce n'est point une raison pour négliger ce que l'esprit peut acquérir, peut étendre par l'exercice de la parole, par les anciennes méthodes qui développaient en même temps la mémoire auditive.

Ne nous étonnons donc pas de l'invasion du *show amé-*

ricain, du théâtre, comme le mot anglais l'indique, conçu pour la vue, pour la « montre », pour la parade. Le texte perd de plus en plus de son importance, et avec lui la musique, ravalée au rôle d'une sorte de sauce en conserve, propre à relever le goût de n'importe quel mets. A mesure que grandit la mise en scène, que s'élargit la part faite dans la collaboration chaque jour plus nombreuse que nécessite la création d'un grand spectacle, l'importance, ou du moins la valeur propre de la partition musicale tend à diminuer davantage. Que signifierait la finesse d'un livret comme ceux que Meilhac et Halévy fournissaient à Offenbach, à quoi bon l'accord d'une musique dont la malice non moins fine prolongeait le sens d'un mot suggestif, soulignait l'humour d'une réplique sans l'émousser, si l'ouvrage est joué devant un public de moins en moins prompt à saisir les allusions, trop ignorant aussi le plus souvent pour s'intéresser à des traits dont le piquant lui échappe ? Il faut de plus en plus de gros sel où suffisaient de légères épices. Et puis, il faut aussi tout un essaim de jolies filles savamment dévêtues pour corser le spectacle; et l'opérette devenue *show* a plus que jamais besoin d'une musique qui en permet l'exhibition sur des rythmes de danses, ou de parade.

L'évolution de l'opérette suit exactement, en se modelant sur elle, l'évolution du cinéma. Elle s'adapte au goût d'une clientèle qu'il faut de plus en plus nombreuse pour amortir les frais énormes occasionnés par ces changements matériels. On pouvait monter à peu de frais (relativement) un ouvrage comme *la Périchole* ou *la Vie parisienne,* à moins encore *l'Étoile,* pour presque rien *Une éducation manquée ;* il faut des sommes considérables pour satisfaire les exigences d'une foule petit à petit habituée à retrouver au théâtre l'équivalent exact de ce qu'elle attend du cinéma.

C'est ainsi que l'opérette et la féerie se sont confondues, et cela eût été sans conséquence fâcheuse si, parallèlement, l'évolution des mœurs avait permis de conserver une clientèle aux deux ou trois théâtres comme les Variétés, les Bouffes-Parisiens et Marigny, naguère fiefs d'Offenbach, puis, plus près de nous, de Claude Terrasse, de Reynaldo Hahn, de Louis Beydts et de Maurice Yvain. Mais non : un phénomène comparable à un tassement avait commencé de tout niveler. Finalement, il semble que la victoire de l'opérette à grand spectacle doive être bientôt définitive. Ce qui le fait redouter c'est que dans toute l'Europe il en va de même qu'à Paris. N'avons-nous pas vu en mai 1959, au théâtre des Nations (Sarah-Bernhardt), le Kosmische Opera de Berlin donner à Paris *les Contes d'Hoffmann* dans une mise en scène somptueuse, et même, dirait-on sans rien exagérer, admirable, si, pour la rendre possible, on n'avait modifié le livret, remplacé par du dialogue parlé maint récitatif, mainte page de la partition, taillant ici et là dans la musique à vif, avec l'insouciance que l'on apporte à la suppression de quelque détail totalement inutile, et qui fait longueur.

Symptôme alarmant et d'autant plus grave que beaucoup de spectateurs ne se sont point aperçus du sacrilège, que d'autres ont trouvé justifiées ces libertés prises envers la musique, puisque la réussite de la mise en scène les excusait pleinement à leurs yeux. Il importait bien peu qu'Offenbach eût entrepris cette partition dans le dessein d'atteindre plus haut que le genre auquel il s'était voué ne le lui avait permis jusqu'alors; il importait bien peu qu'il eût souhaité donner à l'opérette une valeur musicale égale à celle du *dramma giocoso* de Mozart, qu'en achevant l'orchestration, Offenbach disparu, Ernest Guiraud ait pris à cœur de réaliser ce vœu de son ami; rien n'avait compté : on n'avait plus songé qu'à faire passer sur la scène le Canale Grande de Venise, pour nous montrer des gondoles...

En même temps que l'on pouvait observer cette évolution, ou, pour mieux dire, cette rétrogradation de l'opérette, on constatait que la féerie à grand spectacle s'annexait une part d'héritage du genre en voie de disparition. La féerie absorbait, aussi bien pour l'établissement du scénario que pour l'écriture musicale de la partition, des procédés, des moyens de réalisation qui naguère encore étaient proprement ceux de l'opérette. Lorsque, par hasard généralement, l'œuvre nouvelle, montée pour durer toute une année, se révélait incapable de tenir l'affiche jusqu'au bout, on reprenait quelque œuvre du répertoire : cela se vit surtout à la Gaîté; parfois la présentation nouvelle ne se bornait pas à un rajeunissement de la mise en scène, à un développement de la figuration, à l'adjonction de ballets, de défilés, mais à des modifications profondes, rapprochant les opérettes de l'ancien répertoire, des productions les plus nouvelles, importées en droite ligne de Broadway. La partition elle-même, si connue qu'elle fût, était, elle aussi, plus ou moins « rajeunie » par une orchestration qui la rapprochait de la musique de jazz. Les sourdines *wa-wa,* le *growl,* la part faite à la batterie auraient bien surpris Hervé, Lecocq ou Audran s'ils avaient pu assister à la reprise d'un de leurs ouvrages, ainsi remis à neuf au goût du jour. Liberté peut-être après tout explicable pour qui admet — la charade de *la Belle Hélène* servant d'exemple et d'excuse — tout rajeunissement du texte, par tous moyens, du moment qu'ils font rire.

Quelles raisons avaient, au milieu du XIXe siècle, fait le succès de l'opérette ? Le besoin de se détendre, à une époque où l'on vivait sans grand souci, en s'efforçant même de ne point songer au lendemain, où l'on croyait l'avenir assuré, la prospérité durable, où les classes dirigeantes et possédantes pensaient que la société bourgeoise était solidement constituée. Il y eut sous le Second Empire cette sorte d'euphorie toute pareille à l'insouciance des « années folles » qui suivirent la paix de 1919, et il y eut un même besoin de détente quelques années après la guerre de 1870-1871. Il y eut un même snobisme, qu'on n'appelait pas encore ainsi, bien que Thackeray eût lancé le mot depuis longtemps. C'est ce snobisme qui avait fait le succès de l'opérette à l'époque d'Hortense Schneider, qui fit le succès de Joséphine Baker et de la *Revue Nègre,* du *charleston* au siècle suivant. Tout change en apparence, car il est sûr que rien ne se reproduit identiquement à ce que l'on a vu déjà, puisque les conditions extérieures ont évolué. Il y a loin de la crinoline aux robes de Poiret, des fauteuils capitonnés Napoléon III au mobilier *modern style,* cela saute aux yeux, comme on dit, des moins clairvoyants : mais les causes de ces fluctuations superficielles demeurent les mêmes au cours de l'histoire.

Que nous le voulions ou non, il nous faut bien subir les conséquences des bouleversements économiques engendrés par les deux grandes guerres ; ce qui jadis ne dépassait point les limites du territoire national retentit aujourd'hui d'un bout à l'autre du monde, et presque instantanément. On a parlé déjà de cette uniformité du costume confectionné sur les mêmes patrons dans les deux continents : l'idéal est de produire à bas prix. Dans le rapport qu'il avait établi pour la Conférence internationale des Artistes, tenue à Venise en 1952, Arthur Honegger, signalant déjà le danger, établissait un *distinguo* d'importance : il rangeait parmi les fabricants de musique, producteurs d'ouvrages de consommation courante, fournisseurs des bals, restaurants, cabarets, boîtes de nuit, music-halls, cafés-concerts et autres lieux où l'on vient pour s'amuser, certains « auteurs d'opérettes à grand spectacle où l'art d'Euterpe ne joue qu'un rôle très accessoire ». Il reconnaissait qu'il n'attachait aucun sens péjoratif à ce terme de « fabricant », car il fallait souvent une grande sûreté de métier, beaucoup de talent et d'invention pour créer cette *Unterhaltungsmusik ;* mais qu'il fallait réserver le nom de compositeur aux créateurs d'une seconde catégorie de musique qui veulent avant tout faire œuvre d'art, exprimer une pensée, des émotions, se ranger à la suite des maîtres dans l'histoire musicale. Or, cette histoire ne comprend point uniquement les œuvres de musique sacrée, de musique sérieuse, etc. ; les œuvres légères, *l'opera buffa, l'opérette* y trouvent place. Le genre se renouvellera sans doute. L'histoire contemporaine nous montre en effet que les *retours* sont très souvent une source de rajeunissement, car ils n'impliquent nullement une imitation totale du passé.

La création, en 1961, au Théâtre National Populaire, de la comédie musicale *Loin de Rueil,* dont la partition signée de Maurice Jarre est écrite sur un livret tiré par R. Pillaudin du roman de Raymond Queneau, permet quelque optimisme. Qu'est en effet cet ouvrage ? Comédie lyrique, opérette, opéra bouffe ? Les mots importent peu : si large que soit, à première vue, le fossé qui sépare *Loin de Rueil* des premières opérettes d'Offenbach et d'Hervé, l'œuvre de 1961 est bien « dans la ligne » des ouvrages aujourd'hui centenaires : les modes ont changé, les goûts ont évolué, mais les différences, si profondes qu'elles semblent au premier coup d'œil, n'intéressent que la surface des œuvres, que les apparences. « Il nous faut du nouveau, n'en fût-il plus au monde ! » chantait-on dans *la Belle Hélène*. Le monde n'a pas changé : il a toujours soif de nouveau. Mais se renouveler n'implique pas nécessairement une totale rupture avec le passé. Pour le librettiste, il s'agit toujours de provoquer le rire par la cocasserie et l'imprévu des situations et des mots. Bergson nous a montré comment : c'est par une sorte de logique dans l'incohérence. Pour le musicien, la difficulté n'est pas moindre, mais le problème n'est point non plus insoluble. La partition de Maurice Jarre, si légère et charmante, si nouvelle et si traditionnelle (au meilleur sens du mot), répond pleinement à l'objet poursuivi. On a été surpris; on a discuté dans les couloirs, puis dans la presse. Le succès s'est maintenu.

Le mot de Verdi reste donc vrai : *Torniamo all'antico*... Le danger le plus grave vient de l'offensive menaçante des procédés industriels appliqués au domaine de l'art, de la « standardisation » qui permet de réduire les frais de fabrication puisque l'on produit en énorme quantité les objets de même modèle, coulés dans le même moule et vendus à des centaines de milliers d'exemplaires. La création artistique, restant un phénomène purement individuel, perd de ce fait tout intérêt, toute originalité dès qu'on prétend la plier à des nécessités commerciales. Ce qui fait la valeur universelle d'œuvres comme *Tristan et Isolde, Boris Godounov, Pelléas et Mélisande,* c'est qu'elles sont spécifiquement allemande, russe et française, qu'elles portent, incorporée à leur substance, comme un filigrane dans la pâte du papier, la marque personnelle de Wagner, de Moussorgsky, de Debussy.

René Dumesnil.

MUSIQUE ÉLECTRONIQUE, EXPÉRIMENTALE ET CONCRÈTE

On peut considérer que jusqu'à maintenant, quel que soit l'intérêt porté par les théoriciens de la musique ou par les compositeurs à certains problèmes d'acoustique, l'évolution de la musique s'est manifestée comme un processus logique de développement de l'écriture musicale caractérisée par les termes : mélodie, harmonie, rythme.

Toutefois, il faut reconnaître qu'à certaines époques les musiciens ont dû se pencher sur les problèmes d'acoustique, sous l'un des deux aspects traditionnels : constitution des gammes et lois harmoniques; facture instrumentale. L'exemple de Rameau vient immédiatement à l'esprit, qui devait jeter les bases de l'harmonie théorique classique (théorie des renversements) à partir de l'étude des intervalles constitutifs de la gamme (dans laquelle il postule, notamment, l'identité des octaves). On pense également à cette question du « tempérament » des instruments à clavier, qui mêle intimement des problèmes d'acoustique théorique, de facture instrumentale et d'écriture musicale. Enfin il est évident que la substitution du piano-forte au clavecin devait engendrer des modifications profondes d'écriture dans la littérature pour le clavier.

Cependant les musiciens théoriciens ne faisaient appel à l'acoustique que pour justifier une théorie harmonique qui, elle-même, tentait une explication des faits harmoniques imposés par l'évolution de l'art musical. Un exemple caractéristique de ce comportement nous était encore tout dernièrement fourni par Edmond Costère dans son ouvrage *Lois et styles des harmonies musicales*. Le courant, si puissant encore, de la musique modale a dû son apparition et son développement à des réalités historiques et ethniques confluant avec un certain développement de l'écriture musicale qui permettait l'exploitation de leur apport. Ce mouvement modal, de l'école Niedermeyer à Olivier Messiaen, aura bientôt cent ans. C'est seulement en 1954 qu'apparaît un ouvrage qui dresse la table synoptique de trois cent cinquante et une gammes de l'échelle par demi-tons et qui s'efforce de préciser les lois harmoniques qui déterminent ces diverses gammes. Or cet ouvrage s'appuie au départ sur des lois acoustiques qui sont celles de Rameau : postulat de l'identité des octaves et cette règle, dans la mesure des intervalles des harmoniques, que « le son est au son, comme la corde est à la corde ». Nous voyons là clairement la nature des rapports de l'acoustique et de la création musicale : il n'est fait appel à certaines données, limitées, de l'acoustique, que pour revêtir d'un appareil scientifique une connaissance du langage musical, de nature historique, présentée aussi rationnellement que possible. Nous ne connaissons qu'un cas où le théoricien acousticien ait devancé le compositeur. Vers 1870, A. de Bertha inventait deux gammes symétriques, caractérisées par la succession régulière 1/2 ton - ton, ou l'inverse, que devait reprendre par la suite Olivier Messiaen sous le nom de modes à transpositions limitées.

Rameau lui-même, bien que réunissant en lui le créateur et le théoricien, n'échappe pas à cette constatation : sa démarche en tant que théoricien n'est qu'un essai de connaissance claire et synthétique des faits harmoniques de son époque dans laquelle il a su introduire un principe d'unité fécond (renversements). Mais il convient de noter que Rameau n'a développé de façon rationnelle ses idées sur l'harmonie que dans ses dernières communications à l'Académie des Sciences. Dans ses premiers ouvrages, il spécule sur les nombres et ce n'est que vers la fin de sa vie qu'il fait œuvre véritable d'acousticien : « Je me plaçai le plus exactement possible dans l'état d'un homme qui n'aurait ni chanté, ni entendu de chant... Le premier son qui frappa mon oreille fut un trait de lumière : je m'aperçus tout d'un coup qu'il n'était pas *un* et que l'impression qu'il faisait sur moi était composée... »

Or, ce qui caractérise la musique électronique est la considération nouvelle accordée à l'acoustique fondamentale (étude du son) dans l'acte même de composer.

TERMINOLOGIE

Il convient tout d'abord de clarifier le terme « électronique ». Si l'abus du mot atomique a fait perdre toute espèce d'intérêt affectif à son emploi, il n'en va pas de même du mot électronique qui se pare d'un mystère où l'on mêle confusément le sentiment de danger social que peuvent représenter les engins téléguidés ou l'automation, au souvenir de courbes dérivées de complexes de sinusoïdes que la publicité accouple volontiers au mot.

Dans le domaine musical, il convient de dissocier ce qui est électronique de ce qui n'est qu'électrique : un orgue, s'il est mû par un moteur électrique ou si ses jeux sont commandés par des électro-aimants, n'est pas pour autant un orgue électronique. La poésie du timbre du vibraphone et l'obligation où se trouve l'exécutant de brancher une prise de courant pour le mettre en état de marche ne doivent pas faire classer cet instrument dans la famille des ondes électroniques. De même une guitare ne saurait être dite électronique parce qu'elle utilise un micro et un amplificateur; à ce titre, combien de chanteurs électroniques n'aurions-nous pas déjà entendus ?

N'est électronique au sens strict, en musique, que ce qui fait appel à une source électronique (par exemple une lampe triode) pour produire des oscillations électriques qui seront transformées en vibrations mécano-acoustiques par le truchement d'une membrane (haut-parleur).

Chronologiquement sont d'abord apparus des instruments électroniques (lutherie électronique). Dans cette recherche se sont illustrés, en France, Hugoniot, Givelet, Bertrand, Pécharde, Martenot, Jenny. Les divers instruments imaginés utilisent une lampe comme générateur de son. Mais leurs constructeurs ont orienté leur fabrication vers une facture instrumentale traditionnelle. Dans l'orgue électronique, la lampe est substituée au tuyau et le résultat sonore obtenu se veut identique à celui de l'orgue pneumatique. M. Martenot et G. Jenny ont doté leurs instruments de possibilités expressives nouvelles enrichissant considérablement la palette orchestrale, cependant la nouveauté de la couleur sonore, des effets obtenus, n'est pas allée jusqu'à faire éclater la notion de facture instrumentale, comme cela s'est produit dans le cas de la « musique concrète » et de la « musique électronique ».

Les travaux de recherche combinés d'ingénieurs et de musiciens ont porté depuis 1945 sur les possibilités d'utilisation du matériel électro-acoustique des installations de Radiodiffusion à des fins artistiques, et c'est ainsi que sont apparus, à Paris le Studio de Musique concrète, à Cologne le Studio de Musique électronique. La musique concrète ne saurait être appelée électronique au sens strict, car la matière sonore qu'elle utilise ne tire pas son origine, à quelques exceptions près, d'un oscillateur électronique, mais d'un enregistrement quelconque, musical ou non musical, naturel ou artificiel. Cependant les nombreuses manipulations que subissent ces enregistrements premiers leur confèrent des caractéristiques qui permettent, au-delà des querelles d'écoles, de classer la musique concrète dans le groupe plus général de musique électronique. Tout aussi bien, musique concrète et musique électronique, par des moyens différents, posent à la base de leurs recherches et de leurs réalisations l'étude du son, le plus complexe (Paris), ou le plus pur (Cologne), et les résultats des analyses ainsi poursuivies viennent s'intégrer dans des œuvres, non comme une parure nouvelle d'une pensée musicale indépendante, mais en tant qu'élément de composition.

DU DIAPASON A LA LAMPE TRIODE

Périodiquement les instrumentistes d'orchestre sont pris d'une sorte de fièvre qui consiste à se passionner pour la hauteur du diapason. Les cordes veulent un diapason élevé (440) qui donne plus de brillant à leur instrument; les bois, placés dans l'obligation de « chauffer » leur instrument, ne peuvent adopter celui-ci sans difficultés. Le chiffre que l'on attaque ou que l'on défend avec acharnement représente le nombre de vibrations par seconde du diapason, soit encore sa fréquence. Cet instrument, ainsi que le piano ou le xylophone, voit l'intensité du son qu'il produit décroître rapidement. Il est caractérisé par un « mouvement vibratoire amorti », semblable en cela à un pendule que l'on écarte de sa position d'équilibre et qui, peu à peu, retrouve cette position *(fig. 1 a)*. Dans un tel mouvement vibratoire, la fréquence des vibrations (hauteur du son) ne varie pas, mais seulement leur amplitude (intensité).

On observe en électricité des phénomènes semblables. C'est ainsi qu'un condensateur, dans certaines conditions, ne se décharge pas de façon continue : il passe successivement par des états de décharge et de recharge tendant vers o. Une telle oscillation peut être relevée dans un circuit oscillant caractérisé par une self et un condensateur montés en parallèle. Ce circuit oscillant selon le rapport qui lie la self au condensateur vibre selon une certaine fréquence *(fig. 1 b)*.

Si tout un groupe d'instruments est caractérisé par un mouvement vibratoire amorti, il en est d'autres dont le son a une intensité soutenue. Un violon, par exemple, — bien que dans le cas du *pizzicato* il présente un mouvement vibratoire amorti — a généralement ses vibrations entretenues par le frottement de l'archet enduit de collophane. Ce qui se passe pour le violon est en quelque sorte semblable à ce qu'on peut constater dans une horloge : le balancier, s'il était laissé à lui-même, devrait parcourir la trajectoire d'un mouvement vibratoire amorti. Mais par le mécanisme d'échappement, on communique au balancier, au moment voulu et dans un sens défini, une légère impulsion qui entretient l'état d'oscillation. Nous avons alors une oscillation entretenue *(fig. 1 c)*.

En électronique on peut également transformer un mouvement vibratoire amorti en mouvement vibratoire entretenu. C'est là une des fonctions (fonction oscillatrice) de la lampe triode. Le mécanisme en est simple, mais peut-être est-il prudent de rappeler quelques notions, d'ordre technique, élémentaires.

IONISATION

Un atome est constitué d'un noyau central à charge résultante positive (+) et de corpuscules périphériques

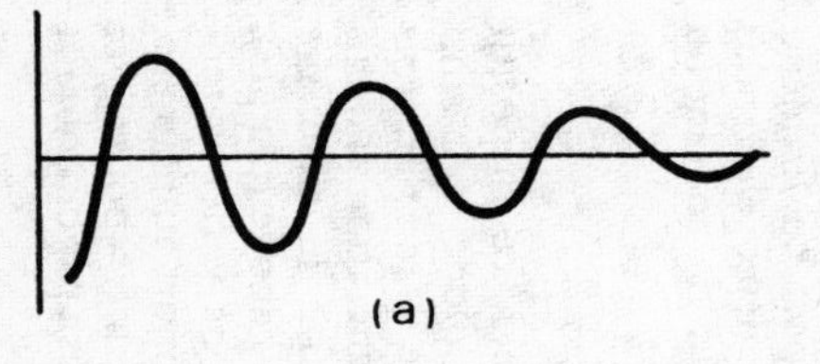

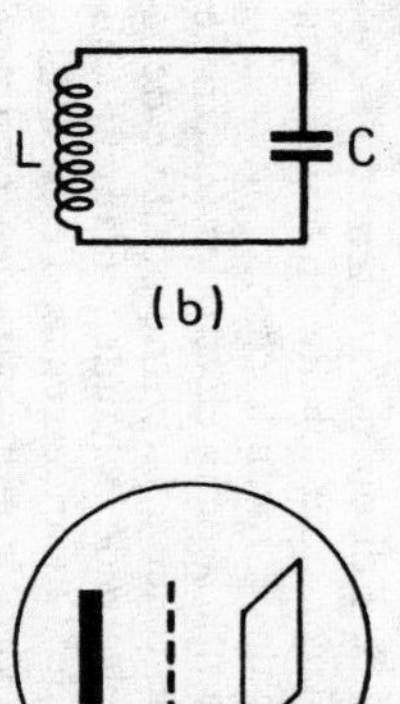

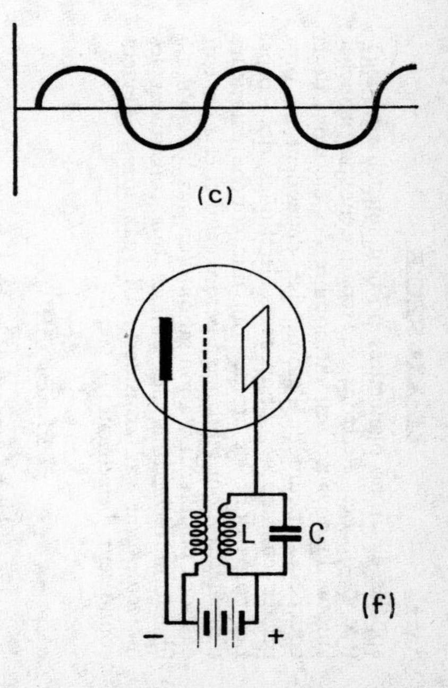

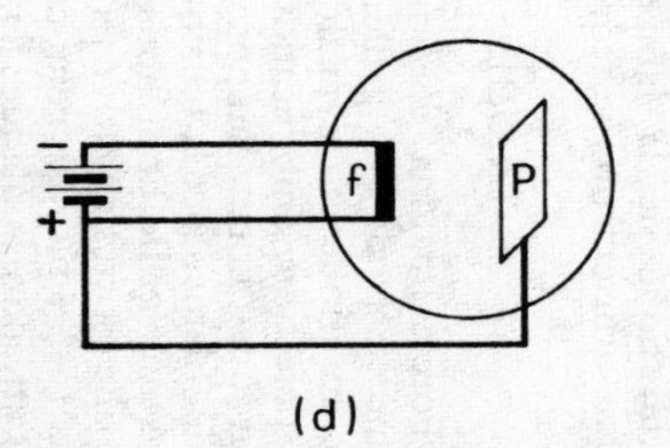

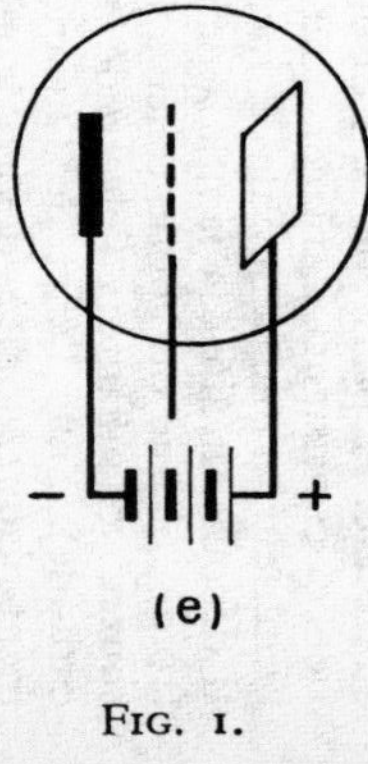

FIG. 1.

appelés électrons planétaires portant une charge négative (—). Les électrons se répartissent par couches autour du noyau. C'est du nombre des électrons de la couche extérieure de l'atome que dépendent les propriétés chimiques, optiques et électriques des corps. Les corps dont les atomes ont une couche extérieure d'un électron ont tendance à perdre celui-ci et à devenir des ions positifs. Il y a ionisation d'un gaz lorsqu'il y a libération d'électrons des atomes qui constituent les molécules du gaz considéré. Un gaz ionisé devient conducteur d'électricité.

EFFET EDISON

Il existe divers moyens d'ionisation : par choc, par substance radio-active, par corps incandescents. C'est ainsi que l'air est ionisé au voisinage de métaux chauffés au rouge. A partir de là, Edison devait tenter l'expérience consistant à placer une plaque métallique à l'intérieur d'une ampoule à incandescence (*fig. 1 d*). Il découvrait ainsi la lampe à deux électrodes (électrode froide, plaque ou anode reliée à la borne positive de la source chauffante; l'électrode chaude, filament ou cathode). Sous l'effet de l'incandescence, l'espace filament-plaque, ionisé, devient conducteur, des électrons (négatifs) s'échappant du filament et étant attirés par la plaque (positive). Le courant ne peut traverser l'espace f p que si la plaque est positive par rapport au filament. Cette caractéristique de la lampe à deux électrodes (diode) l'a fait utiliser comme redresseur de courant ou détectrice.

TRIODE

Lee de Forest imagina d'adjoindre à ce dispositif une troisième électrode : la grille. La diode était ainsi transformée en triode et devenait apte à remplir trois fonctions : détection, amplification, génération d'oscillations. Soit une diode. Supposons fixe le chauffage de la cathode (filament) et la tension de l'anode (plaque). Introduisons une grille dont nous ferons varier la tension. Si la grille est très négative par rapport au filament, les électrons (—) émis par celui-ci seront repoussés et ne pourront atteindre la plaque; il n'y aura pas de courant dans le circuit plaque. Si la grille est légèrement négative, un certain nombre d'électrons passeront et le courant sera établi. Si la grille devient positive, le courant passera. (Dans la fig. *1 e,* la grille est légèrement négative.)

Nous avons vu qu'il existe des circuits oscillants fournissant des oscillations amorties. La lampe triode permet de transformer ces oscillations amorties en oscillations entretenues. Soit un circuit oscillant relié à la plaque d'une triode *(fig.* 1 *f).* Ce circuit a un certain équilibre électrique que l'on peut déplacer en allumant le filament f et en appliquant une tension à la plaque P. L'espace filament-plaque (f p) devient conducteur. Un courant parcourt la self L et le circuit L C. Cette oscillation aurait tendance à s'amortir si une impulsion nouvelle ne venait entretenir les oscillations dans L C. Pour cela, il faut qu'au moment voulu un courant traverse L qui compense l'amortissement. Il faut donc établir une variation périodique de courant traversant L. Il suffit pour cela d'agir sur la conductibilité de l'espace f p, ce qui s'obtient en faisant varier le potentiel de la grille. Pour obtenir cette variation au moment opportun, on relie la grille à une self couplée à L de façon que, par induction, les variations de tension du circuit plaque déterminent une variation plus faible et inverse du circuit grille. A l'image d'un instrument de musique (violon) qui obtient un son soutenu (oscillation entretenue) par le moyen d'une corde vibrant sous l'action d'un archet, la lampe triode permet l'obtention d'une oscillation électrique entretenue dans un circuit oscillant par le moyen de l'action combinée de la grille et du circuit plaque. L'oscillation résultante a sa fréquence (que l'on peut rendre audible par haut-parleur) déterminée par celle du circuit oscillant. Or on peut faire varier cette dernière en agissant sur le condensateur C. On obtient ainsi un générateur d'ondes entretenues appelé hétérodyne.

LUTHERIE ELECTRONIQUE : LE MARTENOT

Décrire tous les instruments électroniques qui ont pu exister déjà ou qui pourront être créés demain serait fastidieux. Nous nous bornerons à comparer deux types d'instruments dans deux réalisations françaises : le Martenot, l'Ondioline. Miroir de leurs auteurs, ces deux instruments pourraient être caractérisés, l'un par une plus grande richesse de possibilités expressives, une plus grande musicalité, l'autre par une plus grande possibilité de développement sur le plan électronique. L'un innove davantage sur le plan musical, l'autre s'assujettit plus étroitement aux données de la facture instrumentale traditionnelle et en pousse plus loin l'analyse. En d'autres termes, l'un est le fait d'un musicien séduit par les possibilités de l'électronique, l'autre celui d'un ingénieur penché sur la réalité musicale dont il veut démonter les mécanismes subtils afin de s'en rendre maître. Les deux instruments partent d'un montage initial distinct.

M. Martenot, après Hugoniot et Theremin, a utilisé le phénomène de battement entre deux ondes de haute fréquence pour produire une fréquence différentielle audible. Un organier, pour accorder à l'unisson des tuyaux de jeux différents, se sert de la méthode du battement : l'un des tuyaux émettant un son fixe, il accorde le second en serrant de plus en plus l'intervalle séparant les deux sons. Au-delà de la seconde mineure, il arrive un moment où cessent d'être perçus deux sons distincts; on n'entend plus qu'un seul son accompagné de battements très rapides d'abord, puis de plus en plus lents. Lorsque le battement a disparu, l'unisson est atteint. Un phénomène de même nature, mais distinct d'apparence, peut être perçu sur un harmonium, où deux sons émis simultanément en engendrent un troisième, plus faible et plus grave. Par exemple *la* 3 (435 oscillations) et *ré* 4 (580) engendrent *ré* 2 (145) qui représente la différence entre 580 et 435. Il s'agit là d'un cas particulier des lois régissant les ondes lorsqu'elles se superposent, lorsqu'il y a entre elles des interférences. Soient deux ondes a et b *(fig. 2)*. De leur interférence résulte une troisième onde, c, dont le tracé sera fourni par la somme algébrique des élongations e_1, e'_1... des deux premières. La courbe c présente une série de renforcements ou de diminutions dont l'enveloppe présente le caractère d'une onde nouvelle d, de fréquence et d'amplitude moindres et qui, selon que sa fréquence est inférieure ou supérieure à 20 périodes, est perçue comme battement ou comme son différentiel.

Ce phénomène de battement est celui utilisé dans les instruments électroniques imaginés par Hugoniot et Theremin, repris et perfectionné par M. Martenot. Ces instruments sont constitués par deux éléments : émission, réception. Deux triodes montées en oscillatrices émettent des courants alternatifs de fréquence élevée (haute fréquence). L'une a une fréquence fixe,

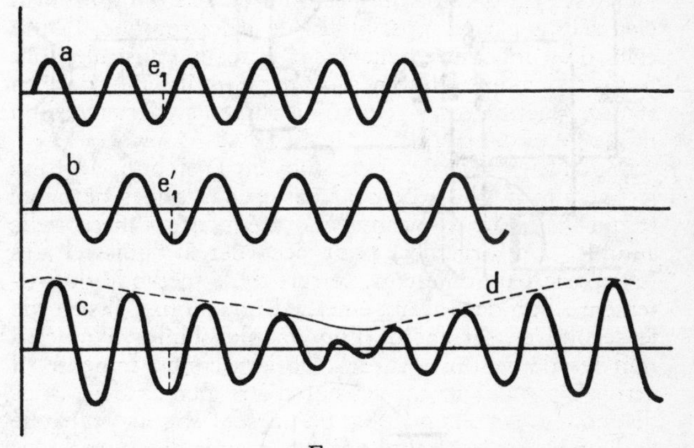

FIG. 2.

par exemple 300 000, l'autre une fréquence variable (par action sur le condensateur C_2), par exemple 300 580. Nous nous trouverons en présence de trois ondes : l'une de 300 000 périodes, l'autres de 300 580, enfin une onde résultant de la différence des deux autres, soit 580. Cette onde doit être détectée. On utilise à cette fin une triode montée en détectrice qui ne laisse passer que l'onde différentielle *(fig. 3)*. Theremin agissait sur le condensateur variable C_2 au moyen d'une antenne qui, avec le corps de l'instrumentiste, constituait un condensateur de faible valeur réagissant sur C_2. Les variations du son étaient produites par des déplacements de la main. Un tel instrument ne pouvait être utilisé que pour des expérimentations ou des démonstrations spectaculaires. Le Martenot, au contraire, répond à

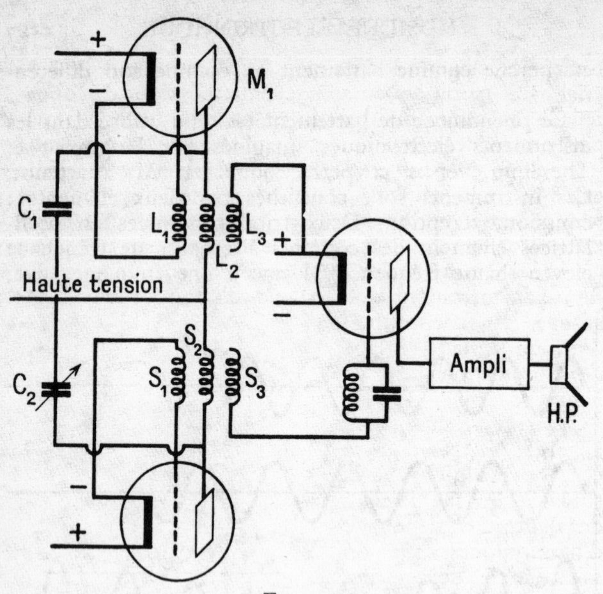
+
−
M1
C1
L1
L2
L3
+
Haute tension
−
S2
C2
S1
S3
Ampli
H.P.
−
+

FIG. 3.

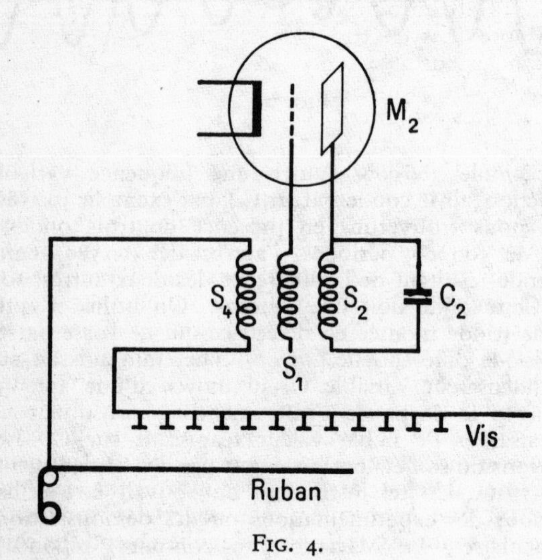
M2
S4
S2
C2
S1
Vis
Ruban

FIG. 4.

toutes les exigences d'emploi d'un instrument normal (*fig. 4*). Il ne diffère en son schéma théorique de l'appareil de Theremin que par un point, essentiel : la variation de fréquence est obtenue par le dispositif suivant : une self S_4 est couplée de façon variable avec la self de grille S_1 de la lampe M_2. Aux bornes de S_4 est connecté un condensateur variable dont les armatures sont constituées par les têtes d'une série de vis fixées sur une barre en laiton et un ruban métallique. A chaque position du ruban correspond une certaine valeur pour le condensateur ainsi constitué, d'où un certain réglage des oscillations de la lampe M_2.

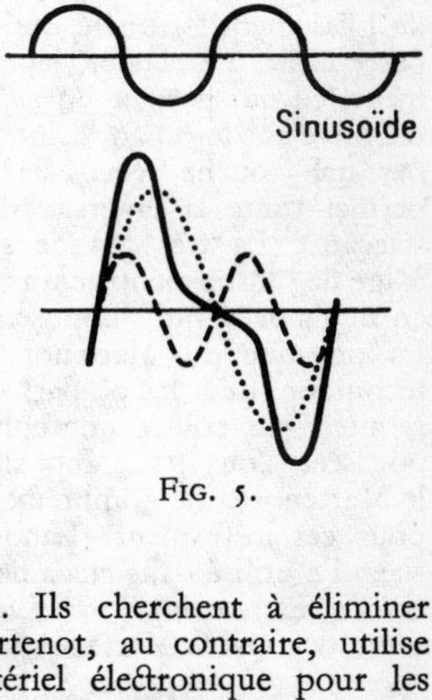

Le son résultant des appareils électroniques de ce type est dit « sinusoïdal ». Proche de celui de la flûte, il est dépourvu d'harmoniques. Or on sait que le dosage des harmoniques est un des éléments déterminants d'un timbre. Les électriciens connaissent bien ce problème des harmoniques parasites qui prennent naissance aux divers étages d'une amplification. Ils cherchent à éliminer ces harmoniques. Le Martenot, au contraire, utilise ces imperfections du matériel électronique pour les introduire et rendre diverse la courbe du son sinusoïdal qu'il produit au départ. Les lois d'interférence de deux ondes jouent de nouveau (somme algébrique des élongations) et l'on obtient, par exemple, pour l'adjonction du premier harmonique, avec une amplitude égale à la moitié de celle de l'onde fondamentale, la courbe donnée à la figure 5.

Sinusoïde

FIG. 5.

De l'adjonction de ces harmoniques résulte une couleur du son différente, un « timbre » différent qui peut s'apparenter à celui de tel ou tel instrument de l'orchestre ou être entièrement nouveau. Cette première gamme de sonorités se trouve singulièrement enrichie par l'adjonction de divers haut-parleurs de type original tel le « métallique » ou la « palme » qui introduisent l'un des résonances métalliques, l'autre un effet d'espace, d'ambiance, d'une intense poésie. La matière sonore ainsi obtenue doit être rendue expressive, c'est-à-dire qu'elle doit pouvoir être modelée par l'imagination et la volonté de l'interprète. La hauteur du son peut être obtenue soit par un clavier, semblable à celui du piano et de même étendue et dont chaque intervalle peut donner à volonté le 1/2 ou le 1/4 de ton, soit par un ruban qui permet à l'interprète de faire lui-même le son. Avec le ruban le son glisse d'une note à l'autre, mais l'effet de glissement, si on le désire, peut être rendu à peine perceptible. Le clavier, léger, peut se déplacer latéralement, ce qui permet un *vibrato* de fréquence, que l'on retrouve sur le ruban. L'intensité du son est commandée par une touche (rhéostat) extrêmement sensible, qui permet toute la diversité de toucher désirable (louré, staccato). La très grande sensibilité de cette manette exige de l'instrumentiste un contrôle de soi qui ne le cède en rien à celui qui s'impose au pianiste ou au violoniste. La pratique du Martenot nécessite moins de travail technique que la plupart des autres instruments, il requiert par contre une culture musicale générale plus poussée. Tous les compositeurs français ont employé le Martenot et de nombreux concertos ont déjà été écrits pour cet instrument (Landowski, Jolivet, etc.). Messiaen l'a utilisé dans chacune de ses œuvres orchestrales. Citons, extrait des *Petites Liturgies,* cet emploi caractéristique des ondes Martenot :

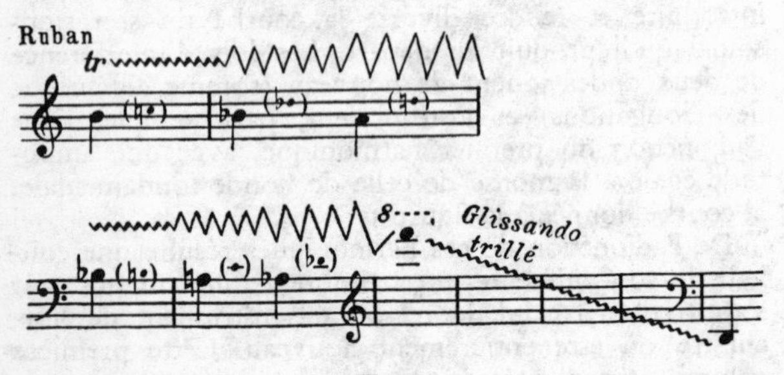

Ex. 1.

LUTHERIE ELECTRONIQUE : ONDIOLINE

G. Jenny, dès le début de ses recherches, s'est efforcé d'éliminer la partie haute fréquence que nécessite le montage Theremin-Martenot. Il lui fallut pour cela renoncer à la méthode des battements et reprendre le problème à son point de départ, la lampe triode de Lee de Forest. Il devait adopter comme générateur un « multivibrateur », sorte d'hétérodyne à deux lampes, qui a la double caractéristique de pouvoir être réglé sur des fréquences variant de 1 à 100000 périodes par seconde (donc, directement sur les fréquences audibles qui s'échelonnent entre 16 et 30000 périodes) et de fournir une oscillation très riche en harmoniques, que l'on peut repérer jusqu'à la 50e.

Dans l'ondioline, les variations de hauteur du son sont obtenues à la fois en fragmentant la résistance Rg2 et en agissant sur le condensateur C. Cette dissociation s'explique par le fait : 1) que l'ondioline n'est dotée que d'un clavier de trois octaves qui diminue notablement l'encombrement de l'instrument; 2) qu'une manette permet plusieurs transpositions d'octave de telle sorte qu'on peut couvrir en réalité huit octaves. La fragmentation de la résistance Rg2 en liaison avec chacune des touches du clavier permet d'obtenir toute une série d'intervalles (qui sont d'un demi-ton dans l'appareil usuel, mais qu'on pourrait très facilement modifier pour obtenir n'importe quel intervalle désiré). Le condensateur C, par contre, est fragmenté en plusieurs condensateurs (C_1, C_2 etc.) qui permettent les transpositions d'octave (*fig. 7*).

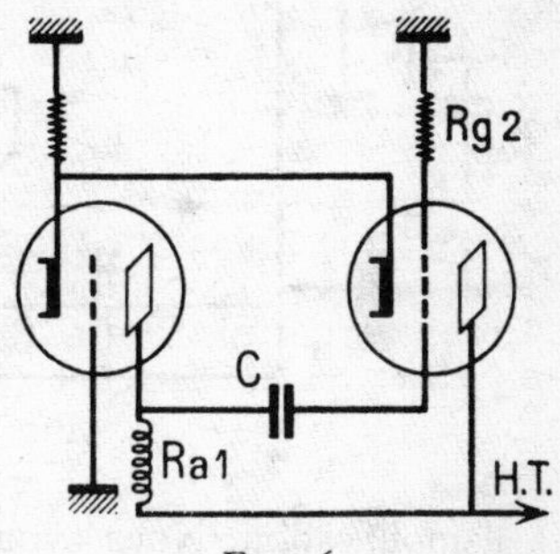

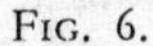
FIG. 6.

La très grande richesse en harmoniques de l'oscillation fournie par le multivibrateur permet de varier les dosages des harmoniques, non par addition comme dans le cas de Martenot, mais par soustraction (filtres) ou dosage (résonateurs). Ce point est capital car il permet d'adapter l'instrument à n'importe quel amplificateur, l'action des filtres et des résonateurs étant préalable

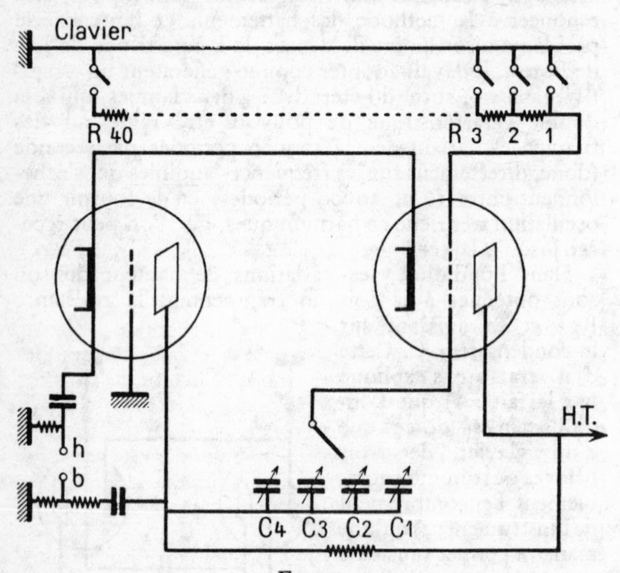

FIG. 7.

à l'amplification. Nous avons connu une ondioline de laboratoire qui permettait un dosage d'harmoniques réglable à volonté. Des nécessités pratiques ont déterminé G. Jenny à choisir un certain nombre de circuits sélecteurs de timbres établis une fois pour toutes, qui peuvent d'ailleurs se combiner entre eux de sorte qu'on peut obtenir à peu près tous les timbres des instruments d'orchestre.

Cette similitude, approchée parfois, mais parfois étonnante, des timbres de l'orchestre et de ceux fournis par l'ondioline, a incité G. Jenny à approfondir les composantes d'un son musical. Nous reviendrons sur cette étude à propos de la musique concrète, disons simplement ici que le timbre d'un instrument n'est pas seulement caractérisé par un dosage d'harmoniques, mais par quantité d'autres facteurs, dont les caractéristiques d'attaque.

L'originalité principale de l'ondioline sur les instruments d'onde antérieurs est d'avoir dissocié, dans la production du son, intensité et attaque. L'ondioline est donc munie d'un système (genouillère, pédale, potentiomètre) permettant de régler l'intensité. En outre le clavier (qui, en se déplaçant latéralement, agit sur un condensateur qui détermine un vibrato de fréquence semblable à celui du Martenot) permet une attaque progressive du son en fonction de l'enfoncement et de la rapidité d'enfoncement de la touche. En s'abaissant, la touche établit un contact avec une barre métallique. Ce contact détermine l'oscillation correspondant à la note abaissée, qui arrive en E. Là le courant doit passer par une palette solidaire de la barre métallique qui s'abaisse avec elle sous l'action de la touche, avant de rejoindre E'. Le système E-palette-E' est un double condensateur. Plus la couche d'air qui les sépare diminue, plus l'intensité augmente. Au moment où s'établit le contact E-palette-E', se produit un phénomène de distorsion.

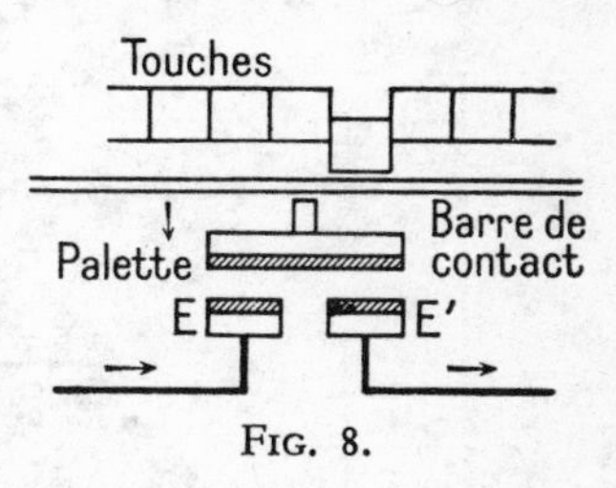

FIG. 8.

Cette évolution de l'établissement d'un son jusqu'à un régime permanent est très semblable à celle qu'on relève dans les instruments de musique. En effet, pendant cette période transitoire d'établissement du son, les intensités respectives des harmoniques diffèrent notablement de celles qui caractérisent le régime permanent *(fig. 9)*. Par ailleurs, le temps nécessaire pour arriver au régime permanent diffère d'un instrument à l'autre. Pour un orgue, il peut être de o",6 et la dureté reprochée à certains orgues synthétiques est causée par l'absence de période transitoire. Le clavier expressif de l'ondio-

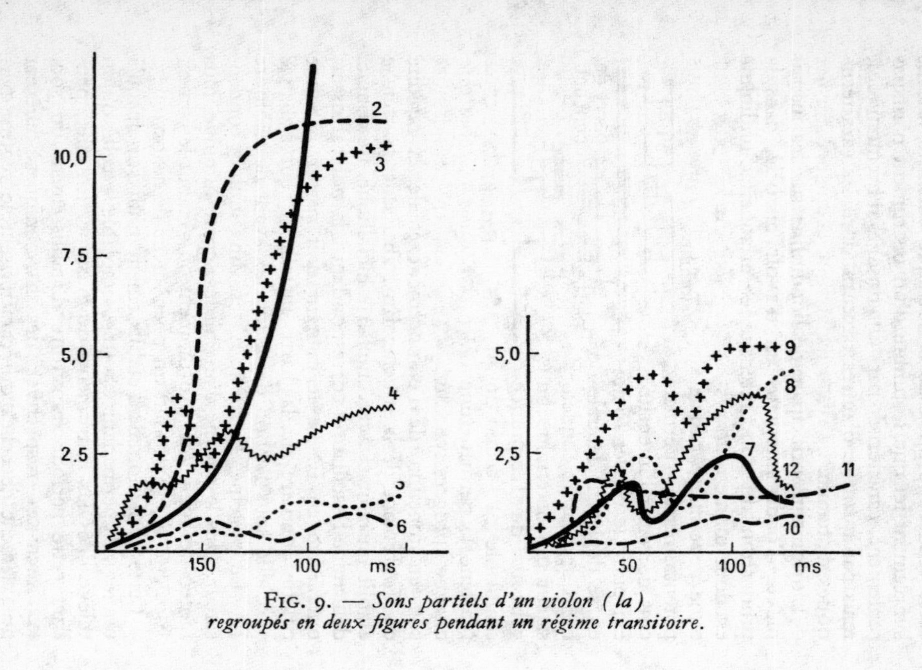

FIG. 9. — *Sons partiels d'un violon (la) regroupés en deux figures pendant un régime transitoire.*

line est donc un élément déterminant dans la reconstitution de tel ou tel timbre. L'attaque sèche ou lourée, liée à un vibrato plus ou moins large et rapide, permet à partir d'un même dosage d'harmoniques d'arriver à reproduire des timbres d'instruments différents. Notons que cette faculté de dissocier attaque et nuance permet de substituer au clavier expressif une attaque par corde pincée d'où résultent toutes sortes d'effets de percussions sèches ou avec résonance, ou une attaque bucco-expressive qui permet tous les effets propres aux bois et aux cuivres, chacun des modes d'attaque retenus pouvant être accouplé à un dosage d'harmoniques choisi en toute liberté. Notons que l'attaque bucco-expressive permet de conserver ou d'éliminer le bruit du souffle de l'exécutant, ce qui met en évidence ce fait que l'élément bruit est un facteur important de détermination d'un timbre (celui de la flûte, par exemple).

L'ondioline, extrêmement employée dans les musiques de film, dans les théâtres et dans les grands orchestres typiques ou de variété, a vu se constituer un répertoire de musique de chambre. Instrument très robuste et peu encombrant, riche de timbres extrêmement divers et caractérisés, elle ne permet pas dans sa construction actuelle cette expression directe de la sensibilité la plus délicate à laquelle se prête le Martenot. Les deux instruments, comme les recherches de leurs inventeurs, sont complémentaires.

MUSIQUE CONCRÈTE

Le 5 octobre 1948, la R.T.F diffusait sur l'une de ses chaînes un « concert de bruits ». La curiosité et la sympathie des milieux musicaux d'avant-garde étaient acquises à Pierre Schaeffer dès ce premier essai. Aussi bien y avait-il eu des précédents; la période 1920 avait eu déjà des concerts de bruits, accompagnés de manifestes retentissants. Mais tout ce bruit était retourné au silence, et les tonneaux roulés, frappés, redescendus à la cave. La science des bruits s'était développée ailleurs : dans les studios de radiodiffusion. En effet, une émission dramatique radiophonique est en quelque sorte un spectacle pour aveugles et son décor n'y est plus de toile peinte et de jeux de lumière, mais de bruits et de musique. Bruit et musique devaient voir ainsi se lier entre eux des liens subtils et de plus en plus étroits. Pierre Schaeffer, au Club d'essai, avait été l'animateur de ces recherches ; il lui appartenait de se saisir de l'idée d'une musique de bruits qui ne serait pas le résultat d'une partition écrite pour des instruments à bruits, mais une organisation musicale de bruits enregistrés, prélevés dans la nature avec toute la complexité qui les caractérise et les fait se soustraire aux possibilités de notation traditionnelle.

Au départ le matériel dont disposait Schaeffer était assez rudimentaire : quelques tourne-disques et une console de prise de son reliée à une chambre d'écho et à des filtres électriques. A partir d'une séquence enregistrée de bruits, Pierre Schaeffer prélevait un certain nombre de fragments très courts — le plus petit étant alors donné par le « sillon fermé » obtenu en empêchant un graveur d'opérer le déplacement latéral qui lui fait normalement graver une spirale sur le disque. Ne retenant que les fragments ou sillons fermés présentant un intérêt musical, Schaeffer élaborait une œuvre par leur manipulation, leur juxtaposition ou leur superposition. La manipulation peut être triple.

Elle peut consister à lire en trente-trois tours ce qui a été enregistré en soixante-dix-huit, ou l'inverse : il en résulte une transposition de la vitesse et de la hauteur et une modification de timbre. On comprend aisément que les 435 vibrations du *la* 3 inscrites sur un disque enregistré à une vitesse n deviennent $\frac{435}{2} = 217{,}5$ vibrations, soit le *la* 2, si on lit à une vitesse $\frac{n}{2}$; parallèlement la courbe de variation des harmoniques de la période transitoire se trouve étalée sur un temps double, de sorte que le timbre du *la* 2 exécuté par un instrument n'est pas identique à celui obtenu par la transposition mécanique à l'octave inférieur de l'enregistrement du *la* 3.

La manipulation peut porter également sur les intensités grâce à la console de prise de son. Celle-ci est munie de potentiomètres et de boutons interrupteurs. Un son étant donné (un accord de piano) qui est caractérisé par une attaque et une résonance qui s'évanouit peu à peu, on peut avec le potentiomètre qui règle la puissance modifier la courbe naturelle des intensités, par exemple la relever et obtenir une impression de son entretenu. Avec l'interrupteur, on peut couper brutalement soit l'attaque, soit la résonance; or, privée de son attaque,

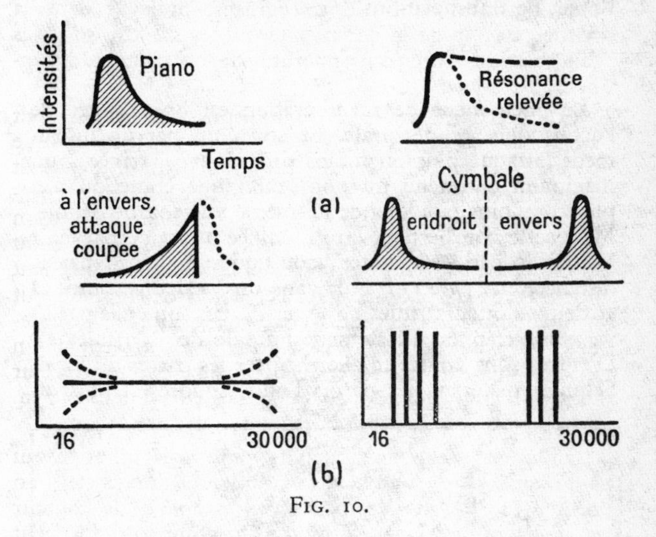

FIG. 10.

une sonorité même très familière devient très difficilement identifiable.

Une troisième manipulation s'avère possible : en inversant le sens de marche d'un tourne-disque, on obtient des sons à l'envers; le dépaysement est total et l'effet physiologique sur l'auditeur très puissant *(fig. 10 a)*.

Ces diverses manipulations allaient de pair avec un traitement soit par des filtres, soit par la chambre de réverbération.

FILTRES

Les amplificateurs de postes de radio ou d'électrophones sont munis d'un dispositif permettant une certaine correction des graves et des aigus. L'effet sonore qui résulte de l'emploi des filtres est de même ordre, avec cette différence qu'au lieu de faire varier les extrémités de la « courbe de réponse », on coupe telle ou telle plage des fréquences audibles (de 16 à 30 000 périodes, rappelons-le). Notons qu'un bruit de hauteur indéfinissable et homogène par le jeu des filtres peut s'inscrire dans l'échelle des fréquences, de même qu'il peut être l'objet de transpositions *(fig. 10 b)*.

RÉVERBÉRATION

Le phénomène de réverbération est un chapitre de l'acoustique architecturale. Le son émis par un instrument (attaque plus ou moins progressive, arrivée à un maximum entretenu ou non, enfin une chute du son plus ou moins rapide) a de lui-même une courbe définie. Mais cette courbe peut être modifiée avant de parvenir à l'oreille par les qualités acoustiques du local, par la distance, etc. *(fig. 11)*. Soit dans un local une source O et deux auditeurs situés en P_1 et P_2. Un son émis par O va venir frapper directement l'oreille de P_1 (trajet a). D'autres sons vont s'en aller heurter les parois du local. Selon le matériau des parois l'onde sonore est plus ou

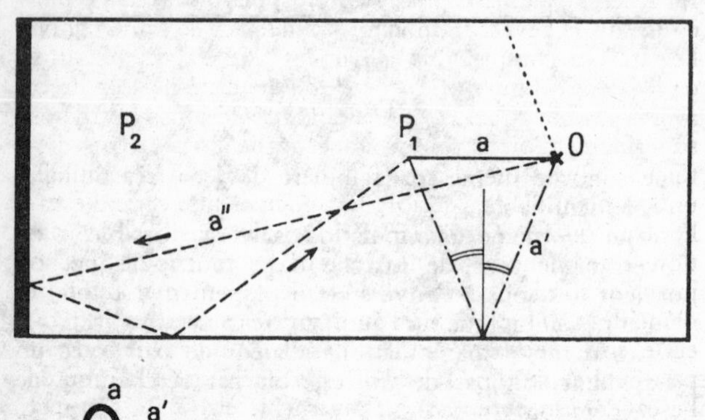

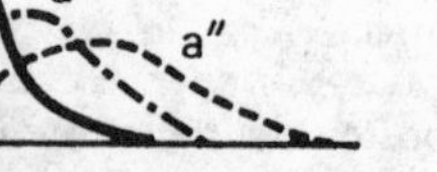

FIG. 11.

moins absorbée, rayonnée à l'extérieur et réverbérée dans le local. L'onde réverbérée (le son se réfléchit selon les mêmes lois que la lumière, c'est-à-dire que le son réfléchi est symétrique du son incident par rapport à la perpendiculaire à la surface de réflexion), après un trajet plus ou moins long vient frapper le point P_1 avec une intensité fonction du chemin qu'elle a parcouru. L'oreille de l'auditeur situé en P_1 entendra donc successivement les sons a, a', a''... qui donneront au son une forme générale constituée par la somme des diverses formes des sons a, a', a''... On comprendra ainsi que le son d'un clairon en plein air (où il n'y a pas de sons

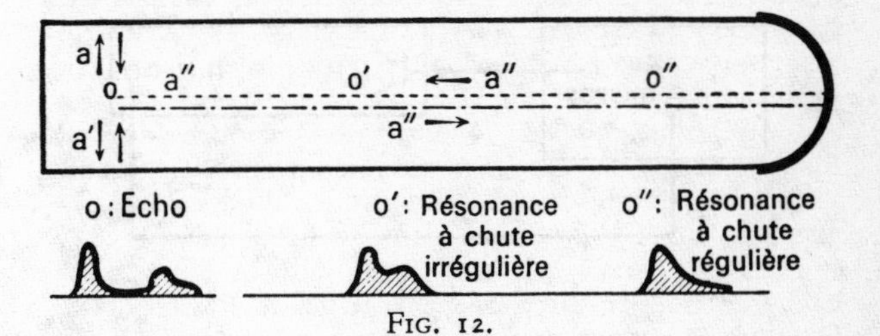

FIG. 12.

réverbérés) paraisse plus sec, plus mat que dans une église où la réverbération lui donnera de la couleur, de l'éclat. On comprendra également que l'auditeur situé en P_2, dans la figure 11, reçoive une quantité de son direct moins grande qu'en P_1 et une quantité de sons réverbérés supérieure, d'où il résulte une courbe du son très distincte. Nous connaissons à Paris, dans un immeuble, un long couloir très sonore terminé par une cage d'escalier, qui offre la particularité de rendre sensible la variation du phénomène de réverbération depuis l'écho jusqu'au son le plus mat. Dans ce cas, source et auditeur coïncident *(fig. 12)*. Le son direct (des pieds à la tête) et le son réverbéré sur les parois latérales ne varient pas. Seul se modifie le son a'', réverbéré dans la cage de l'escalier. On entend successivement, en O un son mat suivi d'un écho (la résonnance a'' arrive après la chute des sons a a'); en O' une résonnance comportant un renforcement; enfin en O'' la courbe sonore décroît régulièrement.

On peut obtenir une réverbération artificielle et contrôlable soit par une chambre d'écho, soit par un magnéto (pour ce dernier, voir ci-dessous l'étude du Morphophone). Le dispositif de la chambre d'écho est le suivant : un studio mat; près de la source, deux microphones. La modulation (on appelle ainsi en radio-électricité une oscillation électrique) de l'un des micros arrive directement sur la console (*fig. 13*). La modulation du deuxième est envoyée par haut-parleur dans une chambre très sonore à l'extrémité de laquelle se trouve un micro qui capte les sons réverbérés et qui est relié également à la console. On peut obtenir le taux de réver-

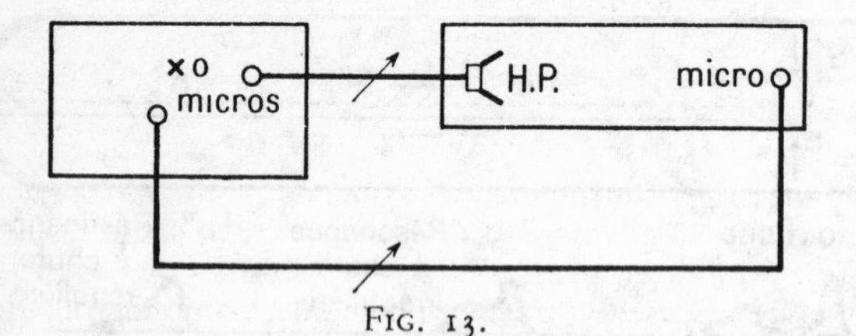

FIG. 13.

bération désiré en dosant les sons directs et les sons réverbérés. On peut également, en faisant varier ce dosage, donner l'impression que l'auditeur se trouve en P_1 ou en P_2 ou sur tous les points intermédiaires. On crée ainsi l'illusion du déplacement de l'auditeur par rapport à la source sonore, ou, plus exactement, l'inverse : l'effet d'un travelling sonore de la source. A noter qu'il résulte de là un nouvel effet dynamique : de même que l'on peut passer du piano au triple forte en une seconde, ou en deux ou trois minutes, on peut également avoir des travellings très rapides ou très lents qui constituent un élément nouveau d'écriture musicale. Notons également que la source sonore peut être placée tout contre le micro, d'où résulte un effet de proximité qui ne peut jamais être obtenu à l'audition directe; l'effet de travelling n'en est que plus intense.

Après avoir ainsi manipulé, juxtaposé ou superposé les séquences enregistrées selon un schéma d'œuvre musicale, P. Schaeffer a présenté au public son concert de bruits. Mais chemin faisant, il avait découvert un instrument qui lui permettait de modeler la matière sonore. Une double tâche s'offrait à lui : perfectionner l'instrument (apparition du phonogène, du magnéto à pistes multiples, du morphophone, du régulateur de vitesse); explorer les possibilités de cet instrument sur la matière musicale elle-même (ce qui nous valut la *Suite 14* de P. Schaeffer, puis des œuvres de divers musiciens, dont l'*Étude poétique* de Darius Milhaud et *Jazz et Jazz* d'André Hodeir).

L'ÉQUIPEMENT DU STUDIO DE MUSIQUE CONCRÈTE. CARACTÉRIOLOGIE SONORE

Outre les tourne-disques qui ne sont plus guère employés, la chambre d'écho, les filtres perfectionnés et de nombreux magnétos, le Studio de musique concrète possède un équipement comprenant des machines spéciales.

PHONOGÈNE

Le phonogène est un magnéto transpositeur. Il en existe deux types. L'un permet la transposition par demi-ton sur deux octaves; il est commandé par un clavier. L'autre autorise toutes les formes de *glissando* ou l'utilisation d'intervalles inférieurs au demi-ton; il est actionné par une coulisse. Un tel instrument permet la transposition intégrale, le phénomène d'interdépendance de la vitesse de défilement et de la hauteur du son signalé à propos du disque trouvant ici une application beaucoup plus subtile. Signalons l'intérêt que présente cette transposition intégrale pour des compositeurs tels que Messiaen : dans la musique de celui-ci, la pratique de l'augmentation des valeurs par 2 ou par 4, courante dans la musique contrapuntique, s'enrichit considérablement. La formule rythmique 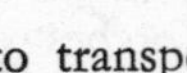 devient chez lui, tour à tour : 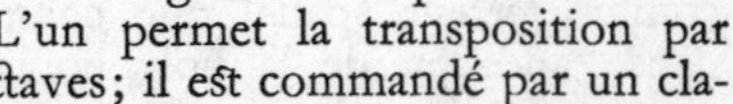

Avec le phonogène, entre deux transpositions à intervalle d'octave qui déterminent une diminution par 2, existent 12 formules progressives de diminution.

MAGNÉTO A PISTES MULTIPLES

Ce magnéto facilite considérablement les opérations de mixage. Il est employé dans le cas de « diffusion spatiale ». Déjà nous avons eu affaire à une certaine musique spatiale en parlant des travellings sonores obtenus par la variation du rapport sons directs-sons réverbérés. Il s'agit ici de la salle de concert. On peut considérer que, jusqu'à maintenant, le concert public s'est présenté à l'auditeur comme un spectacle. Certes, le son des premiers violons vient de gauche, celui des seconds de droite; mais le déplacement de la source sonore, pour l'auditeur, reste frontal. On a cherché, à la radio, au cours d'une retransmission stéréophonique, à recréer cette impression d'une musique venant de différents points de l'espace. Nous ne nous étendrons pas sur cette expérience malgré l'intérêt qu'il y aurait à en faire une étude critique. Retenons ici qu'elle a eu notamment l'intérêt de mieux faire sentir (tant dans la retransmission stéréophonique qu'au concert) que la disposition spatiale de l'orchestre n'agissait pas tant sur l'oreille comme facteur spatial que comme élément de clarté dans l'audition de la polyphonie musicale. L'équipement prévu par P. Schaeffer permet une véritable diffusion spatiale *(fig. 14)*. Dans une salle de concert, le public se trouve placé entre trois haut-parleurs reliés chacun à l'une des pistes du magnéto multipiste. Deux possibilités sont offertes au compositeur : l'œuvre peut être conçue de telle sorte que le son soit projeté par l'un ou l'autre des haut-parleurs, ou par deux d'entre eux, ou par l'ensemble. Il résulte de ce dispositif, pour l'auditeur placé au centre, une rythmique spatiale d'une force étonnante. Rythmique spatiale « statique », c'est-à-dire venant de sources fixes et procédant par sauts discontinus, par opposition à la rythmique spatiale « cinétique » qui est obtenue par le moyen d'un « pupitre de relief sonore ». Celui-ci permet à un « maître d'espace » muni d'une bobine émettrice et entouré de quatre bobines réceptrices de faire se mouvoir le son d'une source sonore à l'autre au gré des déplacements de sa main. Le résultat sonore d'un tel dispositif aurait enthousiasmé le Berlioz du *Requiem,* s'il avait pu le connaître.

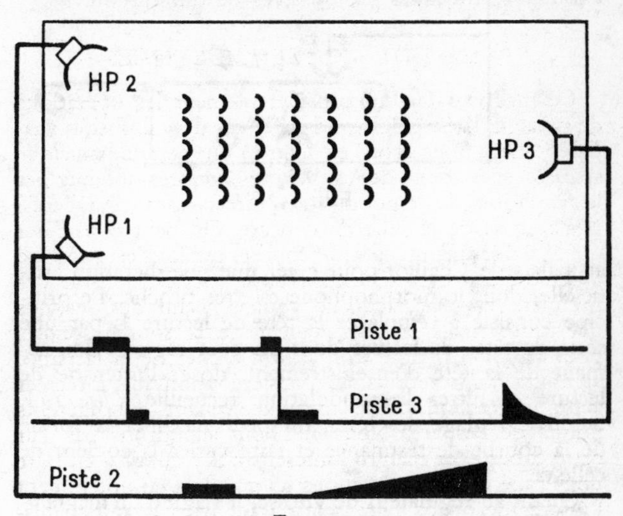

FIG. 14.

MORPHOPHONE ET RÉGULATEUR DE VITESSE

Le morphophone est un magnéto à têtes multiples, dont le but est de déformer à volonté la courbe d'un son. Nous avons décrit la manière de modifier artificiellement la réverbération grâce à une chambre d'écho. On peut également obtenir une réverbération artificielle grâce à un magnéto. Un magnéto comporte trois têtes : une d'effacement, une d'enregistrement, une de lecture. La tête de lecture se trouve à une certaine distance de celle d'enregistrement. Il en résulte dans le temps un certain décalage entre ce qui est lu et ce qui est enregistré. On utilise ce décalage de temps pour augmenter le taux de réverbération *(fig. 15)*. La modulation recueillie par un micro M est répartie entre deux voies, l'une directe, l'autre passant par un magnéto (tête d'enregistrement E_2). On dose le son direct et le son retardé recueilli sur la tête de lecture L. Une variante de ce procédé est utilisée

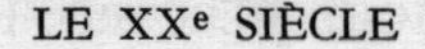

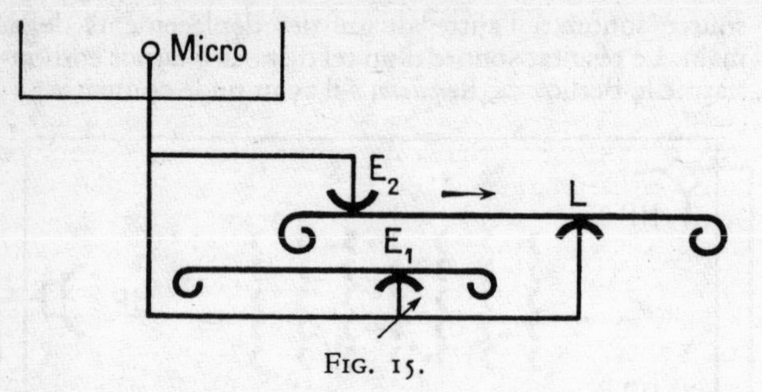

FIG. 15.

au palais de Chaillot pour créer une réverbération artificielle, dont le morphophone est très proche. Le principe consiste à remplacer la tête de lecture L par une série de têtes de lecture dont on peut régler l'éloignement de la tête d'enregistrement, doser l'intensité de lecture et filtrer la modulation recueillie *(fig. 16)*. Selon le réglage des têtes, on peut modifier la forme de la courbe de résonance et faire varier la couleur de celle-ci.

Quant au régulateur de vitesse, il s'agit d'un magnéto muni d'un dispositif de lecture et de réenregistrement tel qu'on puisse modifier la vitesse de défilement sans modifier la hauteur des sons.

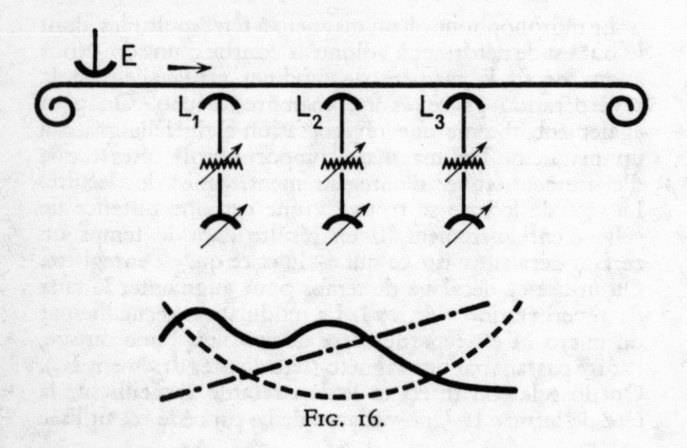

FIG. 16.

Les 21 et 25 mai 1952, furent organisés à la salle de l'ancien Conservatoire deux concerts de musique concrète qui feront date dans l'histoire de la musique. P. Schaeffer y présentait en « relief cinématique » dirigé par lui sa *Symphonie pour un homme seul,* œuvre importante d'une durée de vingt minutes, composée de divers mouvements : « Prosopopée, Partita, Valse, Erotica, Scherzo, Cadence, Eroïca, Apostrophe, Intermezzo, Strette ». Cette œuvre rendue depuis populaire par un ballet, résume les recherches et expérimentations de leur auteur. Toutes les possibilités techniques y sont employées; bruit et musique s'y trouvent indistinctement mêlés, et l'homme, son pas, son cri, son souffle... Après cette œuvre, Schaeffer devait esquisser un opéra en musique concrète *(Orphée)*. Mais déjà son attention se détachait d'un travail de composition pour un travail d'exploration *(Recherches théoriques sur la caractériologie sonore)* qu'il devait entreprendre avec A. Moles. Les figures 17 et 18 suffiront à situer ce travail.

P. Schaeffer, après *Orphée,* a cessé de travailler directement dans le studio de musique concrète. Nous nous sommes borné à noter ses expériences et à décrire les instruments qu'il a imaginés ou perfectionnés. Il convient de préciser les raisons du qualificatif « concrète » appliqué à cette musique. Dans l'esprit de son auteur, il s'agit, par cette dénomination, de définir tout à la fois un matériau hétérogène à la musique d'où jaillira une musique nouvelle, et un mode d'emploi de ce matériau qui se veut aller à l'encontre de la démarche habituelle du compositeur. Le matériau est d'une extrême richesse. Quant au mode d'emploi il semble avoir été valable surtout pour P. Schaeffer. Il repose sur une confiance préférentielle donnée aux méthodes d'expérimentation sur celles traditionnelles (plus volontaires et plus intellectuelles) du compositeur. Sur le plan de la recherche cette attitude de disponibilité est certainement féconde. Mais convient-il de confondre recherche et composition ? Certes la réalisation d'une œuvre d'art moderne (cinéma, musique expérimentale) présente un caractère collectif indéniable non seulement par un effort de coordination de nombreux collaborateurs, mais par le jeu simultané de techniques très diverses dans lesquelles chaque spécialiste (le cameraman par ex.) apporte une

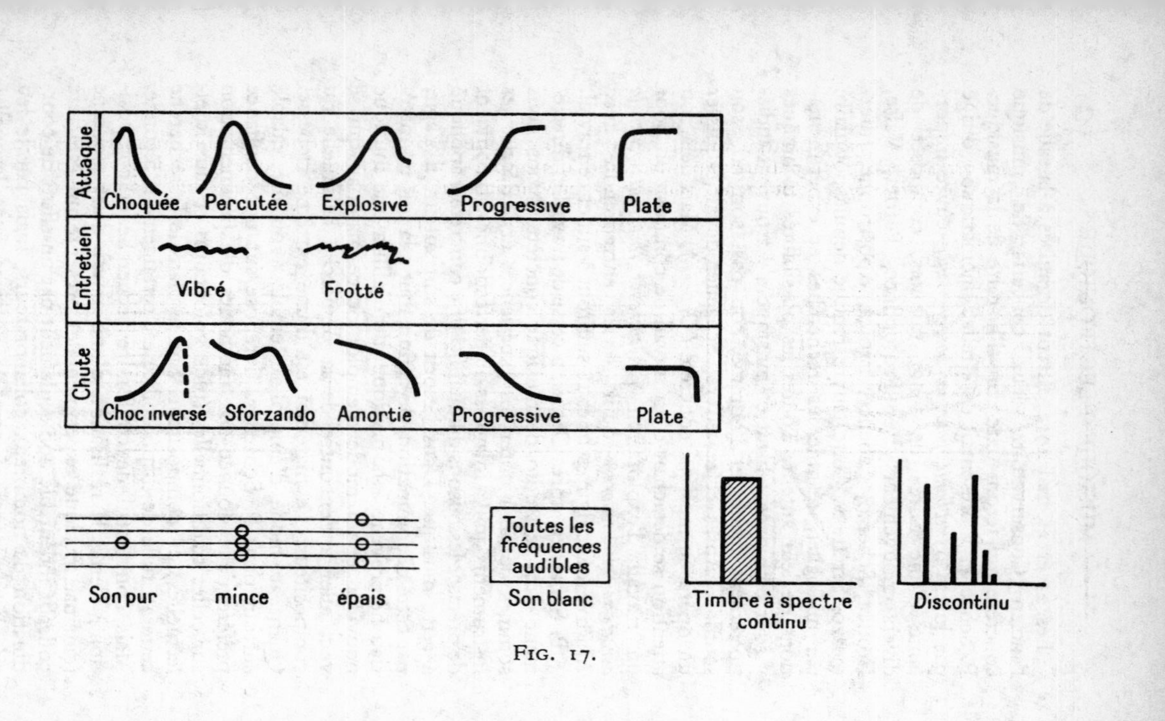

Attaque
Choquée
Percutée
Explosive
Progressive
Plate
Entretien
Vibré
Frotté
Chute
Choc inversé
Sforzando
Amortie
Progressive
Plate
Son pur
mince
épais
Toutes les fréquences audibles
Son blanc
Timbre à spectre continu
Discontinu

FIG. 17.

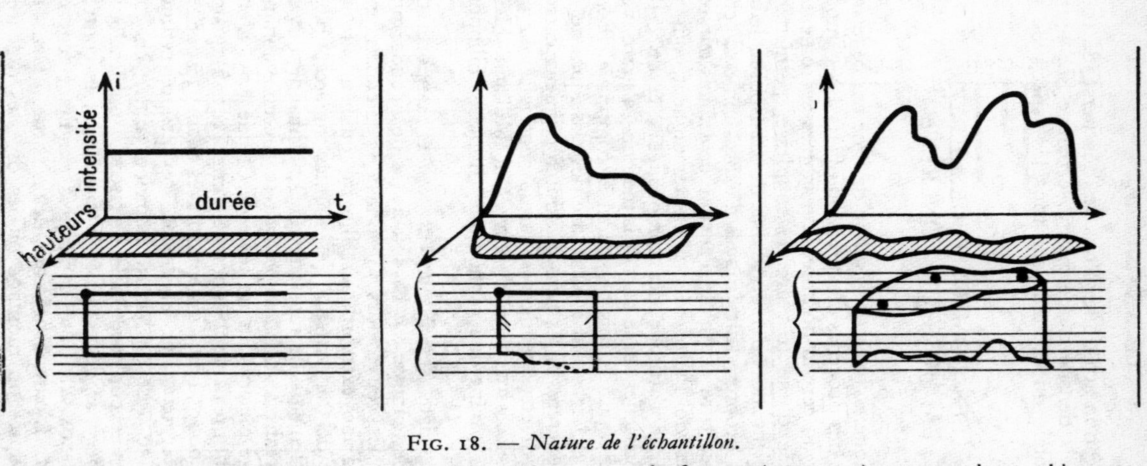

FIG. 18. — *Nature de l'échantillon.*

(A gauche) *son homogène :* matière sonore dépourvue de forme; (au centre) *note complexe :* objet de forme simple (attaque corps et chute), évolution purement dynamique; (à droite) *grosse note :* objet présentant une évolution dynamique, mélodique, ou de timbre remarquable.

part de création artistique. Nous restons persuadé toutefois que la densité d'une œuvre se trouve liée à une emprise totale du créateur sur tous les aspects de sa création.

LES COMPOSITEURS ET LA MUSIQUE CONCRÈTE

La musique « concrète » (si l'on désigne par ce terme l'ensemble des procédés d'expression offerts aux compositeurs par un certain nombre de machines-instruments) s'est révélée d'une très grande souplesse, permettant aux musiciens de poursuivre ou de transposer leurs recherches propres, leurs modes d'expression et d'écriture, et à ce titre elle n'est d'aucune école. Les œuvres nombreuses de Pierre Henry en témoignent, qui, à mi-chemin de l'attitude des compositeurs et de celle de Pierre Schaeffer sur le plan de la méthode, a su trouver un langage tout à la fois personnel et composite. *Bidule en ut* et *Antiphonie* sont à juste titre des classiques de la musique concrète. Nous pensons toutefois mieux caractériser les diverses tendances qui se sont fait jour en analysant successivement les œuvres de Milhaud, Messiaen et du groupe dodécaphonique (Boulez, Philippot, Barraqué).

Milhaud, dans ses *Notes sans musique,* rapporte ce souvenir de jeunesse : « Le soir avant de m'endormir, je fermais les yeux; alors j'imaginais, j'entendais une musique d'une extraordinaire liberté qu'il m'eût été impossible de transcrire. » Ces souffles imperceptibles, ces tournoiements de musique rêvés, Milhaud pouvait enfin les réaliser. L'*Étude poétique* se présente comme un montage musical sur un texte de Claude Roy. L'enregistrement préalable au montage comportait : a) quatre cadences pour huit instrumentistes dans lesquelles chaque interprète suit librement son propre rythme (une certaine dose de hasard intervient ainsi); chaque cadence a une couleur tonale précise; b) une mélodie accompagnée par deux saxos, la mélodie et le contrepoint de saxos ayant été enregistrés simultanément et séparément. L'œuvre présente deux parties. Dans la première, après un montage où les diverses cadences se fondent l'une dans l'autre comme des jeux d'ondes sur l'eau, est utilisé le procédé de la transposition totale à partir de la voix seule, chacune des transpositions ayant un plan de réverbération propre. Retour des cadences mixées avec un fragment du contrepoint de saxos qui conduit à la seconde partie. La mélodie se déploie alors librement avec ses trois strophes coupées d'un dialogue bref, récité; des bouffées sonores de telle ou telle cadence viennent s'ajouter à la polyphonie du chant et des saxos. Silence. Effet de voix à l'envers. Conclusion sur la cadence qui ouvrait l'œuvre.

Olivier Messiaen devait tenter une transposition, dans le domaine concret, de ses *Modes de valeur et d'intensité*. Les quatre pièces qu'il écrivit pour piano en 1949 représentent dans son œuvre un style nouveau qui devait avoir une forte influence sur les compositeurs plus jeunes, sur ceux notamment qui allaient se consacrer à la musique électronique. *Modes de valeur* est un montage musical réalisé à partir d'éléments invariants (jamais transposés ou modifiés), groupés en trois séries de douze sons, dont les tessitures se chevauchent et dont chaque terme a un coefficient d'intensité et d'attaque. Messiaen, à partir d'un matériau concret, et sous forme monodique, devait reprendre une expérimentation toute proche *(ex. 2)*.

Si les machines inventées par Pierre Schaeffer ont permis à Milhaud et à Messiaen de revêtir d'une parure nouvelle certains procédés d'écriture qui leur sont chers, elles n'ont pas déterminé une modification ou un approfondissement de leur langage. La machine, au contraire, a permis à l'école dodécaphonique parisienne de pousser sa recherche plus avant. Cette école musicale s'est développée en se référant d'une part à Webern, d'autre part à Stravinsky, Messiaen et Jolivet. Elle se caractérise par une mutation par rapport au dodécaphonisme académique, que nos critiques dans leurs luttes pour ou contre la musique à douze sons n'ont pas encore saisie. La musique à douze sons est l'aboutissement logique du développement de la musique dont Rameau posait les fondements théoriques et qu'Edmond Costère s'efforçait de saisir dans sa totalité. C'est ainsi que le principe d'identité d'octave, chez Schönberg, est poussé à l'extrême. Dans ses œuvres, une série de douze sons

Tempo: ♪ = 144

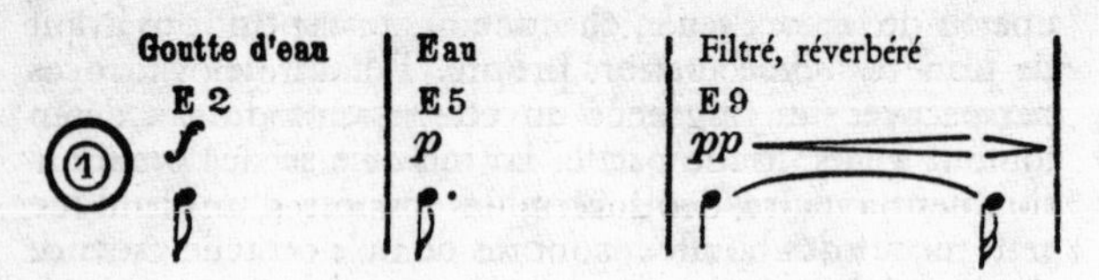

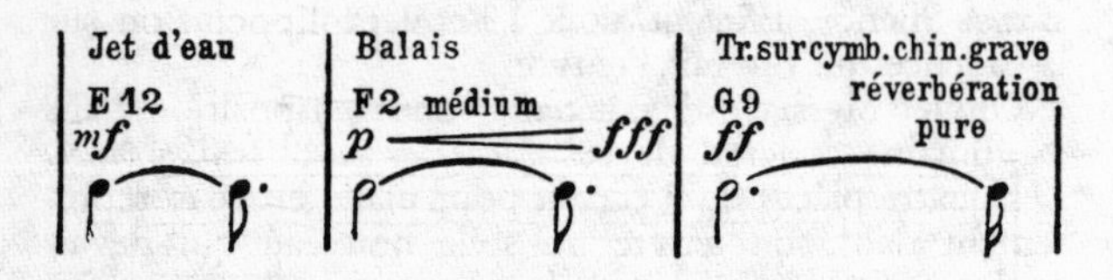

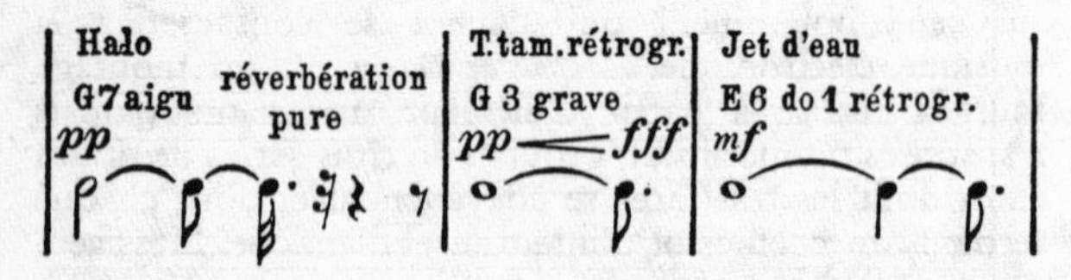

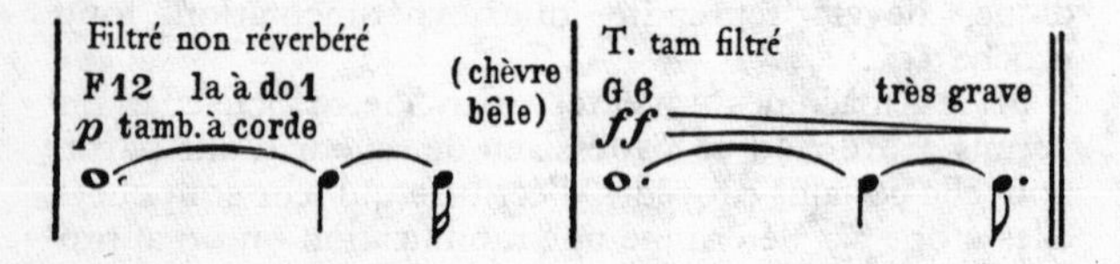

Ex. 2.

donnés ne constitue pas une série d'intervalles et la succession *do-mi* y peut être tierce, dixième, dix-septième majeure ascendante; sixte, treizième... mineure descendante. Or cette succession de douze sons a tendance à être remplacée, dans la nouvelle école, par une série de douze intervalles où une quinte reste toujours une quinte et ne devient jamais une quarte ou le multiple de l'une ou de l'autre. De l'une à l'autre position, la perspective s'est modifiée et cette modification a déterminé la généralisation de la notion de série à l'organisation des hauteurs, des durées, des tessitures, des timbres, cette notion de série venant se combiner avec celle de permutation. Analysons les premières mesures de la *Sonate pour piano et violon* de Michel Philippot *(ex. 3)*.

Ex. 3.

La série n'est pas composée des notes *fa, mi...,* mais d'intervalles mesurées par les chiffres 7, 12, 7, 4, 7, 11, 7, 4, 7, 12, 7. Les valeurs, si nous entourons de parenthèses les silences, peuvent s'écrire :

(7)			10		(5)	8	(9)
4	6	(1)	2	(3)	12		(11)

On aura pu remarquer que la série d'intervalles ne varie pas quand elle est lue de gauche à droite ou de droite à gauche. Elle est (approximativement) une série non rétrogradable. Nous retrouvons deux séries semblables, celle des nuances, celle de l'instrumentation : en effet, si nous relevons les valeurs pleines avec leur disposition instrumentale et leurs nuances, nous avons :

Timbres : 4 Piano/violon; 6 V/P; 10 V/V; 2 P/P; 8 V/P; 12 P/V

Nuances : p mf f f mf p

La rigueur extrême du développement, une fois choisies les données premières de l'œuvre, entraîne des difficultés qui font apparaître étroit le cadre de l'exécution instrumentale. Les techniques d'enregistrement sont un élément de libération et le magnétophone permet l'épanouissement de la plus stricte discipline. Dans le domaine des durées, il autorise à descendre jusqu'au 150e de seconde et le problème rythmique le plus ardu peut y être résolu sans difficulté. Comparons trois manières de noter un même rythme :

Boulez : 2 de 5 / 2 de 3

Messiaen :

Magnéto : 12cm + 12 20 + 20 30,

et mettons en regard la notation usuelle et la réalisation sur magnéto d'un fragment d'une étude de Stockhausen *(ex. 4)*.

Par ailleurs, les quatre formes (droite, renversement, récurrence et son renversement) auxquelles nous a habitués la musique sérielle, ne sont pas toutes réalisables intégralement sur le plan instrumental. Sur un piano, la forme de chaque son sera identique (attaque, chute) alors que la récurrence totale exige celle de la matière sonore (chute, attaque). La lecture à l'envers sur le magnéto permet la récurrence totale.

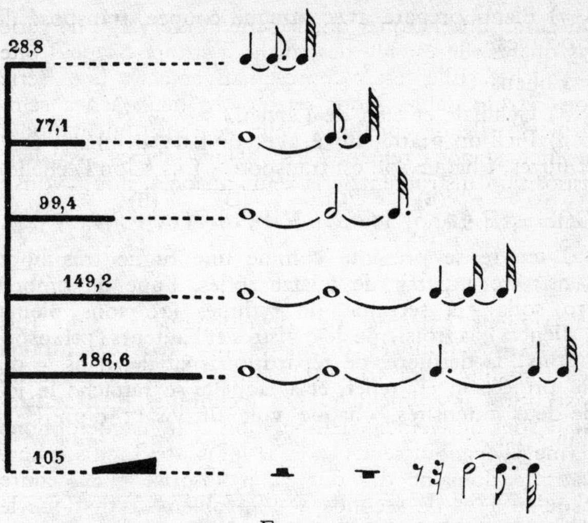

Ex. 4.

Parmi les œuvres concrètes sérielles, qui sont toutes remarquablement réussies, il faut relever l'*Étude sur un son,* de P. Boulez, d'une très grande puissance dramatique. Cependant, d'un point de vue technique, l'œuvre de M. Philippot est plus riche d'enseignements, c'est pourquoi nous l'avons choisie. Les sons employés, à la manière des instruments d'orchestre, peuvent être groupés en familles : les percutants secs ◣, les percutants résonnants ◣, les sons éoliens ▭.

Percutants résonnants :

1) Piano frappé avec une baguette sur le cadre.
2) Piano préparé avec liège, frappé avec baguette de liège.
3) Piano préparé avec bois, frappé avec baguette de bois.
4) Timbale, pick-up, chambre d'écho.

Percutants secs :

5) Cordes de piano au-delà du chevalet.
6) Disque de métal frappé avec métal.

7) Piano préparé avec attaque coupée, transposé de 4 octaves.

Éoliens :

8) Cymbale et effet de Larsen.

9) Pick-up gratté, mixé avec timbale, cymbale; écho et filtres. Chaque son est transposé 5 fois selon l'échelle :

DO (A), *FA*♯ (B), *SI*♮ (C), *FA*♮ (D), *SI*♭ (E)

L'œuvre se présente comme une fugue très libre, construite à partir de quatre séries, l'une de timbres (10 sons), la seconde de rythmes (10 sons pleins, 2 silences), la troisième de registres et hauteurs (5 transpositions), la dernière, de répartition spatiale, dans le cas de projection en relief, et à laquelle se rattache le jeu de deux intensités, chaque voie disposant d'un F et d'un p :

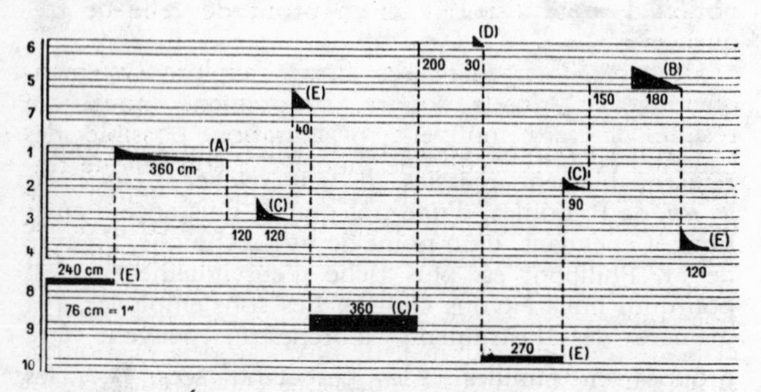

Ex. 5. — *Étude de M. Philippot (notation J. E. Marie).*

LA MUSIQUE ÉLECTRONIQUE

Karlheinz Stockhausen vint en 1952 à Paris travailler avec Messiaen et dans les studios de la R.T.F. De retour en son pays, il devait collaborer étroitement avec Herbert Eimert qui avait fondé le Studio de musique électronique de Cologne.

Il n'est pas nécessaire que nous nous étendions longuement sur l'équipement de ce laboratoire électronique. Dans les pages qui ont précédé, d'une part nous avons étudié les ressources offertes par les machines d'enregistrement, d'autre part nous nous sommes efforcé de faire comprendre ce qu'était un oscillateur, un instrument électronique. Le Studio de Cologne, à quelques variantes près, a le même équipement que le Studio de musique concrète. Mais le matériau servant aux manipulations n'est plus l'enregistrement d'un bruit quelconque prélevé dans la nature, mais le son d'une hétérodyne ou celui d'un Trautonium, instrument électronique de même type que l'ondioline. Il convient de noter que l'hétérodyne utilisée est construite de telle sorte que les fréquences puissent être obtenues de façon très précise. Cette démultiplication du 1/2 ton tempéré, base de notre musique occidentale, va loin au-delà des essais de 1/3, 1/4, 1/6,... 1/16 de ton auxquels ont travaillé Haba, Vychnegradsky, Carrillo. La notion de note disparaît ici au profit de celle de fréquence.

Herbert Eimert dans ses *Études,* explore systématiquement ce monde sonore, proprement inouï, qui résulte de cette nouvelle organisation possible des hauteurs et de la faculté de modeler le son rendue réalisable par la machine. Il serait inutile de tenter une description. L'audition seule peut permettre de se faire une idée du résultat obtenu. Il est possible, par contre, de décrire les expériences de Stockhausen, qui poursuit ses recherches dans le même sens que Boulez, et peut-être conviendrait-il de dire : au-delà de Boulez, si les œuvres que nous connaissons étaient entièrement convaincantes. L'élément nouveau apporté par Stockhausen dans le développement de la musique sérielle est une interdépendance plus étroite des facteurs hauteur, durée, intensité, d'où il découle que la couleur sonore (timbre) résulte de l'élaboration sérielle de ces trois facteurs. Nous avons vu que le son d'un instrument est caractérisé par une certaine forme dynamique (attaque, corps, chute) et un certain dosage d'harmoniques, l'intensité de chacune de ces harmoniques variant assez fortement en régime transitoire, puis se stabilisant en régime permanent. On peut arriver à analyser par des filtres les composantes sinusoïdales d'un son même très complexe. L'oreille, sans que nous en ayons conscience, opère cette analyse avant d'opérer une synthèse dans les centres nerveux. En combinant des sinusoïdes dans des proportions définies, on doit pouvoir obtenir un phénomène sonore connu ou entièrement inconnu de telle sorte que le compositeur « a désormais la possibilité d'introduire des principes de structure dans les rapports des éléments sonores les plus simples (sons sinusoïdaux) afin de composer à l'intérieur d'une œuvre des différences sonores comme des variantes sérielles et les intégrer dans le processus général d'organisation musicale ».

Dans un article important paru dans le numéro 1 de « Domaine musical », Stockhausen fait l'inventaire des sonorités mises à sa disposition à partir des sinusoïdes en se référant au mécanisme de l'oreille. Il reprend sous un aspect physiologique ce que nous avons décrit concernant la composition des ondes. Son entreprise l'amène cependant à se poser deux questions (l'une au sujet des battements, l'autre concernant le critère permettant de saisir un complexe sonore soit comme accord, soit comme timbre) qui le forcent à serrer de plus près l'analyse. Quand l'oreille perçoit une fréquence f, tout un faisceau de nerfs se met à vibrer autour d'un centre d'excitation dont la largeur est de 20 périodes, quelle que soit la fréquence. La mesure en fréquences d'un intervalle (qui est défini par une proportion) varie par contre selon sa place dans l'échelle des fréquences. On déduit de cette double considération qu'un intervalle de seconde mineure défini par le rapport 15/16 provoquera un battement à 120 périodes (120/128) qui aura disparu à 480 périodes (480/512) pour faire place à un son différentiel de 32 périodes, très faible. Par conséquent, la faculté de distinction de deux sons devient de plus en plus fine, plus on s'élève dans l'échelle des fréquences; une disposition très resserrée de sons sinusoïdaux apparaît comme bruit dans le grave et cependant peut être analysée une fois transposée dans les registres élevés. Stockhausen, dans son analyse, introduit ensuite les facteurs durée et intensité dont nous avons déjà relevé l'extrême importance pour la détermination d'un timbre. Il conclut : « Il devient clair à quel point les effets des dimensions de la hauteur, de l'intensité et de la durée sont inséparables. Cette constatation jette une lumière particulière sur ces compositions sérielles où, jusqu'alors, l'ordre des hauteurs, l'ordre des intensités et l'ordre des durées sonores étaient vus plus ou moins « les uns à côté des autres ». Il n'y a pas de conséquence plus rigoureuse à déduire de ce qui précède que celle-ci : une série n'est rien d'autre qu'une série de modifications, où la modification d'une des trois propriétés du son provoque la modification des deux autres ».

Nous allons analyser avec détail une œuvre de Stockhausen. On se rendra compte que l'attitude adoptée par ce compositeur le place dans une situation limite, au-delà de laquelle il semble que le travail de composition doive devenir le fait de la cybernétique. En effet, l'auteur se donne au départ : une série de proportions qui déterminent les fréquences; une série de chiffres qui sera l'objet de permutations selon qu'elle règle l'organisation des complexes (4, 5, 3, 6, 2, 1), les intensités (3, 4, 2, 1, 6, 5), les durées (2, 4, 6, 3, 5, 1). Le problème ainsi posé doit pouvoir être résolu par une machine. Il n'en faudrait pas conclure pour autant qu'artistiquement une telle œuvre ne saurait être valable. L'idée directrice qui est à son origine n'est pas étrangère au texte suivant que m'adressait un compositeur, d'ailleurs ami de Stockhausen :

« La musique que j'écris en ce moment veut être le plus possible une image de la beauté, et le moins possible une image de moi-même. Elle est devenue de plus en plus statique, c'est-à-dire s'accommodant très mal du temps et de l'espace. Pourtant je sais qu'elle devra toujours exister dans le temps et qu'elle sera soumise à la matière « vibration ». Il semble cependant que Dieu, en nous donnant le point des choses célestes, de l'absence du temps et de l'espace, nous prépare à son action. La musique en général, la beauté sur terre, n'a, à mon avis, pas un autre sens... »

COMPOSITION 1953 N° 2

L'analyse détaillée de cette œuvre a été donnée dans l'un des « Cahiers de la Compagnie Madeleine Renaud-Jean-Louis Barrault », aujourd'hui épuisé. Deux considérations générales sont à la base de cette œuvre, l'une physiologique (courbes d'audibilité de l'oreille), l'autre d'ordre spirituel : « On a admis une frontière... au-delà de laquelle la tendance à un absolu sans son et sans temps eśt implicitement sous-entendue. Cette tendance pourra-t-elle un jour être rendue sensible ? »

L'oreille ne perçoit pas avec une égale intensité les diverses fréquences. Si on porte sur un axe les intensités sonores exprimées en décibels (Db) — on mesure le

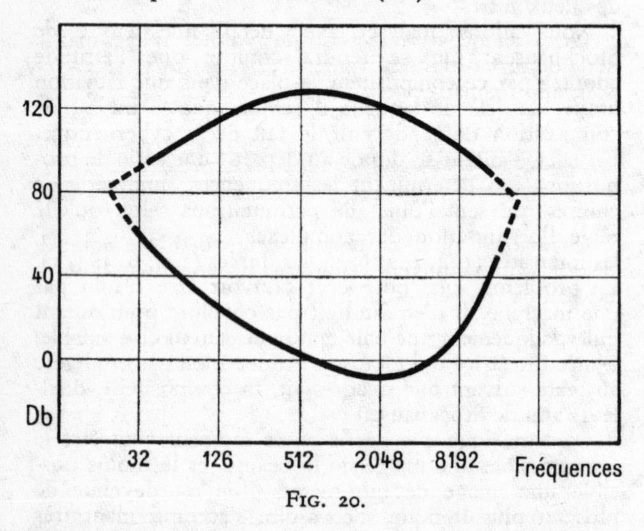

Fig. 20.

rapport des intensités par le logarithme (exprimé en bels) du rapport des pressions (qui peut être très élevé : 10^7) — et sur un autre les fréquences, on obtient un graphique dont la courbe inférieure représente le seuil d'audibilité, et la courbe supérieure le seuil douloureux (courbes de Fletcher).

Dans l'œuvre de Stockhausen, l'engendrement des hauteurs commence dans le regiśtre optimum de l'audibilité — vers 2 000 périodes — et tend vers les seuils de celle-ci. Durée et amplitude seront réglées de telle sorte qu'en « partant du champ optimum d'audition le fait que les sons tendront vers une fréquence nulle ou presque infinie sera ressenti d'une façon proportionnelle au fait que ces sons tendront soit vers des amplitudes infiniment faibles soit vers des durées infiniment petites ». L'analyse détaillée qui suit ne concerne que la formation des complexes, groupes, structures partant de la zone optimum pour tendre vers 0. Toutes les proportions ici décrites ont été renversées pour obtenir un effet semblable vers l'aigu.

FRÉQUENCES

On a au départ une série de 6 notes reliées par la série de proportions suivantes : 12/5, 4/5, 8/5, 5/12, 5/4, soit, approximativement :

Chaque son de la proportion originale est le point de départ d'une nouvelle série de proportions, d'où le tableau de fréquences ci-dessous :

1 920	800	1 000	625	1 500	1 200
800	333	417	260	6 625	500
1 000	417	524	325	781	625
625	260	325	203	488	1 170
1 500	625	781	488	1 170	937
1 200	500	625	390	937	730

La composition commence par le groupement (selon les termes de la série : 4, 5, 3, 6, 2, 1) des sons en complexes sonores. Le premier complexe groupe les 4 premières fréquences, le second les 5 suivantes, etc.

1er complexe : 1 920, 800, 1 000, 625 ;
2e complexe : 1 500, 1 200, 800, 333, 417...

Ce qui donne, de façon approchée, les accords ci-contre :

Cette organisation en complexes est suivie de l'organisation en séquences (suite horizontale de complexes), puis en structures (groupement vertical ou horizontal de séquences), toujours selon la même série de groupements : 4 sons dans le complexe 1 ; 4 complexes dans la séquence 1 ; 4 séquences dans la structure I ; 5 sons dans le complexe 2, etc. Six formes de structures ont été retenues : séquence seule ; séquences superposées commençant simultanément ; séquences superposées finissant simultanément ; ces trois formes pouvant être précédées ou suivies d'un silence déterminé par leur composition.

AMPLITUDES

Les sons fondamentaux de la proportion première ont été affectés d'une intensité maximum fixée par le symbole *n* db (décibels), les 5 hauteurs déduites ont été affectées d'une intensité décroissante chaque fois de — 4 db par rapport à l'intensité première : 1920, *n* db ; 800, *n* — 4 db ; 1000, *n* — 8 db ; etc. Le symbole *n* db qui désigne l'intensité maximum de chaque groupe se trouve soumis à un ordre sériel : 3, 4, 2, 1, 6, 5 où 1 vaut 0 db ; 2, — 4 ; 3, — 8, etc., ce qui donnera en valeur absolue, pour les premiers groupes :

1 920 — 8 db	800 — 12 db	260 — 4 db	1 000 — 0 db
800 — 12	333 — 16	625 — 8	417 — 4
1 000 — 16	417 — 20	500 — 12	524 — 8
625 — 20	1 500 — 28		325 — 12
	1 200 — 32		781 — 16
			625 — 20

Pour différencier clairement les timbres individuels de chaque complexe, 6 degrés dynamiques ont été choisis : 1) Intensité égale (—) ; 2) Intensité égale avec résonance (——) ; 3) Crescendo du seuil à l'intensité maximum (<) ; 4) Dto avec résonance (<) ; 5) Decrescendo de l'intensité maximum au seuil (>) ; 6) Dto avec résonance (>).

La série choisie pour les courbes dynamiques est 4, 2, 3, 5, 6, 1.

DURÉES

Les durées sont liées aux fréquences d'une part ; aux intensités d'autre part, dans le même temps où elles obéissent à un ordre sériel. On a choisi des longueurs de bande en relation avec les fréquences (1 920 donne 192 cm); dans un complexe, c'est le son le plus fort qui détermine la durée. Enfin chacune de ces durées comprend un rapport interne de silence et de son variant sériellement selon l'échelle : 2/6, 4/6, 6/6, 3/6, 5/6, 1/6.

ÉQUILIBRE FORMEL

Rappelons que le travail d'élaboration décrit ici se situe entre la zone d'audibilité maximum et 0, qu'une élaboration inverse permet, en partant de cette même zone, de tendre vers les fréquences infinies. Cette élaboration vers l'aigu a été obtenue par le système de transposition totale offerte par le magnéto; il en résulte un rétrécissement des valeurs (192 cm pour 1 920 périodes deviennent 19 cm pour 19 200 périodes) et, conformément aux courbes de Fletcher, un amenuisement des intensités. De cette façon, aussi bien dans l'aigu que dans le grave, « il y a équilibre entre les durées brèves et longues, et les fréquences et amplitudes s'approchent des seuils... Pour approcher cet état d'équilibre à la recherche duquel j'étais, je suis parti de la fonction invariante d'un spectre sériel; conception que j'ai essayé d'harmoniser avec les exigences des trois dimensions sonores, hauteur, durée, intensité » *(fig. 21)*.

Placé devant l'analyse, relativement détaillée, que nous venons de tenter de l'une des œuvres de Stockhausen, le lecteur aura vraisemblablement adopté l'une des trois attitudes suivantes : la méfiance de tant de chiffres alignés; l'intérêt très vif pour la logique rigoureuse de la structure... ou de ne l'avoir point lue.

La méfiance sera moindre si l'on veut bien considérer que les intervalles de la gamme : *do, ré, mi, fa,* etc., pourraient être écrits sous la forme d'une série de proportions : 9/8, 5/4, 4/3, etc., et que la série choisie par Stockhausen représente une succession de 6 notes non tempérées, qu'il a accouplée de 6 valeurs et de 6 durées à partir desquelles il élabore un contrepoint subtil.

L'intérêt sera tempéré si on considère que la simplicité du point de départ, malgré les complexités contrapuntiques déduites, ne permet jamais à Stockhausen de retrouver, au cours de l'œuvre, un seul timbre carac-

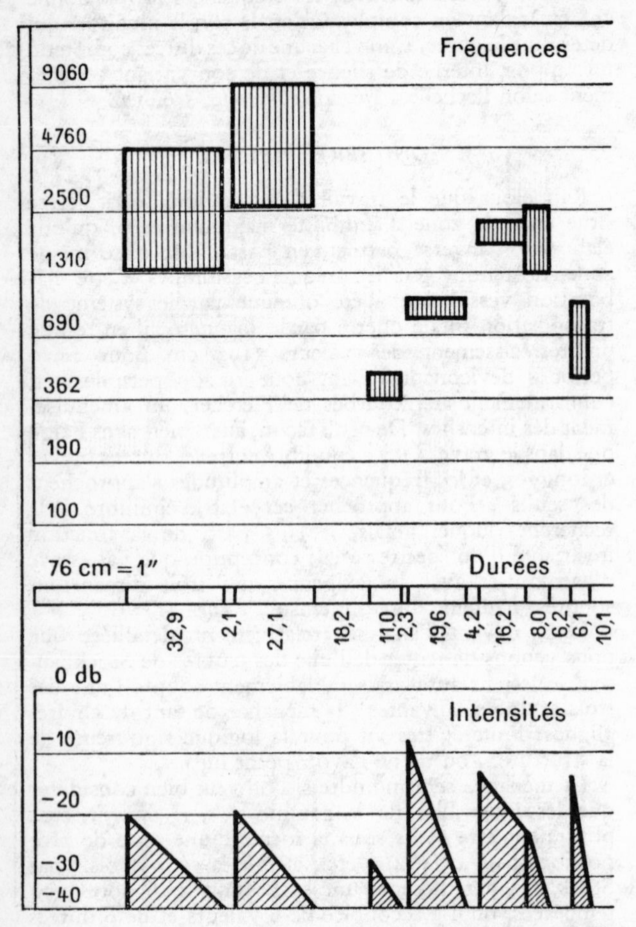

FIG. 21. — *Elektronische Studien*

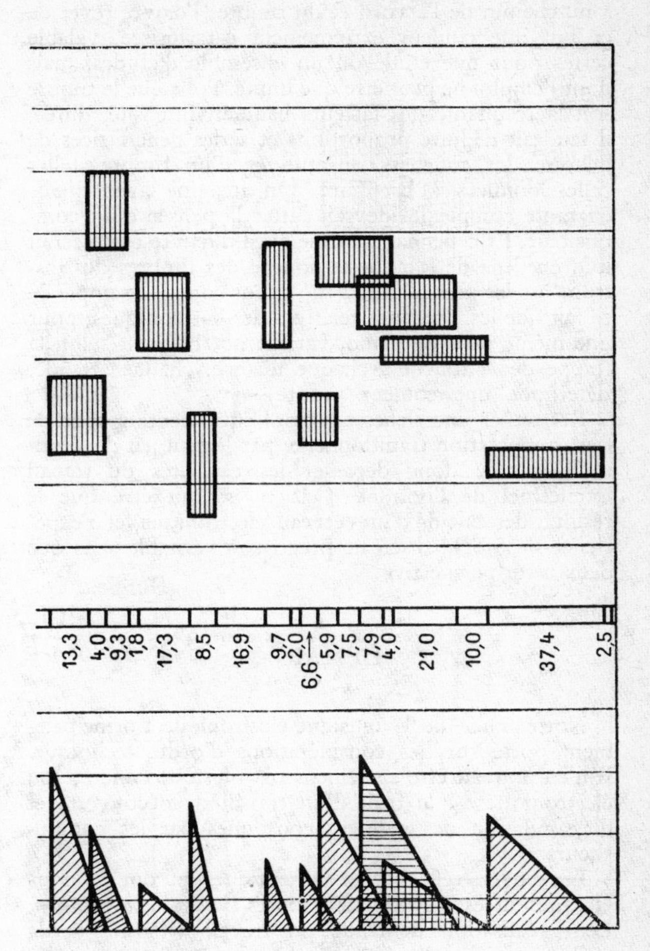

(fragment) de K. Stockhausen.

téristique : les complexes constituent des entités sonores à mi-chemin de l'accord et du timbre; l'œuvre revêt de ce fait une couleur extrêmement caractérisée, valable certes pour une étude ou un ensemble d'études, mais dont l'emploi ne peut être que limité. Pour que le timbre soit la résultante des facteurs hauteur, intensité, durée, il faudrait déduire proportions et séries génératrices de l'œuvre des courbes constitutives d'un timbre, telles celles données à la figure. On imagine avec quelle effarante complexité devrait lutter la pensée d'un compositeur. Et cependant, même ainsi, l'œuvre créée serait loin en deçà de la richesse sonore des timbres des instruments les plus familiers (ne citons comme exemple de ce fait que les intensités relatives des harmoniques, pour une même note de piano, varient notablement selon la frappe de la touche : chaque nuance, chaque attaque, détermine une couleur propre).

Retrouver une richesse sonore équivalente à celle de l'instrumentation traditionnelle, par le seul jeu de l'écriture, semble donc dépasser les capacités du travail intellectuel de l'homme. Cela ne saurait être que le résultat des calculs d'un cerveau électronique, et l'expérience de Stockhausen ne prend son véritable sens que dans cette perspective.

DEMAIN...

Notre étude de la musique électronique a principalement porté sur des considérations d'ordre technique. Il n'en pouvait être autrement : la musique concrète ou électronique est le fruit d'un travail de découverte et d'assimilation des réalités acoustiques par les compositeurs.

Les œuvres réfléchies et authentiques qui ont pu nous être présentées se dénomment toutes *Étude* ou *Composition*. Leur réalisation demande un travail acharné, de la patience et du silence. D'autres œuvres, à partir des mêmes machines, se bornent à obtenir des effets sonores qui séduisent le public et jouissent déjà d'une grande vogue. Le cinéma, l'illustration sonore, les ballets s'en emparent. Ce travail de vulgarisation est précieux dans la mesure où il prépare un contact plus fécond, du public, avec des œuvres plus sévères.

Est-il possible de prévoir l'évolution de la musique électronique dans les années à venir ? La distance qui, au départ, séparait les travaux de la musique électronique de ceux de la musique concrète semble devoir considérablement diminuer. Par ailleurs, nous croyons que l'intérêt serait grand de tenter une synthèse de la musique électronique et de la musique vivante, dans une œuvre où l'interprète pourrait dialoguer avec la machine. *Déserts,* d'E. Varèse, est à cet égard attachant, bien que le compositeur ne soit pas allé au-delà de la succession de six séquences tour à tour instrumentales et concrètes. Le dialogue, comme dans le concerto, suppose des rapports moins simples (simultanéités et alternances continuellement variées).

Conjecturer est toujours hasardeux, cependant les recherches actuelles, si nous ne voulons retenir d'elles que ce qui est susceptible de faire progresser la musique, devraient s'épanouir dans ces deux directions : celle où la musique, à partir de prémices posées par le compositeur, serait réalisée par un cerveau électronique; celle qui entraînerait une rénovation de la musique instrumentale par la conjonction de la machine et de l'interprète vivant.

Il convient d'ajouter quelques notes brèves du double point de vue des lieux et des hommes et de l'évolution des genres.

Les studios de musique expérimentale se sont multipliés (U.S.A., Pologne, Japon, Italie). Signalons principalement le Studio de Phonologie de Milan auquel un équipement rationnel et la qualité des compositeurs qu'il s'est attachés ont permis la création d'œuvres de tout premier plan, celles notamment de Berio et Maderna.

Le Studio de musique concrète a vu apparaître de nouveaux collaborateurs : Ferrari, Xenakis... cependant que P. Schaeffer, faisant œuvre de compositeur, offrait de nouvelles études de structure beaucoup plus rigoureuse.

La musique expérimentale s'est développée conformément à nos prévisions. Toutefois les musiques confiées aux machines électroniques (Université de l'Illinois, musique algorythmique...) ont évolué moins rapidement que celles qui se proposent de mêler musique vivante et musique pour bande.

La machine cybernétique paradoxalement prolonge l'enseignement d'O. Messiaen : celui-ci a répandu dans le monde musical un certain climat qui accorde une place très considérable à l'analyse la plus minutieuse et qui tend à réduire la musique à une algèbre combinatoire (voir son *Livre d'orgue*). Or sur ces deux plans la machine cybernétique permet d'aller très loin. Aussi est-il quelque peu décevant de constater que les essais réalisés par le truchement de ces machines, s'ils présentent de l'intérêt, n'offrent pas un caractère d'inédit adéquat à la nouveauté qu'on pourrait attendre d'un mode de composition aussi peu traditionnel.

Par contre les combinaisons sonores entre bande et orchestre ont déjà pris une relative importance. Les essais ont été tentés en diverses directions :

— Dans le domaine de la musique de chambre, Berio enregistrait et travaillait électroniquement un groupe instrumental, situé lui-même au centre d'un quadrilatère sonore lors de l'exécution publique, cependant que nous-mêmes recherchions un contrepoint audio-visuel entre un violon en quart de ton, jouant en public, des sons concrets (bande son du film) et des rythmes visuels projetés sur écran. Stockhausen, dans *Kontakte,* confronte batterie, piano et bande avec une virtuosité éblouissante.

— Dans le domaine orchestral signalons trois œuvres : *Rimes* de Pousseur, *Poésie pour pouvoir* de Boulez et nos *Images Thanaiques*. Disons de ces partitions que la première d'entre elles établit certaines analogies de sonorité entre l'orchestre et la bande qui apparaissent comme des liens destinés à rattacher deux mondes sonores gardant leur autonomie. La dernière, par contre, arrive à une fusion des deux éléments qui les rend parfois indissolubles à l'oreille en même temps que la rigueur voulue de son élaboration débouche dans un domaine largement expressif.

Notons que : 1°) Les sonorités de la bande (allant de la musique la plus concrète à la musique électronique en passant par des sonorités instrumentales en quinzièmes de ton) ont été imaginées en même temps que les sonorités instrumentales lors de l'écriture de la partition;

2°) qu'elles s'insèrent dans une écriture rythmique rigoureuse en contrepoint strict avec la musique instrumentale (par exemple : un canon rythmique à 14 voix dont 5 confiées à la bande);

3°) que la disposition de l'orchestre en trois groupes et la projection sonore de la bande à partir de deux pistes situent l'auditeur au centre de 5 nefs sonores qui rendent perceptibles des contrepoints de groupe très complexes, en dépit d'un volume sonore dépassant largement celui qui a pu être atteint jusqu'à ce jour.

Jean-Étienne MARIE.

BIBLIOGRAPHIE

Jean-Étienne MARIE, *Musique vivante,* Paris, 1953.

Pierre SCHAEFFER, *A la recherche d'une musique concrète,* Paris, 1952.

Karlheinz STOCKHAUSEN, *Drei Electronische Studien, Studie II,* Universal, 1954, première partition publiée de musique électronique.

Elektronische Musik, in « Die Reihe » n° 1, Universal, 1955.

« Revue musicale », numéro spécial, Paris, 1955.

Répertoire international de musique expérimentale, édité par le service de la Recherche de la R. T. F., Paris, 1962; contient les œuvres réalisées dans les différents studios de musique expérimentale et décrit les équipements de ces studios.

LA MUSIQUE
HORS DU CONCERT

LE CARILLON

Si l'origine du carillon remonte au xve siècle, les auteurs de l'Antiquité affirment que les cloches étaient connues à une époque reculée. Le grand prêtre Aaron portait à sa tunique des clochettes d'or, le Psalmiste lui-même est représenté jouant sur des cloches, non seulement dans la Bible de Worms, mais un manuscrit du xiiie siècle conservé à la Bibliothèque communale de Bruges ne nous montre-t-il pas le roi David jouant du carillon en frappant quatre clochettes, tandis qu'un manuscrit de l'université de Glasgow nous fait revivre le harpiste royal que deux hommes accompagnent sur quinze cloches.

Les Chinois de la dynastie des Tcheou (~ 1050 à ~ 249) les connaissaient : les cloches dans leur langue s'appelaient *liu* et correspondaient aux douze notes de la gamme chinoise. Disposées sur deux rangs parallèles et réparties selon deux gammes par tons entiers dont l'une commençait au *fa* et l'autre au *fa* dièse, elles ornaient temples et pagodes ou servaient à donner des ordres aux soldats. Les Chinois nommaient ces jeux de cloches *pien-tchoung*.

Les clochettes désignées par les Latins sous le nom de *tintinnabula* étaient par les Grecs nommées κώδωνες. Suétone nous précise qu'Auguste en avait fait placer au temple de Jupiter tonnant. Certains auteurs pensent que saint Paulin, évêque de Nole, aurait introduit le premier l'usage des cloches pour l'office divin : ce serait en souvenir de la ville de Nole en Campanie que les cloches furent désignées *campanae* ou *nolae*. Or, d'après Polydore Virgile, le pape Sabinien, successeur de saint Grégoire le Grand, en aurait été l'initiateur. Le nom propre de la cloche est *signum* d'où dérive le mot tocsin tandis que dans le nord de la Gaule et sur les bords du Rhin elle s'appelle *clocca* ou *cloccum*.

Les cloches prirent vite une place prépondérante dans

les actes de la vie chrétienne : vers 770, Alcuin, dans son *Traité des offices divins,* insiste sur la bénédiction des cloches, tandis qu'au Moyen âge une croyance populaire voulait qu'elles aient la vertu mystique d'écarter les mauvais esprits.

Les fondeurs médiévaux, tels que Vanoccio Biringuccio, de Sienne, nous enseignent « qu'il faut placer les cloches dans des tours suspendues pour mieux se mouvoir, que remuées par des musiciens elles rendent une harmonie à l'instar des orgues ». D'après les chroniques du temps, le clocher de la tour Notre-Dame d'Anvers « renfermait trente-trois cloches de différente grandeur, produisant un son consonnant et exprimant diverses mélodies religieuses, tandis qu'à Malines les cloches comme les orgues, se jouent avec les doigts et les pieds et rendent un accord harmonieux ». Le carillon est né parallèlement avec les libertés que symbolise le beffroi.

Pour parler vraiment d'art campanaire il faut remonter au XVIe siècle. C'est à cette époque que se rencontre dans les Flandres le *voorslag* ou carillon mécanique destiné à jouer les mélodies des heures; il doit son origine à l'horloge sonnante dont on ignore l'inventeur. La première horloge dont le mécanisme lui-même marquait l'heure aurait été placée en 1368 à Londres, dans l'église de Westminster.

Les jacquemarts, automates de fer frappant sur la cloche, ont été popularisés par l'horloge de Notre-Dame de Dijon qui, comme aujourd'hui, était surmontée de ces pittoresques personnages auxquels, pour expliquer leur nom, les campanographes ont donné différentes définitions. Les maillets de bois destinés à frapper sur la cloche s'appelaient clipotiaux tandis que les cloches réservées à marquer l'heure se nommaient appeaux ou apiaux. Deux automates de fer formaient un jacquemart. En France, le carillon (de *quatrinio* ou de *quadriglio*) est un ensemble d'au moins quatre cloches tandis que dans les Flandres, le *beiaard* est un groupe de six à huit cloches. Le *voorslag* tire son origine de l'adaptation d'un grand nombre de cloches à l'horloge harmonisée directement sans avoir de jacquemart. Les fondeurs malinois Waghevens et Van den Ghein furent les premiers fournisseurs de ces carillons mécaniques; le *voorslag* d'Audenarde, par exemple, modulait en 1504 les motifs du *Veni sancte Spiritus* et du *Peccatores* et se composait de huit cloches.

A partir du XVIe siècle on peut seulement commencer à employer le mot « carillonneur » (*beiaarder* en flamand). Ce poste particulier créé en 1557 à Malines existe encore aujourd'hui : c'est certainement le plus vieil emploi civique musical qui survive. Le premier concours pour élire un carillonneur eut lieu en 1560 à Anvers et comportait trois concurrents; l'intérêt pour ce genre de compétition grandit bientôt puisque ces concours s'étendirent à d'autres villes belges pour gagner la France et la Hollande.

Parmi les vieux maîtres de ces époques dont les noms nous sont parvenus, citons : Van Hoelbecke à Gand, en 1563, Dirk Scholl à Delft, Jan Van Eyck, en 1630 à Utrecht, Théo de Sany à Bruxelles, les Bonnejonne à Malines, à l'abbaye de Saint-Amand-les-Eaux, Dom Ambroise Gatte, de Tourcoing. De 1809 à 1831, Gelatte, de Valenciennes, occupa ce poste, ensuite Jean-Baptiste Lannoy et ses descendants : Maurice Lannoy, mort en 1958, fut en France le maître incontesté du carillon.

A partir du XVIIe siècle, la musique pour carillon se crée mais pour parler d'un art pleinement développé, il faut attendre la fin du XIXe siècle. Jef Denÿn, né en 1862 à Malines, en fut le réformateur. Carillonneur de Saint-Rombaut, fondateur de l'École internationale, sa renommée dépassa les frontières. Avant lui on composait d'après des thèmes populaires ou liturgiques, on interprétait seulement des pièces pour clavecin. Depuis Denÿn, les cloches d'un carillon sont suspendues aux poutres superposées et symétriquement alignées; les plus petites cloches sont situées aux poutres supérieures. Le carillon se compose de l'instrument placé devant les cloches : le manuel est formé des touches de bois, le tout encadré de fer avec la même disposition pour le pédalier.

L'étendue du registre pour les grands carillons va, ordinairement, de la basse fondamentale à la quarte supérieure de la deuxième octave *(do-do-fa)*. Des barres de fer pivotantes à équerre relient les touches aux pédales. Grâce aux perfectionnements apportés (plaque à vis adaptée à la touche) les carillonneurs sont en mesure de nuancer et de jouer des mélodies en tierces, sixtes et octaves et d'exécuter le trille et le trémolo qui, traversant l'espace, donnent à l'ouïe de l'auditeur l'impression du chant soutenu : là réside le secret du jeu moderne. Le carillon se joue en alternant les mains. Les basses se font avec le pied comme à l'orgue. Le carillonneur ferme ses mains, protège ses doigts de gants d'étoffe et joue en frappant la touche harmonieusement du tranchant de la main.

Staf Nees, successeur de Jef Denÿn au clavier de Saint-Rombaut et à la direction de l'École, continue l'œuvre de son maître.

De Jef Denÿn, les œuvres les plus célèbres sont : l'*Andante cantabile,* le *Prélude,* l'*Ave Maria.* Elles sont composées pour un carillon de quatre octaves du type de celui de Malines. L'écriture pour carillon peut avoir une forme contrapuntique, la fugue de Jules Vandeplas en est un bel exemple. Staf Nees a beaucoup écrit pour son instrument : plusieurs *Préludes* dont celui en *do majeur,* chef-d'œuvre du genre, le *Thème en do majeur et Variations* (voir les deux premières mesures de la première variation). Jef Van Hoof a laissé pour le carillon une importante production *(Prélude en forme de fantaisie, Prélude et Menuet,* l'*Intermezzo,* l'*Étude pour pédale en forme de suite,* pour ne mentionner que les plus connues de ses œuvres). Citons parmi ceux qui ont écrit des chefs-d'œuvre campanaires les noms de Kamiel Lefevere, Paul Gilson, Percival Price, Flor Peeters, Léon Henry, Géo Clément, Adrien De Groot, Jef Rottiers, John et Staf Gebruers, pour ne parler que des principaux. La musique pour carillon est en perpétuelle évolution sous la plume des contemporains.

Dans la confection d'un carillon, la première condition est de fixer le diamètre de la plus grosse cloche en proportion de celui des autres. Le son sera déterminé par la hauteur, l'épaisseur et le diamètre. Les proportions classiques quant à l'alliage sont de 77 à 78 parties de cuivre pour 22 à 23 parties d'étain. Le timbre est composé de cinq notes : l'octave inférieure, la fondamentale, la tierce, la quinte, l'octave supérieure.

Les frères Hémony, fondeurs d'origine lorraine, fixés en Hollande au XVIIe siècle, réalisèrent les premiers l'homogénéité de la fonte; leur secret a été perdu par leurs successeurs, mais retrouvé par les Paccard d'Annecy dont la « Savoyarde » du Sacré-Cœur de Montmartre, sortie en 1895 de la fonderie d'Annecy-le-Vieux, est le point de départ de leur renommée : leurs cloches chantent maintenant dans le monde entier.

La Belgique est le premier pays du carillon : de la tour de Saint-Rombaut est parti l'essor de l'art campanaire. Son carillon se compose de quarante-neuf cloches. Dans toute la Belgique il existe environ soixante-dix carillons, une soixantaine en Hollande, en France une trentaine : celui de Saint-Amand-les-Eaux est un des rares qui se soient fait entendre depuis 1785. Refondu en 1950 par Paccard, il a trois octaves et demi chromatiques. Citons ceux de Béthune, Arras, Saint-Quentin, Rouen, Lisieux, Blois, Reims, Châlons-sur-Marne, Paris. En Angleterre et en Irlande, plusieurs sont sortis des fonderies Taylor. L'art campanaire s'est peu développé en Allemagne. Dans les pays scandinaves, un des plus importants est celui de Saint-Paul de Copenhague dont le titulaire est Edwin Nielsen; en Russie, à Volgograd, il y a un carillon de trente-huit cloches, fondu par Derk en 1757. Le Portugal possède, à Mafra, deux carillons fameux par les récitals de Lannoy. Un effort en faveur du carillon se fait en Amérique depuis Jef Denÿn; on peut totaliser au moins une centaine de carillons aux Etats-Unis et au Canada. Le carillon de cinquante-six cloches de Saint-Joseph de Montréal sort de chez Paccard et est animé par Émilien Allard.

Les instruments les plus importants ont de soixante-douze à soixante-seize cloches, tel celui de soixante-douze cloches de la Riverside Church de New York. Mexico possède un carillon de quarante cloches de la fonderie hollandaise Petit et Fritsen. L'Australie est dotée d'un certain nombre de carillons, dont celui de l'université de Sydney de soixante-deux cloches, fondues en 1928 par Taylor.

Réservé au beffroi ou à l'église, le carillon a un rôle important. Depuis quelques années, des Flandres au Nouveau Monde, l'intérêt pour la musique de l'espace se développe intensément. Ce paysan portugais a raison de dire que « le carillon est la guitare du ciel ».

Jacqueline Goguet.

BIBLIOGRAPHIE

Berthelé, J., *Enquêtes campanaires,* Montpellier, 1903.
Germain, L., *Cloches lorraines, Fondeurs de cloches lorrains,* Nancy, 1885.
Goguet, J., *Le carillon des origines à nos jours,* Paris, 1958.
Price, P., *The Carillon,* Oxford, 1933.
Rocca, A., *De Campanis commentarius,* Rome, 1612.
Rottiers, J., *Beiaarden in België,* Malines, 1952.
Staercke, A. E. de, *Cloches et carillons. L'histoire folklorique des cloches,* Bruxelles, 1947.
Van Doorslaer, G., *Les Waghevens, fondeurs de cloches,* Anvers, 1908.
Verheyden, P., *Beiaarden in Frankrijk,* Malines, 1926.
Gedenkboek Jef Denijn, Malines, 1947.

LA CHANSON LITTÉRAIRE ET LES SOCIÉTÉS CHANTANTES

La chanson littéraire n'a certes pas pris naissance au XVIIIe siècle, mais c'est à cette époque qu'elle a reçu ses statuts, qu'elle s'est codifiée.

Depuis les « Compagnons du Val-de-Vire », les chansonniers préféraient vivre dans une aimable anarchie et, sans les célèbres recueils Clairambault-Maurepas, il est certain que leurs œuvres ne seraient pas parvenues jusqu'à nous.

C'est Pierre Laujon, en sa qualité de premier chansonnier élu membre de l'Académie française, qui définit, dans le tome IV de ses *Œuvres choisies,* les différentes formes que peut prendre la chanson. Il constate — avec une certaine amertume — qu'elle est à peine citée dans les ouvrages concernant la versification française et qu'elle passe, en général, pour un amusement frivole. Elle est cependant susceptible, dans ses diverses acceptions ou dénominations, de se prêter à presque tous les genres poétiques.

CHANSON ET PARODIE. — On confond ordinairement sous le même nom la chanson « proprement dite » et la chanson « parodiée ». Dans la chanson, le poète et le musicien collaborent à la même œuvre, dans le même temps. Dans la parodie, le poète choisit un air et compose son poème sur la césure musicale. L'air choisi prend alors le nom de « timbre », nom qui désigne indifféremment l'air, ou l'incipit du couplet qui sert de support à la chanson parodiée. Il arrive souvent qu'un autre chansonnier, ignorant le nom du timbre véritable, indique comme timbre d'une seconde chanson l'incipit de la parodie, créant ce que l'on appelle un « faux timbre ». Cette pratique fut courante, surtout au XIXe siècle, obligeant le chanteur à retrouver le timbre initial à travers un dédale de « faux timbres »; car —

ajoute Laujon — on compte trente parodistes pour un chansonnier ! »

La parodie peut se permettre certaines licences, élisions, etc., qui sont parfois nécessaires pour adapter exactement le texte littéraire au texte musical. Ce dernier est choisi indifféremment dans les chansons, romances ou scies en vogue ; dans les opéras (Campra, Lully et Rameau ayant été le plus souvent mis à contribution) ou même parmi des œuvres instrumentales (tel le *Ça ira* de Ladré, sur une contredanse de Bécourt : *le Carillon national*).

AMPHIGOURI. — La parodie sur un timbre d'origine instrumentale donna naissance à un genre bizarre et burlesque, qui connut, au XVIIIe siècle, une vogue aussi vive qu'éphémère : l'amphigouri. Succession de mots n'ayant souvent aucun sens, mais observant une extrême régularité de rimes et suivant fidèlement la prosodie musicale. Charles Collé, créateur du genre, a composé de nombreux amphigouris sur les motifs des opéras de Jean-Philippe Rameau (en particulier des *Indes galantes*, qu'il a contribué ainsi à populariser).

Jean-Joseph Vadé semble avoir préféré *le Menuet* d'André-Joseph Exaudet pour servir de support à ses amphigouris ; cependant, il a composé, sur l'air des « Sauvages » des *Indes galantes*, un amphigouri qui est certainement le meilleur du genre, et dont voici un fragment. (Voir ex. 1.)

POT-POURRI. — Mélange de parodies diverses, réunies pour former une seule chanson. Surtout vocal à la fin du XVIIIe siècle, le pot-pourri devint ensuite instrumental et bâti sur les principaux airs d'une partition d'opéra, d'opéra-comique ou d'opérette.

VAUDEVILLE. — L'origine du terme remonte à la célèbre école du « Val-de-Vire » dont le poète, Olivier Vasselin (mort en 1450) aurait été le chef. Le mot se transforme au XVIe siècle en « Voix-de-Ville » (Ronsard, Chardavoine). Au XVIIIe siècle, il désigne surtout les couplets finals d'une comédie. Il est soumis à des règles strictes : il doit exposer son sujet dans le premier couplet, mais chacun des autres couplets doit contenir autant d'épigrammes détachées. Tous les couplets concourent à ramener le — ou les — refrain indiqué dans le premier couplet.

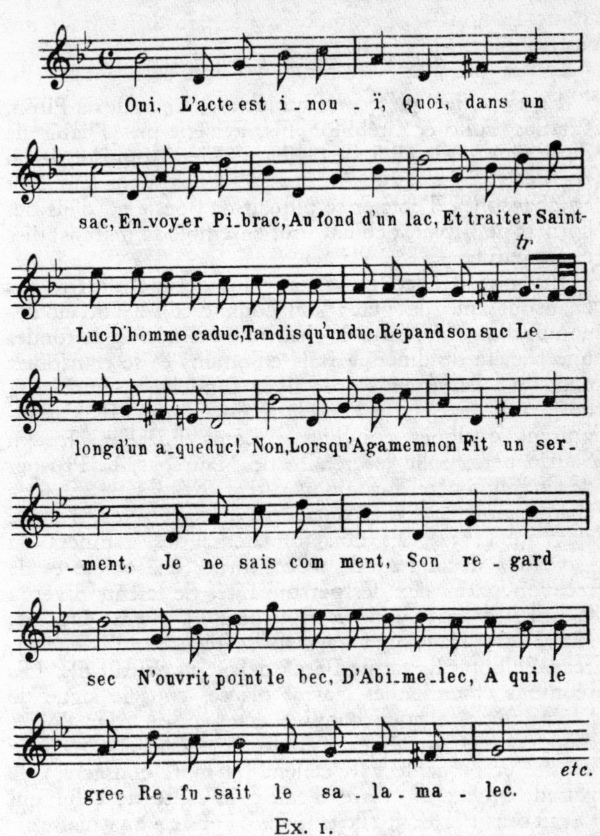

Ex. I.

CHANSON À TABLEAU. — Presque toujours sur un sujet d'actualité, elle tire son nom d'un tableau sur lequel une imagerie populaire représente les événements relatifs au sujet de la chanson. Le chanteur indique, soit avec un bâton, soit avec l'archet, s'il s'accompagne d'un violon, les images correspondant aux différents couplets. C'est sous cette forme, alors très en vogue au XVIIIe et au XIXe siècle, qu'on chanta les plus célèbres complaintes.

LE PREMIER CAVEAU

En 1731, quelques joyeux pique-assiette : Alexis Piron, Charles Collé et Crébillon fils, avaient pris l'habitude de se réunir à la table de Gallet, épicier-droguiste, établi rue de la Truanderie. Au dessert, ils payaient leur écot en chansons... l'épicier se piquait de poésie et, dans des cornets de papier, débitait tout ensemble sa marchandise et ses œuvres.

En 1733, Gallet (qui s'était plus occupé d'écrire des chansons que de gérer son commerce), ayant eu des ennuis d'argent, le trio de chansonniers décida de fonder une société de dîners à frais communs et se transporta dans un cabaret tenu par le sieur Landelle, au numéro 4 de la rue de Buci, à l'enseigne du Caveau. Ils s'adjoignirent quelques convives : Louis Fuzelier, Joseph Saurin père, Sallé (secrétaire de Maurepas) et Prosper de Crébillon père. Les dîners furent fixés les 1er et 16 de chaque mois; le prix du repas était de deux livres. L'année suivante (1734), les huit fondateurs des « dîners du Caveau » décidèrent de se constituer en société et de recevoir parmi eux des personnalités de talents divers : Gentil-Bernard; François Boucher; Labruère; Duclos; Helvétius; Haguenier (ancien secrétaire du Régent); Jean-Philippe Rameau; Bernard-Joseph Saurin fils. Ces réunions épicuriennes étaient placées sous le signe de l'épigramme, chaque convive étant à son tour l'objet d'un couplet satirique. L'épigramme était-elle trouvée « juste et piquante » (c'étaient les mots consacrés), le patient buvait un verre d'eau à la santé de celui qui l'avait censuré. Était-elle trouvée « injuste » ou « niaise » : le verre d'eau servait alors de punition au censeur.

Sous ces dehors plaisants, le « Caveau » était surtout une société d'entraide fraternelle dont Jean-Philippe Rameau bénéficia tout le premier, les membres du Caveau s'étant unis pour l'aider à triompher des « lullistes ».

Pendant dix ans, les réunions eurent lieu régulièrement et avec un plein succès. En 1743, une sotte querelle entre Crébillon père et fils amena la dispersion du groupe. Quelques années plus tard (1759), le fermier général Pelletier essaya de reconstituer à sa table les dîners du

Caveau, en groupant autour de lui, tous les mercredis, quelques membres de l'ancienne société. Ces dîners — trop mondains — n'eurent pas le succès escompté, mais se poursuivirent cependant jusqu'à la mort de Pelletier.

LE DEUXIÈME CAVEAU

Ce n'est qu'en 1762, grâce à Piron, Crébillon fils et Gentil-Bernard que les dîners du Caveau reprirent avec une société agrandie : Panard, Favart, Laujon, Lemierre, Colardeau, Laplace, Goldoni, Rochon de Chabannes, Barthe, Dudoyer, Dusaulx, Dorat, Pezay, l'abbé de Vaucelles, Denon, Delille, Coqueley de Chaussepierre, François-André Danican-Philidor, Albanese, Joseph Vernet, le comte de Coigny, auxquels se joignirent plus tard Fréron et Baculard d'Arnaud; Crébillon fils fut élu président perpétuel.

La société, ainsi reconstituée, fut très active durant cinq ans, puis battit de l'aile, avant de se dissoudre définitivement. Les deux premiers Caveaux n'ont pas publié de recueils spéciaux, mais les chansons chantées aux réunions se trouvent dans le « Mercure français », dans « l'Année littéraire », ainsi que dans « l'Encyclopédie poétique » publiée par Pierre Capelle. Cependant les réunions du Caveau redonnèrent un essor à la chanson littéraire et, à la fin du XVIIIe siècle, on vit apparaître une quantité prodigieuse de petits recueils de chansons, d'almanachs chantants, etc., prouvant la place que les membres du Caveau avaient su lui donner dans la littérature de l'époque. Les chansonniers, membres du Caveau, créèrent chacun un genre bien défini qui les classe nettement au-dessus de la production chansonnière de leur temps. Avec Panard, c'est la chanson morale *(les Maximes, les Étonnements, les Vieillards)*. Piron et Collé développèrent l'épicurisme et maintinrent la meilleure tradition des chansons libertines.

Piron se vit refuser l'entrée de l'Académie française, pour avoir composé la fameuse *Ode à Priape*. Dans sa vieillesse, il manifesta du repentir dans une épigramme qui commence ainsi :

> Le vieil auteur du cantique à Priape
> Le cœur contrit, s'en allait à la Trappe
> Pleurant le mal qu'il avait fait jadis...

Repentir qui semble de pure forme, puisqu'en même temps, Piron chante au Caveau :

> Je suis disciple d'Épicure,
> Mon tempérament fait ma loi,
> Je n'obéis qu'à la nature...

Quant à Charles Collé, il a publié — entre autres — un *Recueil de chansons qui n'ont pu être imprimées, et que mon censeur n'a point dû me passer :* titre qui se passe de commentaires... L'abbé de L'Attaignant, qui, s'il ne fut pas membre titulaire du Caveau, y fut invité fréquemment et prit une part active aux réunions, inventa (avant les RR. PP. Duval, Cocagnac, etc.) la chanson chrétienne (*le Mystère de l'Incarnation,* sur le timbre de : *Les cœurs se donnent troc pour troc ; Une aspiration à Dieu,* sur le timbre de : *Ne v'la-t-il pas que je l'aime...,* etc.).

Il serait injuste d'oublier Jean-Joseph Vadé, dont la courte carrière se place entre les deux Caveaux, ce qui explique qu'il ne put faire partie ni de l'un, ni de l'autre. Ce précurseur du réalisme créa le style poissard (qui fut souvent imité par la suite). Il créa des personnages : Jérosme Dubois, « pêcheu » de Seine au Gros-Caillou, Nanette Dubut, blanchisseuse de linge fin, ou Manon Giroux, la couturière; héros de chansons, d'opéras-comiques, ou des célèbres *Lettres de la Gruenouillère...* personnages de tous les jours, qui valurent à leur auteur la sympathie du grand public.

LA CHANSON SOUS LA RÉVOLUTION

Si les dîners des chansonniers subirent une éclipse, on n'en chanta pas moins, et les sections patriotiques devinrent autant de sociétés chantantes; en particulier, les sections du Bon Conseil, du Contrat Social et, surtout, des Tuileries. Les auteurs de vaudevilles transforment leur style, et composent des chansons patriotiques. Au premier rang de ceux-ci brille le citoyen Pierre-Augustin de Piis, ancien secrétaire des Commandements du comte d'Artois; auteur de talent, il fut une sorte de Talleyrand de la chanson, accordant sa lyre suivant les différents régimes au pouvoir.

Sous la Convention, on chante de plus en plus, et Danton proteste de façon véhémente contre cette transformation des sections en « tréteaux » (1794). Dès lors, les auditions devinrent plus rares, et les amateurs de chansons patriotiques durent se contenter des salles de spectacle où, dès 1792, auteurs, chanteurs et même spectateurs rivalisèrent; ce qui fut souvent prétexte à des scènes houleuses. Une chanson déchaîna particulièrement les passions : c'est *le Réveil du Peuple* de Jean-Marie Souriguières, musique de Gaveaux (1795). Les spectateurs avaient pris l'habitude d'interrompre la chanson pour lancer des réflexions inspirées par les couplets chantés, pour applaudir — ou siffler — certains vers. Les adversaires du *Réveil du Peuple* répondaient en chantant *la Marseillaise* et cet étrange duo dégénéra souvent en pugilats...

Sous la Terreur, la chanson trouve un refuge dans les prisons. Les détenus, pour tromper la terrible attente et leur inaction, composent des chansons empreintes de courage et de noblesse ou raillent leur sort avec esprit.

Les chansonniers Radet et Desfontaines ayant été arrêtés, ils sollicitèrent leur élargissement en chansons.

SOCIÉTÉS CHANTANTES ISSUES DU CAVEAU

Sitôt la tourmente passée, le Caveau renaît de ses cendres sous l'impulsion de Laujon et prend le titre de « Dîners du Vaudeville » (1796-1801). Cette société réunissait des chansonniers et des auteurs de vaudevilles. A mesure que de nouveaux auteurs obtenaient des succès au théâtre, ils étaient admis aux dîners, ce qui constitua une société assez importante, dont les principaux membres furent : P. A. de Piis, Barré, Radet, Desfontaines, le comte de Ségur, Armand Gouffé, Philipon de la Madelaine, Le Prévost d'Iray, Dupaty, etc. Les dîners mensuels avaient lieu à frais communs, le 2 de chaque mois, d'abord chez Méot, ensuite chez l'acteur-restaurateur Juliet, rue Vivienne. Les statuts rédigés en vers de mirliton stipulaient que :

> Pour être admis, on sera père
> De trois ouvrages en couplets,
> Dont deux au moins (clause sévère)
> Auront esquivé les sifflets.

Ces statuts nous renseignent exactement sur les buts et les activités de la société. Les chansons doivent être composées sur un sujet donné, que l'on tire au sort, et dont sont exclus la politique et la religion. Pour la première fois, les œuvres chantées aux dîners furent publiées régulièrement, les autres sociétés n'ayant fait que continuer cette coutume.

De 1801 à 1805, les « Déjeuners des Garçons de bonne humeur » succédèrent aux Dîners du Vaudeville. Cette société, qui ne comportait que dix membres, compta Marc-Antoine Desaugiers parmi ceux-ci. Trois volumes furent publiés par les soins de Pierre Capelle.

Citons encore : la Société des Gobe-Mouches, réunion surtout gastronomique (qui compta pourtant Laujon au nombre de ses convives) et La Dominicale, rassemblant chez le célèbre chirurgien Louis de nombreux membres du second Caveau. Cette société fut la seule à déroger à la loi des « caveaux » : ne pas admettre de femmes aux réunions, et Sophie Arnould fut souvent invitée aux dîners. Ces deux sociétés, fondées avant la Révolution, furent dispersées par les événements.

Enfin, à l'imitation des Dîners du Vaudeville, des sociétés chansonnières se formèrent en province. Les principales furent : à Bordeaux, les Cercles des Chansonniers, et les Dîners de la Société littéraire (1800), à Marseille : Les Troubadours (1809); à Lyon : la Société épicurienne (1812), qui devint ensuite les Amis de la Chanson, puis « Le Caveau Lyonnais », et, enfin, à Saint-Étienne, le célèbre Caveau Stéphanois, qui eut Gustave Nadaud pour président d'honneur.

LE CAVEAU MODERNE

De tous les « Caveaux », le Caveau moderne fut le plus important si l'on considère la qualité de ses membres. En firent partie Antignac, Armand Gouffé, Béranger, Nicolas Brazier, Cadet-Gassicourt, Capelle, Désaugiers, Ducray-Duminil, Dupaty, Grimod de la Reynière, de Jouy, Laujon, Philipon de la Madelaine, P. A. de Piis, etc.

Fondé en 1806 sur l'initiative de Pierre Capelle, il réunissait ses adhérents, le 20 de chaque mois, chez le restaurateur Balaine, à l'enseigne du « Rocher de Cancale ». La présidence fut offerte à Laujon. A sa mort (juillet 1811), il fut remplacé par Marc-Antoine Désaugiers, qui joua au Caveau moderne un rôle prépondérant; c'est lui qui, en 1813, y amena une recrue de choix : Pierre-Jean de Béranger, qui composa, comme discours de réception, une bien jolie chanson, intitulée : *l'Académie et le Caveau.*

Au Caveau, je n'osais frapper.
Des méchants m'avaient su tromper,
— C'est presque un Cercle Académique,
Me disait maint esprit caustique.
Mais, que vois-je! de bons amis
Que rassemble un couvert bien mis.
— Asseyez-vous, me dit la compagnie;
Non, non, ce n'est pas comme à l'Académie.
Ce n'est pas comme à l'Académie! etc.

En 1841, Béranger fut nommé secrétaire perpétuel du Caveau Moderne, en remplacement d'Armand Gouffé, ce chansonnier (père de l'humour noir) ayant donné sa démission dans un accès de misanthropie. Le Caveau Moderne dura jusqu'en 1845. A ce moment, des dissentiments d'origine politique surgirent entre ses membres, et amenèrent la dispersion de la société. Les publications du Caveau moderne furent importantes, et leur vente servait à couvrir les frais occasionnés par les repas et les réunions. Les deux premières années, on trouve les chansons chantées aux dîners dans le « Journal des Gourmands et des Belles », qui contenait, en outre, des recettes de cuisine, des articles sur la mode, etc. Ensuite, ces cahiers prirent le titre de « l'Épicurien français », ou les « Dîners du Caveau moderne » (120 n^os^) qui publia exclusivement les œuvres de ses membres titulaires ou étrangers. Capelle assure qu'il y eut des correspondants jusque dans l'Inde, l'Ile Bourbon et l'Ile de France, où la société se réunissait sous le nom de « Table Ovale ».

Indépendamment de ces publications mensuelles, le Caveau moderne publia, de 1807 à 1816, dix volumse annuels sous le titre *le Caveau moderne ou le Rocher de Cancale,* contenant quelques chansons de l'ancien Caveau, ainsi qu'un choix des meilleures chansons chantées aux dîners. Enfin, en 1810, Pierre Capelle réunit les timbres servant aux chansonniers sous le titre *la Clef du Caveau,* qui, encore aujourd'hui, est le bréviaire de l'amateur de chansons.

Contrairement aux usages précédents, plusieurs fois par an, le Caveau moderne organisait des soirées musicales où les dames étaient admises. Des musiciens venaient renforcer le programme : le violoniste Pierre Baillot, le harpiste Foignet, Frédéric Duvernoy, cor, Mozin, piano, Batiste et Chenard, chanteurs, et les compositeurs Doche, Plantade, Romagnesi et Alexandre Piccinni. Une société, composée en grande partie de membres associés du Caveau moderne, se constitua en 1813 sous le titre des « Soupers de Momus » et dura jusqu'en 1827-1828. Pendant cette période, elle publia quinze volumes, où l'on rencontre les noms de Béranger et Émile Debraux. Signalons encore une autre série de publications issues du Caveau moderne : « L'Enfant Lyrique du Carnaval » (1816-1818), qui devint ensuite « Le Nouveau Caveau » (1819-1826). En 1825, Desaugiers et Piis essayèrent de regrouper — sans succès — les membres du Caveau moderne sous le titre « Le Réveil du Caveau » (1 vol. publié).

Mais l'époque n'est plus aux chansons de bonne humeur et, de plus en plus, les chansonniers deviennent hantés par la politique. En 1822, après le premier procès fait à ses chansons, Béranger est enfermé pour trois mois à la prison de Sainte-Pélagie. Il y retrouve d'ailleurs d'autres chansonniers ou littérateurs : Eugène de Pradel, Cauchois-Lemaire, Barginet, Paul-Louis Courier, Jay, Ducange, Bonin, Lepage et Debraux. Dans cet enfer (bénin!), les chansonniers fondèrent la société des « Biberons », qui publia en 1825 les chansons écrites en prison, sous le titre de *la Marotte de Sainte-Pélagie.*

Moins heureux, d'autres chansonniers (dont Poutignac de Villars et Magalon) seront incarcérés à Poissy, mêlés aux condamnés de droit commun. S'ils n'eurent pas le loisir de fonder une société, ils mirent avec élégance leur triste sort en chansons.

DÉCLIN DU CAVEAU

En 1834, des chansonniers voulurent reprendre le titre de « caveau », mais, par déférence envers leurs aînés, ils intitulèrent tout d'abord leur société « Les

Enfants du Caveau » pour, en 1838, revenir au titre initial. Malgré quelques membres de marque, Charles Nodier, Scribe, Altaroche, il manquait la verve de l'ancien Caveau et un écrivain appela la société « Le Bas Empire de la Chanson ». Béranger n'assista à aucune réunion et trouva un prétexte poli pour refuser la publication de ses œuvres dans les recueils.

La vie du Caveau se déroula « sans événements graves », nous conte l'un de ses historiens, mais, semble-t-il, avec une certaine monotonie, jusqu'en 1939.

LA GOGUETTE

Les caveaux recrutaient leurs membres parmi les hommes de lettres, gardant ainsi à la chanson littéraire un caractère aristocratique. Au XIXe siècle, des sociétés chantantes, appelées « goguettes », se constituent, dont les membres sont, pour la plupart, de simples ouvriers ou de petits artisans épris de musique et de littérature. Ces chansonniers populaires se croiront (à la suite de Béranger) avoir une mission à remplir et adopteront la définition de Louis Festeau : « Le chansonnier est l'écho, le pétitionnaire du peuple. Il rit de sa joie, pleure de sa souffrance, et menace de sa colère. »

Malgré son nom (gogue : faire bombance), la goguette rejette l'épicurisme des caveaux. Si ses membres se réunissent dans les cabarets, c'est plutôt attirés par les chansons qu'on y entend, que par le désir de boire ou de manger.

C'est vers 1817 que les premières goguettes apparaissent dans Paris. Cependant, en 1804, une société « Les Bergers de Syracuse », présidée par Pierre Colau, peut être considérée comme la première goguette en date. Elle dura longtemps, puisque Gérard de Nerval, dans *Promenades et Souvenirs,* raconte qu'il en fit partie.

Par contre — et malgré leur titre — « l'Union des Arts et de l'Amitié en goguette » et « La Goguette » (1811-1813) sont des réunions de littérateurs ou de musiciens professionnels — de fausses goguettes — et leur idéal ne diffère pas de celui des Caveaux. Sitôt nées, les goguettes prolifèrent, au point que, dès 1818, il devient difficile de les recenser En 1845, on en compte environ quatre cent quatre-vingts dans Paris et ses environs et il ne sera sans doute jamais possible d'en dresser la liste complète.

Certaines goguettes avaient leurs traditions. Chez les « Bergers de Syracuse », le président recevait le titre de « Grand Patron », les membres étaient « Bergers » et se réunissaient au « Hameau ». A « l'Enfer », rue de la Grande-Truanderie, chacun des membres était « Démon », le lieu des séances s'appelait la « Grande Chaudière »; un argot spécial était employé; par exemple « jouer des griffes » signifiait applaudir.

A la « Ménagerie », dont Charles Gille fut le président fondateur, chaque membre recevait le nom d'un animal différent et lorsqu'un nouveau sociétaire était admis, son parrain s'écriait (parodiant irrévérencieusement la déclaration du comte d'Artois) : « Il n'y a rien de changé en France; il n'y a qu'un animal de plus! » Les visiteurs étaient des « rossignols » et les visiteuses des « fauvettes ». Car les goguettes admirent presque toujours les femmes à leurs réunions, contrairement aux usages des caveaux. Gérard de Nerval a laissé, dans *les Nuits d'octobre,* une curieuse description de goguette, celle des « Troubadours », située rue Saint-Honoré, dans la salle du « Bal des Chiens ». Lacenaire, qui était un habitué de ce bal, se faufilait les jours de goguette, dans la salle réservée aux troubadours, pour y applaudir les vedettes de la soirée.

Le grand maître des goguettes fut, jusqu'à sa mort survenue en 1831, Émile Debraux. C'est dans une goguette que, grimpé sur une table, il chante aux acclamations de l'assistance *la Colonne,* dont deux vers au moins sont dans toutes les mémoires :

> Ah! qu'on est fier d'être français
> Quand on regarde la Colonne!

Debraux a défini, en plusieurs chansons, le caractère des « goguettes » :

> Sociétaires, visiteurs,
> Auditeurs, chanteurs, auteurs,
> C'est à qui clabaudera,
> C'est à qui s'écorchera...,

ce qui prouve que, dans ces sociétés fraternelles, ne régnait pas toujours l'esprit de charité! Cependant,

Debraux, devant le ton enflammé de certaines chansons, donne des conseils de prudence aux goguettiers :

> J'applaudis même aux flonflons qu'on décoche
> Contre un ministre ou contre Loyola;
> Et cependant, de crainte d'anicroche,
> Badinez, mais restez-en là!

Conseils de prudence qui ne seront pas suivis. Vinçard, Charles Gille, Louis Festeau, Gustave Leroy, exalteront, chacun selon son tempérament, les doctrines saint-simoniennes ou fouriéristes, préparant ainsi la seconde République. Aussi, après le coup d'État du 2 décembre, le premier soin de Napoléon III fut d'interdire le droit de réunion, chaque goguette étant considérée comme un foyer de conspiration. Il fallait demander à la préfecture de police la permission de se réunir pour chanter, ce qui porta un coup fatal à la plupart des goguettes.

La troisième République paya les goguettiers d'ingratitude, refusant de les autoriser de nouveau à se réunir, malgré la supplique chantée que Jules Janin adresse au préfet de police :

> Ah! rendez-nous notre vieille goguette,
> Ses gais refrains et son vin à six sous...

Des noms de goguettiers sont restés célèbres : Hégésippe Moreau, qui chanta pour la première fois sa jolie chanson de *la Fermière* à la goguette des Infernaux; Eugène Baillet, qui devint l'historien de la chanson; René Ponsard, l'un des premiers chantres de la « Butte »; Pierre Dupont, qui chanta ses élégies pastorales et ses hymnes républicains dans les goguettes, avant de retourner spectaculairement sa veste, pour célébrer les victoires impériales; Jean-Baptiste Clément, auteur du *Temps des cerises* et d'autres chansons moins anodines; le romancier Henri Murger; Paul Avenel qui, sous le second Empire, resta l'un des rares à cingler le régime; Jules Moinaux, père de Courteline; Desrousseaux, auteur de la chanson du *P'tit Quinquin,* que l'on prend souvent pour une chanson folklorique; Eugène Pottier, père de *l'Internationale ;* Savinien Lapointe; les frères Dalès; Pierre Lachambeaudie; Dominique Flachat; Ernest Chebroux; Édouard Hachin; Barateau, etc., enfin, Charles

Colmance, dont le style populaire annonce les scies de caf'conc', et Jules Jouy, qui transporta les goguettes à Montmartre. Les goguettiers n'ont pas composé que des chansons parodiées, et quelques musiciens ont collaboré avec eux : Darcier, Paul Henrion, Tac-Coen, Ben Tayoux, Étienne Arnaud, Louis Abadie, etc.

LA LICE CHANSONNIÈRE

Une seule goguette survécut (et survit encore, puisqu'elle réunit ses membres tous les derniers lundis de chaque mois, sous la présidence de M. Louis Moreau), La « Lice chansonnière », fondée, en 1831, par Charles Lepage. Au début du XXe siècle, les membres du Caveau et de la Lice fusionnaient dans une autre association chansonnière baptisée « Le Pot-au-Feu ».

La Lice a publié, chaque année, depuis sa fondation jusqu'en 1902, les œuvres de ses sociétaires et organise un concours de chansons.

LES CABARETS ARTISTIQUES

Des cendres de la goguette naquit le cabaret artistique. En 1878, Émile Goudeau, savant helléniste, crée les « Hydropathes », à mi-chemin entre le cabaret et la goguette. Jacques Ferny écrira à ce sujet : « Le rôle prépondérant joué par Goudeau dans le groupement et les destinées des Hydropathes n'a pas seulement un intérêt anecdotique. Il est un fait historique notable, puisqu'il eut pour conséquence la création du cabaret artistique. » Tout d'abord, Goudeau réunit ses commensaux dans un café plus ou moins bien famé de la rue des Boulangers. Puis, celui-ci ayant été clos par autorité de justice, il transporte sa compagnie au premier étage du café Rive Gauche (au coin de la rue Cujas et du boulevard Saint-Michel), mais la salle est exiguë et, devant le nombre croissant des auditeurs, les Hydropathes élisent domicile au 19 de la rue Cujas, dans le vaste rez-de-chaussée d'un hôtel. En 1879, les Hydropathes s'agrandiront encore et prendront possession d'une ancienne salle de bal, 29, rue Jussieu. Les Hydropathes eurent leur journal, publication éphémère (janvier 1879-mai 1880) qui devint ensuite « Le Tout-Paris » (mai-juin 1880). En décembre

1919 parut un numéro spécial et unique de « l'Hydropathe », à l'occasion d'une séance en Sorbonne, où, sous la présidence de Léon Bérard et de Sarah Bernhardt, on rendit un solennel hommage à celui qui avait restauré la chanson littéraire, abîmée dans les flonflons du café-concert.

En septembre 1881, les Hydropathes se transforment en « Hirsutes » et tiennent leurs réunions place Saint-Michel, au café de l'Avenir. Mais Goudeau se désintéresse de la nouvelle association : il vient de rencontrer Rodolphe Salis et tous les deux sont en pleins préparatifs de l'ouverture du cabaret du Chat-Noir, qui a lieu en décembre 1881, boulevard de Rochechouart. Salis transforma un petit bureau de poste, poussiéreux et désaffecté, en cabaret Louis XIII et les Hydropathes de Goudeau fournirent en grande partie la première équipe du Chat-Noir. Bientôt le cabaret du boulevard de Rochechouart s'avéra trop petit et, en mai 1885, le Chat-Noir s'installa, en grande pompe, dans un nouveau logis : rue Victor-Massé, en chantant ce refrain de Bruant :

> Nous cherchons fortune
> Autour du Chat Noir,
> Au clair de la lune,
> A Montmartre, le soir.

Cette chanson se chante sur le timbre d'*Aqueros Mountagnos* (folklore de Bigorre).

Les années de 1884 à 1892 furent glorieuses pour le Chat-Noir, et l'on y entendit les meilleurs poètes et chansonniers de l'époque : Haraucourt et Samain débutèrent au Chat-Noir. On y entendait aussi : Rollinat, Maurice Bouchor, Jean Richepin, Raoul Ponchon, Armand Masson, Victor Meusy, Bruant, Mac-Nab, Jules Jouy, Jean Rameau, Vincent Hyspa, Pierre Trimouillat, Jacques Ferny, Jean Goudezki, Miguel Zamacoïs, Xanrof, Dominique Bonnaud, Maurice Donnay. Du côté sentimental, les auditeurs étaient gâtés avec Maurice Vaucaire, Maurice Boukay, Montoya, Maria Krysinska, et les suaves mélodies de Paul Delmet. Le dimanche, en matinée, était organisée une goguette, longtemps présidée par Jules Jouy.

En 1896, Salis étant très fatigué (il mourut en 1897), le Chat-Noir ferma ses portes une partie de l'année, pour permettre à ses membres de partir en tournées..., ce qui amena assez vite la désagrégation de ce cabaret dont Jules Lemaître a pu écrire : « Le Chat-Noir a joué un rôle dans la littérature d'hier; il a été des premiers à discréditer le naturalisme, en le poussant à la charge et, en même temps, le Chat-Noir a contribué au réveil de l'idéalisme. »

Le Chat-Noir a publié, de 1882 à 1899, un journal satirique dont le rédacteur en chef était Émile Goudeau, puis Alphonse Allais.

Le Chat-Noir disparu, la plupart des poètes et chansonniers qui en firent partie se regroupèrent au cabaret des Quat-z'Arts (62, boulevard de Clichy), fondé par Trombert. Ensuite, les cabarets de Montmartre se transformèrent peu à peu en des entreprises commerciales et la chanson littéraire fit place à l'actualité satirisée.

Il y eut encore des tentatives de goguettes avec les « Camaros d'Asnières » et le « Coup de Gueule » fondé par Léon de Bercy, où, pour cinq francs, chaque client pouvait faire inscrire son « coup de gueule » sur les murs, ou s'y faire entendre. Et, seul survivant d'une époque révolue, le « Lapin à Gill », fondé en 1903 par Frédéric Gérard, dit « Frédé », où se rencontraient Pierre Mac Orlan, Max Jacob, Apollinaire, Carco et Roland Dorgelès.

Les grandes figures qui dominent la chanson française à la fin du XIXe siècle et au début du XXe sont, avant tout, des chansonniers d'actualité. Il faut cependant mettre à part : Aristide Bruant, seul naturaliste de l'équipe du Chat-Noir, Théodore Botrel, chansonnier d'inspiration folklorique, Xavier Privas « poète éloquent des misères et des tristesses » et Charles-Maurice Couyba, dit Maurice Boukay, que Verlaine, Armand Silvestre et Sully Prudhomme reconnurent comme étant des leurs.

Ce n'est qu'en 1936 que la chanson littéraire fait sa réapparition au « Bœuf sur le Toit ». Devant le succès remporté, Agnès Capri ouvre, en 1938, un cabaret consacré uniquement aux chansons littéraires. On y applaudit des chansons de Max Jacob, Prévert, Apollinaire, Aragon, L.-P. Fargue, J. Nohain, mises en musique par Joseph Kosma, Christiane Verger, Claude Arrieu, Vittorio Rieti, Maurice Jaubert, Rodolphe Goehr, Van Parys, Poulenc et Sauguet.

Interrompue durant l'occupation (où des œuvres charmantes comme *Nathalie,* ou *la Ronde du cerisier* d'Agathe Mella et Claude Arrieu, composées en 1940-1941 n'eurent pas, du fait des événements, l'audience qu'elles auraient méritée), la chanson littéraire fait, en 1945, une rentrée brillante avec « Les Gueux au Paradis », dont les chansons sont signées André Obey, Maurice Fombeure et Claude Roy, musique de Claude Arrieu. Interprétées tout d'abord par les Quatre Barbus, ces chansons furent reprises par les Frères Jacques.

Les « Gueux au Paradis » popularisèrent la chanson littéraire, préparant le succès remporté au Bœuf sur le toit et au Tabou en 1949 par Juliette Gréco, avec *la Rue des Blancs-Manteaux* de Jean-Paul Sartre, *la Fourmi,* de Robert Desnos, et enfin *Si tu t'imagines,* de Raymond Queneau (musiques de Joseph Kosma).

Depuis, la chanson littéraire, largement diffusée par les disques et la radio, semble jouir d'une jeunesse toujours renouvelée, mais il est encore prématuré d'écrire son histoire...

France VERNILLAT.

BIBLIOGRAPHIE

LAUJON, P., *Œuvres choisies,* t. IV, Paris, 1811.

CAPELLE, P., *La clef du Caveau,* Paris, 1810.

DINAUX, A., *Sociétés badines, bachiques et chantantes,* Paris, 1867, 2 vol.

VALBEL, H., *Chansonniers et cabarets artistiques,* Paris, 1895.

GOUDEAU, E., *Dix Ans de bohème,* Paris, 1888.

BRISSON, A., *Un coin du Parnasse,* Paris, 1898.

BAILLET, E., *La petite muse,* Paris, 1901.

PIERRE, C., *Notes sur les chansons de la période révolutionnaire,* « Revue Musicale », 1904.

JANIN, J., *Béranger et son temps,* Paris, 2 vol., 1866.

BROCHON, P., *Béranger et son temps, et le Pamphlet du pauvre,* Paris, Éditions sociales, 1956 et 1957.

Revue mensuelle de la Société Le Caveau (1908-1913).

L'Esprit Montmartrois, Joinville-le-Pont, 1938.

BARBIER ET VERNILLAT, *Histoire de France par les chansons,* Paris, 1961.

LA MUSIQUE DE FILM

A L'ÉTUDE de la musique de cinéma on ne peut appliquer les méthodes utilisées dans l'esthétique et la musicologie modernes. Il faudrait se référer plutôt à celles de l'ethno-musicologie qui considère moins une musique primitive en elle-même que par rapport aux représentations magico-religieuses dont elle est la vivante expression.

Le cinéma est un phénomène social et esthétique parmi les plus importants du XXe siècle. Son audience est beaucoup plus étendue que celle des autres arts plastiques et musicaux, et les conditions de sa production et de son exploitation font de lui un art strictement « contemporain » (car nous tenons encore pour négligeable le public des cinémathèques et autres ciné-clubs), comme l'était par exemple la musique aux temps d'un Josquin des Prés ou d'un Haydn jusqu'à l'avènement du créateur romantique. Quel art peut se flatter d'avoir vu proliférer une littérature aussi abondante que celle du cinéma en cinquante ans d'histoire ?... Philosophes et sociologues, critiques et cinéastes se sont penchés sur ses innombrables prestiges. Les premiers, en particulier, ont beaucoup contribué à nous révéler les subtils mécanismes du septième art. Edgar Morin dans *le Cinéma ou l'Homme imaginaire* et dans *les Stars* a analysé le phénomène cinématographique dans ses ressorts psycho-sociologiques et ses rapports magiques avec un public à la recherche d'une évasion.

Le cinéma exerce sur les masses une grande attraction. Séduit par des affiches publicitaires, préparé par les magazines au culte des stars — ces demi-dieux mythologiques dégénérés ! — le spectateur entre dans un temple sombre où les fidèles anonymes communient en un faux état mystique qui n'est qu'un rêve dirigé; les images lumineuses et mouvantes s'imposent sans peine à ces milliers d'yeux émerveillés.

Mais d'autre part, le cinéma est un art : son pouvoir de suggestion tient au fait qu'il rassemble dans une grande synthèse les arts des Muses souvent dissociés depuis la désacralisation de la tragédie grecque. Le cinéma est le plus lyrique et le plus émouvant de tous les arts puisqu'il en concentre les « puissances » respectives. Pour Canudo, il est « l'art plastique en mouvement »; il participe des arts du temps et de l'espace. C'est un « art total ».

LA MUSIQUE ET L'ATTITUDE DU SPECTATEUR

A quoi peut prétendre la musique dans un tel contexte ? Il est certain que, dans une salle de cinéma, la musique que nous entendons n'est plus la même que celle que nous irons écouter au concert. Sa fonction a changé, sinon sa nature : ses pouvoirs supplantés par ceux de l'écran qui captent notre attention, elle va conférer à l'image une vie intérieure en agissant malgré nous sur notre sensibilité.

A un premier stade d'analyse, nous appellerons « magique » une telle musique dont le déroulement ne requiert plus la participation de notre intelligence. L'équilibre instable que supposait l'émotion esthétique, formée — au dire des esthétiques rationnelles dont nous autres Européens, et surtout Français, avons admis implicitement le bien-fondé — de chocs sensibles et de participation intellectuelle, est rompu ici au profit de l'élément d'affectivité pure.

Le spectateur moyen n'est qu'inconsciemment auditeur de la musique du film qui le divertit; il ne peut faire mieux que ce que G. Van Parys prescrivait en disant : « on doit entendre la musique au cinéma et non point l'écouter »; au lieu de concentrer son attention sur la forme musicale qui se constitue en se dépliant dans le temps, il s'abandonne aux mouvements sonores qui ne laissent en lui que les traces d'une émotion diffuse. Il ne peut comprendre une musique qu'il n'a pas recréée dans l'activité de son intelligence.

Les raisons de cette attitude résolument passive devant le devenir musical s'expliquent aisément. Le spectateur sollicité par l'action dramatique et par la succession des images n'a plus l'esprit assez libre pour écouter attentivement la musique. Jacques Brillouin avait insisté sur le fait que la rapidité d'intellection des formes visuelles est supérieure à celle des formes musicales, et Roland-Manuel apportait les témoignages anciens de saint Thomas d'Aquin : « Il n'est pas possible que la même intelligence soit déterminée à la fois par plusieurs espèces intelligibles pour comprendre en acte divers objets » *(Somme théologique)* et de La Fontaine :

> Si les yeux sont charmés, l'oreille n'entend guères,
> Et tel, quoiqu'en effet il ouvre les paupières,
> Suit attentivement un discours sérieux,
> Qui ne discerne pas ce qui frappe ses yeux.
>
> *(Épître sur l'opéra)*

Dépouillée de ses éléments intellectuels qui ne sont pas perçus, la musique de film agit souterrainement sur l'affectivité du spectateur; tout un ensemble d'émotions encore troubles va rejaillir sur les images et se préciser à leur contact.

LA MUSIQUE, SUBSTANCE VIVANTE DE L'ÉCRAN

A l'objectivité des images, par leur analogie avec la perception naturelle, vient s'opposer l'irréalité de la musique qui les enveloppe. Étrange paradoxe d'une musique dont la nécessité profonde a dépassé celle qu'elle avait à ses origines de couvrir le bruit de la camera! Pourquoi les regards que nous jetons sur un écran ne peuvent-ils se passer de musique, alors que dans notre vie quotidienne nous n'en éprouvons pas le besoin pour accompagner la perception du monde qui nous entoure ? « La vie réelle est évidemment dépourvue d'effluves symphoniques, dit Edgar Morin, toutefois la musique accompagnant déjà le film muet s'est intégrée dans le film sonore. Cette exigence de musicalité est au pôle opposé de l'exigence d'objectivité. Extraordinaire contradiction entre l'œil et l'ouïe, la seconde se berçant de ce que le premier ne saurait permettre. » Cependant l'objectivité du cinéma, son impression de réalité ne sont qu'apparentes. Et si l'on a opposé souvent le réalisme des images cinématographiques au lyrisme de la musique qui les accompagne, on semble ainsi méconnaître ce que le cinéma a de plus complexe, de plus trouble et de plus contradictoire.

Une photographie reproduit l'apparence de la réalité mais contient aussi tout ce que nous mettons en elle par projection, fixation et transfert. L'apport du mouvement renforce son réalisme de même qu'il approfondit cette qualité de « double », qu'immobile, elle possédait déjà. Le cinéma restitue une présence; présence de l'homme et des objets qui l'entourent, objets réels en soi que la camera semble animer, entourer d'un halo de rêve et de mystère.

Réel et irréel se côtoient, se masquent mais aussi se justifient réciproquement : gros plans d'objets ou de visages se détachant nets et précis sur un fond pâle et flou. La phrase de Baudelaire : « Le merveilleux nous enveloppe et nous abreuve comme l'atmosphère mais nous ne le voyons pas » s'applique parfaitement au cinéma. La réalité de celui-ci n'est qu'apparente; elle est une création de l'imaginaire comme la réalité de nos rêves. L'univers cinématographique n'est qu'incomplètement l'univers objectif; l'un se sert de l'autre après l'avoir filtré, réduit à sa propre mesure.

Les photos en mouvement que l'on aurait pu croire objectives ne le sont donc pas, et c'est pour renforcer ce qu'elles ont de subjectif que la musique apporte son insaisissable présence. Elle ajoute une troisième dimension à la surface plate de l'écran, celle de l'intériorité, car ellee st, selon l'expression d'Edgar Morin, « présence affective en mouvement ». Les images ont besoin de cette atmosphère musicale pour vivre, c'est-à-dire pour que les spectateurs croient en elles et participent à leur illusoire réalité. Ainsi, telle la lyre d'Orphée charmant végétaux et animaux, la musique de film anime visages et objets, approfondit leur « âme » que nous révélait déjà la camera. Musique magique non parce qu'elle modifie le donné imagé, mais parce qu'elle agit sur le psychisme du spectateur, amenant ce dernier à accepter implicitement la métamorphose, elle est un de ces artifices qui rendent l'univers cinématographique plus vrai, plus dense que la réalité.

LES INCIDENTAUX ET LEUR INFLUENCE SUR L'ESTHÉTIQUE DU SONORE

La musique ainsi utilisée en arrive à être classée selon l'atmosphère et les situations filmiques qu'elle évoque par sa dynamique et ses propriétés affectives. Au temps du muet on a vu la création de « véritables catalogues d'états d'âme ». « L'Italien Giuseppe Becce », nous dit Pierre Schaeffer dans le numéro 2 de la « Revue du Cinéma » « publia le premier à Berlin, sous le nom de *Kinothek,* un vaste répertoire minuté, étiqueté, de tout le répertoire classique découpé en morceaux commodes et utilisables tels quels pour l'illustration musicale. » Cet exemple fut largement suivi dans tous les pays et l'on vit même des compositeurs écrire des musiques d'ambiance (ou incidentaux) destinées à compléter les casiers déjà existants. Le musicien chargé de sonoriser le film muet n'avait plus qu'à choisir quelques partitions correspondant aux péripéties du film qu'il devait commenter musicalement; il avait le choix, car tous les paysages, sentiments et situations diverses, étaient prévus.

Edgar Morin insiste sur le caractère anthropo-cosmomorphique que présentaient ces incidentaux : « Ils expriment un sentiment intérieur en même temps qu'ils décrivent un spectacle naturel. »

« Symphonie pastorale ou Souvenir de la vie champêtre (plutôt expression de sentiments que peinture) : 1°) *allegro ma non troppo,* éveil d'impressions gaies à l'arrivée à la campagne; 2°) *andante con moto,* scène au bord du ruisseau... » En 1809, Beethoven, à propos de sa *VI*e *Symphonie,* ne s'était-il pas montré un précurseur des « programmateurs » musicaux du cinéma muet ? Ces derniers, cependant, étaient plus expéditifs dans leurs classifications et ne s'embarrassaient pas de nuances :

« Grand pathétique » : *V*e *Symphonie* (Beethoven).

« Neutre symphonique et plein air » : *Pastorale d'été* (Honegger).

Prélude à l'Après-midi d'un faune (Debussy).

« Poursuites et chevauchées » : Ouverture de *la Flûte enchantée...*

Voilà qui peut donner un échantillon des découvertes

que fit un jour Roland-Manuel dans la Kinothèque du Gaumont-Palace!

L'univers descriptif-affectif des incidentaux soigneusement répertoriés régit encore de nos jours la musique de bandes d'actualités.

L'avènement du sonore, qui fixa la musique à même la pellicule, n'a guère transformé une esthétique déjà aberrante à ses origines. La musique de film est restée dans la plupart des cas une musique d'ambiance à finalités expressives. Beethoven, Wagner et Debussy ont pratiquement disparu des nouvelles partitions de films, mais leur esprit anime toujours celles-ci. Les procédés romantiques et impressionnistes, qui ont fait leurs preuves dans des œuvres géniales, se voient inlassablement utilisés, perdant ainsi toute valeur esthétique, mais gardant une puissance affective d'autant plus efficace que l'esprit critique du spectateur ne peut pas intervenir. Maurice Jaubert, cependant, s'est élevé contre l'emploi « des moins recommandables des recettes wagnériennes » et « des suavités pseudo-debussystes » par les compositeurs américains, mais il semble qu'Hollywood n'ait pas tenu compte de son opinion, car Max Steiner, Richard Hageman, Miklos Rosza, Franz Waxman, Dimitri Tiomkin et quelques autres (Européens émigrés pour la plupart) écrivent pour les films commerciaux une musique académiquement sentimentale et expressive. Accords dissonants, diminués ou altérés, mélodies langoureuses se répétant en marches tirées des traités d'harmonie les plus pauvres, orchestrations massives à grand renfort de cuivres et de cordes, abus des trémolos... telles sont les recettes d'une musique magique liée au temps psychologique, « musique incessamment dominée par des éléments étrangers à son essence où l'émotion crée sa forme en creusant son lit; musique impure par essence et qui se doit de ne pas exister par elle-même — de ne pas trouver en soi son achèvement » (Roland-Manuel).

Pour nous résumer, nous dirons que la musique de film, qui n'est pas appréhendée par le spectateur trop passif envers son déroulement, est subie par celui-ci et accroît efficacement sa participation aux images; par contrecoup, la musique agit sur les images en développant leur dimension d'intériorité. C'est pourquoi la conception d'une présence musicale qui ne compte que pour les résonances affectives créées au sein de l'auditeur a semblé autoriser la plupart des musiciens de film à négliger la structure formelle de leurs compositions.

Mais la musique de film n'a-t-elle vraiment que cette seule justification magique apparue dans une première analyse de sa nature et de sa fonction ?

LE LANGAGE DES SONS

Que beaucoup d'éléments concourent à faire une œuvre magique du cinéma n'empêche pas celui-ci d'être un art, bien qu'art et magie semblent être deux catégories qui s'excluent mutuellement. Les choses ne sont pas aussi durcies dans leur identité que les mots ou attributs que l'on emploie pour les nommer.

Le cinéma est magique dans la mesure où il débouche sur l'univers onirique, entraînant le spectateur dans une participation involontaire mais totale, par le charme de ses images et la nature insidieuse de la musique qui les enveloppe. La magie se voudrait infailliblement contraignante par rapport à la cible qu'elle vise, supprimant prise de conscience et liberté. Mais la cible est mouvante lorsqu'elle est un être humain, lequel peut réagir activement à l'encontre des forces qui veulent le paralyser. Le spectateur, grâce à la pénétration de son regard et à la force de son attention, peut découvrir, derrière la nature émotionnelle des images, tout un univers de significations : c'est alors que s'atténue l'aspect magique du film et que se révèle cette subtile organisation qui est le propre de l'œuvre d'art.

Sur le plan du successif, le montage qui ordonne les images leur confère une certaine signification. Deux plans différents, mis bout à bout, réagissent l'un sur l'autre et concourent à l'édification d'une idée, si un rapport logique existe entre les deux; l'idée de la faim, par exemple, si l'on nous montre le visage d'un homme, alternant avec une assiette de soupe fumante, comme l'a prouvé Leo Koulechov dans ses célèbres expériences sur le montage.

La musique de film peut parvenir au même effet et donner, selon sa nature, une certaine signification aux images qu'elle accompagne. Cette faculté était déjà virtuelle lorsque l'exécutant chargé de « musicaliser » le film muet jouait le prélude de *Tristan* au moment où le héros et l'héroïne semblaient brûler l'un pour l'autre d'un amour éternel et impossible. L'idée contenue dans la musique existait déjà mais passait inaperçue du fait qu'elle ne faisait que confirmer celle que les images exprimaient.

Assez pauvre dans son rôle de commentaire et de sous-titre, la musique de film devient beaucoup plus intéressante lorsqu'elle éclaire les images d'une nouvelle lumière, en transforme la signification. Il s'agit alors d'un contrepoint au niveau du langage. Ceci fut prouvé expérimentalement par Ombredane qui projeta le combat des larves d'*Assassins d'eau douce* (documentaire de Painlevé) à des noirs congolais, une première fois avec une musique de jazz, une deuxième fois avec le chant rituel des têtes coupées de la tribu des spectateurs indigènes : la même séquence se transforma de « jeu aimable et batifolant » en suggestion de meurtre et de destruction, relate Edgar Morin.

Les exemples de contrepoint entre les images et la musique sont nombreux. Nous citerons, pour mémoire, les films naturalistes de Walt Disney comme *Désert vivant* où la participation musicale légère et désinvolte nie la valeur dramatique des images et donne à cette âpre lutte pour la vie qui est de mise dans le règne animal, valeur de dessin animé...

LEITMOTIV ET CINÉMA

La fonction de langage de la musique de film, sa possibilité de créer parallèlement aux images un réseau complexe de significations, sont accrues par l'emploi de leitmotiv. Jacques Bourgeois, dans le numéro 10 de la « Revue du cinéma » (février 1948) a bien montré les rapports qui existent entre les motifs conducteurs de la Tétralogie wagnérienne et ceux qu'a utilisés Franz Waxman dans *Objectif Birmanie,* de Raoul Walsh.

Beaucoup d'autres partitions de films sont construites autour d'un thème central (ou plusieurs) qui peut être appelé *leitmotiv* dans la mesure où il est rigoureusement lié à une situation, un personnage, un sentiment ou une idée. Soumis à la loi d'association, son pouvoir d'information n'est que la conséquence de la création d'un réflexe conditionné chez le spectateur. Chargé du poids affectif des images antérieures, qu'il accompagnait et qu'il évoque par sa seule présence, il est un messager de l'action. Au spectateur attentif de découvrir quel message le leitmotiv lui délivre. Car si le symbole de la chanson *Si toi aussi tu m'abandonnes* est assez clair dans le film de Fred Zinneman *Le train sifflera trois fois,* la signification des deux thèmes de J. J. Grunenwald dans *les Dames du Bois de Boulogne* de Bresson est déjà beaucoup plus subtile. Que dire, alors, des huit thèmes principaux — tous rattachés à des objets précis — qui composent la partition musicale de Giovanni Fusco et Georges Delerue dans *Hiroshima mon amour ?* Ce n'est qu'après de nombreuses confrontations avec le film d'Alain Resnais que le spectateur pourra accéder à la connaissance d'une œuvre si parfaite à laquelle images, texte littéraire et musique apportent leurs richesses respectives.

Maintenant que nous avons donné les deux aspects principaux de la musique de film, il est temps de nous pencher quelques instants sur les conditions matérielles de son existence dans la genèse d'un film.

CRÉATION ET ENREGISTREMENT DE LA MUSIQUE DE FILM

La plupart du temps, c'est en fin de tournage que l'on fait appel au musicien de film. On peut lui demander d'écrire plusieurs fragments musicaux de faible durée et variables dans leur structure et leur instrumentation selon qu'ils s'appliquent au générique, à une séquence lyrique, rythmique, dramatique ou comique. Il existe aussi le cas de plus en plus fréquent d'une musique diégétique, c'est-à-dire appartenant à l'univers fictif du film au même titre que le dialogue et les bruits : valse musette *(14 Juillet),* rengaine populaire *(Le ciel est à vous),* jazz *(Rendez-vous de juillet),* autant d'exemples qui nécessitent du musicien attention et souplesse créatrice. Celui-ci « visionne » les séquences qu'il doit illustrer musicalement et en prend soigneusement les mesures avec un chronomètre ou... une règle (les films commerciaux sont en 35 mm et s'étalonnent ainsi : une seconde = 24 images = 0,45m).

Pressé par le temps, soumis à de multiples contraintes,

le compositeur doit travailler vite et avec une grande précision, spécialement dans la recherche de ses tempi. La partition terminée sera exécutée en studio et enregistrée sur bande magnétique; l'enregistrement suppose déjà une certaine synchronisation avec les images qui sont projetées devant le chef d'orchestre. Une synchronisation plus précise entre les différentes bandes sonores (dialogues, bruitage et musique) et la bande-image sera faite pendant le montage. Cette opération qui donne au film son ordonnance sonore et visuelle est subdivisée en :

— synchronisation;
— prémixage (entre bruits et musique par exemple);
— mixage;
— report sur bande optique.

La place nous manque pour entrer dans les détails de ces phases essentielles à l'élaboration finale du film. Signalons, cependant, que c'est le mixage qui donnera aux différentes bandes sonores leur intensité définitive, réduisant celle de la musique par rapport au dialogue, celle du bruitage par rapport à la musique, selon leur importance qualitative ou dramatique.

Quant au report sur bande optique, il consiste à transformer les fréquences sonores en courbes lumineuses sur une plage de la pellicule parallèle à celle des images. Il a l'avantage de permettre une parfaite synchronisation audio-visuelle et de rassembler les univers visuel et sonore sur une seule bande qui passera successivement dans l'objectif et dans le lecteur-son, au moment de la projection; ces deux mécanismes sont distincts, quoique réunis dans un même appareil, parce que le défilement intermittent du premier est différent de celui du second qui doit être continu; ainsi le bruit synchrone d'une certaine image sera fixé sur la pellicule quelques dizaines de centimètres plus loin. Mais la bande optique à l'inconvénient de n'être impressionnée que par les fréquences situées entre 50 et 8 000 périodes/seconde, alors que l'oreille perçoit celles qui s'échelonnent entre 30 et 12 000. Par ailleurs des souffles et bruits parasites dus au dépôt de grains de poussière ou au vieillissement de la pellicule appauvrissent le sonore de la bande optique qui tend de nos jours à être remplacée par la bande magnétique, plus coûteuse par les nouveaux appareils qu'elle nécessite, mais plus fidèle et plus durable.

Au cours du montage, il est trop tard pour modifier la partition du compositeur; si la musique dépasse de quelques secondes les images qu'elle a pour mission d'accompagner, on la coupera sans scrupule — par un fondu qui n'est qu'un *diminuendo* qui aboutit au silence — sans tenir compte de sa continuité formelle. Ceci ne peut pas se produire si l'on fait appel au musicien concret qui est à la fois compositeur et manipulateur et qui peut modifier facilement sa musique selon les exigences du montage, alors que le musicien traditionnel ne peut transformer sa partition et la faire ré-enregistrer sans entraîner de grosses dépenses pour le producteur.

Le *play-back,* où la création et l'enregistrement de la musique précèdent le tournage des images, permet au musicien de travailler avec une plus grande liberté, puisque c'est au réalisateur qu'il appartient cette fois d'adapter le rythme cinématographique au rythme musical. Employé souvent lorsqu'un musicien doit doubler un acteur, par exemple dans *les Visiteurs du soir* où Jacques Jansen prête sa voix à Alain Cuny dans les deux chansons de Maurice Thiriet, le play-back est surtout à la base de la fabrication des dessins animés. Le compositeur écrit sa partition en tenant compte de la nature des personnages et des événements qu'ils vont vivre, puis c'est en fonction du rythme musical que dessinateurs et monteurs animeront Mickey, Donald, Popeye ou autres « Tom and Jerry ».

SYNCHRONISATION AUDIO-VISUELLE ET MIXAGE

C'est avec le temps que musique et images cinématographiques trouvent un dénominateur commun. Ils se définissent tous deux par le rythme, et la première construction audio-visuelle qui vient à l'esprit est l'association d'un rythme musical au rythme des images. Nous avons vu que le dessin animé utilise le processus inverse, mais le résultat est le même lorsque, par exemple, un arpège descendant souligne « la dégoulinade d'un verre de bière dans le gosier d'un buveur » (Maurice Jaubert) dans *le Mouchard* (1935) de John Ford.

Eisenstein, dont nous savons qu'il fut aussi grand théoricien que grand créateur, a établi dans son ouvrage *Film*

Sense une hiérarchie des diverses méthodes de synchronisation entre son et image. On peut résumer celle-ci en trois groupes :

1° Synchronisation naturelle qui n'est qu'un simple bruitage réaliste.

2° Synchronisation métrique « construite sur une coïncidence de durée métrique entre les accents musicaux et les plans remarquables d'un montage » (Jean Mitry, *Eisenstein*). C'est par exemple l'ouverture de *Guillaume Tell* de Rossini qui accompagne les poursuites et chevauchées dans le western américain de série *(les Justiciers du Far West)*.

3° Enfin synchronisation rythmique (au sens large) où rythmes, mélodies, complexes sonores et timbres apportent leur dynamisme respectif pour reconstruire sur le plan auditif les différentes composantes des images. L'œuvre cinématographique est alors composée de multiples lignes et matières tant musicales que visuelles, qui forment un subtil contrepoint les unes avec les autres, s'enrichissent mutuellement, jusqu'à former un tout indissoluble. C'est dans cette dernière catégorie qu'entre la célèbre bataille sur la glace d'*Alexandre Nevsky* où la complexité de la musique de Prokofiev ne cède en rien à celle du montage d'Eisenstein. Pourtant, le début de cette séquence a donné lieu à de célèbres controverses; Eisenstein est peut-être allé trop loin dans ses rationalisations en voulant associer la perception de la musique à la perception d'un tableau statique. On se souvient que ce tableau présenté par un lent panoramique est constitué par des groupes de piquiers de l'armée russe qui s'échelonnent au-dessus de l'horizon. Celui-ci est souligné musicalement « par la tenue des flûtes et des violons qui frémissent sur une note haute immobile. Les groupes de piquiers et leur dentelure qui se détachent sur le fond de la steppe sont traduits par des pulsations convergentes et groupées des violoncelles dont une gamme ascendante définit un parcours mélodique ayant la même extension que le trajet visuel de leur analyse » (Jean Germain, *la Musique et le Film,* dans « L'Univers filmique »)... de telle sorte, écrit Eisenstein, que nous trouvons une correspondance absolue entre le mouvement de la musique et le mouvement du regard sur la ligne de composition plastique ». Ici intervient Jean Mitry : « Nous ne sommes plus d'accord, dit-il, parce qu'au lieu d'associer un mouvement visuel au mouvement musical, il [Eisenstein] associe à ce mouvement le graphisme linéaire d'une forme immobile » *(op. cit)*. Jean Mitry ajoute, se basant sur les travaux de la « Gestalt », qu'une image n'est pas lue dans un certain ordre, mais perçue globalement, et il conclut : « La musique considérée comme une suite de perceptions ne peut s'associer qu'avec une autre suite de perceptions et non avec l'examen analytique d'une chose perçue. » Nous verrons plus tard comment Jean Mitry a tiré parti de la synchronisation audio-visuelle.

Jean Grémillon est un des rares cinéastes qui soit en même temps compositeur. Mais il ne conçoit pas la musique comme une traduction mot à mot du déroulement visuel. « La musique doit être inexpressive. Elle doit être un guide inconscient de la sensibilité », disait-il; aussi ses films témoignent-ils d'une conception plus subtile de la synchronisation audio-visuelle : la musique évolue discrètement, parallèlement aux images en modulant selon l'atmosphère de chaque séquence, mais sans renoncer à garder sa logique et son unité. Construite souvent à partir d'éléments réalistes (bruits, chansons), elle intègre ces derniers à son univers; elle musicalise le bruitage et le cimente dans une harmonieuse construction sonore. C'est tout un art que de rassembler ainsi deux mondes distincts et il y a dans l'opération du mixage une véritable part créatrice. Nous reviendrons sur les films de Grémillon qui s'est si parfaitement entendu avec son musicien Roland-Manuel, mais signalons, dans *Le ciel est à vous,* la scène où les enfants sont seuls dans le hangar déserté : à la musique que joue discrètement le quatuor à cordes en sourdine, vient peu à peu se superposer la chanson *Sur l'Pont du Nord un bal y est donné* que chantent à un diapason légèrement différent les orphelins pendant leur promenade rituelle. Il fallait toute la ténacité de Grémillon et sa maîtrise dans le dosage des sons pour faire de ces deux musiques hétérogènes un ensemble cohérent.

Dans *la Rue de la honte* du Japonais Kenji Mizoguchi, nous trouvons un autre exemple de cette délicate organisation des bruits : une courte séquence qui se passe dans les rues étroites du quartier réservé de Tokyo nous fait entendre les musiques de danse que tamisent les rideaux de soie et les murs de papier et qui se mêlent les unes aux autres sans se nuire — jazz, musique douce, éclats de rires et chuchotements de femmes — font un ensemble si exquisément harmonieux que Jacques Doniol-Valcroze écrivait dans « France-Observateur » (nov. 1957) : « Les bruits sont filtrés, décantés, c'est presque leur essence qui nous est proposée. »

LA MUSIQUE « CLASSIQUE » EMPLOYÉE DANS LE FILM

Ce dernier problème esthétique que soulève la musique de film, n'est pas le plus important, mais il est assez dramatique pour l'amateur de musique qui entend de plus en plus souvent une partition chère à son cœur transplantée du concert au cinéma : *les Quatre Saisons* de Vivaldi dans *le Carrosse d'or* de Renoir, la *IVe Symphonie,* de Brahms dans *Las Hurdes (Terres sans pain)* de Bunuel, le *Kyrie* de la *Messe en ut mineur* de Mozart dans *Un condamné à mort s'est échappé* de Bresson, jusqu'au *IIe Sextuor* de Brahms dans *les Amants* de Louis Malle. De telles adaptations peuvent inquiéter à juste titre le mélomane, car l'unité et la cohésion formelle de la musique sont nécessairement modifiées : sa continuité est interrompue et morcelée par les nécessités de l'action et du dialogue, car on coupe plus facilement dans le son qu'on ne supprime une réplique. De plus, un autre facteur vient accentuer ce phénomène de détérioration : nous avons vu que la musique modifie par sa présence la signification de l'image, mais cette modification n'est pas unilatérale et la réciproque est d'autant plus vraie que la musique est liée au temps psychologique. *Brève rencontre* de David Lean, dont la partition musicale est constituée par le *IIe Concerto* de Rachmaninov, nous montre cette interaction entre musique et images. Jean Leduc, dans une fiche filmographique de l'I. D. H. E. C. dit de cette musique : « Justifiée par l'emploi de la T.S.F., elle a un rôle de construction; elle permet de revenir commodément au présent au milieu d'une séquence de souvenirs. Elle intervient aux moments capitaux : premières confidences d'Alec, premier baiser; elle chante l'amour, mais elle est aussi un rappel constant du foyer. » Malgré cette couleur constante du symbole de la vie familiale le *Concerto* de Rachmaninov est directement éclairé par les images du film; il se pare des tonalités affectives du drame qui exerce sur lui une véritable influence qui va jusqu'au mimétisme : au début, lors de l'amour naissant entre Laura et Alec, il semble gai et alerte, puis il s'assombrit au fur et à mesure que s'affirme le conflit psychologique; il prend alors les couleurs des murs noirs, des quais mouillés, des trains hurlants. La musique de *Brève Rencontre* perd ses propriétés intrinsèques tant les images débordent sur elle et l'imprègnent de leur émotion.

QUELQUES APERÇUS HISTORIQUES SUR LA MUSIQUE DE FILM

Il est pratiquement impossible de faire une véritable histoire de la musique de film, principalement parce que l'histoire du monde contemporain est une des plus délicates, lorsque manque encore le recul des siècles qui est pour certains une garantie d'objectivité. Mais alors qu'il serait quand même concevable de faire une histoire de l'évolution du langage musical de Webern à Stockhausen, par exemple, en analysant méticuleusement un grand nombre d'œuvres sérielles et en tenant compte de l'apport d'un Varèse, d'un Olivier Messiaen et d'un Pierre Schaeffer, le problème est complètement différent pour la musique de film.

L'importante documentation cinématographique (Histoires du cinéma ou nombreux articles ayant suivi la parution de chaque nouveau film) ne fait que très rarement mention de la musique — vieille habitude de ne la considérer que dans ce rôle d'anesthésique de l'attention auditive qui a autorisé la plupart des critiques à n'en point parler. En outre, on ne peut pas voir d'anciens films aussi facilement que l'on consulte une partition en bibliothèque; il faut attendre, pour ce faire, le bon vouloir des cinémathèques. Enfin, contrairement au style cinématographique, la musique de film n'a suivi aucune évolution; utilisée dans la plupart des cas pour son rôle magique, elle ne se réfère que rarement à l'une de ces catégories esthétiques dont nous avons parlé. Seules, l'intelligence du réalisateur, la volonté du musicien, conditionnent un tel choix qui n'obéit à aucune loi de continuité. En conséquence, nous ne pouvons offrir au lecteur que certains exemples de musique de film, jalons subjectifs d'une histoire inexistante.

Par ailleurs, nous ne traiterons qu'épisodiquement des documentaires et courts métrages dont il est encore plus difficile de dresser l'inventaire, bien que ce soit souvent pour de tels films que les compositeurs écrivent leurs meilleures partitions, comme en témoigne celle de Mihalovici dans *la Magie du fer-blanc*.

Au temps du muet régnaient les « incidentaux ». Des salles privilégiées comme le Colisée, le Marivaux et le Marignan à Paris employaient les meilleurs instrumentistes du moment; Yves Baudrier aime se souvenir de cette période où le cinéma lui fit connaître la musique de chambre de Schumann, celle de Fauré ou de Debussy dans de remarquables interprétations. Quelques compositeurs cependant écrivirent des partitions originales : nous citerons Saint-Saëns pour *l'Assassinat du duc de Guise* (1908), Pizzetti pour *Cabiria* de Pastrone (1913), Honegger pour *la Roue* d'Abel Gance (1923), Erik Satie pour *Entr'acte* de René Clair (1924), et Henri Rabaud pour *le Joueur d'échecs* de Raymond Bernard (1926).

Contrairement à ce que l'on pourrait croire, l'avènement du parlant ne fut pas une révolution. Dès 1924, les procédés d'enregistrement étaient mis au point. Ce n'est qu'en 1926 qu'une firme américaine de seconde zone, la Warner, au bord de la faillite, achetait en désespoir de cause le brevet sonore détenu par la General Electric Western qui cherchait en vain acquéreur. D'ailleurs, le premier film qui devait résulter de cette opération financière, *le Chanteur de jazz* avec Al Jolson, était un film muet qui contenait quelques passages parlés ou chantés. Mais son succès, et celui qui accueillit un autre film du même ordre, *le Fou chantant,* furent tels que le cinéma sonore dut rapidement se généraliser : en 1928 *les Lumières de New York* fut « 100 % parlant ».

Ombres blanches fut le premier film sonore exploité en Europe où il eut un grand succès, dit Georges Sadoul dans son *Histoire de l'art du cinéma*. Mis à part ce film de Flaherty et Van Dyke où le public découvrait les joies de l'exotisme sonore (guitare hawaiienne et chœurs polynésiens chantés en anglais), la majeure partie de la production américaine fut composée d'opérettes et de films de music-hall *(Broadway Melody, Parade d'amour)*. Si la musique jouait un grand rôle dans de tels films, les raisons en étaient moins esthétiques que commerciales : le doublage n'existait pas encore et la clientèle européenne « cassait les fauteuils » lorsqu'elle ne comprenait pas l'américain; c'est pourquoi il valait mieux diminuer les dialogues au profit des chansons. Que l'importance de la musique des films hollywoodiens ait dépendu alors des profits assurés par l'exportation, n'empêcha pas qu'elle fut quelquefois de grande qualité. *Hallelujah* (1929) de King Vidor est un chef-d'œuvre où la musique chantée, jouée, dansée par des Noirs est très importante parce qu'elle participe directement de l'action : *negro spirituals* chantés pendant la cueillette du coton, jazz joué dans le tripot, cris et lamentations des cérémonies mortuaires, sermons où une déclamation monocorde est ponctuée par les chœurs de la foule, scènes de transes magico-religieuses. On retrouve dans ce film toutes les conditions de la tragédie antique parce que l'âme des noirs américains s'exprime naturellement par les chants. Avec *Hallelujah* le cinéma sonore nous découvrait aussi la beauté du silence, dans les dix dernières minutes du film où deux hommes se poursuivent silencieusement dans la nuit à travers forêts et marécages. On retrouvera le monde des Noirs dans *les Verts Pâturages* (1936) de Keighley, naïf et poétique récit de la Bible, où Dieu fume de respectables cigares et les anges chantent d'admirables *spirituals*...

L'apparition du cinéma sonore en France déclencha un mouvement de mécontentement chez les anciens maîtres du muet — René Clair en tête — qui craignaient à juste titre que le théâtre filmé ne vînt dépouiller le langage cinématographique de tout ce qui en faisait jusqu'alors l'originalité. Mais ils durent se soumettre aux nouveaux impératifs techniques, sous peine de disparaître. Cette nouvelle alliance fut pour René Clair une paix armée qui stimula son génie. S'insurgeant contre le parlant, il ne l'utilise « que comme un moteur de secours pour éviter les trop longues explications visuelles » écrit Georges Charensol *(Un maître du cinéma : René Clair)*. Ainsi montre-t-il souvent des personnages qui dialoguent derrière une vitre, de telle façon qu'on n'entende pas ce qu'ils disent. Cette lutte constante contre le parlant l'amène tout naturellement à remplacer celui-ci par de la musique. *Sous les toits de Paris* (1930) accorde une large part aux chansons de Raoul Moretti, mais c'est surtout dans *le Million* (1931) que René Clair pousse son style à son plus haut point de perfection. Dans ce chef-d'œuvre de cinéma pur fusionnent les styles du vaudeville, de l'opéra-comique et du ballet. Les musiciens Armand Bernard, Philippe Parès et G. Van Parys sont mis largement à contribution, et René Clair est enchanté de cette formule « où tout chante sauf les personnages principaux ». Chœur des créanciers :

... si le coupable est bien millionnaire, le boulanger, l'épicier, la crémière témoigneront de son honnêteté.

voix de la conscience qui chante en vain « Prosper que fais-tu ? », jusqu'aux couplets susurrés par d'imposants chanteurs d'opéra, pendant que de jeunes amoureux miment silencieusement la scène en coulisse :

Nous sommes seuls dans la forêt,
Que nous importe la fortune
Quand l'or du ciel nous apparaît
Glissant sur un rayon de lune ?

À nous la liberté ! (1931) est un film plus sérieux; son côté subversif nécessitait la légèreté d'un style qui lui fasse pendant. René Clair s'est expliqué à ce sujet : « Je pensais qu'*À nous la liberté* risquait d'être lourd si je le traitais dans un style réaliste. J'espérais que des personnages qui s'exprimeraient en chantant feraient mieux passer le caractère satirique que je voulais donner au film. » (Reproduit par G. Charensol, *op. cit.*) La partition de Georges Auric poétise en quelque sorte les images, masquant à demi la vision amère du cinéaste, lequel, peu à peu, organise le rythme de son film comme s'il se laissait entraîner par l'allégresse du musicien. Dans la célèbre séquence des billets de banque, un ballet se déploie devant nos yeux. « Si les personnages de l'inauguration couraient vraiment après les billets, leur besogne serait vite faite et ils disparaîtraient avec leur butin. Or, ils reviennent, courent à travers l'usine, sans but, mais non sans ordre. Ils forment des figures, entrecroisent savamment leurs bandes, et, sur la musique de Georges Auric, est-ce qu'ils ne se mettent pas à danser ? »

(Bardèche et Brasillach, *Histoire du cinéma*). Nous retrouvons ici l'envolée rythmique du ballet-poursuite (« il a passé par-ici, il repassera par-là ») dans *le Million*.

Maurice Jaubert fut l'un des compositeurs les plus doués; intelligent, sensible et soumis aux exigences de son art, il collabora entre autres avec René Clair (*14 juillet*, 1932), Marcel Carné (*Quai des brumes*, 1938; *Le jour se lève*, 1939) et Jean Vigo (*Zéro de conduite*, 1933; *l'Atalante*, 1934). Quoique chacune de ces œuvres soit musicalement réussie, centrée autour d'un thème qui en est le ressort dramatique essentiel (battements de cœur — joués par timbales et percussions — du héros du *Jour se lève* enfermé dans sa chambre et dans son monde intérieur, par exemple), nous ne traiterons que des deux derniers. Dans *Zéro de conduite*, Maurice Jaubert a utilisé (après Roland-Manuel dans le générique de *la Petite Lise* de Grémillon, 1930) l'un de ces effets spéciaux qui seront chers aux musiciens concrets : il s'agit du son monté à l'envers, avec suppression du régime d'attaque, dans la séquence, elle-même projetée au ralenti, où les pensionnaires se battent à coups d'oreillers, puis font un cortège macabre autour du corps de leur gardien endormi, dans une atmosphère irréelle, saturée de plumes. C'est l'émission de chacun des sons, où la résonance se fait d'abord entendre, suivie par le corps sonore brusquement interrompu, qui donne à la musique son halo de mystère. Dans *l'Atalante*, d'une musique imitative calquée sur la pulsation métrique d'un moteur de péniche, s'élève une plainte mélodique que joue un saxophone — procédé que Roland-Manuel amplifiera dans *Remorques*.

On ne peut pas faire une histoire de la musique de cinéma — aussi condensée soit-elle — sans parler de Jean Renoir, Protée cinématographique jamais figé dans un style et capable du meilleur comme du pire. La bande sonore de ses films ne semble pas témoigner d'une conception esthétique très recherchée comme celle de Grémillon, de Bresson ou même de René Clair musicien sans le savoir. La musique n'est pas considérée en soi, même lorsque Vivaldi ou Mozart en sont les compositeurs, mais pour une couleur qu'elle apporte aux images. « L'accompagnement musical employé trop souvent dans les films n'est qu'une répétition du dialogue... Je croirais beaucoup plus au contrepoint, en matière d'accompagnement de films. Il me semble qu'il faudrait, avec les mots « Je vous aime » mettre une musique qui dise : « Je m'en fous ». Tout ce qui entoure ces mots devrait être composé d'éléments contraires, ce serait plus efficace. » (Jean Renoir, *A bâtons rompus*, « Cinéma 55 », nº 2.) Renoir a la hantise de la sentimentalité et du drame en tant qu'éléments uniques. C'est pourquoi il glisse imperceptiblement du sentimental au comique, du comique au tragique, du tragique au désinvolte, n'insistant jamais sur un effet, qu'il fait suivre aussitôt de l'effet contraire. La musique de ses films s'oppose la plupart du temps à la tonalité affective des images. *La Règle du jeu* (1939) utilise des fragments de Mozart, Monsigny, Saint-Saëns et J. Strauss — musique classique que Renoir aime pour sa « pudeur » et sa sobriété et qui évolue, libre et insouciante du tragique ou du comique évoqués par les images qu'elle accompagne, auxquelles elle ajoute une signification de grandeur et de détachement, tout en décorant de sa propre arabesque l'univers sonore du film. Nous retrouverons en 1952 le même effet dans *le Carrosse d'or* où la partition musicale est constituée par des fragments de Vivaldi (*les Quatre Saisons*) et Corelli.

Entre 1930 et 1940, Renoir réalisait seize films dont la plupart sont des chefs-d'œuvre. Darius Milhaud écrivait la musique de *Madame Bovary* (1934), Wiener celles des *Bas-fonds* (1936) et du *Crime de M. Lange* (1936), avec une chanson de Kosma, lequel signait à son tour la partition musicale d'*Une partie de campagne* (1936), de *la Grande Illusion* (1937) et de *la Bête humaine* (1938).

Signalons aussi qu'à cette époque Auric composait également pour *le Sang d'un poète* (1930) de Cocteau, Honegger pour *Rapt* (1933) de Kirsanov, et Darius Milhaud écrivait une musique d'un beau lyrisme pour la séquence finale de *l'Espoir* de Malraux (1939).

Pendant les premières années du cinéma sonore, l'Allemagne comme Hollywood produisit un grand nombre d'opérettes. *Le Chemin du Paradis* (1930) du Viennois Wilhelm Thiele introduisait les chansons et la danse dans la vie de tous les jours, ce qui ne fut peut-être pas sans influencer le René Clair du *Million*. La même année Walter Ruttmann réalisait *Mélodie du monde*, documentaire de long métrage au montage très rythmé, et tirait intelligemment parti des ressources sonores, voire musicales, du seul bruitage.

La grande réussite du cinéma allemand est certainement *l'Opéra de quat'sous* de Pabst (1931). Cette œuvre inspirée par le *Beggar's Opera* de John Gay (vers 1728), doit autant à son réalisateur qu'à Bertholt Brecht, auteur de l'histoire. Nous sommes dans les faubourgs de Londres peuplés de gangsters, de filles et de pouilleux, où chacun cache ses sentiments derrière un masque de cynisme, comme dans *Mère Courage*. Si l'on trouve le temps de chanter dans ce monde qui est celui d'un certain théâtre allemand, ce n'est jamais en vue de s'attendrir. La musique de Kurt Weill a ce caractère pseudo-populaire qui n'appartient qu'à lui : fausse basse et harmonies creuses; l'interprétation totalement inexpressive des chanteurs accentue son côté inquiétant. Il y a la célèbre chanson « C'est Mackie » mais aussi celle que chante la prostituée, complainte faisant alterner des couplets — sorte de récitatif mi-parlé, mi-chanté, accompagné par un *ostinato* métrique — avec un refrain aux mélismes grandioses sur un ambitus de dizième :

Un navire de haut bord
Les canons braqués
Entrera dans le port.

Pabst réalisa deux versions de *l'Opéra de quat'sous*. La version française avec Albert Préjean et Florelle a du charme mais est dépourvue de la féroce densité du style de la version allemande dans laquelle on ne sourit jamais.

Pabst eut moins de chance dans *Don Quichotte* (1933) tourné en France avec Chaliapine. Manuel de Falla, Nin-Culmell, Maurice Ravel et Roger Désormière ayant été successivement sollicités pour la partie musicale, on ne sait pas pourquoi c'est Jacques Ibert qui fut choisi. Cependant Ravel écrivit alors les trois poèmes de *Don Quichotte à Dulcinée* — sa seule musique de film qui ne trouva audience... qu'au concert.

Le film le plus parfait où la musique ait joué un rôle essentiel, c'est le cinéma soviétique qui nous l'a donné en 1938 avec *Alexandre Nesvky,* d'Eisenstein et Prokofiev. Il est d'ailleurs significatif que le musicien ait jugé sa partition suffisamment réussie pour en tirer une cantate. Les qualités de la musique ne sont plus à démontrer, nous en ferons remarquer cependant les caractères symbolistes. Le solo vocal n'est utilisé que lorsque le destin collectif cède la place aux sentiments individuels, après la bataille, au moment où les femmes errent à la recherche de leurs morts. La musique instrumentale est réservée aux passages descriptifs, quant aux chœurs, ils représentent l'élément humain : chorals solennels pendant l'hommage rendu aux morts, allégresse populaire après la victoire. Si *Alexandre Nevsky* est un chef-d'œuvre, c'est en grande partie parce que le réalisateur et le musicien ont étroitement collaboré : dans certaines séquences, la musique a été écrite après le découpage, mais « il y en a d'autres pour lesquelles les plans ont été montés suivant une musique déjà enregistrée ». Eisenstein déclare dans *The Film Sense* avoir aussi employé les deux méthodes simultanément. Cette réussite ne fut pas unique en son genre puisque Eisenstein et Prokofiev devaient se retrouver en 1944 dans *Ivan le Terrible*.

Pendant la Deuxième Guerre mondiale une nouvelle conception du sonore se dessinait dans le cinéma français : *le Corbeau* (1943) de H. G. Clouzot se signalait à l'attention du spectateur par la suppression de toute musique et par la seule exactitude du bruitage, pour authentifier la vision réaliste. Il y a dans le silence une véritable force dramatique que John Ford n'avait pas su utiliser dans son film *la Patrouille perdue* (1934) où l'angoissante solitude du désert peuplé d'ennemis invisibles était gâchée par une partition symphonique par trop intempestive. Yves Allégret *(Manèges)* et André Cayatte *(Justice est faite)* ont su tenir compte en 1950 de la leçon de H. G. Clouzot.

En 1942, Maurice Thiriet composait pour *les Visiteurs du soir* de Carné les deux chansons *Démons et Merveilles* et *le Tendre et Dangereux Visage de l'amour* au caractère modal, sinon franchement moyenâgeux, tandis que Georges Auric, mis dans l'embarrassante situation de remettre en musique l'histoire de Tristan et Yseult, s'en tirait fort habilement (*l'Éternel Retour,* Jean Delannoy, 1943).

Mais les plus parfaites réussites musicales de cette période se trouvent dans les films de Jean Grémillon. C'est parce que Grémillon pensait, dès son découpage, au rôle que pourrait jouer la musique, que les partitions de Roland-Manuel s'adaptent si parfaitement aux images. Des films comme *Lumière d'été* (1943), *Le ciel est à vous* (1944) sont d'une telle richesse qu'on ne peut les résumer en une formule; les lignes de force, les plans de signification en sont multiples et concourent à l'édification d'un monde qui est le Monde. Comme dans *la Règle du jeu* de Renoir, Grémillon ne démontre pas, il montre; ce ne sont que les conséquences des actes qui, rétrospectivement, condamnent ou justifient ceux-ci. Dans *Le ciel est à vous* par exemple, la femme de Gauthier aurait pu ne pas revenir; Gauthier et ses enfants auraient vécu dans la souffrance, subissant l'agressive réprobation des habitants de la petite ville. Aussi la musique n'intervient-elle que pour souligner le danger qui plane lorsque naît la passion dévorante des parents pour l'aviation; le thème principal de la partition commente douloureusement une inquiétude sous-jacente : il apparaît trois fois, dans le générique, dans la séquence du hangar et dans celle où Gauthier attend avec angoisse des nouvelles de sa femme, et il est lié à la chanson des orphelins qui lui succède ou lui est juxtaposée. Mais l'aviatrice reviendra et, dans la liesse populaire, les orphelins s'éloigneront, flanqués de la sévère silhouette du surveillant qui n'aura pas eu sa proie. Un des soucis essentiels de Grémillon et Roland-Manuel est de donner au bruitage valeur musicale. Dans le générique de *l'Étrange Monsieur Victor* (1938) qui montre la rade de Toulon, la musique liait et enveloppait les bruits (chocs métalliques, grincements de poulies, chants de travailleurs) dans des rapports rythmiques et harmoniques. *Remorques* (1941) offre un exemple encore plus probant : dans la séquence de la tempête, Roland-Manuel a noté le rythme des machines du remorqueur et composé une musique qui épousa ce rythme de telle sorte qu'après le mixage, bande sonore et bande musicale semblent issues d'un seul et même créateur.

Dans *le Tempestaire* d'Epstein (1947), Yves Baudrier opère différemment : il ne s'agit plus ici de machines, mais de bruits naturels : rugissement de la tempête, souffle des vagues, sifflement du vent — souvent passés au ralenti ce qui en augmente les fréquences graves. Le lyrisme des éléments appelle un lyrisme musical; un son indistinctement perçu est prolongé et précisé par le timbre d'un instrument (contrebasses, ondes Martenot). La musique latente de la nature est révélée par le musicien qui la développe avec les ressources de son art. Parmi les autres films dont Yves Baudrier a composé la musique, nous citerons *la Bataille du rail* (1946) et *les Maudits* (1947) de René Clément.

Jean-Jacques Grunenwald a travaillé avec Jacques Becker (*Falbalas,* 1945 ; *Antoine et Antoinette,* 1947), Bresson (*les Anges du péché,* 1943 ; *les Dames du Bois de Boulogne,* 1945 et *le Journal d'un curé de campagne,* 1951) et quelques autres cinéastes. La musique des *Dames du Bois de Boulogne* nous semble une des plus importantes bien qu'on la remarque à peine à une première vision du film. Elle utilise principalement deux leitmotiv : celui d'Agnès, femme tourmentée qui aspire à la lumière qu'elle ne trouvera que dans la mort, est ascendant malgré son mélisme sinueux qui utilise de nombreux intervalles diminués et augmentés; quant au thème d'Hélène, personnage constant et méthodique dans sa froide détermination de vengeance, il a un caractère chromatique et descendant, à l'intérieur d'un ambitus très resserré. Nous admirons le moment où ce dernier thème vient s'intégrer dans la diégèse du film en devenant le matériau d'une fugue qui progresse avec rigueur et que joue Hélène (Maria Casarès) sur son piano — subtil contrepoint entre la présence subjective, la présence objective et le plan d'un discret symbolisme. Ici, la musique intelligente et sensible apporte un imperceptible élément de lyrisme dans un film qui a la logique d'une équation mathématique et la froide pureté de la glace.

Dans ses deux derniers films (*Un condamné à mort s'est échappé,* 1956 et *Pickpocket,* 1959) Robert Bresson épure son style en éliminant l'expression apparente de tout sentiment humain; un acheminement spirituel se dégage des gestes de la vie quotidienne, plus spécialement des gestes de la main (celle du prisonnier qui forge ses outils d'évasion ou celle du voleur). La musique réduite à quelques courtes phrases de Mozart ou de Lully est un élément qui modifie les autres éléments; elle n'intervient que comme un rythme supérieur qui transcende la banalité des choses quotidiennes. Bresson accède ainsi à la pureté d'un style classique.

Le lecteur doit penser que nous prenons quelques libertés avec la chronologie. Mais répétons-le, la musique de film n'a suivi aucune évolution depuis ses origines. Nous avons insisté sur certains cinéastes qui attribuaient à la musique un rôle précis; nous avons choisi certains films dont la partition musicale nous semblait intéressante... Il y en a d'autres et nous pourrions citer *Henry V* (1944), *Hamlet* (1948), de Laurence Olivier (musique de William Walton), *Farrebique* (1946) de Georges Rouquier (musique de Sauguet), *Louisiana Story* (1948) de Flaherty (musique de Virgil Thomson), *le Troisième Homme* (1949) de Carol Reed, avec la célèbre cithare d'Anton Karas, *Orphée* (1950) de Cocteau pour lequel Auric a écrit une de ses plus belles pages, *Limelight* (1952) de Charles Chaplin où la musique est composée par Chaplin lui-même mais ressemble quelque peu au premier *Concerto* de Tchaïkovsky, *la Porte de l'enfer* (1953) de Teinosuke Kinugasa (musique de Yasushi Akutagawa)...

Dans chacun de ces films — et nous nous sommes volontairement limité — la musique vaudrait la peine d'être analysée, soit pour ses qualités esthétiques, soit pour ses rapports avec l'image; mais nous n'en finirions pas.

Nous avons banni de cette étude les films américains dont la musique repose encore sur l'esthétique des incidentaux. Mais il est un genre que nous ne devons pas passer sous silence, sous peine d'encourir les foudres des cinéphiles convaincus. Il s'agit du *musical,* spécialité du cinéma d'outre-Atlantique (au même titre que le *western*). La musique y joue un grand rôle : musique de ballet, chansons tendres ou pleines d'humour et de fantaisie. D'innombrables pages de Gershwin alimentent le *musical* de 1937 à 1957 (*Funny Face* de Stanley Donen) en passant pas le justement célèbre *Un Américain à Paris* de V. Minnelli). Mais il faut citer d'autres musiciens de qualité comme Irving Berlin (*Top Hat,* 1935), Jerome Kern (*Show Boat,* 1935), Cole Porter (*Broadway Melody,* 1940), Richard Rodgers, et même Kurt Weill exilé aux États-Unis en 1939 qui composa plusieurs comédies musicales pour Broadway dont trois furent portées à l'écran.

DESSINS ANIMÉS ET COURTS MÉTRAGES

1940 est une date importante dans l'histoire du cinéma : il marque l'apparition de *Fantasia* de Walt Disney, moins célèbre par ses qualités que par son mauvais goût systématique, vivante démonstration de tout ce qu'il ne faut pas faire. Ce film illustre successivement la *Toccata et fugue en ré mineur* de Jean-Sébastien Bach, *Casse Noisette* de Tchaïkovsky, *l'Apprenti sorcier* de Paul Dukas, *le Sacre du printemps* de Stravinsky, *la Symphonie pastorale* de Beethoven, *la Ronde des heures* de Ponchielli, enfin *Une nuit sur le Mont Chauve* de Moussorgsky et l'*Ave Maria* de Schubert qui s'intègrent dans la même idée : « la lutte entre le profane et le sacré ».

A l'exception de la *Toccata et fugue* où le dessinateur Samuel Armstrong reprend à son compte les abstractions animées crées par l'Allemand Oskar Fischinger avant la naissance de l'hitlérisme, les autres morceaux sont réalisés sans originalité. Nous préférons sans doute la naïve féerie de *Casse-noisette* aux ébats des centaures et centauresses dans *la Symphonie pastorale* ou à l'imagerie romantique du dernier tableau à la métaphysique curieusement infantile; le ballet des gouttes de rosée, la danse chinoise des champignons ou la valse des fleurs tourbillonnant dans le vent d'automne ne sont pas sans charme. Walt Disney et ses collaborateurs ont été mieux inspirés par la musique de Tchaïkovsky. Voyons comment ils procédaient : « Pendant l'introduction des cordes, avant l'entrée du célesta il ne doit pas y avoir de ces petites lumières sur l'écran. Tout doit être sombre. Quand le célesta commence à jouer, les lumières se mettent à briller. » — « Dans la danse chinoise il y a un contraste entre les piccoli et les pizzicatti des cordes. Cela doit être également indiqué dans l'image : on pourrait utiliser des petits et des gros champignons. » — « Excellente idée... » (Conversation reproduite dans la « Revue du cinéma », n° 5, février 1947.)

Jean Mitry a plus intelligemment reposé le problème des correspondances audio-visuelles dans ses trois courts métrages *Pacific 231* (1949), *Images pour Debussy* (1951), *Symphonie mécanique* (1955) avec une musique concrète de Pierre Boulez. La musique de *Pacific 231* à propos de laquelle Honegger disait lui-même qu'il n'avait pas cherché « l'imitation des bruits de la locomotive, mais la traduction d'une impression visuelle et d'une jouissance physique par une construction musicale », appelait tout naturellement une transposition cinématographique, et Jean Mitry n'a pas cherché à nous tromper en déclarant : « En réalité il ne s'agit pas d'ajouter quoi que ce soit à une partition qui se suffit à elle-même, mais de lui donner un équivalent plastique, de poursuivre et de signifier dans l'espace un rythme qui se poursuit et se signifie déjà dans la durée. » (« Raccords », nº 9, automne 1951.) Aucune ambiguïté dans la musique ni dans sa représentation visuelle qui traduisent toutes deux les sensations d'accélération, de vitesse maximum et de ralentissement. Nous retiendrons surtout ce moment de la partition où le déplacement des accents métriques et l'instabilité harmonique suggérée par de rapides modulations se traduisent visuellement par un plan pris à grande vitesse de l'avant de la locomotive où défilent rails et aiguillages qui semblent jaillir en tous sens comme une gerbe de fleurs. Les *Images pour Debussy* seraient plus discutables si elles ne traduisaient pas « un cheminement vers l'abstraction auquel on atteint dans les deux dernières études *Reflets dans l'eau* et *Arabesque en sol* » (A. Bazin, « Cahiers du cinéma », nº 7).

Terminons ce rapide panorama de la musique de film en situant McLaren qui, depuis 1939, travaille pratiquement seul à l'élaboration de films expérimentaux dont certains sont de véritables chefs-d'œuvre. McLaren dessine son et image à même la pellicule : les formes animées à mi-chemin entre l'abstrait et le figuratif sont souvent d'un comique irrésistible; quant aux sons dessinés ils ressemblent un peu aux sons électroniques. *Workshop Experiment in Animated Sound* (1949) est une sorte de film mémento des différents sons synthétiques rassemblés après plusieurs années d'expérience : les mêmes dessins sont gravés sur la bande-image et sur la bande-son, ce qui nous permet de voir l'équivalent graphique du complexe sonore que nous entendons. Nous renvoyons le lecteur que ces problèmes intéressent aux articles consacrés par André Martin à l'œuvre de McLaren (« Cahiers du cinéma », nºˢ 79, 80, 81, 82).

SITUATION PRÉSENTE ET PERSPECTIVES DE LA MUSIQUE DE FILM

Depuis quelques années l'importance du disque en est venue à modifier l'esthétique de la musique du cinéma. A peine un film est-il sorti que l'on vend déjà la musique qui l'accompagne enregistrée sur cire. Le résultat est que le musicien compose moins sa partition en fonction des images qu'en fonction des goûts du spectateur moyen qui pourra devenir acheteur du disque si la chanson entendue à l'écran lui a plu. Mais il se trouve maintenant que le problème est déplacé par les producteurs qui s'adresseront volontiers à quelques vedettes de disques pour composer ou exécuter la musique de leurs films. Le succès commercial est de ce fait assuré sur tous les tableaux. C'est ainsi que le jazz est entré dans le monde du cinéma et qu'il s'y installe de plus en plus confortablement. Contrairement à ce que nous avons signalé pour *les Dames du Bois de Boulogne,* le jazz se fait d'abord entendre en tant que musique diégétique (radio, machines à sous, cabarets), puis s'incorpore à l'image et ne la quitte plus, même s'il n'est pas objectivement nécessaire; il prend la place de la musique symphonique dont la fonction était d'intérioriser l'image.

L'Équipée sauvage (1953) de Laslo Benedek (musique de Shorty Rodgers), *Sait-on jamais ?* (1958) de Vadim (avec le Modern Jazz Quartet), *Ascenseur pour l'échafaud* (1958) de Louis Malle (Miles Davis) et *les Tripes au soleil* (1959) de Claude Bernard-Aubert (musique d'André Hodeir jouée par le Jazz Group de Paris) en sont les exemples les plus réussis ainsi que *les Liaisons dangereuses 1960* de Vadim où Thelonious Monk et les Jazz Messengers apportent leur précieuse participation.

Que sera la musique de film de demain ? Tirera-t-elle parti du langage atonal ou sériel utilisé récemment par Juan Carlos Paz dans *la Maison de l'ange* (1958) de Torre Nilsson ? La musique concrète peut aussi y jouer son rôle comme l'ont prouvé Pierre Henry dans *l'Astrologie* de Grémillon (1953), P. Schaeffer et P. Henry dans *Sahara d'aujourd'hui* (1957) de Schwab et Gout... Jusqu'à la musique électronique qui a fait une première apparition dans un film américain d'anticipation, *Planète interdite.*

En fait, la logique voudrait peut-être que le septième art, qui tend depuis une quinzaine d'années vers un réalisme sonore et visuel de plus en plus grand, se débarrasse d'une présence musicale superflue. Mais les impératifs commerciaux évoqués ci-dessus n'ont que faire de la logique. Dans ces conditions, ne vaut-il pas mieux souhaiter que le cinéma de l'avenir trouve un jour un nouveau Grémillon qui mette la musique de film à sa juste place et n'utilise la gamme des possibles sonores qu'en fonction des nécessités internes de l'image ?

Olivier CLOUZOT.

BIBLIOGRAPHIE

Nous ne saurions trop recommander au lecteur le livre d'Edgar Morin, *Le cinéma ou l'homme imaginaire* (Paris, 1956). Les articles d'André Bazin réunis dans *Qu'est-ce que le cinéma ? I. Ontologie et langage* (Paris, 1958). *II. Le cinéma et les autres arts* (Paris, 1959). *III. Cinéma et Sociologie* (Paris, 1961), apportent le point de vue d'un homme qui fut le plus grand esthéticien du cinéma et complètent admirablement la vision psycho-sociologique d'Edgar Morin.

Le cinéma d'Henri Agel (Paris, 1956), et *le Langage cinématographique* de Marcel Martin (Paris, 1955) sont intéressants et comportent tous deux un chapitre sur la musique.

La musique et le cinéma de Georges Hacquard (Paris, 1959) est le seul livre consacré à la musique de film. Parmi les articles écrits sur le problème, signalons :

BAUDRIER, Y., *Image et Musique,* dans « Polyphonie », n° VI, 1950.

BOURGEOIS, J., *Musique dramatique et Cinéma,* dans « Revue du cinéma », n° 10, février 1948.

GERMAIN, J., *La musique et le film,* dans « L'Univers filmique », Paris, 1953.

JAUBERT, M., *Petite École du spectateur,* dans « Esprit », n° 43, avril 1936.

ROLAND-MANUEL, *Rythme cinématographique et Rythme musical,* dans « Cinéma », n° 2, I.D.H.E.C., 1945.

« Ciné-Club », n° 4, numéro spécial sur Grémillon, interview de José Zendel.

SCHAEFFER, P., *L'élément non visuel au cinéma,* dans « Revue du cinéma », nos 1, 2, 3, octobre, novembre, décembre 1946.

MUSIQUE, RADIODIFFUSION ET TÉLÉVISION

Lorsque l'homme des cavernes traçait sur les parois de sa demeure souterraine le profil d'un buffle, on peut douter qu'il eût le sentiment d'exercer une activité artistique. Il est plus probable qu'il espérait s'assurer, en vue de la chasse prochaine, quelque supériorité magique sur l'animal dont il se rendait maître en effigie. Son acte avait d'une part un aspect utilitaire, et un aspect religieux de l'autre. Pour nous, hommes de civilisation avancée, qui ne percevons plus ni l'un ni l'autre de ces deux aspects, il en a un troisième, l'aspect artistique.

Ainsi se définit l'œuvre d'art dans une société primitive et dans une société évoluée. Dans l'une, elle se modèle sur les activités pratiques de la vie quotidienne ou bien elle prend un caractère sacré. Dans l'autre, elle accuse une gratuité plus ou moins pure et s'appuie alors sur des valeurs esthétiques indémontrables, essentiellement variables et toujours imprécises. Mais cette gratuité comporte en vérité bien des degrés. Une œuvre d'art à l'état pur devrait pouvoir affirmer sa totale inutilité et diffuser d'autant plus autour d'elle l'image de sa perfection.

Ce point extrême ne saurait être atteint ni par l'architecture dont la beauté n'est valable qu'en fonction de la destination de l'édifice, ni par la peinture ou la sculpture qui, pour s'être détachées de l'architecture depuis quelques siècles, n'échappent jamais complètement à une fonction décorative. Seule la musique, avec sa sœur la poésie, abstraction faite de ses manifestations folkloriques ou de sa fonction liturgique, s'est créé un vaste domaine où s'exerce l'activité la plus désintéressée, la plus pure, je dirais presque la plus absurde, si je ne craignais d'être mal compris, qui soit jamais sortie de l'imagination de l'homme. Or, par un phénomène qui ne laisse pas d'être assez paradoxal, plus l'œuvre musicale s'affirme gratuite, exempte de toute finalité d'ordre matériel, plus elle requiert, pour seulement exister, la conjonction de plusieurs actes libres inspirés par l'esprit social.

Le seul fait, pour un ensemble de plusieurs centaines de personnes, de se réunir dans une salle pour écouter un concert symphonique, précise assez ce minimum de coopération du public à défaut duquel l'œuvre musicale demeure lettre morte. Mais pour que s'établisse ce contact qui, seul, fermera le circuit laissé ouvert par l'auteur au bout de son effort, il faudra encore mettre en action la volonté collaboratrice de quatre-vingts musiciens instrumentistes; car aussi longtemps que la musique ne se manifeste que par des signes noirs sur un papier réglé, elle n'est qu'une virtualité. Elle n'existe pas.

Ainsi cet art que nous venons de définir comme le plus pur, le plus gratuit de tous, est en même temps le plus étroitement assujetti à l'ordre social, à la vie collective. Si le plaisir d'un amateur de peinture ou de sculpture peut demeurer purement égoïste et ne requiert en tout cas que le concours sans intermédiaire d'une seule individualité créatrice, si l'habitant d'une villa confortable peut jouir isolément de l'œuvre d'un architecte et de quelques tâcherons, le lecteur d'un livre entrer en communication directe avec l'esprit de l'écrivain, la musique, et la musique seule, n'existe que par la convergence d'au moins trois activités, toutes trois plus ou moins créatrices, et dont une seule, celle du compositeur, émane d'une source unique, les deux autres, celle des interprètes et celle du public, mettant en jeu la collaboration intime d'un grand nombre de personnes.

Une telle réflexion revêt, il faut bien le reconnaître, toutes les apparences d'une vérité de La Palisse. Il était pourtant nécessaire de la formuler ici avant de tenter une analyse du phénomène que représente l'intrusion, toute récente, de la radiodiffusion dans la vie musicale. C'est en effet avant tout dans l'ordre social que ce phénomène manifeste son extraordinaire importance et c'est en raison des solutions qu'elle a fournies à des problèmes sociaux, de jour en jour plus insolubles, que la radiodiffusion a sauvé la musique du danger mortel qui la menaçait, à plus ou moins longue échéance et de façon plus ou moins pressante selon les pays.

Quels sont donc ces problèmes si graves qu'ils justifient un diagnostic aussi pessimiste ? Ils sont inclus dans ce qu'on disait plus haut des caractères de l'œuvre d'art, et spécialement de la musique, dans une société évoluée. Dans une société primitive, la musique joue un rôle utilitaire; elle est liée à l'activité quotidienne d'une collectivité où chacun participe à sa mise en œuvre. Elle sert à quelque chose et elle ne coûte rien. Dans une société hautement civilisée, elle devient un cérémonial sans autre but qu'une satisfaction spirituelle, totalement désintéressée mais qui requiert des concours nombreux et des habiletés techniques d'ordre rigoureusement professionnel. C'est dire qu'elle ne sert à rien et qu'elle coûte très cher.

Dans l'histoire de la musique occidentale nous voyons ces deux types coexister en se dissociant l'un de l'autre dès la sortie du Moyen âge. Jusqu'alors, la musique a été, pour sa plus grande part, contenue dans sa fonction liturgique, un rameau venant toutefois à se détacher du tronc pour animer une musique profane, tout d'abord liée à la poésie dans l'art des troubadours, puis répandue dans les masses populaires sous forme de folklore. Dès la Renaissance, le fossé s'élargit. D'un côté, le folklore avec ses chansons de métier, d'amour, de maternité ou de mort, ses danses, ses rituels, de l'autre la musique de cour avec ses ballets, ses représentations théâtrales ou ses messes solennelles, musique composée et exécutée par des artistes professionnels, à la solde des grands de ce monde. Jusqu'à la Révolution de 1789, il n'y aura de musique, cette musique qui nous est demeurée dans des partitions gravées et que nous jouons encore, que par les chapelles royales ou princières éparpillées à travers l'Europe. Il s'agit donc d'un art de luxe, à l'usage d'un petit nombre d'individus, favorisés par leur naissance et leur fortune.

Mais voici que les remous politiques, consécutifs à la Révolution et aux guerres napoléoniennes, provoquent un peu partout la ruine ou la décadence des cours et la promotion de la bourgeoisie au rang de classe dirigeante. Les conséquences sur la vie musicale en sont immenses, quoique différentes selon les pays. En France, une bourgeoisie d'argent, étriquée, artistiquement inéduquée, fait un succès commercial à la production médiocre de toute une génération de musiciens de théâtre et reste indifférente au grand style symphonique introduit par Berlioz. En Allemagne, c'est au contraire l'avènement de la bourgeoisie qui libère le pays de la dictature musicale italienne subie par les cours, et permet l'efflorescence romantique nationale. Mais dans un cas comme dans l'autre, le phénomène social est le même : la relève de la noblesse d'Ancien Régime par une bourgeoisie opulente, finançant, par goût, par snobisme ou par une certaine ambition culturelle, bien souvent dégénérée en routine, une vie musicale de plus en plus coûteuse.

De plus en plus coûteuse parce que les différents romantismes, quels que soient les aspects qu'ils revêtent dans les divers pays, ont pour caractère commun de faire appel de plus en plus largement à des formations massives d'exécutants. Mais jusqu'ici, rien de grave. L'argent ne manque nulle part, réparti parmi une foule de petits capitalistes cossus ou concentré dans quelques grosses fortunes où l'esprit de mécénat est assez couramment en honneur.

C'est le bouleversement social consécutif à la guerre de 1914 qui va, en quelques décennies, placer la musique dans la situation la plus périlleuse..., d'autant plus périlleuse que les intéressés, au moins en France, n'auront nullement conscience de ce péril et ne feront rien pour y parer quand il serait temps encore. Il vient de plusieurs phénomènes dont la concordance vaut d'être mise en évidence : d'une part le petit capitalisme disparaît de la moyenne bourgeoisie. D'autre part les lois sociales nouvelles augmentent dans des proportions fabuleuses le coût des concerts ou spectacles, dans le temps même où le développement de l'automobile, du sport, du tourisme ou du cinéma orientent le public vers des distractions plus faciles. Enfin, à cet instant même, marquée par un affaiblissement évident du goût de l'effort spirituel, la musique précipite son évolution technique à une allure si vertigineuse que la grande masse du public semble perdre jusqu'à l'idée de la suivre, fût-ce de loin. Si l'on fait le bilan de l'activité musicale en France telle qu'elle découle de ces trois phénomènes, que voyons-nous ?

Des instrumentistes, réunis en association, s'efforcent d'entretenir d'octobre à avril une saison languissante où toute exécution d'œuvre contemporaine est sanctionnée par un effondrement de la recette, où quelques œuvres classiques, d'année en année moins nombreuses, parviennent seules à drainer l'auditoire (la valeur de Beethoven elle-même commence à baisser), où la dernière attraction vraiment rentable demeure le virtuose à condition qu'il s'en tienne aux trois ou quatre *concerti* de rigueur. En fin de saison, ces musiciens se partagent quelques billets, produit d'un travail qu'ils ne poursuivent qu'en vue des affaires annexes (enregistrements, accompagnement de troupes de passage) qu'il leur procure.

Les théâtres lyriques parisiens et les quelques scènes de province encore en activité poursuivent une lutte héroïque pour arrêter la débandade de leur public. Il ne faut pas moins pour y réussir que le prestige de l'Opéra de Paris, prestige renforcé par des spectacles dont la somptuosité se solde par des prix de revient astronomiques.

En un mot, la bourgeoisie, qui avait jadis l'habitude d'entretenir pour son usage personnel la vie musicale française, semble n'être plus aujourd'hui ni disposée à payer le prix, ni peut-être capable de le faire. Si l'on suppose une telle situation irrémédiable, on peut presque à coup sûr en prévoir ainsi les conséquences : tarissement en un demi-siècle au plus de toute production, par asphyxie de la création musicale ; désaffection progressive du public à l'égard d'un répertoire qui, faute de se renouveler, finirait par créer la satiété et l'ennui ; disparition, par épuisement, de la culture et de la vie musicales.

Tel est, clairement défini, le danger mortel à quoi nous faisions allusion tout à l'heure. Un moyen d'y échapper eût été de comprendre à temps la nécessité d'une extension considérable du public par une sorte de démocratisation de la musique. C'est ce qui a été fait en Amérique où se multiplient les *auditoriums* de trente mille places à prix très réduit. Rien de tel n'a été tenté dans ce sens en France, où les salles de plus de deux mille places restent l'exception. Il ne semble donc pas que la solution d'un financement direct de l'activité musicale par un public démesurément élargi soit envisagée, au moins dans notre pays.

Une autre solution consisterait dans un financement indirect, par voie de subvention prélevée sur la masse du public au moyen de l'impôt. C'est la formule qui prévaut pour le théâtre lyrique. Nul n'ignore que l'Opéra de Paris étant largement subventionné par l'État, le dernier contribuable de la plus lointaine province verse chaque année sa quote-part à l'exploitation de cet établissement où il ne mettra jamais les pieds. C'est parfaitement normal d'ailleurs, mais, à voir l'enflure du budget de la France, on peut douter que cette pratique puisse couvrir tous les besoins en musique d'une grande nation qui se dit à l'avant-garde de la culture. Telle est l'impasse dans laquelle la musique se trouverait engagée si la radiodiffusion n'était venue providentiellement lui offrir une issue largement ouverte sur l'avenir.

On le voit désormais, ce qui pouvait paraître dans le présent exposé une digression historique, assez étrangère à son sujet, était le moyen le plus frappant de faire ressortir l'importance proprement historique de l'événement radiophonique. Avec lui, la musique est entrée dans une ère nouvelle, et on verra plus loin que cela est vrai non seulement pour le domaine de la sociologie, mais aussi pour celui de l'esthétique.

La solution financière apportée au problème de la vie musicale par la radio est intermédiaire entre le financement direct par le public élargi dont nous parlions tout à l'heure et le financement indirect par l'impôt. Elle est beaucoup plus sûre que le premier et beaucoup plus juste que le second. Beaucoup plus sûre parce que la redevance versée annuellement par les détenteurs de postes récepteurs fournit la base d'un budget solide, prévisible dans son rendement, autorisant les dispositions prises à l'avance et les contrats de longue durée. Beaucoup plus juste parce que, s'il est exact que la majorité des auditeurs entend acheter, en payant sa redevance, beaucoup moins la grande musique que la chansonnette, le théâtre parlé ou les variétés, il obtient néanmoins ce qu'il demande et assez largement pour justifier la faible somme déboursée.

De la sorte on peut dire que la musique sérieuse, objet de haute culture, est en grande partie subventionnée par la chanson ou le music-hall, objet de pur divertissement, ce qui est tout à fait naturel et moral. En cela réside la grande supériorité du monopole d'État sur la radio privée qui, esclave du rendement commercial, se condamne à la surenchère démagogique et ne joue guère de rôle dans la vie artistique du pays où elle s'exerce.

Donc, par ce jeu de compensation entre le rendement commercial et la qualité, la musique sérieuse se trouve désormais dotée de ressources qu'elle n'aurait jamais pu espérer avant l'existence de la radiodiffusion. Ressources considérables, mais plus limitées cependant qu'on ne l'imagine parfois. En effet, si le budget d'une radio comme la Radiodiffusion-Télévision française atteint plusieurs dizaines de milliards d'anciens francs, une fois ce budget réparti entre les différents postes, il ne reste pas grand-chose pour la musique sérieuse. Dans le budget général d'une radio, les dépenses artistiques s'inscrivent pour environ un quart. Le reste passe en matériel technique, en courant électrique, en frais d'administration, etc.

Si d'autre part on tient compte de la mission informatrice de la radio (journal parlé, magazine, etc.) le pourcentage de musique ne dépasse pas les deux tiers du temps d'occupation des antennes, en y comprenant la chanson, la musique légère, le jazz, qui ne laissent à la musique sérieuse qu'une fraction de ce temps en tout cas inférieure à la moitié. Ces proportions doivent être entendues comme communes à toutes les radios d'État, celles qui se considèrent investies d'une mission culturelle. Elles sont beaucoup moins favorables dans les radios commerciales.

Or, l'entretien d'un grand orchestre d'une centaine de musiciens, comme l'Orchestre national de la Radiodiffusion-Télévision française, est de l'ordre de plusieurs centaines de millions par an. Pour faire face à ses besoins, la R. T. F. doit encore tenir sous contrat à Paris trois autres orchestres, et dans les stations de province huit orchestres de formations variables. La R. T. F. emploie, en outre, une chorale de cent vingt chanteurs et une maîtrise d'enfants.

Ce sont là des effectifs considérables. Mais si l'on met en regard le rendement que l'on peut en attendre, on voit que pour la musique symphonique moderne, orchestrée pour de grandes formations, les responsables des programmes disposent sur l'ensemble de chaque année d'environ cent quatre-vingts concerts. C'est peu lorsqu'on sait que les compositeurs se comptent par centaines, qu'il en est, pour la France seulement, près de trois cents qui figurent peu ou prou sur les programmes, sans préjudice des musiciens étrangers auxquels une grande radio nationale ne peut se dispenser de faire accueil.

Il ne faut donc pas se bercer d'illusions : certes la radio a sauvé la musique vivante et continue de la servir avec une efficacité certaine. Mais lorsqu'elle est la seule à remplir ce rôle, comme c'est à peu de chose près le cas en France, elle se trouve quelque peu débordée par l'ampleur de sa tâche. S'il faut faire à chacun sa place, on se condamne à jouer une fois par an quelque deux cent cinquante ou trois cents compositeurs contemporains, ce qui revient à opérer un nivellement par le bas propre à dérouter complètement le public.

La vraie solution serait une sélection rigoureuse qui sacrifierait sans doute beaucoup d'honnêtes musiciens, de talent honorable mais sans vrai avenir, à un nombre plus restreint de talents hors série. C'est là ce que pourrait faire une entreprise privée entièrement libre de ses faits et gestes, si elle n'était enchaînée par la recherche du rendement commercial. Et c'est ce qui n'est que très difficilement réalisable par une radio d'État, en raison de son caractère de service public qui en fait une cible commode pour les ambitions qu'elle engendre.

L'esprit parlementaire, qui régit toutes choses dans nos pays démocratiques, cherche à résoudre le problème en étayant les services producteurs par des comités consultatifs. C'est un système qui vaut ce que valent les comités en question. Ils ont en tout cas l'avantage d'être composés de musiciens professionnels et d'écarter, de par leur composition, les velléités qui pourraient parfois se faire jour de donner à la masse du public, en la personne de représentants qualifiés nommés par lui, une action directe sur les programmes.

Certes, toute radio qui ne tiendrait pas compte dans une large mesure des goûts de son auditoire commettrait une sorte d'abus de pouvoir. Mais elle ne doit pas ignorer pour autant que son devoir est de soutenir la musique vivante et que, s'il le faut, ce devoir d'intérêt national doit faire prime même sur les vues de l'auditeur, parce que les vues de l'auditeur sont forcément assez courtes, ne dépassant pas sa satisfaction immédiate. Au surplus, il faut se garder d'interpréter de façon hâtive les réactions d'auditeurs qui peuvent parvenir jusqu'à la direction d'une radio par les moyens connus : courrier, prospections dans le public, tests divers, concours, référendums, etc. En matière de courrier, par exemple, l'expérience montre que toute lettre de mécontent est immédiatement neutralisée par une autre, qui peut d'ailleurs émaner d'un autre mécontent mais qui dit exactement le contraire.

Toute consultation du public comporte donc une marge d'erreur considérable et aboutit presque immanquablement à un résultat faussé, toujours dans le même sens, c'est-à-dire dans le sens du goût populaire. Le public d'élite, en effet, ne répond jamais à une enquête. En conclure qu'il n'existe pas serait commettre une grosse erreur de psychologie, outre que, même s'il n'existait pas, il faudrait le créer.

Le maintien d'une activité culturelle, et particulièrement musicale, à la radiodiffusion est donc une question d'intérêt national. Il faut admettre toutefois que le public populaire ne doit pas s'en trouver frustré dans ses droits aux divertissements qu'il aime. C'est pourquoi il ne peut y avoir d'équilibre entre ces exigences opposées que par la spécialisation des chaînes d'émission telle qu'on la pratique à la R. T. F. Une chaîne nationale se cantonne rigoureusement dans une production de qualité, une autre chaîne ouvre tout grands ses programmes aux variétés et s'interdit toute émission propre à décourager l'auditeur de petit niveau. A la R. T. F., une troisième chaîne, Paris-Inter, se tient entre ces deux tendances, mais se spécialise particulièrement dans la musique enregistrée et les relais à l'étranger.

Cette solution des trois chaînes est appliquée également par la B. B. C. (British Broadcasting Corporation) et par la R. A. I. (Radiodiffusion italienne), mais d'une manière différente. A la B. B. C. par exemple, la chaîne I, *Home Service,* se cantonne dans une production sérieuse mais extrêmement conservatrice, à l'usage d'un auditeur de très moyenne culture. La deuxième chaîne, *Light program,* correspond à notre chaîne France II; et c'est la troisième chaîne *(Third Program)* qui, émettant chaque jour pendant un petit nombre d'heures, a toute liberté dans le domaine de la haute culture et de la musique contemporaine.

En somme, la chaîne nationale française apparaît

comme une synthèse du *Home Service* et du troisième programme de la B. B. C., avec une certaine prédominance de la tendance *Third Program*. Les rapports avec l'organisation italienne sont à peu près les mêmes qu'avec la B. B. C. Mais la R. A. I. diffère néanmoins très sensiblement des radios française et anglaise du fait que son statut comporte la commercialisation d'une partie de ses programmes.

Les choses étant ce qui vient d'être dit, comment peuvent s'énoncer dans le détail la mission de la radio et les atouts dont elle dispose pour la mener à bien ?

Puisque nous sommes ici dans le cadre d'une encyclopédie de la musique, nous ne parlerons bien entendu que de l'aspect de cette mission dans le domaine musical. La définition la plus générale que nous pourrons en donner sera le développement de la culture du côté de ceux à qui la musique s'adresse et la défense professionnelle du côté de ceux qui la font. J'entends par ceux qui la font ceux qui la créent et ceux qui l'exécutent.

Pour ces derniers, disons tout de suite que la radio est loin de leur apporter la solution de leurs problèmes matériels. En dehors des quelques centaines de musiciens d'orchestre ou de choristes qu'elle emploie au contrat, la Radio ouvre un débouché aux artistes solistes des théâtres lyriques ou de la musique de chambre. Mais dans un pays comme la France où pullulent les talents, il n'est personne qui puisse vivre de ses programmes trop peu nombreux, et autour desquels s'exerce une compétition désespérée. Un concert à la radio présente pour un artiste un intérêt beaucoup moins financier que publicitaire.

En ce qui concerne le développement de la culture, la radio se trouve ici dans son élément. Elle dispose des moyens que nous avons précisés plus haut et qui, encore qu'insuffisants, sont les plus riches qu'on ait vus concentrés en un seul organisme; mais elle jouit surtout d'une position privilégiée du fait qu'aucun de ses efforts n'est soumis à la sanction directe et immédiate d'une recette.

Seule entre tous les organismes où l'on fait de la musique, elle peut, de ce fait, entreprendre des efforts de longue haleine, mener une grande politique de programmes à vues lointaines, sûre que, à la longue, les valeurs authentiques — et ce sont les seules qu'elle ait à défendre — s'imposeront même aux réfractaires, la seule condition pour atteindre ce but étant de ne pas s'arrêter en chemin par veulerie, faiblesse devant les critiques du dehors ou crainte de perdre son auditoire. Des années d'expérience sont là pour montrer qu'on ne perd pas son auditoire quand on lui fait l'honneur de le traiter en adulte. Peut-être sèmera-t-on quelques traînards le long de la route, mais pour un auditeur perdu on en retrouve dix.

Etendre la culture musicale dans le public, cela consiste d'abord à ne rien lui en cacher sous prétexte qu'il aime le confort de sa routine. C'est lui jouer et lui rejouer les œuvres du passé ou du présent dignes de figurer dans notre patrimoine. C'est d'autre part l'aider à les approfondir s'il en éprouve la curiosité. A cette fin, la Radio française a mis au point des émissions éducatives de différents niveaux selon le stade d'initiation des divers publics possibles. On se contentera de citer la plus célèbre d'entre elles : le *Plaisir de la musique* de Roland-Manuel qui a sans aucun doute conquis à la musique un immense public.

Mais quand nous parlons ici de culture musicale, nous sommes très loin d'entendre par ces mots cette pseudo-culture, qui était celle de tant de Français il y a peu d'années et qui délimitait soigneusement la musique à connaître au moyen de deux bornes géantes : Jean-Sébastien Bach d'un côté, Wagner de l'autre (ou, pour les plus évolués, Debussy et Ravel). C'est un fait que la résurrection à laquelle on assiste actuellement de cinq siècles de création musicale admirable et soutenue (du XIIe siècle, avec Pérotin et l'École Notre-Dame, jusqu'au XVIIIe siècle) a été le fait de la politique de la Radio française, des encouragements substantiels qu'elle a donnés aux chercheurs, des moyens d'exécution qu'elle a consacrés aux œuvres exhumées de la poussière des âges et des concerts où elle les a fait entendre et réentendre.

A l'autre bout, elle a méthodiquement accueilli la production de notre temps, éditant par ses propres soins des œuvres dont les dimensions trop imposantes provoqueraient la panique des maisons d'édition, donnant à de tout jeunes musiciens la chance de s'entendre, meilleur moyen pour eux de se perfectionner, provoquant par ses commandes des œuvres originales où le problème de l'union de la musique et de la littérature est abordé sous un jour nouveau, en fonction des moyens techniques propres au microphone, jouant enfin des partitions nouvelles et repassant à l'antenne les plus réussies.

Elle a en outre mis des studios, un personnel d'élite et des ressources financières non négligeables au service de recherches de techniques nouvelles, à la limite extrême du domaine de la musique traditionnelle et parfois au-delà de cette limite, se plaçant ainsi à l'origine d'un mouvement encore très contesté mais dont l'avenir ne paraît plus pouvoir sérieusement se nier.

À la Radio française, cela s'est appelé « musique concrète », création personnelle de l'ingénieur Schaeffer. A Cologne et à Milan où se sont ouverts, à la suite de ces expériences, des studios de recherche du même genre, cela s'appelle « musique électronique ». Mais, une fois de plus, c'est la France qui aura été à l'origine d'un mouvement encore incertain certes dans ses développements, mais qui soulève désormais une curiosité mondiale, et c'est à la R. T. F. que revient le mérite d'en avoir assumé les premiers efforts, et surtout les premiers risques. Ces recherches ont été menées au sein d'un organisme d'études radiophoniques, d'expérimentation, de recherches de style ou de technique, le Club d'essai, dont la création fut une initiative magistrale.

Si, en effet, un même esprit d'entreprise, voire d'aventure, doit animer tous les organes créateurs d'une radio digne de son rôle, il est bon qu'il y ait en pointe un éclaireur léger, moins vulnérable aux coups pour assumer les premiers risques. A lui seul doivent être accordés tous les droits, dont celui à l'erreur, hormis celui au repos, dût ce repos être pris sur un lit de lauriers, comme il aurait pu arriver en maintes circonstances et notamment à propos des « prix Italia » emportés plusieurs fois par les productions du Club d'essai. Ces productions ont également, en plusieurs occasions et en dehors des expériences de musique concrète, ouvert aux chercheurs un certain nombre de procédés absolument inédits dans le traitement de ce que les Anglo-Saxons appellent *incidental music*.

Tel est, en gros, le bilan que l'on peut porter à l'actif de la radiodiffusion dans la vie musicale de notre temps. Mais il y a un passif sur lequel on ne saurait faire silence, un passif qui revêt deux aspects, l'un social, l'autre artistique, avec, d'ailleurs, une interpénétration de l'un et l'autre.

Certes, dans le domaine musical, la radio a remis les choses en place. Elle l'a fait par des programmes soigneusement dosés, où la partie contemporaine est systématiquement réduite à une moyenne d'un tiers et soutenue par la présence à ses côtés d'œuvres classiques en parenté spirituelle avec elle. Elle a donc répandu dans des proportions inimaginables le goût et la connaissance de la musique... de la musique de tous les temps y compris le nôtre. Mais, ce public, elle a commencé à lui donner en même temps le goût d'écouter à domicile. Avec elle accède à la connaissance des joies, du « plaisir de la musique », toute une génération de gens qui ne se donnent plus la peine de la vivre en communion avec leurs semblables. Or la musique n'a pas été écrite pour cela. Nous l'avons dit au début de cette étude, elle est une activité sociale. Elle ne prend tout son sens que par une circulation, une interaction des artistes exécutant sur l'estrade et d'un public vivant, au coude à coude, dans une salle chauffée à blanc, vibrant et spirituellement en état de grâce.

A ce prix, à ce prix seulement, elle est ressentie dans la plénitude de l'émotion dont elle a été chargée par le compositeur. A ce prix seulement elle est revécue dans toute son intensité par les instrumentistes. Sans doute les techniques d'enregistrement par séquence obtiennent-elles une perfection minutieuse dans le dosage, dans la clarté, dans la différenciation des plans, qui paraissait jadis du domaine de l'impossible. Mais rien ne vaudra jamais l'imperfection chaleureuse et humaine d'une exécution où le risque est couru, à tout instant et jusqu'au bout, par des exécutants en état d'alerte, devant un public conscient de vivre un événement musical en action.

C'est pourquoi les radiodiffusions devront toujours tenir à honneur de maintenir le principe du concert public, envers et contre tous les arguments qui pourront lui être opposés. Nul n'a intérêt, pas même les entreprises privées qui croient y voir une concurrence, à ce que le public oublie définitivement le chemin des salles de concert.

Comme on le voit, ce danger propre au développement de la radio — et plus encore du disque — a un aspect social et un aspect artistique. L'autre tare qu'il nous faut dénoncer enfin est d'ordre purement artistique. Et elle réside dans le fait que, en dépit de tous les progrès techniques, une audition musicale par l'intermédiaire d'un microphone, d'une chaîne d'amplification, d'un train d'ondes hertziennes, des lampes et du haut-parleur d'un poste récepteur, n'est qu'un très pâle reflet de ce qui a été émis au départ dans le studio ou la salle de concert. On s'habitue à la platitude de ces photographies sonores, on salue avec enthousiasme des perfectionnements tels que celui, assez sensationnel, de la « modulation de fréquence ». Mais rien ne fera jamais que la surface vibrante d'une simple membrane puisse restituer dans sa dynamique, dans sa variété de coloris, dans sa profondeur, ses étagements, un grand orchestre moderne, sans une forte dose d'approximation.

Il y a d'abord le problème de la troisième dimension, dimension qui nous est donnée par l'audition bi-auriculaire, comme pour la vision binoculaire. Ce problème est techniquement résolu par la stéréophonie, c'est-à-dire par une double prise de son sous deux angles différents et retransmise par deux foyers correspondants. Le résultat est tout aussi probant que celui de la stéréoscopie dans le domaine visuel. Mais la mise en service de ce procédé exige encore quelques tâtonnements, et les postes récepteurs équipés pour recevoir cette double « modulation » ne sont guère répandus dans le public. Le problème technique résolu débouche ainsi sur un problème économique qui n'est pas près de l'être.

Voyons un peu maintenant comment se comporte devant la musique cette oreille électrique, le microphone, qui s'interpose entre elle et notre oreille physiologique. Le moins qu'on puisse dire est qu'elle obéit à des lois fort différentes. Ce que notre oreille interprète comme une progression arithmétique, la montée de la gamme note par note selon des intervalles de demi-tons, rigoureusement égaux d'un bout à l'autre de l'échelle, le microphone, lui, ne l'interprète pas. Il le reproduit tel qu'il l'a reçu. Or ce qui lui a été communiqué, c'est une progression géométrique des fréquences des sons de la gamme, c'est-à-dire du nombre de vibrations par seconde qui nous procure la sensation auditive.

Pour les sons aigus où ces fréquences se chiffrent par dizaine de milliers, il se produit une déperdition due à l'inertie des différents organes de transmission, et qui est particulièrement importante dans les postes récepteurs de médiocre qualité dont se contente la masse du public. Non seulement les sons aigus s'en trouvent amincis, mais les harmoniques (qui contribuent à déterminer le timbre des instruments de tessiture moyenne ou grave) sont éliminés dans une proportion plus ou moins grande. Il en résulte que tous ces instruments sont plus ou moins détimbrés, perdent leur individualité et tendent à se confondre dans une sonorité moyenne, blanche et sans relief. De plus, leurs rapports réciproques se trouvent modifiés, les altérations qu'ils subissent n'étant pas les mêmes pour tous, car au sein d'un orchestre symphonique la richesse en harmoniques varie avec les familles d'instruments et, au sein de chaque famille, avec les instruments eux-mêmes.

Dans le domaine de la dynamique nous retrouvons entre l'oreille humaine et l'oreille électronique les mêmes différences. Encore qu'il soit difficile de mesurer de façon précise l'impression que nous ressentons en écoutant une sonorité qui croît régulièrement en puissance, nous percevons néanmoins en gros, grâce à la correction de notre oreille, une progression arithmétique là où les instruments enregistrent une progression géométrique. La conséquence en est que les circuits amplificateurs et les différentes chaînes de transmission parviennent à saturation bien avant que notre oreille ait épuisé les délices d'un beau *crescendo* orchestral. Ici intervient le potentiomètre manipulé par un homme de l'art, et qui a mission de « comprimer » la nuance, euphémisme qui recouvre une atteinte à l'intégrité de l'œuvre, une sorte d'émasculation de la musique. Ajoutons que ce même potentiomètre qui ramène les *forte* à de rassurants *mezzo forte* doit, à l'autre bout de l'échelle des nuances, remonter les *pianissimo* au-dessus du bruit de fond engendré par le souffle électrique.

Ces diverses servitudes sont toutefois absentes (au moins en très grande partie) des émissions en modulation de fréquence, ces dernières étant d'autre part beaucoup plus claires et plus fidèles.

Mais dans l'état actuel des choses, un compositeur à

l'écoute de sa propre musique continue de souffrir cruellement lorsqu'il voit ses grands élans lyriques reculer au lointain à mesure qu'ils s'élèvent et requièrent de l'orchestre un dynamisme de plus en plus grand.

Une autre particularité de l'oreille humaine, qui est une grande gêne pour la reproduction de la musique par le micro, réside dans la rectification qu'elle apporte à l'intensité réelle des sons selon leur hauteur. L'oreille perçoit à égalité des sons émis en réalité avec des puissances fort différentes, celle des sons graves devant être très supérieure à celle des aigus pour un effet dynamique équivalent. Mais le micro enregistre, lui, des puissances réelles de sorte qu'une orchestration riche en sons graves (roulement de timbales, etc.) sature le micro avant que les sons aigus aient pu accéder au niveau que le compositeur a prétendu leur assigner.

Pour faire face à tous ces problèmes, une technique de la prise de son a été très méticuleusement étudiée un peu partout dans le monde. Elle a passé par divers états, diverses doctrines d'où un certain esprit de « mode » n'était pas toujours absent. Presque partout la mise en ondes musicale est confiée à des musiciens professionnels, le plus souvent des compositeurs. En France, ces musiciens reçoivent en outre une formation technique, sont soumis à des tests nombreux et passent un concours fort difficile avant d'être admis à manipuler. Une fois en fonction, ils se trouvent sans cesse aux prises avec des problèmes délicats et, selon la solution qu'ils leur donnent, la transmission d'un concert peut aboutir à des résultats surprenants ou à des catastrophes.

Ils ont tout d'abord à tenir compte de la couleur propre au studio ou à la salle de concert à quoi ils ont affaire. Il fut un temps où, pour obtenir plus de netteté dans la transmission, on molletonnait les parois des studios, privant la musique de sa résonance naturelle, aplatissant les timbres par disparition des harmoniques absorbés par ces revêtements malencontreux. Aujourd'hui, on recherche au contraire le maximum de réverbération compatible avec une indispensable clarté, la doctrine variant d'un pays à l'autre quant à la fixation de ce maximum. Les Allemands s'accommodent d'une réverbération poussée jusqu'au point où elle noie quelque peu les plans et les contours, ce qui convient à la musique romantique, mais moins bien au style de la musique française.

L'acoustique d'un studio ou d'une salle peut se « travailler » de mille manières, soit par le dosage des surfaces absorbantes ou réverbérantes, soit, dans certains cas, par le recours — dangereux — à une chambre d'écho, soit par la disposition des microphones dont le metteur en ondes fera ensuite le « mélange » au moyen des potentiomètres qui leur correspondent. Il est rare en effet que l'on puisse se contenter d'un seul microphone pour capter fidèlement un concert.

Tout ce que nous avons dit plus haut des servitudes de la technique radiophonique suffit à démontrer la nécessité d'une prise de son analytique de la masse instrumentale. On reconstitue dans la cabine ce qui a été divisé dans le studio entre plusieurs microphones propres à relever le niveau de tel groupe, de tel instrument par rapport aux autres, selon les besoins de la partition.

Une bonne couleur sonore s'obtient d'autre part au moyen d'un dosage entre les micros placés à proximité des instruments et qui captent le son direct, et un microphone placé en un lieu à choisir, mais éloigné de la source sonore et qui a pour mission de recueillir le son indirect ou « réverbéré ».

Ces quelques indications, fort élémentaires, suffiront à donner l'idée des problèmes de la mise en ondes. Leur complexité et ce qu'il demeure d'approximatif dans les solutions qui ont été adoptées ont conduit certains artistes à imaginer de supprimer le problème à la base en établissant les règles de la composition musicale en fonction de ces données.

Ce serait là un marché de dupes, et les qualités radiogéniques de la musique classique sont là pour montrer l'inutilité des théories de ce genre. Quoi qu'on fasse, la musique retransmise par radio ne sonnera jamais aussi bien qu'entendue directement dans une salle de concert. L'important c'est, la part du feu une fois faite, de prendre conscience des quelques principes d'écriture propres à diminuer la distance entre l'une et l'autre. Ils se réduisent d'ailleurs à une exigence de clarté. Les surcharges contrapuntiques s'inscrivent mal dans le micro. Mais elles ont empâté bien des œuvres du passé qui n'avaient pas à tenir compte des réalités radiophoniques.

Les tenues harmoniques confiées aux cors, bassons ou clarinettes prennent parfois une valeur excessive; il est bon de veiller soigneusement à leur dosage. Le renforcement du son par gonflement des sons graves, l'usage des timbales, grosses caisses et, d'une façon générale, de la batterie, sont, sinon à éviter, du moins à surveiller. Il ne faut pas trop compter d'autre part sur la puissance sonore et l'éclat des violons lorsqu'ils atteignent au registre très aigu.

Enfin, il est certain que les changements brutaux de nuance — un *piano* soudain, par exemple, succédant à un *fortissimo* — font courir au metteur en ondes des risques d'accident. Mais où irait-on si l'on devait s'en priver pour autant ?

En bref, ce qui sonne à la radio, c'est une musique bien écrite, aérée dans ses dispositions, clairement marquée dans ses plans, sans excès de surcharges et sans empâtements inutiles. Cela dit, il est certaines œuvres, fort belles, qui ne répondent pas à ces principes. Ce n'est pas cela qui les empêche de figurer dans les programmes pour la plus grande joie des auditeurs.

Au moment de terminer, il nous vient à l'esprit que l'on parle de moins en moins de radiodiffusion dans le monde et de plus en plus de télévision. Il est évident que le développement de cette nouvelle technique n'est pas *a priori* aussi favorable à la musique que l'était celui de la radio purement auditive.

Mais, comme tous les organismes jeunes et dans le plein élan de la croissance, la Télévision montre un appétit insatiable et semble vouloir dévorer indifférement toutes les nourritures, quitte à vouer à la consomption ceux qui en vivaient avant elle.

La radiodiffusion sonore est actuellement au premier rang de ces victimes désignées. Désignées, peut-être..., mais résignées, certes pas. Et pourquoi le serait-elle ? Il est tellement évident que son domaine propre est inaliénable.

Mais il faudra du temps pour que tout rentre dans l'ordre et il est à craindre que l'on ne perde beaucoup d'efforts et d'argent dans les années qui viennent à tenter d'annexer à la télévision ce qui n'est pas de son domaine.

Au premier rang de ces formes d'art qui ont peu à

gagner à cette forme de transmission, il faut citer la musique symphonique et une bonne partie du répertoire du théâtre lyrique. La télévision d'un concert symphonique, telle qu'elle est pratiquée aujourd'hui, est une espèce de sacrilège, un découpage arbitraire et primaire de ce qui n'a de sens que par la fusion intime des éléments de la polyphonie.

Cette caméra qui se déplace sans trêve, qui se braque tour à tour (heureux quand elle n'arrive pas trop tard) sur tous les instruments qui, pour un temps, émergent de l'ensemble, est un outil étranger au génie de la musique. Elle détruit cette savante organisation du temps que l'auteur a réalisée dans son œuvre, elle y introduit un élément spatial qui en fausse le déroulement, elle attire puérilement l'attention sur des détails faits pour demeurer dans la pénombre, elle ne cesse de faire violence à la véritable pensée du musicien. Enfin, elle disperse cette attention active et concentrée à défaut de laquelle aucune communication n'a de chance de s'établir, aucun contact en profondeur, entre le créateur et le public.

Est-ce à dire que l'écoute aveugle proposée par la radio sonore place le public dans les conditions de réceptivité les meilleures ? Non, certes. Les conditions idéales, la salle de concert seule les réalise et rien ne la remplace, quelles que soient les dispositions individuelles de ceux qui la composent. Il en est qui veulent voir en écoutant. Stravinsky est du nombre. Il en est qui ferment les yeux pour ne se laisser distraire par rien. Mais tous baignent dans un champ magnétique que les microphones sont parfaitement incapables de capter et de dériver vers la poussière des auditeurs lointains.

Ceux-ci, de toute manière, ont accepté d'avance une frustration que des avantages de confort, de paresse satisfaite, d'obstacle surmonté, compensent plus ou moins valablement. Au moins bénéficient-ils, par les progrès de la technique (et bien mieux encore avec la stéréophonie), d'une traduction fidèle de ce qui se passe dans la salle. L'événement précieux, magique ou quasi religieux dont celle-ci est le théâtre, ils peuvent au moins le vivre par la pensée.

Mais que vienne à s'allumer un écran indiscret, que commence ce travail mécanique qui va transformer le déroulement rituel d'une architecture dans le temps en une sorte d'écroulement par pans, tour à tour dénudés puis rejetés au néant, que restera-t-il des valeurs musicales, poétiques, spirituelles que l'auteur a confiées à son œuvre ?

Et pourtant il y a dans cette technique de concert télévisé un principe attractif qu'il serait absurde de méconnaître. Si condamnable que soit dans l'absolu le découpage des partitions à quoi elle procède, il offre à l'auditeur un moyen d'approcher les secrets du langage musical, d'en identifier les composantes, les éléments thématiques, rythmiques, les timbres. Il y a là une initiation dont la valeur est grande si on ne la détourne pas de son sens. On ne fera jamais de l'art selon cette formule, mais on fera de la pédagogie ou, si l'on préfère, de la vulgarisation.

La vulgarisation est nécessaire et plus encore pour la musique que pour tout autre art, parce qu'elle est aussi un langage. Le critère de la vulgarisation, c'est la réussite. Les concerts télévisés permettent de l'atteindre au maximum. Il est donc légitime de démonter, comme ils le font, les mécanismes de la musique, dans la seule ambition de préparer ainsi les auditeurs à la goûter pleinement par la suite à l'état pur.

Parvenus à ce stade de leur initiation, les nouveaux convertis n'auront plus qu'à rendre à l'obscurité leur écran lumineux, pour tourner le bouton de la radio sonore et se livrer à des sortilèges dont l'efficacité ne se démontre pas mais doit avant tout se ressentir.

De telles conclusions sont-elles valables également pour la musique de chambre ? Il faudrait pour répondre à la question, préciser ce que l'on entend par ces mots. Samson François jouant les ballades de Chopin fait de la musique de chambre, un petit ensemble instrumental jouant *Pierre et le Loup* de Prokofiev ou *l'Histoire du Soldat* de Stravinsky en fait également.

Mais la réduction du nombre des instrumentistes ne change pas tellement les conditions d'une prise de vue. Dès l'instant qu'on ne peut retransmettre qu'une succession de gros plans intéressant l'un après l'autre les divers instruments, on démantèle abusivement la musique, même s'il ne s'agit que d'une sonate pour piano et violon.

Dans ce dernier cas, ou dans le cas, par exemple, d'un quatuor à cordes, il serait possible de maintenir d'un bout à l'autre une vision d'ensemble immuable. Mais le principe même du travail de télévision est de varier constamment les plans et les angles de vue, et cela montre bien l'antinomie qui sépare un art séculaire de cette jeune technique.

La télévision reprend ses droits en revanche dans les formes d'art où la musique se trouve organiquement associée à un spectacle qui en donne pour les yeux une expression plastique. Le répertoire lyrique était, de ce fait, une proie naturellement offerte aux entreprises des réalisateurs. Rien de plus légitime, en apparence, que l'enthousiasme ingénu avec lequel ils abordèrent le problème, croyant enrichir l'art encombré de tant de conventions et de servitudes au moyen de ces recettes par quoi le cinéma accole jusqu'à les confondre l'art dramatique et la réalité quotidienne.

Ils ne voyaient pas, ce faisant, que le théâtre lyrique vit de ces conventions et de ces servitudes, qu'il en tire sa justification, sa raison d'être. Car quoi que puisse faire la technique du « play-back » pour alléger les chanteurs-comédiens, les induire au naturel, à l'aisance, il reste une convention initiale qui est la règle même du jeu, c'est celle qui consiste à les faire converser en musique.

Le dialogue chanté entre partenaires engagés dans une action dramatique ne se sauve pas du ridicule par quelque tricherie envers cette convention, mais par le parti pris de la pousser jusqu'au style.

Il n'est nullement mauvais en soi que le souci de la pose de la voix ou du respect des valeurs rythmiques afflige les interprètes d'une certaine raideur; c'est cette raideur même qui donne au spectacle le minimum de hiératisme nécessaire pour que s'en opère la synthèse.

Comment d'ailleurs une totale liberté d'évolutions et de mouvements ne trahirait-elle pas l'artifice quand on la voit associée aux prouesses vocales du répertoire classique ? Celles-ci comportent, pour une part, un aspect de performance sportive d'où il n'est pas légitime d'exclure une notion de l'effort physique.

Elles mettent en jeu, en outre, une certaine mesure du temps qui n'est pas celle de la vie quotidienne. Cet étirement de la durée musicale exige une adaptation de la mimique, du geste, de toutes les valeurs plastiques que le réalisme des prises de vues en « play-back » vise précisément à supprimer.

D'où un déséquilibre qui s'accentue encore lorsqu'on pousse cette technique jusqu'à ses dernières limites, c'est-à-dire jusqu'à confier à des comédiens l'interprétation visuelle d'un opéra enregistré au préalable par des chanteurs. Comment comédiens et chanteurs pourraient-ils se rencontrer ? Ils vivent dans deux mondes distincts où l'unité de temps n'a pas la même valeur.

Dans un autre ordre d'idées, la prise de vues d'un opéra navigue entre deux écueils : des ensembles dans lesquels, sur le petit écran, le volume du son croît dangereusement en raison inverse de la taille des personnages : des gros plans où le chanteur (qu'il joue le jeu sincèrement ou qu'il doive rendre un play-back plausible) exhibe sa denture, une langue qui bat, un menton qui tremblote.

Tant que l'on reste dans un style de récitatif modelé sur le texte, ce défaut est de peu d'importance. Mais l'expansion lyrique des grands airs de l'opéra classique, l'allongement des valeurs rythmiques qui en résulte et l'utilisation à plein de la puissance de la voix et de tous ses registres font du gros plan une chose intolérable. Et c'est bien pourquoi la Télévision ferait sagement d'abandonner ce répertoire à la Radiodiffusion. A une forme d'expression nouvelle, il faut un répertoire nouveau.

L'opéra n'est certes pas à exclure du domaine de la télévision, mais il faut qu'elle s'en crée un à son propre usage. L'avenir verra sans doute se préciser les lois d'un genre que l'on pressent d'une extrême richesse. Il devient de jour en jour plus urgent d'y intéresser l'imagination des créateurs et tout le temps que l'on passe à monter du Mozart est du temps perdu.

Est-il possible de prévoir le sens où s'orienteront les recherches ? Les conclusions mêmes de tout ce qui précède parlent en faveur d'un néo-réalisme avec resserrement des valeurs rythmiques, étroite union prosodique du texte et de la ligne vocale, peut-être une certaine sécheresse et, en tout cas, un dépouillement de toutes les surcharges, ornements, commentaires, bref, un refus de cette dilatation des sentiments et de leur expression, propre au lyrisme traditionnel.

Ou bien encore, tout à l'opposé, peut-être trouverait-on une formule neuve dans une stylisation poussée à l'extrême et qui serait à l'opéra ce que le spectacle de marionnettes est au théâtre.

Dans un cas comme dans l'autre, l'opéra télévisé doit être un opéra de chambre. Il semble difficile d'adapter jamais valablement de grandes masses aux dimensions de l'écran.

Tel est le domaine où la Télévision trouvera sa propre mission, car les vieilles formules ne sont pas bonnes pour une jeune technique. C'est ainsi qu'elle prendra sa place dans le monde de la musique, sans se substituer à la Radio, aux salles de concert ou aux théâtres lyriques pour faire médiocrement ce qu'on y avait fort bien fait, et depuis fort longtemps.

L'opéra de chambre télévisé d'une part, l'éducation musicale de l'autre, délimitent son champ d'action, champ encore vierge, ouvert à toutes les recherches. D'ores et déjà, on peut voir naître des méthodes d'enseignement attrayantes et efficaces. Telles démonstrations de technique pianistique avec de grands virtuoses dont on peut suivre les mains en gros plans sur le clavier en sont un exemple parmi d'autres.

Quoi qu'il en soit et quels que puissent être les tâtonnements encore à prévoir, une chose est dès maintenant assurée, c'est que la Radiodiffusion et, dans une mesure encore incertaine, sa jeune sœur la Télévision, ont accompli, accomplissent et continueront d'accomplir une œuvre de salut public. Elles ont sauvé la vie musicale d'une décadence mortelle. Elles ont rouvert les portes de l'avenir.

Aux musiciens de montrer maintenant qu'ils sont capables de donner un sens à cette étape nouvelle de l'histoire.

Henry Barraud.

BIBLIOGRAPHIE

FOLGMAN, E., *Journal de Psychologie Expérimentale*, 1935 (Étude sur les programmes musicaux à la radio et au concert).

MOLES, A., *Les musiques expérimentales*, Zurich, 1959.

SCHAEFFER, P., *A la recherche d'une musique concrète*, Paris, 1952.

SILBERMANN, A., *Sociologie de la musique*, Paris, 1951 (Problème sociologique de la musique à la radio).

SILBERMANN, A., *Wovon lebt die Musik, die Prinzipien der Musiksoziologie*, G. Bosse Verlag, Regensburg, 1958.

WINCKEL, F., *Uber die Schwankunsproresse in der Musik* (Communication au Congrès de Sociologie de la Musique à la Radio, Cahiers d'études radiophoniques, nº 3, Paris, octobre 1954)

WINCKEL, F., MEYER-EPPLER, W. et POULLIN, J., *Klungstraktur der Musik*, Funk-Technik Verlag Berlin, Borsigwalde, 1955.

Articles divers dans « Les Cahiers d'Études de Radio-Télévision ».

SCIENCE ET CRITIQUE

LA MUSICOLOGIE, SCIENCE DE L'AVENIR

De nos jours « musicologie » désigne l'ensemble des disciplines philosophiques, scientifiques, historiques et folkloriques ayant pour objet le son et l'art sonore. Si, depuis l'Antiquité, la musique a été analysée sous différents aspects par les théoriciens, la « musicologie », en tant que science moderne, ne vit le jour que durant la première moitié du XIXe siècle. Elle est bien en retard sur l'histoire littéraire, celle des arts plastiques et celle des sciences linguistiques. Retard qui s'explique par le fait que les monuments de l'histoire de la musique étaient et sont encore, en majeure partie, inédits ou inaccessibles.

On répartit aujourd'hui en quatre groupes les sciences qui fondent la musicologie : le premier relève de la philosophie (esthétique, sociologie, etc.); le second se rattache aux sciences exactes (physiologie et psychologie du son, technologie, musique électronique, concrète, mécanique instrumentale); le troisième est la musicologie comparée : ethnographie et ethnologie musicales; enfin le quatrième groupe est la branche historique : l'évolution du rythme, de la mélodie, de l'harmonie, formes et genres, œuvres et maîtres, organographie (histoire des instruments) et organologie. Parmi les sciences auxiliaires figurent la paléographie, la chronologie, la bibliographie, l'iconographie. Les disciplines de la composition, de l'interprétation instrumentale et vocale, l'étude du phrasé, la pédagogie, bien qu'indispensables, ne font qu'indirectement partie de la musicologie.

Vers 1900, un professeur de l'université de Berlin, H. Kretzschmar, créa une nouvelle branche de la musicologie : l'herméneutique, qu'il appela l'art de l'interprétation *(Auslegekunst)*. C'était une exégèse de la musique puisée dans *la Naissance de l'herméneutique* de

Dilthey, mais surtout dans les théories sur les états affectifs de l'esthétique musicale française du XVIIIe siècle. Kretzschmar soutient la thèse qu'il n'y a pas de musique sans arrière-pensée; toutefois l'expression musicale ne peut être déterminée que par une périphrase littéraire, si l'on cherche le sens émotif d'une mélodie, d'un thème, d'une cellule génératrice, d'une structure, même d'intervalle, ou du son. Kretzschmar ne tient pas compte de ce que le langage expressif des symboles sonores change sous la plume de chaque compositeur. Pour généraliser le vague, préciser l'imprécis, cette théorie a émis les hypothèses les plus fantaisistes. Telles les conjectures aussi audacieuses que gratuites d'un historien de mérite, Arnold Schering. Pour illustrer « l'art viril germanique », il veut nous faire croire que le *Quatuor,* op. 130, de Beethoven fut inspiré par *le Songe d'une nuit d'été* de Shakespeare, la sonate *Appassionata,* op. 57, par *Macbeth,* la *Sonate,* op. 106, par *la Pucelle d'Orléans* de Schiller, etc.

LES ETHNOLOGUES

Avant d'aborder le développement et la palingénésie de la musicologie, précisons certaines notions ou certains termes. Parmi ceux-ci, le plus équivoque est peut-être celui de « musicologie comparée » dont la signification est encore aujourd'hui flottante. Sa priorité revient à la France. Sous l'influence de Villoteau et de Fétis, une *Introduction à l'étude comparée des tonalités anciennes et orientales* fut entreprise, dès 1853, par J. d'Ortigue qui rechercha des analogies dans la linguistique. Il cite Ch. Nodier et ses *Notions élémentaires de linguistique* (1834). Le XVIIIe siècle, l'agitation européenne pour la chanson populaire, les Pères Amiot et Lafitau qui frayèrent de nouveaux chemins à l'étude des musiques exotiques, et surtout les Encyclopédistes initiateurs de tant de mouvements intellectuels, préparèrent le terrain. Une fois de plus J.-J. Rousseau se situe à l'origine de cette nouvelle impulsion. Philosophe, écrivain, compositeur et critique, inventeur d'un nouveau système de notation, d'abord par ses articles pour l'*Encyclopédie,* puis avec son *Dictionnaire de musique,* au sens philosophique du terme (1767), c'est bien lui le précurseur de la musicologie comparée grâce à sa documentation et à ses essais de synthèse.

La « musicologie comparée », synthèse de l'ethnographie et de l'ethnologie musicales, n'est pas une musicologie générale. Fétis fut le premier à tirer des conclusions des recherches de ses prédécesseurs, de ses contemporains et des siennes propres. Il posa le fondement d'une classification systématique. Sa communication à la Société d'Anthropologie de Paris, le 21 février 1867, porte un titre très explicite : *Sur un nouveau mode de classification des races humaines d'après leurs systèmes musicaux,* thèse que le grand anthropologue P. Broca fit sienne. Fétis pouvait trouver des points d'appui chez J. Monnet dans son *Anthologie française, chansons choisies depuis le XIIIe siècle,* dans l'introduction historique de Meusnier de Querlon (1765), chez Rousseau aussi (dans son *Essai sur l'origine des langues,* 1778), chez Chabanon (*De la musique considérée en elle-même...,* 1778), chez La Borde qui a publié des chansons populaires européennes (1780), dans l'*Encyclopédie* de Framery, Ginguené et Momigny (1791-1818), mais avant tout, il y avait les abondants travaux, si riches en idées, de Villoteau; chargé de missions musicales, lors de l'expédition d'Égypte, par le Premier consul, Villoteau souligne l'analogie « naturelle » des langues et des arts.

Cependant la génération de Fétis, ethnographes et musiciens, excepté d'Ortigue, ignorait ou feignait d'ignorer sa théorie, quoique Fétis l'eût exposée depuis longtemps. Toujours est-il que l'orientaliste de l'université de Leyde, J. P. N. Land, l'Anglais A. Ellis, l'Autrichien R. Wallaschek et son élève R. Lach, puis O. Abraham et E. Hornbostel, élèves de C. Stumpf, ont repris et développé l'idée de Fétis. Lorsqu'en 1932 j'ai exhumé la communication de Fétis (« Acta musicologica »). E. Closson, conservateur du Musée royal instrumental de Bruxelles, n'hésita pas à déclarer : « Fétis a pressenti la théorie de Hornbostel sur les indications à tirer de l'échelle des instruments à souffle (c'est-à-dire à son fixe), au point de vue des itinéraires de la civilisation » *(ibid.)*.

Notons tout de suite que tracer un itinéraire pour remonter aux prétendues origines d'un courant, comporte toujours le risque de donner dans une impasse; tel est souvent le cas de la géographie instrumentale, lorsqu'elle prétend établir le graphique du chemin d'un instrument à partir de son lieu de naissance.

La « musicologie comparée » n'apparaît dans la terminologie que vers la fin du XIXe siècle. La méthode comparative était alors en vogue : on ne parlait plus que de *comparative anatomy,* de *comparative mythology,* et même, selon l'historien E. A. Freeman, de *comparative politics.* La musique étant un langage, ce n'est pas la « littérature comparée » qui servira de modèle aux études primitives, excepté lorsqu'il s'agira du grand art ou de la musique savante, mais la méthode linguistique, telle que l'a précisée A. Meillet : « L'histoire des langues ne se fait qu'en comparant des états de la langue les uns aux autres; la philologie seule n'apporte même pas un commencement d'histoire linguistique. »

On pourrait dire la même chose de l'ethnographie, du folklore descriptif. En France, sous l'effet de la prédilection des romantiques, le compositeur-musicographe Weckerlin, futur bibliothécaire du Conservatoire, se plonge dans le folklore français dont une « enquête nationale » est ordonnée en 1852, par le ministre de l'Instruction publique, Ampère. Sur les traces de Weckerlin, le prix de Rome Bourgault-Ducoudray s'intéresse aux problèmes historiques et folkloriques de sa patrie et à ceux de la Grèce; puis J. Tiersot, historien de la chanson populaire (1889), mais sans employer un terme indiquant la comparaison.

Les premiers « comparatistes », A. Ellis ou R. Wallaschek, se servent encore du terme de « musicologie comparée » que connaissait aussi G. Adler, mais sans pratiquer la méthode; dès la création de la Société internationale de musique, en 1899, l'un de ses fondateurs, Oskar Fleischer, mentionne déjà la *vergleichende Musikwissenschaft.* Ce fut le Français P. Aubry qui, le premier, publia deux volumes de « musicologie comparée », s'inspirant sans doute, dans ses titres, des études d'Ortigue (1903). La *Musikologie* de G. Adler fut oubliée même par son promoteur; le successeur d'Adler à l'université de Vienne, Robert Lach, parle également de la *M. W.,* Robert Lachmann, orientaliste, aussi. Ce n'est qu'en 1904 que Hornbostel publia son étude sur l'importance du phonographe dans la musicologie comparée. Lach va d'ailleurs plus loin, il parle non seulement de la musicologie, mais aussi de l'histoire des arts comparée *(vergleichende Kunst und Musikwissenschaft),* et il applique à la musique le groupement de Strzygowsky, historien de l'art et professeur à l'université de Vienne.

Ce groupement consiste en six catégories : matériaux, technique, objet, forme, genre, expression. La quatrième et la cinquième catégories ont le même sens pour la musique que pour les arts plastiques. La première comprend la physiologie et la psychologie du son; la quatrième, la variété et la complexité des problèmes de la forme; la cinquième est l'esthétique musicale; la deuxième et la troisième traitent de la musique à programme.

Sous le régime hitlérien, le terme *vergleichende Musikwissenschaft* fut « épuré » en tant que néologisme franco-anglais. Ensuite, les Allemands ont adopté « ethnographie ou ethnologie musicale », d'après Riemann, tout en reprenant *vergleichende Musikwissenschaft,* tels les Anglais, *comparative musicology,* pour désigner le suprême degré des sciences ethno-musicologiques. Le Congrès international de musicologie de 1956 précise ainsi le domaine de ces sciences :

L'ethnologie *(cultural anthropology)* traite de la connaissance des peuples primitifs et de la préhistoire de leur civilisation. Par contre, l'ethnologie musicale s'occupe aussi des grandes cultures exotiques. Pour le folklore musical primitif et la préhistoire, elle est en rapport étroit avec l'ethnologie et avec la musicologie, la musique étant chez les peuples primitifs entremêlée, beaucoup plus que chez nous, de rapports supramusicaux. Du reste, si les concordances découvertes par la musicologie comparée reposent sur des connexions historiques, les problèmes reviennent, en grande partie, à décider dans quelle mesure les peuples, les cercles culturels en question, se lient, historiquement aussi, sous d'autres rapports. Le but de la musicologie comparée est la recherche de la musique populaire et de la musique savante des peuples extra-européens. Ses rapports avec la musique européenne se trouvent dans la recherche du caractère et dans l'éclaircissement de la préhistoire européenne si fortement liée aux éléments extra-européens. Pour le folklore général, la musicologie aspire d'abord à la connaissance des différents styles et formes et à leur jonction avec les différentes races et cultures; puis, à la recherche de la conception musicale et de ses rapports avec la culture spirituelle; enfin, à dresser ou vérifier l'inventaire, autant que possible complet, des instruments et de la musique qu'ils ont interprétée.

La nouvelle science, appelée par l'école leipzigoise « ethnographie musicale », approuvée par Wundt, maître incontestable de la psychologie collective, a pris, avec l'apparition du phonographe, un grand essor. Mais les ethnographes et les musiciens, dépourvus de toute formation historique, ne se contentaient pas de la transcription des rouleaux (disques) ou des analyses du folklore descriptif de leurs phonogrammes ; ils se plaisaient à formuler des conclusions historiques appuyées souvent sur des hypothèses fantaisistes. Cet empiétement sur le domaine de l'histoire éveilla la méfiance des historiens et provoqua une vive protestation d'Hugo Riemann, figure militante de l'université de Leipzig, puis directeur de l'Institut d'État de musicologie allemande. Il lança un « sévère avertissement » (préface du premier volume de son manuel d'histoire, 1904), contre l'ethnographie musicale, la plus jeune branche de la science musicale :

« On ne peut pas renverser des faits historiques par quelques flûtes polynésiennes, défectueusement percées, ou par les productions de chants douteux de quelques femmes de couleur. »

Visant Hornbostel et ses partisans, cet avertissement nous paraît aujourd'hui ridicule. Cependant il avait un fond sérieux. Dans ses *Études des tonalités folkloriques de l'histoire du pentatonisme et du tétratonisme dans les mélodies écossaises, irlandaises, galloises, scandinaves, espagnoles et grégoriennes,* parues trois ans avant sa mort, Riemann déclare que les phonogrammes enregistrés des peuples primitifs prouvent que ces peuples ont une ouïe différente de la nôtre et qu'on voulait y trouver des intonations contraires à nos habitudes, des intervalles (3/4 ou 5/4, ton entier, tierce neutre), non seulement dans les phonogrammes, mais aussi dans des instruments exotiques. Pour Riemann :

Le fâcheux résultat de ces recherches fut l'ébranlement immédiat de la base de la théorie musicale constituée lentement au cours des millénaires. Même des cerveaux clairvoyants, comme Helmholtz, devinrent hésitants dans leur conviction, que les fondements de l'ouïe musicale sont déterminés par des rapports naturels et laissent entrevoir que peut-être le système musical n'est pas nécessairement naturel, mais est, au moins partiellement, le produit de constructions et conventions arbitraires. Le pire obstacle aux recherches dans ce domaine était l'étrange contradiction entre les exigences de l'oreille, indiquées par la nature quant à l'intonation des intervalles, et la forte déviation de ladite intonation dans la pratique, reconnue comme admise (gamme tempérée).

A mesure que des historiens s'attaquaient aux problèmes, on reconnaissait que Riemann n'avait pas tort sur tous les points. Certes, il voyait partout, au cours de l'évolution musicale, la tonalité majeur-mineur, même dans le chant grégorien. Pourtant il est parvenu au pentatonisme uniquement par la recherche historique. Le nerf auditif des indigènes d'autrefois réagissait-il de la même façon que le nôtre ? En tout cas, ses études de l'art classique pesaient trop sur Riemann pour lui permettre de saisir l'existence d'une « tonalité primordiale » d'où doivent dériver tous les modes. C'est ce qui explique ses erreurs dont la plus grave fut peut-être la priorité qu'il attribua à la tierce dans la musique populaire. Néanmoins la transition organique du système primitif à la tonalité occidentale n'a pas encore été démontrée; il n'y a que des combinaisons pour faire le raccord entre l'ancienne (primitive) et la nouvelle tonalité, évoluant en plusieurs étapes jusqu'à nos jours.

Un organographe, Curt Sachs, auteur d'un manuel de musicologie comparée, se propose de reconstituer, à l'aide de cette science, la préhistoire musicale de l'Europe. Selon lui, la musique possède des « reliques vivantes », la vie d'une mélodie est éternelle. C. Sachs croit retrouver mille traits pittoresques de la musique européenne en Afrique, en Asie, en Océanie, en Amérique indienne.

Sans doute par l'étude de l'art folklorique des peuples primitifs contemporains, peut-on évoquer une image plus ou moins vague de la préhistoire musicale de l'Europe. De nombreuses analogies s'offrent à nous, rudiments d'intonation vocale, sonorités instrumentales primaires, chocs, explosions au rythme orgiastique de la magie et autres manifestations de l'instinct ancestral déchaîné. La vie d'une mélodie serait-elle nécessairement éternelle ? Certes, des chants très anciens doivent exister chez des tribus sauvages écartées de toute civilisation. Mais les exemples de C. Sachs ne prouvent ni l'existence des « reliques vivantes », ni leur transmission orale par des masses primitives. Les chants ambrosien et grégorien cités par lui ont subi beaucoup de changements, leur trésor mélodique a été enrichi de nouvelles séquences à partir du xe siècle, et même d'accents nationaux. Ce que C. Sachs oublie de dire, c'est que le chant grégorien fut conservé par le culte, par des antiphonaires, des missels, et par les chantres des maîtrises, par une liturgie musicale fixée à l'aide de plusieurs systèmes de notation consécutifs (neumatique, carrée, etc.).

Le pseudo-Plutarque parle déjà de la gamme pentatonique dont la prétendue origine asiatique a inspiré toute une littérature romantique. Cette gamme n'est le critère ni d'un style racial, ni de l'âge d'une mélodie, comme le croyaient certains compositeurs-ethnographes. Présente partout depuis l'Antiquité, c'est un phénomène universel dans les musiques populaires de tous les temps. Carl Engel l'avait déjà proclamé en 1864. C'est une « horreur du sub-semitonium » (demi-ton au-dessous de la tonique). On a trouvé des gammes pentatoniques amplifiées en gammes à sept sons et, en revanche, des gammes à sept sons réduites à des gammes à cinq sons. Le pentatonisme est une réaction naturelle de l'instinct simplificateur du peuple et rien ne prouve que les mélodies pentatoniques parvenues jusqu'à nous soient des effusions authentiques de l'homme de la préhistoire. L'autre argument majeur de C. Sachs concerne les chansons des troubadours du xiie siècle, dont témoignent des chansons, romances, brunettes, etc. chantées de nos jours. Cet argument n'est pas valable davantage. Au xviiie et au début du xixe siècle, maintes chansons des « trouveurs » furent répandues par diverses publications, imprimées ou manuscrites. Conséquence de cette mode : on se mit à chanter partout en France de la musique médiévale authentique et de la musique médiévale fausse, mystification d'habiles compositeurs. Il suffit de nommer la romance de Richard Cœur de Lion écrite par Mlle L'Héritier et d'autres œuvres qui se frayèrent un chemin à travers toutes les couches sociales. Ainsi naquit le « genre troubadour » que pratiquèrent notamment Lesueur, Grétry, Berlioz.

Il faut donc envisager avec prudence les analogies et parallèles que la psychologie collective établit entre la musique primitive contemporaine et la musique de la préhistoire. A l'opposé des arts matériels, l'art sonore n'est ni palpable ni, surtout, durable. Art immatériel, le son, dont l'unique dimension est le temps fugitif, ne fut jamais fixé aux premières époques. Il naît et meurt. Repris de bouche en bouche, de génération en génération, il change, il « se modernise ». C'est une vie discontinue, courants et influences d'âges diamétralement opposés s'y croisent et luttent. Si elle peut nous servir d'indice précieux, cette musique ainsi reconstituée ne sera qu'imaginaire, fantaisie sonore et non réalité préhistorique, telle que nous en propose l'archéologie.

Non seulement pour la préhistoire, mais pour toute l'histoire de la musique, l'emploi d'une double méthode est indispensable, conditionnée par une double formation : historique et ethnologique. De cette nouvelle méthode que l'Américain Ch. Seeger a précisée peu avant la Seconde Guerre mondiale et reprise en 1951, nous parlerons bientôt.

Un problème à ramifications multiples nous montre combien il faut être circonspect : celui des origines de la polyphonie occidentale. M. Schneider, élève de Pirro, ancien directeur des Archives sonores du musée ethnologique de Berlin, a publié deux volumes sur cette question. Le premier est consacré aux peuples primitifs, le deuxième aux débuts de la polyphonie en Europe. Mais relever des traits d'union entre les deux polyphonies, celle des primitifs et celle des civilisés, est jusqu'à présent impossible. Au Congrès international de musicologie de 1956, Schneider a posé la question des origines de la polyphonie occidentale. Son exposé est le suivant :

Tandis que la polyphonie primitive est le patrimoine de toutes les races, la polyphonie à un haut degré est liée à deux races principales. La première émanation polyphonique de Mélanésie s'étend jusqu'à la Cafrerie. Un second courant se répand d'un côté vers l'océan Pacifique, de l'autre vers les Indes Orientales et, par le Pamir et le Caucase, vers l'Europe. Donc un groupe des formes polyphoniques avait été connu par la race nigritique pendant que le second groupe reliait l'Europe avec l'océan Pacifique; il appartient à la population européo-polynésienne. C'est un fait que la polyphonie européenne jusqu'au XIIIe siècle est liée étroitement au Caucase. C'est de là qu'elle est probablement parvenue à notre continent; cela peut expliquer les premières formes et le développement tardif et long de la polyphonie occidentale, car si elle était née sur notre sol, il serait incompréhensible que l'Europe, dont le niveau culturel était alors élevé, ait atteint si lentement un savoir qui, pour beaucoup de peuples d'un niveau culturel inférieur, allait de soi.

Raisonnement fort plausible. L'imagination trop libre de l'ethnologue y est tempérée par la sobre érudition de l'historien. Toutefois plusieurs problèmes se posent. Ce courant de polyphonie transcaucasienne, à quel moment, par quel chemin a-t-il déferlé sur l'Europe ? Faisait-il partie d'un phénomène culturel qui ignorait l'histoire de la civilisation européenne ? Les plus anciens vestiges de la polyphonie européenne apparaissent dans les pays occidentaux. Comment passait-il par les pays d'Europe orientale et centrale sans y laisser de traces dans la musique, celle-ci n'ayant été touchée par la polyphonie qu'après l'Occident ? Si l'on admet une endosmose culturelle transcaucasienne, surtout depuis le VIe siècle, lorsque le christianisme fut introduit au Caucase, par quel itinéraire cette polyphonie est-elle arrivée en Occident ? Pourquoi sa piste est-elle perdue et n'est-elle pas signalée par des souvenirs écrits ? Ou, tout simplement, les genres de la polyphonie primitive (hétérophonie polyrythmique, percutante, mélodique) existaient-ils déjà dans les temps les plus reculés en Occident, mais sans parvenir à pénétrer la musique savante, si bien qu'ils n'ont pas été couchés sur le papier ? De toute façon il ne s'agit que d'hypothèses. Quoique science centenaire, la musicologie historique n'est encore qu'à ses débuts. La mise en application du phonographe est l'œuvre d'une seule génération, bien que les chanteurs soient d'époques différentes. Les générations suivantes disposeront d'enregistrements plus nombreux et de textes anciens plus abondants. L'historien, s'appuyant alors sur cette documentation enrichie, émettra des jugements bien plus sûrs.

LES HISTORIENS

Ce fut au XVIIe siècle qu'apparurent les contours d'une historiographie musicale, pas encore critique, mais seulement narrative. La *Historische Beschreibung der edlen Sing und Klingkunst*, 1690, est l'œuvre de Caspar Printz. Compositeur à la vie aventureuse, il accompagna son maître, le margrave E. von Promnitz, dans ses nombreux déplacements et rédigea une chronique où il développe notamment la comparaison de la musique italienne et française, thème favori de l'époque. Plus intéressante est l'*Histoire de la musique* de Bonnet et Bourdelot (1715). Pour les auteurs, la musique « est une science de goût et de l'homme du monde ». Celui-ci a étudié les « règles de la composition et la plupart des auteurs qui ont parlé de la musique ancienne ». Là aussi domine la comparaison de la musique italienne et de la musique française (voir les publications contemporaines de l'abbé Raguenet et de Lecerf de La Viéville, prologue de la querelle des Bouffons). Certaines remarques sont caractéristiques : « La musique des Anglais siffle comme leur langue et la musique des Allemands est dure et pesante comme leur génie. » Plus loin : « Les dames ont été toujours des premières et des plus empressées à prendre le parti des modernes. » Les auteurs passent en revue les œuvres de leur temps, y compris la musique d'église, surtout Lully et Campra. Leur narration s'adresse principalement aux salons. L'*Histoire générale critique et philologique de la musique* de Blainville (1767) est le travail, bien bref par rapport à son titre, d'un théoricien sérieux. La plus grande autorité musicale et pédagogique de l'Italie, le Père Martini (J.-Chr. Bach fut son élève et Mozart son admirateur) a laissé une *Storia della musica* (3 vol., 1757-1770-1781), inachevée : il ne traite que de l'Antiquité dont il donne un résumé clair.

Citons également un ouvrage de vaste envergure mais d'une valeur inégale, comportant une foule de détails sur les problèmes les plus divers de la musique : l'*Essai sur la musique ancienne et moderne* de J.-B. de La Borde; véritable encyclopédie, sa documentation est la plus riche avant celle de Fétis, mais sans aucune méthode critique. Compositeur, fermier général et grand seigneur, La Borde fut décapité pendant la Révolution. Fétis avait mené campagne contre lui, comme il le fera contre Momigny. Il fut aussi l'un des premiers à piller sa considérable richesse, comme tous les contemporains du malheureux fermier général, et en premier lieu Burney et Forkel, qui allaient jusqu'à copier les fautes de La Borde. L'un des plus grands mérites de La Borde fut de publier la musique des chansons de troubadours, qu'il trouva dans divers recueils : le manuscrit du marquis de Paulmy, le manuscrit du Roi (B. N. ms fr. 844), le manuscrit Clairambault (B. N., nouvelles acquisitions 1050), et un manuscrit du Vatican d'après une copie de Lacurne de Sainte-Palaye. La Borde les a transcrites d'après un système arbitraire, en notation moderne. En 1781, il publia son *Mémoire sur Raoul de Coucy* reproduisant vingt-deux mélodies, notamment de Conon de Béthune et de Gace Brûlé. Il cite la ballade d'Eustache Deschamps sur la mort de Guillaume de Machault. La Borde croyait que « presque tous ces poètes composaient les airs de leurs chansons, mais ces airs n'étaient autre chose que du chant grégorien et même c'est tout simplement les chants d'église qu'ils parodiaient. A la fin d'un grand nombre de leurs chansons, on trouve les premiers mots de l'hymne dont l'air est celui de la chanson ». Cette fâcheuse rédaction incite Th. Gérold à se demander « si La Borde n'a pas pris les ténors des motets pour l'indication des airs ». Quoi qu'il en soit, la publication de La Borde, avec ses mérites et ses fautes, fit une grande impression sur les musicologues, qui se jetèrent sur son livre.

Deux noms anglais apparaissent à la fin du XVIIIe siècle, Burney et Hawkins. Le premier est un musicien professionnel, compositeur et organiste. Il voyagea en France, en Italie, en Allemagne, en Europe centrale. Bon observateur, ses relations de voyages sont intéressantes, quoique sa documentation personnelle ne soit pas toujours digne de confiance. Il a écrit *A General History of Music* en quatre volumes (1776-1789), vaste ouvrage de compilation. C'est avec raison que Winton Dean lui reproche un manque de sens historique *(limited historical sense)*. Pour Burney « *music is an innocent luxury* ». Le Moyen âge commence pour lui avec la polyphonie. Une suite de biographies de poètes et de musiciens défile devant nous. Il traite à part les théoriciens, tels Pythagore, Aristoxène. Citons, parmi ses autres travaux, un recueil de chants pour la semaine sainte de la chapelle Sixtine *(La musica che si canta,* etc.*)*, qui inaugure la réanimation de l'époque palestrinienne. Le XIXe siècle voyait en Burney un grand historien; aujourd'hui son étoile décline, en premier lieu dans son pays. C'est Hawkins, auteur d'une *General History of the Science and Practice of Music* (cinq vol., 1776) qui, des deux, est considéré aujourd'hui comme le véritable historien. Hawkins n'était pas un musicien professionnel. Burney utilisa l'ouvrage de Hawkins pour son manuel. Mais tandis que la *General History* de Burney est complètement oubliée, celle de Hawkins fut rééditée en 1853, puis en 1875, par Novello. Pour la sélection des exemples musicaux, pour la transcription en notation moderne, Hawkins eut recours à la collaboration de Boyce et de Cooke. Historien consciencieux, il voit l'histoire de la musique indépendamment des maîtres.

Les traités de musique médiévaux attirèrent l'attention de Gerbert, baron de Hornau, archiprêtre du couvent Saint-Blaise (Forêt-Noire). En 1784, il en publia un recueil en trois volumes : *Scriptores ecclesiastici de musica sacra potissimum*. C'est un monument de la théorie médiévale; faute de nouvelles éditions, il est encore utile. De ses autres livres nous ne mentionnerons que *De cantu et musica sacra*... (2 vol., 1774). La bibliographie musicale commence également à intéresser les musiciens. Un savant allemand de la fin du siècle, J. N. Forkel, dont l'*Histoire générale de la musique,* inachevée, n'est pas d'un grand intérêt, a publié une bibliographie, *Allgemeine Literatur der Musik* (1792), qui mérite l'attention. Il envisageait la publication de documents historiques, notamment les messes gravées des deux imprimeurs nurembergeois, Grapheus et Petrejus, mais les guerres napoléoniennes l'empêchèrent de réaliser son projet. Forkel a écrit un livre sur Bach (1802), qui marque « la découverte » du maître, mais qui resta sans écho; *la Passion selon saint Matthieu* ne fut reprise qu'en 1829, sous la direction de Mendelssohn.

LES PREMIERS MUSICOLOGUES EN FRANCE

Avec le romantisme, les premiers grands musicologues apparaissent en France, et notamment Fr.-Louis Perne. Adepte de Rameau, il commença sa carrière comme Villoteau : choriste à l'Opéra, puis contrebasse à l'orchestre, il se mit à publier ses compositions, dont une grand-messe, à l'occasion de la signature du Concordat. Ami de Choron, l'histoire de la musique le captiva; il devint professeur, puis inspecteur général, enfin bibliothécaire du Conservatoire. En 1822, il démissionna et se retira à la campagne, non loin de Laon. Au milieu de ses notes et de ses livres, dans la solitude, il se consacra aux problèmes musicologiques. Il rentra à Paris en 1832 et mourut peu après. Plusieurs de ses travaux (notation grecque, chansons de troubadours, etc.) parurent dans la « Revue musicale » de Fétis, qui acheta sa bibliothèque et utilisa son érudition.

Au début du siècle, la plus grande figure de la musicologie française et universelle fut A. Choron qui attira l'attention sur la musique a cappella des XVe et XVIe siècles. Il ouvre cette lignée de musiciens et de musicologues sortis de l'Ecole Polytechnique qui, après tant de lumières, nous a donné M. Gandillot, « physiologiste » de la gamme, et P. Schaeffer, expérimentateur de la « musique concrète ». Linguiste et mathématicien, ami de Monge, répétiteur de géométrie à l'Ecole Normale et « chef de brigade » à l'Ecole Polytechnique, Choron se consacre ensuite à la musique théorique et pratique. Joignant à une érudition remarquable une expérience approfondie, c'était un animateur infatigable en même temps qu'un génie solitaire. Laissant à part le *Dictionnaire* qui porte son nom, mais auquel il ne collabora pas (Fayolle), citons quelques ouvrages comprenant des copies qu'il avait faites lui-même en Italie, devançant ainsi les Allemands : *Principes d'accompagnement des écoles d'Italie* (1804), *Principes de composition des écoles d'Italie* (3 vol., 1808; seconde édition en 6 vol., 1816). Entre-temps, dans sa *Collection générale des œuvres classiques* (1806), chez Leduc, il publia Josquin des Prés, Palestrina, Carissimi, Goudimel. Ce sont les premières éditions pratiques. Choron traduisit Marpurg, Azopardi, Albrechtsberger. Avec son gendre, Nicou-Choron, il fonda le « Journal de musique classique et religieuse ». Parallèlement à cette activité scientifique, il exerça une action éducatrice. Chargé d'abord de la réorganisation des maîtrises des églises, il devint directeur de l'Opéra en 1815; les intrigues ne lui permirent pas de faire valoir ses conceptions; il fut congédié sans pension. Lorsque la Restauration ferma le Conservatoire, « institution révolutionnaire », il mit tout en œuvre pour faire annuler cette décision. Finalement, l'école fut rouverte, de même que l'Ecole royale de chant. Deux puissances ennemies l'une de l'autre, l'Italien Cherubini et le Germano-Tchèque Reicha, n'étaient d'accord que sur un seul point : écarter le Français Choron. Celui-ci fonde alors l'Institution royale de musique classique et religieuse (1817) et donne tous les mois des concerts, avec deux cents élèves (oratorios de Haendel, *Requiem* de Mozart, *Cris de Paris, la Bataille de Marignan* de Janequin), afin d'éduquer le public. Il organise de grandes festivités à Notre-Dame, à Saint-Sulpice et des représentations en province. Après la révolution de Juillet, son école perdit élèves et subvention. Choron fut le premier éditeur du *Miserere* d'Allegri, du *Stabat Mater* de Palestrina et d'autres chefs-d'œuvre. Fétis lui doit beaucoup. A l'initiative de Choron se rattachent les éducateurs Wilhem, Niedermeyer, etc.

Leur contemporain, Castil-Blaze, critique médiocre, s'intéressait à l'histoire de la musique. Ses écrits ne sont pas des modèles de véracité, mais ils contiennent quelquefois une documentation utile (*Chapelle-musique des rois de France,* 1832).

La musicologie, au sens moderne, est née avec Fétis. Elève du Conservatoire de Paris (Rey, Boieldieu, Pradher), il y fut nommé, par la suite, professeur de composition en 1821; fondateur de la « Revue musicale » (1827), il fut également bibliothécaire du Conservatoire, organisateur des concerts historiques et, à partir de 1833, directeur du Conservatoire de Bruxelles. Sa capacité de travail, l'étendue de son savoir sont uniques. La liste de ses compositions, de ses études historiques, remplirait une brochure. Sa *Biographie universelle des musiciens,* en huit volumes (1839), utilise d'innombrables manuscrits anciens, tous les dictionnaires et encyclopédies de ses prédécesseurs, toutes les publications de théories musicales, complétés par ses propres recherches. C'est la plus vaste synthèse des temps modernes, avec tous les défauts d'une pareille entreprise. P. Aubry, dans ses cours professés à l'Institut catholique (1900), a vivement attaqué Fétis, le considérant comme un aventurier. Toutes les fautes ou erreurs relevées par Aubry sont avérées. Pourtant sa conclusion est fautive. Il ne faut pas oublier que Fétis, le premier, a défriché seul cet immense terrain; ses fautes étaient inévitables : malgré l'abondance des publications, les travaux préparatoires lui manquaient. Son *Histoire générale de la musique* (5 vol.)

abonde en idées. *La Musique mise à la portée de tout le monde* (1848) est la base de la sociologie musicale.

Dans la première édition de la *Biographie universelle* des musiciens, on lit un résumé philosophique de l'histoire de la musique. Cette importante étude expose la théorie de Fétis. Selon lui, l'histoire de la musique ne saurait entrer dans le cadre d'une histoire générale de la civilisation. La musique, avec le temps, ne progresse pas, mais se transforme. « La musique est soumise à des transformations qui, dans leur mouvement, après avoir été l'objet de quelques dissidences d'opinion, finissent par s'établir, si bien que chacune d'elles à son tour obtient une sorte de culte exclusif et devient la musique à la mode. » L'idée de transformation, reprise récemment par le spirituel écrivain P. Bekker, ne reste cependant qu'une curiosité. D'ailleurs, les quatre ordres de Fétis (unitonique, transitonique, pluritonique, omnitonique) représentent également une phase de ce processus de transformation, mais toujours avec une tendance progressive.

De trente-deux ans plus jeune que Fétis, W. Ambros chercha à établir un parallèle entre la musique et les arts plastiques. L'idée de placer l'évolution de la musique sur le terrain de l'histoire générale de la civilisation a suggéré d'intéressantes esquisses à Romain Rolland; R. Lach la développera plus tard sur une base historique. Cette idée hanta Spengler dans *le Déclin de l'Occident*. Il essaya d'en faire un système, mais avec un tel dilettantisme qu'A. Einstein y releva sans peine des inexactitudes graves.

Un autre musicologue surgit du romantisme napoléonien : le prince de la Moskova, fils du maréchal Ney, qui créa, en 1843, la Société des concerts de musique vocale, religieuse et classique, dont faisait partie l'élite parisienne. Compositeur, dandy, général, pair de France, gendre du banquier Laffitte, et membre fondateur du Jockey-Club, le prince réussit brillamment dans son entreprise; la culture musicale de la haute société était alors plus authentique et d'un niveau bien plus élevé que celle des snobs d'aujourd'hui. Les statuts comportaient notamment « l'exécution des morceaux écrits pour les voix sans accompagnement ou avec accompagnement d'orgue, et particulièrement par les maîtres français, belges, italiens et allemands des XVe et XVIe siècles ». Le prince utilisait les copies de Choron, mises à sa disposition par le gendre de celui-ci, ce qui explique la mystification de Dietsch, élève de Choron, qui y glissa son prétendu *Ave Maria* sous le nom d'Arcadelt. Ce morceau n'est autre, comme A. Pirro l'a établi, qu'une chanson galante à trois voix (1554) du musicien du cardinal de Lorraine. Les sept volumes de ce recueil rarissime (on le trouve à Paris, seulement au Conservatoire), où puiseront maints éditeurs allemands, ne forment pas encore un « monument » au sens actuel; c'eût été impossible, à cette époque; il s'agit cependant d'une importante publication, ou réimpression, de textes, sans méthode critique, dans un but pratique, comme l'étaient à ce moment les éditions de la Musical Antiquarian Society, commencées en 1840.

Dans l'entourage de Choron, signalons J. d'Ortigue, dont la formation a devancé son époque et même, sur certains points, Fétis. Ce Provençal, catholique fervent, avocat, romancier, moraliste, compositeur, critique, disciple de Lamennais, second de Berlioz au « Journal des Débats », n'est aujourd'hui connu que par ses travaux sur le plain-chant, sur la musique d'église, et par ses feuilletons, réunis en volume (*le Balcon de l'Opéra,* 1833, etc.). Ancien compagnon d'armes de Berlioz et de Liszt, et bien qu'il eût écrit une *Messe* sans paroles, pour violon, violoncelle et orgue, il voulut, au déclin de sa vie, chasser de l'église la musique instrumentale. Dès son arrivée à Paris, il fréquenta les salons, mais plus encore les concerts de Choron et de Fétis, l'Opéra et le Théâtre Italien. Feuilletoniste de plusieurs journaux, il se fit remarquer par deux articles qui ne sont pas de lui : l'un sur Berlioz (« Revue de Paris », 1832), est de Berlioz, et l'autre, sur Liszt, a pour auteur Marie d'Agoult. Parmi ses travaux, il faut retenir un volumineux *Dictionnaire liturgique, historique et théorique de plain-chant et de musique d'église au Moyen âge et dans les temps modernes* (1854). C'est une nouvelle encyclopédie, la première du genre, en Europe. D'Ortigue y aborde, entre autres questions, l'apparition des divers éléments de la musique : mouvement, rythme, mesure, harmonie, langage des sons. Il analyse les rapports de la musique avec les autres arts, art de l'écriture, art de la parole, leur genèse et leur classification. L'on y trouve des remarques sur la parenté des arts, problème posé par les romantiques, Rousseau, puis E. T. A. Hoffmann. « Il existe entre le langage, la musique, et les arts du dessin, des rapports réels fondés sur le principe de l'identité de la loi du son et de la loi de la lumière. » Parlant de tonalités mortes et de tonalités « régnantes », il proclame : « autant de tonalités que de peuples » et il ajoute que M. Fétis a même constaté « plusieurs tonalités en Irlande et deux gammes distinctes en Écosse ». Ajoutons que, dans ce *Dictionnaire,* d'Ortigue a republié des articles sur la philosophie de la musique, sur l'étude comparée de la tonalité depuis 1845. Son *Aperçu sommaire de la littérature et de la bibliographie musicale en France* (1855) est plus important que la bibliographie de Gardeton (1817), concernant la liste des anciennes œuvres musicologiques. La documentation d'Ortigue est toujours utilisable.

Nous arrivons à un grand nom : Edmond de Coussemaker, dont les travaux sont indispensables à tous les médiévistes; parcourant une double carrière de magistrat et de musicien, chanteur, violoniste, violoncelliste, compositeur (élève de Reicha), sous l'influence des concerts historiques de Choron et de Fétis, il se mit à étudier l'histoire de la musique. Après avoir publié de sérieux travaux sur Hucbald (1841), sur *l'Harmonie au Moyen âge* (où il indique les objectifs de la recherche médiévale, négligée jusqu'alors aussi bien en France qu'à l'étranger), Coussemaker édite un ouvrage monumental en quatre volumes *Scriptorum de musica medii aevi* (1864-1876) qui complète les trois volumes de Gerbert avec un contenu beaucoup plus intéressant. Coussemaker y publie cinquante traités, signés par les plus célèbres théoriciens ou anonymes. Il a édité les œuvres d'Adam de La Halle, des traités de Tinctoris, les harmonistes des XIIe et XIIIe siècles, ceux du XIVe siècle, les *Chants populaires des Flamands de France.* D'emblée, Coussemaker devint la plus grande autorité du siècle en matière de musique médiévale.

Le dernier membre de l'école de Choron, A. de La Fage, travailla deux ans l'histoire musicale et le style a cappella à Rome, chez Baini, premier biographe de Palestrina, le meilleur connaisseur, à l'époque, du XVIe siècle italien. Par la suite, La Fage retourna plusieurs fois en Italie, puis voyagea en Allemagne, en Espagne, en Angleterre pour y faire des recherches. Après l'achèvement du *Manuel complet de musique vocale et instrumentale* (traité de composition en six volumes, 1836-1838), il commença la série ininterrompue de ses publications historiques. En 1840, il voyait déjà l'importance de la chanson *(De la chanson considérée sous le rapport musical)* ; en 1844, il écrivait une *Histoire générale de la musique et de la danse* (2 vol.). Il consacra des volumes biographiques à Haydn, Choron, Wilhem, Baini, Donizetti. Enfin il s'attela à un grand ouvrage, *Essais de diphtérographie musicale* (paru après sa mort, 1863); on y trouve de copieux extraits des traités du XVe et du XVIe siècle, tirés des papiers de son maître, Baini. Il fonda une revue, « Le Plain-Chant », et étudia l'orgue. Ses œuvres vocales portent un titre dans le style de l'époque : *Adriani de Lafage, Motetorum Liber I* (1832). Ses trop nombreux travaux minèrent peu à peu sa santé : La Fage termina ses jours à Charenton. Excellent musicien, unissant l'érudition à la précision historique, il avait l'âme d'un artiste créateur. Sa méthode, son appareil critique, ont dépassé son époque.

C'est toujours du même milieu catholique que sort F. Clément, organiste, compositeur et musicologue. Sous le titre *Chants de la Sainte-Chapelle* (1849, 2e éd., 1875), il a publié une série de compositions du XIIIe siècle qu'il avait mises en partition et dirigées lors des solennités de la Sainte-Chapelle du Palais. En 1861, Clément fit paraître un choix de séquences médiévales avec accompagnement d'orgue. Ces deux publications d'œuvres inédites marquent une étape. Clément est l'auteur d'une *Histoire générale de la musique religieuse* et d'un *Dictionnaire lyrique* dont les rééditions par Larousse et Pougin sont encore en usage. Insistons : les éditions de Clément ne sont pas faites avec une méthode critique, elles ne servent qu'un but pratique.

Ce fut encore sous Louis-Philippe que commença la restauration du chant grégorien. À l'étude de son passé se sont voués les Pères Lambillotte *(Antiphonaire de saint Grégoire de Saint-Gall)*, Dom Guéranger, son élève Dom Pothier, puis l'élève de celui-ci, Dom Mocquereau, éditeur de la *Paléographie musicale*, dont les nombreux volumes forment les monuments du chant grégorien. De la lutte entre les bénédictins de Solesmes et les céciliens allemands, entre Haberl et Dom Mocquereau, ce dernier sortit victorieux : l'édition Medicea fut remplacée par celle du Vatican. A. Dechevrens, professeur à l'Institut catholique d'Angers, se spécialisa dans les problèmes du rythme de l'hymnographie latine. Il s'est occupé aussi de la musique arabe et de la gamme chinoise. Pour les études grégoriennes, une chaire fut créée à l'Institut catholique, dont le titulaire, Amédée Gastoué, se distingua par de nombreux et excellents travaux dans tous les domaines de l'histoire, y compris la byzantinologie. En Angleterre, la Plainsong and Medieval Society veille sur les traditions grégoriennes. H. M. Bannister a publié la collection *Monumenti vaticani di paleografia musicale* (1913). Parmi les spécialistes étrangers, signalons les Allemands R. Molitor, P. Wagner (Fribourg, en Suisse), et l'Espagnol Dom Suñol.

Toutes les publications historiques de la première moitié du siècle sont de la plume de compositeurs devenus musicologues. Aucun d'eux n'a reçu une formation d'historien, d'où la faiblesse de leur méthode. Ironie du destin enfin, un archiviste authentique, l'érudit Van der Straeten, s'intéressa à la musique; le manque total de méthode historique et de sens critique sont les défauts irréparables de ses travaux. *La Musique aux Pays-Bas avant le XIX*^e^ *siècle* (8 vol.), *les Musiciens néerlandais en Espagne* (2 vol.) réunissent une documentation inédite d'une richesse incroyable, grâce aux recherches personnelles de leur auteur. Un autre savant belge, mais d'un appareil plus solide, est le compositeur-archiviste A. Goovaerts; son *Histoire et Bibliographie de la typographie musicale dans les Pays-Bas* (1880) est encore indispensable aujourd'hui.

Au milieu du XIXe siècle paraissent deux grandes collections qui ne servent que des buts pratiques : *le Trésor des pianistes* d'Aristide et Louise Farrenc (à partir du XVIe siècle, 20 vol. 1861-1872) et *les Clavecinistes de 1637 à 1790,* de Lferoid de Mereaux (3 vol. avec des notes historiques, biographiques et avec réalisation des agréments de Frescobaldi à Hüllmandel, 1867). Si le choix des maîtres et des morceaux y est discutable, les réalisations des ornements le sont aussi. Toutefois ces deux recueils ont largement contribué à éveiller l'attention du public et des musiciens à l'égard des maîtres du passé. L. A. Vidal est le plus érudit des organographes du XIXe siècle. Son ouvrage monumental, *les Instruments à archet* (3 vol.

1876-1879) demeure une source de premier ordre sans laquelle ni Grillet ni Lütgendorff n'auraient pu écrire leurs monographies. Le Belge Mahillon est le premier qui ait étudié systématiquement les instruments de musique, jetant ainsi les bases d'une organographie scientifique.

LES MUSICOLOGUES EN ALLEMAGNE

Peu après Choron, entrèrent en scène les musicologues allemands. En 1839-1840, commençait à paraître la *Collectio operum musicorum Batavorum* en douze volumes de Fr. Commer, où l'on trouve pêle-mêle des maîtres, même français, tel Cl. Janequin, puis la *Musica sacra, cantiones XVI, XVII saeculorum* (1839-1887, 28 vol.). Fr. Chrysander, biographe et éditeur de Haendel (ses éditions furent fortement contestées par R. Franz et J. Schaeffer), lança en 1863 le « Jahrbuch für Musikwissenschaft ». La Société de recherches musicologiques (Gesellschaft für Musikforschung) était fondée en 1868, sous la présidence de Commer et avec le secrétariat de R. Eitner; cette société a réédité d'anciennes œuvres théoriques et pratiques, ainsi que la revue « Monatshefte für Musikgeschichte » (1869-1904). Robert Eitner se fera bientôt connaître. Il publie d'abord une assez bonne bibliographie des recueils de musique du XVIe siècle, en collaboration avec Haberl, Lagerberg et C. F. Pohl, puis, seul, un *Dictionnaire bio-bibliographique des musiciens depuis l'ère chrétienne jusqu'au milieu du XIXe siècle* (en 10 vol., 1899-1904), immense compilation des catalogues et bibliographies, qui dépassa les modestes moyens de ce maître de piano. Son ignorance des langues étrangères, sans même parler du latin, de l'histoire de la musique et de l'histoire tout court, lui valut les critiques sévères de ses contemporains. Dans une étude spéciale, parue en 1905, dans « la Revue musicale » de Combarieu, M. Brenet nota pour sa part certaines erreurs de classement dans des ouvrages français dues à Eitner.

Parmi ces amusantes bévues, la plus fameuse qualifie Alfonso el Sabio de « trouvère espagnol du XIIe siècle ». Il s'agit du grand monarque Alphonse le Savant, auteur des *Cantigas*. Récemment, un comité international s'est formé pour rédiger un *Répertoire international des Sources musicales* (R.I.S.M.) qui, peu à peu, remplacera le vieux *Quellen-Lexikon* d'Eitner. Le premier volume a paru en 1960.

En réplique aux « Monatshefte » d'Eitner, trois musicologues allemands, G. Adler, Fr. Chrysander et Ph. Spitta fondèrent en 1884 la revue trimestrielle « Vierteljahrschrift für Musikwissenschaft ». De cette triade Spitta possédait le plus considérable bagage. Influencé par la *Philosophie de l'art* de Taine, qu'il cite, Spitta réussit son analyse psychologique en profondeur, dans le cadre d'une biographie de Bach. Il n'a pas sentimentalisé le vieux cantor, mais il lui a prêté les traits qu'il voulait y voir. Certes il y avait eu des biographies avant celle de Spitta : le *Palestrina* de Winterfeld s'appuie en partie sur Baini; le *Mozart* de Jahn est une biographie romantique écrite par un antiromantique et le *G. F. Händel* de Chrysander est incomplet. Mais le *Bach* de Spitta est la première biographie analytique allemande. Il est vrai qu'il n'a pas fait l'analyse historique du langage de Bach. Spitta a publié les œuvres complètes de H. Schütz et les œuvres d'orgue de Bach.

Coussemaker avait signalé en 1843 les collections musicales du Nord, mais l'inventaire des bibliothèques musicales ne commence que vers 1880.

Pendant ces années, un nom faisait autorité à l'université de Leipzig : Hugo Riemann, connu pour son *Dictionnaire,* paru aussi en français. Positiviste dogmatique, il s'est intéressé aux questions les plus diverses, de sorte que son érudition, très réelle, présente quelquefois l'apparence du désordre et de la confusion. Il a tenté prématurément la synthèse de ses recherches personnelles. Ses publications de textes, ses transcriptions ne sont pas toujours exactes. Quelques-unes (musique de danse), furent rectifiées par son élève F. Blume (*Studien zur Vorgeschichte der Orchestersuite im XV und XVI Jahrhundert),* 1925. L'appareil philologique, trop lourd, devient parfois une fin en soi. Chose plus grave, son jugement manque quelquefois d'objectivité. Il porte aux nues Abaco et Stamitz, ses « découvertes », au détriment d'autres maîtres. Son adversaire, G. Adler, le critique sévèrement et déconseille à ses élèves de travailler d'après le manuel de Riemann. Pourtant celui-ci fut un semeur d'idées, le premier Allemand qui ait soutenu la thèse de Fétis, à savoir que l'histoire de la musique est indépendante de celle des arts plastiques et de la littérature. Dans sa propre thèse, il affirme que l'histoire de la musique répand l'évolution des idées, des formes et des genres. Riemann a souligné la grande portée de l'*ars nova* et, non sans exagération, celle de l'école de Mannheim. Son *Histoire de la théorie musicale du IXe au XIXe siècle* aborde un sujet qui n'avait pas encore été traité. Chef d'orchestre, compositeur, pédagogue (*Traité du double contrepoint. Catéchisme de la fugue*), il s'inspire dans son *Problème du dualisme harmonique* des idées de Rameau sur le centre harmonique, la basse fondamentale et la théorie fonctionnelle. Sa théorie sur les relations des harmoniques inférieurs et la gamme mineure donna lieu à beaucoup de discussions. Il découvrit Momigny chez qui il a puisé sa théorie sur le phrasé (« *Phrasierung* »).

PHILOSOPHIE ET SOCIOLOGIE

Les philosophes, à toutes les époques, n'ont cessé d'étudier la musique; ils ne l'ont pas oubliée au XIXe siècle. Ne parlons pas de la métaphysique de Schopenhauer, mais citons seulement les psychologues anglais, James Sully, Spencer (*The Origin and Function of Music,* 1857) et Darwin (*The Expression of the Emotions in Men and Animals,* 1872), qui ont cherché les origines de la musique dans la physiologie et dans la psychologie (sentiment intérieur, amour). La musique est née du rythme, lequel a été engendré par le travail en société, au dire de Bücher, économiste allemand (*Arbeit und Rythmus,* 1896). D'autres théories expliquent la naissance des gammes (Ellis); la plus étonnante est celle des analogies biologiques de Parkhurst-Wintrop. Selon l'ordre d'apparition des instruments, Rowbotham distingue trois époques dans l'évolution de la musique primitive : *drum-stage* (époque du tambour), *pipe-stage* (époque de la flûte) et *lyre-stage* (époque de la corde). R. Wallaschek arrive, avec la même méthode, à une conclusion différente : pour lui le premier instrument fut la flûte.

Les historiens de la fin du siècle ne pouvaient se soustraire à l'ascendant du positivisme qui influençait aussi bien les doctrinaires allemands de la méthodologie

(Bernheim) que les Français (Langlois, Seignobos). Bernheim publia son *Manuel de la méthode historique* où, dans le groupe des « Sciences », il fait figurer « la Science des Beaux-arts ». Il discrimine entre l'ethnographie : « description des tribus et des peuples », et l'ethnologie : « élaboration scientifique des données fournies par l'ethnographie ». Bernheim considère la méthode génétique comme la plus parfaite. H. Tietze, dans son volume sur la *Méthode de l'histoire de l'art,* se range aussi à cet avis. Adler également. Pour R. Lach, la méthode la plus complète est biogénétique.

Le chef de l'école viennoise est G. Adler. Élève de Bruckner, docteur en droit et en philosophie, successeur de Hanslick à l'université de Vienne, Adler cherche, à l'opposé de Riemann, des points de contact entre la musique et les autres manifestations de l'esprit. Il est le pionnier de la « *Stilkritik* » (critique du style); ce terme forcé, né sous l'influence du psychologue J. Volkelt, ne dit rien en définitive; aujourd'hui, il est de plus en plus souvent remplacé par « histoire structurelle ». Le nationalisme de Riemann dégénère souvent en orgueil; Adler est plus libéral. Il fut l'initiateur, avec ses élèves (Haas, Wellesz, Orel, etc.), des *Denkmäler der Tonkunst in Österreich (Monuments de la musique en Autriche),* dont le plan, dépourvu de toute homogénéité, reflète l'incohérence politique et culturelle de l'ancienne Autriche. Cette collection contient les *Sechs Trienter Codices* (XVe siècle), retrouvés par Haberl à Trente, comprenant des chansons françaises, des canzoni italiennes, des lieder allemands.

Le positivisme de la méthode musicologique perdit tout crédit en Allemagne sous l'influence de Dilthey, qui souligne la différence entre les sciences de la nature et celles de l'esprit. Ce fut un retour à Kant, une « critique de la raison historique », comme le dit M. Marrou. En France, Bergson représenta la réaction spiritualiste. La nouvelle méthode musicologique, plus exactement la conception composite de la nouvelle génération, recourt à plusieurs sciences jusque-là reléguées au second plan, ainsi qu'à la sociologie. Elle nous amène à étudier non seulement la société d'une époque, mais la classe sociale, le milieu où paraît et agit l'artiste. Ainsi la bourgeoisie a donné naissance au *concerto,* forme favorite de passe-temps musical. La musique de table est non seulement une mode, mais aussi un véritable genre musical (quodlibet, fricassée, etc.). Les intermèdes des fêtes de château du XVe et du XVIe siècle renaissent en d'autres milieux. S'il est bien intéressant de savoir quelles personnes ont joué la *Chaconne* de Bach parmi les contemporains, dit un sociologue musical, il serait encore plus curieux de connaître l'auditoire.

Après la Révolution française, la société se transforme et les concerts d'amateurs perdent de leur importance. Les concerts publics des professionnels, accessibles à tout le monde, commencent à s'organiser, de plus en plus nombreux. L'éclipse de Bach pendant la seconde partie du XVIIIe siècle s'explique par les événements sociaux et politiques. Le clavecin était un instrument intime qui a mis en relief ses dessins polyphoniques. C'est le piano, instrument homophone par rapport à l'orgue et au clavecin, qui parle maintenant. *La Passion selon saint Matthieu* a été créée en l'église Saint-Thomas de Leipzig, avec un dispositif minime d'une trentaine d'exécutants, sous la direction du cantor lui-même à l'orgue. Aujourd'hui, une masse de plusieurs centaines d'artistes, sous la direction des virtuoses de la baguette, raniment Bach. Le public contemporain de Corelli, de Vivaldi, ne comptait qu'un petit nombre d'élus. De nos jours, tout le monde écoute la musique : aristocrates, bourgeois et ouvriers. Malgré le renouvellement social permanent, le goût du public ne se réforme que difficilement; il aime suivre les sentiers battus, son intérêt pour l'art d'avant-garde ne s'éveille que peu à peu, protégé par les snobs. La musique commence à pénétrer toutes les couches sociales. Flaubert écrit en 1852 : « Combien de braves gens, il y a un siècle, eussent parfaitement vécu sans beaux-arts, et à qui il faut maintenant de petites statuettes, de petite musique, de petite littérature. »

Comme d'autres disciplines intellectuelles, la musicologie, jeune science, traverse une crise : le but qu'elle se propose, la sélection et le groupement du matériel (délimitation, détermination des périodes), sa méthode, sont reconsidérés. C'est avec raison que notre confrère, M. Lesure, reproche à la musicologie de vivre encore plus ou moins inconsciemment sur « le mythe du héros ». Mais connaît-on du moins ces « héros » ?

Voyons celui qui semble être le plus proche du public de notre époque : Beethoven. Pour sa biographie, nous ne pouvons consulter que l'ouvrage presque centenaire de l'Américain Thayer. Et il y a peu de temps qu'est paru le premier catalogue thématique complet (Kinsky-Halm). Appréciations du « message », dépouillement des documents (Frimmel, Sandberger), et psychanalyses à part (Rolland), les travaux indispensables sur les problèmes de détail font tellement défaut qu'une synthèse de l'œuvre aujourd'hui serait prématurée. Un congrès réuni en 1951 pour étudier Bach dévoile, dans son rapport, comme on erre, tâtonne et s'égare encore parmi les œuvres de celui que l'évêque suédois Sœderblom appelle le cinquième évangéliste.

Évidemment, pour les amateurs, ou les snobs du conformisme, l'histoire de la musique n'est qu'une succession de personnalités, disons de grands génies. Or les précurseurs sont presque toujours de petits maîtres que le public préfère ignorer, surtout dans la salle de concert. Le culte du « héros » donna lieu à une « histoire héroïque », exploitée par les industriels des vies romancées et de la vulgarisation commerciale. Conséquence déplorable : le grand public ne s'intéressait qu'aux génies consacrés et ne voulait entendre aucune œuvre de leurs égaux : Rameau, Vivaldi, La Lande. Il y a plus de trente ans, A. Tessier a proclamé que la musicologie moderne ne peut remplir sa tâche qu'en publiant des textes : « Abandonnez recherches et apologies ! » L'avenir de la musicologie n'est certainement pas dans les archives, mais dans la publication critique des textes. Mais il ne faut pas que la musique ne soit que prétexte à dissertations érudites, que l'appareil du métier étouffe la sensibilité; derrière les notes, sachons retrouver l'âme.

Notre époque de tension ne peut éviter les répercussions politiques sur les sciences humaines. Déjà, au printemps de 1914, la tonalité majeur-mineur faisait l'objet d'une prise de position. Pour Andreas Moser, cette double tonalité représente une lutte irréconciliable entre la culture nordique et la culture méditerranéenne, d'origine orientale. Le système majeur-mineur s'oppose a priori à la modalité grégorienne. L'Américain W. D. Allen critique très sévèrement cette théorie « pré-nazie » dans sa thèse de doctorat à l'université de Columbia

(1939). Le premier auteur marxiste d'une histoire de la musique fut naturellement un Soviétique, Tchemodanov : *Histoire de la musique dans ses rapports avec l'histoire,* etc. (Kiev, 1927). Eichenauer expose la théorie *Musique et Race* (1932). Le professeur E. Bücken, examinant en 1935 les signes distinctifs du racisme allemand dans la musique, situe le territoire germanique au centre du paysage musical. Selon lui, l'espace musical bavaro-autrichien forme un tout organique, de Munich à Vienne. Le fascisme avait aussi ses idées sur la musique : *Occorre rifare la storia della musica !* (Il faut refaire l'histoire de la musique!) Un ouvrage très amusant a paru à Londres, en 1946, sous la plume d'un professeur de l'université de Berlin-Est, Ernst Meyer : *English Chamber Music*. Marx et Engels lui ont révélé que l'histoire de la musique est une partie de l'évolution générale. Cette « révélation » lui suggère ensuite des conclusions politiques très contestables.

MÉTHODES MODERNES

La musicologie doit marcher de pair avec le développement des sciences, tenir compte de la multiplicité et de la complexité des problèmes, mettant toujours en relief le fonds sociologique, négligé par la vieille école.

La méthode combinée d'un musicologue moderne est bien caractérisée par Ch. Seeger, qui distingue deux types de musicologues : *systematic* et *historic ;* il regrette qu'entre les deux, il y ait un « schisme indésirable ». La musicologie étant une *linguistic discipline,* Seeger juge nécessaire l'alliance des deux groupes de sciences et de leurs méthodes ; le musicologue doit donc se spécialiser dans les deux groupes de sciences. Cela ne veut pas dire, ajoute-t-il, que « pour analyser le style de Mozart, il soit nécessaire d'être versé dans des mélodies de Patagonie, ou que pour l'étude de la musique chinoise, il faille d'abord soutenir une thèse de doctorat sur les madrigaux de Gesualdo ». En effet, malgré la spécialisation qui domine notre époque, il est indispensable de connaître le domaine entier des sciences musicologiques de même qu'un médecin, fût-il cent fois spécialisé, ne peut méconnaître la médecine générale. Si les progrès de la paléographie, le perfectionnement des sciences auxiliaires, l'évolution de la psychanalyse, l'extension de la notion de dissonance peuvent suggérer de nouvelles idées, c'est toujours la quadruple analyse qui est au centre de l'histoire de la musique : analyse du rythme, de la mélodie, de l'harmonie et de la forme; bref, l'histoire structurelle. La biographie n'a son importance que dans la mesure où elle est en rapport organique avec l'œuvre.

De telles exigences, de telles conditions rendent nécessaire la diversité des études, à l'instar de l'histoire des arts plastiques. Dans la nouvelle génération se font rares les écrivains compositeurs (Bourgault-Ducoudray), les philologues musiciens (Chantavoine), les archivistes musiciens (Campardon, Curzon), les instrumentistes musicologues (Bouvet), les amateurs historisants et les *literary gentlemen*. Mais qu'on soit ethnomusicologue ou historien, la connaissance théorique et pratique de la composition constitue une base indispensable.

On concentre généralement en quatre époques l'évolution des études musicologiques : homophonie, polyphonie, mélodie accompagnée et « âge moderne ». Division trop rudimentaire qui suppose de nombreuses subdivisions, autant de périodes impossibles à enfermer entre des dates précises, leur délimitation étant mobile comme un décor. Toutes les divisions pratiquées aujourd'hui sont plus ou moins arbitraires et ne se différencient guère. Que l'on situe ou non Bach et Haendel à l'époque de la basse chiffrée, que l'on sépare Mozart de Gluck (« opéra classique ») pour le rattacher à la musique italienne, que l'on intègre ce dernier à l'évolution de la tragédie lyrique française, cela dépend de la thèse qu'on soutient, de la conception du musicologue. L'école viennoise est une dénomination purement géographique, et n'est que cela; il n'y a pas un style viennois, il y en a quantité, pas un seul n'est original et moins encore autrichien. Dans ce réservoir international que fut la capitale impériale, tant d'influences s'entrecroisent, émanant de l'étranger lointain relié par mariage à la dynastie (Espagne, France, Italie, Allemagne, etc.), et aussi de tous les coins du gigantesque empire des Habsbourg, que l'on ne saurait trouver d'autre épithète convenant à un ensemble aussi complexe. Le seul cachet que l'Autriche imprime quelquefois à sa musique est celui de la couleur locale (nous songeons à la valse) et ne peut s'entendre dans le sens ethnique.

Il n'y a aucun doute que Liszt s'enchaîne à Berlioz, Wagner à Liszt, que Berlioz et Liszt forment le romantisme français, et Wagner, un romantisme allemand se rattachant à Weber et à Marschner. Mais on ne peut mettre sous cette même rubrique les deux maîtres du romantisme bourgeois allemand : Schubert et Schumann. Par son caractère intime, Chopin se rapproche des maîtres leipzigois ou viennois, mais le style de ses miniatures est franco-italo-germano-polonais. Ce qui est commun aux musiciens du XIXe siècle, c'est le fil conducteur du romantisme. Partant de la littérature et de la peinture, son idéologie détermine aussi celle de la musique. La même formule explique l'impressionnisme ou le symbolisme et la réaction, la musique linéaire. Plus difficile est l'identification arbitraire ou trop vague de certains styles avec d'autres époques : musique grégorienne — époque romane, polyphonie médiévale — période gothique, chanson polyphonique — Renaissance, homophonie harmonisée — Renaissance, basse continue — baroque, clavecinistes — Régence ou rococo, etc.

Certaines revisions d'erreurs anciennes s'opèrent bien lentement. De nombreux ouvrages d'outre-Rhin parlent encore des musiciens néerlandais aux XVe et XVIe siècles. Or il est de notoriété publique que les musiciens dits flamands, à quelques rares exceptions près, vivant en Italie, sont presque tous des Wallons, sujets de la cour de Bourgogne. La fameuse doctrine de F. Brunetière sur l'évolution des genres a trouvé un grand écho dans la musicologie. Une très abondante littérature traite l'histoire des formes et des genres de la musique (Kretzschmar).

Tout au début de notre siècle, commence la publication critique accélérée des monuments de la musique, base de tout travail historique. L'un des premiers éditeurs en France qui s'y soit entièrement consacré, Henry Expert, élève de Franck, était professeur à l'École des hautes études et bibliothécaire du Conservatoire. Théoricien et praticien admirable, ses *Maîtres musiciens de la Renaissance française* (plus de trente volumes en six parties avec fac-similés en notation moderne) sont une collection monumentale. Il n'a pas eu la joie de voir achevée son œuvre que ses fidèles mèneront à bonne fin. Presque toutes les nations se sont mises à publier leurs monuments, l'édition des œuvres complètes des grands maîtres se multiplie, plusieurs bibliographies musicales européennes et américaines, notamment les « Music Library Association Notes », nous informent de toutes les publications musicales ou musicologiques.

ROMAIN ROLLAND, PIRRO, AUBRY

La musicologie française abonde en esprits clairvoyants et en chercheurs érudits. Nous présentons ici quelques instantanés.

Le premier titulaire d'une chaire de musicologie à la Sorbonne fut Romain Rolland. Normalien, membre de l'École française de Rome, humaniste, historien, romancier et auteur dramatique, dès le début de ses études, il se débattit entre ses obligations qui lui imposaient un engagement décennal et son penchant pour la littérature. A Rome, le peintre Hébert, directeur de la Villa Médicis, assure au jeune archéologue, brillant pianiste qui joue de mémoire Bach, Mozart, Beethoven, que sa place n'est pas au Palais Farnèse; s'il retourne à Paris, au Conservatoire, il le protégera auprès de Gounod. Rolland refusa. Mais il voulait rompre avec l'Université, il n'avait en tête que des sujets de théâtre. Son maître, G. Monod, essaya de le retenir; pour adoucir l'existence du jeune homme, il alla voir Mounet-Sully, afin d'obtenir que la Comédie-Française montât son *Orsino*. Le Comité lui opposa un vote négatif. Sur les instances de ses professeurs et de sa famille, Rolland se décida à continuer ses travaux historiques. Cependant « il ne pense point s'y éterniser ». Il se consacre à la bibliothèque de Santa Cecilia, « à la musique ensevelie dans les manuscrits et les éditions rares du temps passé »; il y réunira le matériel de sa thèse sur l'*Histoire de l'opéra en Europe avant Lulli et Scarlatti*. Rentré à Paris « il convoque V. d'Indy » et lui joue les œuvres de Monteverdi. « D'Indy fut ravi de la découverte. » Rolland fait des cours d'histoire de la musique à l'École normale, épouse la fille du professeur Bréal, soutient sa thèse à la Sorbonne; c'est la troisième thèse de musicologie, la première de l'histoire de la musique, car celle de Combarieu était sur l'esthétique musicale et celle d'Emmanuel sur la danse grecque. A sa soutenance de thèse, le 19 juin 1895, Rolland fait installer un piano dans la salle et joue quelques extraits de ses « vieux Italiens ». Mention très honorable. Pourtant il est très déçu. « C'était donc cela le doctorat! Six heures de parlotes vides, de discussions à côté, pour ne rien dire... » Rolland reste à peine cinq ans à la Sorbonne. Bientôt il sera absorbé par la littérature, ensuite par la politique.

Avec Romain Rolland, un nouveau type de musicologue fait son apparition. Il raconte et analyse avec une clarté lumineuse, évoque la Renaissance et le Baroque dans toute leur plénitude. Sa thèse est son meilleur ouvrage, elle reste supérieure à toutes les publications sur le même sujet. Base technique solide, méthode nouvelle, élégante, l'appareil critique n'étouffe pas les idées et n'alourdit pas le texte. Au lieu du ton doctoral de certaines dissertations, nous trouvons ici une prose harmonieuse et colorée, une narration captivante. La finesse et l'indépendance de son jugement donne à ses gloses un tour frappant et original, même lorsqu'elles sont inexactes. Ses travaux sur le XVIIIe siècle *(Haendel)*, font preuve d'esprit analytique. Son roman *Jean-Christophe* est l'apothéose d'un idéal humaniste et musical. Le Moyen âge ne l'intéresse pas, il fait confiance aux travaux de son ami, P. Aubry. D'autant plus le séduit l'époque contemporaine. Rolland a publié sur *Beethoven* sept volumes d'une valeur inégale. Le caractère humain du portrait, placé dans son contexte historique, correspond mieux à la vérité que l'analyse du style. Ayant abandonné les recherches musicologiques, il ne connaît pas les études récentes sur le pré-beethovénisme et le jeu des influences lui échappe quelquefois. Parmi ses élèves, citons G. Cucuel, spécialiste du XVIIIe siècle, et H. Prunières. Ce dernier commença l'édition des œuvres complètes de Lully, avec la collaboration d'un éminent confrère, A. Tessier.

André Pirro est la plus haute figure de la musicologie contemporaine. Fils d'un organiste, d'origine lorraine, organiste lui-même (élève de Widor), par ses études approfondies, par ses recherches toujours personnelles, il acquit une érudition prodigieuse et un remarquable jugement critique. Paléographe averti, il lisait facilement les manuscrits de toutes les époques; cerveau cartésien, la technique musicale ne lui posait aucun problème. Excellent latiniste, parlant cinq langues, écrivain d'une rare sensibilité, il s'intéressait aux questions les plus diverses. A l'invitation de Charles Bordes, animateur du passé musical, Pirro accepta d'enseigner à la Schola Cantorum, et dirigea avec A. Guilmant les *Archives des maîtres de l'orgue*. Il fit paraître maintes publications importantes. Il poursuivit sa carrière de professeur à l'École des hautes études, puis à la Sorbonne.

A partir de 1897, Pirro travailla sans cesse à ses publications sur Bach, dont il devint le plus pénétrant exégète, grâce à une nouvelle méthode que son condisciple chez Widor, A. Schweitzer, réclama comme sienne. Eugène Borrel, collègue de Pirro à la Schola et spécialiste du XVIIIe siècle, démontra la priorité de Pirro en relevant dans une étude de celui-ci, parue en 1900, un passage résumant sa thèse, reprise par Schweitzer en 1905. Il s'agit du problème essentiel de Bach :

> Les formules de Schütz qui jaillissent du texte, qui en germent naïvement, Bach les émancipera de l'entière sujétion verbale, mais en usera pour créer en face de la parole une langue signifiante aussi, encore qu'indépendante, il ne s'impose plus de traduire, mais il commentera et les termes du commentaire seront bien du lexique de Schütz.

De même importance sont ses travaux sur Schütz, Buxtehude et Descartes. Il a fouillé les archives et les bibliothèques pour mieux connaître la pratique instrumentale du XIVe et du XVe siècle. Malgré l'impressionnant appareil critique, on sent battre le cœur de l'époque. Pirro était plus qu'un érudit, plus qu'un savant : c'était un artiste.

La musicologie médiévale, en veilleuse depuis la disparition de Coussemaker, connut un nouvel essor vers la fin du XIXe siècle, avec Pierre Aubry. Ce jeune et génial chartiste, guidé par les travaux de Gaston Paris, étudia dans le détail la musique française du Moyen âge. Ses connaissances musicales étendues, son initiation à l'histoire politique, littéraire, linguistique, iconographique, ont acquis à ses publications un renom universel.

Le nombre de ses ouvrages étant considérable, nous n'en citerons que quelques-uns : *les Plus Anciens Monuments de la musique française* (avec fac-similés, 1903); *Lais et Descorts français du XIIIe siècle* (avec Alfred Jeanroy, 1900); *Estampies et danses royales* (les plus anciens textes de musique instrumentale au Moyen âge, 1907). Publication capitale : *Cent Motets du XIIIe siècle* (3 vol. en fac-similés et en transcription d'après le Cod. Bamberg, ed. IV, 6; études et commentaires, 1908). *Le Roman de Fauvel* (en fac-similés, avec textes, éditions annotées, 1907). Ouvrage ethno-musicologique : *Au Turkestan. Notes sur quelques habitudes musicales chez les Tadjiks et chez les Sartes* (1905).

Ses recherches sur la rythmique des troubadours et des trouvères furent au centre de la tragédie de sa vie, qui fut aussi celle de la musicologie française. Pour résoudre le problème rythmique de la chanson des trouveurs, il recourut à la modalité, à la lecture modale. Il faut entendre par « mode » une formule rythmique, employée par la notation mesurée dans le sens de la métrique grecque, bâtissant des mélodies sur ïambe, spondée, trochée, etc. L'application de cette doctrine, avec certaines réserves, a fourni à Aubry la clef de la rythmique des troubadours. A ce moment, un Alsacien, Beck, élève du philologue Gröber et du musicologue Ludwig, réclame la priorité de la nouvelle méthode. Après une polémique discourtoise, un jury d'honneur fut constitué pour trancher la question, sous la présidence de l'archéologue Dieulafoy. Emmanuel, compositeur et docteur ès lettres, présentait le rapport. Aucun membre du jury (Bédier, romaniste, Chantavoine, Laloy, docteur ès lettres, Malherbe, musicologue) n'était spécialiste de la rythmique modale. Après six jours d'interrogatoires et de discussions, le jury prononça un jugement ahurissant, et dont la seule excuse est l'ignorance absolue : il proclama la priorité de Jean Beck et obligea Aubry et le directeur de la collection (Chantavoine), où devait paraître le volume sur les *Trouvères et Troubadours,* à rayer le passage qui déclarait Aubry inventeur de la doctrine modale. Aubry attaqua Emmanuel avec une violence extrême, dans la « Revue musicale » de Combarieu. Voici un extrait de sa lettre :

Ce qui est certain et que j'affirme hautement, c'est que malgré vos efforts pour arriver à démontrer le contraire, malgré votre critique branlante et caduque, M. Emmanuel, c'est en France, c'est chez nous et plus qu'en Allemagne, c'est par un Français aussi, qu'a été retrouvée la signification longtemps oubliée de la langue musicale des troubadours et des trouvères français. Pas un instant au cours de la discussion, vous n'avez été en état de décider de mon adversaire ou de moi, lequel avait tort, lequel avait raison.

L'honnêteté et la bonne foi d'Emmanuel avaient été surprises, il ne s'en rendit compte que trop tard; le jury également. La stupéfaction était plus grande en Allemagne où la personnalité de Beck ne jouissait pas d'une grande sympathie et où l'on appréciait toute la valeur de Pierre Aubry. Un mois après le jugement, Riemann appelait la doctrine non pas méthode Beck, mais méthode Aubry-Beck. Aubry avait de grands projets; il allait publier le *Chansonnier de l'Arsenal,* lorsque au cours d'un exercice d'escrime au fleuret, il fut blessé mortellement. Aussitôt la sotte légende d'un suicide se répandit. Dans un article touchant, Romain Rolland exalta le grand disparu. J. Wolf, paléographe et professeur à l'université de Berlin, avec un rare sens de la justice, évoquant dans un article la tragédie du savant français, rendit hommage à la grandeur et à l'originalité du travail d'Aubry.

Cependant, Beck et ses adeptes ne désarmaient pas. Beck jeta dans la polémique le nom de Ludwig, professeur à Strasbourg, en lui attribuant l'invention de la théorie modale. Peu après, aucune université allemande ne voulant de lui, Beck émigra en Amérique, où il mourut en 1945. Il y a quelques années, M. Chailley, fouillant les papiers d'Aubry, légués par sa veuve à l'Institut de Musicologie, trouva des documents qui prouvent sans conteste la priorité du savant français. D'abord, le texte de la thèse soutenue en 1898 par Aubry à sa sortie de l'École des Chartes, dont la « position » seule fut imprimée et à laquelle il renvoie dans sa polémique. « La doctrine modale y est déjà présente d'un bout à l'autre » (mais il n'établissait pas encore de différence entre manuscrits mesurés et non mesurés). Dans ses écrits ultérieurs, la doctrine modale se dégage. Lors de la première visite de Beck à Aubry, en 1906, la théorie de celui-ci était déjà complètement formée.

Parmi les papiers se trouve une longue lettre de Ludwig datée du 13 avril 1907, publiée par M. Chailley dans « Archiv für Musikwissenschaft », où le nom de Beck n'est pas mentionné et d'où il ressort que Ludwig aurait aidé Aubry de ses conseils. Il faudrait donc, d'après M. Chailley, parler désormais du système Aubry-Ludwig.

LALO. L'ESTHÉTIQUE MUSICALE

Une place spéciale revient à Charles Lalo, professeur en Sorbonne, qui, dans son *Esquisse d'une esthétique musicale scientifique,* formula une théorie nouvelle. Partant de la spéculation philosophique et de la recherche scientifique, Lalo veut arriver à des conclusions historiques. Après avoir examiné les trois qualités du son (hauteur, intensité, timbre), il étudie les conditions abstraites de la musique, la progression triple des pythagoriciens, les rapports simples d'Euler, la théorie mixte de Vallotti, qui mélange Zarlino, Tartini, Rameau et Calegari, la fusion des sons de Stumpf, le dualisme de Riemann, etc.

Pour Lalo, l'esthétique musicale est une science intégrale qui doit étudier la musique au point de vue des mathématiques, de la physique, de la psychologie, de la sociologie, etc. « La science intégrale de l'esthétique doit être normative, elle doit établir une échelle objective des valeurs. »

Lors de sa parution, cet ouvrage fut sévèrement jugé par un jeune musicologue, P. Masson. « Il n'est pas prudent pour les sociologues de vouloir avancer à tout prix sur un terrain où les historiens piétinent encore. On ne peut tirer une loi bien précise de faits mal connus ou mal interprétés » (S.I.M., 1908).

Pour Masson, il faut distinguer entre la science de l'art et l'esthétique de l'art. « La méthode sociologique de M. Durkheim semble avoir pesé lourdement sur la pensée de notre auteur », dit-il.

La conception de Lalo devance son époque en réduisant un accord à ses trois éléments constitutifs, rythmique, mélodique et harmonique, à leurs luttes intérieures : il annonce l'histoire structurelle. Cette esthétique, appliquée à la musique, porte le cachet de la théorie de Guyau sur « l'art au point de vue sociologique ». Quarante-cinq ans après, H. Mersmann parlera de la sociologie comme science auxiliaire de l'histoire de la musique (1953). Certes, la loi des trois états de Comte hante Lalo, mais son classement ne résiste pas à l'examen historique.

Classiques : Haydn, Mozart, Beethoven; pseudo-classiques : Chopin, Mendelssohn, Schumann; post-classiques : Berlioz, Wagner. Ces qualificatifs distribués gratuitement créent une confusion des idées et des jugements. Le rapprochement des époques et des courants que tente Lalo préfigure, en quelque sorte, Malraux *(la Métamorphose des dieux)*, bien que ses connaissances pratiques ne suffisent pas à justifier ses théories. Mais nous pouvons nous accorder avec lui sur un point, c'est qu'il n'existe pas encore de conception spécifique de la sociologie musicale.

La tentative la plus connue de rapprocher les arts littéraires, plastiques et sonores, et de les réduire à un dénominateur commun, c'est la question du « baroque ».

A l'instar du mot « gothique », auquel la Renaissance donnait un sens péjoratif, le terme « baroque », en France, avait une nuance de blâme (voir l'*Encyclopédie* de Diderot). Que faut-il entendre par ce « baroque » servant, pour Emile Mâle et ses contemporains, à désigner la période qui s'étend, avec des coupures, du concile de Trente (1545-1563) au début du XVIIIe siècle ? Certains historiens et philosophes voient surgir du « baroque » à toutes les époques. Ainsi l'Italien Benedetto Croce, l'Allemand Wölfflin, l'Espagnol Eugenio d'Ors. Tous trois considèrent le « baroque » comme une réaction contre le classicisme, comme une antinomie, « un éon ». Partant de l'architecture, H. Focillon *(Vie des formes)*, 1936, distingue trois états dans l'évolution de chaque style, dont le troisième est toujours le « baroque » : gothique flamboyant = gothique baroque, et même le troisième état du baroque est baroque-baroque (Borromini). D'Ors appelle Goya peintre « baroque »! En Allemagne, le baroque marquait la Contre-Réforme; en France, P. Ladevan réserve le « baroque » au second stade de la Contre-Réforme : « magnifique et luxueux ». Pour lui, « le château de Versailles raconte le conflit entre le baroque et le classicisme ». Aujourd'hui, on emploie le mot « baroque » généralement dans un sens italien (Bernin). Il y a donc dans l'interprétation du « baroque » des incertitudes, des hésitations et aussi des contradictions. On cherche en outre du « baroque » dans la littérature française, mais, là non plus, on n'est pas d'accord sur la place qui lui revient. On parle du « baroquisme » de Rabelais et du « baroque » de Ronsard.

Ces problèmes étant si discutés dans les lettres et les beaux-arts, on devine que dans l'histoire de la musique règne une indécision encore plus grande en ce qui concerne le « baroque ».

Sachs voit ou sent dans tous les arts une âme baroque, identique ou commune aussi bien dans la prose que dans la poésie. Sa thèse fut combattue chez les Allemands tacitement par Th. Kroyer, et ouvertement par R. Haas, lequel date le « baroque » de la mort de Lassus et de Palestrina (1594); de plus, il prétend qu'il n'y a rien de commun entre les arts plastiques et la musique. La plus violente réaction contre ces théories allemandes est celle de Della Corte. Pour ce dernier, le baroque italien commence vers 1650 et se termine par la décadence des formes au début du XIXe siècle. Aux yeux de Mme Clercx-Lejeune, le « baroque » a un sens philosophique : c'est l'art en mouvement. Certes la musique est toujours un mouvement, mais il s'agit cette fois d'un mouvement dynamique contre les formes cristallisées.

On voit que dans le domaine de la musique, les différentes conceptions et applications persistent. L'extension du terme « baroque », en vogue actuellement, demande les plus grandes précautions. L'historien pense presque toujours, inconsciemment, au baroque de son pays. Il en résulte une grande confusion. Louis Réau compare le peintre des *Fêtes galantes* à Marivaux. G. de Saint-Foix voit dans le style de Couperin une « transposition musicale » de Watteau. Définitions justes et précises. Récemment, à ce maître incomparable du raffinement de la pensée et de l'expression que fut Couperin, parfaite incarnation du style « Régence », Bukofzer décernait l'épithète « baroque ».

LES CONTEMPORAINS

N'oublions pas cinq disparus, Lionel de La Laurencie, Georges de Saint-Foix, Théodore Gérold, Adolphe Boschot, et J. G. Prod'homme. Les XVIIe et XVIIIe siècles n'avaient aucun secret pour La Laurencie, président-fondateur de la Société française de Musicologie (1917). Ses travaux, ainsi *l'École française de violon de Lully à Viotti* (3 vol., 1922-24), sur l'histoire de la symphonie française, sur les créateurs de l'opéra-comique, sur les luthistes, font autorité. Son ami et compagnon d'armes, G. de Saint-Foix, est peut-être le plus perspicace esprit analytique de la musicologie contemporaine. Il évoque avec une fidélité et une précision étonnantes le monde complexe de l'âme et de l'œuvre mozartiennes (trente-cinq périodes de style). Guidé par sa connaissance approfondie de toutes les musiques du XVIIIe siècle, son *Mozart* en cinq volumes, dont les deux premiers sont écrits en collaboration avec Th. de Wyzewa, est le premier portrait critique et authentique du maître salzbourgeois et l'analyse de son œuvre. Th. Gérold, pasteur, professeur à l'université de Strasbourg, fit des études de chant, de composition, de philologie romane et de théologie. Il fut successivement chargé de cours à l'université de Strasbourg, docteur ès lettres, docteur en théologie, enfin, en 1936, professeur de musicologie à la faculté de Strasbourg. Très versé dans la patrologie, on lui doit un intéressant volume sur *les Pères de l'Église et la musique,* plusieurs travaux sur le Moyen âge, dont un excellent manuel. A. Boschot, secrétaire perpétuel de l'Académie des Beaux-Arts, consacra son activité à Berlioz, mais ses autres volumes, entre autres son *Mozart,* sont également remarquables. J. G. Prod'homme se consacre aussi aux XVIIIe et XIXe siècles. Sa *Jeunesse de Beethoven* est l'un des meilleurs ouvrages de la littérature beethovénienne. *Gluck* évoque le compositeur des tragédies lyriques françaises d'après des sources inédites ou peu exploitées; plusieurs volumes sur Berlioz et un grand nombre d'études importantes fondées sur une documentation nouvelle composent son bagage musicologique original.

A cette galerie, il faut ajouter le portrait d'un historien belge de langue française, maître incontesté de la musicologie contemporaine, Charles Van den Borren. Jusqu'à 1905, il mena de front sa carrière d'avocat et son activité de musicologue. La pratique du droit a certainement contribué à former la clarté de sa pensée et de ses moyens d'expression. Son érudition couvre les époques et les sujets les plus divers. La musique de virginal ou la musique de clavier des Pays-Bas trouvent en lui un analyste précis et méthodique. Une de ses meilleures études, *l'Esthétique expressive de Guillaume Dufay dans ses rapports avec la technique musicale du XV*^e^ *siècle* (1945), nous révèle une profonde initiation à l'Europe de la Renaissance. Quand il traite les problèmes les plus compliqués, il est toujours d'une lecture captivante. Bibliothécaire du Conservatoire royal de Bruxelles, professeur d'université à Liège, puis à Bruxelles, c'est un grand éducateur ; citons, parmi ses élèves, Mme Suzanne Clercx-Lejeune, qui lui succéda à l'université de Liège, remarquable quinziémiste dont la documentation et les vues sont toujours riches et fécondes ; Robert Wangermée, successeur du maître à l'université de Bruxelles, biographe de Fétis ; et Albert Van der Linden, érudit, bibliothécaire du Conservatoire royal de Bruxelles.

Parmi les élèves de Pirro, figurent Yvonne Rokseth, professeur à l'université de Strasbourg, médiéviste et quinziémiste, qui a publié l'édition monumentale du manuscrit de Montpellier ; sa mort prématurée est une perte irréparable ; Jeanne Marix, spécialiste de la musique des ducs de Bourgogne, disparue elle aussi prématurément ; G. Thibault, le meilleur connaisseur de la chanson du XVe siècle, évocatrice de la musique d'autrefois par des concerts historiques aux instruments anciens ; J. Chailley, compositeur, chef d'orchestre, médiéviste, professeur à la Sorbonne, directeur de l'Institut de musicologie ; F. Raugel, élève de d'Indy, alto, organiste, chef d'orchestre, initiateur et animateur ; Machabey, biographe de Guillaume de Machault ; Élisabeth Lebeau, N. Bridgman, V. Fedorov, J. Vigué et d'autres.

Le successeur de Pirro à la Sorbonne fut P. M. Masson, normalien, compositeur, élève de d'Indy et de Rolland ; auteur d'une thèse sur Rameau, professeur à l'université de Grenoble, directeur des Instituts français de Florence et de Naples, professeur d'histoire de la musique à la Sorbonne, et ensuite titulaire de la chaire de Pirro, il fut un excellent humaniste ; il étudia surtout les XVIe et XVIIIe siècles ; sa thèse, ses études (la musique mesurée, la grande saison italienne de 1753, la querelle des Bouffons, etc.) ont largement contribué à une meilleure connaissance de ces époques. Parmi ses publications italiennes, citons *Canti carnascialeschi* (Florence, 1913). Pédagogue consciencieux, il a formé Renée Girardon, devenue Mme Masson, Gisèle Brelet, G. Favre, A. Verchaly ; d'autres horizons sont venus F. Lesure, chartiste d'une formation universelle, J. Jacquot, maître de recherches, organisateur de colloques internationaux, Gilbert Rouget, etc. Solange Corbin, élève de L. Halphen et Masson après de longs séjours d'études dans les pays latins, docteur ès lettres et chargée de cours à l'École pratique des hautes études, avec ses lectures paléographiques et leurs érudits commentaires, complète le travail de l'Institut de musicologie. Cl. Marcel-Dubois, remarquable folkloriste, est chargée du département de musique du musée des Arts et Traditions populaires de France. L'ethnomusicologue A. Schæffner, maître de recherches, explorateur de l'Afrique, auteur de nombreuses publications remarquables sur les sujets les plus variés, a été en France l'introducteur de l'ethnologie musicale.

Il est tragique que la disparition de Combarieu ait entraîné la suppression de la chaire de musicologie au Collège de France. Au Conservatoire national, le compositeur J. F. E. Gautier fut le premier professeur de l'histoire de la musique, chaire créée pour lui en 1872. Sa culture humaniste, ses connaissances techniques le désignaient pour cette tâche. Assurément, dans son enseignement prévalaient des éléments anecdotiques. Cependant, il étudia non seulement la vie des musiciens, mais aussi leur musique. La copie, écrite de sa main, de *l'Orfeo* de Monteverdi, vers le milieu du XIXe siècle (bibliothèque du Conservatoire, D 8470), en est le témoignage. Toutefois, l'enseignement historique avec illustration musicale s'attache au nom de Bourgault-Ducoudray. Son élève, M. Emmanuel, qui lui succéda en 1909, est l'auteur d'une *Histoire de la langue musicale,* qui n'est pas, à proprement parler, un ouvrage historique, mais plutôt un essai esthético-philosophique sur le dualisme majeur-mineur. De nos jours, au Conservatoire, l'enseignement de la culture musicale est partagé entre les classes de Norbert Dufourcq (histoire de la musique), qui réunit ses anciens élèves dans un séminaire où l'on étudie la musique française des XVIIe et XVIIIe siècles, et de Marcel Beaufils (esthétique), Roland-Manuel ayant renoncé à l'enseignement de cette discipline en 1959. La section de musique de l'École des hautes études a cessé d'exister. Il faut espérer qu'à l'École des chartes et au Collège de France seront créées des chaires de musicologie médiévale ou générale et que les universités de province se verront également dotées de chaires de musicologie. Car pour toute l'Université de France, il ne reste qu'une chaire à Paris (à la faculté des Lettres), une autre à l'université de Strasbourg (Marc Honegger) et une troisième à l'université de Poitiers, occupée par Solange Corbin. A la Sorbonne, parmi les titulaires d'autres chaires, MM. Jankélévitch, Marrou, Souriau s'occupent aussi des questions musicologiques. L'Allemagne, l'Angleterre, l'Italie, l'Espagne, la Belgique, la Suisse, l'Autriche, la Pologne, les Pays Scandinaves comptent, dans leurs universités, une vingtaine, au moins, de chaires de musicologie, sans tenir compte des instituts. En Amérique, de même, une importante école de musicologie s'est formée au point qu'elle dépasse aujourd'hui numériquement celle de l'Allemagne. La génération précédente a fourni des savants tels que Bennett, Elson, Hackett, Hove, Hughes, Kinkeldey et O. Sonneck, directeur du département de musique de la bibliothèque du Congrès. De nos jours, on doit citer au moins P. Lang (élève de Pirro), O. Strunk, E. Lowinsky, D. Grout, Dragan Plamenac (élève de Pirro), Jacques Barzun, d'origine française, G. Reese, etc. A la suite de la nazification des universités allemandes, de nombreux et éminents musicologues (Bukofzer, Einstein, Apel, Hertzmann, Schrade, etc.) ont émigré aux États-Unis où des chaires ont été mises à leur disposition.

Ainsi fut possible la formation des « écoles musicologiques » : à Cambridge et à Oxford (Arkwright, Fellowes, Sir J. Stainer, Fuller-Maitland, E. Dent, Westrup, etc.); à Barcelone (H. Anglès, M. Querol), à Madrid (J. Subirà); en Italie, parmi les successeurs de Ademollo, Torchi, Chilesotti, Radiciotti, Casimiri, Della Corte, Torrefranca, Pirrotta, Ghisi, Damerini, Mompellio, Barblan, Sartori, Tagliavini, etc.; aux Pays-Bas, A. Smijers, E. Reeser, K. P. Bernet-Kempers; à Copenhague, Jeppesen et Larsen; à Stockholm, Norlind et son élève Moberg; en Suisse, Nef, Merian, Handschin, R. A. Mooser, K. von Fischer; en Pologne, Jachimecki, Chybinski, Opienski, Chominski, sans oublier les démocraties populaires.

Un dictionnaire allemand récemment paru affirme

que les universités allemandes forment plus de musicologues que toutes les universités du monde réunies. Il n'est plus certain qu'aujourd'hui cela soit exact. Mais, de toute façon, quantité ne signifie pas nécessairement qualité. Loin de contester la valeur des savants allemands, tels que Riemann, Adler, Abert, Wolf, Besseler, Blume, Albrecht, Engel, Gurlitt, Husmann, Fellerer, M. Schneider, W. Wiora et toute une jeune école active, il faut reconnaître que les grandes initiatives ou synthèses sont souvent parties d'autres pays. Dom Mocquereau marque la restauration grégorienne, Aubry la renaissance des recherches médiévistes, Pirrotta, celle de l'*ars nova,* Saint-Foix celle de la mozartologie, Pirro la résurrection de Bach, Larsen, Robbins Landon et A. Van Hoboken celle de Haydn, Pincherle celle de Vivaldi, Kirkpatrick celle de Scarlatti, etc.

Cette esquisse de l'évolution de la musicologie montre que les sciences qui la forment ne sont encore qu'à l'état naissant. Le jugement de l'histoire changera ou sera sanctionné par la révélation d'un matériel plus abondant. C'est à peine si la centième partie de la musique manuscrite ancienne a été publiée jusqu'à nos jours. Il en va de même de la réimpression d'œuvres rarissimes ou uniques. Il faut espérer que les problèmes obscurs seront élucidés. Lorsqu'on disposera d'un plus grand nombre de textes, de travaux préparatoires, les rapports, connexités, corrélations, dépendances seront mieux mis en relief. Non seulement l'évolution de la musicologie est importante pour l'histoire et pour l'historien, mais elle peut apporter de grandes surprises, de nouvelles valeurs vivantes au public, aux salles de concerts ou de théâtre. Certainement la jeune génération de la musicologie italienne s'attaquera au problème mondial de l'italianisme de la musique non italienne. Si G. de Saint-Foix a accompli cette tâche monumentale pour Mozart, il reste encore beaucoup à faire en ce domaine, notamment pour Schütz, Bach et sa famille, ou Beethoven, élève de Salieri. Viendra le temps où l'on reclassera les XVIe, XVIIe et XVIIIe siècles sous l'égide de nouveaux maîtres. L'édition complète des œuvres de Vivaldi, la monographie magistrale de Marc Pincherle, digne élève de La Laurencie, firent avancer au premier rang des grands maîtres ce génie italien si peu connu ou ravalé, quoique tant admiré par Bach. Il en eſt de même pour Domenico Scarlatti, dont de nombreuses œuvres inédites seront publiées. Et les Sammartini, avec les innombrables musiciens italiens inconnus. Remontons au Grand siècle où un grand maître français attend l'édition nationale : de La Lande. Une revision des valeurs musicales sera alors inévitable. Que l'on ne se méprenne pas ! Il ne s'agit pas de détrôner des dieux, mais d'en introniser de nouveaux, auxquels reviendra peut-être le mérite de l'originalité. La musicologie eſt la science de l'avenir.

Émile HARASZTI.

BIBLIOGRAPHIE

I. DÉFINITION ET MÉTHODES.

ADLER, G., *Méthode der Musikgeschichte,* Leipzig, 1919.

ALBRECHT, H. et WIORA, W., *Musikwissenschaft,* in MGG (avec ample bibliographie, Cassel, 1961).

BEKKER, P., *Musikgeschichte als Geschichte der musikalischen Formwandlungen,* Berlin, 1926.

BÜCKEN, E., *Grundfragen der Musikgeschichte als Geiſteswissenschaft* in *Petersjahrbuch,* Leipzig, 1921.

FISCHER, W., in *Handbuch der Musikgeschichte* de G. Adler, Frankfurt, 1926.

HANDSCHIN, J., *Musicologie et Musique,* in « Revue Internationale de musique », 1950.

HIBBERD, L., *Musicology reconsidered,* in « Acta Musicologica », Bâle, 1959.

KRETZSCHMAR, H., *Einführung in die Musikgeschichte,* Leipzig, 1940.

MACHABEY, A., *Essai sur la méthode en musicologie,* in « Revue de musicologie », Paris, 1931.

RIEMANN, H., *Grundriss der Musikwissenschaft,* Leipzig, 1928.

SEEGER, Ch., *Syſtematic Musicology. Viewpoints. Orientation and Method,* in « Journal of the American Musicological Society », vol. IV, number 3, Washington, 1951.

SEEGER, Ch., *Syſtematic and Hiſtorical Orientation in Musicology,* in « Acta Musicologica », Copenhague, 1939.

TEISSIER, A., *Sisyphe et la musicologie,* in « Revue musicale », Paris, 1925.

WIORA, W., *Hiſtorische und syſtematische Musikforschung,* in « Die Musikforschung », Cassel, 1948.

II. Rapports avec les autres sciences.

Braïloiu, C., *Musicologie et ethnomusicologie, aujourd'hui,* in *Kongressbericht,* Cologne, 1958.
Fleischer, O., *Ein Kapitel vergleichender Musikwissenschaft,* in SIMG, Leipzig, 1899-1900.
Hornbostel, E., *Über die Bedeutung des Phonographen für vergleichende Musikwissenschaft,* in « Zeitschrift für Ethnologie », 1904.
Lach, R., *Vergleichende Kunst und Musikwissenschaft. Akademie der Wissenschaft in Wien,* Leipzig et Vienne, 1921.
Lesure, F., *Musicologie et Sociologie,* in « Revue musicale », Paris, 1953.
Mersmann, H., *Soziologie als Hilfswissenschaft der Musikgeschichte,* in « Archiv für Musikwissenschaft », Trossingen, 1953.
Schaeffner, A., *Musique populaire et art musical,* in « Journal de psychologie », Paris, 1951.
Schaeffner, A., *Ethnologie musicale ou musicologie comparée,* in *Colloques de Wégimont,* I, Paris-Bruxelles, 1956.

III. Monographies diverses.

Allen, Warren Dwight, *Philosophies of Music History. A Comparaison Study of general histories of Music...* Columbia University, 1939.
Gurlitt, W., *Riemann und die Musikgeschichte,* in « Zeitschrift für Musikwissenschaft », Ire année, Leipzig, 1919.
Haraszti, Émile, *Fétis fondateur de la musicologie comparée,* in « Acta musicologica », Leipzig, 1932.
Hegar, E., *Die Anfänge der neueren Musikgeschichteschreibung um 1770 bei Gerbert, Burney and Hawkins,* Strasbourg, 1932.
Wangermée, R., *Fr. J. Fétis, musicologue et compositeur,* Bruxelles, 1951.

En outre une série d'articles a paru dans les « Acta musicologica » entre 1958 et 1961, donnant un état de la musicologie depuis environ vingt ans dans une dizaine de pays.

LA CRITIQUE MUSICALE

QU'EST-CE QUE LA CRITIQUE MUSICALE ?

Mélange de littérature, de journalisme et de connaissance de la musique, avec une pointe de dilettantisme, la critique musicale fut maintes fois attaquée, discutée. On lui a dénié jusqu'au droit d'exister. Il y a plus d'un demi-siècle, la « Revue d'art dramatique » ouvrit une enquête sur la critique dramatique française, au cours de laquelle les musiciens français firent aussi connaître leurs opinions.

Critique lui-même, Romain Rolland se montre sévère :

Point de critique. La critique est également nuisible à l'art et à l'esprit public. Elle n'aurait de sens qu'à condition d'être remise à sa place d'humble servante de l'art; elle devrait frayer la voie à la pensée nouvelle... Mais si une œuvre originale se dresse, n'est-il pas évident qu'elle sera avant tout ennemie de cette pseudo-élite représentative de la mode et de la médiocrité mondaines, éternellement conservatrice d'un passé qui a fait sa situation et assure ses rentes ? Supprimer la critique afin que le public puisse penser, juger par lui-même! Supprimer la critique pour mettre l'œuvre en présence de la foule! Nous n'avons pas besoin de l'intermédiaire de courtiers en art.

Cette amertume révèle les déceptions d'un auteur dramatique. Vincent d'Indy, autre incompris, tient les mêmes propos : « Je considère la critique comme absolument inutile, je dirais même nuisible, au point de vue artistique. » (Cette attitude négative n'a pas empêché d'Indy de prendre lui aussi la plume du critique.) « Telle qu'elle existe à notre époque, la critique est en somme l'opinion d'un Monsieur quelconque sur une œuvre. Et véritablement en quoi cette opinion pourrait-elle être de quelque utilité au développement de l'art ? Autant il peut être intéressant de connaître les idées des grands talents, comme Goethe, Schumann, Wagner,

Sainte-Beuve, lorsqu'ils veulent bien faire la critique, autant il est indifférent de savoir qu'un tel ou un tel improvisé critique par le bon plaisir d'un directeur de journal, aime ou n'aime pas telle œuvre dramatique ou musicale, car à cela se borne, tout bien considéré, la critique hâtive... » Saint-Saëns voudrait « supprimer certains critiques recrutés au hasard des compromis dans les cercles d'amateurs superficiels — ou pris dans le clan rancunier des auteurs injoués, injouables ou fourbus — ou pris dans le monde mercenaire et louche des souteneurs et des concussionnaires en commandite ». En revanche, Bourgault-Ducoudray, compositeur et historien, loin de désirer la suppression de la critique, estime qu'une critique sérieuse et sincère peut être utile aux producteurs. « D'ailleurs, son intervention est nécessaire pour que le public soit tenu au courant de nos travaux. » Paradoxe amusant : H. Gauthier-Villars (Willy), clame « son horreur de cette tueuse de talents, de ce monstre qui se nourrit du sang des génies méconnus, ses victimes ». Cette condamnation de principe n'empêchait pas Willy d'être un critique fécond, à la plume alerte. Ajoutons encore une satire posthume de l'aimable Satie (*Éloge des critiques,* Liège, 1950) : « Le cerveau du critique est un magasin, un grand magasin. On y trouve de tout : orthopédie, sciences, literie, arts, couvertures de voyage, grand choix de mobiliers, papiers à lettres français et étrangers, articles pour fumeurs, parapluies, lainages, chapeaux, sports, cannes, ophiques. Le vrai sens critique ne consiste pas à se critiquer soi-même, mais à critiquer les autres, et la poutre qu'on a dans l'œil n'empêche nullement de voir la paille qui est dans celui de son voisin. »

Le problème n'est pas si simple que ces opinions hautaines voudraient le faire croire. Peut-on supprimer la personnalité du critique ? L'impressionnisme pour Lemaître, la subjectivité pour Anatole France, font partie de la méthode critique. « La vérité est qu'on ne sort jamais de soi-même. » Thèse combattue par Brunetière. Mais qui donc sera reconnu apte à former le goût du public ? Qui pourra émettre de justes avis capables de l'intéresser ? Liszt aurait voulu imposer un examen à ceux qui ont choisi ce métier. Bülow, ennemi déclaré de la critique « abstraite, facile, historique, morte », exige plus de vivacité. En tant que romantique, il distingue trois formes de critique : active-négative, réceptive-positive et active-positive. La première consiste à donner des avis pratiques au compositeur, à lui dire comment il aurait pu mieux faire son œuvre. Bülow cite les paraphrases pour piano de Liszt, dans lesquelles il transcrit et refait avec beaucoup d'esprit les médiocres morceaux pour violon de Ferdinand David. Certes, la base de la critique musicale doit être un savoir technique et une connaissance du passé musical. Les historiens, les musicologues se révèlent souvent mauvais critiques comme, par exemple, Fétis, Riemann et d'autres. Ce n'est pas la philologie musicale qui tue la sensibilité, comme le prétendaient certains compositeurs, car le plus philologue, le plus dogmatique de tous, Hugo Riemann, avait commencé sa carrière comme pianiste, compositeur, chef d'orchestre. Ce qui ne l'empêchera pas de s'engager dans une âpre discussion sur le modernisme, avec son ancien élève Max Reger. Il publia une étude *Dégénération et Régénération,* faisant allusion à celuici et à R. Strauss. Reger répliqua durement, répudiant l'accusation de confusion et de décadence. Certes, il est toujours difficile de juger ses contemporains, leur art en évolution, qui est souvent une révolution. On peut se tromper dans ses pronostics. Romain Rolland voyait en Perosi, compositeur d'église éclectique de la fin du XIXe siècle, « le génie le plus difficile à comprendre dans un temps comme le nôtre, le génie de la simplicité et de la naïveté. Avec la meilleure foi du monde, les musiciens et les dilettantes allemands auront infiniment de peine à sentir la grandeur de ce libre et ingénu petit Italien. On est trop habitué à l'art wagnérien. Il faut faire un effort pour s'en dégager » (*Lettres* à Malwida von Meysenbug). De telles erreurs sont explicables (on voyait en Perosi le successeur de Palestrina) et font beaucoup moins de tort à la formation du goût musical que certaines attaques virulentes et injustes. Nous verrons que le plus grand obstacle au progrès de la musique fut en tout temps dressé par des musiciens professionnels quand ils menaient des campagnes de presse. Endurcis par les traditions qui les ont formés, les compositeurs et les professeurs de composition repoussent plus d'une fois tout effort non conformiste.

Même parmi les grands noms, le subjectivisme atteste souvent l'incompréhension, le conservatisme d'un esprit réactionnaire. Les siècles se succèdent et n'ont pas les mêmes goûts, ils voient différemment les mêmes choses. La sensibilité et la notion de beauté changent avec les générations qui ont leurs impératifs secrets. On lit avec stupéfaction *le Cas Debussy*. Fait curieux : ce fut un dilettante et non un professionnel, Willy, qui comprit l'importance historique de la première audition de *l'Après-midi d'un faune,* tandis que « les maîtres musiciens » se révoltaient et l'éreintaient. Rolland avait bien raison lorsqu'il écrivait à M. von Meysenbug, le 22 septembre 1899 : « Car que signifie de dire aujourd'hui que l'on aime Wagner ou Beethoven ou même Bach. On n'a aucun effort à faire pour cela; et l'on sait trop d'avance que ce sont des grands hommes pour n'avoir aucune peur de les découvrir à son tour. *Mais aimer celui qui n'est pas encore connu, sentir le germe qui s'éveille, voir sous l'enveloppe des juvénilités une grandeur d'âme nouvelle — c'est là ce qui est intéressant et c'est en cela qu'on reconnaît ses vrais frères.* »

La critique s'efforce de suivre et d'expliquer les flottements, les remous, la déviation du goût de l'artiste et du public. Parmi tous les aspects de la pensée humaine, l'expression musicale subit les revirements les plus sensationnels. Parlant de Stendhal, Anatole France observe :

Il est surprenant que cet art (la musique) qui est commun aux oiseaux et aux hommes et qui devrait, chez l'homme comme chez l'oiseau, présenter la stabilité des beautés naturelles, cet art est au contraire le plus exposé aux révolutions du goût et aux vicissitudes des sentiments. Quoi! la musique n'est soumise qu'à la loi des nombres, elle devrait être fixe et elle est à la merci de tous les caprices de la mode! Je voudrais bien qu'un musicien philosophe m'expliquât cette singularité. (« Revue de Paris », 1er septembre 1920).

En effet André Tessier constate :

Il est funestement vrai que « le beau musical » d'une moitié de siècle a toujours été la vieillerie musicale de l'autre moitié. Il n'est point d'art qui soit éphémère comme la musique. Un homme de la Renaissance ne ressent point la musique comme un philosophe du XVIIIe siècle. C'est de là que les mutations de la mode musicale sont si promptes et décisives.

C'est de là que découlent, pour s'adapter à des sensibilités nouvelles, les autres transformations du langage et des formes. Il y a comme une incompatibilité entre l'humeur de la musique qui plaît dans telle période que l'on voudra choisir et l'humeur de celle qui a plu dans les temps précédents. (« Revue musicale », octobre 1925.)

D'où vient donc ce changement perpétuel du goût musical ? Pierre Lasserre cherche à résoudre le problème dans la *Philosophie du goût musical* (1922). Une fois de plus, c'est Paul Valéry qui répond avec cette précision lumineuse, propre à son génie : « La musique est de tous les arts le plus demandé, le plus mêlé à l'existence sociale, le plus proche de la vie dont elle anime, accompagne ou imite le fondement organique. Vérité capitale pour le critique et l'historien. »

Le mouvement de la critique musicale est inséparable de l'évolution du journalisme en général, du développement de la presse musicale, de la critique littéraire et de la critique d'art, de la musicologie, des différents aspects de la littérature, de la musique et des arts plastiques. L'espace restreint dont nous disposons ne nous permet que d'esquisser en quelque traits l'essor de la critique musicale et d'indiquer ses principales étapes, d'évoquer les célébrités des époques disparues et de donner quelques spécimens de leurs écrits qui éclairent leur psychologie et celle de leur temps.

C'est très lentement que la juste appréciation d'un maître se fait jour dans la critique et dans le public, lequel suit généralement l'opinion des journaux ou celle de quelques personnalités. La presse fournit donc une contribution décisive à l'histoire du goût musical. A travers ses flottements, ses hésitations, sa prudence et ses erreurs, transparaît la lutte des générations, l'une battant en retraite et l'autre marchant en tête. Pour la postérité la critique renferme donc une documentation de premier ordre.

Dans cette perspective, le *Lexicon of Musical Invective,* œuvre d'un Américain d'origine russe, est un recueil amusant de citations dont les premières remontent à l'époque de Beethoven. Il en ressort que, de tout temps, les ignorants ont employé les mêmes clichés pour exprimer leur incompréhension des œuvres nouvelles. Si la critique de nos jours traite E. Varèse de barbare, il est en bonne compagnie puisque, cent vingt ans auparavant, la même épithète s'appliquait à Beethoven. En ordre alphabétique, les musiciens suivants furent accusés d'avoir écrit du « chaos » : Bartok, Berg, Berlioz, Brahms, Bruckner, Debussy, Liszt, Moussorgsky, Prokofiev, Scriabine, Strauss, Wagner. L'impuissance musicale était le fait de Brahms, Debussy, Milhaud, Chostakovitch, R. Strauss, Tchaïkovsky, Varèse, Wagner. Nietzsche parle de la mélancolie, de l'impuissance de Brahms. Ce lexique contient un vocabulaire extrêmement riche et savoureux.

La critique musicale, son esthétique, est une chose fine, subtile. Dans ses *Dialogues d'Éleuthère,* Julien Benda déclare que « l'idée propre à la musique, celle qu'elle donne et que les autres arts ne sauraient donner, c'est l'idée d'elle. C'est la principale raison pour laquelle il est si difficile de saisir une phrase musicale : elle semble n'être pas dans l'espace, n'être pas, presque pas, extérieure à la conscience où elle apparaît, mais venir comme du fond même de cette conscience. »

La spéculation esthétique doit se fonder sur un savoir musical et tenir compte de l'évolution historique. Plusieurs musicographes ont essayé de définir les principes de la critique musicale. D. M. Calvocoressi, dans son traité, applique la méthode de Ch. Mills Gayley et Fred Newton Scott exposée dans leur *Introduction to the Method and Materials of Literary Criticism* (1899). Armand Machabey fit connaître ses idées personnelles dans le cadre d'un traité. Richard French publia un traité pratique, *Music and Criticism,* avec le concours de neuf collaborateurs, et notamment Paul Lang : *The Equipment of the Musical Journalist.* Th. Meyer Greene, dans son volume sur *les Arts et l'Art de la critique,* consacre le second chapitre à la musique.

LA CRITIQUE MUSICALE EN FRANCE

Les premières manifestations connues de la critique musicale datent de l'Antiquité : ce sont des remarques contenues dans Platon et dans Aristote. Depuis le Moyen âge jusqu'au XVIIIe siècle, dans les traités de musique, les préfaces et les avertissements, l'on trouve certains jugements ou professions de foi. Dans ses écrits Jean de Muris, recteur de la Sorbonne (XIVe siècle), critique vivement l'*Ars antiqua,* et se fait champion de l'*Ars nova* de son ami Philippe de Vitry. J. de Muris est déjà un critique d'avant-garde, porte-parole d'un groupe. Les publications des Vasari (XVIe siècle), Crozat, Mariette (XVIIe siècle), donnent des descriptions analytiques. On considère Ch. Perrault comme le premier « contempteur » de l'École française de Rome, du vivant même de Colbert et de Le Brun qui l'avaient créée. Le XVIIIe siècle voit la naissance, sous l'influence déterminante des encyclopédistes, de la critique musicale au sens moderne, c'est-à-dire esthétique. Nous songeons ici à Diderot, à d'Alembert, à Rousseau surtout. Sa *Lettre sur la musique française* entre autres est d'un caractère critique, de même que la *Correspondance* de Grimm.

Comme en France la querelle des Bouffons, en Angleterre la réaction contre l'opéra italien fit également rebondir la critique. Les encyclopédistes tinrent un premier rôle dans les controverses musicales. L'auteur du *Neveu de Rameau,* dont le travesti de l'opéra français dans *les Bijoux indiscrets* (sixième essai de l'anneau de l'opéra de Banza, Utrémifasolasiututut = Rameau) est d'une grande richesse, créa avec ses *Salons* une profession nouvelle : la critique d'art. De son propre aveu, il n'a jamais fait d'étude spéciale des beaux-arts, ce qui peut expliquer ses erreurs grossières : « Je donnerais dix Watteau pour un Teniers. » « Tant que nous n'aurons pas manié le pinceau, déclare-t-il, nous ne serons que des conjectureurs plus ou moins éclairés, plus ou moins heureux. » Très subjectives, ses critiques prennent quelquefois l'allure d'un pamphlet où foisonnent les anecdotes, souvent peu édifiantes. Voltaire aima passionnément la musique, le fin tissu polyphonique des maîtres du clavecin. Il détesta le pianoforte « un instrument de chaudronnier en comparaison du clavecin » (à Mme du Deffand, 8 décembre 1774), il le trouvait trop lourdaud pour la musique contemporaine. Van der Straeten n'hésite pas à proclamer le patriarche de Ferney précurseur de Wagner, car il avait écrit dans *la Henriade :* « Beaux-Arts, je vous invoque tous : musique, danse, architecture. » Déjà, en mars 1756, avait paru un périodique musical publié par Jombert, imprimeur et libraire du Roy : *Sentiments d'un harmoniphile sur différents ouvrages de musique*. D'après Fétis et Quérard, ses directeurs étaient l'abbé Laugier, violoniste, l'abbé Labbet de Morambert, professeur de musique et de chant, et Léris, critique théâtral. On y lit des analyses (*Te Deum* de Philidor, *Messe* de Gilles), un compte rendu de *Castor et Pollux* dont les chœurs lui déplaisent : « un tas de gens inanimés qui viennent, les deux bras croisés, former un contraste choquant avec la pétulence de Pollux ». Les périodiques du XVIIIe siècle publient assez régulièrement des comptes rendus des grands événements musicaux. Le « Mercure de France » nous informe de la reprise de *Pygmalion* qui « a terrassé la cabale »... « Rameau, génie neuf et hardi, parvenu par un travail infatigable au point où nous le voyons, élève l'âme. » « Le Spectateur français » en 1774 écrit de *l'Union de l'amour et des arts* (ballet héroïque de Floquet) : « Il y a quelques moments heureux où M. Floquet a saisi le cri de la nature et l'accent des passions, mais ces moments sont rares et, dans tout le reste, il a suivi d'anciens modèles qui n'étaient propres qu'à l'égarer. »

Les *Mémoires secrets* de Bachaumont parlent souvent des concerts et des théâtres. Le nom du chevalier Gluck y apparaît sans cesse. Après la première d'*Iphigénie en Aulide* (19 avril 1774), il constate que le succès n'a pas été aussi grand que les partisans du chevalier l'avaient annoncé. S'il y a de belles choses, il y en a aussi de très médiocres et plates. Les airs de ballet sont absolument négligés et l'on sait que cette partie est essentielle à Paris. La bataille des gluckistes et des piccinistes y trouve également un écho : « Le parti des gluckistes a été fort humilié hier au Concert spirituel à l'occasion de M. Piccini. On sait avec quelle fureur il se déchaîne aujourd'hui contre l'*Iphigénie* de ce compositeur. On y a exécuté un motet de lui où l'on a reconnu la touche fraîche et légère, la mélodie pure qui caractérisent les ouvrages de ce grand musicien; bravant la rage de ses ennemis il s'est présenté en personne pour faire exécuter son motet et il a été reçu avec des applaudissements généreux qui ont fait taire les sifflets de l'envie. » Le 12 mars 1780, nous apprenons que le chevalier Gluck « porte plainte auprès de M. de Chabanon du peu de cas qu'on fait de ses œuvres en les faisant jouer par des acteurs médiocres; il paraît dégoûté de travailler désormais pour notre opéra ».

A la date du 21 avril 1787 on trouve une excellente critique sur Lesueur à propos des offices avec grand orchestre à Notre-Dame qui suscitèrent des attaques violentes et amenèrent finalement Lesueur à démissionner :

Les suffrages bien recueillis et pesés, il faut avouer que M. l'abbé Lesueur n'a guère trouvé dans ses nombreux critiques que des jaloux, des envieux, des détracteurs de la musique moderne, des vieillards ennemis des innovations. Les véritables amateurs impartiaux conviennent que ce maître de musique de l'église de Paris tire merveilleusement parti d'un orchestre immense pour ménager et faire ressortir dans une vaste enceinte les effets d'une musique alternativement majestueuse, abondante, terrible, douce, toujours caractérisée, pleine de sentiments et de vie. L'idée de ce compositeur de conserver à chaque solennité une musique particulière faite sur des textes de l'Évangile qu'il dispose avec intelligence et qui lui fournissent le moyen de suivre les événements, objets de la fête du jour, rend ses compositions cent fois plus intéressantes que toutes celles de ses rivaux. On blâme cet artiste d'avoir introduit dans l'église une musique presque dramatique, mais les oratorios, ne sont-ils pas depuis longtemps admis dans les fêtes religieuses d'où ils tirent leur nom ? D'ailleurs si la musique est expressive et si l'esprit de la composition est analogue aux sentiments que doivent éprouver les fidèles à chaque solennité, il a rempli le but et c'est ce qu'il fait effectivement. Parent de Lesueur, dont les tableaux ornent la Métropole, il peint aux oreilles ce que celui-ci peint aux yeux.

La Révolution n'a pas empêché les critiques d'exercer leur profession. Dans le « Journal des Spectacles » (juillet 1793-février 1794), dont il fut le fondateur, Boyer-Brun parle de nombreux contemporains et de leurs œuvres. Une intéressante publication, les « Tablettes de Polymnie », consacrée à tout ce qui touchait à l'art musical, parut en 1810, rédigée par le chanteur-compositeur Alexis Garaudé et le compositeur Cambini, et à partir de septembre 1810, par une « Société des Compositeurs ». Ses critiques étaient d'un ton si violemment personnel que l'on n'en trouvera pas l'équivalent dans la presse musicale française jusqu'à la venue des frères Escudier. Les « Tablettes » ont publié un article dur et injuste sur Spontini et sa *Vestale ;* un autre sur Méhul (lors de la reprise de *Joseph* au théâtre Feydeau, le 29 août 1810) « monument curieux d'injustice, d'impéritie et de délire », incita Gossec à faire rayer son nom de la liste des abonnés. Mais généralement, les critiques des « Tablettes » sont assez pertinentes, si l'on se reporte à l'époque.

M. Habeneck est, sous tous les rapports, l'élève le plus distingué qu'ait formé le Conservatoire; il est sans contredit le violon le plus fort qui soit sorti des classes de cet instrument (Baillot), et il a une tête musicale fortement organisée; depuis longtemps il conduit l'orchestre des élèves; cet emploi exige la réunion des deux qualités qui semblent opposées entre elles : beaucoup de chaleur et de sang-froid. M. Habeneck les possède au suprême degré et c'est à son talent précieux qu'on est redevable de cet ensemble parfait qui distingue les symphonies exécutées au Conservatoire (29 avril 1810).

Très bon pronostic pour le futur chef de la Société des Concerts du Conservatoire. Lors de la reprise des *Deux Journées* au théâtre Feydeau (août 1810) : « Cette savante et belle production mit pour jamais M. Cherubini à la première place des compositeurs. » Il fallait avoir du courage pour tenir ce langage élogieux sur un compositeur mis en disgrâce par l'empereur. Sur Beethoven, nous trouvons plusieurs articles très remarquables pour l'époque. Parlant du quatrième exercice des élèves du Conservatoire, les « Tablettes » disent (18 mars 1810) : « L'étonnant succès des symphonies de Beethoven est un exemple pour l'art musical. La contagion d'une harmonie tudesque semble gagner l'école moderne de composition qui se forme au Conservatoire. On croit produire de l'effet en prodiguant les dissonances les plus barbares et en employant avec fracas les instruments de l'orchestre. Hélas ! on ne fait que déchirer bruyamment l'oreille, sans parler au cœur. » Signé : A. M.

Les musiciens, et non des moindres, hésitaient encore dans l'appréciation de la seconde manière de Beethoven. Un génie comme le jeune Weber, cherchant le chemin du romantisme, se révèle incapable de saisir la grandeur du nouveau style de Beethoven et il écrit dans son fragment d'un *Voyage musical* (« Morgenblatt », Stuttgart, 27 décembre 1805) :

Il n'est plus question de clarté, de netteté, de tenue, de passion comme du temps de Gluck, Haendel et Mozart. Écoutez la recette de la nouvelle symphonie que je viens de recevoir de Vienne et jugez-en. Premièrement un mouvement lent, plein d'idées courtes qui n'ont aucune liaison entre elles. A chaque quart d'heure trois ou quatre notes. On attend; puis un coup sourd de timbales suivi d'un mystérieux trémolo d'altos, tout cela embelli par une portion congrue de pauses et de tenues. Enfin, lorsque les auditeurs après une longue attention désespèrent d'entendre l'*allegro,* un mouvement furibond se déchaîne dans lequel il y a cela de particulier, que le thème principal fait défaut *(IIe Symphonie).* Je me voyais devenir un grand compositeur dans le genre nouveau, c'est-à-dire fou.

Et le 21 mai 1810, Weber écrit au compositeur suisse Nägeli, également hostile à Beethoven :

Je diffère trop de Beethoven dans mes vues pour me rencontrer avec lui. Le don de l'invention, si ardent et presque incroyable qu'il soit, est accompagné de tant de confusion dans l'ordonnance de ses idées que je préfère de beaucoup ses premières compositions. Les dernières représentent pour moi un inextricable chaos.

Beethoven d'ailleurs n'avait pas une bonne opinion de Weber : l'ouverture d'*Euryanthe* « n'est qu'un amas de septièmes diminuées ». Très admiré de Beethoven, Cherubini, lui aussi, juge sévèrement les idées et les techniques révolutionnaires du maître viennois. Le correspondant de Weber, Nägeli, non seulement s'est montré peu indulgent envers Beethoven, mais, dans son *Répertoire des clavecinistes,* il a publié, en 1803, les deux *Sonates* op. 31 en insérant dans la première quatre mesures de son cru. Rappelons aussi que le compositeur et musicographe K. Spazier, dans son journal leipzigois, « Zeitschrift für die elegante Welt », écrit à propos de la *IIe Symphonie :* « Un monstre mal dégrossi, un dragon frappé, qui se débat, indomptable, et ne veut pas mourir, et, perdant tout son sang, au finale encore, avec sa queue étirée, se raidit et frappe furieusement autour de lui. »

Dans le numéro du 20 mars 1811, nous lisons, toujours à propos de la *IIe Symphonie* exécutée au Conservatoire :

Cet auteur souvent bizarre et baroque, étincelle quelquefois de beautés extraordinaires. Tantôt il prend le vol majestueux de l'aigle, tantôt il rampe dans les sentiers rocailleux. Après avoir pénétré l'âme d'une douce mélancolie, il la déchire aussitôt par un amas d'accords barbares. Il me semble voir enfermer ensemble des colombes et des crocodiles.

Le ton se réchauffe le 20 mai 1811; parlant des dixième et onzième exercices du Conservatoire, il dit :

Beethoven, doué d'un génie gigantesque, d'une verve brûlante, d'une imagination pittoresque, dédaigna ces vaines difficultés auxquelles il se croyait supérieur. Il prit le vol audacieux de l'aigle et franchit avec impétuosité tout ce qui s'opposait à sa marche rapide. Il se crut assez grand pour se créer une école qui lui fut particulière et quel que soit le danger auquel s'exposent les jeunes compositeurs qui ont adopté cette école avec un enthousiasme qui tient de la frénésie, je suis forcé d'avouer que la plupart des ouvrages de Beethoven ont un cachet grandiose, original, qui émeut vivement l'âme des auditeurs. La *Symphonie en mi bémol* qu'on a exécutée dans ce Xe concert est la plus belle qu'il ait composée; excepté quelques germanismes un peu durs dans lesquels la force de l'habitude l'a entraîné, tout le reste offre un plan sage et correct, quoique rempli de véhémence; de gracieux épisodes se rattachent avec art aux idées principales et ses phrases de chant ont une fraîcheur de coloris qui leur appartient en propre.

Tout le monde ne se contentait pas de jugements aussi inoffensifs que ceux de MM. Rabbe et Vielh de Boisjoslin qui écrivaient que « Beethoven, célèbre compositeur allemand, passe pour le fils naturel de Guillaume II. On a de lui de charmantes compositions parmi lesquelles les amateurs ont surtout distingué ses quintettes ».

Pour comprendre certains griefs ou barguignages des « Tablettes », nous devons tenir compte de l'opinion générale en Europe; pourtant les « Tablettes » étaient plus avancées que la presse allemande. Trente ans plus tard, Chopin dit à Delacroix que Beethoven est « obscur, semble manquer d'unité et qu'il tourne le dos à des principes éternels. Mozart, jamais ! ». Le diplomate et critique musical russe Oulybychev, rédacteur du « Journal de Saint-Pétersbourg », fanatique de Mozart, dans sa *Nouvelle*

Biographie de Mozart (1844), porte un jugement défavorable sur Beethoven, qu'il aggrave dans son ouvrage intitulé *Beethoven, ses critiques et ses glossateurs* (1857) : « Beethoven a cru devoir suspendre l'*habeas corpus* de la musique en la dépouillant de tout ce qui pouvait ressembler à de la mélodie, à de l'harmonie et à un rythme quelconque. » Que dire alors de Spohr qui, après avoir dirigé, lors de l'inauguration du monument de Beethoven à Bonn, la *IX*e *Symphonie,* écrivit dans son *Autobiographie* que le dernier mouvement « est tellement monstrueux et sans goût dans sa conception scolaire que je ne peux pas comprendre qu'un génie comme Beethoven ait été capable de le coucher sur le papier. Je trouve ici une nouvelle preuve que Beethoven a manqué de formation esthétique et du sens de la beauté ».

En somme, ce sont encore et toujours Mozart et Haydn qui, par l'entremise de leurs fidèles, luttent contre Beethoven. Après avoir oublié Bach, ils ne cèdent le terrain que pas à pas devant l'auteur de l'*Eroica ;* au théâtre lyrique, le maître salzbourgeois a déjà été vaincu par son « fils » Gioacchino Rossini.

Le compte rendu de la *Symphonie Jupiter,* dans les « Tablettes », retient l'attention par ses coups de patte à l'adresse du public :

Elle offre de très belles richesses harmoniques, les effets en sont compliqués si savamment que ce n'est qu'avec une attention fatigante qu'on parvient à suivre et à concevoir les détails de l'orchestre et à se former une idée des masses de tableaux que le compositeur a voulu peindre. La fugue à quatre sujets qui termine cette symphonie n'est comprise que par un très petit nombre de connaisseurs, mais le public qui veut passer pour tel, l'applaudit avec d'autant plus de fureur qu'il n'y a absolument rien compris.

Des snobs, il y en avait alors comme il y en aura toujours.

En 1827, le Belge Joseph Fétis, professeur de composition et fondateur de la musicologie moderne, commence à publier la « Revue musicale » dont il est le principal et presque unique collaborateur. (Il travailla aussi au « Temps » et au « National ».) Cette année 1827, celle de la réintégration des trois grands maîtres de la critique philosophique, historique et littéraire : Cousin, Guizot et Villemain, devait inspirer aussi Fétis. Pourtant, la critique n'est pas sa faculté maîtresse. S'il fait l'éloge de Beethoven et de Rossini, il ne comprend rien au romantisme. Ses embarras financiers, dont Chopin parle dans ses lettres, l'auraient-ils empêché de préserver l'indépendance de son jugement ? Berlioz l'a attaqué dans une violente diatribe (« Le Corsaire », 4 avril 1828). Après la mort de Fétis, Reyer écrivit : « On a reproché à M. Fétis, avec une justesse de raison que je ne vais point examiner, de n'avoir pas toujours été guidé par la conviction la plus sincère dans les appréciations de ses critiques. » (*Notes sur la musique,* Paris, 1875.) De toute façon, en Fétis le critique n'était pas à la hauteur du théoricien. Nous avons vu que l'inventeur de l'ordre omnitonique n'a relevé ni chez Liszt ni chez Wagner, pas même chez Chopin, l'application de sa théorie. La revue de Fétis fusionna en 1835 avec la « Gazette musicale » de Schlesinger, sous le nom de « Revue et Gazette musicale », groupant dans sa rédaction Adam, Anders, Berlioz, Castil-Blaze, Dumas père, Liszt, Mainzer, Monnais, d'Ortigue, Stephen de la Madelaine et d'autres. On voit Wagner exalter dans cette revue *la Reine de Chypre* de Halévy en quatre longs articles (janvier-mai 1841). Le seul point peut-être sur lequel il soit d'accord avec Berlioz, Liszt et Cherubini, c'est qu'il tient Halévy pour un grand maître. Pourtant on reste perplexe en lisant ces lignes de Wagner : « Ce fut avec un étonnement plein de bonheur et à sa grande édification que l'Allemand a reconnu dans cette création *(la Juive),* qui renferme d'ailleurs toutes les qualités qui distinguent l'école française, les traces les plus frappantes et les plus glorieuses du génie de Beethoven et en quelque sorte la quintessence de l'école allemande. Le style d'Halévy donne une puissante indication sur les facultés musicales des Allemands. »

Ne faut-il pas penser que Maurice Schlesinger, qui tira Wagner de la prison pour dettes de la rue de Clichy et fut l'éditeur des arrangements par ledit Wagner des opéras d'Halévy, a été pour quelque chose dans ce curieux rapprochement de Beethoven et de Halévy ?

En 1833, l'éditeur Heugel fonda la revue musicale « Le Ménestrel » qui dura jusqu'en 1940.

L'époque romantique ouvre un nouveau chapitre

de la critique. Elle devint un art de choix. A la lignée de Diderot-Stendhal appartient Berlioz, le plus grand critique du romantisme européen, puissamment subjectif et individualiste. Il débute en 1823 dans « Le Corsaire » où il prend parti pour ses deux maîtres admirés Gluck et Spontini, contre Rossini. Au « Correspondant », transformé sous le titre de « Revue européenne », il envoie, de Rome en 1832, la *Lettre d'un enthousiaste sur l'état de la musique en Italie ;* peu après, il collabore au « Rénovateur », quotidien légitimiste (1832-35), à la « Gazette musicale » (1835) et la même année, il devient critique du « Journal des débats » appartenant à la toute-puissante dynastie des Bertin; il y restera trente années, d'abord chroniqueur des concerts, puis, après Jules Janin, de l'opéra et de l'opéra-comique, (le Théâtre Italien restera le fief de Delécluze). « Le Monde dramatique », « La Chronique de Paris » et d'autres feuilles ont également publié des articles de lui. Le 8 octobre 1863, son dernier feuilleton parut dans les « Débats ». Il était consacré aux *Pêcheurs de perles* de Bizet dont Berlioz avait tout de suite saisi le génie. Tempérament volcanique, incomparable virtuose de la plume, Berlioz est aussi grand dans ses intuitions que dans ses erreurs. Combien les dissertations doctorales et la pesante métaphysique de Wagner, combien les écrits imprégnés de culture aristocratique, mais d'une incompétence musicale absolue que Mme d'Agoult publia sous le nom de Liszt, et la prose indigeste de la princesse Wittgenstein portant la même signature pâlissent auprès des phrases héroïques, enthousiastes, verveuses, brillantes de toutes les couleurs et éclatantes de force de Berlioz! C'est une lecture captivante. Comme il croit en l'art de Gluck et de Spontini! Et que dire de sa foi robuste en Beethoven! Nourri de l'esthétique beethovénienne, il est indifférent, ou presque, à l'égard de Mozart. Il avait une affaire personnelle à régler avec Cherubini. Mauvais caractère mais musicien de génie. Ses attaques contre le « gros Rossini » et le « petit polisson Bellini », dont il subit l'influence à son insu, prouvent que son subjectivisme l'empêchait quelquefois de voir clair. La même raison brouille son jugement sur Liszt et sur Wagner. Du reste, l'art polychrome, diatonique et transparent de Berlioz est la négation de la polyphonie touffue de Wagner et du chromatisme torturé de Liszt. Aussi faut-il examiner ses jugements d'après l'optique de son temps. Malheureusement au milieu de son chemin surgit la belle et néfaste figure de Maria Recio qui l'influença indignement dans son activité critique. Les feuilletons, entrefilets, échos petites fantaisies etc. de Berlioz remplissent une dizaine de volumes, dont quelques-uns ont été réimprimés *(A travers chants, les Soirées de l'orchestre, les Grotesques de la musique, etc.)*. La vie musicale sous la Restauration, la monarchie de Juillet et une partie considérable de celle du second Empire, défile devant nous présentée toujours de façon intéressante. Ses articles sur Beethoven ont été réunis en volume. Vu par Berlioz, Beethoven apparaît comme une puissante individualité décrite par une autre, qui se proclame son humble disciple. L'italianisme de Beethoven, élève de Salieri, ne l'intéresse point. Voici le portrait du critique modèle d'après *les Grotesques de la musique :*

> Un de nos confrères du feuilleton avait pour principe qu'un critique, jaloux de conserver son impartialité, ne doit jamais voir les pièces dont il est chargé de faire la critique, afin, disait-il, de se soustraire à l'influence du jeu des acteurs. Cette influence en effet s'exerce de trois façons : d'abord en faisant paraître belle ou tout au moins agréable une chose laide et plate, puis en produisant l'impression contraire, c'est-à-dire en détruisant la physionomie d'une œuvre au point de la rendre répugnante, de noble et gracieuse qu'elle est en réalité. Et enfin en ne laissant rien apercevoir de l'ensemble, ni des détails de l'ouvrage, en effaçant tout, en rendant tout insaisissable ou inintelligible. Mais ce qui donnait beaucoup d'originalité à la doctrine de notre confrère, c'est qu'il ne lisait pas non plus les ouvrages dont il avait à parler; d'abord parce qu'en général les pièces nouvelles ne sont pas imprimées, puis encore parce qu'il ne voulait pas subir l'influence du bon ou du mauvais style de l'auteur. Cette incorruptibilité parfaite l'obligeait à composer des récits incroyables des pièces qu'il n'avait ni vues ni lues et lui faisait émettre de très piquantes opinions sur la musique qu'il n'a vait pas entendue

Caricature, probablement, d'Henry Blaze de Bury.

En 1838, deux jeunes gens du Midi, Marie et Léon Escudier, fondèrent un journal « La France musicale » qui faisait de la propagande pour la musique italienne (plus tard ils devinrent les défenseurs de Verdi), tandis que le journal de Schlesinger servait la cause de l'art allemand.

Ils attaquaient les artistes sans ménagement, avec toute la véhémence de leur tempérament méridional, d'où des incidents qui dégénérèrent en rixe au café Cardinal, rendez-vous des artistes et des journalistes. Ce qu'ils ont écrit, par exemple, à propos de Rosine Stoltz, de sa liaison avec Léon Pillet, directeur de l'Opéra, n'est pas de l'honnête critique, mais un reportage indiscret. Leur journal menait des campagnes bruyantes assorties de propos blessants. Léon dirigeait un commerce de musique incompatible avec sa profession de critique. Très habiles écrivains (Marie a publié plusieurs volumes), mais rarement de bonne foi, audacieux hommes d'affaires mais non pas mauvais musiciens, ils flairaient en Verdi le grand génie alors que, dans son pays, le renom du maître n'était pas encore établi. Pour faire concurrence au « Ménestrel », chaque numéro de leur journal publiait une romance inédite. Les deux frères se brouillèrent en 1860; Léon fonda un journal « l'Art musical ». Le journal de Marie Escudier cessa de paraître en 1870. Ce fut la « Chronique musicale » de Heulhart qui le remplaça; le ton en était beaucoup plus digne (1873). Sur ces entrefaites, Léon, ayant perdu sa fortune avec la direction de la salle Ventadour, fut obligé de vendre son journal à la maison Girod. Parmi les contemporains de Berlioz, il faut mentionner Castil-Blaze (« Journal des Débats »). Ses critiques sont moins désastreuses que ses ridicules arrangements de chefs-d'œuvre (*Don Juan, Freischütz,* etc.). Citons aussi Joseph d'Ortigue, musicologue, spécialiste de la musique d'église, collaborateur de plusieurs quotidiens (« Gazette musicale », « France musicale », « Revue de musique ancienne et moderne »). En 1857, il a publié avec Niedermeyer une revue de musique d'église, « La Maîtrise », qui reparut plus tard sous un autre titre, rédigée par d'Ortigue seul. Romantique pur sang (il a écrit un roman : *la Sainte-Baume*), maniant la plume avec une grande légèreté, il s'enthousiasma, jeune bousingot, pour le *Requiem* de Berlioz, mais voulut ensuite bannir de l'église la musique instrumentale.

Le romantisme a poussé vers la musique des écrivains qui, dans leurs œuvres, ont utilisé une documentation abondante et fantaisiste. Leurs opinions, leurs conceptions n'intéressent pas directement l'évolution de la critique musicale, mais apportent une importante contribution à l'histoire des idées. Hugo, Stendhal, Balzac, Nerval, Flaubert, etc., sont des chroniqueurs du goût français et européen. Baudelaire a reconnu le génie de Liszt et de Wagner. De même Marcel Proust persuade son ami intime Reynaldo Hahn « par des efforts acharnés, prudents, rusés même, que *Pelléas et Mélisande* n'est pas tout à fait dépourvu de mérite ». *(Correspondance de Proust et de Reynaldo Hahn.)* George Sand et, plus tard, André Gide, se montrent plus ambitieux; ils se présentent comme des critiques musicaux et non comme des hommes de lettres amateurs de musique. Pour se faire une idée de l'autorité de G. Sand en la matière, il suffit de lire son éloge funèbre de Chopin :

Un jour viendra où l'on orchestrera sa musique, sans rien changer à sa partition de piano, et où tout le monde saura que ce génie aussi vaste, aussi complet, aussi savant que celui des plus grands maîtres qu'il s'était assimilés, a gardé une individualité encore plus exquise que celle de Bach, encore plus puissante que celle de Beethoven, encore plus dramatique que celle de Weber. Il est tous trois ensemble et il est encore lui-même, c'est-à-dire plus délicat dans le goût, plus austère dans le grand, plus déchirant dans la douleur. Mozart, seul, lui est supérieur, parce que Mozart en plus a le calme et la santé, par conséquent la plénitude de la vie. *(Histoire de ma vie.)*

Comment cette célèbre romancière pouvait-elle jongler avec des noms qui évoquent la grandeur et choisir aussi mal ses épithètes ? Faute d'une formation musicale pour laquelle pianoter et solfier ne suffisent pas, Bach demeurait pour elle un monde fermé, incapable qu'elle était de pénétrer le secret d'une fugue dont le contrepoint ouvre des horizons infinis. Dire de Bach qu'il est exquis, c'est dire du peintre du *Jugement dernier,* de la chapelle Sixtine, qu'il est délicieux; de *Polyeucte* ou de *Britannicus* qu'ils marivaudent.

Ce galimatias, auquel il ne manquerait plus que Palestrina et Berlioz, ne trouve qu'une seule explication : la romancière ignorante a recueilli pêle-mêle des propos divers et les a couchés sur le papier, sans même avoir connaissance des maîtres et des œuvres qu'elle critiquait, oubliant le seul émule tragique de Chopin : Schumann.

André Gide semble avoir fait quelques études de

musique, pourtant dans ses écrits musicaux, ce sont les à-côtés, les moments littéraires qui sont les plus intéressants.

Hélas! la « Revue des Deux Mondes », la première de son temps, choisissait bien mal ses critiques musicaux. Henry Blaze de Bury, qui s'accordait généreusement le titre de baron, y sévissait depuis des années; sa méchanceté n'avait d'égale que son ignorance. Barbey d'Aurevilly le juge fort justement : « Il a des parents dans la place. Il tient par le mariage à cette « Revue des Deux Mondes » et le népotisme littéraire paraît très simple aux bénits qui s'indignent le plus contre le népotisme papal. Jamais, je crois, Blaze de Bury n'aurait été vu à cette vitrine de la « Revue des Deux Mondes » s'il en avait été réduit à son mérite personnel. » En 1840, au tome Ier de cette revue, il accuse Berlioz d'avoir écrasé Palestrina sous la pompe des instruments. S'il avait assisté à ce concert, il eût constaté que Berlioz n'avait pas orchestré Palestrina puisqu'il s'agissait d'une exécution *à cappella.* Le même tome de cette revue contient un compte rendu du festival Berlioz où on lit, au sujet du *Requiem :* « Cette musique des morts peut se vanter au moins d'avoir fait rire aux larmes les vivants... ce pêle-mêle musical, ce tohu-bohu que l'auditoire accueille avec un sourire de persiflage et qu'il salue en sortant d'un bâillement olympien. » Son successeur, le Vénitien Pierre Scudo, musicien et romancier, resta complètement fermé à la musique du XIXe siècle, ce dont témoigne éloquemment cette citation : « L'esprit ingénieux mais faible de M. Gounod a le malheur d'admirer certaines parties altérées des derniers quatuors de Beethoven, source troublée d'où sont sortis les mauvais musiciens de l'Allemagne moderne, les Liszt, les Wagner, les Schumann, sans omettre Mendelssohn pour certaines parties équivoques de son style. » (5 mars 1862.)

Scudo est mort fou en 1864, ce qui n'est pas surprenant. Puis Blaze de Bury a recommencé ses « critiques » contre la grande trinité romantique.

Sous le second Empire, Pier Angelo Fiorentino, auteur dramatique, se distinguait parmi les critiques musicaux. Il commença sa carrière au « Corsaire ». En 1849 il fut appelé au « Constitutionnel » et rédigea le feuilleton musical du « Moniteur universel ». On lui reprochait une certaine vénalité. Parmi les plus éminents critiques figurent alors Théophile Gautier (on lui doit de beaux portraits de Berlioz, de Monpou, de la cantatrice M.-C. Falcon, Damoreau, Sontag), Joannès Weber (« Le Temps »), Albert Lhôte (« Le Siècle »), Alexis Azevedo (« L'Opinion nationale ») qui ne pouvait suivre la musique que jusqu'à Rossini, Guy de Charnacé, gendre de Mme d'Agoult, qui mena la campagne antilisztienne et antiwagnérienne dans la presse, Heulhart, fondateur de la « Chronique musicale », qui était critique de « L'Événement », Gustave Chadeuil (« Le Siècle »), Alexis Rostand (« Marseille »), Arthur Pougin qui fut d'abord violoniste et chef d'orchestre, puis abandonna cette activité pour une profession littéraire vaste et multiple : feuilletoniste musical du « Soir » et de « la Tribune du Journal » de 1885 à 1914, critique de « L'Événement », rédacteur en chef du « Ménestrel », directeur musical chez Larousse, directeur du supplément de la *Biographie universelle des musiciens* de Fétis, auteur de nombreux volumes. Écrivain intéressant mais d'une érudition peu sûre.

La création de *Carmen,* le 3 mars 1875, fut un funeste événement pour la critique parisienne; elle fournit une preuve éclatante de sa totale incapacité. On ne peut lire qu'avec pitié les absurdités que messieurs les critiques, honnêtes et bons musiciens, proférèrent sur le plus triomphant chef-d'œuvre du théâtre lyrique; Paul de Saint-Victor (« Le Moniteur ») : « Bizet appartient à cette nouvelle école dont Wagner est l'oracle : le motif est démodé, la mélodie surannée »; Savigny-Lavoix (« L'Illustration ») : « Dans ce pastiche touffu, manque d'ordre, de plan et de clarté »; Oscar Comettant (« Le Siècle ») : « M. Bizet n'a pas encore trouvé sa voie; il atteindra le but, nous l'espérons; mais il lui faudra désapprendre bien des choses pour devenir un compositeur dramatique »; F. Oswald (« Le Gaulois ») : « M. Bizet appartient à l'école du civet sans lièvre »; L. Escudier (« l'Art musical ») : « Cet opéra-comique devrait s'appeler *l'Amour à la castagnette*... Voici longtemps que dure la plaisanterie des apôtres de l'avenir... L'oreille y cherche vainement des chants qui la séduiront. M. Bizet est devenu lourd et souvent confus. »

Ernest Reyer fut le seul à prédire : « Mais *Carmen* n'est pas morte et, à l'Opéra-Comique, on en a bien vu d'autres qui sont revenues d'aussi loin » (« Journal des Débats »).

Ces messieurs qui ont voulu signer la condamnation à mort de l'opéra de Bizet, signèrent en fait leur propre sentence de mort. Un article de Bülow, *Public et Critique* (« Hamburgische Musikzeitung », 1890, n° 22), s'étend longuement sur le cas de *Carmen :* « Avec quelle folie furieuse la critique exécuta ce chef-d'œuvre dont l'appréciation vit s'accorder Wagner et Brahms ! » (deux ennemis mortels aux conceptions diamétralement opposées).

La critique littéraire et celle des arts plastiques comptent alors des noms tels que G. Planche, Barbey d'Aurevilly, l'admirable peintre-écrivain Fromentin, Duranty, les Goncourt, Huysmans, R. de La Sizeranne, les Belges Camille Lemonnier, Octave Maus : personne alors dans la critique musicale ne pourrait rivaliser avec ces excellents esprits.

L'un des meilleurs musicographes français fut A. Jullien, fils du musicologue M. B. Jullien; il succédera à Reyer au « Journal des Débats ». Jullien publia une monographie sur Berlioz et une autre sur Wagner. Il n'avait pas le sens de la musique contemporaine et s'intéressait surtout à l'histoire de la vie musicale. Il a publié une importante documentation dans une vingtaine de volumes.

Chez le normalien Romain Rolland, chercheur sincère, écrivain délicat, le critique l'emporte sur le musicologue : sa sensibilité, le bon sens de ses jugements lui valent une place de choix dans les rangs de la critique musicale européenne. Alors que la « Revue wagnérienne » et la campagne d'É. Schuré menaçaient de submerger des talents comme Reyer et d'Indy, un génie tel que Chabrier, pour n'en citer qu'un, Rolland, qui faisait cause commune avec tous les novateurs (excepté Liszt, qu'il ne comprendra que lorsque R. Strauss l'aura initié), réagit avec fermeté. Il écrit à Malwida von Meysenbug, wagnérienne et bas-bleu, à propos du maître de Bayreuth :

Où je l'aime le mieux, c'est dans ses pages purement musicales, ou dans les grandes scènes d'apothéose ou de parade, où la vie complexe des émotions se ramasse en un seul grand sentiment porté sur un large flot musical (fin de *l'Or du Rhin, Walkyrie, Crépuscule des dieux, Parsifal,* etc.). Quant au peuple, je ne crois pas qu'il ait profit à recevoir les œuvres de Wagner dans leur ensemble. Je sais bien que Wagner prétendait écrire aussi pour le peuple, mais c'est le rêve de tous les artistes et cela ne prouve rien. Il y a des parties dans l'œuvre de Wagner qui pourraient ou devraient être populaires (IIIe acte des *Maîtres Chanteurs,* l'amour de Siegmund et Sieglinde). Combien d'autres, non seulement n'ont pas besoin d'être populaires, mais ne doivent pas le devenir. Que voulez-vous que le peuple tire de bon des complications décadentes et maladives de la métaphysique du Walhalla ou du désir malsain de Tristan, j'irai même jusqu'à dire des tourments mystico-charnels ? Cela est né d'une élite infectée de subtilités néo-chrétiennes ou néo-bouddhistes, rêves plus ou moins attirants mais qui ont poussé comme poussent d'abondantes mousses sur les arbres malades et pourris. Au nom du ciel, ne donnons pas nos maladies au peuple, tâchons de faire une race plus saine !

Ces graves paroles ne perdront jamais leur actualité...

En 1885, un nouveau critique apparaît dans la « Revue des Deux Mondes », Camille Bellaigue, bon musicien, condisciple de Debussy, pianiste, écrivain agréable. Malheureusement il ne comprenait rien à l'art contemporain et n'avait qu'un seul dieu : Gounod; il le reconnaît lui-même avec sincérité. Lorsqu'en 1885 le Théâtre de la Monnaie, à Bruxelles, présente *les Maîtres Chanteurs,* il écrit : « *Maîtres Chanteurs* ou Maîtres Bottiers ? Nous nous y sommes mépris nous-même au moins dans le détail... Le premier acte est le plus terrible, en écoutant cet acte, en le voyant, on sent dans sa plénitude l'ennui wagnérien, l'inexorable ennui, comme disait Bossuet. Ce premier acte en entier est la négation du théâtre. »

Ce qui est grave, c'est que Bellaigue ne trouve rien d'autre dans cette comédie lyrique et se borne à constater (à juste titre, d'ailleurs), que le quintette est traité dans la meilleure manière italienne. Deux ans après, il fait l'éloge de *Lohengrin.* Son jugement sur Chopin manque d'objectivité :

Chopin n'est pas un des plus grands parmi les grands. Il porte en lui les mêmes causes (que sa patrie) de faiblesse et de ruine : des nerfs indomptables et malades, plus d'imagination que de logique, une humeur inégale et le goût de l'amour, du clinquant, du flamboyant, de la fanfreluche et du panache...

La maîtrise et la condensité de soi, la discipline, la sagesse, la volonté libre et toute-puissante dans l'art comme dans la vie : voilà les forces essentielles et les souveraines vertus. Chopin n'est pas de ceux qui les ont possédées. (*Études musicales,* 2e série.)

La plus ahurissante parmi ses critiques concerne Debussy. Bellaigue n'avait aucune idée de la révolution que *Pelléas* imposait à la musique. Voici ce qu'il écrit le 15 mai 1902 :

Parmi les divers éléments dont se compose toute musique, il en est deux qu'au dire même de ses admirateurs, le musicien de *Pelléas et Mélisande* a délibérément supprimés : l'un est le rythme et l'autre la mélodie. Je crois bien, et ce n'est pas la moindre originalité de M. Debussy, que, le premier entre tous les compositeurs, il a tenu cette gageure, et l'a gagnée, d'écrire une partition entière sans une phrase, que dis-je, sans une mesure de mélodie. Pas plus que la mélodie et le rythme, la musique de *Pelléas et Mélisande* ne vaut ou n'existe par la symphonie, car la symphonie étant développement, n'est possible que là où se trouve quelque chose à développer. Et l'orchestre qui ne sert ni à l'exposition ni à l'élaboration des thèmes formels, ne s'emploie guère davantage à l'alliance de timbres agréables. Sans intérêt pour l'esprit, il est presque toujours sans charme pour l'oreille. L'orchestre de Debussy fait peu de bruit, je l'accorde, mais un vilain petit bruit... Aucun n'est mieux qualifié que l'auteur de *Pelléas et Mélisande* pour présider à la décomposition de notre art. Tout se perd et rien ne se crée dans la musique de Debussy. Un tel art est malsain et malfaisant.

Cette violente diatribe qui faisait rire les pelléastres de Jean Lorrain était bien franche. Bellaigue ne comprenait rien à Debussy ni à Ravel dont il jugeait en ces termes *l'Heure espagnole,* dans la « Revue des Deux Mondes » du 1er juillet 1911 :

En vérité, du lyrisme ou du comique, je ne sais trop qui fait ici le plus défaut. Mais ce qui ne s'y trouve pas et cela, pour le coup, je le sais bien, c'est l'entrain, la verve et l'allégresse, la franchise, le naturel et la liberté. Ici tout se contraint, se restreint sans que rien se détende et se déploie. Quelle parcimonie ou plutôt quelle misère! Pas une couleur, pas une ligne, des pointes et comme des hachures ou des piqûres sonores. Aucune tenue et nulle suite... De mélodie il n'y en a là, proprement dite, aucune. Des harmonies, il n'en est guère que de celles dont on souhaiterait qu'elles ne fussent point!

Un tel étalage de médiocrité est trop triste pour qu'on s'y attarde plus longtemps. Willy (Henry Gauthier-Villars) créa une critique bien parisienne, plus mondaine que musicale, mais toujours « sensationnelle ». Son vrai domaine fut le reportage musical assaisonné de remarques critiques; il y fut aidé par ses « nègres ». Ce descendant du maréchal de Villars a fait les études les plus hétérogènes : histoire, hellénisme, écriture cunéiforme, sciences naturelles, littérature, poésie, journalisme, après avoir signé des ouvrages historiques, des manuels de ferrotypie et de platinotypie; après avoir écrit des sonnets et aiguisé sa plume dans les chroniques tapageuses et les jeunes revues du quartier Latin, il s'adonna à la critique musicale. Il avait un flair, une intuition qui donne quelque valeur à sa raillerie. Il signait « l'Ouvreuse du Cirque d'Été », salle où Lamoureux donnait des concerts avec son orchestre. Comme nous l'avons signalé, Willy fut presque seul dans la critique française à reconnaître la beauté de *l'Après-midi d'un faune,* la portée de son symbolisme :

> Exquis tableau orchestral préparant à l'impression générale du poème auquel convient délicieusement cette musique de rêve; çà et là, d'adorables trouvailles d'instrumentation font songer à quelques pages d'un Chabrier sublime qui serait épuré vingt fois (Faune y soit qui mal y pense). Charme griseur de l'imprécis! En de fluides indécisions, une grâce s'estompe hésitante... Hum! Par ce charabia tarabiscoté je cherche à vous faire comprendre que cette œuvre impalpable et subtile, et sans respect pour le ton et plutôt dans un mode qui essaie de contenir toutes les nuances, se prête malaisément à l'analyse *(Notes sans portées par l'Ouvreuse du Cirque d'Été).*

Cependant les journaux « sérieux », excepté « Les Débats », minimisèrent cette première, comme « Le Ménestrel » (« ... les œuvres de MM. Debussy et Ropartz sont intéressantes »), la passèrent sous silence tel « Le Temps », exagérèrent l'influence wagnérienne (« Le Guide musical »), ou encore, tel « Le Journal », déclarèrent ne pas aimer la nouveauté, ce qui n'empêche pas d'en reconnaître la très réelle valeur. « Le Figaro » constate que « de pareilles pièces sont amusantes à écrire, mais nullement à entendre ». Et dans « Le Soleil » (24 décembre 1894), A. Goullet souligne qu'il n'insiste pas sur ce qu'un faune peut bien faire l'après-midi.

« Mais l'explication que nous en a donnée M. Debussy, m'a semblé bien indigeste et pour quel sujet. »

Signalons, à la fin du XIXe siècle, un critique très courageux, Louis Destranges, collaborateur de plusieurs journaux, qui attaqua, certes exagérément, cette épidémie sentimentale de « grandes pécheresses » que déclencha Massenet. Emporté par le courant du wagnérisme, Destranges fut irrité par « la victoire facile » de Massenet. Il voulut surtout réagir contre son panégyriste, Eugène de Solenière qui s'écriait : « J'ai la franchise de mes vices. Je ne sais si Massenet est Dieu ou Satan, mais je l'adore, et, s'il était Dalida, je pleurerais de n'avoir plus de cheveux à lui offrir. » (*Massenet, étude critique et documentaire,* Paris, 1897).

Le génie pénétrant, subtil et lumineux de Claude Debussy, dans ses critiques *(M. Croche, antidilettante),* analyse toujours avec finesse; quelquefois il voile son émotion par le feu d'artifice d'une gaminerie moqueuse. Citons trois admirables passages, sur Bach, Beethoven et R. Strauss :

On y trouve (dans les cahiers du grand Bach) presque intacte cette arabesque musicale ou plutôt ce principe de l'ornement qui est la base de tous les modes d'art. Les primitifs, Palestrina, Victoria, Lassus, se servirent de cette divine arabesque. Ils en trouvèrent le principe dans le chant grégorien et en étaient les frêles entrelacs par de résistants contrepoints. Bach, en reprenant l'arabesque, la rendit plus souple, plus fluide et malgré la sévère discipline qu'imposait ce grand maître à la Beauté, elle put se mouvoir avec cette libre fantaisie toujours renouvelée qui étonne encore à notre époque. Dans la musique de Bach, ce n'est pas le caractère de la mélodie qui émeut, c'est le mouvement parallèle de plusieurs lignes dont la rencontre, soit fortuite soit unanime, sollicite l'émotion... On peut remarquer facilement que l'on n'entendait jamais siffler du Bach. Cette gloire buccale n'aurait pas manqué sur le boulevard, à l'heure où sortent les prisonniers de luxe des maisons d'arrêt musicales, il arrive d'entendre allégrement siffler la *Chanson du Printemps* ou la phrase initiale des *Maîtres Chanteurs*.

Les sonates de Beethoven sont très mal écrites pour le piano, elles sont plus exactement, surtout les dernières, des transcriptions d'orchestre, il manque souvent une troisième main que Beethoven entendait certainement, du moins je l'espère. — Les musiciens n'écoutent que la musique écrite par des mains adroites, jamais celle qui est inscrite dans la nature. Voir le jour se lever est plus utile que d'entendre *la Symphonie Pastorale.* Il me semble que, depuis Beethoven, la preuve de l'inutilité de la symphonie était faite. Aussi bien, chez Schumann et Mendelssohn, n'est-elle plus qu'une répétition respectueuse des mêmes formes avec déjà moins de force. Pourtant la IXe était déjà une géniale indication, un désir magnifique d'agrandir, de libérer les formes habituelles, en leur donnant les dimensions harmoniques.

Till Eulenspiegel de R. Strauss ressemble à « Une heure de musique nouvelle chez les fous ». Les clarinettes y décrivent des trajectoires éperdues, des trompettes y sont à jamais bouchées et les cors, prévenant un éternuement latent, se dépêchent de leur répondre poliment : A vos souhaits. Une grosse caisse fait des boums boums qui semblent souligner les coups de pied des clowns. On a envie de rire aux éclats ou de hurler à la mort et on s'étonne de retrouver les choses à leur place habituelle, car si les contrebasses soufflaient à travers leur archet, si les trombones frottaient leurs cylindres d'un archet imaginaire et si l'on retrouvait Nikisch (le chef d'orchestre) sur les genoux d'une ouvreuse, il n'y aurait là rien d'extraordinaire. Cela n'empêche nullement que ce morceau ne soit génial par certains côtés et d'abord par sa prodigieuse sûreté orchestrale et le mouvement frénétique qui nous emporte du commencement à la fin et nous oblige à passer par toutes les équipées du héros.

Maurice Ravel fut un champion fanatique de la vérité. Il n'était pas intimement lié avec Debussy, mais quand il vit Pierre Lalo, critique du « Temps » accueillir avec une incompréhension méchante ce chef-d'œuvre qu'est *Iberia,* il ne put se contenir :

Sensations pittoresques, descriptions ou suggestions de paysages, il est curieux que toute une partie de nos musiciens ne semble plus concevoir pour la musique d'autre raison d'être que celle-là qui est bien accessoire, bien superficielle, bien éphémère. Il vient un jour que ces amusettes cessent d'amuser. Qui ? demande Ravel. Les moroses impuissants qui n'ont jamais éprouvé la passion ardente inspirée par des paysages, par ce pittoresque, ceux qui dans l'œuvre ne savent pas découvrir l'expression musicale de cette passion. (*L'art et les hommes à propos des* Images *de Debussy,* « Cahiers d'aujourd'hui », février 1913.)

Dans les dernières années du siècle, A. Super, critique musical de « L'Univers », se ridiculisa par ses attaques contre Liszt, Wagner, Saint-Saëns, Massenet. Saint-Saëns riposta. É. Dujardin dirigeait la « Revue wagnérienne » où l'on trouve des noms brillants de la musique et de la littérature. Les compositeurs, Saint-Saëns (antidebussyste), A. Bruneau, Victor Roger, Charles Bordes, Vincent d'Indy (sectaire), Érik Satie, Gabriel Fauré (très compréhensif), Maurice Emmanuel, Florent Schmitt, Louis Aubert, Reynaldo Hahn, Paul Le Flem, Gustave Bret, Gustave Samazeuilh, etc. ont écrit régulièrement des critiques.

Sur n'importe quel sujet, la critique de Dukas est intéressante. Fervent wagnérien, il reste fermé au génie de Verdi, il ne comprend pas *Othello,* le sommet du drame verdien :

On n'a pas, en écoutant, l'impression d'une œuvre originale... Nous osons croire que lorsque le génie latin se réveillera, puisqu'il est — paraît-il — profondément endormi, il se manifestera autrement qu'en relevant les débris de la cuisine italienne de 1850, d'une saveur affadie de procédés wagnériens, en accommodant le mélange à des situations imitées, de plus ou moins loin, d'un drame anglais du temps d'Élisabeth.

Adolphe Boschot, qui collabora à plusieurs journaux, mais surtout à « L'Écho de Paris », a consacré la plus grande partie de son activité au romantisme et surtout à Berlioz. Citons également J.-G. Prod'homme dont l'activité s'oriente cependant vers la musicologie. Le normalien Louis Laloy, savant helléniste et sinologue, luttait pour la musique d'avant-garde, pour Debussy et Stravinsky, tandis que H. Moreno, dans « Le Ménestrel » appelait *le Sacre du printemps :* massacre du printemps. Appartiennent à la même génération Hugues Imbert, Camille Mauclair, Pierre Lalo, Henry Malherbe, Paul Landormy, Jules Combarieu, directeur de la « Revue d'histoire et de critique musicale. » E. Mangeot avait fondé en 1889 « le Monde musical » que son fils A. Mangeot, a continué jusqu'à sa mort (1942); Albert Diot et et René Doire, le « Courrier musical » (1898), Jean Marnold et Louis Laloy, le « Mercure musical » (1905); Henry Prunières, l'infatigable pionnier de la musique contemporaine et son collaborateur André Cœuroy, la « Revue musicale » (1921), continuée par R. Bernard, compositeur et critique, puis par R. Masse. Le poète Jean Cocteau, porte-parole du groupe des Six, attaqua Debussy et Ravel « avec cette férocité, propre à la jeunesse ». Il avait pour principe d'en finir au plus vite avec « l'impressionnisme musical » et de mettre la jeunesse en garde contre ce danger. « Maintenant que l'âge me donne le recul et le large, j'écoute dans le calme et j'admire. Salut Debussy! Salut Ravel! Salut Satie! Salut Stravinsky! Salut hautes cimes rejointes par des vallées d'ombres. »

La critique de Cocteau brille par sa concision, par sa précision, tout en étant paradoxale et imagée : « Chopin est un homme, une femme, un oiseau, un piano, une langue vivante et morte, un fantôme qui rassure dans la maison. » (*Annuaire de Chopin,* Vienne, 1956.)

Dans la liste extrêmement riche de la critique actuelle, nous ne pouvons que relever au hasard quelques noms. Le doyen René Dumesnil, critique du « Monde », musicologue, homme de lettres, médecin; sa culture humaniste, son érudition, ses connaissances pratiques, son goût fin et sûr, l'élégance de sa plume lui assurent une place éminente dans la critique européenne; Émile Vuillermoz, polémiste subtil; Jacques Chailley, professeur en Sorbonne, critique, chef d'orchestre, compositeur ; V. Jankélevitch, également professeur en Sorbonne, philosophe, spécialiste de l'impressionnisme, dont le lyrisme enthousiaste dissimule une documentation originale; Marc Pincherle remarquable musicologue; Henry Barraud, compositeur, directeur de la chaîne nationale de la Radiodiffusion française, l'un des meilleurs connaisseurs de la musique contemporaine; Roland-Manuel, compositeur, critique, esthéticien; B. Gavoty, J. Bruyr, R. Bernard, ancien directeur de la « Revue musicale », Fred Goldbeck, Claude Rostand, Yves Baudrier, le compositeur Marcel Delannoy, Maurice Imbert, Serge Moreux, B. de Schloezer, Jean Mistler, A. Schaeffner, Gilbert Rouget, A. Hoérée, A. Goléa, R. Siohan, G. Ferchault, M. Philippot, Dorel Handman, P. Schaeffer, apôtre de la musique concrète, le compositeur Pierre Boulez, chef du mouvement d'avant-garde, Hélène Jourdan-Morhange, Marina Scriabine, Lila Maurice-Amour et bien d'autres.

LA CRITIQUE MUSICALE HORS DE FRANCE

ALLEMAGNE

En Allemagne, au XVIIIe siècle, Mattheson, historien, compositeur, théologien, ténor, chef d'orchestre, juriste, diplomate, écrivit la *Critica musica,* c'est-à-dire l'étude approfondie et l'analyse de certaines opinions. A. Scheibe dirigea une revue, « Der critische Musicus » (1737-1740), où il attaqua Bach. L. Ch. Mizler en édita deux « Neu eröffnete musikalische Bibliothek » (comptes rendus des livres et écrits sur la musique, 1736-1754), puis une revue mensuelle « Musikalischer Starstecher » de 1736 à 1740, qui n'eut que sept numéros. Mizler fonda à Leipzig la Société des sciences musicales (Societät der musikalischen Wissenschaften) dont Bach faisait partie. « Der musikalische Patriot » de J. J. Henke ne parut que pendant deux ans à Brunswick (1740-1741). Le théoricien Marpurg, qui avait séjourné à Paris (Choron avait traduit son *Manuel de la basse continue*), dirigeait à Berlin un hebdomadaire « Der critische Musicus an der Spree ». La revue musicale hebdomadaire de J. A. Hiller, « Wöchentliche Nachrichten » (1766-1770), peut être considérée comme le plus ancien périodique musical allemand. Le savant Forkel (Gotha), l'abbé Vogler (Mannheim), Cramer (Hambourg, Copenhague) ont également publié des périodiques. Le compositeur, chef d'orchestre et écrivain J. F. Reichardt, congédié par Frédéric-Guillaume II à cause de ses sympathies pour la révolution française, a publié deux revues critiques, « Musikalisches Wochenblatt » et « Musikalische Monatschrift ». Ses lettres « confidentielles » de Vienne et de Paris, ainsi que ses autres écrits, contiennent de nombreuses remarques sur la musique. En 1798 Breitkopf et Härtel publièrent sous la direction de Fr. Rochlitz à Leipzig « Allgemeine musikalische Zeitung » qui prit rapidement une grande autorité en Allemagne. Par ses correspondants dans le monde entier, il informait ses lecteurs des principaux événements musicaux. Rochlitz était un bon musicien mais un petit bourgeois borné qui ne digérait la musique de Beethoven que très péniblement. A propos de la création de *Fidelio* au Théâtre de Vienne (numéro du 8 janvier 1802) il déclare :

Si l'on juge tranquillement et sans préjugé, le tout ne brille ni par l'invention ni par la construction. L'ouverture se fonde sur un *adagio* très long qui s'aventure par tous les modes, puis vient un *allegro* en *ut* aussi peu brillant et qui ne tient pas la comparaison avec l'ouverture de *Prométhée*. Dans les numéros de chant, aucune idée neuve, ils sont généralement trop longs, le texte est répété, parfois la caractéristique est datée d'une façon bizarre, ainsi dans le duo du IIIe acte en *sol* majeur, après la scène de la reconnaissance. Les chœurs sont sans effet et celui qui exprime la joie des prisonniers respirant l'air libre est manifestement manqué.

Certes, Beethoven remania *Fidelio* pour la reprise de 1816 au Kürtnerthortheater. Mais ne pas reconnaître dans cette ivresse des prisonniers le délire nostalgique de la liberté des peuples dont le franciscain Euloge Schneider, professeur à l'université de Bonn, avait parlé en présence du jeune Beethoven, cela prouve que la sensibilité faisait défaut au brave Rochlitz. Plus tard, dans le même journal, E. A. T. Hoffmann écrivit des articles intéressants, notamment sur Beethoven. Cette étrange figure du romantisme fantastique, compositeur, chef d'orchestre, juriste, critique et écrivain, forme la transition entre Mozart et Beethoven dont il a reconnu le génie. Inspirateur de Schumann *(Kreisleriana)*, prédécesseur de Wagner dans sa conception de l'œuvre d'art intégrale, partant de Herder (poète et compositeur), quoique ses œuvres ne soient que classicisantes, il caractérise exactement le style de Haydn :

L'expression joyeuse d'une âme d'enfant émane des compositions de Haydn. Ses symphonies nous transportent dans des bois dont la verdure s'étend à perte de vue et dans une foule variée, animée; des rondes de gens heureux, adolescents et jeunes filles, dansent devant nos yeux; derrière des buissons d'églantiers, des enfants rieurs prêtent l'oreille, se taquinent, se jettent des fleurs. Haydn conçoit les *Musenlieder* dans la vie humaine d'une manière romantique, il est mensurable, compréhensible pour la majorité.

Au début du XIXe siècle, l'Allemagne comptait quelques critiques militants dont le plus célèbre,

J. K. F. Rellstab, fut à la fois imprimeur, libraire, compositeur, pianiste et critique pendant longtemps du « Vossischen Zeitung ». Son fils H. F. L. Rellstab, qui lui succéda dans son activité journalistique, eut une carrière tout aussi variée : romancier, artilleur, professeur de mathématiques et d'histoire (Schubert a mis en musique quelques-uns de ses poèmes). Deux écrits satiriques le conduisirent en prison : *Henriette ou la belle cantatrice* (1826), où il tourne en dérision le triomphe d'Henriette Sontag, et une vive polémique avec Spontini. Auteur d'une biographie de Liszt, il collaborait au « Berliner Musikalische Zeitung », au « Neue Berliner Musikzeitung », à la revue « Cecilia ». De 1830 à 1834 il dirigea la revue musicale « Iris im Gebete der Tonkunst ». Le numéro du 5 juillet 1833 contient une diatribe contre Chopin, dont on ne voit pas bien la raison :

Dans la recherche des dissonances qui déchirent l'oreille, des transitions stridentes (« gegrälter Ubergänge »), d'odieuses dislocations de la mélodie et du rythme, Chopin est infatigable. Tout ce que retient Chopin, l'excellent comme le pire, est exhumé ici pour produire des effets de la plus bizarre originalité, particulièrement les modes les plus étrangers, les positions dénaturées des accords, les plus récalcitrantes combinaisons des doigtés, mais vraiment il ne vaut pas la peine que je lance si longtemps des philippiques contre les absurdes mazurkas. Si M. Chopin avait soumis ces compositions à un maître, espérons que celui-ci les aurait jetées, foulées aux pieds, ce qu'ici nous voulons faire symboliquement.

A. B. Marx, directeur du « Berliner Allgemeine Musikalische Zeitung » (1824-1830), emploie des analogies bien romantiques pour caractériser Mozart, il le compare tour à tour à Klopstock, à Sterne, à Jean-Paul, à Wieland et au Tintoret. C'est encore et toujours le mozartisme romantique lancé par E. T. A. Hoffmann et dont le point culminant sera la biographie de Mozart écrite par l'archéologue Jahn, qui attaque, dans son journal « Die Grenzboten », Berlioz et Wagner.

Dans la vie musicale allemande, la « Neue Zeitschrift für Musik » de Schumann (1834), journal militant du romantisme, marque le début d'une ère nouvelle. Au début, Florestan-Eusebius exalte Chopin, Berlioz, Liszt, pour les blâmer par la suite. En 1844, Fr. Brendel, compagnon d'armes de Liszt, prend la direction de la revue. Le style de Schumann reflète sa personnalité vagabonde, imaginative, fantasque, emphatique, neurasthénique et sentimentale; il prend racine dans le romantisme bourgeois allemand, (cette fois « bürgerliche Romantik » n'a pas un sens péjoratif, mais contraste avec le romantisme héroïque à la française). Son premier article, *Chapeau bas, Messieurs ! un génie* et le dernier, *Nouveaux Chemins* marquaient chacun une découverte : Chopin et Brahms. Le journal de Schumann fut continué sous le titre « Zeitschrift für Musik ».

AUTRICHE

Durant la seconde moitié du siècle, Vienne fut le théâtre d'une violente campagne de presse contre le romantisme, menée par E. Hanslick, critique de la « Presse », puis de la « Neue Freie Presse », professeur de musicologie à l'université de Vienne. Verdi a dit de lui qu'il s'imaginait être le Bismarck de la musique. Après avoir fait des études de musique à Prague chez Tomašek, puis de droit à l'université, il débuta en publiant dans l' « Allgemeine Wiener musikalische Zeitung » onze articles élogieux sur Wagner; il est vrai que celui-ci n'était encore que l'auteur de *Tannhäuser*. Pour le critique de vingt et un ans, Wagner était le plus grand talent parmi les vivants et *Tannhäuser,* éreinté par Schumann, le meilleur opéra des dix dernières années. Mais en 1861, lors de la première de *Lohengrin* à Vienne, compositeur et critique étaient déjà ennemis. Et chaque année le fossé s'élargissait entre Hanslick et les trois grands romantiques. En fait, Hanslick était le thuriféraire de Brahms, qui détestait avec une haine puérile Liszt et Wagner, comme on peut s'en rendre compte par sa correspondance. Un autre porte-parole et biographe de Brahms, camarade de Hanslick, Max Kalbeck, écrivait sur un ton moins coloré, mais plus haineux. Il fut le successeur de Hanslick à la « Neue Freie Presse », relayé par Julius Korngold; ce dernier était déjà d'une autre trempe. Le groupe Brahms-Hanslick rencontra un ennemi implacable en la personne de Hugo Wolf, génial compositeur au destin tragique.

Sachant que, derrière Hanslick, Brahms menait le jeu, il attaqua celui-ci avec une ardeur extraordinaire dans le « Wiener Salonblatt ». Voici ce qu'on peut lire dans le numéro du 27 avril 1884 : « Dans un seul coup de cymbale d'une œuvre de Liszt, il y a plus d'esprit et de sentiment que dans les trois symphonies de Brahms (à ce moment, la *Symphonie en mi mineur* n'était pas encore publiée) et dans ses *Sérénades*. Peut-on comparer Liszt et Brahms, le génie avec l'épigone d'un épigone (Schumann), l'aigle royal avec le roitelet ? » Et dans le même journal, le 5 décembre 1886 : « Nous admirons en M. Brahms le plus grand bluffeur *(Foppmeister)* de notre siècle et de tous les siècles à venir. »

Romain Rolland explique avec une rare justesse l'attitude de Wolf, mais, ne connaissant ni les rapports entre Brahms et Hanslick, ni la correspondance du compositeur, il suppose que Brahms laissa faire :

H. Wolf a critiqué Brahms, ses symphonies, il était blessé par la négligence continuelle de la déclamation dans ses lieder et, en général, il ne pouvait souffrir son manque d'originalité, de force, de joie, de large et abondante vie. Surtout il frappait en lui le chef du parti opposé haineusement à Wagner, à Bruckner, à tous les innovateurs. Car tout ce qu'il y avait à Vienne de rétrograde en musique, tout ce qui dans la critique était ennemi de toute liberté et de tout progrès en art, avait rendu à Brahms le détestable service de se grouper autour de lui et de se réclamer de son nom, et Brahms très supérieur comme artiste, comme homme, à son parti, n'avait pas le courage de le renier.

Wolf était bien renseigné sur les opinions de Brahms que celui-ci répandait partout et notamment dans ses lettres. A Reinthaler il écrivit que le « *Christus* de Liszt apparaît si fabuleusement ennuyeux, idiot *(blöd)* et insensé *(unsinnig)* qu'il ne comprend pas, comment sera réalisée la duperie nécessaire » (décembre 1871). Dix ans après, à Élisabeth Herzogenberg, toujours à propos de *Christus* : « Cette musique est odieuse *(hassenswürdig)* et elle va disparaître, muette *(klanglos)*. »

Depuis 1874 paraît l'« Allgemeine Musikzeitung ». En 1901, Schuster reprit la revue « Die Musik der Klavierlehrer », fondée en 1878 et devenue plus tard « Musikpädagogische Blätter ». Une importante revue d'avant-garde, « Melos » (1920), a pour rédacteur en chef

Mersmann. Parmi les musicologues qui collaborèrent aux journaux, citons Ambros (« Neue Zeitschrift für Musik ») Spitta (« Allgemeine Musikzeitung ») et Kretzschmar (« Grenzbote » « Wochenblatt »); parmi les compositeurs, Richard Strauss surtout. Dans la génération actuelle, H. Stuckenschmidt connaît bien la musique française et la musique contemporaine.

PAYS ANGLO-SAXONS

En Angleterre, les plus anciens témoignages du journalisme musical sont les réflexions de J. Addison sur l'opéra italien (« The Spectator »), bien que Norman Demuth en ait relevé plusieurs chez W. Morley, bachelier d'Oxford et compositeur (Dunstable), chez W. Byrd, le Palestrina anglais *(Reasons for singing)* et chez bien d'autres. Les remarques de Swift sur le *Beggar's Opera* de John Gay méritent une attention toute particulière. Le « Spectator » et le « Guardian » ironisaient sur l'opéra italien, sur Haendel. Lady Irwin, Horace Walpole parlent de la musique dans leur correspondance. Le fameux parallèle de John Byrom sur Haendel et Bononcini s'y classe aussi. Le grand voyageur que fut Charles Burney a écrit un *Essay on musical Criticism*. Au début du XIXe siècle, presse et critique musicales se développent rapidement en Angleterre. Nous voyons presque à la fois paraître trois périodiques : le « Quarterly Musical Magazine and Review » de R. M. Bacon, l' « Harmonicon » de W. Ayrton et le « Musical World ». Parmi les critiques se distinguent : George Hogarth (beau-père de Dickens) critique du « Times », de l' « Atlas » de 1826; H. Chorley, de l' « Athaeneum », qui se déclarait mécontent de la « vulgarité » des mélodies de Verdi; J. W. Davison, critique du « Times », qui s'est rendu célèbre par son esprit réactionnaire, tenant le même rôle que Hanslick à Vienne. Davison fulmina contre Schumann, Liszt, Wagner, Gounod. Retenons encore « The Musical Times », « The Monthly Musical », « The Chesterian » dirigé par le Français G. Jean-Aubry, « Record ». Plus proches de l'actualité, citons les noms d'Edward Lockspeiser, d'A. H. Fox Strangways, critique musical du « Times », qui de 1921 à 1936 fut le rédacteur en chef de la revue « Music and Letters » et auquel succède Eric

Blom. Ernest Newman, biographe de Liszt et de Wagner, est le critique du « Sunday Times ». Le grand écrivain dramatique Bernard Shaw, auteur du *Parfait Wagnérien,* exalta Wagner et blâma Brahms.

Aux États-Unis, le premier périodique musical, « Dwight's Journal of Music », fut publié par Dwight à Rosten en 1852. Parmi les critiques, citons W. H. Fry, du « New York Tribune », ses successeurs, J. R. G. Hassard et R. Grant White, W. F. Apthorp du « Boston Evening Transcript ». A New York, nous trouvons Ph. Hale, H. Finck, J. Huneker (auteur de plusieurs monographies), Pitts Sanborn, Lawrence Gilman, Olin Dawnes, Virgil Thomson et son successeur au « New York Times », P. H. Lang. Le « Franco-American Musical Society Bulletin » paraît depuis 1925 sous le titre « Pro Musica », sous la direction d'E. Jade et de S. Klein. Le plus amusant exemple de l'esprit réactionnaire qui sévit en certains milieux américains, est l'invective d'E. Robinson qui proclame le *Boléro* de Ravel « la plus insolente monstruosité *(the most insolent monstruosity)* perpétrée à jamais dans l'histoire de la musique » (« The American Mercury », New York, mai 1932).

DANS LES AUTRES PAYS

En Bohême, le compositeur Bedrich Smetana fut également critique; Borocky et Rihocky dirigèrent la revue « Dalibor » (1878). Depuis, un autre groupe important s'est constitué autour de la revue « Der Auftakt » qui paraît sous la direction de E. Steinhard. Nous trouvons en Pologne « Kwartalnik Muzycny », dirigé d'abord par Opienski, puis par Chybinski et Sikorski, « Musyka » dirigé par Glinski. En Russie le premier critique tourné vers l'Occident fut V. Stassov. César Cui, compositeur et propagandiste de la musique russe, écrivait non seulement dans la presse de son pays, mais aussi dans la « Revue et Gazette musicale » de Paris. Le compositeur Alexandre Serov fonda une revue « Musique et Théâtre », qui cessa de paraître après dix-sept numéros. La critique et philosophie d'art de Tolstoï est une négation absurde de toutes les valeurs. Il condamne Beethoven, Baudelaire, Wagner, Manet, etc. Parmi les revues : « Muzikalny Sovremennik » (1915-18) sous le titre « Muzykalnaïa Lietopis » de 1922-26, dirigé par A. Rimsky-Korsakov, « Sovremennaya Muzïka » (1924-25, par Belaiev et Sabaneev).

Dans les pays latins : « Gazetta musicale » (1845, Milan, Ricordi, directeur Salvatore Farino), « Il Mondo artistico » (Milano, 1866), « Gazetta musicale di Firenze » (1877), « Napoli musicale » (1878), « Gazetta musicale di Torino » (1879), « La Cronaca musicale » (Pisare, 1897), « Rivista musicale italiana », très importante revue d'une réputation internationale, dirigée par Luigi Torchi, puis par Fausto Torrefranca, « Musica d'oggi » (Ricordi, 1918), « Il pianoforte » (1920), « La Rassegna musicale » de Guido Gatti, « La Cultura musicale ». Parmi les critiques : Biaggi, Torchi, Valle de Paz, G. Gatti, D'Arcais, Filippi, A. Della Corte.

En Espagne, les deux revues de Soriano-Fuertes : « Iberia musicale » (1841), « Gaceta musical Barcelonese » (1880), « Revista musical catalana » (1904). Parmi les critiques d'aujourd'hui mentionnons A. Salazar et J. Subirá, remarquables historiens. Au Portugal : « A Aerz musical » (Lisbonne, 1899), A. Gil Cardoso. En Amérique du Sud, il y a de nombreuses revues musicales espagnoles.

Dans les pays scandinaves, en Suède : « Or Nutidens Musikliv » (Stockholm, 1920, T. Norlind); en Norvège : « Nordisk Musikrevue » (Oslo, 1902, Iver Holter); en Finlande : « Finsk Musirerevy » (Helsinki); aux Pays-Bas : « De Muziekbode » (1885), « Sempre Avanti » (Amsterdam, 1899). En Suisse : « Die Schweizerische Muzikzeitung » depuis 1861, directeur actuel Willi Schuh, avec un remarquable groupe d'écrivains. En Belgique, dans la seconde moitié du XIXe siècle, le meilleur critique fut Maurice Kufferath, collaborateur de « L'Indépendance belge » où son successeur fut Ernest Closson. De la même génération le grand musicologue belge Ch. Van den Borren prit la plume du critique. De nombreuses revues musicales paraissent dont « Les Cahiers musicaux », périodique mensuel des Jeunesses musicales de Bruxelles (directeur depuis 1956, Jacques Leduc). En Autriche : « Der Merker » (1913-1923) dirigé par Specht, Batka, Bittner, Karpath, « Musikblätter des Anbruch » (1919, P. Stefan), « Pult und Taktstock » (1923, E. Stein), « Oesterreichische

Muzikzeitschrift ». En Roumanie « Musica (1918, Costin et Georgescu), en Hongrie, « Zenészeti Lapok » (1860), « Abràny Muzsika » (1928). En Yougoslavie « Glarba » (1899).

LE RÔLE DE LA CRITIQUE

L'histoire nous apprend qu'au cours des vicissitudes d'un chef-d'œuvre révolutionnaire, la critique intervient à trois reprises. D'abord surgit l'innovateur. Reflet d'un fragment du public et de la critique, l'avant-garde le soutient avec éclat, pour contrecarrer les conservateurs et les cuistres. La presse militante, bien que dépourvue de vrai sens critique, est pourtant indispensable au progrès des idées. La seconde phase voit la lutte tourner à la polémique, accompagnée de bruyantes manifestations, peut-être même de bagarres. Finalement elle est couronnée par la victoire; le triomphateur veut l'exploiter et la perpétuer. Arrivé à la gloire avec tous les honneurs, il rejette le béret jacobin pour le bicorne académique, livre bataille à de nouveaux émeutiers, au service d'un autre idéal. Il impose — quelquefois à son insu — ses idées de choc, son style; la grande presse fait cause commune avec lui, amplifiée par la propagande verbale. La relève des générations facilite d'étonnantes volte-face. Quand le compositeur a disparu, ses élèves, ses amis convertis — l'apostolat est aujourd'hui lucratif — et ses éditeurs se chargent du maintien de son hégémonie. D'autre part, on voit aussi des œuvres portées aux nues par leur époque, enterrées à jamais, et d'autres ressusciter qui connurent un échec retentissant *(le Barbier de Séville, la Damnation de Faust)*.

Quand les armes se sont tues et que les passions s'apaisent, se déroule la troisième phase de l'opération « critique ». La postérité juge l'œuvre à son tour. Ce jugement sera-t-il définitif ? L'histoire le dira car celle-ci reflétera aussi son époque. Ce mouvement d'alternance se renouvelle perpétuellement.

La critique réagit aux idéologies, aux aspirations contradictoires de son temps. Elle voudrait faire justice entre les tendances opposées. Si chaque époque contraste avec celle qui la précède ou lui succède, on trouve toujours des êtres qui se sentent étrangers à leur temps, incapables de s'adapter. Ils observent avec indifférence la révolution dont ils sont témoins. A la complexité de l'art abstrait, ils opposent un refus absolu. L'intégration des dissonances les trouve enfermés dans un académisme stérile. Le labyrinthe sériel électronique ou concret ne leur inspire que le mépris ou la peur : ils ne sortiront jamais de ce dédale. D'autres y trouvent leur affaire. Nombreux sont ceux qui fuient aujourd'hui la décomposition du son, comme, il y a plus de cent ans, certains fuyaient celle de la lumière. Pas de vision définitive, de même qu'il n'y a pas d'ouïe définitive. La nature change toujours, tout est en fluctuation. Ces gens-là se condamnent eux-mêmes. Horace fut le premier qui, dans son *Art poétique,* railla ces dénigreurs du présent au profit du passé *(laudator temporis acti)*. Bien sûr, battage et tapage, fanfare publicitaire, font reculer bien des gens de goût. Derrière le lancement d'une œuvre se cachent toujours des intérêts pécuniaires : éditeurs, maisons de disques, casinos, municipalités, périodiques ou collaborateurs intéressés de commanditaires invisibles. Il en fut toujours ainsi partout et, de nos jours, encore davantage. L'art est en train de se commercialiser, c'est la caractéristique de notre époque. Raison de plus pour qu'une critique impartiale et compétente essaie de tenir la balance en équilibre, de remettre les choses à leur place, même s'il est épineux de trancher les questions d'une actualité brûlante. Les combats entre coteries, comme celui qui opposa Stravinsky et les dodécaphonistes, en arrivent parfois au point mort; nous songeons au moment où le musicien de *Pulcinella* stupéfia les fanatiques sériels avec son *Canticum sacrum* dédié à saint Marc. Capitulation ? Au contraire, geste hautain, arrogant; s'il le veut, il peut tout faire.

La multiplicité des manifestations musicales embrasse de nos jours un domaine immense. Mais le critique actuel est soumis à d'autres exigences qu'autrefois. Il doit posséder non seulement une connaissance approfondie de la composition mais une culture historique, philosophique, littéraire et artistique. Toutefois un savoir, même encyclopédique, ne lui servira de rien s'il manque de sensibilité et d'intuition.

Le critique doit garder le contact avec l'art de sa génération, déployer le drapeau, même si cet art n'est encore qu'expérimental. Guerroyer contre les ignorants qui se retranchent derrière les grands révolutionnaires d'autrefois, qu'ils ne comprennent pas, et aussi contre les opportunistes qui prétendent à tout prix tout approuver. La critique doit réduire l'écart entre le progrès de l'art et le retard inévitable du public.

L'histoire de la musique n'est que la synthèse des critiques de toutes les époques, modifiée et formulée par la postérité.

Émile Haraszti.

BIBLIOGRAPHIE

Andres, H., *Beiträge zur Geschichte der Musikkritik,* Heidelberg, 1938.

Batka, R., et Werner, H., *H. Wolf Musikalische Kritiken,* Leipzig, 1911.

Calvocoressi, D. M., *The Principles and Methods of Musical Criticism,* Oxford, Londres, 1931.

Dean, W., *Criticism* in *Grove's Dictionary,* Londres, 1954.

Della Corte, A., *Storia della critica musicale* (sous presse).

Demuth, Norman, *An Anthology of Musical Criticism from the XVth to the XXth century,* Londres, 1948.

Faller, M., *J. F. Reichardt und die Anfänge der musikal. Journalistik,* Kassel, 1929.

French, R., *Music and Criticism. A Symposium,* Cambridge (Mass.), 1948.

Fuchs, C., *Künstler und Kritiker oder Tonkunst u. Kritik,* Breslau, 1898.

Gaudefroy-Demombynes, J., *Les jugements allemands sur la musique française au XVIII*e *s.*, Paris, 1941.

Hellouin, F., *Essai de critique de la critique musicale,* Paris, 1906.

Hinz, W., *Kritik der Musik,* Wolfenbüttel, 1929.

Kolodin, I., *The Critical Composer : the Musical Writings of Berlioz, Wagner, Schumann...* New York, 1940.

Langford, S., *Musical Criticism,* Londres, 1939.

Machabey, A., *Traité de la critique musicale. La doctrine. La méthode, anthologie justificative,* Paris, 1947.

Myers, Rollo H., *The Possibilities of Musical Criticism,* in *Musical Quarterly,* New York, 1928.

OLIVER, A. R., *The Encyclopedists as Critics of Music*, New York, 1947.

SLONIMSKY, Nicolas, *Lexicon of Musical Invective, Critical Assaults on Composers since Beethoven's Time*, New York, 1953.

STUCKENSCHMIDT, H. H., *Musikkritik* in MGG.

THOMSON, V., *The Art of Judging Music*, New York, 1948.

VAN DER STRÆTEN, E., *Voltaire musicien*, Bruxelles, 1878.

TABLEAU CHRONOLOGIQUE

REPÈRES HISTORIQUES ET LITTÉRAIRES BIOGRAPHIE DES MUSICIENS VIE MUSICALE	THÉATRE OPÉRAS — BALLETS	MUSIQUE SYMPHONIQUE
	1720 *Acis and Galatea*, de Haendel.	
	1721 *Les Éléments*, de Destouches et Lalande.	
	1722 *Ottone*, de Haendel.	
1723 J. S. Bach, cantor de l'église Saint-Thomas de Leipzig.		
	1724 *Jules César* et *Tamerlan*, de Haendel.	
1725 Création du Concert spirituel par Philidor.		
	1726 *Les Stratagèmes de l'amour*, de Destouches.	1726 *Les Quatre Saisons*, de Vivaldi.
	1728 *The Beggar's Opera*, de John Gay.	1728 *Le Berger fidèle*, cantate de Rameau.
		1730 *Concerts de symphonie*, de J. Aubert.
1732 Naissance de Haydn.		1732 *Concerti grossi* (1er recueil), de Geminiani.
1733 Friedemann Bach, organiste à Sainte-Sophie de Dresde.	1733 *La Serva padrona*, de Pergolèse. *Hippolyte et Aricie*, de Rameau.	

MUSIQUE DE CHAMBRE	MUSIQUE POUR L'ÉGLISE	ÉCRITS THÉORIQUES, CRITIQUES ET BIOGRAPHIQUES
1720 *Sonates pour clavecin et violon obligé,* de J. S. Bach.		
1721 *Concertos brandebourgeois,* de J. S. Bach.		1721 *Il Teatro alla moda,* de Benedetto Marcello (satire).
1722 *Le Clavecin bien tempéré,* 1er livre, de J. S. Bach.		1722 *Traité de l'harmonie réduite à ses principes naturels,* de Rameau.
1723 *Sonates à violon seul et basse,* op. 1, de J.-M. Leclair.	1723 *La Passion selon Saint Jean* et *Magnificat,* de J. S. Bach.	
1724 ***IIe Livre de clavecin,*** **de Rameau.**	1724 ***Christ lag in Todesbanden,*** de J. S. Bach.	
1725 *IIe Livre d'Anna Magdalena Bach.*		
1727 *Sonate per cembalo,* d'Azzolino Della Ciaia.		
	1729 *La Passion selon Saint Matthieu,* de J. S. Bach.	1729 *Tentamen novae theoriae musicae,* d'Euler.
	1730 *Ein feste Burg,* de J. S. Bach.	
1731 *IIIe Livre de clavecin,* de Rameau.		1731 *The Art of Playing on the Violin,* de Geminiani.
		1732 *Musicalisches Lexicon,* de J. Walther.
1733 *Caprices* op. 3, de Locatelli.		
1734 *Pièces de clavecin en sonates avec accompagnement de violon,* de Mondonville.	1734 *Oratorio de Noël,* de J. S. Bach.	

REPÈRES HISTORIQUES ET LITTÉRAIRES BIOGRAPHIE DES MUSICIENS VIE MUSICALE	THÉATRE OPÉRAS — BALLETS	MUSIQUE SYMPHONIQUE
1735 Naissance de Jean Chrétien Bach.	1735 *Les Indes galantes*, de Rameau. *L'Olimpiade*, de Pergolèse.	1735 *Sinfonie a quattro*, d'Albinoni.
	1737 *Castor et Pollux*, de Rameau. *Les Éléments*, de J.-F. Rebel (ballet).	
		1738 *Saül* et *Israël en Égypte*, de Haendel.
	1739 *Dardanus*, de Rameau. *Susanna*, de Haendel.	
	1740 *Deidamia*, de Haendel.	1740 *Six Symphonies dans le goût italien*, de Guillemain.
1741 Ph. E. Bach, claveciniste officiel de Frédéric II.		1741 *Le Messie*, de Haendel.
	1745 *Platée*, de Rameau.	
1746 Friedemann Bach, cantor à Notre-Dame de Halle.		1746 *Judas Macchabée*, de Haendel.
	1748 *Zaïs*, de Rameau.	
	1749 *Naïs*, de Rameau.	
1750 Mort de J. S. Bach.	1750 Les « tonadillas escenicas » d'A. Guerrero et de L. Misón.	
1752-1754 Une troupe italienne présente à Paris des opéras bouffes (origine de la Querelle des Bouffons).	1752 *Le Devin du village*, de J.-J. Rousseau.	
	1753 *Les Troqueurs*, de Dauvergne.	

MUSIQUE DE CHAMBRE	MUSIQUE POUR L'ÉGLISE	ÉCRITS THÉORIQUES, CRITIQUES ET BIOGRAPHIQUES
	1736 *Stabat Mater*, de Pergolèse.	
		1737-1740 La revue « Der critische Musicus », dirigée par A. Scheibe.
1739 *Essercizi*, de Domenico Scarlatti. *Neuf Sonates*, de G. B. Pescetti.	1739 *Chorals du dogme*, de J. S. Bach.	1739 *Der volkommene Kapellmeister*, de J. Mattheson.
		1740 *Défense de la basse de viole contre les entreprises du violon et les prétentions du violoncelle*, de H. Le Blanc.
		1741 *Réflexionx sur l'Opéra*, de Rémond de Saint-Mard.
1744 *Le Clavecin bien tempéré*, 2e livre, de J. S. Bach.		
1747 *Sonate d'intavolatura*, de Martini. *L'Offrande musicale*, de J. S. Bach.		
1749 *L'Art de la fugue*, de J. S. Bach.		
	1750 ? *Messe en fa majeur*, de Haydn.	1750 *Démonstration du principe de l'harmonie*, de Rameau.
		1753 *Le Petit Prophète*, de Grimm. *Lettre sur la musique française*, de Rousseau.

REPÈRES HISTORIQUES ET LITTÉRAIRES BIOGRAPHIE DES MUSICIENS VIE MUSICALE	THÉATRE OPÉRAS — BALLETS	MUSIQUE SYMPHONIQUE
	1755 *Ninette à la cour*, de Favart.	
1756 Naissance de Mozart.		
1757 Mort de D. Scarlatti.		
	1759 *Blaise le Savetier*, de Philidor. *Les Aveux indiscrets*, de Monsigny.	
1760 Jean Chrétien Bach, organiste à la cathédrale de Milan.	1760 *Le Maître en droit*, de Monsigny.	
1761 Boccherini compose ses premiers quatuors.	1761 *On ne s'avise jamais de tout*, de Monsigny. *Le Maréchal ferrant*, de Philidor. *Le Jardinier et son seigneur*, de Philidor.	
1762 Jean Chrétien Bach à Londres.	1762 *Annette et Lubin*, de Favart. *Sancho Pança*, de Philidor. *Le Roi et le fermier*, de Monsigny. *Orfeo ed Euridice*, de Gluck.	
	1763 *Le Milicien*, de Duni. *Le Bûcheron*, de Philidor.	

MUSIQUE DE CHAMBRE	MUSIQUE POUR L'ÉGLISE	ÉCRITS THÉORIQUES, CRITIQUES ET BIOGRAPHIQUES
1754 *Douze Sonates*, de P. D. Paradisi.		1754 *Apologie de la musique française contre M. Rousseau*, de Laugier. *Observations sur notre instinct pour la musique*, de Rameau.
1755 *Ier Quatuor*, de Haydn.		1755 *L'Art du chant*, de Bérard.
		1756 *Méthode raisonnée pour apprendre à jouer du violon*, de Leopold Mozart.
1757 *Six Sonates pour violon*, de Francisco Manalt.		1757 *Essai sur la véritable manière de toucher du clavier*, de Ph. E. Bach. 1757-1770-1781 *Storia della musica*, du Père Martini.
		1761 *Principes du violon*, de L'Abbé le Fils.
		1762 *Llave de la modulación y antiguëdades de la musica*, de Antonio Soler.

REPÈRES HISTORIQUES ET LITTÉRAIRES BIOGRAPHIE DES MUSICIENS VIE MUSICALE	THÉATRE OPÉRAS — BALLETS	MUSIQUE SYMPHONIQUE
1764 Mort de Rameau. Création à Londres des « Bach-Abel-Concerts », par J. C. Bach et Carl Friedrich Abel.	1764 *Rose et Colas*, de Monsigny. *La Rencontre imprévue*, de Gluck. *Le Sorcier*, de Philidor.	
1765 En Espagne, une ordonnance royale interdit la représentation des « autos sacramentales ».	1765 *L'École de la jeunesse*, de Duni. *La Fée Urgèle*, de Duni. *Tom Jones*, de Philidor.	
	1766 *La Clochette*, de Duni. *Aline, reine de Golconde*, de Monsigny.	
1767 Mort de Telemann.	1767 *Alceste*, de Gluck. *Thésée*, de Mondonville. *Ernelinde*, de Philidor.	
	1768 *Le Huron*, de Grétry. *La Finta semplice* et *Bastien et Bastienne*, de Mozart.	1768 *Symphonie* nº 49, *en fa mineur*, dite « *La Passione* », de Haydn.
1769-1771 Premier voyage en Italie de Mozart.	1769 *Le Déserteur*, de Monsigny. *Lucile*, de Grétry. *Le Tableau parlant*, de Grétry.	Vers 1769 *Symphonie* nº 39, *en sol mineur*, de Haydn. *Quatuors* op. 9, 17 et 20, de Haydn.
	1770 *Paride ed Elena*, de Gluck. *Sylvain*, de Grétry.	
	1771 *Zémire et Azor*, de Grétry. *Ascanio in Alba*, de Mozart.	1771 *La Betulia liberata*, de Mozart.

MUSIQUE DE CHAMBRE	MUSIQUE POUR L'ÉGLISE	ÉCRITS THÉORIQUES, CRITIQUES ET BIOGRAPHIQUES
1767 *An die Freude*, de Mozart.		1767 *Dictionnaire de Musique*, de J.-J. Rousseau. *Histoire générale critique et philologique de la musique*, de Blainville.
		1769-1770 *Préface* d'*Alceste*, de Gluck.
vers 1770 *Sonate en la bémol majeur*, de Haydn. *Ier Quatuor à cordes*, de Mozart.		
1771 *Sonate en ut mineur* pour piano, de Haydn.	1771 *Requiem*, de J. M. Haydn. *Ire Messe* (K. 139), de Mozart.	1771 *Allgemeine Theorie der schönen Künste*, de J. G. Sulzer.

REPÈRES HISTORIQUES ET LITTÉRAIRES BIOGRAPHIE DES MUSICIENS VIE MUSICALE	THÉATRE OPÉRAS — BALLETS	MUSIQUE SYMPHONIQUE
	1772 *L'Ami de la maison*, de Grétry. *Le Faucon*, de Monsigny.	1772 *Symphonie n° 44*, dite « funèbre » et *Symphonie n° 45*, « les Adieux », de Haydn.
	1773 *La Belle Arsène*, de Monsigny. *Le Magnifique*, de Grétry. *Alceste*, de Schweitzer.	1773 *Symphonies en mi bémol* et *en ut majeur*, de Mozart. *Die Kindheit Jesu*, de J. Christoph Bach. *La Résurrection de Lazare*, de J. Ch. Fr. Bach.
1774 Friedemann Bach s'installe à Berlin où ses récitals d'orgue font sensation. Publication des *Souffrances du jeune Werther*, de Goethe.	1774 *La Rosière de Salency*, de Grétry. *Sabinus*, de Gossec. *Orphée* (vers. franç.) de Gluck.	1774 *Symphonies en sol mineur* et *en la majeur*, de Mozart. *Concerto pour basson*, de Mozart. 1774-1775 *Il Ritorno di Tobia*, oratorio de Haydn.
	1775 *La Finta Giardiniera*, de Mozart.	1775 Cinq *Concertos pour violon*, de Mozart.
	1776 *Günther von Schwarzburg*, de Holzbauer.	1776 *Sérénade en ré majeur*, dite « Haffner », de Mozart.
	1777 *Armide*, de Gluck. *Félix ou l'enfant trouvé*, de Monsigny.	1777 *Concerto en mi bémol* pour piano, de Mozart.
1778 Mozart à Paris. Inauguration de la Scala de Milan. Publication de *Stimmen der Völker*, de Herder.	1778 *Les Petits Riens*, de Mozart (ballet).	1778 *Concerto pour flûte et harpe*, et *Symphonie concertante en mi bémol*, de Mozart.
	1779 *Aucassin et Nicolette*, de Grétry. *Iphigénie en Tauride* et *Écho et Narcisse*, de Gluck. Première représentation à Paris du *Amadis des Gaules*, de Jean Chrétien Bach.	1779 *Concerto en mi bémol majeur* et *Concerto en ré majeur*, de Mozart.

MUSIQUE DE CHAMBRE	MUSIQUE POUR L'ÉGLISE	ÉCRITS THÉORIQUES, CRITIQUES ET BIOGRAPHIQUES
1772-1773 1er cycle de six *Sonates*, de Mozart.	1772 *Messe de sainte Cécile*, de Haydn. *Salve Regina* et *Stabat Mater*, de Haydn.	
1774 *Sonates*, de Haydn (dédiées au prince Esterhazy).	1774 *Messe en fa majeur*, de Mozart.	
1776 *Divertimento pour sept instruments*, de Mozart.		1776 *General History of the Science and Practice of Music*, de Hawkins. 1776-1789 *A General History of Music*, de Burney.
1778 2e cycle de six *Sonates*, de Mozart.		
	1779 *Messe du Couronnement*, de Mozart.	1779 *Observations sur la musique*, de Michel de Chabanon. *L'Expression musicale mise au rang des chimères*, de Boyé. *La Música*, de Iriarte.

REPÈRES HISTORIQUES ET LITTÉRAIRES BIOGRAPHIE DES MUSICIENS VIE MUSICALE	THÉATRE OPÉRAS — BALLETS	MUSIQUE SYMPHONIQUE
1780 Artaria, éditeur viennois, commence la publication de l'œuvre de Haydn.	1780 *Carmen saeculare*, de Philidor. *Zaïde*, de Mozart.	1780 *Symphonie* « la Chasse », de Haydn. *Quatre Sinfonie*, de Ph. E. Bach.
	1781 *Idomeneo, Re di Creta*, de Mozart. *Iphigénie en Tauride*, de Piccinni.	1781 *Gran Partita*, de Mozart.
1782 Arrivée de Viotti à Paris. Mort de Jean Chrétien Bach.	1782 *L'Enlèvement au sérail*, de Mozart.	1782 *Symphonie*, dite « Haffner », de Mozart.
	1783 *La Caravane du Caire*, de Grétry. *Les Danaïdes*, de Salieri.	1783 *Symphonie en ut majeur*, dite « de Linz », de Mozart.
1784 Mort de Friedemann Bach. Première exécution, en France, de la *Symphonie* « les Adieux », de Haydn, au Concert spirituel.	1784 *Richard Cœur de Lion*, de Grétry. *L'Épreuve villageoise*, de Grétry.	
		1785-1786 Les six *Symphonies parisiennes*, de Haydn. 1785 *Concerto en ré mineur* et *Ode funèbre*, de Mozart.
	1786 *Nina ou la Folle par amour*, de Dalayrac. *Le Directeur de théâtre* et *les Noces de Figaro*, de Mozart.	1786 *Concerto en ut mineur* et *Symphonie en ré majeur*, dite « de Prague », de Mozart. *Symphonie* « la Reine », de Haydn.
1787 Publication du *Faust*, de Goethe.	1787 *La Belle Esclave*, de Philidor. *Don Giovanni*, de Mozart.	1787 *Petite Musique de nuit*, de Mozart.
1788 Mort de Ph. E. Bach.		1788 *Symphonie* « Jupiter », de Mozart. *Adagio et fugue en ut mineur*, de Mozart. *Concerto en ré*, dit « du Couronnement », de Mozart. *Symphonie Oxford* de Haydn.

MUSIQUE DE CHAMBRE	MUSIQUE POUR L'ÉGLISE	ÉCRITS THÉORIQUES, CRITIQUES ET BIOGRAPHIQUES
		1780 *Essai sur la musique ancienne et moderne*, de J.-B. de Laborde.
1781 Six *Quatuors russes*, de Haydn. Six *Sonates pour piano et violon*, de Mozart.		
1782-1785 Six *Quatuors*, dédiés à Haydn, de Mozart.	1782-1783 *Messe en ut mineur*, de Mozart.	1782 *Traité des Agréments de la musique*, de Tartini.
1783 *Duos pour violon et alto*, de Mozart. Trois *Sonates*, de Méhul.		1783-1788 *Le Rivoluzioni del teatro musicale italiano*, du P. Esteban Arteaga.
1784 *Quintette en mi bémol* et *Sonate en ut mineur*, de Mozart.	1784 *O Salutaris* à trois voix, de Gossec.	1784 *Scriptores ecclesiastici de musica sacra potissimum*, de Gerbert.
1785-1795 Les *Trios*, de Haydn. 1785 *Quatuor en ut majeur*, de Mozart.		
	1786 *Te Deum*, de Philidor.	
1787 *Quintette en sol mineur* et *Rondo en la mineur*, de Mozart.		
1788 *Trios en ut majeur* et *en mi majeur*, de Mozart. *Sonate en fa majeur* et *Trio en mi bémol*, de Mozart. Trois *Sonates* (2e recueil), de Méhul.		

REPÈRES HISTORIQUES ET LITTÉRAIRES BIOGRAPHIE DES MUSICIENS VIE MUSICALE	THÉATRE OPÉRAS — BALLETS	MUSIQUE SYMPHONIQUE
	1789 *Raoul Barbe-Bleue*, de Grétry.	1789 *Concerto en la majeur*, de Mozart.
1790-1795 Haydn à Londres.	1790 *Cosi fan tutte*, de Mozart.	1790-1795 Les douze *Symphonies londoniennes*, de Haydn.
1791 Disparition du Concert spirituel. 5 décembre : mort de Mozart.	1791 *La Flûte enchantée* et *la Clémence de Titus*, de Mozart. *Lodoïska*, de Cherubini.	1791 *Six Danses allemandes* et *Concerto en si bémol*, de Mozart.
1792 Beethoven à Vienne.	1792 *Le Mariage secret*, de Cimarosa.	
		1793 *Symphonie en mi bémol majeur*, de Haydn.
1795 Fondation du Conservatoire de Paris.	1795 ? *Orfeo*, de Haydn.	
	1796 *Das unterbrochene Opferfest*, de Peter von Winter. *Juliette et Romeo*, de Zingarelli.	
	1797 *La Famille suisse*, de Boieldieu. *Médée*, de Cherubini. *Doktor Faust*, d'Ignaz Walter. *Le Jeune Henri*, de Méhul.	
	1798 *Das Labyrinth*, de Peter von Winter.	1798 *La Création*, de Haydn.
		1799 1re *Symphonie, en ut*, de Beethoven.
	1800 *Lodoïska*, de Mayr *Les Deux Journées*, de Cherubini. *Das Waldmädchen*, de Weber.	1800 1er *Concerto en ut mineur*, de Beethoven.

MUSIQUE DE CHAMBRE	MUSIQUE POUR L'ÉGLISE	ÉCRITS THÉORIQUES, CRITIQUES ET BIOGRAPHIQUES
1789 *Sonate en ré majeur, Quintette en la majeur, Quatuor en ré majeur*, de Mozart.		
1791 *Adagio et Rondo*, de Mozart.	1791 *Requiem*, de Mozart.	1791 *Essai sur l'art de jouer le violon*, de Galeazzi. *Dictionnaire historico-biographique des compositeurs*, de Gerbert.
		1792 *Allgemeine Litteratur der Musik*, de J. N. Forkel.
1797 *Les Incroyables* et *les Merveilleuses*, de Gervais-François Couperin. *Sonate en ut mineur*, dite « Pathétique », de Beethoven.		1797 *Mémoires, ou Essais sur la musique*, de Grétry.
		1798 Fondation à Leipzig par Breitkopf et Härtel de l'« Allgemeine musikalische Zeitung ».
1800 *Vingt-Quatre Caprices pour violon seul*, de Niccolo Paganini.		

REPÈRES HISTORIQUES ET LITTÉRAIRES BIOGRAPHIE DES MUSICIENS VIE MUSICALE	THÉATRE OPÉRAS — BALLETS	MUSIQUE SYMPHONIQUE
	1801 *Le Calife de Bagdad*, de Boieldieu. *Ginevra di Scozia*, de Mayr. *Prométhée*, corédrame de Vigano, mis en musique par Beethoven (Vienne).	1801 *Les Saisons*, de Haydn.
	1802 *Alonso et Cora*, de Mayr.	
	1803 *Peter Schmoll und seine Nachbarn*, de Weber. *Ossian ou les Bardes*, de Lesueur. *Ma Tante Aurore*, de Boieldieu. *Anacréon*, de Cherubini.	1803 *Le Christ au Mont des Oliviers*, de Beethoven.
		1804 *Concerto en sol majeur* pour piano, de Beethoven. *IIIe Symphonie*, dite « héroïque », de Beethoven. *Coriolan*, ouverture de Beethoven.
	1805 *Fidelio* (1re version), de Beethoven. *L'Erreur d'un moment*, d'Auber.	
		1806 *Concerto en ré majeur* pour violon, de Beethoven.
	1807 *La Vestale*, de Spontini. *Joseph*, de Méhul.	
	1808 *Les Voitures versées*, de Boieldieu. *Les Amours d'Antoine et Cléopâtre*, de R. Kreutzer (ballet).	1808 *V^e* et *VIe Symphonies*, de Beethoven. *Fantaisie en ut majeur*, de Beethoven.
1809 Mort de Haydn.	1809 *Fernand Cortez*, de Spontini.	1809 *Concerto en mi bémol majeur*, dit « l'Empereur », de Beethoven.
	1810 *Silvana*, de Weber. *Cendrillon*, de Nicolo.	1810 *Egmont*, de Beethoven.

MUSIQUE DE CHAMBRE	MUSIQUE POUR L'ÉGLISE	ÉCRITS THÉORIQUES, CRITIQUES ET BIOGRAPHIQUES
1801 Six *Quatuors* op. 18, de Beethoven.		
1802 *Sonate*, dite « clair de lune », de Beethoven.		1802 *J. S. Bach*, de Forkel.
1803 *Sonate* « à Kreutzer », de Beethoven.		
1804 *Sonate*, dite « Appassionata », de Beethoven.		1804 *Principes d'accompagnement des écoles d'Italie*, de Choron.
1806 Trois *Quatuors* op. 59, de Beethoven.		1806 Collection générale des Œuvres classiques, de Choron.
	1807 *Messe en ut majeur*, de Beethoven.	
1809 *Sonate en mi bémol* pour piano, de Beethoven.	1809 *Messe de sainte Cécile*, de Cherubini.	
1810 *Deux Sonates*, de Boëly.		1810 Début de la publication des « Tablettes de Polymnie ».

REPÈRES HISTORIQUES ET LITTÉRAIRES BIOGRAPHIE DES MUSICIENS VIE MUSICALE	THÉATRE OPÉRAS — BALLETS	MUSIQUE SYMPHONIQUE
	1810 *Le Contrat de mariage*, de Rossini. *Persée et Andromède*, de Méhul (ballet). *L'Enlèvement des Sabines*, de Berton (ballet).	
	1811 *Abu Hassan*, de Weber. *Le Billet de loterie*, de Nicolo.	1811 *Concerto en ré* pour violon, de Paganini.
	1812 *L'Échelle de soie*, de Rossini. *Jean de Paris*, de Boieldieu. *Jean de Couvin*, d'Auber. *La Pierre de touche*, de Rossini.	1812 *VII*e et *VIII*e *Symphonies*, de Beethoven.
1813 Naissances de Verdi, de Wagner et de Dargomyjsky.	1813 *L'Italienne à Alger*, de Rossini. *Tancrède*, de Rossini. *Médée*, de Mayr. *Les Abencérages*, de Cherubini.	
1814 *Kreisleriana*, de Hoffmann.	1814 *Le Turc en Italie*, de Rossini. *Jeannot et Colin*, de Nicolo. *Joconde*, de Nicolo.	
	1815 *Élisabeth, reine d'Angleterre*, de Rossini.	1815 *Symphonie tragique*, de Schubert.
	1816 *Ondine*, de E.T.A. Hoffmann. *Le Barbier de Séville*, de Rossini. *Faust*, de Spohr. *Othello*, de Rossini.	1816 *IV*e *Symphonie en ut mineur*, de Schubert.
1817 Fondation par Choron de l'Institution royale de musique classique et religieuse.	1817 *Cendrillon*, de Rossini. *La Pie voleuse*, de Rossini. *La Clochette*, de Hérold.	1817 *V*e *Symphonie* de Schubert.

MUSIQUE DE CHAMBRE	MUSIQUE POUR L'ÉGLISE	ÉCRITS THÉORIQUES, CRITIQUES ET BIOGRAPHIQUES
1811 *Hagars Klage*, de Schubert (écrit à quatorze ans). *Trio*, dit « à l'Archiduc », de Beethoven.		
1813 *Quatuor en mi bémol*, de Schubert.	1813 *Messe des vivants*, de Gossec.	
1814 *Marguerite au rouet*, de Schubert.		
1815 *Le Roi des aulnes*, de Schubert. 1815-1822 Cinq dernières *Sonates* pour piano, de Beethoven.	1815 *Messe en sol*, de Schubert.	
1816 *A la Bien-aimée lointaine*, de Beethoven.	1816 *Requiem*, de Cherubini.	
1817 *Sonates en la majeur* et *en la mineur*, de Schubert.		1817 *Vie de Haydn et de Mozart*, de Stendhal.

REPÈRES HISTORIQUES ET LITTÉRAIRES BIOGRAPHIE DES MUSICIENS VIE MUSICALE	THÉATRE OPÉRAS — BALLETS	MUSIQUE SYMPHONIQUE
1818 *Le Monde comme volonté et comme représentation*, de Schopenhauer.	1818 *Mose in Egitto*, de Rossini. *Enrico, conte di Borgogna*, de Donizetti. *Le Petit Chaperon rouge*, de Boieldieu.	
	1819 *La Dame du lac*, de Rossini. *Die Zwillingsbrüder*, de Schubert.	
1820 L'Opéra de Paris, situé rue de Richelieu, est rasé à la suite de l'assassinat du duc de Berry.		
	1821 *Le Freischütz*, de Weber. *Le Maître de chapelle*, de Paer. *Emma*, d'Auber.	
1822 Publication du *Chat Murr*, d'Hoffmann.	1822 *Le Solitaire*, de Carafa. *Zoraïda di Granata* et *la Zingara*, de Donizetti. *Alfonso et Estrella*, de Schubert. *La Fuite du roi Bela*, de Ruzitska.	1822 *VIII*e *Symphonie en si mineur*, dite « Inachevée », de Schubert.
1823 Rossini arrive à Paris où il prend la direction du Théâtre-Italien.	1823 *Euryanthe*, de Weber. *Jessonda*, de Spohr. *La Neige*, d'Auber. *Semiramis*, de Rossini. *Rosamunde*, de Schubert (ballet).	1823 *IX*e *Symphonie*, de Beethoven.
	1824 *Il Crociato in Egitto*, de Meyerbeer. *Le Concert à la cour*, d'Auber. *Lulu*, de Kuhlau.	1824 *I*re *Symphonie en ut mineur*, de Mendelssohn.
	1825 *Le Maçon*, d'Auber. *La Dame blanche*, de Boieldieu.	

MUSIQUE DE CHAMBRE	MUSIQUE POUR L'ÉGLISE	ÉCRITS THÉORIQUES, CRITIQUES ET BIOGRAPHIQUES
1819 *Quintette en la majeur* « la Truite », de Schubert.	1819-1822 *Messe en la bémol majeur*, de Schubert.	
1820 *Quartettsatz*, de Schubert.		
1822 *Sextuor*, de Mendelssohn.		
1823 *La Belle Meunière*, de Schubert. *Trente-trois Variations sur une valse de Diabelli*, de Beethoven.	1823 *Missa solemnis en ré*, de Beethoven.	1823 *Vie de Rossini*, de Stendhal. 1823-1827 *Mémoires*, de Da Ponte.
1824 *Octuor* et *Quatuor en la mineur*, de Schubert. 1824-1826 Cinq derniers *Quatuors*, de Beethoven.		1824 *Traité de haute composition musicale*, d'Anton Reicha.
1825 *Octuor pour cordes*, de Mendelssohn. *Sonates en la majeur* et *en la mineur*, de Schubert.		

REPÈRES HISTORIQUES ET LITTÉRAIRES BIOGRAPHIE DES MUSICIENS VIE MUSICALE	THÉATRE OPÉRAS — BALLETS	MUSIQUE SYMPHONIQUE
	1825 *Don Sanche ou le Château d'amour*, de Liszt.	
1826 Meyerbeer s'installe à Paris. Mort de Weber.	1826 *Obéron*, de Weber. *Marie*, de Hérold.	1826 *Le Songe d'une nuit d'été*, de Mendelssohn. 1826-1827 *Ouverture des Francs-Juges*, de Berlioz.
1827 Mort de Beethoven.	1827 *Le Pirate*, de Bellini. *Moïse*, de Rossini (version française). *Masaniello*, de Carafa. 1827-1828 *Le Comte de Gleichen*, de Schubert.	1827 *III*e *Concerto*, de Paganini.
1828 Mort de Schubert. Fondation de la Société des Concerts du Conservatoire, sous la direction de Habeneck.	1828 *Der Vampyr*, de Marschner. *La Regina di Golconda*, de Donizetti. *La Muette de Portici*, d'Auber. *Le Comte Ory*, de Rossini.	1828 *IX*e *Symphonie en ut majeur*, de Schubert.
1829 Première exécution, depuis la mort de Bach, de *la Passion selon Saint Matthieu*, sous la direction de Mendelssohn.	1829 *Les Deux Nuits*, de Boieldieu. *La Straniera*, de Bellini. *Clari*, d'Halévy. *Guillaume Tell*, de Rossini. *Der Templer und die Jüdin*, de Marschner.	1829-1842 *Symphonie en la mineur*, dite « écossaise », de Mendelssohn.
1830 Berlioz obtient le Grand Prix de Rome. Première d'*Hernani*.	1830 *Fra Diavolo*, d'Auber. *I Capuletti e i Montecchi*, de Bellini. *Anna Bolena*, de Donizetti. 1830-1831 *Concerto en sol mineur* pour piano, de Mendelssohn.	1830 *Symphonie fantastique*, de Berlioz.
1831 Arrivée de Chopin à Paris. Publication de *Boris Godounov*, de Pouchkine.	1831 *Robert le Diable*, de Meyerbeer. *Zampa*, de Hérold. *La Somnambule* et *Norma*, de Bellini.	

MUSIQUE DE CHAMBRE	MUSIQUE POUR L'ÉGLISE	ÉCRITS THÉORIQUES, CRITIQUES ET BIOGRAPHIQUES
1825 *Le Lac*, de Niedermeyer.		
1826 *Sonate en sol majeur*, de Schubert. *Quatuor en ré mineur*, dit « La jeune fille et la Mort », de Schubert.	1826 *Deutsche Messe*, de Schubert.	
1827 *Le Voyage d'hiver*; *Impromptus* op. 92 et op. 142, de Schubert. *Quatuor en la mineur*, de Mendelssohn.		
1828 *Quintette en ut majeur* et *Moments musicals*, de Schubert.	1828 *Messe en mi bémol majeur*, de Schubert.	
1829 *Romances sans paroles*, de Mendelssohn.		1829 *Notice biographique sur Beethoven*, de Berlioz.
	1830 *Messe pastorale*, de Diabelli. *Messe solennelle*, de Chélard.	
1831 ***Papillons***, de Schumann.		

REPÈRES HISTORIQUES ET LITTÉRAIRES BIOGRAPHIE DES MUSICIENS VIE MUSICALE	THÉATRE OPÉRAS — BALLETS	MUSIQUE SYMPHONIQUE
	1832 *Le Pré-aux-Clercs*, de Herold. *L'Élixir d'amour*, de Donizetti.	1832 *I*[re] *Symphonie*, de Wagner.
1833 Bellini arrive à Paris	1833 *Hans Heiling*, de Marschner. *Parisiana*, *Torquato Tasso* et *Lucrèce Borgia*, de Donizetti. *Béatrice di Tenda*, de Bellini. *Les Fées*, de Wagner.	1833 *Symphonie en la majeur*, dite « italienne », de Mendelssohn.
	1834 *Le Chalet*, d'Adam. *Marie Stuart*, de Donizetti.	1834 *Harold en Italie*, de Berlioz. *Harmonies poétiques et religieuses*, de Liszt. 1834-1836 *Saint Paul*, de Mendelssohn.
1835 Début de la liaison de Liszt avec la comtesse d'Agoult.	1835 *La Juive*, d'Halévy. *Les Puritains*, de Bellini. *Lucie de Lammermoor*, de Donizetti.	1835 *Psaume instrumental*, de Liszt.
1836 Publication de *Wozzeck*, de Büchner.	1836 *Les Huguenots*, de Meyerbeer. *Le Postillon de Longjumeau*, d'Adam. *La Vie pour le tsar*, de Glinka.	
	1837 *Le Domino noir*, d'Auber. *Stradella*, de Niedermeyer.	
1838-1839 Voyage de Chopin à Majorque avec George Sand.	1838 *La Défense d'aimer*, de Wagner. *Benvenuto Cellini*, de Berlioz.	

MUSIQUE DE CHAMBRE	MUSIQUE POUR L'ÉGLISE	ÉCRITS THÉORIQUES, CRITIQUES ET BIOGRAPHIQUES
1832 Neuf *Mazurkas* op. 6 et 7, de Chopin. 1832-1837 Six *Préludes et Fugues*, de Mendelssohn.		1832 *Cours d'esthétique*, de Hegel.
1833 Trois *Nocturnes* op. 9, de Chopin. *Études* op. 10, de Chopin.		1833 *Le Balcon de l'Opéra*, de Joseph d'Ortigue. Fondation de la revue musicale « Le Menestrel », par Heugel.
1834 *A Elle, lettres pour le piano*, de Chrétien Uhran. *Sonate en fa dièse mineur*, de Schumann.		1834 « Neue Zeitschrift für Musik », de Schumann.
1835 *Carnaval*, de Schumann. *Mélodies orientales*, de David. 1835-1839 *Années de pèlerinage*, de Liszt.		1835 Fondation de « La Revue et Gazette musicale ».
1836 Deux *Polonaises*, op. 26, de Chopin. *Ballade en sol mineur*, de Chopin.		1836-1838 *Manuel complet de musique vocale et instrumentale*, de La Fage.
1837 *Étude* op. 25 et trois *Valses brillantes*, de Chopin. *Scènes enfantines* et *Fantasiestücke*, de Schumann. 1837-1838 *Études d'exécution transcendante*, de Liszt. Trois *Quatuors à cordes*, de Mendelssohn.	1837 *Requiem*, de Berlioz.	1837-1844 *Biographie universelle des musiciens*, de Fétis.
1838 *Kreisleriana* et *Sonate en sol mineur*, de Schumann.		1838 Fondation de « La France musicale », par Marie et Léon Escudier.

REPÈRES HISTORIQUES ET LITTÉRAIRES BIOGRAPHIE DES MUSICIENS VIE MUSICALE	THÉATRE OPÉRAS — BALLETS	MUSIQUE SYMPHONIQUE
	1838 *Guido e Ginevra*, de Halévy.	
1839 Wagner à Paris. Gounod obtient le Grand Prix de Rome.	1839 *Roméo et Juliette*, de Berlioz. *Oberto, conte di San Bonifacio*, de Verdi.	1839 *Faust ouvertüre*, de Wagner.
1840 Mort de Paganini.	1840 *La Fille du régiment* et *la Favorite*, de Donizetti. *Un jour de règne*, de Verdi.	1840 *Symphonie funèbre et triomphale*, de Berlioz.
1841 Rencontre de Wagner et de Liszt.	1841 *Les Diamants de la couronne*, d'Auber. *La Reine de Chypre*, de Halévy. *Giselle*, ballet d'Adam.	1841 Ire *Symphonie en si bémol majeur*, de Schumann. 1841-1845 *Concerto* pour piano de Schumann.
	1842 *Rienzi*, de Wagner. *Nabucco*, de Verdi. *Rousslan et Ludmilla*, de Glinka.	
1843 Wagner est nommé maître de chapelle de la Cour royale de Saxe. Fondation de la Société des Concerts de musique vocale, religieuse et classique par le prince de la Moskova.	1843 *Don Pasquale*, de Donizetti. *Le Vaisseau fantôme*, de Wagner. *I Lombardi*, de Verdi. *Linda de Chamounix*, de Donizetti.	1843 Ire *Symphonie en do mineur*, de Gade. *Symphonie en sol mineur*, de Berwald.

MUSIQUE DE CHAMBRE	MUSIQUE POUR L'ÉGLISE	ÉCRITS THÉORIQUES, CRITIQUES ET BIOGRAPHIQUES
1838 *Sonates pour violoncelle et piano*, de Mendelssohn. 1838-1840 *Trios*, de Franck.		
1839 *Fantasia quasi sonata*, de Lizst. Vingt-quatre *Préludes*, de Chopin. *Carnaval de Vienne*, de Schumann. 1839-1845 *Trios* avec piano, de Mendelssohn.		
1840 *Sonate en si bémol mineur* et trois nouvelles *Études*, de Chopin. *Jeux d'eau de la villa d'Este*, de Liszt. *La Vie et l'Amour d'une femme*, de Schumann. *Les Amours du poète*, de Schumann.		
1841 *Variations sérieuses*, de Mendelssohn. *Fantaisie en fa mineur*, *Nocturne en ut mineur*, et *Allégro de concert*, de Chopin.	1841 *Messe à trois voix*, de Gounod.	
1842 *Mazurka en la mineur*, de Chopin. Trois *Quatuors* op. 41, de Schumann.	1842 *Stabat Mater*, de Rossini. *Requiem*, de Gounod.	
1843 *IVe Ballade en fa mineur*, *VIIIe Polonaise*, *IVe Scherzo*, de Chopin.		

REPÈRES HISTORIQUES ET LITTÉRAIRES BIOGRAPHIE DES MUSICIENS VIE MUSICALE	THÉATRE OPÉRAS — BALLETS	MUSIQUE SYMPHONIQUE
	1844 *Le Désert*, de David. *Hernani*, de Verdi. *Catarina Cornaro*, de Donizetti. *Marie Stuart*, de Niedermeyer.	1844 *Concerto en mi mineur* pour violon, de Mendelssohn.
1845 Publication de *Carmen*, de Mérimée.	1845 *Tannhaüser*, de Wagner.	
	1846 *La Damnation de Faust*, de Berlioz. *Attila*, de Verdi.	1846 *Ruth et Booz*, de Franck. *Élie*, de Mendelssohn. *II*^e^ *Symphonie en ut majeur*, de Schumann.
	1847 *Macbeth*, de Verdi. *Jérusalem*, de Verdi (version nouvelle d'*I Lombardi*), représenté à l'Opéra. *La Fille de marbre*, de Pugni (ballet).	
		1848 *Kamarinskaïa*, de Glinka.
1849 Mort de Chopin.	1849 *Le Prophète*, de Meyerbeer. *Le Caïd*, d'A. Thomas. *La Bataille de Legnano*, de Verdi. *Luisa Miller*, de Verdi.	1849 Deux *Concertos*, de Liszt. *Le Tasse*, de Liszt.
	1850 *Le Songe d'une nuit d'été*, d'A. Thomas. *Lohengrin*, de Wagner (dirigé par Liszt). *Stiffelio*, de Verdi.	1850 *III*^e^ *Symphonie en mi bémol majeur*, de Schumann.

MUSIQUE DE CHAMBRE	MUSIQUE POUR L'ÉGLISE	ÉCRITS THÉORIQUES, CRITIQUES ET BIOGRAPHIQUES
1844 *Le Chemin de fer*, d'Alkan. *Quintette*, de Schumann. Deux *Nocturnes* op. 55, de Chopin.		1844 *Grand Traité d'instrumentation et d'orchestration modernes*, de Berlioz. *Histoire générale de la musique et de la danse*, de La Fage.
1845 *Trio en ut mineur*, de Mendelssohn. *Berceuse* op. 57, de Chopin. *Les Brises d'Orient* et *Les Minarets*, de David.		
1847 *IVe Quatuor*, de Schumann. *Quatuor en fa mineur*, de Mendelssohn. *Album pour la jeunesse*, de Schumann. Trois *Valses* op. 64 et *Sonate en sol mineur* pour violoncelle et piano, de Chopin. 1847-1853 *XVIIe* et *XIXe Rhapsodies*, de Liszt.		
		1848 *L'Œuvre d'art de l'avenir*, de Wagner. *La Musique mise à la portée de tout le monde*, de Fétis.
	1849 *Te Deum*, de Berlioz. *Grand Messe solennelle en si mineur*, de Niedermeyer.	
	1850 *Ad nos, ad salutarem ondam*, de Liszt.	1850 Fondation de la Bach-Gesellschaft.

REPÈRES HISTORIQUES ET LITTÉRAIRES BIOGRAPHIE DES MUSICIENS VIE MUSICALE	THÉATRE OPÉRAS — BALLETS	MUSIQUE SYMPHONIQUE
	1850 *Geneviève*, de Schumann.	
1851 Publication des *Scènes de la vie de Bohème*, de Murger.	1851 *Rigoletto*, de Verdi. *Sapho*, de Gounod.	1851 *Ier Concerto* pour piano, de Liszt.
1852 Première de *La Dame aux camélias*, de Dumas fils.	1852 *Si j'étais roi*, d'Adam. *Galathée*, de V. Massé.	1852 *Manfred*, de Schumann. *IVe Symphonie en ré mineur*, de Schumann.
1853 Fondation de l'École de Musique classique et religieuse, par Niedermeyer.	1853 *Le Trouvère*, de Verdi. *La Traviata*, de Verdi. *La Fronde*, de Niedermeyer. *Les Noces de Jeannette*, de V. Massé. 1853-1859 *Les Troyens*, de Berlioz (Ire partie)	
	1854 *Maître Wolfram*, de Reyer. *L'Or du Rhin*, de Wagner.	1854-1858 *Ier Concerto* pour piano de Brahms. 1854 *L'Enfance du Christ*, de Berlioz.
1855 Fondation de la Société du progrès artistique, par G. Lefèvre.	1855 *Les Vêpres siciliennes*, de Verdi. *La Nonne sanglante*, de Gounod.	1855 *Symphonie de Faust*, de Liszt.
	1856 *La Roussalka*, de Dargomyjsky. *Les Dragons de Villars*, de Maillart. *La Walkyrie*, de Wagner. *Manon Lescaut*, d'Auber.	1856 *Symphonie de Dante*, de Liszt.
1857 Mort de Glinka, à Berlin.	1857 *Simon Boccanegra*, de Verdi. *Marco Spada ou la Fille du bandit*, d'Auber (ballet).	

MUSIQUE DE CHAMBRE	MUSIQUE POUR L'ÉGLISE	ÉCRITS THÉORIQUES, CRITIQUES ET BIOGRAPHIQUES
1851 *Le Streghe*, de Paganini (posthume). *Scherzo* op. 4, de Brahms.		1851 *Oper und Drama*, de Wagner.
1852-1853 *Sonates* op. 1, op. 3 et op. 5, de Brahms.	1852 *Requiem*, de Schumann.	1852 *Histoire de l'harmonie au Moyen âge*, de Coussemaker. « Dwight's Journal of Music », premier périodique musical aux États-Unis.
1853 *Sonate en si mineur*, de Liszt.	1853 *Messe des orphéonistes*, de Gounod.	1853 *Les Soirées de l'orchestre*, de Berlioz.
1854 *Les Préludes*, de Liszt. *Ballades* op. 10, de Brahms.		1854 *Du beau dans la musique*, de Hanslick. *Dictionnaire liturgique, historique et théorique de plain-chant et de musique d'église*, de J. d'Ortigue.
	1855 *Messe de sainte Cécile*, de Gounod. *Psaume XIII*, de Liszt.	1855 *Aperçu sommaire de la littérature et de la bibliographie musicales en France*, de J. d'Ortigue.
1856 *IIIe Quatuor en ut mineur*, de Brahms.	1856 *Messe de Gran*, de Liszt. *Messe solennelle*, de Saint-Saëns.	1856 *Traité théorique et pratique de l'accompagnement du plain-chant*, de Niedermeyer et d'Ortigue.
		1857 Fondation de « la Maîtrise » par J. d'Ortigue et Niedermeyer.

REPÈRES HISTORIQUES ET LITTÉRAIRES BIOGRAPHIE DES MUSICIENS VIE MUSICALE	THÉATRE OPÉRAS — BALLETS	MUSIQUE SYMPHONIQUE
	1858 *Le Médecin malgré lui*, de Gounod. *Orphée aux enfers*, d'Offenbach. *Sacountala*, de Reyer (ballet).	
1859 Publication de *Mireille*, de Mistral.	1859 *Faust*, de Gounod. *Le Bal masqué*, de Verdi. *Tristan et Isolde*, de Wagner.	1859 *Christus*, de Liszt.
	1860 *Philémon et Baucis*, de Gounod.	1860 Trois *Odes funèbres*, de Liszt.
1861 Pasdeloup donne au Cirque d'Hiver les premiers « Concerts populaires de musique classique ».	1861 *La Statue*, de Reyer. Première de *Tannhaüser* à l'Opéra de Paris.	
1862 Naissance de Claude Debussy.	1862 *La Force du destin*, de Verdi. *Béatrice et Bénédict*, de Berlioz. *La Reine de Saba*, de Gounod.	1862 *Légende de sainte Élisabeth*, de Liszt.
	1863 *Les Troyens* (IIe partie), de Berlioz. *Les Pêcheurs de perles*, de Bizet.	
	1864 *Mireille*, de Gounod. *La Belle Hélène*, d'Offenbach.	
	1865 *L'Africaine*, de Meyerbeer. *Le Voyage en Chine*, de Bazin.	1865 *Symphonie en mi bémol mineur*, de Rimsky-Korsakov.
	1866 *Mignon*, d'A. Thomas.	

MUSIQUE DE CHAMBRE	MUSIQUE POUR L'ÉGLISE	ÉCRITS THÉORIQUES, CRITIQUES ET BIOGRAPHIQUES
		1857 *The Origin and Function of Music*, de Spencer.
1858 *Quatuor en mi bémol majeur* de Lalo. *Magelone-Romanzen*, de Brahms.		
		1859 *Des Bohêmiens et de leur musique en Hongrie*, de Liszt. *Les Grotesques de la musique*, de Berlioz.
1860 *Saint François de Paule marchant sur les flots*, de Liszt. *Sextuor*, de Brahms.	1860 *Six Pièces pour grand orgue*, de Franck. *Messe à trois voix*, de Franck.	
1861 *Quatuors* avec piano, op. 25 et 26, de Brahms.		1861 *A travers chants*, de Berlioz. 1861-1872 *Le Trésor des pianistes*, d'Aristide et Louise Farrenc.
		1863 *Théorie physiologique de la musique*, de Helmholtz. « Jahrbuch für Musikwissenschaft ».
1864 *Deutsche Volkslieder*, de Brahms.	1864 *Messe en ré mineur*, de Bruckner.	1864-1876 Complément aux *Scriptores* de Gerbert, par E. de Coussemaker.
1865 Sept *Rhapsodies hongroises*, de Liszt. *Sextuor* op. 36, *Valse* op. 39 et *Danses hongroises* (cahiers I et II), de Brahms.	1865-1869 *Missa choralis*, de Liszt.	

REPÈRES HISTORIQUES ET LITTÉRAIRES BIOGRAPHIE DES MUSICIENS VIE MUSICALE	THÉATRE OPÉRAS — BALLETS	MUSIQUE SYMPHONIQUE
	1866 *La Vie parisienne*, d'Offenbach. *La Fiancée vendue*, de Smetana. *La Source* de Delibes (ballet).	
	1867 *Roméo et Juliette*, de Gounod. *Don Carlos*, de Verdi. *La Jolie fille de Perth*, de Bizet. *Les Maîtres Chanteurs de Nuremberg*, de Wagner.	1867 *Une nuit sur le Mont-Chauve*, de Moussorgsky. *Sadko*, de Rimsky-Korsakov.
1868 Mort de Rossini.	1868 *Hamlet*, d'A. Thomas. *Mefistofele*, de Boito.	1868 *IIe Concerto en sol mineur*, de Saint-Saëns.
1869 Mort de Berlioz.	1869 *Le Convive de pierre*, de Dargomyjsky.	1869 *Concerto* pour piano, de Grieg. *Les Béatitudes*, de Franck.
1870 Wagner épouse Cosima, la fille de Liszt.	1870 *Coppélia*, de Delibes (ballet).	1870 *Siegfried-Idyll*, de Wagner.
1871 Fondation de la « Société nationale de Musique ».	1871 *Aïda*, de Verdi. *Siegfried*, de Wagner.	1871 *Le Rouet d'Omphale*, de Saint-Saëns. *IIe Symphonie*, de Bruckner.
1872 Publication de *Naissance de la tragédie*, de Nietzsche.	1872 *L'Arlésienne*, de Bizet.	
1873 Fondation des « Concerts de l'Association artistique », dirigés par Colonne. Incendie de l'Opéra de Paris, situé rue Le Peletier.	1873 *Le roi l'a dit*, de Delibes. *La Fille de Madame Angot*, de Lecocq. *Sylvia*, de Delibes (ballet). *The Light of the World*, d'A. Sullivan.	1873 *Rédemption*, de Franck. *Variations sur un thème de Haydn*, de Brahms. *Symphonie espagnole*, de Lalo.
	1874 *Boris Godounov*, de Moussorgsky. *Une éducation manquée*, de Chabrier. *Le Crépuscule des dieux*, de Wagner.	1874 *La Moldau*, de Smetana. *Peer Gynt*, de Grieg.

MUSIQUE DE CHAMBRE	MUSIQUE POUR L'ÉGLISE	ÉCRITS THÉORIQUES, CRITIQUES ET BIOGRAPHIQUES
1867-1901 *Pièces lyriques*, de Grieg.	1867 *Messe du sacre*, de Liszt.	1867 *Sur un nouveau mode de classification des races humaines d'après leurs systèmes musicaux*, de Fétis. *Les Clavecinistes de 1637 à 1790*, d'A. Lefroid de Méréaux.
1868 *Liebesliederwalzer* op. 52, de Brahms.	1868 *Requiem*, de Liszt. *Requiem allemand*, de Brahms.	
	1869 *Messe à quatre voix*, de Liszt.	1869-1876 *Histoire générale de la musique*, de Fétis.
1870 *L'Invitation au voyage*, de Duparc.		1870 Publication des *Mémoires*, de Berlioz.
	1871 *Panis angelicus*, de Franck.	1871-1883 *Œuvres complètes*, de Wagner.
1872 *La Chambre des enfants*, de Moussorgsky. 1872-1873 *Quatuors n°1 et 2*, de Brahms.		
1874 *Quatuor* op. 60, de Brahms. *Neue Liebesliederwalzer* op. 65, de Brahms.	1874 *Requiem*, de Verdi.	

REPÈRES HISTORIQUES ET LITTÉRAIRES BIOGRAPHIE DES MUSICIENS VIE MUSICALE	THÉATRE OPÉRAS — BALLETS	MUSIQUE SYMPHONIQUE
	1874 *Le Dernier Abencérage*, de Pedrell.	1874 *Danse macabre*, de Saint-Saëns.
1875 Inauguration de l'Opéra de Garnier. Verdi dirige son *Requiem* à Paris. Mort de Bizet.	1875 *Carmen*, de Bizet.	1875 *IVe Concerto en ut mineur*, de Saint-Saëns. *Les Cloches de la cathédrale de Strasbourg*, de Liszt.
1876 Inauguration du Festspielhaus de Bayreuth avec la *Tétralogie*, de Wagner.	1876 *Angelo*, de César Cui. *La Gioconda*, de Ponchielli.	1876 *Les Éolides*, de Franck. *Ire Symphonie en ut mineur*, de Saint-Saëns.
1877 Audition intégrale aux Concerts Colonne de *la Damnation de Faust*, de Berlioz. Invention du phonographe par Ch. Cros et Edison.	1877 *Samson et Dalila*, de Saint-Saëns. *L'Étoile*, de Chabrier. *Le Lac des Cygnes*, de Tchaïkovsky (ballet).	1877 *Concerto* pour violon, de Tchaïkovsky. *IIe Symphonie*, de Brahms.
	1878 *Polyeucte*, de Gounod. *Eugène Onéguine*, de Tchaïkovsky.	1878 *Concerto* pour violon, de Brahms.
		1879 *Via Crucis*, de Liszt.
	1880 *La Korrigane*, de Widor (ballet). *Jean de Nivelle*, de Delibes.	1880 *Ouverture tragique*, de Brahms. *Dans les steppes de l'Asie centrale*, de Borodine.
1881 Voyage de Debussy à Moscou. Naissance de Bartok.	1881 *Hérodiade*, de Massenet. *Khovantchina*, de Moussorgsky.	1881 *IIe Concerto* pour piano et orchestre, de Brahms. *IVe Symphonie*, de Bruckner.

MUSIQUE DE CHAMBRE	MUSIQUE POUR L'ÉGLISE	ÉCRITS THÉORIQUES, CRITIQUES ET BIOGRAPHIQUES
1875 *Sonate pour piano et violon*, de Fauré.		
		1876 *Wagner à Bayreuth*, de Nietzsche. 1876-1879 *Les Instruments à archet*, de L.-A. Vidal.
	1877 *Stabat Mater*, de Dvorak.	
1878 *Klavierstücke*, de Brahms.	1878 Trois *Pièces* pour orgue, de Franck.	
1879 *Quintette à cordes*, de Bruckner. *Le Manoir de Rosemonde*, de Duparc. *Regenlied*, de Brahms. *Quatuor* avec piano *en ut mineur*, de Fauré.		1879 *Dictionnaire de la musique et des musiciens*, édité par G. Grove.
1880 *Quintette*, de Franck.	1880 Le *Pater*, de Verdi.	1880-1883 *Les Mélodies grégoriennes*, *Liber gradualis* et *Liber antiphonarius*, par dom Pothier.
1881 *Septuor en mi bémol*, de Saint-Saëns. *Pièces pittoresques*, de Chabrier.	1881 *Psaume CXXIX*, de Liszt.	

REPÈRES HISTORIQUES ET LITTÉRAIRES BIOGRAPHIE DES MUSICIENS VIE MUSICALE	THÉATRE OPÉRAS — BALLETS	MUSIQUE SYMPHONIQUE
	1881 *Excelsior*, de Marenco (ballet).	1881 *Ballade* op. 19, de Fauré. *Rébecca*, de Franck.
1882 Naissances de Stravinsky et de Joyce.	1882 *Parsifal*, de Wagner. *Namouna*, de Lalo (ballet).	1882 *Le Chasseur maudit*, de Franck. *Ire Symphonie*, de Glazounov.
1883 Mort de Wagner à Venise. Naissance de Webern et de Kafka. Construction du Metropolitan Opera à New York.	1883 *Lakmé*, de Delibes.	1883 *España*, de Chabrier. *IIIe Symphonie*, de Brahms.
1884 Debussy obtient le Grand Prix de Rome avec *l'Enfant prodigue*.	1884 *Sigurd*, de Reyer. *Manon*, de Massenet. *Princess Ida*, de Sullivan.	1884 *Sauge fleurie*, de d'Indy. *IVe Symphonie*, de Brahms. *VIIe Symphonie*, de Bruckner. *Les Djinns*, de Franck.
1885 Fondation par E. Gigout d'un « Cours d'orgue et d'improvisation ».	1885 *Le Cid*, de Massenet.	1885 *Variations symphoniques*, de Franck.
	1886 *Gwendoline*, de Chabrier. *Les Deux Pigeons*, de Messager (ballet).	1886 *Aus Italien*, de R. Strauss. *Le Carnaval des animaux*, de Saint-Saëns. *IIIe Symphonie en ut mineur* avec orgue, de Saint-Saëns. *Symphonie sur un chant montagnard*, de d'Indy. 1886-1888 *Symphonie en ré mineur*, de Franck.
1887 A. Roussel entre à l'École navale. Incendie de l'Opéra-Comique.	1887 *Othello*, de Verdi. *Le Roi malgré lui*, de Chabrier. *Sarka*, de Janaček.	1887 *Concerto* pour violon et violoncelle, de Brahms. *Psyché*, de Franck. *Schéhérazade*, de Rimsky-Korsakov.

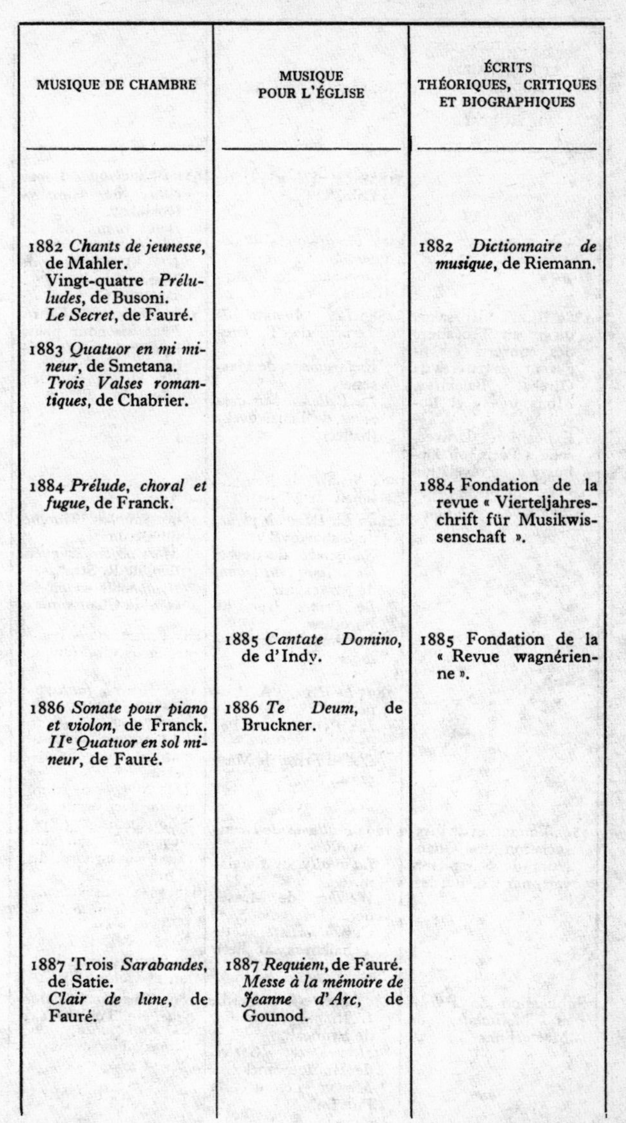

MUSIQUE DE CHAMBRE	MUSIQUE POUR L'ÉGLISE	ÉCRITS THÉORIQUES, CRITIQUES ET BIOGRAPHIQUES
1882 *Chants de jeunesse*, de Mahler. Vingt-quatre *Préludes*, de Busoni. *Le Secret*, de Fauré.		1882 *Dictionnaire de musique*, de Riemann.
1883 *Quatuor en mi mineur*, de Smetana. *Trois Valses romantiques*, de Chabrier.		
1884 *Prélude, choral et fugue*, de Franck.		1884 Fondation de la revue « Vierteljahresschrift für Musikwissenschaft ».
	1885 *Cantate Domino*, de d'Indy.	1885 Fondation de la « Revue wagnérienne ».
1886 *Sonate pour piano et violon*, de Franck. *IIe Quatuor en sol mineur*, de Fauré.	1886 *Te Deum*, de Bruckner.	
1887 Trois *Sarabandes*, de Satie. *Clair de lune*, de Fauré.	1887 *Requiem*, de Fauré. *Messe à la mémoire de Jeanne d'Arc*, de Gounod.	

REPÈRES HISTORIQUES ET LITTÉRAIRES BIOGRAPHIE DES MUSICIENS VIE MUSICALE	THÉATRE OPÉRAS — BALLETS	MUSIQUE SYMPHONIQUE
	1888 *Le Roi d'Ys*, de Lalo.	1888 *La Grande Pâque russe*, de Rimsky-Korsakov. *Don Juan*, de R. Strauss. *Ire Symphonie*, de Mahler.
1889 Rimsky-Korsakov dirige au Trocadéro des concerts où figurent des œuvres de Glinka, Balakirev, Moussorgsky et Borodine. Exposition Universelle à Paris, où Debussy a la révélation des musiques exotiques.	1889 *Les Amants de Téruel*, de T. Breton. *Esclarmonde*, de Massenet. *La Belle au bois dormant*, de Tchaïkovsky (ballet).	1889 *Shylock*, de Fauré. *Fantaisie* pour piano et orchestre, de Debussy.
	1890 *La Dame de pique*, de Tchaïkovsky. *Salammbô*, de Reyer. *Cavalleria rusticana*, de Mascagni. *Le Prince Igor*, de Borodine. *La Basoche*, de Messager.	1890 *Joyeuse Marche*, de Chabrier. *Mort et transfiguration*, de R. Strauss. *Symphonie en mi bémol*, de Chausson.
	1891 *Le Rêve*, d'A. Bruneau. *Les Pyrénées*, de Pedrell. *L'Ami Fritz*, de Mascagni.	1891 *Bourrée fantasque*, de Chabrier. *A la Musique*, de Chabrier.
1892 Fondation de l'Association des Chanteurs de Saint-Gervais, par Ch. Bordes.	1892 *Paillasse*, de Leoncavallo. *La Wally*, de Catalani. *Werther*, de Massenet. *Casse-Noisette*, de Tchaïkovsky (ballet).	1892 *Polyeucte*, de Dukas.
Publication de *Pelléas et Mélisande*, de Maeterlinck.	1893 *Falstaff*, de Verdi. *L'Attaque du moulin*, de Bruneau. *Hänsel et Gretel*, de Humperdinck. *Manon Lescaut*, de Puccini.	1893 *Symphonie pathétique*, de Tchaïkovsky.

MUSIQUE DE CHAMBRE	MUSIQUE POUR L'ÉGLISE	ÉCRITS THÉORIQUES, CRITIQUES ET BIOGRAPHIQUES
1888 Trois *Gymnopédies*, de Satie. *Ariettes oubliées*, de Debussy. 1888-1891 *Mörikelieder*, de Hugo Wolf.	1888 *IVe Messe solennelle*, de Gounod. *Psaume CL*, de Franck.	1888 *Le Cas Wagner*, de Nietzsche.
1889 *Quatuor*, de Franck. *Au cimetière*, *Spleen*, de Fauré. *Concert pour piano, violon et quatuor*, de Chausson.		1889 *Traité d'harmonie*, de G. Lefèvre. Fondation du « Monde musical », par E. Mangeot. Ier tome de la *Paléographie musicale*, de dom A. Mocquereau.
1890 *Cinq Poèmes de Baudelaire*, de Debussy. *Sonate en ré mineur*, de Brahms. Trois *Gnossiennes*, de Satie. Cinq *Mélodies* (« de Venise »), de Fauré.	1890 *Trois Chorals pour orgue*, de Franck.	1890 *Le Chansonnier*, de Barbieri. *Les Maîtres-musiciens de la Renaissance française*, par H. Expert.
1891 *Quintette* op. 115, de Brahms. *Lieder d'après Gottfried Keller*, de H. Wolf. *IIIe Valse-Caprice*, de Fauré.		
1892 *Klavierstücke* op. 118 et 119, de Brahms. *La Bonne Chanson*, de Fauré. *Sonate pour piano et violon*, de Lekeu. 1892-1894 *Le Cor merveilleux de l'enfant*, de Mahler.	1892 *Psaume CL*, de Bruckner.	
1893 *Quatuor*, et *Proses lyriques*, de Debussy. 1893-1894 *Sérénade italienne*, de H. Wolf. 1893-1896 *Dolly*, de Fauré.		1893 *Les Débuts de l'art*, de Grosse.

REPÈRES HISTORIQUES ET LITTÉRAIRES BIOGRAPHIE DES MUSICIENS VIE MUSICALE	THÉATRE OPÉRAS — BALLETS	MUSIQUE SYMPHONIQUE
1894 Fondation de la Schola Cantorum. Invention du microphonographe, par Dussaud.	1894 *Thaïs*, de Massenet. *Guntram*, de R. Strauss. *La Verbena de la Paloma*, de Bretón.	1894 *Prélude à l'Après-midi d'un faune*, de Debussy. *II*e *Symphonie*, de Mahler. *Symphonie du Nouveau Monde*, de Dvorak.
	1895 *La Dolores*, « zarzuela grande », de Bretón. *Le Corregidor*, de H. Wolf.	1895 *Till Eulenspiegel*, de R. Strauss.
1896 Publication des *Histoires naturelles*, de J. Renard.	1896 *La Vie de bohème*, de Puccini. *André Chénier*, de Giordano. *Shamus O' Brien*, de Villiers Stanford.	1896 *III*e *Symphonie*, de Mahler. *Ainsi parla Zarathoustra*, de R. Strauss. *Istar*, de d'Indy. *V*e *Concerto en fa majeur*, de Saint-Saëns.
1897 Fauré est nommé professeur au Conservatoire. Toscanini à la Scala. 1897-1907 Mahler, directeur de l'Opéra de Vienne.	1897 *Messidor*, de Bruneau. *Fervaal*, de d'Indy. *Sapho*, de Massenet.	1897 *L'Apprenti sorcier* et *Symphonie en ut*, de Dukas. *Don Quichotte*, de R. Strauss.
	1898 *Véronique*, de Messager. L'*Iris*, de Mascagni. *Fedora*, de Giordano. *Mozart et Salieri*, de Rimsky-Korsakov. *Maria del Carmen*, de Granados.	1898 *Pelléas et Mélisande*, de Fauré. *La Vie d'un héros*, de R. Strauss.
1899 Première à l'Opéra de *la Prise de Troie*, de Berlioz (première partie des *Troyens*, composée vers 1858).		1899 Trois *Nocturnes*, de Debussy.
1900 Florent Schmitt obtient le Grand Prix de Rome avec *Sémiramis*. Poulsen invente le phonographe magnétique.	1900 *Louise*, de G. Charpentier. *La Tosca*, de Puccini. *Le Tsar Saltan*, de Rimsky-Korsakov. *Guercœur*, de Magnard. *Prométhée*, de Fauré (ballet).	1900 *Gurre Lieder*, de Schönberg. *Finlandia*, de Sibelius.

MUSIQUE DE CHAMBRE	MUSIQUE POUR L'ÉGLISE	ÉCRITS THÉORIQUES, CRITIQUES ET BIOGRAPHIQUES
1894 *Deutsche Volkslieder*, de Brahms. *IVe Valse-Caprice* et *VIe Nocturnc*, de Fauré.		
1895 *Ve* et *VIe Barcarolles*, de Fauré. *La Habanera* et *Menuet antique*, de Ravel.		1895 *Histoire de l'opéra en Europe avant Lully et Scarlatti*, thèse de Romain Rolland.
1896 *Quatre Chants sérieux*, de Brahms.	1896 *Deus Israel*, de d'Indy.	
1897 *VIIe Nocturne*, de Fauré. *Thème et variations*, de Fauré. *Chansons de Bilitis*, de Debussy.		
	1898 Quatre *Pezzi sacri*, de Verdi.	1898 *Qu'est-ce que l'art?*, de Tolstoï. *Le Parfait Wagnérien*, de G. B. Shaw. *Histoire de la théorie musicale du IXe au XIXe siècle*, de Riemann.
1899 *La Nuit transfigurée*, de Schönberg. *Pavane pour une Infante défunte*, de Ravel.		
1900 *Prison* et *Soir*, de Fauré. *Sonate pour piano*, de Dukas.		1900 *Les Éléments de l'esthétique musicale*, de Riemann. 1900-1904 *Dictionnaire bio-bibliographique des musiciens depuis l'ère chrétienne jusqu'au milieu du XIXe siècle*, de Robert Eitner.

REPÈRES HISTORIQUES ET LITTÉRAIRES BIOGRAPHIE DES MUSICIENS VIE MUSICALE	THÉATRE OPÉRAS — BALLETS	MUSIQUE SYMPHONIQUE
1901 Mort de Verdi.	1901 *Feuersnot*, de R. Strauss. *Grisélidis*, de Massenet. *L'Ouragan*, de Bruneau.	1901 *IIe Symphonie*, de Ch. Ives.
	1902 *Pelléas et Mélisande*, de Debussy. *Adrienne Lecouvreur*, de Cilea. *Jenufa*, de Janaček. *Le Jongleur de Notre-Dame*, de Massenet.	
1903 Débuts de Caruso au Metropolitan Opera de New York.	1903 *L'Étranger*, de d'Indy.	1903 *Pelléas et Mélisande*, de Schönberg. *Symphonie domestique*, de R. Strauss. *IIe Symphonie*, de d'Indy. *Kossuth*, de Bartok.
1904 Rencontre de Webern avec Schönberg dont il deviendra le disciple.	1904 *Madame Butterfly*, de Puccini. *Résurrection*, d'Alfano. *La Celestina*, de Pedrell.	1904 *Ire Symphonie*, de Roussel.
1905 Fauré, directeur du Conservatoire.	1905 *Salomé*, de R. Strauss.	1905 *La Mer*, de Debussy. *VIIe Symphonie*, de Mahler. *Ire Suite pour orchestre*, de Bartok. *Ire Symphonie*, de Casella.
	1906 *Ariane*, de Massenet.	1906 *Iberia*, d'Albeniz.
		1907 *Rhapsodie espagnole*, de Ravel.
	1907 *Le Coq d'or*, de Rimsky-Korsakov. *Ariane et Barbe-Bleue*, de Dukas. *Fortunio*, de Messager.	

MUSIQUE DE CHAMBRE	MUSIQUE POUR L'ÉGLISE	ÉCRITS THÉORIQUES, CRITIQUES ET BIOGRAPHIQUES
1901 *Jeux d'eau*, de Ravel.		1901 Fondation par Schuster de la revue « Die Musik der Klavierlehrer ».
1902 *Variations sur un thème de Rameau*, de Dukas. *Huit Pièces brèves*, de Fauré.		1902 *L'Esthétique*, de Croce.
1903 *Quatuor en fa* et *Schéhérazade*, de Ravel. *Estampes*, de Debussy. *Morceaux en forme de poire*, de Satie.		1903 *Les Plus Anciens Monuments de la musique française*, de P. Aubry.
1904 *Kindertotenlieder*, de Mahler. *Impromptu pour harpe*, de Fauré. 1904-1905 *Ier Quatuor en ré mineur*, de Schönberg.		
1905 *Quintette*, de Bartok. *Sonatine* et *Miroirs*, de Ravel. 1905-1907 *Images*, de Debussy. Huit *Lieder*, de Schönberg.		1905 *Le Goût musical en France*, de Lionel de la Laurencie. 1905-1914 « Bulletin français de la Société Internationale de Musique ».
1906 *Histoires naturelles*, de Ravel. *Ier Quintette* et *IVe Impromptu*, de Fauré. *Kammersymphonie*, de Schönberg.	1906 *Psaume XLVI*, de F. Schmitt.	
1907 *Quintette*, de Fl. Schmitt. *Sonate en mi*, de d'Indy. *Quintette*, de Turina.		1907 *Ébauche d'une nouvelle esthétique de la musique*, de Busoni.

REPÈRES HISTORIQUES ET LITTÉRAIRES BIOGRAPHIE DES MUSICIENS VIE MUSICALE	THÉATRE OPÉRAS — BALLETS	MUSIQUE SYMPHONIQUE
1908 Naissance d'Olivier Messiaen. Musique de film de Saint-Saëns pour *L'Assassinat du duc de Guise*. Première représentation à Paris de *Boris Godounov*.	1908 *Elektra*, de R. Strauss.	1908 ***Deux Portraits*, de Bartok.** ***Passacaille*, de Webern.** ***Le Poème de l'extase*, de Scriabine.** ***Le Chant de la terre*, de Mahler.** ***IIe Symphonie*, de Casella.** ***Feu d'artifice*, de Stravinsky.**
1909 Les Ballets russes de Diaghilev à Paris avec *Schéhérazade*.	1909 ***Bérénice*, de Magnard.** ***Erwartung*, de Schönberg.** ***Scènes et Danses polovtsiennes du prince Igor*, chorégraphie de Fokine.**	1909 ***Fantaisie sur un thème de Tallis*, de R. Vaughan Williams.** ***Cinq Pièces pour orchestre*, de Schönberg.**
	1910 *L'Oiseau de feu*, de Stravinsky (ballet). *La Fille du Far-West*, de Puccini. *Don Quichotte*, de Massenet. *La Fête chez Thérèse*, de R. Hahn (ballet). *La Tragédie de Salomé*, de Schmitt (ballet).	1910 ***VIIIe Symphonie*, de Mahler.** ***Six Pièces pour orchestre*, de Webern.** ***Impressions d'après nature*, de Malipiero.**
1911 Mort de Mahler.	1911 ***Le Chevalier à la rose*, de R. Strauss.** ***L'Heure espagnole*, de Ravel.** ***Pétrouchka*, de Stravinsky (ballet).**	

MUSIQUE DE CHAMBRE	MUSIQUE POUR L'ÉGLISE	ÉCRITS THÉORIQUES, CRITIQUES ET BIOGRAPHIQUES
1907-1908 *II*ᵉ *Quatuor en fa dièse mineur*, de Schönberg. 1907-1908 *I*ʳᵉ *Sonate*, de Roussel.		
1908 *Quatre Pièces espagnoles*, de Falla. *Ma Mère l'Oye* et *Gaspard de la nuit*, de Ravel. *Les Jardins suspendus*, de Schönberg. *Children's Corner* et *Trois Chansons de Charles d'Orléans*, de Debussy, *Sonate* op. 1, de Berg. *I*ᵉʳ *Quatuor* et *Quatorze Bagatelles*, de Bartok.	1908 *Psaume CL*, de Saint-Saëns.	1908 *Cent Motets du XIII*ᵉ *siècle*, de P. Aubry. *Esthétique musicale scientifique*, de Ch. Lalo.
1909 *Cinq Mouvements*, de Webern. *Trois Mélodies de Th. Gautier*, de Falla. *Danzas Españolas*, de Granados. 1909-1910 *Quatuor* op. 3, de Berg.		
1910 Iᵉʳ livre des *Préludes*, de Debussy. *Chanson d'Ève*, *V*ᵉ *Impromptu* et *Neuf Préludes*, de Fauré.		1910 *Le Cas Debussy*.
1911 *Allegro barbaro*, de Bartok. *Goyescas*, de Granados. *Six Petites Pièces pour piano*, de Schönberg.	1911 *Te Deum*, de Widor.	1911 *Traité d'harmonie*, de Schönberg. *Du spirituel dans l'art*, de Kandinsky. 1911-1928 *Histoire de la langue musicale*, de M. Emmanuel.

REPÈRES HISTORIQUES ET LITTÉRAIRES BIOGRAPHIE DES MUSICIENS VIE MUSICALE	THÉATRE OPÉRAS — BALLETS	MUSIQUE SYMPHONIQUE
	1911 *Le Martyre de saint Sébastien*, de Debussy. *Le Spectre de la rose*, ballet de Fokine (musique de Weber).	
	1912 *La Lépreuse*, de S. Lazzari. *Le Son lointain*, de Schreker. *Ariane à Naxos*, de R. Strauss. *La Péri*, de Dukas (ballet). *Daphnis et Chloé*, de Ravel (ballet).	1912 *Ier Concerto* pour piano et orchestre, de Prokofiev, *Cartes postales*, de Berg.
1913 Musique de film de Pizzetti pour *Cabiria.*	1913 *Pénélope*, de Fauré. *La Vie brève*, de Falla. *Julien*, de G. Charpentier. *La Main heureuse*, de Schönberg. *Le Festin de l'araignée*, de Roussel (ballet). *Le Sacre du printemps*, de Stravinsky (ballet). *Jeux* et *la Boîte à joujoux*, de Debussy (ballets). *Le Piège de Méduse*, de Satie.	1913 *Nuit de Mai*, de Casella. *La Procession du Rocio*, de Turina. *Cinq Pièces* pour orchestre, de Webern.
	1914 *Mârouf*, de Rabaud. *L'Ombre de Don Juan*, d'Alfano. *Le Rossignol*, de Stravinsky. *La Légende de Joseph*, de R. Strauss (ballet).	1914 *Trois Pièces* pour orchestre, de Berg. *Suite scythe*, de Prokofiev, *Variations sur un thème de Mozart*, de Reger.
1915-1923 Hindemith, chef d'orchestre à l'Opéra de Francfort.	1915 *Palestrina*, de Pfitzner. *Fedra*, de Pizzetti. *L'Amour sorcier*, de Falla. *La Brebis égarée*, de Milhaud.	1915 *Symphonie alpestre*, de R. Strauss.

MUSIQUE DE CHAMBRE	MUSIQUE POUR L'ÉGLISE	ÉCRITS THÉORIQUES, CRITIQUES ET BIOGRAPHIQUES
1911 *Valses nobles et sentimentales*, de Ravel.		1911-1946 *Mozart*, de G. de Saint-Foix.
1912 *Véritables Préludes flasques*, de Satie. *Pierrot lunaire*, de Schönberg. IIe Livre des *Préludes*, de Debussy.		
1913 *Trois Poèmes de Stéphane Mallarmé*, de Ravel. *Six Bagatelles*, de Webern. *Pièces* pour clarinette et piano, de Berg.		1913 *L'Art des bruits*, « Manifeste futuriste» de Russolo. Publication de la collection *Monumenti vaticani di paleografia musicale*, par H. M. Bannister.
1914 *Le Jardin clos*, de Fauré. *Trio*, de Ravel. *Le Vilain Petit Canard*, de Prokofiev. 1914-1916 *Trois Pièces* pour quatuor à cordes et *Pribaoutki*, de Stravinsky. 1915 *En blanc et noir* et *Douze Études*, de Debussy. *IIe Sonate* pour piano, de Ch. Ives.		

REPÈRES HISTORIQUES ET LITTÉRAIRES BIOGRAPHIE DES MUSICIENS VIE MUSICALE	THÉATRE OPÉRAS — BALLETS	MUSIQUE SYMPHONIQUE
1916 Arrivée d'É. Varèse aux États-Unis.	1916 *Le Joueur*, de Prokofiev.	1916 *Quatre Lieder* pour chant et treize instruments, de Webern. *Nuits dans les jardins d'Espagne*, de Falla.
1917 Rencontre de Stravinsky et de Picasso à Rome. Départ pour le Brésil de D. Milhaud, comme secrétaire de Claudel. Fondation par Lionel de la Laurencie de la « Société française de musicologie ».	1917 *Parade*, de Satie (ballet). *Les Femmes de bonne humeur*, ballet sur des sonates de Scarlatti orchestrées par Tommasini. *Turandot*, de Busoni.	1917 *Le Tombeau de Couperin*, de Ravel, *Symphonie classique*. de Prokofiev. *Les Fontaines de Rome*, de Respighi. *Pause del silenzio*, de Malipiero.
1918 Mort de Claude Debussy.	1918 *Le Château de Barbe-Bleue*, de Bartok (composé en 1911). *Gianni Schicchi*, de Puccini. *Phi-Phi*, de Christiné. *Histoire du soldat*, de Stravinsky. *Les Marqués*, de Schreker.	1918 *Socrate*, de Satie. *Pantea*, de Malipiero. *Le Dit des jeux du monde*, de Honegger.
1919 Premier concert de la « Nouvelle Société musicale », fondée par Hermann Scherchen.	1919 *La Femme sans ombre*, de R. Strauss. *Le Tricorne*, de Falla (ballet). *La Valse*, de Ravel (ballet). *Le Mandarin merveilleux*, de Bartok (ballet). *Les Choéphores*, de Milhaud.	1919 *Masques et Bergamasques*, de Fauré. *Ouverture sur des thèmes juifs*, de Prokofiev. *Fantaisie* pour piano et orchestre, de Fauré. *Les Agrestides*, de Migot.
1920 Henri Collet lance le « Groupe des Six ». Les Ballets suédois au Théâtre des Champs-Élysées.	1920 *Le Bœuf sur le toit*, de Milhaud (ballet). *Antoine et Cléopâtre*, de Fl. Schmitt (ballet). *Das Nusch-Nuschi*, de Hindemith.	1920 *Symphonies d'instruments à vent*, de Stravinsky. *La Pastorale d'été*, de Honegger. *Symphonie sévillane*, de Turina.

MUSIQUE DE CHAMBRE	MUSIQUE POUR L'ÉGLISE	ÉCRITS THÉORIQUES, CRITIQUES ET BIOGRAPHIQUES
1916 *IIe Sonate* pour violon et piano, de Fauré. *Suite pour piano* op. 14, de Bartok. *Sonatine pour piano*, de Casella.		
1918 *Mouvements perpétuels*, de Poulenc. *Études pour piano*, de Bartok. *Ragtime*, de Stravinsky. *Sept Chansons populaires espagnoles*, de Falla. *Sonate* pour violoncelle et piano, de Fauré.		1918 *Le Coq et l'Arlequin*, de Cocteau.
1919 *Le Bestiaire*, de Poulenc.	1919 *Pater Noster*, de Caplet.	
		1920 *Monsieur Croche, antidilettante*, de Debussy. « Melos », revue musicale publiée par les soins de Schott.

REPÈRES HISTORIQUES ET LITTÉRAIRES BIOGRAPHIE DES MUSICIENS VIE MUSICALE	THÉATRE OPÉRAS — BALLETS	MUSIQUE SYMPHONIQUE
	1920 *Le Chant du rossignol*, de Stravinsky (ballet).	1920 *IVe Symphonie*, de Villa-Lobos. *La Légende de saint Christophe*, de d'Indy.
	1921 *L'Amour des trois oranges* et *Chout*, de Prokofiev (ballet). *L'Homme et son désir*, de Milhaud (ballet).	1921 *IIIe Concerto* pour piano, de Prokofiev. *IIe Symphonie*, de Roussel. *Le Roi David*, de Honegger. *Horace victorieux*, de Honegger. *Hagoromo*, de Migot.
	1922 *Mavra*, de Stravinsky. *Renard*, de Stravinsky. *Isabelle et Pantalon*, de Roland-Manuel. *Sancta Susanna*, de Hindemith. *L'Orestie*, de Milhaud.	
1923 Musique de film d'Honegger pour *La Roue*, d'A. Gance.	1923 *Padmavâti*, de Roussel. *La Création du monde*, de Milhaud (ballet). *Noces*, de Stravinsky (ballet). *El Retablo de Maese Pedro*, de Falla.	1923 *Le Miroir de Jésus*, de Caplet. *Sérénade*, de Schönberg. *Pacific 231*, de Honegger. *Suite de danses*, de Bartok. *Psalmus hungaricus*, de Kodaly.
1924 Audition fragmentaire, à Francfort, de *Wozzek*, de Berg. Mort de Fauré. Musique de film de Satie pour *Entr'acte*, de R. Clair.	1924 *Turandot*, de Puccini. *Le Petit Renard rusé* de Janaček. *Les Biches*, de Poulenc (ballet). *Les Matelots*, d'Auric (ballet). *Le Train bleu*, de Milhaud (ballet).	1924 *Octandre*, de Varèse. *Tzigane*, de Ravel. *Escales*, de J. Ibert. *IIe Symphonie*, de Prokofiev. *Rhapsodie in blue*, de Gershwin. *Concertino*, de Honegger.

MUSIQUE DE CHAMBRE	MUSIQUE POUR L'ÉGLISE	ÉCRITS THÉORIQUES, CRITIQUES ET BIOGRAPHIQUES
		1920 *Art et scolastique*, de Maritain. Fondation de la « Revue Musicale », par H. Prunières.
1921 *IIe Quintette*, de Fauré. *Six Lieder*, de Webern. *XIIIe Barcarolle* et *XIIIe Nocturne*, de Fauré. *L'Horizon chimérique*, de Fauré. *Saudades do Brazil*, de Milhaud. 1921-1922 Deux *Sonates* pour violon et piano, de Bartok.		1921 *Matière et timbre*, de Casella.
1922 Trois *Kammermusiken*, de Hindemith. *Quatuor à cordes*, de Hindemith.	1922 *Messe a cappella*, de Caplet. *Requiem*, de Pizzetti.	1922 *Philosophie du goût musical*, de P. Lasserre.
1923 *Octuor*, de Stravinsky. *Ve Sonate*, de Prokofiev. *Trio*, pour piano, violon et violoncelle, de Fauré. *Ier Quatuor*, de Janaček. *Trio à cordes*, de Hindemith. *Sonatine*, d'Auric.		
1924 *Suite pour piano* et *Quintette à vents*, de Schönberg. *Sonate*, de Stravinsky. *La Vie de Marie*, de Hindemith. *Quintette* pour vents et cordes, de Prokofiev. *Quatuor*, de Fauré.	1924 *Passion selon saint Marc*, de Kurt Thomas.	1924 *La Chanson populaire hongroise*, de Bartok.

REPÈRES HISTORIQUES ET LITTÉRAIRES BIOGRAPHIE DES MUSICIENS VIE MUSICALE	THÉATRE OPÉRAS — BALLETS	MUSIQUE SYMPHONIQUE
	1924 *Les Malheurs d'Orphée*, de Milhaud. *Le Petit Elfe Ferme-l'œil*, de Schmitt (ballet). *La Giara*, de Casella (ballet). *Salade*, de Milhaud (ballet). *Le Plumet du colonel*, de Sauguet.	
1925 Schönberg dirige une classe de composition à l'Académie des Arts de Berlin.	1925 *Docteur Faust*, de Busoni. *Wozzeck*, de Berg. *L'Enfant et les sortilèges*, de Ravel. *Les Fâcheux*, d'Auric (ballet).	1925 *Concerto de chambre*, de Berg. *Ire Symphonie*, de Chostakovitch. *Concerto romain*, de Casella. *Concerto pour piano*, de Gershwin. *Salammbô*, de F. Schmitt. *Judith*, de Honegger. *Konzert für Orchester*, de Hindemith.
	1926 *Angélique*, d'Ibert. *Pas d'acier*, de Prokofiev (ballet). *La Pastorale*, d'Auric (ballet). *Cardillac*, de Hindemith. *Hary Janos*, de Kodaly.	1926 *Suite lyrique*, de Berg. *Ier Concerto* pour piano, de Bartok. *Concerto* pour clavecin, de Falla. *Suite en fa*, de Roussel. *Le Carnaval d'Aix*, de Milhaud.
1927 Hindemith nommé professeur de composition à l'École supérieure de Musique, de Berlin.	1927 *Mahagonny*, de Kurt Weill. *Jonny s'amuse*, de Krenek. *Œdipus Rex*, de Stravinsky. *La Chatte*, de Sauguet (ballet). *Le Pauvre Matelot*, de Milhaud. *Ballet mécanique*, de G. Antheil. *Le Poirier de misère*, de Delannoy.	1927 *Symphonie d'Octobre*, de Chostakovitch. *La Pastorale*, d'Auric. *Fonderie d'acier*, de Mossolov. 1927-1928 *Concerto* pour piano, de Roussel.
	1928 *Hélène l'Égyptienne*, de R. Strauss. *L'Opéra de Quat'sous*, de K. Weill.	1928 *Variations pour orchestre*, de Schönberg.

MUSIQUE DE CHAMBRE	MUSIQUE POUR L'ÉGLISE	ÉCRITS THÉORIQUES, CRITIQUES ET BIOGRAPHIQUES
1924-1925 *IIe Sonate*, de Roussel. *Jeunesse*, de Janaček. 1924-1925 *Drei geistliche Volkslieder*, de Webern.		
1925 *Six Chants populaires hébraïques*, de Milhaud.		1925 Franco-American Musical Society. Bulletin « Pro Musica ».
1926 *Septuor* op. 29 et *IIIe Quatuor*, de Schönberg. *Deux Lieder pour chœur*, de Webern. *Chansons madécasses*, de Ravel. *Sonate pour piano*, de Bartok.	1926 *Scherzo pour orgue*, de Duruflé. *Messe glagolitique*, de Janaček.	
1927 *Trio à cordes*, de Webern. *IIIe Quatuor*, de Bartok. *Sonate pour piano et violon*, de Ravel.		
1928 *IVe Quatuor*, de Bartok. *IIe Quatuor*, de Janaček.	1928 *Psaume LXXX*, de Roussel.	

REPÈRES HISTORIQUES ET LITTÉRAIRES BIOGRAPHIE DES MUSICIENS VIE MUSICALE	THÉATRE OPÉRAS — BALLETS	MUSIQUE SYMPHONIQUE
	1928 *Antigone*, de Honegger. *Apollon musagète* et *le Baiser de la fée*, de Stravinsky (ballets). *Bolero*, de Ravel (ballet). *Four Saints*, de V. Thomson. *Christophe Colomb*, de Milhaud.	1928 *Symphonie de chambre*, de Webern. *III*e *Symphonie*, de Prokofiev. *Un Américain à Paris*, de Gershwin. *Rugby*, de Honegger.
1929 Mort de Diaghilev à Venise.	1929 *D'aujourd'hui à demain*, de Schönberg. *Le Fils prodigue*, de Prokofiev.	1929 *Le Vin*, de Berg. *Concert champêtre*, de Poulenc. *Petite Suite d'orchestre*, de Roussel.
	1930 *Le Roi Pausole*, de Honegger. *Sur le Borysthène*, de Prokofiev (ballet). *Bacchus et Ariane*, de Roussel (ballet). *La Vie d'Oreste*, de Krenek. *La Chute de Wagadu*, de Vogel. *Le Roi d'Yvetot*, d'Ibert. *Le Fou de la dame*, de Delannoy.	1930 *III*e *Symphonie*, de Roussel. *Symphonie de Psaumes*, de Stravinsky. *Cantate profane*, de Bartok. *Les Offrandes oubliées*, de Messiaen.
1931 Musique de film d'Auric pour *A nous la liberté*, de R. Clair.	1931 *Guercœur*, de Magnard (posthume). *Cendrillon ou la Pantoufle de vair*, de Delannoy.	1931 *II*e *Concerto pour piano*, de Bartok. *Concert pour cordes et cuivres*, de Hindemith. *Cris du monde*, d'Honegger. *Symphonie concertante*, de Schmitt. *Concerto en ré* pour violon, de Stravinsky. *Concerto pour la main gauche* et *Concerto en sol majeur*, de Ravel. *Ionisation*, de Varèse. *Deux études pour orchestre*, de Vogel.
		1932 *Le Bal masqué*, de Poulenc.

MUSIQUE DE CHAMBRE	MUSIQUE POUR L'ÉGLISE	ÉCRITS THÉORIQUES, CRITIQUES ET BIOGRAPHIQUES
1929 *Aubade*, de Poulenc. *Capriccio*, de Stravinsky. *IIe Trio*, de Roussel.	1929 *Prélude, adagio et choral varié sur le thème du Veni Creator*, de Duruflé.	
1930 *Quatuor à cordes*, de Prokofiev. *Quatuor* pour clarinette, saxophone ténor, violon et piano, de Webern. *Variations pour piano*, de Copland. *Sonate en fa mineur*, d'Auric.		
1931 *Quarante-quatre Duos* pour violon, de Bartok.	1931 *Stabat Mater*, de V. Thomson.	
1932 *Don Quichotte à Dulcinée*, de Ravel. *Sextuor*, de Martinu.	1932 *Credo*, de Stravinsky.	

REPÈRES HISTORIQUES ET LITTÉRAIRES BIOGRAPHIE DES MUSICIENS VIE MUSICALE	THÉATRE OPÉRAS — BALLETS	MUSIQUE SYMPHONIQUE
	1932 *Die Burgschaft*, de Kurt Weill.	1932 *Der Plöner Musiktag*, d'Hindemith. *Symphonie pour cordes*, de Rivier.
1933 Schönberg et Kurt Weill s'expatrient aux États-Unis. Musique de film de M. Jaubert pour *Zéro de conduite*, de J. Vigo.	1933 *Oriane la sans égale*, de Schmitt (ballet). *Beach*, de Françaix (ballet). *Moïse et Aaron* (inachevé), de Schönberg (représenté à Zurich en 1957). *Le Violon enchanté*, de Egk. *Arabella*, de R. Strauss.	1933 *Lieutenant Kijé*, de Prokofiev. *Partita*, de Petrassi.
	1934 *Charles V*, de Krenek. *Perséphone*, de Stravinsky. *Sémiramis*, de Honegger (ballet). *Diane de Poitiers*, d'Ibert (ballet). *Lady Macbeth*, de Chostakovitch.	1934 *Divertimento*, de Dallapiccola. *Sinfonietta*, de Roussel. *Concerto pour orchestre*, de Petrassi. *Concerto* pour piano, de Sauguet. *Concerto* pour flûte et orchestre, d'Ibert.
1935 Mort de Berg.	1935 *Lulu*, de Berg. *Æneas*, de Roussel (ballet). *Porgy and Bess*, de Gershwin. *Icare*, chorégraphie de Lifar.	1935 *Concerto* pour violon « *A la mémoire d'un ange* », de Berg. *Concerto pour orchestre*, d'Hindemith. *Das Augenlicht*, de Webern. *II*e *Concerto* pour violon, de Prokofiev. *IV*e *Symphonie*, de Roussel. *Mana*, de Jolivet.
1936 Constitution du groupe « Jeune France ».	1936 *Œdipe*, d'Enesco. *Jeux de cartes*, de Stravinsky (ballet). *Le Roi nu*, de Françaix (ballet).	1936 *Concerto* pour violon, de Schönberg. *Musique pour cordes, percussion et célesta*, de Bartok. *Symphonie*, de William Walton. *Pierre et le Loup*, de Prokofiev. *Défilé*, de Loucheur. *I*re *Symphonie*, de Loucheur.

MUSIQUE DE CHAMBRE	MUSIQUE POUR L'ÉGLISE	ÉCRITS THÉORIQUES, CRITIQUES ET BIOGRAPHIQUES
1932 *Quatuor à cordes*, de Loucheur. *Le Zodiaque*, de Migot.		
1933 *Duo concertant*, de Stravinsky.		
1934 *Ve Quatuor*, de Bartok. *Concerto pour neuf instruments*, de Webern. *Quatuor à cordes*, de Jolivet. *Suite en rocaille*, de Schmitt.	1934 *Ave Maria*, de Stravinsky. *L'Ascension*, de Messiaen. *Deutsche Liedmesse*, de Fortner.	
1935 *Concerto per due pianoforti soli*, de Stravinsky. *Concertino da camera*, d'Ibert.	1935 *La Nativité du Seigneur* (pour orgue), de Messiaen.	
1936 *IVe Quatuor*, de Schönberg. *Variations pour piano*, de Webern. *Adagio for Strings*, de Barber. *Poèmes pour Mi*, de Messiaen.	1936 *Litanies à la Vierge noire*, de Poulenc. *Psaume IX*, de Petrassi. *Te Deum*, de Kodaly.	1936 *Chroniques de ma vie*, de Stravinsky.

REPÈRES HISTORIQUES ET LITTÉRAIRES BIOGRAPHIE DES MUSICIENS VIE MUSICALE	THÉATRE OPÉRAS — BALLETS	MUSIQUE SYMPHONIQUE
		1936 *Cinq Incantations*, de Jolivet. 1936-1937 *Le Musicien dans la cité*, de Baudrier.
1937 Mort de Ravel et de Roussel.	1937 *Les Petites Cardinal*, de Honegger et Ibert. *Nobilissima Visione*, d'Hindemith (ballet). *Le Diable boiteux*, de Françaix (ballet).	1937 *Ve Symphonie*, de Chostakovitch. *Découverte du Brésil*, de Villa-Lobos. *Carmina Burana*, de Orff. *Concerto pour orchestre*, de Casella. *Variations sur un thème de Frank Bridge*, de Britten. *Concerto pour piano*, de Khatchaturian. *Concerto pour violon*, de Vogel. *Sérénade concertante*, de Delannoy.
1938 Musique de film de Prokofiev pour *Alexandre Nevsky*, d'Eisenstein.	1938 *Mathis le peintre*, de Hindemith. *Peer Gynt*, de Egk. *La Farce de Maître Pathelin*, de Barraud. *La Femme à barbe*, de Delvincourt. *Roméo et Juliette*, de Prokofiev.	1938 *Dumbarton Oaks Concerto*, de Stravinsky. *La Danse des morts*, d'Honegger. *Toccata pour piano et orchestre*, de Mihalovici. *Cosmogonie*, de Jolivet.
1939 Arrivée de Stravinsky et de Bruno Walter aux U. S. A.	1939 *La Chartreuse de Parme*, de Sauguet. *Médée*, de Milhaud. *Vol de nuit*, de Dallapiccola. *Der Mond*, de Carl Orff. *Siméon Kotko*, de Prokofiev. *Jeanne au bûcher*, de Honegger.	1939 *Ire Cantate*, de Webern. *Divertimento pour cordes*, de Bartok. *Concerto pour orgue*, de Poulenc. *Nicolas de Flüe*, de Honegger. *Cinq Danses rituelles*, de Jolivet. *L'Apocalypse de saint Jean*, de Françaix. *Concerto pour piano*, de Barraud.
1940 Arrivée de Bartok à New York.	1940 *Joan de Jarissa*, de Egk (ballet). *Roméo et Juliette*, de Sutermeister.	1940 *Symphonie en ut*, de Stravinsky.

MUSIQUE DE CHAMBRE	MUSIQUE POUR L'ÉGLISE	ÉCRITS CRITIQUES, THÉORIQUES ET BIOGRAPHIQUES
1937 *Sonate pour deux pianos et percussion*, de Bartok. *Mikrokosmos*, de Bartok. *Cantate de chambre*, de Beck. *Tel jour, Telle nuit*, de Poulenc.	1937 *Messe*, de Poulenc. *Psaume LVI*, de Rivier. *Premier Livre d'orgue*, de Migot.	1937 *Unterweisung im Tonsatz*, de Hindemith.
1938 *Quatuor*, de Webern. *Chants de terre et de ciel*, de Messiaen.		
1939 *VI*e *Quatuor*, de Bartok.	1939 *Les Corps glorieux* (pour orgue), de Messiaen. *Quatre Motets pour un temps de pénitence*, de Poulenc.	1939 *Poétique musicale*, de Stravinsky.
1940 *II*e *Symphonie de chambre*, de Schönberg.		

REPÈRES HISTORIQUES ET LITTÉRAIRES BIOGRAPHIE DES MUSICIENS VIE MUSICALE	THÉATRE OPÉRAS — BALLETS	MUSIQUE SYMPHONIQUE
1940 Schönberg naturalisé américain.	1940 *L'Apostrophe*, de Françaix.	1940 *Concerto pour violon*, de Samuel Barber. *Les Quatre Tempéraments*, de Hindemith. *Ire Symphonie* de Hartmann. *Coro di morti*, de Petrassi. *Illuminations*, de Britten. *Concerto en ut majeur*, de Rivier.
	1941-1952 *Guerre et Paix*, de Prokofiev.	1941 *Chant des prisons*, de Dallapiccola. *IIe Symphonie*, de Honegger. *VIIe Symphonie*, dite « de Leningrad », de Chostakovitch. *La Tragédie de Pérégrinos*, de Capdevielle. *Rythmes du monde*, de Landowski.
1942 Messiaen est nommé professeur au Conservatoire de Paris.	1942 *Die Zauberinsel*, de Sutermeister. *Capriccio*, de R. Strauss. *Dolorès*, de Jolivet. *Ginevra*, de Delannoy.	1942 *Ire Symphonie*, de Henze. *Ode à Napoléon* et *Concerto pour piano*, de Schönberg.
	1943 *Die Kluge*, de Carl Orff. *Bolivar*, de Milhaud. 1943-1945 *Puck*, de Delannoy.	1943 *Variations pour orchestre d'instruments à vent*, de Schönberg. *Variations* op. 30, de Webern. *Concerto pour orchestre*, de Bartok. *Ode*, de Stravinsky. *IIe Cantate*, de Webern. *IIe Symphonie*, de Khatchaturian. *Catulli Carmina*, de Orff. *Ouverture du pédant joué*, de Capdevielle.

MUSIQUE DE CHAMBRE	MUSIQUE POUR L'ÉGLISE	ÉCRITS THÉORIQUES, CRITIQUES ET BIOGRAPHIQUES
1940 *Les Complaintes du soldat*, de Jolivet. *Sonate n°* 6, de Prokofiev. *Quintette*, de Chostakovitch. *Xe Quatuor*, de Milhaud.		
1941 *Quatuor pour la fin du temps*, de Messiaen. *Ricercari*, de Mihalovici. *Ier Quatuor à cordes*, de Britten.		
1942 *Ludus tonalis*, de Hindemith. *Sonate n°* 7 de Prokofiev.		1942 Publication de *Models for Beginners in Composition*, de Schönberg.
1943 *Figure humaine*, de Poulenc. *Les Visions de l'Amen*, de Messiaen.		

REPÈRES HISTORIQUES ET LITTÉRAIRES BIOGRAPHIE DES MUSICIENS VIE MUSICALE	THÉATRE OPÉRAS — BALLETS	MUSIQUE SYMPHONIQUE
1944 Musique de film de Prokofiev pour *Ivan le Terrible*, d'Eisenstein.	1944 *Scènes de ballet*, de Stravinsky. *Guignol et Pandore*, de Jolivet (ballet). *Appalachian Spring*, de Copland (ballet). *Hérodiade*, de Hindemith.	1944 *Trois Petites Liturgies*, de Messiaen. *Babel*, de Stravinsky. *Symphonies pour le temps présent*, de Mihalovici. *IVe Symphonie*, de Hartmann. *Orphée*, de Martinet.
1945 Webern est tué accidentellement. Mort de Bartok.	1945 *Peter Grimes*, de Britten. *Les Forains*, de Sauguet (ballet).	1945 *IIIe Concerto* (inachevé) de Bartok. *Petite Symphonie concertante*, de Frank Martin. *Symphonie en trois mouvements*, de Stravinsky. *Ebony Concerto*, de Stravinsky. *Symphonie expiatoire*, de Sauguet. *Métamorphoses*, de R. Strauss. *Symphonie*, de Baudrier. *Concerto dell'albatro*, de Ghedini. *Harawi*, de Messiaen. *IIIe Symphonie*, dite « Liturgique », de Honegger. *L'Ile rouge*, de Capdevielle. *IIe Symphonie*, de Loucheur. *IIIe Symphonie*, d'Ives (composée en 1901-1904).
1946 Mort de Manuel de Falla.	1946 *Le Viol de Lucrèce*, de Britten. *Die Flut*, de Blacher. *Le Médium*, de Menotti.	1946 *Rhapsodie malgache*, de Loucheur. *IIIe Symphonie*, de Copland. *IVe Symphonie*, de Honegger. *La Terra*, de Malipiero. *Variations et fugue sur un thème de Purcell*, de Britten.

MUSIQUE DE CHAMBRE	MUSIQUE POUR L'ÉGLISE	ÉCRITS THÉORIQUES, CRITIQUES ET BIOGRAPHIQUES
1944 *Sonate pour violon seul*, de Bartok. *Le Bal martiniquais*, de Milhaud. *A Book of Music*, de Cage. *Quatuor*, d'Ibert.	1944 *Missa solemnis « pro Pace »*, de Casella.	1944 *Technique de mon langage musical*, de Messiaen.
1945 *Vingt Regards sur l'Enfant Jésus*, de Messiaen. *Ire Sonate pour piano*, de Jolivet. *Le Testament Villon*, de Barraud.		1945 *L'Esthétique expressive de Guillaume Dufay*, de Ch. Van den Borren.
1946 *Sonatine*, de Boulez. *Ire Sonate*, de Boulez. *Variations pour quatuor à cordes*, de Martinet. 1946-1948 *Seize Sonates* et *Quatre Interludes* pour piano préparé, de Cage.		

REPÈRES HISTORIQUES ET LITTÉRAIRES BIOGRAPHIE DES MUSICIENS VIE MUSICALE	THÉÂTRE OPÉRAS — BALLETS	MUSIQUE SYMPHONIQUE
1947 Création du Festival d'Aix-en-Provence. Publication du *Docteur Faustus*, de Th. Mann.	1947 *Orphée*, de Stravinsky (ballet). *Abraxas*, de Egk. *Agnès Bernauer*, de Orff. *Albert Herring*, de Britten. *Les Mamelles de Tirésias*, de Poulenc. *La Mort de Danton*, de von Einem.	1947 *Un survivant de Varsovie*, de Schönberg. *Concerto pour violon*, de Fortner. *Concerto pour violon*, de Henze. *Symphonie*, de Chailley. *Symphonie*, de Fortner. *Le Mystère des saints Innocents*, de Barraud. *Concerto pour ondes Martenot*, de Jolivet. *Saint Germain d'Auxerre*, de Migot.
1948 Première réalisation de musique concrète par P. Schaeffer.	1948 *Phèdre*, de Mihalovici. *Momtchil*, de Pipkov. *La Rencontre*, de Sauguet (ballet). *Lucifer*, de Delvincourt.	1948 *Le Soleil des eaux*, de Boulez (1re version). *Concert de bruits*, quatre études de P. Schaeffer. *Variations sur un thème de Paganini*, de Blacher. *Turangalîla-Symphonie*, de Messiaen.
1949 Mort de R. Strauss.	1949 *Antigone*, de Carl Orff. *Simplicius Simplicissimus*, de Hartmann.	1949 *Symphonie pour un homme seul*, de Schaeffer et Henry. *Symphonie de printemps*, de Britten. *Le Chant des forêts*, de Chostakovitch.
	1950 *Phèdre*, d'Auric (ballet). *La Morte dell'Aria*, de Petrassi. *Le Consul*, de Menotti. *La Rose blanche*, de Fortner. *Numance*, de Barraud. *Les Amants captifs*, de Capdevielle. *La Main de gloire*, de Françaix.	1950 *Ve Symphonie*, dite « *Di Tre Re* », de Honegger. *Fantaisie sur* B. A.-C. H., de Fortner. *Concerto pour piano et orchestre*, de Jolivet. *Visage nuptial*, de Boulez.

MUSIQUE DE CHAMBRE	MUSIQUE POUR L'ÉGLISE	ÉCRITS THÉORIQUES, CRITIQUES ET BIOGRAPHIQUES
	1947 *Requiem*, de Duruflé.	1947 *Arnold Schoenberg et son école*, de Leibowitz. *Structural Functions of the Harmony*, de Schönberg.
1948 *IIe Sonate pour piano*, de Boulez. *IIe Quatuor à cordes*, de Hartmann. *IIIe Quatuor à cordes*, de Fortner. *Sonate de chambre* pour clavecin et dix instruments, de Petrassi. *Quintette à vents*, de Françaix. *Sonate pour piano*, de Dutilleux.	1948 *Messe*, de Stravinsky.	
1949 *Cinq Rechants*, de Messiaen. *Quatre Études de rythme*, de Messiaen. *Livre pour quatuor*, de Boulez.		
1950 *Séquence* et *Sonate pour piano*, de Barraqué. *Klavier-Ornamente*, de Blacher. *Quatuor à cordes*, de Cage. *Pièce pour piano*, de Martinet. *Mode de valeurs et d'intensité*, de Messiaen.	1950 *Messe de la Pentecôte*, de Messiaen. *Stabat Mater*, de Poulenc.	

REPÈRES HISTORIQUES ET LITTÉRAIRES BIOGRAPHIE DES MUSICIENS VIE MUSICALE	THÉATRE OPÉRAS — BALLETS	MUSIQUE SYMPHONIQUE
1951 Mort de Schönberg.	1951 *The Rake's Progress*, de Stravinsky. *Billy Budd*, de Britten. *The Pilgrim's Progress*, de Vaughan Williams. *Le Peintre et son modèle*, d'Auric (ballet). *Le Rire de Nils Halérius*, de Landowski.	1951 *Symphonie « Harmonie du monde »*, de Hindemith. *VIe Symphonie*, de Hartmann. *IIe Concerto pour piano*, de Blacher. *Jean de la Peur*, de Landowski. *Ire Symphonie*, de Dutilleux.
	1952 *Chemin de lumière* d'Auric (ballet). *Boulevard Solitude*, de Henze. *Le Procès*, de von Einem.	1952 *Concerto* pour harpe et orchestre de chambre, de Jolivet. *Concerto pour hautbois*, de Zimmermann. *La Mort à Bâle*, de Beck. *Concerto* pour piano préparé, de Cage. *Timbres-durées*, de Messiaen et Schaeffer. *Spiel für Orchester*, de Stockhausen.
	1953 *Conte de Prusse*, de Blacher. *Opéra abstrait n° 1*, de Blacher. *Trionfo di Afrodite*, de Orff. *Hop-Frog*, de Loucheur (ballet). *La Dame à la licorne*, de Chailley (ballet). *Le Loup*, de Dutilleux (ballet).	1953 *Concerto pour violoncelle*, de Zimmermann. *Le Cercle des métamorphoses*, de Le Roux. *Ire Symphonie*, de Jolivet. *Le Réveil des oiseaux*, de Messiaen. *Études*, de Philippot. *Kontra-Punkte*, de Stockhausen. *Cantate de Noël*, de Honegger. *Cantique des cantiques*, de Baudrier.
1954 Création, en concert, à la Radio de Hambourg, des deux actes achevés de *Moïse et Aaron*, de Schönberg. Fondation du « Domaine musical ».	1954 *Le Retour*, de Mihalovici. *The Turn of the Screw*, de Britten. *Les Caprices de Marianne*, de Sauguet.	1954 *Mouvements*, pour piano et orchestre, de Fortner. *Trois Mouvements symphoniques*, de Martinet. *La Victoire de Guernica*, de Nono.

MUSIQUE DE CHAMBRE	MUSIQUE POUR L'ÉGLISE	ÉCRITS THÉORIQUES, CRITIQUES ET BIOGRAPHIQUES
1951 *XVIIIe Quatuor*, de Milhaud.	1951 *Livre d'orgue*, de Messiaen, (exécuté par l'auteur en 1955).	
1952 *Sonate pour deux pianos*, de Poulenc. *Structures*, de Boulez.	1952 *Quatre Motets pour le temps de Noël*, de Poulenc.	
1953 *Concerto da camera*, de Baudrier. *Septuor*, de Stravinsky. *Trois Poèmes de Shakespeare*, de Stravinsky.	1953 *Requiem*, de Rivier.	
1954 *Étude en pianissimo*, de Blacher. *Quatre Pièces en quintette*, de Loucheur.	1954 *IIe Livre d'orgue*, de Migot.	

REPÈRES HISTORIQUES ET LITTÉRAIRES BIOGRAPHIE DES MUSICIENS VIE MUSICALE	THÉATRE OPÉRAS — BALLETS	MUSIQUE SYMPHONIQUE
		1954 *Concerto pour flûte et orchestre*, de Maderna. *Déserts*, de Varèse. *La Coupole*, de Bondon.
	1955 *Légende irlandaise*, de Egk. *Pallas Athene weint*, de Krenek. *Le Roi-Cerf*, de Henze. *Les Noces fantastiques*, de Delannoy (ballet). *Le Fou*, de Landowski.	1955 *The Creation*, de Fortner. *Le Marteau sans maître*, de Boulez. *Canti di liberazione*, de Dallapiccola. *Incontri*, de Nono. *Concerto pour violon*, de Chostakovitch. *Concerto pour flûte et orchestre*, de Rivier.
	1956 *L'École des femmes*, de Liebermann. *Le Bal du destin*, de Daniel Lesur. *Le Ventriloque*, de Landowski. *Ondine*, de Henze (ballet).	1956 *La Vérité de Jeanne*, oratorio de Jolivet. *Épithalame*, de Jolivet. *Il Canto sospeso*, de Nono. *Le Chant des adolescents*, de Stockhausen. *IIIe Symphonie*, de Henze.
1957 Première représentation à Zürich de *Moïse et Aaron*, de Schönberg.	1957 *Dialogues des Carmélites*, de Poulenc (créé à la Scala). *Le Revizor*, de Egk. *Noces de sang*, de Fortner. *Agon*, de Stravinsky (ballet). *Les Brigands*, de Klebe.	1957 *XIe Symphonie*, de Chostakovitch. *IVe Mouvement symphonique*, de Martinet. *Symphonie*, de Fl. Schmitt. *Impromptus*, de Fortner. *Canto di speranza*, de Zimmermann. *Concerto pour violon*, de Nigg. *VIIIe Symphonie*, de Milhaud.
1958 Création du groupe de « Recherches musicales ».	1958 *Orphée*, de P. Henry (ballet).	1958 *Kammermusik*, de Henze. *Groupe pour trois orchestres*, de Stockhausen.

MUSIQUE DE CHAMBRE	MUSIQUE POUR L'ÉGLISE	ÉCRITS THÉORIQUES, CRITIQUES ET BIOGRAPHIQUES
1955 *Partita* pour deux pianos, d'Auric. *Quatuor à cordes*, de Maderna. *Concertino de trompette*, de Loucheur.	1955 *Te Deum*, de Barraud. *Cantate pascale* et *Cantate d'amour*, de Migot. *Canticum sacrum*, de Stravinsky.	
1956 *Zeitmasse*, de Stockhausen. *Oiseaux exotiques*, de Messiaen. *Les Insolites*, de Bondon.		
1957 *Klavierstück XI*, de Stockhausen. *IIIe Sonate pour piano*, de Boulez. *Les Chants de feu et de lune*, de Bondon.		1957 *Sonate que me veux-tu?* (Réflexions sur les fins et les moyens de l'art musical), de Roland-Manuel.
1958 *Serenata pour cinq instruments*, de Petrassi. *Musique de chambre*, de Henze.	1958 *Threni*, de Stravinsky.	1958 *Avec Stravinsky*, entretiens avec R. Craft.

REPÈRES HISTORIQUES ET LITTÉRAIRES BIOGRAPHIE DES MUSICIENS VIE MUSICALE	THÉATRE OPÉRAS — BALLETS	MUSIQUE SYMPHONIQUE
		1958 *Sonate pour flûte*, de Jolivet. *Deux Improvisations sur Mallarmé* et *Doubles*, de Boulez. *VI*e *Symphonie*, de Rivier. *Hommage à Joyce*, de Berio. 1958-1959 *Nouvelles Études*, de P. Schaeffer.
	1959 *La Voix humaine*, de Poulenc. *Œdipe roi*, de Orff. *Les Vœux mortels*, de Klebe.	1959 *II*e *Symphonie*, de Jolivet. *Variations sur un thème caraïbe*, de Egk. *Chant de naissance*, de Fortner. *Cycle*, de Stockhausen. *Pittsburgh Symphonie*, de Hindemith. *Les Trois Lys*, de Sauguet. *II*e *Symphonie*, de Dutilleux. *VII*e *Symphonie*, de Hartmann.

MUSIQUE DE CHAMBRE	MUSIQUE POUR L'ÉGLISE	ÉCRITS THÉORIQUES, CRITIQUES ET BIOGRAPHIQUES
1959 *Ier Catalogue d'oiseaux*, pour piano, de Messiaen. *Kontakte*, de Stockhausen.	1959 *Missa brevis*, de Britten.	

INDEX DES NOMS

INDEX DES NOMS

INDEX DES ŒUVRES

Catalogues thématiques signalés dans l'Index des œuvres.

B. W. V. *(Bach Werke Verzeichnis)* : catalogue des œuvres de Jean-Sébastien Bach établi par W. Schmieder.

D. : catalogue des œuvres de Franz Schubert, établi par O. E. Deutsch.

F. : catalogue des œuvres de Wilhelm Friedemann Bach, établi par M. Falck.

K. : catalogue des œuvres de W. A. Mozart, établi par L. Koechel et révisé par A. Einstein. Les numéros de l'ancien catalogue figurent entre parenthèses.

Wq. : catalogue des œuvres de Carl Philipp Emanuel Bach, établi par A. Wotquenne.

INDEX DES ŒUVRES

Les numéros des pages précédés d'un astérisque renvoient à l'exemple musical.

TABLE ANALYTIQUE

TABLE ANALYTIQUE

VERS LE CLASSICISME

L'OPÉRA

OPÉRA BOUFFE ET OPÉRA-COMIQUE, *par Donald Jay GROUT.*

LA QUERELLE DES BOUFFONS, *par Eugène BORREL.*

GLUCK ET LA RÉFORME DU DRAME LYRIQUE, *par Georges FAVRE.*

LE CONCERT

LE CONCERT SPIRITUEL (1725-1791), *par Félix RAUGEL.*

L'ÉCOLE FRANÇAISE INSTRUMENTALE AU XVIIIe SIÈCLE, *par Marc PINCHERLE.*

LE CLASSICISME FRANÇAIS ET LE PROBLÈME DE L'EXPRESSION MUSICALE, *par ROLAND-MANUEL.*

LA MUSIQUE INTRUMENTALE ITALIENNE AU XVIIIe SIECLE, *par Marc PINCHERLE.*

ACTIVITÉS MUSICALES EN ALLEMAGNE

L'ÈRE DE L'EMPFINDSAMKEIT, *par Carl de NYS.*

GEORGES PHILIPPE TELEMANN, *par Carl de NYS.*

LES FILS DE JEAN-SÉBASTIEN BACH, *par Carl de NYS.*

LA MUSIQUE DANS LES COURS ET CHAPELLES ALLEMANDES, *par Carl de NYS.*

LES MAÎTRES CLASSIQUES

FORMATION DU STYLE CLASSIQUE EN EUROPE, *par Marc PINCHERLE.*

A L'ORÉE DU ROMANTISME

LA MUSIQUE DE CLAVIER EN FRANCE DE 1760 À 1850, *par Georges FAVRE.*

LUDWIG VAN BEETHOVEN, *par Claude ROSTAND.*

SCHUBERT, *par Dorel HANDMAN.*

LA MUSIQUE EN ESPAGNE (1750-1880), *par José SUBIRA.*

ASPECTS DU ROMANTISME

L'OPÉRA ROMANTIQUE EN ALLEMAGNE, *par Edward J. DENT.*

L'OPÉRA EN FRANCE A L'ÉPOQUE ROMANTIQUE, *par René DUMESNIL.*

MENDELSSOHN, *par Dorel* HANDMAN.

SCHUMANN, *par Dorel* HANDMAN.

FRÉDÉRIC CHOPIN, *par Dorel* HANDMAN.

LISZT, *par Émile HARASZTI.*

RICHARD WAGNER, *par Marcel BEAUFILS.*

GIUSEPPE VERDI, *par Claudio SARTORI.*

HÉRITAGE DU ROMANTISME

LE NATIONALISME MUSICAL ET LES VALEURS ETHNIQUES

LES ÉCOLES NATIONALES, *par Constantin BRAÏLOIU.*

L'ÉCOLE RUSSE, *par Henry BARRAUD.*

L'ÉVOLUTION EN EUROPE OCCIDENTALE AU DÉCLIN DU ROMANTISME

JOHANNES BRAHMS, *par Claude ROSTAND.*

SAINT-SAËNS, *par Dorel HANDMAN.*

LA MUSIQUE DE BALLET AU XIXᵉ SIÈCLE, *par Émile HARASZTI.*

LE THÉÂTRE LYRIQUE EN FRANCE AU DÉCLIN DU XIXe SIÈCLE, *par René DUMESNIL.*

LA MUSIQUE ANGLAISE AU XIXe SIÈCLE, *par Henry RAYNOR*.

LA MUSIQUE AUSTRO-ALLEMANDE APRÈS WAGNER, *par Heinrich STROBEL.*

GIACOMO PUCCINI, *par Guido M. GATTI.*

LE RENOUVEAU FRANÇAIS

EMMANUEL CHABRIER, *par Roger DELAGE.*

L'ÉCOLE DE MUSIQUE CLASSIQUE ET RELIGIEUSE. SES MAÎTRES, SES ÉLÈVES, *par Marie-Louise BOELLMANN-GIGOUT.*

L'ÉVOLUTION DE L'HARMONIE EN FRANCE ET LE RENOUVEAU DE 1880, *par ROLAND-MANUEL.*

CÉSAR FRANCK, *par Léon VALLAS.*

VINCENT D'INDY, *par Léon VALLAS.*

LE XXe SIÈCLE

CLAUDE DEBUSSY, *par André SCHAEFFNER.*

MAURICE RAVEL, *par* ROLAND-MANUEL.

PAUL DUKAS, *par Tony* AUBIN.

ALBERT ROUSSEL, *par Marc* PINCHERLE.

ERIK SATIE, *par Rollo* MYERS.

SERGE PROKOFIEV, *par Vladimir* FÉDOROV.

BÉLA BARTOK, *par Gisèle* BRELET.

LE JAZZ, *par André* HODEIR.

SITUATION DE LA MUSIQUE CONTEMPORAINE

MUSIQUE CONTEMPORAINE EN FRANCE, *par Gisèle BRELET.*

LA MUSIQUE DANS LES RÉPUBLIQUES POPULAIRES, *par Marcel* FRÉMIOT.

LA MUSIQUE ESPAGNOLE, *par Adolfo SALAZAR.*

LA MUSIQUE ITALIENNE AU XXe SIÈCLE, *par Guido M. GATTI.*

LA MUSIQUE EN ANGLETERRE, *par Denis STEVENS.*

L'ÉCOLE AMÉRICAINE, *par Virgil THOMSON.*

LE DÉCLIN DE L'OPÉRETTE, *par René DUMESNIL.*

MUSIQUE ÉLECTRONIQUE, EXPÉRIMENTALE ET CONCRÈTE, *par Jean-Étienne MARIE.*

LA MUSIQUE HORS DU CONCERT

LE CARILLON, *par Jacqueline GOGUET*.

LA CHANSON LITTÉRAIRE ET LES SOCIÉTÉS CHANTANTES, *par France VERNILLAT*.

LA MUSIQUE DE FILM, *par Olivier CLOUZOT.*

SCIENCE ET CRITIQUE

LA CRITIQUE MUSICALE, *par Émile HARASZTI.*

TABLE GÉNÉRALE

TABLE GÉNÉRALE

A L'ORÉE DU ROMANTISME

ASPECTS DU ROMANTISME

LA GRANDE GÉNÉRATION ROMANTIQUE

HÉRITAGE DU ROMANTISME

LE NATIONALISME MUSICAL ET LES VALEURS ETHNIQUES

L'ÉVOLUTION EN EUROPE OCCIDENTALE AU DÉCLIN DU ROMANTISME

LE RENOUVEAU FRANÇAIS

LE XXe SIÈCLE

SITUATION DE LA MUSIQUE CONTEMPORAINE

LA MUSIQUE HORS DU CONCERT

SCIENCE ET CRITIQUE

DANS LA COLLECTION FOLIO / ESSAIS

135 Jean-Jacques Rousseau : *Essai sur l'origine des langues (où il est parlé de la mélodie et de l'imitation musicale).*
136 Jean Paulhan : *La peinture cubiste.*
137 Friedrich Nietzsche : *L'Antéchrist* suivi de *Ecce Homo.*
138 Gilles Cohen-Tannoudji et Michel Spiro : *La matière-espace-temps (La logique des particules élémentaires).*
139 Marcel Roncayolo : *La ville et ses territoires.*
140 Friedrich Nietzsche : *La philosophie à l'époque tragique des Grecs* suivi de *Sur l'avenir de nos établissements d'enseignement.*
141 Simone Weil : *L'enracinement (Prélude à une déclaration des devoirs envers l'être humain).*
142 John Stuart Mill : *De la liberté.*
143 Jacques Réda : *L'improviste (Une lecture du jazz).*
144 Hegel : *Leçons sur l'histoire de la philosophie I.*
145 Emmanuel Kant : *Critique de la raison pure.*
146 Michel de Certeau : *L'invention du quotidien I. Arts de faire.*
147 Jean Paulhan : *Les fleurs de Tarbes ou la Terreur dans les lettres.*
148 Georges Bataille : *La littérature et le mal.*
149 Edward Sapir : *Linguistique.*
150 Alain : *Éléments de philosophie.*
151 Hegel : *Leçons sur l'histoire de la philosophie II.*
152 Collectif : *Les écoles présocratiques* (Édition établie par Jean-Paul Dumont).
153 D. H. Kahnweiler : *Juan Gris : Sa vie, son œuvre, ses écrits.*
154 André Pichot : *La naissance de la science (1. Mésopotamie, Égypte).*
155 André Pichot : *La naissance de la science (2. Grèce présocratique).*

156 Julia Kristeva : *Étrangers à nous-mêmes.*
157 Niels Bohr : *Physique atomique et connaissance humaine.*
158 Descartes : *Discours de la méthode* suivi de *La Dioptrique.*
159 Max Brod : *Franz Kafka (Souvenirs et documents).*
160 Trinh Xuan Thuan : *La mélodie secrète (Et l'homme créa l'univers).*
161 Isabelle Stengers, Judith Schlanger : *Les concepts scientifiques (Invention et pouvoir).*
162 Jean Dubuffet : *L'homme du commun à l'ouvrage.*
163 Eugène Ionesco : *Notes et contre-notes.*
164 Mircea Eliade : *La nostalgie des origines (Méthodologie et histoire des religions).*
165 Philippe Sollers : *Improvisations.*
166 Ernst Jünger : *Approches, drogues et ivresse.*
167 Severo Sarduy : *Barroco.*
168 Wassily Kandinsky : *Point et ligne sur plan.*
169 Friedrich Nietzsche : *Le cas Wagner* suivi de *Nietzsche contre Wagner.*
170 Gilles Lipovetsky : *L'empire de l'éphémère (La mode et son destin dans les sociétés modernes).*
171 Louis Hjelmslev : *Le langage* suivi de *Degrés linguistiques (Une introduction).*
172 Jean Servier : *Histoire de l'utopie.*
173 Pierre Cabanne : *Le siècle de Picasso (1. La naissance du cubisme, 1881-1912).*
174 Pierre Cabanne : *Le siècle de Picasso (2. L'époque des métamorphoses, 1912-1937).*
175 Marguerite Yourcenar : *Le Temps, ce grand sculpteur.*
176 Élie Faure : *Histoire de l'art (L'Esprit des formes I).*
177 Élie Faure : *Histoire de l'art (L'Esprit des formes II).*
178 J.M.G. Le Clézio : *Le rêve mexicain ou La pensée interrompue.*
179 Collectif : *Introduction aux sciences cognitives.*
180 Oscar Wilde : *De Profundis* suivi de *Lettres sur la prison.*
181 Sigmund Freud : *Le délire et les rêves dans la* Gradiva *de W. Jensen* précédé de *Gradiva fantaisie pompéienne*

par Wilhelm Jensen.
182 George Steiner : *Les Antigones.*
183 Charles Baudelaire : *Critique d'art* suivi de *Critique musicale.*
184 Roger Caillois : *Les jeux et les hommes (Le masque et le vertige).*
185 Pierre Cabanne : *Le siècle de Picasso (3. Guernica et la guerre, 1937-1955).*
186 Pierre Cabanne : *Le siècle de Picasso (4. La gloire et la solitude, 1955-1973).*
187 Georges Rouault : *Sur l'art et sur la vie.*
188 Michel Leiris : *Brisées.*
189 Bernard Pingaud : *Les anneaux du manège (Écriture et littérature).*
190 Ludwig Wittgenstein : *Leçons et conversations* suivies de *Conférence sur l'Éthique.*
191 Friedrich Nietzsche : *Considérations inactuelles, I et II.*
192 Jean-Paul Sartre : *Un théâtre de situations.*
193 Primo Levi : *Le métier des autres (Notes pour une redéfinition de la culture).*
194 André Breton : *Point du jour.*
195 Paul Valéry : *Introduction à la méthode de Léonard de Vinci.*
196 Mircea Eliade : *Initiation, rites, sociétés secrètes (Naissances mystiques. Essai sur quelques types d'initiation).*
197 Alain Finkielkraut : *La mémoire vaine (Du crime contre l'humanité).*
198 Jorge Luis Borges : *Enquêtes* suivi de Georges Charbonnier, *Entretiens avec Jorge Luis Borges.*
199 Michel Serres : *Le Tiers-Instruit.*
200 Michel Leiris : *Zébrage.*
201 Sigmund Freud : *Le mot d'esprit et sa relation à l'inconscient.*
202 Sainte-Beuve : *Pour la critique.*
203 Yves Bonnefoy : *L'improbable et autres essais* suivi de *Un rêve fait à Mantoue.*
204 Hubert Dreyfus et Paul Rabinow : *Michel Foucault (Un parcours philosophique).*
205 Michel Foucault : *Raymond Roussel.*

206 Friedrich Nietzsche : *Considérations inactuelles, III et IV.*
207 Claude Roy : *L'art à la source (1. Arts premiers, arts sauvages).*
208 Claude Roy : *L'art à la source (2. Arts baroques, arts classiques, arts fantastiques).*
209 Julien Benda : *Discours à la nation européenne.*
210 Alain Gheerbrant : *Orénoque-Amazone (1948-1950).*
211 Eugène Ionesco : *Journal en miettes.*
212 J.M.G. Le Clézio : *L'extase matérielle.*
213 François Gros : *Regard sur la biologie contemporaine.*
214 Paul Claudel : *Réflexions sur la poésie.*
215 Marcelin Pleynet : *Henri Matisse.*
216 Jeanne Hersch : *L'étonnement philosophique (Une histoire de la philosophie).*
217 Jean Starobinski : *Montaigne en mouvement.*
218 Sous la direction de Raymond Klibansky et Davis Pears : *La philosophie en Europe.*
219 Sigmund Freud : *L'homme Moïse et la religion monothéiste.*
220 Clément Rosset : *Le réel et son double.*
221 Guillaume Apollinaire : *Chroniques d'art 1902-1918.*
222 Jeanne Favret-Saada et Josée Contreras : *Corps pour corps.*
223 Jean-Paul Sartre : *Critiques littéraires (Situations, I).*
224 George Steiner : *La mort de la tragédie.*
225 Georges Banu : *L'acteur qui ne revient pas.*
226 Annie Le Brun : *Soudain un bloc d'abîme, Sade.*
227 Geneviève Rodis-Lewis : *Épicure et son école.*
228 Platon : *La République.*
229 Carlos Castaneda : *Histoires de pouvoir.*
230 Albert Memmi : *La dépendance.*
231 Charles Fourier : *Vers la liberté en amour.*
232 Charles Péguy : *Notre jeunesse* précédé de *De la raison.*
233 Jean-Jacques Rousseau : *Du contrat social* précédé de *Discours sur l'économie politique, Du contrat social (première version)* et suivi de *Fragments politiques.*
234 Henri Meschonnic : *Modernité Modernité.*
235 Spinoza : *L'Éthique.*

236 Marcel Proust : *Essais et articles.*
237 Jean Giraudoux : *Littérature.*
238 Michel de Certeau, Luce Giard, Pierre Mayol : *L'invention du quotidien 2. Habiter, cuisiner.*
239 Collectif : *Écrire la « parole de nuit » (La nouvelle littérature antillaise).*
240 Spinoza : *Traité de l'autorité politique.*
241 Aristote : *Histoire des animaux.*
242 Spinoza : *Traité des autorités théologique et politique.*
243 Henri Mendras : *La Seconde Révolution française 1965-1984.*
244 Karl Marx : *Philosophie.*
245 Maurice Blanchot : *De Kafka à Kafka.*
246 Mircea Eliade : *Techniques du Yoga.*
247 Raymond Queneau : *Bâtons, chiffres et lettres.*
248 Sade : *Journal inédit (1807, 1808, 1814).*
249 Ernst Jünger : *Le mur du Temps.*
250 René Guénon : *La crise du monde moderne.*
251 Jean Toussaint Desanti : *Introduction à la phénoménologie.*
252 Jean-Marie Donegani et Marc Sadoun : *La démocratie imparfaite (Essai sur le parti politique).*
253 Pierre Cabanne : *André Derain.*
254 Antoni Tàpies : *La pratique de l'art.*
255 George Steiner : *Réelles présences (Les arts du sens).*
256 Roland Omnès : *Philosophie de la science contemporaine.*
257 Marc Dachy : *Dada et les dadaïsmes.*
258 Michel Tournier : *Le vol du vampire.*
259 Benedetto Croce : *Histoire de l'Europe au XIXe siècle.*
260 Nicolas Malebranche : *Conversations chrétiennes* suivi de *Entretiens sur la métaphysique, sur la religion et sur la mort.*
261 Régis Debray : *Vie et mort de l'image.*
262 Alain : *Mars ou La guerre jugée (1921).*
263 Alice Becker-Ho : *Les Princes du Jargon.*
264 Hegel : *Morceaux choisis.*
265 Spinoza : *Traité de la réforme de l'entendement.*
266 Gaëtan Picon : *Lecture de Proust.*

267 Bruno Latour : *La science en action.*
268 Denis Hollier : *Le Collège de Sociologie 1937-1939.*
269 Jean Giono : *Le poids du ciel.*
270 Mircea Eliade : *Méphistophélès et l'androgyne.*
271 Ananda K. Coomaraswamy : *Hindouisme et Bouddhisme.*
272 Yves Bonnefoy : *La Vérité de parole* et autres essais.
274 Georges Bernanos : *La liberté, pour quoi faire ?*
275 Montesquieu : *De l'Esprit des lois, I.*
276 Montesquieu : *De l'Esprit des lois, II.*
277 Sous la direction de Denis Kambouchner : *Notions de philosophie, I.*
278 Sous la direction de Denis Kambouchner : *Notions de philosophie, II.*
279 Sous la direction de Denis Kambouchner : *Notions de philosophie, III.*
280 Pierre Hadot : *Qu'est-ce que la philosophie antique ?*
281 Jean-Jacques Rousseau : *Émile ou De l'éducation.*
282 Jean Bastaire : *Péguy tel qu'on l'ignore.*
283 Pascal Engel : *Philosophie et psychologie.*
284 Jean-Paul Sartre : *L'existentialisme est un humanisme.*
285 Jean Prévost : *La création chez Stendhal.*
286 Carlos Castaneda : *Le second anneau de pouvoir.*
287 André Breton : *Les Vases communicants.*
288 Jean-Noël Schifano : *Désir d'Italie.*
289 Francis Bacon : *Entretiens avec Michel Archimbaud.*
290 Roger Caillois : *Babel* précédé de *Vocabulaire esthétique.*
291 C. G. Jung : *Un mythe moderne.*
292 Paul Valéry : *Tel quel.*
293 Jorge Luis Borges et Alicia Jurado : *Qu'est-ce que le bouddhisme ?*
294 Witold Gombrowicz : *Testament.*
295 Gaëtan Picon : *1863. Naissance de la peinture moderne.*
296 Thomas Pavel : *L'art de l'éloignement (Essai sur l'imagination classique).*
297 Stendhal : *Histoire de la peinture en Italie.*
298 André Malraux : *La politique, la culture.*

299 Gérard Mairet : *Le principe de souveraineté (Histoires et fondements du pouvoir moderne).*
300 André Malraux : *Le Musée Imaginaire.*
301 Jean-Marc Lévy-Leblond : *La pierre de touche (La science à l'épreuve...).*
302 Pierre Hadot : *Plotin ou la simplicité du regard.*
303 Marc Jimenez : *Qu'est-ce que l'esthétique ?*
304 Jean-Jacques Rousseau : *Discours sur les sciences et les arts.*
305 Albert Camus : *Actuelles (Écrits politiques).*
306 Miguel de Unamuno : *Le sentiment tragique de la vie.*
307 Benjamin Constant : *Écrits politiques.*
308 Platon : *Les Lois.*
309 Fernand Léger : *Fonctions de la peinture.*
310 Carlos Castaneda : *Le don de l'Aigle.*
311 Bertrand Vergely : *La souffrance.*
312 Régis Debray : *L'État séducteur.*
313 Édouard Glissant : *Le discours antillais.*
315 Françoise Dolto : *Les étapes majeures de l'enfance.*
316 Simone Weil : *Réflexions sur les causes de la liberté et de l'oppression sociale.*
317 Bruno Bettelheim : *La Forteresse vide.*
318 Sigmund Freud : *La question de l'analyse profane.*
319 Raymond Aron : *Marxismes imaginaires (D'une sainte famille à l'autre).*
320 Antonin Artaud : *Messages révolutionnaires.*
322 Paul Klee : *Théorie de l'art moderne.*
323 Paul Valéry : *Degas Danse Dessin.*
324 Carlos Castaneda : *Le feu du dedans.*
325 Georges Bernanos : *Français, si vous saviez...*
326 Édouard Glissant : *Faulkner, Mississippi.*
327 Paul Valéry : *Variété I et II* .
328 Paul Bénichou : *Selon Mallarmé.*
329 Alain : *Entretiens au bord de la mer (Recherche de l'entendement).*
330 Sous la direction d'Henri-Charles Puech : *Histoire des religions I*.*
331 Sous la direction d'Henri-Charles Puech : *Histoire des religions I**.*

332 Sous la direction d'Henri-Charles Puech : *Histoire des religions II**.*
333 Sous la direction d'Henri-Charles Puech : *Histoire des religions II***.*
334 Sous la direction d'Henri-Charles Puech : *Histoire des religions III**.*
335 Sous la direction d'Henri-Charles Puech : *Histoire des religions III***.*
336 Didier Anzieu : *Beckett.*
337 Sous la direction de Brice Parain : *Histoire de la philosophie I, vol. 1.*
338 Sous la direction de Brice Parain : *Histoire de la philosophie I, vol. 2.*
339 Sous la direction d'Yvon Belaval : *Histoire de la philosophie II, vol. 1.*
340 Sous la direction d'Yvon Belaval : *Histoire de la philosophie II, vol. 2.*
341 Sous la direction d'Yvon Belaval : *Histoire de la philosophie III, vol. 1.*
342 Sous la direction d'Yvon Belaval : *Histoire de la philosophie III, vol. 2.*
343 Rémi Brague : *Europe, la voie romaine.*
344 Julien Offroy de La Mettrie : *L'Homme-Machine.*
345 Yves Bonnefoy : *Le nuage rouge.*
346 Carlos Castaneda : *La force du silence (Nouvelles leçons de don Juan).*
347 Platon : *Gorgias* suivi de *Ménon.*
348 Danilo Martuccelli : *Sociologies de la modernité (L'itinéraire du XXe siècle).*
349 Robert Castel : *Les métamorphoses de la question sociale (Une chronique du salariat).*
350 Gabriel Marcel : *Essai de philosophie concrète.*
351 J.-B. Pontalis : *Perdre de vue.*
352 Patrick Chamoiseau, Raphaël Confiant : *Lettres créoles.*
353 Annie Cohen-Solal : *Sartre 1905-1980.*
354 Pierre Guenancia : *Lire Descartes.*
355 Julia Kristeva : *Le temps sensible (Proust et l'expérience littéraire).*

357 Claude Lefort : *Les formes de l'histoire (Essais d'anthropologie politique).*
358 Collectif : *Narcisses.*
359 Collectif : *Bisexualité et différence des sexes.*
360 Werner Heisenberg : *La nature dans la physique contemporaine.*
361 Gilles Lipovetsky : *Le crépuscule du devoir (L'éthique indolore des nouveaux temps démocratiques).*
362 Alain Besançon : *L'image interdite (Une histoire intellectuelle de l'iconoclasme).*
363 Wolfgang Köhler : *Psychologie de la forme (Introduction à de nouveaux concepts en psychologie).*
364 Maurice Merleau-Ponty : *Les aventures de la dialectique.*
365 Eugenio d'Ors : *Du Baroque.*
366 Trinh Xuan Thuan : *Le chaos et l'harmonie (La fabrication du Réel).*
367 Jean Sulivan : *Itinéraire spirituel.*
368 Françoise Dolto : *Les chemins de l'éducation.*
369 Collectif : *Un siècle de philosophie 1900-2000.*
370 Collectif : *Genre et politique (Débats et perspectives).*
371 Denys Riout : *Qu'est-ce que l'art moderne ?*
372 Walter Benjamin : *Œuvres I.*
373 Walter Benjamin : *Œuvres II.*
374 Walter Benjamin : *Œuvres III.*
375 Thomas Hobbes : *Léviathan (ou Matière, forme et puissance de l'État chrétien et civil).*
376 Martin Luther : *Du serf arbitre.*
377 Régis Debray : *Cours de médiologie générale.*
378 Collectif : *L'enfant.*
379 Schmuel Trigano : *Le récit de la disparue (Essai sur l'identité juive).*
380 Collectif : *Quelle philosophie pour le XXIe siècle ?*
381 Maurice Merleau-Ponty : *Signes.*
382 Collectif : *L'amour de la haine.*
383 Collectif : *L'espace du rêve.*

Malgré nos recherches, nous n'avons pas pu retrouver la trace de certains auteurs de ce volume. Les droits d'auteur leur revenant sont réservés dans un compte à nos Éditions.

Reproduit et achevé d'imprimé
par l'imprimerie Bussière Camedan Imprimeries
à Saint-Amand (Cher), le 23 mars 2001.
Dépôt légal : mars 2001.
Numéro d'imprimeur : 6516.
ISBN 2-07-041748-4/Imprimé en France.

98741